PARIS

Biografia de uma cidade

Colin Jones

PARIS

Biografia de uma cidade

Tradução de José Carlos Volcato *e* Henrique Guerra

7ª edição

L&PM EDITORES

Texto de acordo com a nova ortografia.

Título original: *Paris: Biography of a City*

1ª edição: outono de 2009
7ª edição: outono de 2022

Capa: adaptada da edição inglesa da Penguin Books. (Fotos: construção da Torre Eiffel, de dezembro de 1887 a abril de 1889, fotógrafo anônimo, Museu d'Orsay. Agence photographique de la RMN – R.G. Ojeda).
Foto do autor na orelha: Molly Rogers
Tradução: José Carlos Volcato e Henrique Guerra
Preparação: Jó Saldanha
Revisão: Lia Cremonese

Cip-BRASIL. Catalogação na fonte
Sindicato Nacional dos Editores de Livros, RJ.

J67p

Jones, Colin, 1947-
Paris: biografia de uma cidade / Colin Jones; [tradução José Carlos Volcato e Henrique Guerra]. – 7 ed. – Porto Alegre, RS: L&PM, 2022.
592p. : il.

Tradução de: *Paris: Biography of a City*
Contém glossário
Inclui bibliografia e índice
ISBN 978-85-254-1873-9

1. Paris (França) - História. I. Título.

09-0707. CDD: 944.361
CDU: 94(443.61)

Rua Comendador Coruja, 314, loja 9 – Floresta – 90.220-180
Porto Alegre – RS – Brasil / Fone: 51.3225.5777

Pedidos & Depto. Comercial: vendas@lpm.com.br
Fale conosco: info@lpm.com.br
www.lpm.com.br

Impresso no Brasil
Outono de 2022

Para Jo

Sumário

[Eugène de Rastignac] baixou o olhar [do cemitério Père-Lachaise] para aquela colmeia zunindo de modo a antegozar seu mel e disse estas palavras grandiloquentes: "É entre nós dois, agora!"
("*À nous deux maintenant!*")
Balzac, *O pai Goriot*

Haussmann, perante um esboço da cidade de Paris, repete a exclamação de Rastignac: "À nous *deux maintenant!*"
Benjamin, *The Arcades Project*

Ninguém pode dizer, como Rastignac, "*Paris, à nous deux maintenant*", mas sempre "*Paris, à nous deux millions!*"
Latour e Hermant, *Paris ville invisible*

Do alto do Père-Lachaise, Rastignac declarou à cidade: "*À nous deux maintenant!*"; eu digo a Paris: "*Adorable*!"
Barthes, *Fragmentos de um discurso amoroso*

Introdução

Uma história impossível de Paris?

"Nunca vemos Paris pela primeira vez; sempre a vemos de novo..."
Edmondo De Amicis (1878)

Escrevendo a história impossível de Paris

Em 1975, o escritor vanguardista Georges Perec decidiu registrar o que acontecia numa só praça parisiense em menos de 24 horas distribuídas ao longo de três dias consecutivos de outubro. Na sua *Tentative d'épuisement d'un lieu parisien* (1975)[1] – "Tentativa de esgotar um local parisiense" –, Perec esclarece que escolheu a Place Saint-Sulpice no 6º arrondissement para sua experiência. O local era razoavelmente bem equipado com adornos de uma cidade moderna: prefeitura, escritório da receita, delegacia de polícia, três cafés (um deles, também tabacaria), cinema, igreja histórica e famosa, editora, funerária, agência de viagens, ponto de ônibus, alfaiate, hotel, fonte, quiosque de jornal, loja de artigos religiosos, estacionamento, salão de beleza – "e muitas coisas mais". Seu objetivo, porém, era deixar isso tudo fora do ângulo de visão e descrever o resto: "O que acontece quando nada acontece além da passagem do tempo, das pessoas, dos carros e das nuvens".

A crônica se estende por quase sessenta páginas. É escrita num estilo conciso, lapidar e informativo.

> Três crianças conduzidas à escola. Outro *deux-chevaux** verde-maçã.
> Outra revoada de pombos na praça.
> Um ônibus 96 passa e para no ponto de Saint-Sulpice; Geneviève Serreau desce e envereda pela Rue des Canettes. Eu a chamo, batendo no vidro da janela do café; ela se aproxima para me cumprimentar.
> Passa um ônibus 70.
> Para de tocar o sino da igreja.
> Uma menina come metade de um bolo.
> Um homem de cachimbo e valise preta.
> Passa um ônibus 70.
> Passa um ônibus 63.
> São duas e cinco da tarde.

---

* 2CV (dois cavalos de força), automóvel produzido pela Citroën de 1948 a 1990. (N.T.)

CHOCOLAT
MENIER
St Raphaël
Quinquina

A experiência "termina":

Quatro crianças. Um cão. Uma nesga de raio de sol. O ônibus 96. São duas horas.[2]

Os esforços de Perec em descrever de maneira "exaustiva" um local parisiense – cobrindo o equivalente a menos de um dia na vida dos lugares vazios de uma só praça de Paris – renderam um livreto.

Examinemos agora, sob o prisma de Perec, a tarefa confrontada por historiadores decididos a escrever a história de toda a cidade de Paris – e não apenas o fugaz instante na vida de uma de suas praças. Em geral, define-se História como a disciplina que registra os acontecimentos do passado (e não apenas a passagem "do tempo, das pessoas, dos carros e das nuvens"). E na história de Paris realmente muita coisa aconteceu. Por isso, nós historiadores, ao escrever sua história, tentamos alcançar bem mais do que o objetivo de Perec de registrar, em apenas um local, "o que acontece quando nada acontece". Entretanto, ao nos debruçarmos sobre o assunto, nos deparamos com certos "fatos" assustadores (listados de modo perecquiano)[3]:

número de praças: 670
número de ruas e bulevares: 5.975
extensão das vias públicas: 5.959 quilômetros
número de prédios municipais: 318
número de fontes: 536
número de monumentos públicos: 40.000
número de lojas: 62.546
número de ônibus: 4.364
número de rotas de ônibus: 275
número de pontos de ônibus (sem contar os subúrbios): 1.754
número de táxis: 14.900
número de semáforos: 10.800
número de cafés: 2.050
número de cabeleireiros: 2.845
número de salões de beleza: 67
número de casas funerárias: 157
número de pombos: 60.000
número de cães: 200.000
número de sanitários públicos: 498
extensão de túneis subterrâneos visitáveis: 300 quilômetros
número de indivíduos residentes na cidade de Paris: 2,1 milhões
número de residências particulares: 1 milhão e 100 mil
duração da história: mais de 2.000 anos (com exceção da era pré-histórica)

> possível número de indivíduos que já moraram em Paris ou apenas a visitaram, cada um com sua própria história: ...incontáveis

A partir dessas estatísticas um tanto quanto alucinantes – de praças, ruas, casas, ônibus, pombos, cães, pessoas etc. – é tentador concluir: escrever a história de Paris é uma aventura impossível (por certo, à maneira de Perec). Mas essa não é a única lição a ser tirada de *Tentative d'épuisement*. Sem dúvida, não se pode escrever a história exaustiva de uma cidade tão antiga, diversa e complexa como Paris – mas de certo modo isso já se sabia. Nenhuma história seja qual for nunca inclui mais do que omite. Um número infinito de histórias de Paris é possível – e um número quase infinito já foi escrito realmente. Como Piganiol de la Force, autor de um dos primeiros guias turísticos, observou em 1765: "Estaria muito enganado quem visse o vasto número de livros dedicados à história de Paris (...) e imaginasse que nada mais havia a ser dito".[4] (O meu esforço em identificar o número de livros na Biblioteca Nacional francesa com as palavras-chaves *histoire* e *Paris* fez o pobre computador desistir de tão exausto.) Mas nenhuma obra dessa série infinita pode ter a ambição de contar toda a história – de fato o propósito da heroica microcrônica de Perec é salientar a sublime impossibilidade de realizar essa tarefa de forma "exaustiva", mesmo quando o relato se restringe a um único lugar no decorrer de um único dia.

A história de Paris, portanto, pode ser impossivelmente rica e diversa demais para ser abarcada numa só narrativa. Mas abarcá-la é o que vou tentar fazer neste livro. Nesta Introdução, procuro dar uma ideia menos do que incluí ou omiti e mais dos critérios em que baseei minhas decisões. Ao fazer isso inspirei-me em Georges Perec e na sua tentativa de escrever uma história "impossível" de Paris.

Memória e mito

"Paris já foi tão descrita", observou o barão de Pöllnitz em 1732, "e tanto já se ouviu falar dela, que a maioria das pessoas sabe como ela é sem nunca a ter visto."[5] "Nunca vemos Paris pela primeira vez", opinou o escritor italiano e turista parisiense Edmondo De Amicis no final do século XIX, "sempre a vemos de novo..."[6] Como esses comentários sugerem, o envolvimento com Paris no passado tendia a ser carregado de expectativas. Para De Amicis, essas expectativas provinham do vasto conhecimento da literatura francesa, boa parte da qual tem como palco, como dizia Balzac, "a cidade dos mil romances".[7] Em outras palavras, De Amicis não podia, por exemplo, visitar a catedral de Notre-Dame ou os esgotos da cidade sem pensar em Victor Hugo, nem o Jardim de Luxemburgo e tampouco o Quartier Latin sem uma sensação do *Cenas da vida boêmia*, de Murger; nem o cemitério Père Lachaise sem refletir sobre

A comédia humana, de Balzac, tampouco os *quais* e pontes sem evocar a poesia de Baudelaire.

A ideia de que expectativas culturais pudessem atrapalhar a experiência de conhecer Paris "pela primeira vez" está longe de ser uma percepção do fim do século XIX. "Um homem pode morrer sem nunca ter visto Paris", confirmou Konstantin Paustovsky. "E, no entanto, ele terá estado lá e a terá visto nos sonhos e na imaginação."[8] Os viajantes medievais também tinham expectativas ao se aproximar da cidade pela "primeira" vez: muitos esperavam uma Jerusalém ou uma Babilônia (e outros, uma mistura de Sodoma e Gomorra). Por sua vez, os visitantes dos séculos XX e XXI têm bagagem cultural ainda maior, acumulada a partir de uma sucessão infinita de influências: pintores impressionistas, poetas surrealistas, filósofos existencialistas, escritores de ficção policial, cineastas clássicos, fotógrafos urbanos, cartões-postais turísticos – e outras histórias de Paris.

A ideia destacada por De Amicis de que a experiência da cidade é refratada por expectativas culturais sem dúvida se aplica a outros locais históricos e cidades importantes. Se no caso de Paris parece sempre ter sido assim, e talvez até mais do que em outros destinos, isso se deve parcialmente ao fato de que a cidade há muito desfruta de status mítico. Os historiadores nos acostumaram com a ideia de uma Paris mitificada, a cidade da modernidade do século XIX. A cidade que Napoleão III e o barão Haussmann redesenharam completamente nas décadas de 1850 e 1860 forneceu a várias gerações o modelo de modernidade que outras cidades se esforçavam para alcançar – e no qual ainda habitamos quando fisicamente presentes na cidade.[9] Mas a história parisiense foi mitificada bem antes de Haussmann ter nascido. Por exemplo, uma narrativa originada no século VIII sugeria que Paris era o resultado da diáspora troiana após a queda da cidade perante os gregos. Pelo menos da Alta Idade Média em diante, Paris tem sido sempre miticamente moderna. A convenção medieval de Paris como "a oficina especial da sabedoria", a concepção pós-renascentista de Paris como a nova Roma e a noção iluminista e revolucionária de Paris liderando o mais alto patamar da civilização são três exemplos anteriores ao mito da Paris "moderna" e haussmannizada do século XIX. Parte do mito de Paris vem do fato de a cidade ter gerado tantos mitos sobre si própria.

Se Paris sempre foi moderna, também sempre foi histórica. A crônica de Perec sobre a "passagem do tempo, das pessoas, dos carros e das nuvens" omite o que a maioria das pessoas familiarizadas com Paris talvez saiba a respeito da Place Saint-Sulpice antes mesmo de conhecê-la pessoalmente. Ou seja: dominando a praça, ergue-se uma das mais interessantes e históricas igrejas da cidade. Na verdade, a igreja é um exemplo notável daquilo que o influente grupo de historiadores liderados por Pierre Nora em anos recentes tem chamado de "local de memória" – *lieu de mémoire*.[10] Com esse termo, Nora designa instituição ou local (não necessariamente um prédio) em que se focou a consciência histórica do povo francês e que ao longo do tempo recebeu contínuas incrustações da memória coletiva. É digno de nota que a grande maioria dos *lieux de mémoire* a que Nora e colegas dedicaram sua erudição sejam prédios, eventos ou instituições parisienses: o Panthéon, o funeral de Victor Hugo, a Exposição Colonial de 1931, o Mur des Fédérés, o Louvre, as estátuas parisienses, a Académie Française, o Collège de France, o Palais-Bourbon, a catedral de Notre-Dame, a basílica do Sacré-Coeur, a Torre Eiffel etc. É tentador concluir que a própria Paris é um gigantesco "local de memória", não só para os parisienses, nem mesmo só para o povo francês. O argumento é ainda mais irresistível quando se alarga a perspectiva e se consideram os incomparáveis museus e galerias da cidade, que desde o século XIX têm servido de importante repositório da cultura artística ocidental.

Se a memória cultural jaz armazenada e codificada no ambiente construído da cidade, então é pertinente lembrar que se trata de um ambiente habitado. Afinal de contas, seria um tanto rude excluir os parisienses de sua própria história. Vem dos gregos a noção de que uma cidade é ao mesmo tempo local e comunidade. Desse reconhecimento binário deriva a conclusão de que a história de uma cidade é o resultado da interação entre os indivíduos e o tempo, entre a ecologia e a comunidade. E nisso podemos permanecer fiéis ao projeto de Perec, tomando um local físico e incluindo como fonte de informações tanto indivíduos ("pessoas") quanto objetos cuja passagem constitua uma história, sejam eles naturais ("nuvens") ou fabricados ("carros"). O pequeno estudo de Perec é útil sob outro ponto de vista: mostra como os microeventos da praça servem de contraponto à influência da praça sobre esses eventos. Por exemplo: a passagem do ônibus 96 faz parte da história da praça, mas a praça também faz parte da história do ônibus 96. Do mesmo modo, os indivíduos que atravessam a praça e seguem livremente seus próprios interesses, encarados de outro ângulo, são produtos da praça como local de sociabilidade comunitária e fluxo de trânsito. A história de Paris é a narrativa de uma cidade que viria a ser chamada de Paris e daqueles que nela viveram ou, como os passageiros do ônibus 96 de Perec, apenas passaram por ela.

O experimento de Perec também nos lembra que os indivíduos cuja presença é registrada na praça não parecem constituir uma comunidade homogênea. Ao contrário, constituem uma coleção aleatória de indivíduos que têm – pelo que podemos julgar a partir da evidência fugaz de que dispomos – vidas, objetivos, intenções e destinos muito diversos. Para Perec, não existe o saint-sulpiçois médio. Essa importante conclusão nos compele, ao escrevermos uma história de Paris, a não pressupor a existência de um parisiense médio, nem a construir uma narrativa – igualmente ruim – em que uma comunidade parisiense pensa, age ou reage em uníssono. Isso ficaria muito longe da realidade.

Sem parisienses típicos

O poder e o status sociais nunca foram simplesmente distribuídos entre os moradores de uma cidade. Um grupo de elite dominante pode ter a pretensão de incorporar de certa forma a comunidade ou ter direitos urbanos especiais – na Lutécia, isso aconteceria por meio da cidadania romana; na Paris do século XIX, por meio de um estilo de vida e posse burgueses. Contudo, somente historiadores indolentes escreveriam sem levar em conta as populações nativas e os escravos da Era Romana, ou os proletários, por exemplo, no período de dominação burguesa. De fato, esses grupos, que formavam grande parcela da população da cidade, contribuíram intensamente para a sua história. Justamente por isso, o "parisiense médio" sempre foi senhor e servo, burguês e trabalhador, capitalista e proletário, homem e mulher.

Com efeito, o "parisiense médio" é um mito de outra forma. Ele ou ela muito provavelmente nasceu fora da cidade, ou seus pais vieram de outro lugar. O parisiense legítimo, nascido e criado na cidade – *le vrai titi parisien* –, é fenômeno minoritário na história de Paris. Até o final do século XIX, em Paris, como na maioria das principais cidades, o número de mortes superava o número de nascimentos, e o crescimento populacional dependia da atração que a cidade exercia sobre os imigrantes. Em qualquer momento de sua história, portanto, algo entre metade e três quartos dos "parisienses" eram não parisienses. Embora há mais de um século a relação entre nascimentos e mortes tenha mudado, outros fatores – as atrações culturais de Paris, sua importância para fins de educação e desenvolvimento profissional, seu papel como polo empregador – hoje contribuem para produzir o mesmo efeito do que poderíamos chamar de "forasteiro médio".

O que vale para o homem comum vale também para aquele que se destaca. Importantes figuras históricas com grande influência na história de Paris foram, via de regra, tanto parisienses quanto não parisienses. Júlio César era romano. A santa padroeira da cidade, Genoveva, era mais provavelmente de sangue germânico (como Clóvis, naturalmente). Filipe Augusto nasceu em Gonesse, Francisco I em Cognac, Henrique IV em Pau, Luís XIV em Saint-Germain-en-Laye, e Luís XV e XVI em Versalhes. Robespierre e Danton eram ambos provincianos. Napoleão veio de uma ilha mediterrânea que foi genovesa até 1768 (um ano antes de seu nascimento). O barão Haussmann nasceu em Paris, mas foi criado na Alsácia e tinha sotaque alemão. Eiffel era borgonhês e Toulouse-Lautrec, albigense. Georges Clemenceau era do departamento da

Vendeia e François Mitterrand, do Charente. Victor Hugo vinha de Besançon, enquanto Georges Simenon, o criador do comissário Maigret, era belga. Edith Piaf pelo menos era parisiense de nascença. Também Jacques Chirac, se é que isso tem relevância. Eles constituem uma pequena minoria.

Se os forasteiros têm sempre desempenhado papel crucial na história parisiense, os próprios parisienses têm muitas vezes comentado que seus concidadãos se comportam como forasteiros em sua própria história. Por exemplo, no romance *Zazie no metrô* (1959, no ano seguinte transformado em filme por Louis Malle), Raymond Queneau relata as aventuras de uma garotinha numa viagem de fim de semana a Paris, num misto de *Alice no País das Maravilhas* e *Inferno* de Dante (com pitadas de *Ulisses*, de James Joyce). Como Alice, Zazie encontra dificuldades de orientação. Contribui para isso o fato de que os parisienses que ela encontra não têm muito claro o significado dos aspectos mais óbvios da paisagem urbana onde residem. Conseguem com certa dificuldade reconhecer a Torre Eiffel, mas sempre confundem o Panthéon com o Hôtel des Invalides, ou a Sacré-Coeur, ou a Gare de Lyon, ou mesmo talvez as casernas de Reuilly, e trocam a Sainte-Chapelle pelos tribunais de comércio.[11] O sábio Queneau, observador minucioso dos modos parisienses, destaca aqui um aspecto da história de Paris que todo historiador da cidade vai identificar. A maioria dos parisienses no passado – mas esse provavelmente é um traço bastante universal entre moradores urbanos – possuía uma noção incerta sobre a forma e a trajetória passada de sua cidade. É como se tivessem simplesmente esquecido ou nunca aprendido o significado dos locais de memória a seu redor. Os parisienses do passado eram menos cartesianos do que Pierre Nora e sua escola nos levariam a crer.

Talvez essa tendência à quase amnésia derive do status de forasteiro do parisiense "médio". Pode também estar vinculada, em geral, ao forte provincianismo de muitos moradores urbanos. Até relativamente pouco tempo atrás, muitos moradores das margens esquerda e direita orgulhavam-se de nunca terem cruzado o Sena. Observadores dos séculos XIX e XX registraram a tendência de moradores de Belleville – e inclusive residentes do Faubourg Saint-Antoine – de falar em "ir a Paris", manobra não excessivamente complexa que envolvia cruzar a Place de la Bastille e caminhar mais ou menos na direção oeste. Da mesma forma, o ar de aldeia de muitos bairros parisienses contribuiu para o triunfo de uma mentalidade paroquial, que se evidencia sem dúvida na Place Saint-Sulpice de Perec. A tendência de muitos imigrantes de se manterem fiéis à identidade do torrão natal também pode contribuir nesse processo. No fundo, todo parisiense é um orgulhoso auvernense, tunisiano ou bretão.

A noção dos parisienses sobre o tempo de Paris tem sido com frequência tão confusa quanto a sua noção sobre o lugar, a acreditarmos nos cronistas, arqueólogos e historiadores da cidade. Por exemplo, até o século XVIII, era crença geral que os banhos romanos no Quartier Latin e a prisão de Châtelet na Île de la Cité eram obras de Júlio César. Essas estimativas erram, respectivamente, por cerca de duzentos e novecentos anos. Quando os construtores parisienses usaram as pedras da muralha de Filipe Augusto para construir novas defesas no século XIV, afirmaram que as muralhas teriam sido construídas para resistir aos sarracenos (na verdade, eles jamais pisaram sequer nos arredores da cidade). Esse fenômeno é tão moderno quanto antigo. Em seu livro *Paris insolite* (1952), Jean-Paul Clébert expressou admiração pois mesmo "após a quantidade enorme de livros – bons livros – dedicados à Paris antiga e moderna, o morador de Paris permanece ignorante sobre sua cidade e a trata com desdém, ou então limita seus pensamentos e comentários (sempre idênticos) à poesia dos *quais* do Sena".[12] Então, a história parisiense é certamente sobre memória. Mas é também, como Zazie pode nos lembrar, sobre esquecimento.

Poder, resistência e afeto

O primeiro relato que temos da cidade de Paris baseado em experiência direta foi escrito pelo imperador Juliano, morador da cidade de *Lutetia* (nome romano de Paris) em 358 e de novo em 360-361. Seu relato começa "*Cara Lutetia...*" ("Minha querida [ou "doce"] Lutécia...") e elogia o aspecto agradável do local (inclusive o clima e os excelentes vinhos).[13] Durante séculos, Roma e Londres atraíram hinos e louvores, mas também causaram bastante desapontamento e desilusão. Nova York pareceu ganhar importância apenas no século XX. Se você quiser, pode conhecer Nápoles e morrer, mas não precisa ver Paris com os próprios olhos, pois, como explicou De Amicis, você já a viu em imaginação – e provavelmente passou a amá-la.

O afeto parece mais essencial à identidade histórica de Paris do que à de qualquer outra cidade, mesmo as de importância histórica universal. A frase de Juliano é apenas a primeira de uma extensíssima lista de citações em que as pessoas que conheceram a cidade expressaram sentimentos de afeto por ela. Mesmo quando os julgamentos são ambíguos (e todas as cidades tendem a sofrer nas mãos dessa tendência árcade), a balança pende à afeição e não ao desagrado. A maioria seguiu o imperador Carlos V do Sacro Império Romano Germânico, que, em visita no ano de 1540, declarou: "Paris é um mundo" – e considerou que esse mundo poderia conter tanto bem quanto mal.[14] Para Rabelais, Paris era "uma cidade ruim para morrer", mas boa para viver. Montaigne declarou: "Amo-a com ternura, com todas as suas imperfeições"; Voltaire a considerava "metade ouro, metade sujeira" e Goethe, "a cabeça do mundo". Balzac reconheceu que muitos julgavam a cidade "um prodígio monstruoso, uma coleção espantosa de movimentos, máquinas e ideias", enquanto George Sand comentou com admiração sobre seus "ares, aspectos e sons" inigualáveis. Victor Hugo a saudava como "o ponto de convergência da civilização", e o visitante inglês Matthew Arnold considerava "a vida livre, alegre e agradável" de Paris a pátria de *l'homme moyen sensuel*.[15]

Por sua vez, o poeta Charles Baudelaire lamentou que a cidade não pudesse ser preservada intacta. "A velha Paris acabou (A forma duma cidade / Muda mais rápido, ah!, que o coração de um mortal)."[16] Com essas palavras, cunhou o lema da nostalgia parisiense, mas é improvável que tenha criado o fenômeno. A história da nostalgia parisiense é tão antiga quanto a história da própria Paris. Presente na narrativa do imperador Juliano, fica evidente em uma das mais remotas descrições detalhadas da cidade que herdamos da Idade Média – a "Descrição da cidade de Paris", de Guillebert de Metz, documento do início do século XV. Paris estava "na flor da idade", ao que parece, na juventude do autor (Ah! E quando mais seria?).[17] Sobre esses desejos nostálgicos por *le Vieux Paris*, toda uma indústria turística literária seria construída no século XX. Vide Hemingway, Kerouac, Stein, Miller...

Tantas têm sido as arrebatadas manifestações de afeto pela cidade ao longo do tempo e vindas de tão largo espectro de indivíduos, que se torna importante não perder de vista que Paris também é um local onde os poderosos buscaram deixar uma marca indelével. Afinal, Juliano era comandante militar e acabou imperador romano, e o desenvolvimento da cidade no período final da Idade Antiga deveu-se em grande parte à posição estratégica da cidade em relação à fronteira bárbara. Os francos também buscaram transformar Paris numa expressão do seu poder – no que foram seguidos por praticamente cada regime desde então (com exceção do regime de Vichy). Quase nenhum governante poderoso ou chefe de estado digno de nota *não* quis impor à cidade a força de sua autoridade, em especial por meio de edificações espetaculares e monumentais.

Como consequência dos enlaces com o poder, a face da cidade carrega vestígios de sistemas de poder hoje obsoletos: a catedral de Notre-Dame e outros prédios eclesiásticos na Idade Média, assim como durante a Contrarreforma; o Louvre, palácio de inúmeros monarcas; as praças reais de Henrique IV, Luís XIII e Luís XIV; a Place de la Concorde, a École militaire e o Panthéon de Luís XV; os acréscimos imperiais de Napoleão I; as arcadas e galerias de Luís Filipe; os bulevares e as estações ferroviárias de Napoleão III e Haussmann; a Torre Eiffel e a Sacré-Coeur do começo da Terceira República; e, mais recentemente, os grandes projetos de Georges Pompidou, François Mitterrand e Jacques Chirac na Quinta República. A lista é infindável.

Embora muitos monumentos parisienses e construções urbanas estejam sobrepostos ou justapostos, no todo constituem uma imagem surpreendentemente coerente e inteligível da cidade. A abertura de Paris por meio dos bulevares – mesmo antes do feito monumental de Haussmann nos anos 1850 e 1860 – deu à cidade o potencial para desenvolver sistemas de transporte que facilitam a mobilidade coletiva e ao mesmo tempo deixam tempo e espaço para a perambulação individual. Ao contrário de muitas outras cidades europeias, Paris escapou de sofrer destruição maior em guerras recentes e evitou assim as complicações advindas desse tipo de tragédia. Paris cresceu e se irradiou a partir de seu coração – fato evidente inclusive para o mais desatento dos visitantes. A Lutécia romana ficava mais ou menos restrita a um único arrondissement central. A cidade medieval situava-se principalmente no âmbito dos arrondissements centrais da cidade moderna (1º ao 6º). A cidade da Renascença e do começo da Idade Moderna estendeu-se e incluiu desde o 8º até o 11º arrondissement. A cidade industrializada a partir dos anos de 1860 espraiava-se por todos os vinte arrondissements. Durante a maior parte do século XX, Paris passou a lidar melhor com sua periferia *(banlieue).*

Mas se Paris tem sido um preeminente local em que o poder imprimiu sua marca, é uma cidade tanto de barricadas quanto de bulevares e monumentos, de manifestações tanto de apoio quanto de resistência à autoridade. As descrições oficiais geralmente defenderam a ideia de que os parisienses são muito alegres, serenos e dóceis. O clichê da obediência satisfeita remonta à Idade Média e era repetido por fontes abalizadas (inclusive o escritor parisiense Louis-Sébastien Mercier) até poucos meses antes da tomada da Bastilha em 1789. Na verdade, os registros históricos indicam traços um tanto mais estrepitosos da sociedade parisiense no passado. É de se presumir que por trás dos assassinatos e massacres da Guerra dos Cem Anos, das Guerras de Religião, da Fronda, do Terror de 1792-1794 e das *journées* revolucionárias de 1830, 1848, 1851 e 1871 não estava apenas a *joie de vivre.* Por sua vez, não faz muito tempo que as barricadas – admitidamente, nas aparições mais recentes, uma forma de resistência tão simbólica quanto militar – foram erguidas em fúria e em bom número, nos eventos de Maio de 1968. Sua respeitável história começou há meio milênio. A violência coletiva é tão parisiense quanto o afeto e a nostalgia.

A resistência ao poder e à autoridade que pulsa no interior da cidade pode se manifestar – e já se manifestou – de inúmeras maneiras. Por vezes, os parisienses saltaram para trás das barricadas, mas noutras ocasiões preferiram empregar as "armas dos fracos"[18] – a prática de pequenos crimes, a recusa à aceitação submissa dos locais de memória da cidade (o que inclusive às vezes resulta, como sugeriu Queneau, no esquecimento daquilo que esses locais são ou representam), um *je-m'en-foutisme* bem exercitado, um dar de ombros, um erguer de sobrancelhas. Vários autores, em especial depois de Louis-Sébastien Mercier e Charles Baudelaire, enfatizaram a nítida tensão dos indivíduos que percorriam as ruas de uma cidade transformada pelo poder e pela autoridade, mas retinham um senso interior de alienação e distanciamento dos sinais de poder inscritos na cidade. As descrições úteis do *flâneur* – o alerta passeador urbano – de Baudelaire construíram-se ao redor dessa noção.[19] O crítico e teórico alemão Walter Benjamin, cujos textos são um convidativo reservatório de erudição para todos os historiadores de Paris, dedicou a vida à ideia. Além disso, sociólogos urbanos como Henri Lefebvre, situacionistas radicais e escritores pós-estruturalistas como Michel de Certeau concentraram o foco de suas análises na habilidade dos indivíduos de resistir aos significados planejados e impostos de uma cidade e de inventar seus próprios significados.[20] As tensões entre a imposição da autoridade e as variadas expressões de resistência engajada – entre poder e amor, entre comunidade e individualismo – aparecem como traços recorrentes da história parisiense. E não é necessário conhecer a Grande Teoria Continental para perceber o fato. Na verdade, basta seguir uma das peregrinações malucas de Georges Perec (por exemplo: fazer o percurso da igreja de Saint-Eustache, em Les Halles, até a igreja de Saint-Paul, no Marais, percorrendo apenas ruas cujos nomes comecem com a letra "P"); ou observar o comissário Maigret de Georges Simenon solucionar um de seus casos mais torpes; ou meditar sobre os significados do metrô parisiense com o antropólogo Marc Augé ("tomar o *métro* é em certo sentido realizar uma celebração ritual de culto aos ancestrais"); ou, ainda, ler as perambulações selvagemente imaginadas por Richard Cobb na Paris da metade do século XX para entender o porquê do hábito.[21]

Tempo e espaço: um guia do usuário

No início da década de 1990, arqueólogos que faziam escavações na região de Bercy no 12º arrondissement encontraram canoas pré-históricas que datavam de quatro a cinco mil anos antes de Cristo. Os jornais anunciaram orgulhosos que mais dois ou três milênios acabavam de ser acrescentados à história de Paris. Porém, em que sentido a Bercy pré-histórica seria parte de Paris? Paris nem mesmo existia naquele momento histórico. Bercy só foi incorporada à cidade pelas anexações de 1859-1860, e a verdade é que sempre foi parte relegada do 12º arrondissement, do qual os parisientes sempre quiseram se livrar. Apenas na década de 1990 a área de fato passou a fazer parte da urbanização formal que promete incorporá-la à comunidade parisiense.

O enigma de Bercy (Paris/Não Paris) nos força a aceitar a abordagem que – como a maioria dos historiadores de Paris – acabei adotando neste livro. Ou seja, usei o termo Paris de forma extremamente flexível, com anacronismo suave, mas nítido (e sem a tediosa convenção de colocar entre aspas). Por exemplo, a Lutécia romana cobria oito hectares e em sua totalidade abrangia pouco mais do que a área do 5º arrondissement dos dias de hoje. Todavia, ao escrever sua história, minha tendência foi considerar parisiense quase tudo que se encontra dentro dos limites dos 10.500 hectares que (desde a Segunda Guerra Mundial) compõem a Paris contemporânea e que, desde a década de 1960, acabaram circundados pelo *boulevard périphérique*.

É nesse movimento cíclico que estarei (não sem certa inquietude) comentando Paris geográfica, histórica e anacronicamente. Essa estratégia evita a opção purista em demasia de apenas falar de Paris conforme a área formalmente delimitada em um instante específico do passado – como se, por exemplo, só pudéssemos incluir Montmartre na história de Paris após sua incorporação à cidade no século XIX. A estratégia tem a vantagem de realçar a expansão de Paris ao longo do tempo. Mas é uma ficção, ainda que benigna e provavelmente inevitável. No mesmo espírito, adotei a conveniente convenção do sistema de arrondissements, introduzido apenas em 1860, ao identificar locais mencionados no texto em qualquer período. Claro, é ridiculamente anacrônico localizar a catedral de Notre-Dame medieval, por exemplo, no 4º arrondissement, que inexistia na Idade Média. Mas isso facilita a tarefa do leitor de interpretar a história da cidade por meio da sua geografia – e vice-versa.

Decidi contar a história de Paris em ordem cronológica. Os capítulos da narrativa evoluem conforme a cronologia da cidade de Paris desde os primórdios até... o futuro. Mas procurei, da mesma forma, intricar os tópicos e alterar dimensões, incluindo em cada capítulo caixas destacadas que pulam a estrutura cronológica. A função dessas caixas é atuar como teclas de *close*, *fast-forward* ou *rewind* – aproximando, avançando ou retrocedendo a narrativa. Permitem que a história de um indivíduo, instituição ou monumento fuja à janela cronológica dos capítulos e seja acompanhada no tempo – a *longue durée*, como diriam os historiadores franceses.[22] A Torre Eiffel, por exemplo, foi construída dentro do período coberto no capítulo 9. Mas ela ainda não desapareceu da história de Paris, como os leitores muito provavelmente já devem ter percebido. Sua história ilumina a história da cidade nos séculos XX e XXI tanto quanto no final do século XIX. De modo semelhante, o destaque sobre Montfaucon (capítulo 3) realça o local ocupado por esse patíbulo medieval na imaginação parisiense ao longo dos séculos – culminando com sua metamorfose por Haussmann e Napoleão III no parque “neossuíço” Buttes-Chaumont (do qual os surrealistas poeticamente se apropriaram no início do século XX). Igualmente, o destaque sobre o Vél’ d’Hiver (capítulo 11), o velódromo onde recordes mundiais de ciclismo foram batidos – e que serviu de armazém para reunir os judeus capturados em 1943 antes de serem deportados –, dá a deixa para comentar sobre a posição ocupada pelos judeus em Paris desde o tempo dos merovíngios até a Quinta República. Ao examinarmos a proto-*haute-*

couturière Rose Bertin (capítulo 6), podemos vislumbrar o surgimento do consumismo na Paris do século XVIII – além do desabrochar de Paris como a capital da moda nos séculos XIX e XX.

As caixas em destaque focalizam uma série de fenômenos que vão do grandioso ao humilde e do memorável ao esquecível; desde a Torre Eiffel e o Louvre até um café (o Procope), um restaurante (o Grand Véfour) ou um mictório público (a *vespasienne*). De certa maneira, esses fenômenos podem ser entendidos como "locais de memória", mas com uma advertência importante: meu foco será tanto esquecer – e às vezes escolher o esquecimento – tão ativamente quanto recordar e celebrar. A arena romana, por exemplo – as Arenas de Lutécia (capítulo 1) –, é um dos grandes não monumentos de Paris, hoje mais playground do que sítio histórico pouco visitado, a respeito do qual os parisienses resolveram não fazer muito alarde, presumivelmente porque não é grandioso o suficiente, ou porque não se encaixa nas versões recebidas e consagradas de sua história. A muralha de Filipe Augusto (capítulo 2) poderia ser lembrada – e de fato foi muito importante na estruturação da topografia e da memória parisienses a partir da Alta Idade Média – mas é praticamente invisível na superfície. A Cour des Miracles (capítulo 5) – refúgio da mendicância organizada no século XVII – provavelmente nem mesmo existisse como espaço físico distinto, embora as autoridades policiais de Luís XIV reconhecidamente a tenham combatido.

Ao pairar acima do curso da narrativa e focalizar esses fenômenos mesmo contra a textura cronológica, quero fornecer um modo de intricar a narrativa como um todo. Não penso que desse ou de qualquer outro modo eu tenha esperança de escrever uma história tão "exaustiva" de Paris quanto a que Georges Perec logrou fazer (ou, quem sabe, malogrou fazer com êxito) em relação à Place Saint-Sulpice. Inevitavelmente vou excluir mais do que posso incluir. Desejo, porém, que a exemplo da Place Saint-Sulpice, o livro resultante, apesar de todas as omissões, seja interessante o suficiente para conseguir uma recomendação do guia *Michelin*: *vaut le détour* [vale ir até lá].

1

Paris-Lutécia

dos primórdios até *c.*1000

"*Cara Lutetia...*" – "Minha querida Lutécia" – escreveu o imperador romano Juliano sobre suas estadias na cidade em 358 e depois no inverno de 360-361,

> é a capital do povo dos parísios. É uma pequena ilha que repousa no rio; uma muralha a circunda completamente, e pontes de madeira dos dois lados nos conduzem a ela. O nível do rio raramente sobe ou desce; em geral é tão profundo no inverno como no verão; sua água é límpida para olhar e muito agradável para beber. Pois os residentes, por morarem numa ilha, precisam obter sua água principalmente do rio. Lá o inverno é bastante ameno, talvez pelo calor do oceano, a não mais do que novecentos estádios* dali; é possível que uma leve brisa marinha sopre e percorra toda essa distância. (...) Uma boa variedade de videira é plantada nas imediações do lugar. Certas pessoas conseguem até cultivar figueiras, cobrindo-as durante o inverno (...) para protegê-las do vento frio.[1]

Essa é a primeira descrição de qualquer tamanho que temos da cidade que seria conhecida como Paris. É escrita com um sentimento que se tornaria comum em escritos sobre Paris: o afeto. Seu autor era um homem poderoso.

Nesse momento de sua história, Paris era Lutécia. Júlio César, que no primeiro século antes de Cristo conquistou grande parte da atual área da França e a colocou sob domínio romano, foi o primeiro a usar o nome "Lutetia" (outros diziam "Lucotecia") para designar a "cidade da tribo dos parísios".[2] Cronistas da cidade desde a Idade Média até o nosso tempo gastaram muita tinta na tentativa de determinar a origem do termo. De maneira imaginosa, alguns o associaram ao termo grego *leucos*, "branco" – "devido à alvura dos rostos dos habitantes ou porque suas casas eram feitas de argamassa branca", como explicou de modo pedante o antiquário do século XVII Antoine de Mont-Royal, ou ainda, como pensava com irreverência Rabelais, em homenagem às "coxas brancas das mulheres daquela cidade".[3] Outros sugeriram uma alusão a Leucoteia, deusa dos marinheiros e dos caminhos das águas,

---

* Medida grega e depois romana que equivale a cerca de 180 metros. (N. T.)

mencionada por Homero e supostamente cultuada no local. De modo menos sublime, estudiosos relacionam o nome com *luco-* ou *lugo-*, a palavra celta para terras pantanosas, e a *lutum*, lama em latim. Provavelmente, é melhor ficarmos com a lama.

A etimologia lamacenta da Lutécia destaca uma característica marcante que desde o começo distinguiu a topografia de Paris. Apesar da descrição arcádica de Juliano, o rio Sena desempenhou papel muito significativo no aspecto do local. Hoje, a largura máxima do rio é de cerca de duzentos metros; naquela época, podia chegar a meio quilômetro em certos pontos. Condições de inverno adversas – pois o clima não era tão ameno quanto sugeria a descrição de Juliano – com frequência resultavam num rio congelado que ameaçava tanto as pontes de destruição quanto a população de fome, por colapso no fornecimento de comida. O rio também era menos profundo, e uma ampla várzea de terra lamacenta e pantanosa se estendia nas duas margens. Na margem esquerda, um afluente chamado Bièvre desaguava no Sena, provavelmente próximo à atual estação ferroviária de Austerlitz (5º). No passado distante, uma faixa de terras baixas na margem direita conduzia as águas do rio em um arco na direção norte até o sopé dos montes em Ménilmontant, Belleville, Montmartre e Chaillot. Esse arco secou por volta de 30000 a.C. e foi substituído pelo novo curso do Sena. Mas a área entre o rio e esses limites elevados ficou permanentemente sujeita à inundação. Nas melhores situações, essa área pantanosa na margem direita serviu de defesa à cidade. Nas piores, chuvas fortes transformaram o curso extinto do rio numa torrente furiosa: o cronista Gregory de Tours registrou um naufrágio ocorrido durante as enchentes de 582 nas proximidades da igreja de Saint-Laurent (10º). De modo semelhante, há relativo pouco tempo, nas grandes enchentes de 1910, o rio voltou a correr no velho curso – ocasião em que os amantes de música puderam ir à Ópera a remo.

Terra, água e lama, portanto, tiveram relação mais dramática com a história da cidade do que em períodos recentes. O provérbio dos geógrafos, "Paris é uma dádiva do Sena", pode ter sua dose de verdade, mas o rio era capaz de criar tanto problemas como oportunidades. Precisou ser controlado e subjugado. Isso ficou evidente, por exemplo, no que se refere à Île de la Cité. Essa era a principal ilha do Sena, identificada por César como a principal habitação da tribo local. A seu redor se desenvolveriam a topografia e a história parisienses. A ilha ficava cerca de seis metros abaixo do nível atual e por isso era sujeita a enchentes. Na verdade, era a ilha mais importante de um pequeno arquipélago nesse trecho do rio; cobria apenas sete ou oito hectares, ao contrário dos dezessete hectares de hoje. A oeste, existiam três ilhotas, pouco adiante da Pont Neuf atual: os canais que as separavam foram aterrados para formar a ponta da ilha durante a Idade Média. A leste, existiam quatro ilhotas.

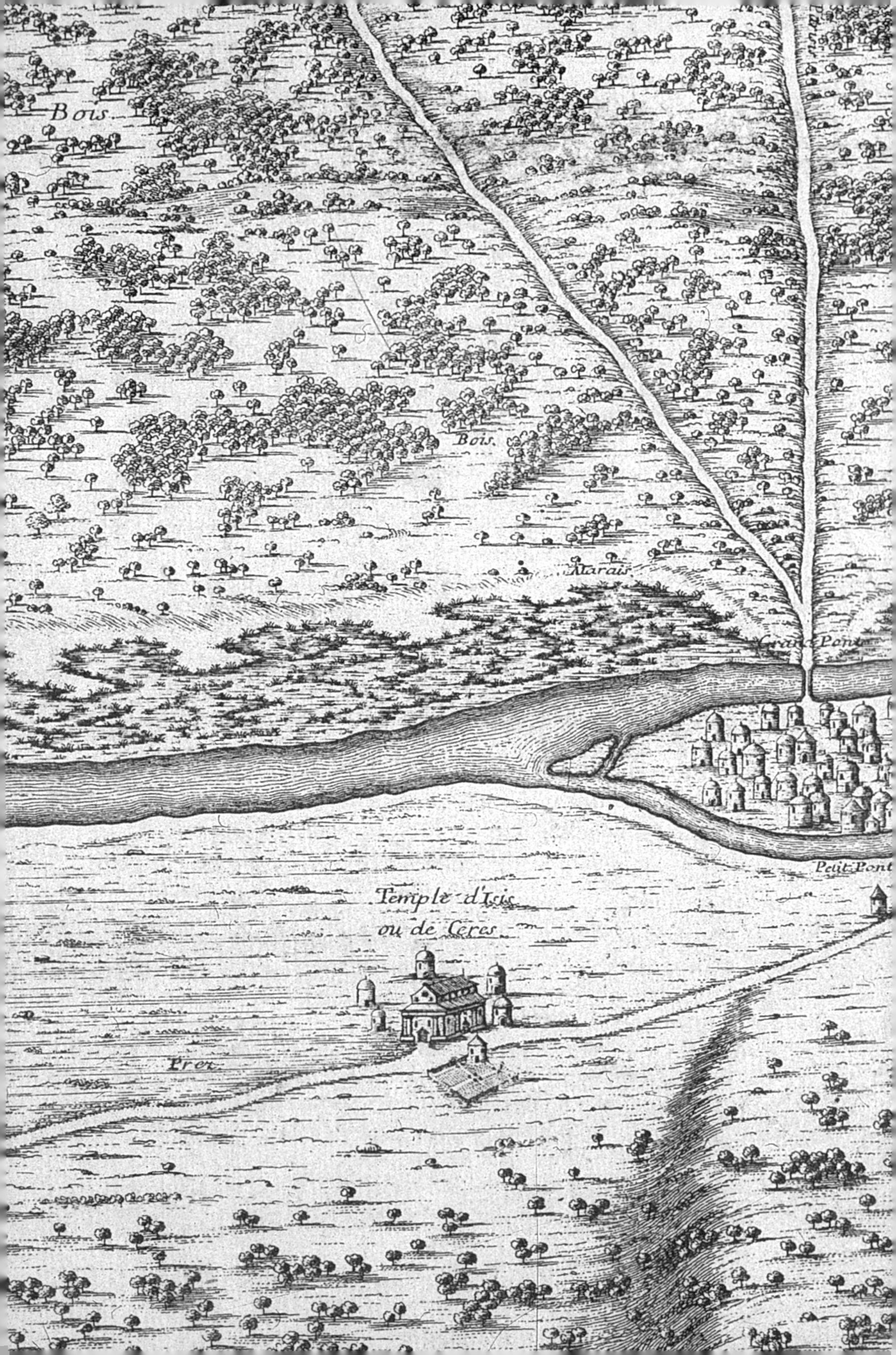
Bois
Bois.
Marais
Grand Pont
Petit Pont
Temple d'Isis
ou de Ceres
Prez

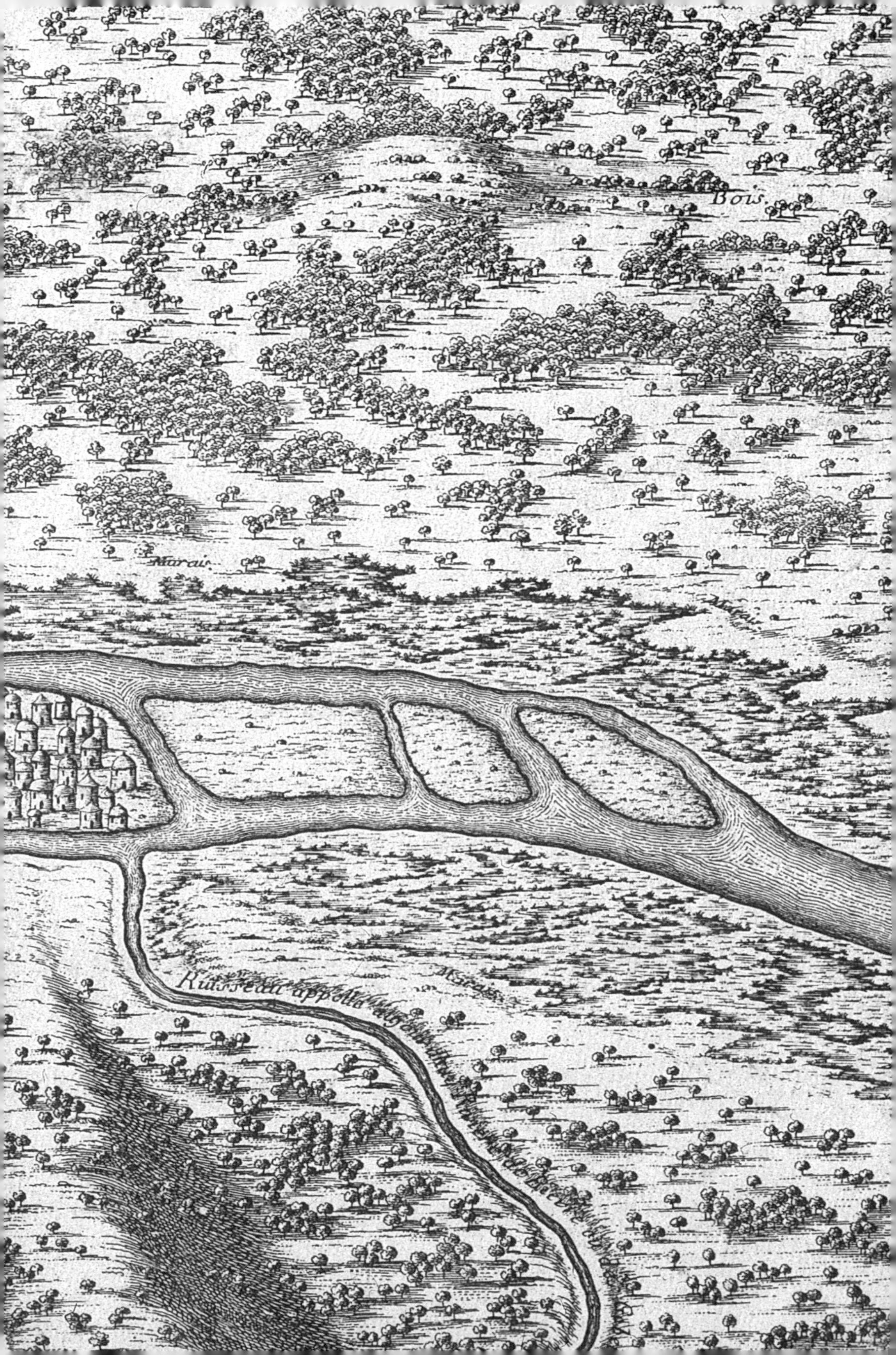
Bois.
Marais
Marais
Marais
Ruisseau appellé

Uma seria agregada à Île de la Cité, duas seriam remanejadas para formar a Île Saint-Louis no século XVII, enquanto a Île Louviers, mais a leste, só em 1843 seria conectada à margem direita para formar o Boulevard Morland (4º). Essas complexidades topográficas devem ter tornado a navegação difícil e exigido o uso de embarcações de pequeno calado.

As características gerais da bacia de Paris – o espraiado relevo natural onde Paris se localizava – formaram-se na última era glacial, quando rinocerontes perambulavam no terreno da Place de l'Hôtel-de-Ville e mamutes peludos pastavam desde os grandes magazines até o alto de Belleville. Uma característica particular dessa ampla região era o acúmulo de bom número de cursos d'água, próximos entre si, de águas mansas e, portanto, normalmente navegáveis (Marne, Essonne, Loing, Yonne, Aube). Esses rios desembocavam no Sena, que, por sua vez, desaguava no mar bem a oeste, além da atual Rouen. Essa rede fluvial permitia comunicação com o Canal da Mancha a oeste, a caminho da Alsácia, Alemanha e Suíça, e também com grande parte do Norte, Leste e Centro da França.

A presença humana mais antiga na vasta região em que se encontra Paris remonta a setecentos mil anos atrás, mas o conjunto mais impressionante de artefatos humanos antigos encontrados na área – resultante das escavações de 1991-1992 em Bercy (12º), dois quilômetros rio acima da Île de la Cité – dá testemunho eloquente do papel desempenhado pela água na história do local. De modo acidental mas revelador, os artefatos descobertos haviam sido preservados ao longo de milênios pela lama de Paris. A escavação em Bercy revelou evidência não apenas de ocupação contínua a partir de cerca de 5000 a.C., no final da Idade da Pedra, mas também da importância do rio nas vidas daquela sociedade primitiva e das outras que se seguiram. Entre os destaques desses achados arqueológicos estão várias canoas escavadas em troncos de mais de cinco metros de comprimento, datadas de cerca de 4500 a.C. As descobertas indicam que essas sociedades primigênias dedicavam-se à caça e à coleta e alimentavam-se de animais terrestres (veados, javalis, auroques, ursos) e aquáticos (peixes, castores, aves, cágados). Mesmo após a adoção de estilos de vida mais sedentários, esses habitantes primitivos mantiveram práticas predatórias. Preferiam o pastoreio à agricultura; integravam a produção de grãos à criação de bovinos e suínos, além de buscarem constantemente carne de caça selvagem. Mesmo no período da chegada de Júlio César, muitos agrupamentos da região ainda praticavam o desmatamento e as queimadas, abrindo clareira após clareira adentro de uma área coberta de floresta cerrada.

A partir da Idade do Bronze (*c.*1800-*c.*750 a.C.), Paris tornou-se o eixo central de complexa rede de trilhas e o principal ponto de convergência de importante sistema fluvial. Naquela época, o Sena era mais largo; isso tornava o rio uma barreira considerável. Por isso, a presença do pequeno arquipélago ao redor da Île de la Cité conferia ao local um valor logístico e estratégico para o comércio de longa distância, pois ali era mais fácil atravessar o rio do que em outros pontos descendo ao mar. É bom não ceder à tentação do determinismo geográfico: na verdade, mercadores terrestres da região do Canal da Mancha, de Flandres e da Bélgica podiam, caso quisessem, tangenciar o norte de Paris e atravessar o Marne a montante para alcançar o oeste da Alemanha e a Itália. A presença de uma trilha norte–sul no traçado da Rue Saint-Jacques (5º-14º) na margem esquerda e da Rue Saint-Martin (3º-4º) na margem direita dava testemunho da posição estratégica de Paris nessas redes de comércio e transporte a longa distância, particularmente no que diz respeito ao sul e ao sudoeste. Bastante significativo foi o próspero comércio que trazia da Grã-Bretanha (em especial da Cornualha) o estanho, ingrediente essencial no fabrico do bronze, aos depósitos de cobre e às sociedades que habitavam o sul e o leste na Idade do Bronze. Assim, a situação privilegiada do local e a variadade dos padrões de troca que ocorriam à sua volta estimulavam a passagem rotineira de indivíduos das mais diversas procedências pela região. O fenômeno produziu uma mistura étnica e cultural que constitui característica há muito presente na história da cidade. Já no período pré-romano Paris era um cadinho de culturas.

Em determinado momento da Idade do Ferro, logo após a Idade do Bronze, grande número de novos povos parece ter se estabelecido na região, chegados ali graças a movimentos populacionais desorganizados e de amplo espectro ocorridos por toda a Europa Central e Oriental. Esses grupos eram os antepassados dos celtas ou gauleses, a quem Júlio César derrotaria e subjugaria. Um ramo de um desses grupos tribais – os quarísios ou parísios – chegou a espalhar-se até a altura de Yorkshire antes de fixar moradia, mas a maioria veio a se instalar na região ao redor de Paris e em direção ao ponto onde o Sena e o Marne se encontram. Os armamentos de ferro dos celtas sugerem tratar-se de povo guerreiro. Muitas vezes construíam as moradias protegidas por fortalezas defensáveis (*oppida*), que aproveitavam o potencial defensivo de rios e outros obstáculos naturais. O *oppidum* de Saint-Maur-des-Fossés (Val-de-Marne), por exemplo, fica perfeitamente abrigado por uma curva do rio Marne. A Île de la Cité era, pelo que sabemos, o *oppidum* dos parísios descrito por César.[4]

O interesse de César pela região ia além da topografia. A República romana estava em fase de expansão; por isso, todo o território atual da França ficou sob a autoridade de Roma. A faixa de terra meridional e mediterrânea da França – conquistada por Roma em 121 a.C. – ligava a península da Itália à península Ibérica e era chamada de Gália Narbonense. As Guerras Gálicas de César no período entre 58 e 51 a.C. tiveram o objetivo de garantir a influência romana nessa província meridional e estender o *imperium* romano, de modo a conter os gauleses celtas e seus turbulentos vizinhos germânicos. A região apelidada por César de "Gália Cabeluda" (*Gallia Comata*) ia desde a Bélgica, Holanda e oeste da Alemanha até o oceano Atlântico. César fazia distinção entre esse território e a presumivelmente mais tranquila, civilizada e romanizada Gália Narbonense.

A investida militar romana nos anos 50 a.C. tivera por alvo menos os parísios do que outras tribos mais poderosas, como os arvernos (com base no Maciço Central) e os vizinhos dos próprios parísios: os carnutos (sediados na região de Orléans) e os senões (cuja aldeia ficava em Sens). No primeiro momento, os parísios usaram a cabeça: não entraram no conflito. Os parísios foram tão obsequiosos com os romanos que, em 53 a.C., César convocou uma assembleia de todas as tribos da Gália na própria Lutécia. No ano seguinte, porém, os parísios trocaram de lado. Para combatê-los, César enviou tropas sob o comando do fiel lugar-tenente Labieno. Com toques de astúcia (inclusive o transporte noturno de tropas em canoas abandonadas), o general romano acuou os parísios liderados pelo comandante Camulogenus no campo de batalha a oeste da Île de la Cité, provavelmente na região de Grenelle (15º) ou em Auteuil (16º), e aniquilou-os. Os parísios sobreviventes à carnificina fugiram ao sul e se uniram ao heterogêneo exército de resistência liderado pelo arverno Vercingetórix. Conforme relatos de César, cerca de oito mil parísios estiveram envolvidos na batalha de Alésia em 52, quando as tropas do comandante gaulês Vercingetórix sofreram outra humilhante derrota e ele foi obrigado a render-se.

A Lutécia recuperou-se do ataque romano (assim como dos estragos do incêndio da Île de la Cité ordenado por Camulogenus). Como resultado dessas guerras, a "Gália Cabeluda" foi dividida em três províncias; Lyon (*Lugdunum*) tornou-se a capital. A Lutécia, que ficava na província setentrional da Gália Bélgica, teve o progresso atrasado pelo advento do *imperium* romano. Décadas antes da conquista romana, os parísios já produziam uma impressionante cunhagem de ouro; isso sugeria a vitalidade e a prosperidade da região, com base no comércio e no transporte de mercadorias. A conquista romana trouxe brusca diminuição ao valor das moedas locais, sinal de pronunciada queda na atividade econômica.

A evidência arqueológica sugere que uma verdadeira cidade nos moldes romanos só se desenvolveu muito devagar. Provavelmente, desde o primeiro momento, os romanos impuseram à Lutécia o clássico traçado em grelha preferido por eles. O papel de *cardo* – principal rua central no sentido norte–sul das cidades romanas – coube à estrada existente no traçado da atual Rue Saint-Jacques. Porém, a construção de prédios nessa estrutura levou bem mais tempo para ser efetivada. Embora talvez já houvesse instalações portuárias na altura da atual Place de l'Hôtel-de-Ville (4º), eram poucas as moradias

As arenas de Lutécia

na margem direita. O principal prédio da Île de la Cité era a basílica onde o imperador Juliano se alojava, construída somente no século IV. A margem esquerda (em termos modernos, o 5º arrondissement) continha praticamente toda a Lutécia romana. A área povoada se estendia da Rue Mouffetard dos dias de hoje, a leste, até a Rue de Vaugirard (6º), a oeste, e da altura do Boulevard Saint-Germain onde a margem pantanosa do rio terminava, até pouco adiante do topo da Montagne Sainte-Geneviève. Nesse local, um prédio dotado de pórtico (e próximo do atual Panthéon) combinava as funções de fórum com as de basílica e templo. Havia dois teatros; um deles, o vasto anfiteatro das arenas, só redescoberto no fim do século XIX. Dos três banhos públicos, o mais notável era o complexo cujas ruínas ainda são visíveis a partir do Boulevard Saint-Michel. Na zona periférica da cidade, havia três cemitérios: um na estrada rumo a sudoeste, na parte superior do que seria hoje a Rue de Vaugirard; outro na altura da Rue Saint-Jacques a caminho de Notre-Dame-des-Champs (6º); e o terceiro, mais tardio, junto ao cruzamento de Les Gobelins no lado sudeste (13º). Um impressionante aqueduto, conectando a zona de Rungis no sul da cidade com o rio Bièvre, foi construído para fornecer água para essas múltiplas necessidades. O sistema de abastecimento de água construído por Napoleão III no Segundo Império (1852-1870) inteligentemente seguia o mesmo trajeto. A água – cuja qualidade fora realçada por Juliano – era canalizada até as residências privadas que tinham hipocaustos, sistemas de aquecimento central característicos das cidades mediterrâneas.

1.1: As arenas de Lutécia

A arena romana ou anfiteatro de Lutécia, situada junto à Rue Monge, no 5º arrondissement, é um local de memória que os parisienses conseguiram esquecer – por duas vezes. Quando o arqueólogo da cidade Théodore Vacquer identificou o local em 1869-1870, despertou a atenção dos parisienses para um monumento perdido por mais de um milênio. Construída por volta do ano 200, a arena era um dos maiores exemplos franceses de anfiteatro romano; chegara a ter capacidade para quinze mil espectadores – quase o dobro da população presumida da própria cidade. Esse extraordinário monumento regional era voltado para oeste; assim, à tarde, os espectadores podiam apreciar a agradável vista do vale do rio Bièvre enquanto se acomodavam para assistir aos espetáculos, que incluíam lutas de animais e de gladiadores assim como esportes aquáticos. As arenas entraram em decadência com a extinção do poder romano. No século IV, cristãos já realizavam cerimônias de enterro no centro da arena. As pedras da edificação passaram a atrair a pilhagem para a construção de monumentos funerários e outros usos. Um visitante inglês do século XII descreveu "um grande circo cheio de ruínas imensas", mas essas ruínas foram provavelmente reduzidas ainda mais pela construção da muralha de Filipe Augusto (1190-1215). Um nome de origem medieval – o *clos des arènes* – denunciava o local do anfiteatro, mas mesmo esse nome acabou esquecido. Um monte de cerca de vinte metros de altura aos poucos formou-se sobre os vestígios.

Houve muita surpresa quando, em 1869, uma equipe de construtores encontrou as ruínas durante a criação de uma das ruas que o barão Haussmann fez penetrar coração adentro de áreas de moradias insalubres e caindo aos pedaços das classes operárias de Paris. A reconstrução completa de grande parte da cidade sob o Segundo Império revelara importantes achados arqueológicos: Vacquer, um dos heróis esquecidos da conservação parisiense, localizou os vestígios de um fórum próximo à Rue Soufflot, vários teatros e o sistema viário. Todavia, Haussmann e seus seguidores estavam construindo a Paris do futuro, local da modernidade, e tinham pouco tempo a dedicar ao passado. Embora houvesse iniciado um debate público sobre a restauração, um dos últimos atos de Haussmann como chefe do departamento do Sena foi ordenar a terraplenagem do local e sua conversão em depósito multifuncional – típica vitória haussmanniana.

Em 1883-1885, novos trabalhos de construção ao longo da Rue Monge revelaram, sob um ex-convento, a segunda metade da arena original. O debate público dessa vez foi mais acalorado e alcançou triunfo quando Victor Hugo escreveu uma carta aberta apoiando o monumento. "Não é possível", fulminou esplendidamente o autor, "que Paris, a cidade do futuro, deva renunciar à prova viva de que foi uma cidade do passado. A arena é o marco antigo de uma grande cidade. É um monumento único. O conselho municipal que vier a destruí-la de certo modo destrói a si mesmo. Conservem-na a qualquer preço."

E ela foi devidamente conservada. Continuou-se a trabalhar no local, na expectativa confiante de um resultado produtivo e inextinguível.

Essa vitória importante do nascente movimento pró-conservação em Paris acabou causando efeito bem menos devastador do que o esperado. Embora o local da arena fosse muito amplo, praticamente nada restava dos assentos ou de edifícios proeminentes. Na expectativa de encontrar monumentos equivalentes às arenas de Nîmes e Arles, os arqueólogos descobriram essencialmente uma pilha de rochas e escombros com pouco mais de dois metros de altura. "Para podermos preservar a arena", observou indignado um funcionário municipal, "seria primeiro necessário provar sua existência. Tudo indica o contrário. (...) Como monumento, ali nada mais resta." Não se tratava do magnífico monumento da história de Paris imaginado pelas autoridades parisienses. Todo o movimento de propaganda a favor das arenas resultou em nada. As obras de restauração arrastaram-se por muito tempo. Em 1917-1918, o arqueólogo Capitan finalmente completou o trabalho na forma de um parque público, que inclusive recebeu o nome de praça Capitan. A "restauração" da construção foi em grande parte uma criação nova – uma Disneylândia romana, ao estilo da Terceira República.

Hoje, as arenas seguem tranquilas, basicamente esquecidas – pela segunda vez em sua história – numa cidade cuja romanidade não chega ao ponto de encorajar seu status romano de cidade gaulesa de terceira categoria. Os turistas são poucos, a não ser quando arquibancadas especiais são erguidas para concertos de verão. Na maior parte do tempo, as arenas são frequentadas por pais e bebês e por garotos da vizinhança, que jogam peladas de futebol invariavelmente disputadas ao som dos gritos das crianças do jardim de infância ali perto. As arenas de Lutécia foram transformadas em local de sociabilidade e *mémoire de quartier.* Numa cidade cujos "locais de memória" às vezes beiram o exagero, talvez isso não seja tão ruim.

Apesar dos impressionantes (embora lentos) sinais de romanidade, a Lutécia nunca chegou a ser mais do que uma cidade secundária durante todo o período de dominação romana – até que Juliano rapidamente a associasse ao governo imperial. Os romanos permitiram que a rede tribal existente subsistisse em toda a Gália. Os parísios não tinham qualquer primazia sobre os pouco mais de sessenta grupos tribais – agora rebatizados de *civitates* ("cidades-estado") – que constituíam a "Gália Cabeluda". A Lutécia era apenas a capital de uma *civitas* na província mais extensa da Gália Bélgica. Pouca era sua importância estratégica. Ficava a uma boa distância, por exemplo, do *limes*, a zona de fronteira fortificada erguida para prevenir incursões de grupos tribais germânicos do outro lado do Reno e do Danúbio e para garantir a *pax romana* em todo o noroeste da Europa. Até mesmo quando, no século IV, um sistema de unidades menores substituiu a tripartição da Gália, a Lutécia não logrou obter promoção administrativa: a vizinha cidade de Sens tornou-se a capital da Quarta Divisão Lionesa.

A Lutécia não desempenhou papel social, econômico ou cultural maior do que sua importância administrativa. Chegando possivelmente a oito mil habitantes, a pequena cidade contrastava com Narbonne e Nîmes (na Gália narbonense) e também com Lyon, Autun, Reims e Trier, todas com vinte a trinta mil habitantes (enquanto a própria Roma contava com 750 mil habitantes). Os cerca de cinquenta hectares de área da Lutécia mal podiam ser comparados com os seiscentos hectares de Reims, os 285 de Trier e os duzentos de Autun – ou mesmo com o *oppidum* pré-romano de Alésia, de 97 hectares. Tanto o que acontecera com a cunhagem dos parísios quanto a lenta romanização do meio ambiente construído sugerem que a prosperidade econômica da cidade demorou a superar o trauma da conquista. A Lutécia era uma das relativamente poucas cidades romanas na Gália Setentrional onde as construções podiam ser feitas de pedras extraídas na região: os depósitos de calcário (para pedras para construção) e gesso (para argamassa e rebocos) dentro de um raio de cinco quilômetros da Île de la Cité forneceram matéria-prima para construção até os tempos modernos (a última pedreira de calcário fechou em 1939) e ao longo dos séculos criaram vastos complexos de cavernas subterrâneas. A maioria dos prédios públicos só foi erguida no século II e III. Pedra, argamassa e ladrilhos gradualmente substituíram paredes de taipa e telhados de colmo – nunca desaparecidos por completo. Embora a cerâmica, o trabalho em metais e o comércio associado à indústria de construção tenham prosperado de forma considerável durante o apogeu da cidade e levado à formação de subúrbios manufatureiros, a Lutécia não chegou realmente a transformar-se em centro de produção; em vez disso, especializou-se em atividades comerciais de longa distância. Também aqui a economia parisiense ressentiu-se da decisão imperial de construir a principal via de ligação entre a capital da província, Lyon, e a Inglaterra, passando por Sens, Senlis e Beauvais, descartando Paris.

O "pilar dos barqueiros", extraordinário achado arqueológico do começo do século II nos arredores da catedral de Notre-Dame em 1711, sugere que, apesar desses problemas, a recuperação econômica estava a caminho. O pilar de pedra de cinco metros de altura (que pode ser visto no Museu Cluny de Paris [5º], junto a vestígios das termas romanas) representa os deuses romanos (Marte, Vênus, Mercúrio, Fortuna, Castor e Pólux e Vulcano) convivendo harmoniosamente com divindades gaulesas. Está inscrito (em latim incorreto): "Sob o reino de Tibério César Augusto, os barqueiros (*nautes*) erigiram esse monumento a Júpiter Optimus Maximus (o melhor e maior de todos), repartindo o custo coletivamente". O pilar destaca o sincretismo da religião galo-romana, mas também o status social e o poder econômico dos barqueiros, cuja organização anterior à chegada dos romanos parece ter alimentado a onda de crescimento econômico do início do século II.

A produção local era transportada a longas distâncias. Adiante das três necrópoles nos arredores da cidade, grandes fazendas baseadas no modelo romano de mão de obra escrava davam à Lutécia a aparência de cidade-jardim. Por exemplo, uma grande fazenda em Chaillot e outra em Montmartre dedicavam templos a Marte e a Mercúrio. Seria necessário ir além dos limites do *boulevard périphérique* que hoje contorna a cidade para encontrar locais mais densamente habitados (Clichy, Gentilly, Bogbigny, Ivry, Saint-Denis). O caráter rural da grande Lutécia aumentou no decorrer dos séculos III e IV, à medida que o poder romano enfraqueceu, declinou e finalmente se extinguiu. A partir do final do século II, incursões de pilhagem dos bárbaros do outro lado do *limes* começaram a espalhar a incerteza por toda a Gália. Já em 162 e em 174, ataques de surpresa avisavam sobre o perigo. Mas a partir do final do século III o problema agravou-se por toda a província. Em 275, os ataques dos alamanos e francos germânicos causaram estragos em sessenta cidades gaulesas, entre as quais a Lutécia. Isso levou, pouco depois do ano 300, à fortificação tanto da Île de la Cité como de uma área indeterminada ao redor do fórum, usando pedras de construções menos defensáveis. A prática crescente de indivíduos enterrarem pequenos tesouros de moedas e outros objetos de valor demonstrava o impacto psicológico da ameaça bárbara.

1.2: Uma criança parisiense

Este é o mais antigo rosto parisiense de que temos notícia (p. 40). Tem quase dois mil anos de idade. É uma máscara funerária acidental, de clareza e intensidade quase fotográficas, descoberta em 1878 durante escavações na Rue Pierre-Nicole (5º). O arqueólogo Eugène Toulouzé trabalhava na necrópole romana dessa área há algum tempo e localizou um sarcófago grosseiramente acabado do século I ou II. Com cuidado, abriu a tampa com uma alavanca e descobriu o cadáver de uma pequenina criança, de doze a quinze meses de idade, ao lado da qual estava uma mamadeira de vidro ricamente trabalhada. A cabeça da criança, observou o arqueólogo,

> estava em parte coberta por uma camada de cimento bastante grossa. Após removê-la com cuidado, qual não foi a nossa surpresa ao percebermos que o cimento formara uma espécie de máscara funerária sobre a cabeça, assim conservando intacto, após dezoito séculos, o rosto da criança. Quando o caixão foi selado, talvez o cimento tenha ficado aderido à tampa e depois se desprendido, fixando-se sobre a cabeça da criança e moldando sua forma.

A criança recebeu tratamento especial pelo menos na morte. Ela é uma das únicas três pessoas enterradas em sarcófago nesse vasto cemitério – a maior parte dos enterros era feita diretamente na terra ou então os corpos eram colocados em caixões de madeira. Porém, a morte de uma criança era uma ocorrência banal não só na Lutécia romana, mas durante a maior parte da história de Paris. Talvez não seja motivo de surpresa que o maior cemitério de Paris a partir da Idade Média fosse dedicado aos Santos Inocentes, as crianças massacradas por ordem de Herodes. Quando o cemitério dos Inocentes foi fechado, em 1786, continha os restos mortais de dois milhões de parisienses; vasta proporção desses eram crianças. A evidência estatística sugere que até o final do século XVIII e início do século XIX, uma entre cada três ou quatro crianças parisienses morria antes do primeiro aniversário.

Esse massacre de inocentes era agravado por uma série de práticas sociais. A partir do fim da Idade Média, a burguesia, os donos de loja e os artesãos parisienses adquiriram o hábito de enviar os filhos para serem aleitados no campo, onde havia maior chance de perecerem do que em casa. Além disso, Paris tornou-se verdadeiro depósito de crianças enjeitadas tanto de fora como da própria cidade. Hospitais para crianças enjeitadas foram criados a partir do século XVI, destacando-se o Enfants-Trouvés, fundado por São Vicente de Paulo em 1640. Infelizmente, tais instituições bem-intencionadas estimulavam o abandono. Na época da Revolução Francesa, a cada ano, cerca de oito mil bebês eram transportados a Paris a fim de serem abandonados; durante a viagem e nos três primeiros meses em que eram cuidadas, 90% morriam. A taxa de mortalidade era maior entre os bebês alimentados artificialmente – como a criança parisiense encontrada por Toulouzé em suas escavações. A situação só começou a melhorar no século XIX.

A pobreza das crianças era um problema tão grande quanto a mortalidade infantil. A criança mendiga tornou-se alvo frequente de preocupação a partir do século XVI. Histórias terríveis de abuso infantil não faltavam. Uma mãe foi executada em 1445 por ter vazado os olhos da filha ainda bebê, para a menina inspirar mais pena ao pedir esmolas nas ruas. Relatos de pernas quebradas e outras mutilações provocadas eram comuns na literatura picaresca de vagabundagem. As crianças tinham o talento de despertar esses rumores e lendas urbanas. Em várias ocasiões, a partir do século XVI – em 1529, 1663, 1675, 1720, 1741 e 1750 –, os parisienses foram tomados de pânico, pois suas crianças estariam sendo vítimas de sequestro. Em 1750, corria o boato de que as crianças estavam sendo exterminadas para que seu sangue pudesse ser usado para banhar as feridas leprosas do devasso Luís XV.

Do final de século XVIII em diante, a criança mendiga parece ter se metamorfoseado no garoto de rua – o *gamin* de Paris –, objeto tanto de inquietação quanto da preocupação caridosa das elites parisienses. Uma gangue de crianças mutilara e castrara o cadáver do almirante Coligny no massacre da noite de São Bartolomeu de 1572.

A mais séria investida contra o poder dos Bourbon antes da Revolução Francesa recebeu o nome de uma funda de criança – a Fronda (1648-1653). No início do século XIX, um funcionário da Polícia de Paris afirmou que a situação deles pouco havia melhorado: "Todos conhecem essa raça de crianças parisienses que nas aglomerações berram palavras revoltosas, e nas arruaças são os primeiros a apanhar pedras das barricadas e quase sempre os primeiros a começar a atirá-las". Alexis de Tocqueville concordava: "Em geral, são os garotos de rua de Paris que começam as insurreições, e fazem isso alegremente, como alunos em férias". Portanto, as crianças de Paris eram tanto perpetradoras quanto vítimas da violência. Todavia, o retrato sensível e compassivo de Gavroche no magnífico romance *Os miseráveis* (1862), de Victor Hugo, ajudou a despertar a consciência sobre as condições que produziram tal comportamento. Gavroche morre nas barricadas – não sem antes tocar as cordas do coração dos leitores de Hugo.

Apesar desses sinais preocupantes, as invasões parecem ter afetado a Lutécia relativamente pouco se comparada a outras cidades do Norte, e os problemas não eram considerados sérios demais a ponto de impedirem a construção de residências fora das áreas fortificadas. Embora um pouco encolhido, o tecido urbano que se desenvolvera sob a *pax romana* permaneceu intacto em sua essência, mesmo provavelmente tomado de urtigas e outras ervas daninhas. Além disso, a Lutécia também veio a desenvolver parte da importância estratégica dos tempos recentes. Enquanto o *limes* permaneceu seguro, as forças militares romanas puderam policiar as fronteiras lançando bases em cidades próximas à Alemanha, como Trier. Assim que a zona de fronteira começou a ceder, havia muitos argumentos a favor de uma localização mais à retaguarda como a Lutécia, longe demais para ser o primeiro alvo dos ataques dos invasores. O excelente sistema de estradas e rios proveniente da cidade facilitava o movimento rápido de tropas até qualquer zona de tensão. Também permitia eficientes linhas militares de abastecimento de comida até Cambrésis, Beauce e Poitou. A vitivinicultura (mencionada pelo imperador Juliano) estabelecera-se na região, provavelmente antes mesmo da decisão do imperador Probo (276-282) de suspender a antiga norma de não produzir vinho fora da Itália. Um campo militar na Lutécia foi criado numa área da margem esquerda, a sudeste, na estrada para a Itália. Uma frota naval também foi destacada para a cidade a fim de conduzir tropas pelo sistema fluvial rumo a diferentes pontos com ameaça de desordem. A transformação da cidade em praça-forte ofereceu excelentes oportunidades aos barqueiros parísios: os *nautes* sem dúvida continuavam a prosperar.

Essas devem ter sido as irresistíveis razões estratégicas que levaram o general romano Juliano a escolher a cidade como quartel-general de inverno, ao ser enviado à Gália para combater os ataques germânicos, no final da década de 350. Juliano instalou uma basílica na Île de la Cité, cuja importância parecia aumentar naquele período: o porto da cidade também situava-se na ilha. Em 360, num ato que se mostraria significativo na história posterior da Lutécia, Juliano foi aclamado imperador romano por suas tropas. Essas estavam amotinadas contra a ameaça de serem transferidas para lutar na Ilíria, na zona de fronteira oriental de Roma – em suas palavras, arrancados de suas famílias, "num estado de nudez e carência".[5] Os legionários ergueram um relutante Juliano em cima do escudo de um soldado de infantaria e o aclamaram – ritual tanto germânico como romano. Na ausência de diadema adequado, cingiram-lhe com as insígnias de um porta-estandarte. O novo imperador morreu três anos depois, mas um dos seus sucessores, Valentiniano I, também se aquartelou na cidade durante as campanhas contra os bárbaros nos anos de 365-366, dando novo brilho à aura imperial da Lutécia.

Ou já deveríamos dizer Paris? Era prática bastante comum as *civitates* batizarem sua principal cidade com o nome tribal, e, no início do século IV, a "cidade dos parísios" era chamada de "Paris". Até o final daquele século a mudança de nomenclatura estava completa. Por baixo do superficial verniz romano, a Lutécia nunca perdera sua natureza gaulesa do fim da Idade do Ferro. Como de hábito no resto da Gália, os romanos permitiram aos parísios manterem basicamente a antiga estrutura política, e a aristocracia local provavelmente recebeu poucos forasteiros. Os *nautes* quase com certeza também datavam de antes dos romanos. Paris-Lutécia sempre fora um posto avançado no meio daquele território ainda bárbaro e selvagem. A própria família do imperador Juliano procedia de um povo distante da região do Danúbio que ele caracterizava como "rústico, desajeitado, sem charme e arraigado de modo inabalável a suas decisões". Porém ele abertamente reconhecia uma semelhança entre seu temperamento e o dos povos celtas da região de Paris, descrevendo seu papel entre os parísios e sua gente como o de "um caçador que se associa e passa a viver no meio das feras selvagens".[6] Embora os romanos se orgulhassem de ter civilizado essa cidade um tanto insignificante, povoada de semibárbaros (mesmo sendo, como defendia Juliano, encantadora), a Lutécia seguia incapaz de abandonar a herança pré-romana. Na verdade, isso ficou cada vez mais evidente com o andamento do século IV.

No final dos anos 350 e início dos anos 360, os imperadores Juliano e Valentiniano tiveram relativo sucesso em repelir o avanço das tribos germânicas – especialmente os alamanos e os francos – e mantê-las do outro lado do *limes*. A mudança do comando militar de Paris para Trier no fim do século

IV sugeria maior sensação de segurança na região do *limes*. Todavia, as sombras da *pax romana* eram tênues – no século V, o poder romano desmoronou por completo. Devido ao desenvolvimento de um império duplo em Roma e Constantinopla, tornou-se difícil o reagrupamento das forças imperiais do Oeste. Em 410, Roma foi saqueada pelos visigodos, e a divisão entre o império Oriental e o Ocidental ficou definitivamente consolidada. Mesmo antes disso, em 406, a zona de fronteira defensiva romana no nordeste havia vazado, à medida que numerosas hordas de invasores bárbaros atravessavam o *limes*, terminando de modo eficaz o sistema provincial romano em toda a Gália. Os burgúndios fixaram-se no Leste da França, os alamanos na Alsácia, os suevos e vândalos na Espanha, enquanto os visigodos invadiram o Sudoeste da França a partir da Itália, criando um reino na região de Toulouse que as autoridades imperiais romanas foram forçadas a reconhecer no ano de 416. Nas faixas do Norte e do Nordeste da França, os francos eram a força dominante.

No meio da confederação informal de tribos com nome comum de francos, destacavam-se os francos sálios. Conforme se dizia, os sálios podiam seguir sua genealogia até um antepassado espantoso chamado Meroveu, filho de um monstro marinho pagão. Os francos sálios encontravam-se oprimidos pelo cerco cada vez mais sufocante dos últimos representantes imperiais romanos nomeados para a região, os comandantes Aécio (425-454), Egídio (454-464) e Siágrio (464-486). Em 463-464, os francos sitiaram Paris (quando mataram Egídio); repetiram a operação no fim dos anos 480, após a morte de Siágrio, cuja base era Soissons. O assassinato de Siágrio e a morte do último imperador do Ocidente em 476 podem ser considerados os marcos do fim do Império Romano Ocidental. Ao perder o senso de Lutécia romana, Paris ganhava nova identidade, em que a religião teria papel destacado. O cristianismo já chegara na região e se imprimia na face da cidade. Segundo a tradição eclesiástica posterior, a primeira comunidade cristã na cidade fora fundada por São Dionísio (ou Denis), que se acreditava largamente tratar-se de Dionísio, o Aeropagita mencionado no Novo Testamento como seguidor de São Paulo. Essa tradição foi baseada numa confusão de Dionísios. O São Dionísio parisiense era provavelmente um missionário cristão enviado à região na segunda metade do século III. Ele pregava de modo clandestino, já que o intransigente monoteísmo cristão era considerado ameaça ao culto romano: os imperadores Décimo (249-251) e Valeriano (253-260), por exemplo, haviam lançado severas ondas de perseguição contra cristãos. Dionísio foi executado, possivelmente no ano de 272. Por ocasião de sua morte, aconteceu o milagre em que se baseou sua canonização. Após ser decapitado nas colinas de Montmartre (na época *Mons Mercurii*), supostamente ele teria apanhado a cabeça e caminhado com ela até o local de sua sepultura, sobre a qual a abadia de Saint-Denis foi construída

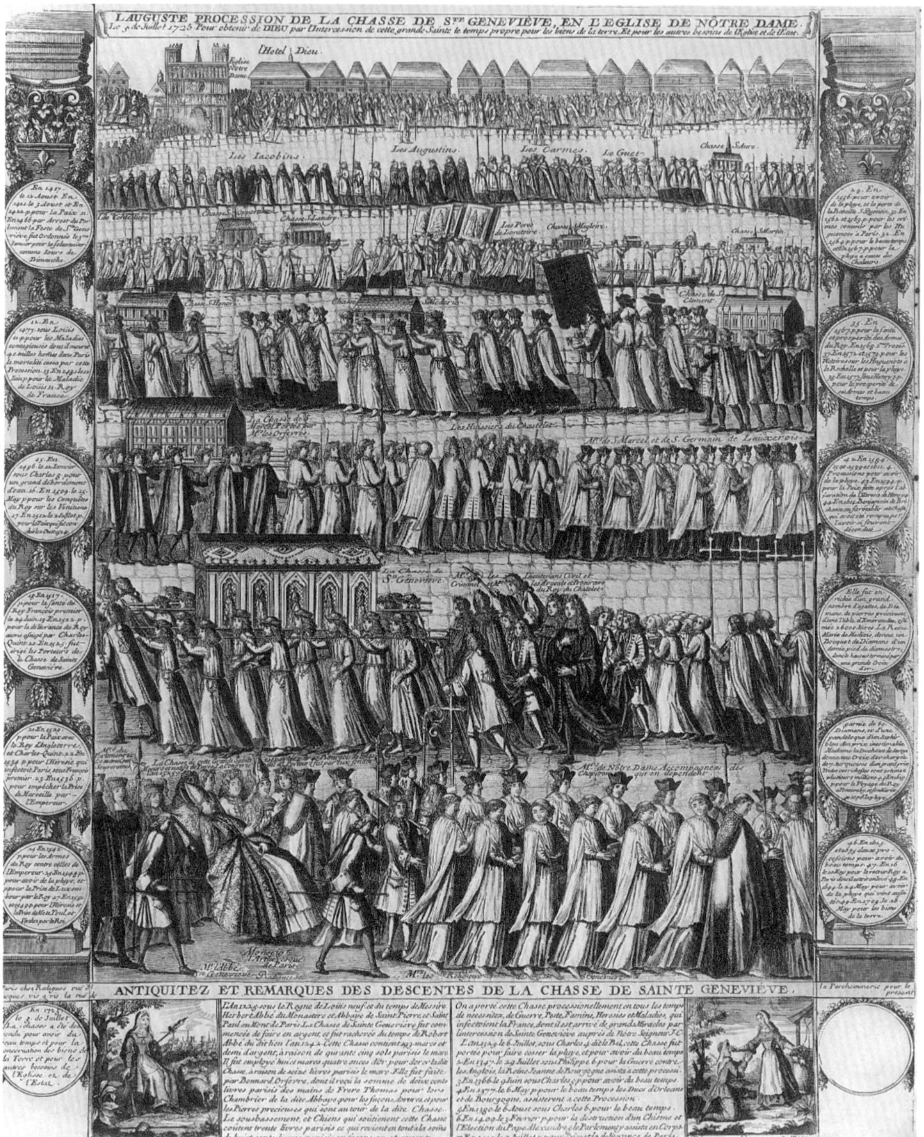

Procissão de Santa Genoveva, 1725

mais tarde. A sorte dos cristãos melhorou bastante quando, por meio do Édito de Milão de 313, o imperador Constantino tornou o cristianismo a religião do Estado romano. Embora a perseguição esporádica de comunidades cristãs não tenha deixado de existir – por exemplo, o imperador Juliano, paladino da Lutécia, era anticristão militante –, por volta do começo do século V, o cristianismo estava seguro. Daí por diante, as vítimas de perseguição passaram a ser os pagãos e os hereges.

Uma moça cristã – pouco depois canonizada sob o nome de Santa Genoveva (Geneviève) – simbolizou a resistência da cidade aos bandos de saqueadores bárbaros no século V. Em 451, Paris encontrava-se sob a ameaça da invasão de Átila e dos hunos. Conforme os hagiógrafos, enquanto os líderes da cidade recomendavam a fuga em massa, Genoveva organizou a resistência. Sua reputação como bastião do cristianismo em face do barbarismo pagão foi devidamente coroada com a retirada das forças de Átila das vizinhanças de Paris; acabaram derrotadas por Aécio, no campo de batalha perto de Troyes e Châlons. Posteriormente, Genoveva participou de negociações com os exércitos dos francos liderados por Childerico em 463-464. Na década de 470, intercedeu de novo, ao trazer grãos de Troyes para aliviar a fome que a cidade sofria por estar sitiada pelos francos. A morte de Siágrio, após ser derrotado no campo de batalha por Clóvis, filho de Childerico, tornava não recomendável uma completa resistência, especialmente porque Clóvis começava a amealhar um poderoso império franco que cobria a maior parte do território da outrora chamada "Gália Cabeluda".

1.3: Santa Genoveva

Na Pont de la Tournelle, que une a margem esquerda e a Île Saint-Louis, ergue-se uma enorme estátua de Santa Genoveva, a santa padroeira de Paris (422-502), obra do experiente escultor Paul Landowski (1875-1961). Erigida em 1928 no limite oriental das fortificações da cidade do fim da Idade Média, a estátua olha para o leste. Portanto, relembra a principal fonte conhecida de perigo dos primeiros tempos de Paris. Vindos do leste, Átila e os hunos chegaram a Paris em 451, quando Genoveva, de modo admirável, arregimentou as forças de resistência parisienses. Os chefes militares francos com quem ela negociou nas décadas de 570 e 580 também eram oriundos do leste.

Todavia, a vontade expressa do escultor, veterano da batalha do Somme, era que a estátua, em espírito de paz, ficasse voltada para a catedral de Notre-Dame, a oeste dali. Ao contrariarem o escultor e erigirem a estátua da santa padroeira naquela posição, os políticos republicanos estavam relembrando também ameaças mais recentes a Paris vindas de leste, a começar com a Guerra Franco-Prussiana de 1870-1871, quando Paris fora sitiada. Em 1914, houve uma onda de pedidos de intercessão antes da batalha do Marne, conflito que realmente poupou Paris de uma invasão alemã. Embora seu relicário tenha sido carregado em procissão pela cidade em maio de 1940, quando a "guerra de mentirinha" com a Alemanha finalmente se agravou, naquela oportunidade a santa foi claramente menos bem-sucedida, e Paris teve de se submeter a quatro anos de ocupação nazista.

A posição da estátua de Landowski não revela uma germanofobia consistente no tratamento de Santa Genoveva. (Na verdade, de modo irônico, seu nome era de origem germânica, e seus pais podem até mesmo ser francos naturalizados.) Durante a maior parte do milênio em que seus poderes de proteção foram invocados, a santa teve ampla competência em múltiplas ocasiões de desastre e catástrofe. Esse socorro podia ser pessoal – sua intercessão era considerada especialmente poderosa em casos de paralisia e febres. O humanista Erasmo de Rotterdam acreditava que a santa lhe ajudara a recuperar-se de uma febre quartã quase fatal, quando estudava em Paris em 1497. Ela também atendia a apelos coletivos, culto originado a partir de relatos do cerco viking à cidade em 885, quando os restos mortais da santa tinham sido levados em procissão ao longo das fortificações com o objetivo de salvar a cidade. (Bárbaros como os francos, os vikings aproximaram-se da cidade dessa vez vindos do oeste.)

A partir da Idade Média, a cada dia 3 de janeiro, o relicário contendo seus restos mortais era solenemente retirado da igreja de Sainte-Geneviève, onde Clóvis (que ela ajudara a converter ao cristianismo) os depositara em 512. As pessoas conduziam os restos mortais em procissão ao redor da Montagne Sainte-Geneviève, desciam até a catedral de Notre-Dame e os traziam de volta. Até Luís XIV mudar a corte para Versalhes no final do século XVII, os reis da França residentes em Paris acompanhavam a procissão. O relicário também era conduzido em momentos de desastre – e não menos do que em 44 ocasiões nos turbulentos anos do século XVI. Os motivos para procissões incluíam: pestes, chuvas, enchentes, "a prosperidade das armas do rei", defesa contra os huguenotes, enfermidades do rei e, especialmente, períodos de escassez e fome. Genoveva teria, segundo se alega, trazido provisões pelo rio, desde suas terras na região de Troyes, para aplacar a fome que ameaçava os parisienses. Sua fama devia-se mais a essa habilidade como provedora do que à germanofobia.

O oficial de polícia Nicolas de La Mare, escrevendo em 1738, observou que o culto à Santa Genoveva era "quase tão antigo quanto a monarquia". Ele se revelou quase profeta. A intercessão da santa parecia ser menos buscada na era laicizante do Iluminismo: seu relicário só foi levado em procissão em duas ocasiões durante o século XVIII. O relicário foi brutalmente removido nas campanhas iconoclásticas de descristianização do Terror durante a Revolução Francesa, após a execução de Luís XVI. O precioso relicário incrustado de ouro foi levado até a casa da moeda para ser derretido – "muito tranquilamente e sem quaisquer milagres", como observou o jornal *Moniteur*.

No século XIX, Genoveva teve um retorno vigoroso na condição de ícone nacional (além de, curiosamente, santa padroeira dos policiais e das aeromoças). Embora seus restos mortais tenham sido dispersos na década de 1790, um relicário substituto foi construído, contendo uma pedra do sarcófago original. Esse então foi disposto numa igreja próxima, a igreja de Saint-Étienne-du-Mont, onde permanece, objeto de vacilante devoção – agora que fome e germanofobia se tornaram, espera-se, coisas do passado parisiense.

Genoveva pode muito bem ter sido fundamental na cristianização da nova dinastia dos merovíngios (ou seja, dos descendentes de Mérovée ou Merowech). O pagão Childeberto reverenciava com grande respeito a santidade pessoal de Genoveva, e foi possivelmente sob a influência da santa que Clóvis e cerca de três mil soldados francos converteram-se ao cristianismo por volta de 498. Clóvis governou os francos de 481/482 até 511. Ele e a esposa, Clotilda, iniciaram o culto à memória de Genoveva, fundando a basílica dos Santos Apóstolos (onde o casal real seria enterrado), no local do que se tornaria, a partir do século IX, a igreja Sainte-Geneviève na montanha Sainte-Geneviève. A adoção do Cristianismo permitiu que Clóvis posasse de defensor da fé contra os visigodos, bárbaros como ele, mas que haviam abraçado a heresia ariana, e a quem ele derrotou na batalha de Vouillé em 507. Desse modo, Clóvis também podia alegar conhecimento para ser o sucessor do poder imperial romano. Em 508, numa cerimônia em Tours, Clóvis recebeu do imperador do Oriente, Anastásio I, em Constantinopla, o título oficial de cônsul. As pretensões da Lutécia (conforme a vontade de Juliano e Valentiniano) de tornar-se cidade imperial e (graças a Genoveva) comunidade ícone do Cristianismo deram à cidade o cunho que Clóvis buscava, no intuito de ser visto como alguém investido da legitimidade de Roma. "Após vestir a túnica púrpura e o manto militar", relatou São Gregório de Tours de modo não muito confiável, "ele colocou um diadema na cabeça. Desse dia em diante, ficou conhecido como cônsul ou Augusto. Em seguida partiu a Paris, onde fixou capital."[7]

Apesar das aparências, não era surpreendente que os francos adotassem o manto da romanidade e a aura do cristianismo. Pois haviam adotado muitos dos valores do império romano tardio. Muito antes de Clóvis, povos francos vinham-se infiltrando através do *limes*, que era bem mais poroso do que se pretendia. A lenta e progressiva germanização das tropas recrutadas para o exército romano a partir do século II é também fator pertinente nesse processo, especialmente após Paris virar praça-forte. No grande cemitério galo-romano, a sudeste da cidade, havia a lápide de um legionário romano (*sic*) chamado Ursanius, da tribo germânica dos menápios, que geralmente ocupavam a foz do Reno. Sem dúvida, ele estava longe de ser atípico. Os francos haviam servido em inúmeras ocasiões como *foederati* – ou aliados a partir de tratado – dos romanos, com a missão de policiar a zona de fronteira e manter os demais grupos bárbaros fora dali. Por exemplo, o pai de Clóvis, Childerico, lutara ao lado de Aécio contra Átila em 451 e ao morrer insistira para ser enterrado com a insígnia de general romano junto com os machados de arremesso usados pelos francos, as franciscas. Paris era dotada de uma mistura étnico-cultural provavelmente tão grande quanto em tempos anteriores; e essa mistura incluía elementos germânicos. Os legionários romanos que tinham erguido Juliano em cima de um escudo durante a aclamação imperial de 360 estavam realizando, como já sugerimos, um ritual germânico pouco conhecido em Roma. Até mesmo Genoveva – ícone cristão na defesa da romanidade – provavelmente tinha sangue germânico nas veias.

Os francos merovíngios, outrora bárbaros caçadores furtivos, transformaram-se assim em guardas-caças imperiais (e cristãos). Sua reputação era de serem os mais romanizados dentre os chamados bárbaros. "Os francos não são nômades como de fato alguns bárbaros o são", registrou o cronista grego do século VI, Acácio de Mirina:

> seu sistema de governo, administração e leis tem mais ou menos como modelo o padrão romano, ao lado do qual eles mantêm padrões semelhantes no que tange a contratos, casamento e prática religiosa. São de fato todos cristãos e aderem à mais rígida ortodoxia. Também possuem magistrados e padres nas cidades e celebram os festivais do mesmo modo que fazemos. Para um povo bárbaro, impressiona-me por ser extremamente bem-educado e civilizado. São praticamente como nós, a não ser por seu rude estilo de vestir e sua linguagem peculiar. Parecem ser bastante civilizados e cultos para um povo bárbaro.[8]

A integração foi facilitada pelo fato de que os francos não eram numerosos. Ocupavam as posições cruciais na administração do novo estado de Clóvis, mas a evidência arqueológica demonstra que não alteraram a cultura material da maioria da população de Paris e arredores (sua presença era maior a leste). De modo significativo, também, não restaram quaisquer nomes de locais de origem germânica na região de Paris – apenas nomes latinos e (em particular) gauleses.

Assim, é provável que os francos tenham se amalgamado sem transtornos por meio de casamentos e alianças políticas com as elites galo-romanas. Sua conversão ao Cristianismo foi um modo de assinalar seu status imperial (uma vez que o Cristianismo era a religião do estado imperial desde 313), mas também foi um gesto conciliatório para com os nativos, cristianizados a partir do final do século III. Além disso, os francos aceitaram e mantiveram intactas a estrutura diocesana e a hierarquia eclesiástica já estabelecidas, tentaram manter o sistema de impostos romano e aceitaram códigos legais preexistentes. O latim, a língua dos romanos e do clero, tornou-se o idioma reconhecido do estado merovíngio, usado em todos os documentos oficiais, inclusive o código de lei comum dos próprios francos. Eles também trabalharam lado a lado com a hierarquia da Igreja. "Deveríeis submeter-vos à opinião de vossos bispos e sempre recorrer ao conselho destes", escrevera Remi, bispo de Reims, a Clóvis no começo de seu reinado. "Se mantiverdes boas relações com eles, vossa província terá mais chances de prosperar."[9] De modo prudente, Clóvis e seus sucessores seguiram esse conselho em grande medida.

A escolha de Paris como capital por parte de Clóvis fazia muito claramente parte dessa estratégia merovíngia de acomodar as estruturas de poder existentes e apropriar-se do repertório simbólico da romanidade e do Cristianismo. Seria impossível alguém se imaginar herdeiro de Roma sem ter uma cidade no modelo romano. Paris era candidata óbvia a capital, porque testemunhara a coroação efetiva do imperador Juliano; mas a escolha também sugere que a cidade não perdera todos os traços do esplendor romano mesmo com a infestação de ervas daninhas e urtigas. Clóvis e seus herdeiros – que usavam cabelos compridos, talvez como símbolo mágico – combinavam a aura de eleitos do Deus cristão, o culto divinal romano ao imperador e a tradição merovíngia do status divino que resultava de serem descendentes de Merowech. Os reis cabeludos cunhavam moedas com a imagem de Rômulo e Remo, fundadores de Roma; enviavam representantes diplomáticos a Constantinopla e mantinham em sua arquitetura a coluna coríntia. Chilperico (r. 561-584) compôs poesia latina em versos hexâmetros e segundo consta realizou jogos romanos em Paris no ano de 577, possivelmente no antigo anfiteatro.

A postura da dinastia real como protetora tanto da romanidade como do Cristianismo se desenvolvia no contexto do sangrento, caótico e complexo jogo da política do poder merovíngia descrita na *História dos francos*, de São Gregório de Tours. Por um lado, o reino franco crescia a partir do século VI como resultado de conquista militar: primeiro os visigodos da Aquitânia e o reino ostrogodo de Provença ficaram sob o controle dos merovíngios, depois os burgúndios no Leste da França, havendo ainda expansão na Alemanha e na Itália. Por outro lado, as terras dinásticas eram com muita frequência subdivididas após a morte de um rei. Por exemplo, com a morte de Clóvis em 511, todos os quatro filhos repartiram a herança: Childeberto tornou-se "rei de Paris", enquanto seus irmãos governavam reinos com sede em Orléans, Reims e Soissons. A morte e a falta de herdeiros serviam para evitar fragmentações excessivas de poder, assim como aquele esteio da cultura política merovíngia (como de resto do império em seu período final), o assassínio a sangue-frio. Mas, desde o tempo de Clóvis até meados do século VIII, apenas um a cada quatro anos testemunhou a presença de um único soberano merovíngio no trono. O papel simbólico especial de Paris ainda era reconhecido, tanto que não foi repartida entre diversos governantes, mas manteve o status de capital de todos os domínios francos e de local onde os assuntos de interesse comum poderiam ser discutidos se necessário. Porém, a cidade tinha se transformado em pouco mais que moeda de barganha dentro da política de poder merovíngia, ainda mais porque os reis merovíngios eram não apenas múltiplos, mas também, a partir do final do século VI, cada vez mais itinerantes dentro de seus domínios. Um rei merovíngio muito raramente fixava residência em sua capital.

Talvez devido a seu status simbólico de capital, Paris tornou-se o local escolhido para uma série de concílios da Igreja. Uma assembleia desse tipo fora realizada na cidade em 360 com o objetivo de condenar a heresia ariana, mas concílios agora se reuniam regularmente aqui – em 552, 561, 573, 577 e 614, por exemplo. A cidade também passou a desempenhar outro papel: morada do descanso eterno para a dinastia real. Tanto Clóvis quanto Clotilda estavam enterrados no santuário que haviam construído para Santa Genoveva em Paris. Em 543, além disso, o filho de Clóvis, Childeberto (r. 511-558), retornou de Saragoza trazendo restos mortais de São Vicente e depositou-os num santuário da margem esquerda, conhecido a partir daí como Saint-Germain-des-Prés. Ele foi enterrado ali em 558, assim como todos os seus sucessores até 629. Uma necrópole real também se formou na abadia em Saint-Denis – local do túmulo do santo epônimo, sobre o qual Santa Genoveva erguera um santuário nos anos 450. Certos altos dignitários merovíngios escolheram a mesma abadia como local de descanso eterno. A decisão de Dagoberto I (r. 629-638), um dos poucos soberanos a governar sozinho as terras merovíngias, de ser enterrado ali marcou o início do que mais tarde se transformaria numa tradição funerária da realeza que perdurou até a Revolução Francesa.

Encorajada pela monarquia e também por uma aristocracia no século VI altamente comprometida com a construção de instituições religiosas, a Igreja prosperava. Uma nova topografia religiosa surgia na cidade. O milagre da cura de um leproso, feito por São Martinho de Tours em sua passagem em direção ao norte da cidade em 385, levou à construção da igreja de Saint-Martin-des-Champs, na margem direita (3º), bem mais ao norte do que a maioria das casas da cidade. São Marcelo de Paris, por sua vez, foi responsável por desenvolver o sudoeste da cidade: sua alegada batalha milagrosa contra um dragão nas margens do cemitério onde ele mesmo seria enterrado (*c.* 435) criou uma nova necrópole cristã perto de onde hoje fica o cruzamento de Les Gobelins (13º), área anteriormente utilizada como cemitério militar. Os merovíngios patrocinaram o início dos trabalhos de construção de uma nova e enorme catedral, dedicada a Santo Étienne (Santo Estevão), na Île de la Cité, perto ao local onde Notre-Dame seria construída no século XII. Por volta do século VIII, a ilha também abrigava cerca de meia dúzia de outras igrejas; a margem esquerda também estava bem servida por cerca de uma dúzia de igrejas criadas pelos merovíngios. A tendência era construí-las junto a estradas importantes: por exemplo, as igrejas de Saint-Séverin e Notre-Dame-des-Champs eram contíguas à Rue Saint-Jacques; e as de Saint-Julien-le-Pauvre, Saint-Médard e Saint-Marcel, à estrada para a Itália.

Outra evolução foi o surgimento de bom número de moradias na margem direita do Sena. Essas habitações eram geralmente construídas ao redor de suaves montes (*monceaux*), os quais, graças aos cuidados niveladores do barão Haussmann no século XIX, hoje raramente são perceptíveis.[10] Por volta desse período, as igrejas também eram construídas no alto desses aspectos topográficos. Esse foi o caso das igrejas de Saint-Germain-l'Auxerrois (1º), Saint-Merri e Saint-Gervais (4º), bem como de cerca de meia dúzia de outros lugares, incluindo Saint-Jacques-de-la-Boucherie (4º), nas proximidades do que então já era um porto fluvial em pleno funcionamento. Além da área mais pantanosa da margem direita, havia Saint-Laurent (10º) e ainda Saint-Martin-des-Champs. Mais ao norte, os templos pagãos em Montmartre tinham sido substituídos por uma igreja construída no local do martírio de São Dionísio: o *Mons Mercurii* (Monte de Mercúrio) virou *Mons Martyrum* (Monte dos Mártires). Além de tudo, isso constituía uma extraordinária série de igrejas para uma cidade provavelmente não muito mais populosa do que sua predecessora romana.

Enquanto as instituições eclesiásticas de Paris cresciam cada vez mais, o papel político e econômico da cidade minguava. É bem verdade que a presença de mercadores sírios e judeus em Paris no século VI dava testemunho da continuação dos padrões de comércio e transporte de longa distância; porém, uma economia bem mais localizada, que envolvia doações, pagamento de tributo e pilhagem, começara a dominar dentro dos domínios francos e mesmo em outras regiões. As cidades não eram mais a força motora do comércio e da troca que haviam sido sob o império romano: a civilização urbana estava sendo substituída por outra, nitidamente baseada no campo. A força política dos francos também entrara em declínio. Os seus agora muitas vezes múltiplos soberanos negligenciavam as conquistas mais ao sul e focavam as ações de poder entre o Loire e o Reno. Dentro dessa área, surgiram dois polos de atividade: a Austrásia (o Leste da França e o Oeste da Alemanha, do Meuse até o Reno) e a Nêustria (a França central e ocidental, do Meuse ao Loire, Paris inclusive).

Os reis da Nêustria tornaram-se cada vez mais itinerantes. Embora a sede do tesouro continuasse em Paris, eles geralmente preferiam ficar no palácio real de Clichy em vez de na cidade. Com exceção da breve escala de viagem feita por Chilperico II em 717, não há registro de nenhuma visita real a Paris na primeira metade do século VIII. Além do mais, a dinastia merovíngia enfraquecia-se por motivos internos, graças ao crescimento de uma nova fonte de poder no ambiente doméstico, os chamados "prefeitos do Palácio". O cronista Einhard mais tarde observou como a riqueza e o poder progressivamente passaram às mãos desses funcionários reais, encarregados das contas da dinastia real e de garantir períodos de interregno sempre que menores herdavam o trono. Esses indivíduos "exerciam autoridade máxima. Ao rei cabeludo e barbudo nada restava além de usufruir do título e de ter a satisfação de sentar-se no trono e fingir que governava."[11]

Em 679, o prefeito do Palácio da Austrásia, Pepino II de Herstal, da dinastia dos arnulfidas (mais tarde dinastia carolíngia), pôs fim ao governo merovíngio na metade austrásia dos domínios francos. Em 687, ele forçou os nêustrios a aceitá-lo, bem como a seus herdeiros, como prefeito do Palácio. Ele e seus sucessores construíram a base do poder na Austrásia; e, assim, Paris ficou ainda mais distante do local onde a verdadeira autoridade era exercida. Os reis merovíngios, que ainda desfrutavam de certo status divino, pareciam pouco mais do que meros reis de fachada. Finalmente, o austrasiano Pepino III, o Breve, decidiu que eles mais atrapalhavam do que ajudavam e os depôs em 751.

Pepino foi coroado rei dos francos pelo papa em Saint-Denis, em 754. Lá foi enterrado após sua morte em 768. Porém, Paris parecia prestes a ser deixada de fora da política dinástica. Após flertar com a ideia de sediar o governo em Paris, o herdeiro de Pepino, Carlos, o Grande – Carlos Magno –, decidiu instalar seu palácio em Aix-la-Chapelle, mais próximo do centro de seu enorme império, que se estendia de além dos Pirineus até o Báltico, e desde a costa do Atlântico passando pela maior parte da Itália e indo até as planícies húngaras. Como os merovíngios, os carolíngios buscavam uma base sagrada para seu poder – mas sem envolver Paris nesse processo. Seguiam a inspiração de um antepassado, Carlos Martelo, que derrotara os exércitos árabes em Poitiers em 732, e tornavam-se cruzados armados da fé – em especial na Alemanha. Pelo menos em parte devido ao reconhecimento por esses serviços espirituais, no dia de Natal de 800, o papa coroou Carlos Magno imperador do Sacro Império Romano. Mas não foi permitido a Paris compartilhar dessa glória recém alcançada. O aparato estatal carolíngio era sediado em Aix-la-Chapelle, e o imperador escolhia a maioria de seus dignitários de famílias austrásias em vez de nêustrias. Embora concílios da Igreja tenham sido realizados em Paris nos anos de 825, 829, 846, 849 e 853, o renascimento provocado pela dinastia carolíngia alijara Paris. As atividades culturais e religiosas envolvidas – cópia e iluminura de manuscritos latinos, melhorias na arte da notação musical, codificação de leis e acabamento nas belas-artes – encontravam maior vigor em Aix-la-Chapelle e nos mosteiros de Corbie, Laon, Metz e Reims, mas não na cidade de Paris, com a honrosa exceção da abadia de Saint-Germain-des-Prés.

Paris parecia longe demais do coração do poder carolíngio. Essa posição à margem do poder confirmou-se pela relativa impotência da cidade diante de uma nova onda de ataques bárbaros – dessa vez realizados por nórdicos escandinavos, ou vikings. Esses marinheiros pagãos atacavam e saqueavam o sul da Inglaterra e a costa atlântica da França desde o final do século VIII. A partir dos anos 840, porém, eles adquiriram o hábito de navegar Sena acima e sitiar Paris. A partir da década de 850, até mesmo passavam os invernos na França, de modo a poder estender seus ataques por lá.

Naquela altura, o vasto império carolíngio já sofrera o tipo de fragmentação política que caracterizara o período merovíngio. Pelo Tratado de Verdun, de 843, as terras dos francos foram divididas entre os filhos do imperador Luís, o Piedoso. O título imperial foi dado a Lotário, governador da extensa faixa territorial que se estendia desde o Mar do Norte ao Adriático ("Lotaríngia"). Essa faixa dividia o reino germânico dos francos orientais (sob o reinado de Luís, o Germânico) e a Frância Ocidental, governada até os anos 870 por Carlos, o Calvo (r. 838-877). Todavia, este último demonstrou pouquíssimo interesse em Paris, fazendo sua corte perambular pelos seus domínios e preferindo residir no palácio em Compiègne. Sua estratégia – ou talvez falta de estratégia – em relação aos vikings era comprá-los, acordo que acabou se transformando em sistema recorrente de extorsão como garantia de proteção. Nos anos 860, Carlos, o Calvo, insistiu na importância de se construir barreiras nos rios contra os ataques dos vikings. A partir de 870, todas as cidades na Frância Ocidental receberam ordem de fazer reparos nas estruturas de defesa. Até aquela data, Paris fora vítima de pilhagens em 845, 856-857, 861, 865-866 e 869, e praticamente todas as igrejas da margem esquerda haviam sido saqueadas e também incendiadas. A maioria dos habitantes da cidade aberta debandava rumo à Île de la Cité, para usufruir da proteção que o rio parecia lhes proporcionar. As muralhas da cidade, construídas contra os povos francos no final do século IV, tinham quinhentos anos e dificilmente conseguiriam oferecer resistência militar. Mas, a partir da década de 880, construíram-se novas fortificações na Île de la Cité, por ordem de Odo (Eudes), o conde de Paris (conde de 882 a 898).

Em 885-886, Paris se rebelou. O cronista Abbon foi testemunha de um cerco viking à cidade ocorrido naquele inverno. As hordas vikings avançaram em "setecentos navios altos e numa profusão de embarcações menores", organizados tão apertadamente que as armações de "velas, carvalho, olmo e almieiro" tornavam as águas do rio invisíveis por duas léguas rio abaixo.[12] Os parisienses recusaram-se a pagar o valor da proteção que os vikings exigiram a partir do seu acampamento provisório nas ruínas da igreja saqueada de Saint-Germain-l'Auxerrois a oeste da cidade. Em vez disso, depositaram confiança na nova ponte-barragem (a Grand Pont), construída perto da atual Place du Châtelet (1º), na margem direita, para impedir que as embarcações prosseguissem rio abaixo. A maior parte da batalha resultante dessa recusa centralizou-se nessa ponte e na Petit Pont ligada à margem esquerda. A queda da Petit Pont permitiu que parte dos vikings seguisse rio acima e continuasse saqueando, enquanto outros ficaram para trás para manter o cerco. Num momento crucial das operações, Odo trouxe reforços para ajudar a cidade sitiada: certo entardecer, o moral dos parisienses elevou-se, quando viram "os capacetes e escudos [das tropas de Odo] brilhando ao crepúsculo" no alto do Montmartre.[13] Coube a Carlos, o Gordo (r. 884-887), rei da Frância Ocidental, negociar a retirada dos vikings. Os vikings retornaram em 887 e 889, mas em ambas as ocasiões as defesas reforçadas da Île de la Cité impediram-nos de saquear a cidade ou de seguir rio acima. E Odo impingiu-lhes uma severa derrota militar.

Abbon – em cuja crônica desconfiamos haver boa dose de liberdade poética e arroubos de entusiasmo religioso – destacou o zelo com que o bispo Gozlin, de Paris, organizou as defesas da cidade em 885-886 e os efeitos protetores causados pela procissão, ao longo das muralhas da cidade, do relicário de Santa Genoveva, trazido à Île de la Cité como proteção. Abbon também destacou o papel de Odo na defesa da cidade contra os vikings pagãos, talvez até de modo consciente, comparando-o ao papel de Genoveva como símbolo da resistência cristão aos pagãos bárbaros.

O fato de os parisienses buscarem o apoio do conde, e não do rei ou do imperador do Sacro Império Romano-Germânico, era sinal evidente de que mudanças políticas vinham ocorrendo na Europa ocidental naquele momento. Todos os domínios carolíngios experimentavam a fragmentação do poder. A dinastia real mantivera sob controle as tendências centrífugas de seu império, por meio da delegação de autoridade política, havendo o entendimento de que as posições de poder retornavam à discrição do imperador após a morte do agraciado. No final do século IX, isso já não vinha mais acontecendo, de modo que posições subalternas passavam a ser hereditárias e seus detentores, por consequência, independentes. Como essas autoridades agora regulavam a justiça, coletavam impostos, recrutavam tropas e forneciam proteção, também atraíam o respeito das populações locais. Alguns magnatas dotados de base territorial passaram a se autodenominar duques (e mesmo reis, como

Luís, que se proclamou rei da Provença a partir de 910) e instituíram uma corte e um grupo de seguidores leais, estendendo seu patronato a seu séquito, enquanto os imperadores inutilmente observavam tudo de longe.

Dentro da região de Paris a subdinastia dominante era a robertina – ou capetíngia, como seria chamada mais tarde. Roberto, o Forte, marquês da Nêustria e pai de Odo, herói do cerco de Paris de 885, conseguira afrouxar os laços de dependência do poder real da Frância Ocidental no início do século IX e construíra uma impressionante base de poder dentro da França setentrional. Após o cerco de Paris, era considerável o prestígio de seu filho Odo, que adotara o título de conde de Paris. Em 892, após a morte de Carlos, o Gordo, Abbon registrou que "sob o aplauso do povo franco (*populus Francorum*), que lhe era favorável, [Odo] conseguiu o título de rei e a autoridade real; sua mão recebeu o cetro e sua cabeça a coroa".[14] O novo governante provou ser presente e enérgico. Transferiu o condado de Paris a seu irmão, Roberto, para tomar de modo mais livre as rédeas do poder. Porém, em 898, no leito de morte, Odo insistiu que outros magnatas como ele aceitassem como sucessor ao título de rei da Frância Ocidental o candidato carolíngio, Carlos, o Simples. O poder estava tão fragmentado que Odo percebeu: era mais interessante a seus familiares serem condes de Paris do que reis da Frância Ocidental.

Porém, Paris propriamente dita – a quem Abbon chamara de "rainha acima de todas as outras cidades"[15] – estava em mau estado por volta do século X. Como resultado das vastas depredações causadas pelos vikings, conforme Abbon relata, "tanto o produtor de vinhos quanto o fazendeiro, assim como as vinhas e a terra, sofrem a cruel dominação da morte".[16] Ataques persistentes haviam destruído bom número das estruturas urbanas, em particular da margem esquerda, e depois disso a maior parte da área foi destinada a atividades agrícolas. A área da margem direita, menos urbanizada, parecia ter sido poupada dos piores atos de pilhagem, possivelmente porque uma muralha defensiva fora erguida ali, incluindo os *monceaux* ao redor de Saint-Jacques-de-la-Boucherie, Saint-Merri e Saint-Gervais. Embora até então a história da cidade tivesse sido principalmente conduzida na margem esquerda, o crescimento pós-viking da cidade, como veremos no capítulo 2, favoreceria mais a margem direita do que a esquerda. A Île de la Cité fortificada era o coração de uma capital ainda sob a sensação de ameaça e de perigo. Mas ela dominava um local de população em declínio e nitidamente empobrecida.

Na maior parte do século X, Paris foi importante menos por si mesma do que pelo fato de ser a capital nominal da linhagem robertina/capetíngia com pretensões à realeza. O irmão de Odo, Roberto, deteve a coroa entre 922-923, mas morreu antes de conseguir usufruí-la. Seu filho Hugo, o Grande, foi responsável por trazer de volta da Inglaterra o candidato carolíngeo Luís de Ultramar para servir como rei, quando o posto ficou vago no ano de 936. Quando os carolíngios governavam, os robertinos tornavam mais forte sua base de poder. No ano de 943, Luís nomeou Hugo "duque da França". Hugo exerceu o poder em toda a região da Île-de-France e na maior parte da área entre os rios Sena e Loire, incluindo os condados de Anjou, Orléans e Tours. Porém, a autoridade robertina estava se tornando fragmentada e crivada de condados e castelanias menores. A dinastia real também precisava lidar com os poderes cada vez maiores que assumiam o bispo de Paris e outros dignitários eclesiásticos, que acumulavam extensas propriedades rurais ao redor da cidade. No meio desse jogo, Paris propriamente dita era em grande parte uma irrelevância política. Os condes mantinham seu controle mais por meio do malabarismo das alianças políticas do que por associar o poder a qualquer local específico. Eles circulavam por seus domínios, enquanto os governantes carolíngios usavam Laon como capital.

Paris teve um breve retorno às luzes da ribalta em 978, quando o imperador Oto II liderou uma rápida investida punitiva contra a cidade. Embora ele tenha contemplado com desdém a cidade do alto de Montmartre, a política imperial chamou-o de volta ao leste antes que ele pudesse organizar um cerco completo – parecendo assim confirmar o papel simbólico de Paris, realçado nas participações de Genoveva em 451 e Odo em 885, de cidade especialmente protegida por Deus. Quando, em 987, os principelhos da Frância Ocidental escolheram como rei o robertino Hugo Capeto, bisneto de Roberto, o Forte, não foi com a expectativa de que ele exercesse muita autoridade, nem que isso representasse qualquer mudança no destino de Paris.

Só o tempo diria o que o poder robertino/capetíngio reservava para um lugar que, francamente, até este ponto de sua história, não conquistara grande coisa. Paris não devia muito à Lutécia nem à sua sucessora merovíngio-carolíngia. Além do mais, o extraordinário destino da cidade a partir do século XII faria essas origens humildes parecerem insuficientes, indignas e merecedoras de esquecimento. A partir do século XII, desenvolveu-se um mito das origens, que atribuía a fundação de Paris aos sobreviventes do saque de Troia. A suposta origem troiana em vez de romana parecia preferível, haja vista o status provincial de terceira categoria da Lutécia. A maior estrutura remanescente do período inicial da cidade – o complexo de termas romanas atualmente adjacente ao Boulevard Saint-Michel –, que as pessoas pensavam se tratar do palácio de Júlio César ou do imperador Juliano, caiu no mais absoluto estado de dilapidação e abandono. Em grau considerável, os parisienses permaneciam ignorantes quanto às fases iniciais de sua história. O fórum, a arena e os cemitérios foram pilhados como fontes de pedras para construções posteriores, ou então cobertos por entulhos de tal forma que acabaram sobrevivendo – mas apenas para os arqueólogos dos séculos XIX e XX. Durante a maior parte do segundo milênio, quando o assunto era a história dos primórdios de sua cidade, os parisienses preferiam o mito à memória.

2

"Rainha das cidades"

c.1000-c.1300

> [Paris] situa-se no coração de um vale encantador, no meio de uma crista de declives enriquecidos por Ceres e Baco. O orgulhoso rio Sena, vindo do leste, flui com vigor e abraça a ilha – cabeça, coração e verdadeira essência de toda a cidade. Dois faubourgs (ou subúrbios), capazes de despertar a inveja de outras cidades, estendem-se à direita e à esquerda. Os dois ligam-se à ilha por meio de pontes de pedra: a Grand Pont, ao norte, em direção ao mar inglês; a Petit Pont, na direção do rio Loire. O primeiro faubourg, grande, rico e repleto de negócios, é um teatro efervescente de atividade; inúmeros barcos, plenos de mercadorias e riquezas, o circundam. A Petit Pont pertence aos versados em dialética, que caminham por ali discutindo temas importantes.[1]

Essa descrição idealizada de 1175, do autor menor Guy de Bazoches sobre a "rainha das cidades", como a chamara Abbon[2], realçava importantes características da transformação da cidade. No período de governo dos primeiros capetos, Paris reconstruíra-se em três partes, conectadas por impressionantes pontes de pedra. A cidade crescera muito nos arredores da Île de la Cité – o "coração" da cidade, onde se localizavam os símbolos mais importantes do poder do Estado (o palácio real) e da autoridade da Igreja (a catedral). A margem direita seguira a vocação comercial e se tornara importante centro de negócios e comércio. A margem esquerda, bastante destruída por ataques vikings, desenvolvera um novo papel, ligado ao ensino e ao aprendizado.

A escala dessas mudanças transformou uma modesta cidade de terceira categoria num centro urbano ao qual, pela primeira vez em sua história, era possível referir-se em termos superlativos. Esse período marcou o maior salto quântico na história de Paris. Até o ano 1100, pouco mais que um ponto no mapa, ao final do século XII Paris era a maior cidade da cristandade, centro cultural e intelectual de primazia. Sua economia expandia-se de modo rápido – na verdade, junto com Champagne, Flandres e Toscana, a Île-de-France era talvez a mais rica e mais produtiva região da Europa. A cidade também estava se tornando – na verdadeira acepção da palavra – capital de Estado; de fato, sua chegada a uma posição de importância devia muito ao crescimento da influência e do poder da dinastia capetíngia, estabelecida em circunstâncias pouco propícias no ano de 987. A evolução da cidade espelhava o sucesso

da dinastia real, à medida que os reis capetíngios primeiro transformavam os inicialmente pequenos domínios sob seu controle direto em territórios que cobriam a maior parte do reino feudal da "França" (modo como a "Frância Ocidental" passou a ser chamada) e que rivalizavam com os mais poderosos estados da Europa.

Paris tornar-se-ia a menina dos olhos dos capetos. Mas a dinastia real demorou a se afeiçoar à cidade. Em parte, isso se deveu ao fato de que não havia muito a que se afeiçoar. A pilhagem viking levara a maior parte da riqueza móvel da cidade e causara dano incalculável às propriedades de fora da cidadela da Cité. As casas e edificações públicas remanescentes no ano 1000 eram, em essência, idênticas às construções carolíngias – e até mesmo às dos últimos merovíngios. As pedras dos edifícios da Antiguidade haviam sido pilhadas ao longo dos séculos como matéria-prima para a fortificação da Cité, e os locais mais importantes da Lutécia agora começavam a desaparecer da memória parisiense. O anfiteatro virara cemitério, enquanto o antigo fórum na montanha Sainte-Geneviève era considerado, por volta do século XIII, uma ruína de construções sarracenas ou um castelo mal-assombrado. Muitas das igrejas da margem esquerda permaneceram em ruínas após a virada do milênio. A construção de trincheiras na margem direita ao redor dos pequenos montes e das igrejas de Saint-Merri e Saint-Gervais (4º) forneceu a base para novas expansões, mas essas também demoraram a acontecer. Em 1100, a população da cidade talvez não passasse de três mil habitantes. No entanto, em 1300, atingia em torno de duzentos mil.

No começo, Paris aparentemente não oferecera motivos para a nova dinastia orgulhar-se. Sem dúvida, os primeiros encarregados demonstraram pouco afeto pela cidade. Hugo Capeto foi coroado em Noyon e escolheu Orléans como local para conectar o filho Roberto II, o Piedoso (reinado entre 996-1031), a seu governo. Roberto reconstruiu o palácio da Cité e fez doações para a reconstrução das igrejas parisienses. Seu sucessor, Henrique I (r. 1031-1060), ajudou a reconstituir as propriedades do cabido da catedral e a abadia de Sainte-Geneviève. Todavia, nenhum dos primeiros reis capetíngios parece ter visitado muito Paris, e todos preferiram morar em Orléans. O fato de que a terra sob domínio dinástico espalhava-se por toda a região da Île-de-France também encorajava o governante a circular por vários locais, incluindo Laon, Senlis, Melun e Étampes, assim como Paris e Orléans.

Outra consideração era o modelo de poder exercido dentro da cidade. Os capetos haviam extinguido o cargo de conde de Paris por ser uma ameaça potencial à sua autoridade. Mas o Monceau Saint-Gervais era um feudo em poder dos condes de Meulan: ainda no ano de 1111, o conde se aproveitara da ausência do rei para entrar na Île de la Cité e, num ato de pilhagem, destruir as pontes e saquear o tesouro real. O bispo de Paris era pessoa muito poderosa no local: suas terras dentro da cidade provavelmente cobriam território tão grande quanto o território nas mãos do rei, e sua jurisdição senhorial era mais ampla. Como outras instituições religiosas (em especial o cabido da catedral), o episcopado também possuía direitos e propriedades em grande número de povoados na região da Île-de-France e mais além. Os capetos esforçavam-se para manter os bispos sob seu controle, mas nem sempre obtinham sucesso. Em 1094, houve escândalo quando Filipe I (r. 1060-1108) indicou como bispo o irmão de 28 anos de sua amante. Por essa e outras ofensas, o rei foi excomungado e permaneceu assim até 1104.

As relações entre a Igreja e a dinastia real no âmbito de Paris eram ainda mais delicadas; os capetos aceitavam o papel crescente que as instituições eclesiásticas exerciam no processo de repovoar a cidade e ampliar sua prosperidade. Esse era o caso principalmente da margem esquerda. A abadia de Saint-Germain-des-Prés, em especial, acumulara em seus arredores uma grande população de servos que atendia às várias necessidades agrícolas e de mão de obra dos monges. A abadia permitia que os novos residentes atraídos para suas propriedades estabelecessem granjas ou pequenas lojas, mediante o pagamento de uma cota anual, o *cens*. Até o fim do século XIII, a abadia havia concedido autonomia ao pequeno burgo. A igreja paroquial de Saint-Sulpice (4º), próxima dali, fora construída em 1211 para ajudar a acomodar as necessidades espirituais de uma população em franco desenvolvimento; na época, duas outras igrejas paroquiais (Saint-André-des-Arts e Saint-Côme)[3] foram acrescentadas. Além de cultivarem grãos, vários camponeses da abadia destinavam a terra arrendada ao cultivo da videira. O mesmo tributo a Ceres e Baco – nos termos de Guy de Bazoches – era evidente nas terras de propriedade dos cônegos de Sainte-Geneviève, que faziam divisa com o território da abadia de Saint-Germain-des-Prés, perto do atual Boulevard Saint-Michel. Os parreirais forravam as encostas do morro descendo até as margens do Sena: a Rue Galande (5º) celebra a memória do Clos Garlande, uma das maiores concentrações de vinhedos da cidade.

O padrão de desenvolvimento populacional e de crescimento econômico não era muito diverso na margem direita. A criação da igreja paroquial de Saint-Nicolas-des-Champs (3º) realçou o sucesso da abadia de Saint-Martin-des-Champs em atrair novos povoamentos. Ao sul da abadia, ficava uma área de crescimento mais esparso e desconceituado; andarilhos, menestréis e prostitutas habitavam o ironicamente chamado "Beau-Bourg", limítrofe à igreja de Saint-Merri e ao cabido de Sainte-Opportune. Um pouco a sudoeste dali, ficava o Bourg Thibourg (ou Tibourg), que recebera o nome de um mercador eminente; a Rue de la Tissanderie (ou Tixanderie: Rua Tecelã) tornou-se o núcleo de importante área de manufatura têxtil.[4] Mais a oeste, ficava um burgo que crescia ao redor da igreja de Saint-Germain-l'Auxerrois, então recuperada após ter sido reduto viking na década de 880 (embora mantivesse a estrutura das ruas com base no acampamento anterior).[5] A nordeste, encontravam-se os extensos domínios do quartel-general da ordem de cavalaria internacional dos templários, cuja sede era um imponente castelo, onde hoje fica a Square du Temple (3º). Junto ao rio, o "Bourg de Grève" crescia ao redor do porto desenvolvido nas imediações da Place de l'Hôtel-de-Ville (4º; antes Place de Grève) e se estendia na direção do Monceau Saint-Gervais, especialmente porque, a partir da metade do século XII, os condes de Meulan haviam sido expulsos do feudo daquele local. Adiante dali, erguia-se a igreja da abadia de Saint-Denis; o mosteiro de leprosos de Saint-Lazare na estrada Saint-Denis, fundado na década de 1120, foco da pequena comunidade de La Villette; e o convento de Saint-Pierre, fundado em Montmartre em 1134. Essas instituições religiosas fomentavam o povoamento da cidade e também serviam aos mais amplos interesses econômicos da cidade. Saint-Germain-des-Prés, por exemplo, realizava uma feira que durava duas semanas. Em 1120, a responsabilidade pela feira de Lendit foi entregue à abadia de Saint-Denis; em 1137, confirmou-se uma nova feira, a cargo do leprosário de Saint-Lazare. Essas feiras reforçaram as funções de mercado de Paris e ajudaram a promover a integração da cidade com a região.

A riqueza obtida pelas instituições religiosas, a partir de extensas atividades agrícolas e comerciais, era investida no financiamento de um amplo espectro de manufatura, especialmente a do tipo mais refinado. A Igreja era importante patrocinadora de arquitetos, escultores, especialistas em vitrais, joalheiros, ourives, iluminadores de manuscritos e outros artífices. Em várias dessas artes, Paris alcançou primazia internacional. Igualmente foi sob a égide da Igreja que a cidade ganhou grande reputação como centro de estudos. Embora há muito tempo já houvesse uma escola de certo conceito ligada à catedral e uma sólida tradição de ensino em Saint-Germain-des-Prés e Sainte-Geneviève, na melhor das hipóteses Paris igualava-se a outros centros eclesiásticos do norte da França, como Laon, Orléans e Reims. A catedral e o cabido encaravam a concessão de licenças para o ensino de teologia e lei canônica como empreendimento lucrativo; em reação a isso, alguns religiosos se mudaram para a margem esquerda, dentro da jurisdição de Sainte-Geneviève. A área ao redor da Petit Pont – localizada então, como hoje, perto da catedral de Notre-Dame, na parte baixa da Rue Saint-Jacques – tornou-se ponto especial de encontro de estudantes para ver os professores participarem de torneios intelectuais ao ar livre, que davam ao local a atmosfera de "um tipo de anfiteatro".[6] O nome da Rue du Fouarre (5º; Rua do Feno) faz alusão aos fardos onde os clérigos se sentavam para desfrutar da inebriante atmosfera intelectual. A chegada ao local do carismático Pedro Abelardo deu maior lustro à reputação da margem esquerda. O brilhantismo de Abelardo ofuscou o mestre, Guillaume de Champeaux, que, em ignomínia e desonra, deixou a Petit Pont em 1108, fundando a abadia de Saint-Victor, a leste da montanha Sainte-Geneviève, num terreno ermo e abandonado. Saint-Victor recebeu o apoio da dinastia real e, por méritos próprios, tornou-se poderoso centro de ensino. Em 1147, os monges de Saint-Victor receberam a incumbência de reformar a comunidade de Sainte-Geneviève, que se tornara espiritualmente decadente. Renovada, a comunidade também se transformou noutro iluminado baluarte do ensino.

Por meados do século XII, Paris vinha se firmando como ímã que atraía clérigos interessados em ocupar-se de trabalho intelectual. A imagem que Guy de Bazoches nos dá desses mestres e pupilos, caminhando e "discutindo temas importantes" junto à Petit Pont, refletiu-se nas memórias do clérigo inglês John of Salisbury, que estudou ali na década de 1140 e comparou a margem esquerda à Escada de Jacó, com anjos subindo e descendo. "Lá conheci", acrescentou, "a mesa farta [belo toque estudantil!]; um povo feliz; o respeito ao clero; o esplendor e a dignidade de toda a Igreja; e as várias tarefas dos estudantes de Filosofia."[7] O corpo estudantil era bastante heterogêneo, tanto social quanto etnicamente. A demanda dos estudantes por produtos e serviços nessa vizinhança só bem mais tarde – em reconhecimento à *lingua franca* em uso – chamada de "Quartier Latin" era satisfeita pelo desenvolvimento de um setor de serviços que ia desde fabricantes de pergaminho, encadernadores, iluministas, copistas e outros do gênero até tavernas, estalagens, casas de banho, armazéns e rotisserias.[8]

A atmosfera de vitalidade intelectual, religiosa, comercial e agrícola que a Igreja desenvolvia servia muito bem aos interesses da dinastia capetíngia. De modo significativo, esse grupo de monarcas – Luís VI (r. 1108-1137), Luís VII (r. 1137-1180), Filipe II Augusto (r. 1180-1223) e Luís IX (r. 1223-1270: São Luís) – utilizou a cidade como residência oficial. Todos esses reis encaravam a Igreja como esteio ideológico do poder real. Em particular, o clero foi responsável por incutir a ideia da dinastia especialmente beneficiada por Deus – como os merovíngios e os carolíngios antes deles, com quem os capetíngios reforçaram vínculos. Mesmo durante o reinado de Hugo Capeto, Roberto, o Piedoso, granjeara fama devido ao poder milagroso de cura da escrófula, o mal do rei. A prática do "toque real" foi adotada por seus sucessores e tornou-se uma cerimônia semioficial que realçava os poderes milagrosos da linhagem dos capetos. Após serem coroados, a primeira realização dos reis capetíngios quase sempre consistia na primeira rodada do "toque real".

O monge beneditino Suger, abade da vizinha abadia de Saint-Denis, desempenhou papel fundamental na amplificação dessa variedade de propaganda ideológica real, associando, de modo inteligente, a abadia às aspirações da coroa. Seria grande o débito do prestígio crescente da monarquia para com o eixo Paris–Saint-Denis. A partir do século IX, os reis da França eram coroados em Reims, mas desde os tempos de Dagoberto, em 639, eram enterrados em Saint-Denis. A igreja da abadia de Saint-Denis acabou se transformando num cemitério real. O rei Luís VI aumentou o prestígio do mosteiro ao depositar ali a sua coroa e a de seu pai, junto a outras insígnias reais sagradas como a coroa de Carlos Magno. Muito útil ao sentido de missão religiosa da dinastia real foi o destaque dos capetos nas cruzadas, na retomada dos lugares santos do controle dos turcos seljúcidas. Nenhuma outra nação da Europa Ocidental teve tanto destaque nas cruzadas quanto a França. A Primeira Cruzada fora lançada pelo papa em um concílio eclesiástico em Clermont em 1095; a última, em 1270, fora liderada pelo rei da França (São Luís). No período entre as duas, mais da metade da nobreza francesa e três reis da França foram às cruzadas. Eles eram tão numerosos nas forças cruzadas que o termo usado pelos turcos para designar os cruzados era "franceses" (*Franci*).

2.1: Saint-Denis

Seria tentador dizer que o destino fizera gêmeas as histórias de Paris e Saint-Denis – se a diferença de tamanho entre as duas não fosse tão grande. Saint-Denis hoje tem cerca de cem mil habitantes, em comparação aos dois milhões ou mais de Paris. Uma diferença dessa magnitude tem sido característica marcante na história das duas. Mesmo assim, Saint-Denis desempenhou papel essencial na história de Paris, de dois modos contrastantes.

Na Idade Média, Saint-Denis serviu de benfeitor dinástico dos capetos, cuja capital era Paris. A conexão medieval deriva da reputação de Saint-Denis ser o local da morte de São Dionísio (Denis), que, reza a lenda, foi o primeiro bispo de Paris. No final do século V, Santa Genoveva, a santa padroeira de Paris, contribuiu para a santidade do local, já destino de romarias, ao construir uma igreja ali. Essa igreja, mais tarde, tornou-se base para uma abadia, que Napoleão transformou em basílica, e em 1966 tornou-se catedral. No século XII, o abade Suger reforçou a conexão entre Paris e Saint-Denis: confirmou a condição da abadia de necrópole (desde o século VII) da dinastia real; instituiu o local como depositário das insígnias reais sagradas da monarquia; desenvolveu o estilo gótico que se tornou símbolo do prestígio da dinastia real; atuou como ministro e regente de Luís VI e VII, durante um dos períodos mais formadores na história do estado francês; e liderou o grupo de historiadores da abadia que reescreveu a história da França, desde a suposta origem troiana até o presente, de maneira a glorificar o local onde habitavam e também a dinastia real. O elo entre as duas era tão forte que *chansons de geste* chamavam o governante francês de "rei de Saint-Denis". A riqueza material de Saint-Denis crescia não apenas fruto dessa generosidade real, mas também como resultado dos inúmeros privilégios que os monarcas concediam à abadia, inclusive o direito de realizar a feira de Lendit na planície ao sul da cidade.

No século XIII, a necrópole passou por ampla reforma para tornar-se um santuário mais atraente e impressionante em homenagem à grandeza dos reis da França. Romeiros e viajantes a Paris visitavam Saint-Denis em grande número, realçando seu papel de órgão de propaganda ideológica da monarquia. Os túmulos tornaram-se mais elaborados. No início do século XVI, por exemplo, Luís XII e Francisco I enfatizaram suas pretensões de serem considerados monarcas renascentistas ao construírem mausoléus de estilo italiano, imponentes e decorados. Um século e tanto depois, os Bourbon preferiram adotar estilo bem mais austero, indicando novas concepções sobre a morte.

Saint-Denis, lugar sagrado da dinastia real, nunca poderia rivalizar com Paris em outro aspecto que não o simbólico. A capital dos capetos beneficiava-se da proximidade com Saint-Denis. Nas *entrées* reais em Paris, os líderes da cidade sempre esperavam o monarca no portão de Saint-Denis, e com frequência os restos mortais do rei seguiam o mesmo trajeto, rumo à necrópole real. Embora Saint-Denis tenha sido saqueada pelos ingleses em 1436, Joana d'Arc consagrou a sua armadura ali; mais tarde, Henrique IV renunciaria ao protestantismo na igreja da abadia. Quando Carlos V, imperador do Sacro Império Romano, esteve em Paris em 1540, foi conduzido a Saint-Denis, onde, além de visitar os túmulos de inúmeros governantes, foi-lhe concedida a honra de inspecionar uma bizarra coleção de relíquias, que incluía: a taça de ouro do rei Salomão, o espelho de Virgílio, a espada de Joana d'Arc, o tabuleiro de xadrez de Carlos Magno, a trompa de marfim de Rolando e o maior chifre de unicórnio do mundo. Grande parte dessas relíquias foi pilhada no saque à abadia, conduzido por descristianizadores iconoclastas, durante a Revolução Francesa, em 1793-1794. De qualquer forma, a esta altura a primazia sacra de Saint-Denis na França já esmaecera bastante.

No século XIX, Eugène Emmanuel Viollet-le-Duc restaurou a basílica de Saint-Denis, de modo a recuperar algo da magnificência gótica original. Entretanto, o foco da segunda fase da história das relações entre Saint-Denis e Paris não foi a basílica. De fato, no final do século XIX e durante o século XX, o prédio aparentava um anacronismo constrangedor, mumificado num contexto de progresso rápido. À medida que a indústria pesada parisiense se deslocava além dos vinte arrondissements,

Alexandre Lenoir defende as tumbas reais
da destruição durante a Revolução Francesa

Saint-Denis foi se tornando a comuna mais genuinamente proletária nos subúrbios (ou *banlieue*) de Paris. O sistema de canais juntou-se à rede ferroviária para fornecer com rapidez matérias-primas para a indústria pesada ali instalada e distribuir os bens manufaturados.

No período de entreguerras, principalmente, a cidade desempenhou o papel de campeã das causas de esquerda dentro do "cinturão vermelho" formado por municípios de maioria socialista e (particularmente) comunista. Isso alimentou fantasias burguesas parisienses de um irredutível subúrbio oposicionista, sempre exigindo controle atento. Embora a orientação esquerdista se mantenha, a desindustrialização da área de Saint-Denis a partir de 1960 tornou a militância mais moderada e aliviou o impacto do mito de "Saint-Denis-la-Rouge". A instalação de um estádio esportivo nacional – o Stade de France – e um amplo programa de renovação urbana fazem parte da iniciativa de dar a Saint-Denis uma identidade nacional bem diferente.

Ao partir para a Segunda Cruzada, em 1147, Luís VI, de modo significativo, deixou o abade Suger como regente em sua ausência (que durou até 1149). Suger se instalou em Paris perto da Rue Saint-Martin (3º-4º), que julgava ser "um lugar mais conveniente"[9] para administrar o reino. O eixo Paris–Saint-Denis era nítido também noutro domínio em que a Igreja dourava reputação da dinastia capetíngia, ou seja, o estilo arquitetônico depois conhecido como gótico. O abade Suger reuniu os componentes básicos do estilo (arco ogival e abóbada de ogivas entrecruzadas) na reconstrução da abadia de Saint-Denis, a partir da década de 1130. A construção da catedral de Notre-Dame na Île de la Cité a partir dos anos 1160, no local outrora ocupado pela catedral de Saint-Étienne (sobre a qual sabemos muito pouco), deu ao estilo o cunho definitivo. O gótico – *opus francigenum* (obra de estilo francês) – teve adoção imediata em vários locais do Norte da França e no século seguinte exerceu enorme influência ao longo de todo o norte da Europa. Além de aumentar o prestígio internacional dos capetos, o gótico mudou a configuração de Paris. Igrejas locais adotaram o estilo: Saint-Julien-le-Pauvre (5º), Saint-Martin-des-Champs (3º) e, de forma mais brilhante, a Sainte-Chapelle, na Île de la Cité, erigida a partir de 1247 por São Luís como santuário para guardar a relíquia da Coroa de Espinhos. O gótico também passou a fazer parte do vocabulário dos prédios públicos, como a atual Conciergerie na Cité, a parte do palácio real de justiça reconstruída por Luís VI e Luís VII.

O eixo Paris–Saint-Denis glorificou-se ainda mais devido aos sucessos militares da dinastia real, no país e no estrangeiro. Alvo especial foi a dinastia inglesa dos angevinos, que, ao final do século XI e no século seguinte, estabelecera uma área de domínio ao longo do oeste da França, de Calais até os Pirineus. Na esteira dos ultrajes perpetrados em Paris pelo conde de Meulan contra Luís VI em 1111, o rei então perdeu o estandarte (além do cavalo) numa humilhante derrota militar imposta por Henrique I da Inglaterra em Brémoule, em 1119. Mas, em 1124, diante da iminente invasão pelo leste do imperador germânico, Luís VI cavalgou a Saint-Denis para adotar a auriflama da instituição – pendão baseado na insígnia imperial de Carlos Magno – antes de rumar a leste no comando das tropas para rechaçar o exército germânico. Dali em diante, o ato de apanhar a auriflama em Saint-Denis tornou-se cerimônia quase litúrgica para marcar o início das campanhas militares do monarca.

Os esforços bélicos de Luís VI, Luís VII e Filipe Augusto visando estabelecer a dinastia capetíngia como uma das principais potências militares da Europa medieval envolviam não apenas derrotar os inimigos estrangeiros, mas também obter o controle dos vassalos feudais da coroa (inclusive os reis da Inglaterra). No início do reinado de Luís VI, era impossível aventurar-se na região da Île-de-France sem correr o risco de ser roubado ou coisa pior. Mesclando brutalidade e astúcia, Luís VI estabeleceu a segurança e reafirmou a autoridade real na base de poder capetíngia na região da Île-de-France contra a truculência dos bandoleiros, barões e castelões. Ele e os seus sucessores então estenderam amplamente o território real França afora. Um dos momentos culminantes desse processo foi a batalha de Bouvines, em 1214, na qual Filipe Augusto – com a auriflama desfraldada – impingiu derrota fragorosa aos exércitos de coalizão do rei da Inglaterra, do imperador do Sacro Império Romano Germânico e de vários barões rebeldes. À medida que o império Angevino na França se dissolvia, o poder capetíngio crescia na mesma proporção. O cronista Guilherme, o Bretão, registrou a entrada triunfante do rei e suas forças em Paris após a batalha de Bouvines: o povo e os estudantes celebraram "com muitos banquetes, trovas e cantigas". Os mais ilustres dentre os cem ou mais prisioneiros feitos no campo de batalha foram encarcerados em Paris. Parecia difícil determinar "se era o rei que amava mais o povo ou se era o povo que amava mais o rei".[10]

Ao associar os parisienses ao mito dos capetos, a dinastia real parecia criar um elo irresistível com sua capital eletiva. Filipe Augusto esteve presente em Paris umas 75 vezes durante quase meio século, acompanhado de uma comitiva real que inflou até alcançar em torno de quinhentas pessoas. Além disso, cada vez mais o cerimonial de Estado era encenado dentro da cidade. Notre-Dame tornou-se a igreja paroquial da dinastia real, onde os reis assistiam à missa. Em 1215, o rei casou-se aqui. Em 1219, recebeu a visita do papa. Filipe Augusto residia não apenas no antigo palácio real da Cité, mas também nas fortalezas ampliadas por ele no Louvre e em Vincennes, bem como na

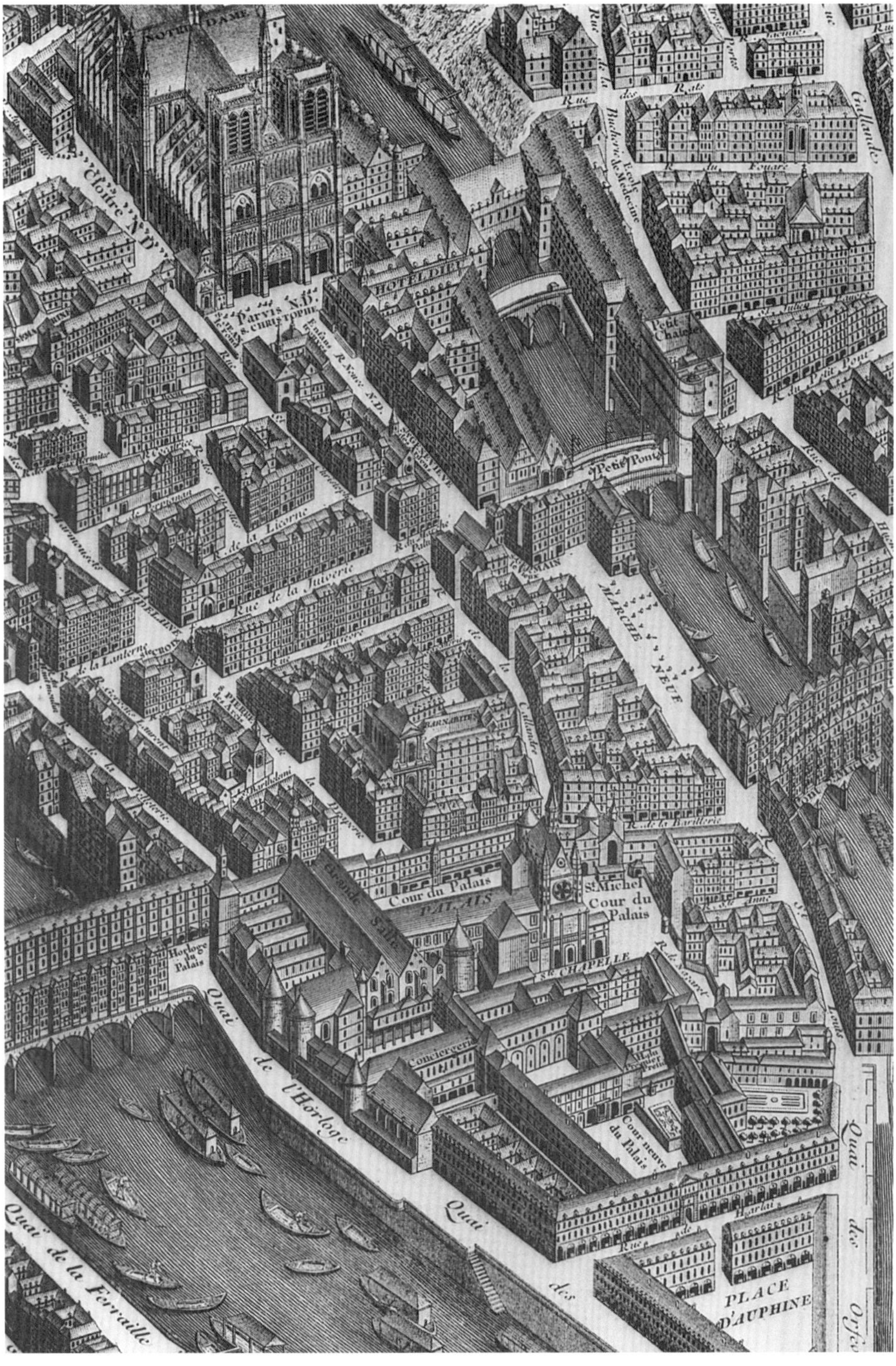
NOTRE DAME
Cloître N.D.
Parvis N.D.
HOTEL DIEU
Petit Chatelet
Petit Pont
R. de la Licorne
Rue de la Juiverie
R. de la Lanterne
MARCHE NEUF
R. de la Barillerie
Cour du Palais
PALAIS
Grande Salle
St. Michel
Cour du Palais
Horloge du Palais
S.te CHAPELLE
Quai de l'Horloge
Conciergerie
Cour neuve du Palais
Quai de la Ferraille
PLACE DAUPHINE

abadia de Saint-Germain-des-Prés e no Templo. Apesar de o rei ser itinerante – característica constante da monarquia em todo o período medieval e no início da Idade Moderna –, enraizava-se a noção de que a autoridade real estava fixa e estabilizada na capital do reino. De fato, a expressão *caput regni* (cabeça do reino, capital) passou a ser utilizada a partir desse período.[11] Por volta do início do século XIV, popularizava-se a ideia de que "a cidade de Paris é, como Roma foi, a pátria comum".[12]

O uso deliberado de comparações entre Roma e Paris – exemplificado por Filipe Augusto na escolha de seu nome imperial – tencionava sustentar as pretensões da dinastia dos capetos à soberania sem limites. Filipe exigia que sua capital fosse tão marcadamente associada com seu poder pessoal como Roma fora associada ao poder de Augusto. Esse tema romano e imperial ficava cada vez mais evidente na propaganda ideológica da dinastia real. Entrelaçava-se com um tema anterior, o de Paris ter sido fundada pelo povo sobrevivente da queda de Troia. Uma variante desse mito contava que o fundador da cidade tinha sido Páris, filho do rei Príamo. Outras versões forneciam uma trajetória diferente, que se coadunava com a ideia de que o povo dos francos era descendente de uma diáspora troiana.

Assim, Filipe Augusto e seus sucessores empenharam-se por fazer da capital um lugar digno de origens tão notáveis. A cidade veio a abrigar as estruturas administrativas embriônicas do Estado, além da casa real e sua comitiva. O sinete real, sempre guardado em Paris desde o tempo de Luís VI, era usado para autenticar documentos estatais na ausência física do rei. Em 1194, o rei perdera os arquivos reais no campo de batalha de Fréteval; então se decidiu que, no futuro, cópias de todos os documentos do Estado deveriam ser mantidas no palácio real da Île de la Cité. O tesouro real também ficava em Paris, e a maior parte era guardada no Templo – os templários eram renomados especialistas em finanças. A chancelaria real e o Parlamento de Paris – que, a partir da metade do século XIII, era a corte superior de justiça do reino – também dividiam o espaço palaciano na Île de la Cité. A justiça era agora administrada de Paris em nome do rei e não mais mero atributo pessoal do governante.

Talvez o modo mais marcante e influente com que Filipe Augusto ajudou a mudar a fisionomia de Paris de acordo com a vocação de capital real tenha sido a decisão de construir uma muralha fortificada ao redor do perímetro urbano. A muralha de Filipe Augusto ergueu-se na margem direita entre 1190 e 1209 e na Esquerda entre 1200 e 1215. Enquanto a classe mercantil contribuiu para a construção da muralha na margem direita, o trecho ao sul do rio coube inteiramente aos cofres da coroa – que não queria gastar muito. A alegação posterior de Rabelais de que "um peido de vaca"[13] traria toda a estrutura abaixo era exagerada, mas destacava a limitada eficiência no longo prazo da muralha no perímetro da margem esquerda. Todavia, no curto prazo, o propósito militar da muralha era mais do que evidente. Com mais de cinco quilômetros de comprimento, três metros de largura na base e seis a oito metros de altura, a muralha era guarnecida por 71 torres, espaçadas em intervalos de sessenta a oitenta metros. Um trabalho eficiente de engenharia conduzia a água do Sena e dos riachos a norte e a leste para abastecer um fosso ao redor da muralha da margem direita; a margem esquerda tinha de se contentar com defesas secas. A muralha tinha doze portões com forte defesa marcando os principais pontos de acesso à cidade. O rei, após um incidente em que ficou – como relatam os cronistas[14] – nauseado com o fedor de lama e dejetos parisienses que entrava por sua janela, ordenou a pavimentação dos principais caminhos de acesso a cada um dos portões. Na extremidade oeste da muralha, com vista para o Sena e disposta na direção do poderio anglo-normando, construiu-se a fortaleza do Louvre, cuja torre central alcançava trinta metros de altura. O Louvre tornava obsoletas as fortificações existentes na Île de la Cité, que, não obstante, foram mantidas; Filipe e seus sucessores inclusive reforçaram as fortificações do palácio[15] e das fortalezas Grand Châtelet, com vista para a Grand Pont, conectando a margem direita à Île de la Cité, e Petit Châtelet, sobre a Petit Pont.

2.2: A muralha de Filipe Augusto

Embora na época fosse em geral considerada quase uma maravilha do mundo, muito pouco permanece em pé da muralha que Filipe Augusto erigiu na cidade entre 1190 e 1213. O pequeno trecho que aflora à superfície na Rue Clovis (5º), na montanha Sainte-Geneviève, há tempos é um ponto turístico pouco (ou muito pouco) visitado, mas as ruínas mais impressionantes só foram reveladas recentemente.

A muralha nunca teve sua eficácia militar posta à prova e com o tempo incluiu-se – de fato virtualmente perdeu-se – no meio da cidade que crescia. A muralha da margem esquerda permaneceu funcional por muitos séculos; na margem direita, porém, a criação da muralha de Carlos V no final do século XIV tornou a muralha de Filipe Augusto obsoleta e redundante ao norte do Sena. Os portões foram gradualmente demolidos e fragmentos da muralha muitas vezes incorporados a prédios posteriores, daí surgindo um congelamento profundo da memória, da qual apenas pedaços desiguais têm aparecido. Os cerca de cem metros de muralha na Rue des Jardins-Saint-Paul (4º), no Marais, foram revelados em 1946, graças a obras de demolição e "conservação" numa área pobre e superpovoada. Já a restauração e a visitação pública da base de um dos baluartes sob a Tour Jean Sans Peur, na Rue Étienne-Marcel (2º), data de obras de restauração realizadas nos anos de 1990.

Apesar da funcionalidade um tanto escassa, a muralha de Filipe Augusto desempenhou papel extremamente importante na história da cidade, de múltiplas maneiras. Ela reforçou aos demais monarcas europeus a determinação do rei de fazer de sua capital peça fundamental de seu sistema geral de poder. Até certo ponto, incrustou a monarquia na muralha – não apenas ao comandar sua construção e contribuir para o seu custeio, mas também ao situar o palácio real, o Louvre, como um dos limites ocidentais da muralha. A principal ameaça militar à França – o exército inglês – costumava abordar a cidade pelo lado oeste; por isso, esse era um modo de realçar o compromisso dinástico com a proteção dos parisienses.

Além do mais, a construção da muralha era um modo de inibir a expansão externa e estimular a consolidação de territórios ainda não desenvolvidos dentro dos limites da muralha. Glebas agrícolas ou não utilizadas intramuros – como a gleba dos Champeaux ("pequenos campos") ao redor de Les Halles, na margem direita, e boa parte dos terrenos das ribanceiras na margem esquerda – forneciam alimentos em caso de cidade sitiada, mas também eram oportunidade para desenvolvimento urbano. É provável que todas as ruas dentro dos limites da muralha na margem direita já tivessem o traçado atual no final do século XIII (à exceção das pequenas adições haussmannianas do século XIX). O traçado em grelha das ruas ao redor de Les Halles, por exemplo, data desse período. Ao sul do mercado, Rue des Étuves, a Rue de la Four-de-la-Couture-l'Évêque, a Rue des Prouvaires e a Rue de la Tonnellerie (todas 1º) são espaçadas em 65 metros de modo equidistante. Outro traçado em grelha é perceptível a leste de Les Halles, nas ruas Mondétour (1º), Quincampoix e Aubry-le-Boucher (ambas 4º). Provavelmente, essas ruas foram vendidas em lotes de tamanhos parecidos, lotes que ainda hoje representam boa parte das moradias e dos negócios daquela vizinhança. Esse fenômeno teve impacto ainda maior, pois nesse período estabeleceu-se a estrutura das paróquias urbanas levando em conta as mudanças no espaço intramuros. Essa situação permaneceria inalterada até o século XVII.

Não havia fossos nem trincheiras além da muralha, mas na verdade o seu perímetro determinou o trajeto de várias ruas dentro e fora do muro. Isso é mais evidente na margem esquerda, onde a muralha pode ser acompanhada ao longo da linha de fossos escavados no século XIV. Podemos segui-la quase ininterruptamente de leste a oeste: no 5º arrondissement, a

Rue des Fossés Saint Bernard atravessa o Sena e segue até a Rue de Fossés Saint-Victor (hoje du Cardinal-Lemoine), depois envereda a oeste pela Rue des Fossés Saint-Jacques até o 6º arrondissement (onde foi rebatizada de Rue Monsieur-le-Prince). Essa segue então até a Rue des Fossés de Nesle (hoje Rue Mazarine). Ela reencontrava o Sena na altura da Tour de Nesle, imponente estrutura feudal defronte ao Louvre e, como esse, obra de defesa militar contra ataques originários do oeste.

Esse tipo de continuidade das ruas não é tão evidente na margem direita, mas há fragmentos do mesmo tipo de influência. O traçado das ruas ao norte da Rue Jean-Jacques-Rousseau (1º), por exemplo, segue uma curva paralela à linha descrita pela muralha. É o caso da Rue du Grenier-Saint-Lazare (2º) e da Rue Michel-le-Comte (3º). Então, apesar de praticamente invisível, a muralha de Filipe Augusto teve importante influência definidora na topografia parisiense – e na sua memória.

Essa arquitetura ligava-se ao poder. Transformou Paris na cidadela mais bem defendida – e de defesas mais visíveis – da Europa Ocidental. Todavia, os sentidos dessa arquitetura não se restringiam à política do poder internacional. A escolha de Paris como capital real incitava os amigos e protegidos do rei a se estabelecerem na cidade. Desejando igualar-se a seu superior, construíram imponentes residências locais. Até o meio do século XII, príncipes e barões que visitavam Paris literalmente acampavam no Pré-aux-Clercs, o terreno baldio a leste da abadia de Saint-Germain-des-Prés, famoso local de boliche e patinação estudantis, discursos a céu aberto, encontros de namorados e duelos.[16] Agora, cortesãos ilustres construíam residências permanentes, especialmente na área de Saint-Germain-l'Auxerrois, próxima ao Louvre. Afonso de Poitiers, irmão de São Luís, por exemplo, lançou moda ao construir um *hôtel particulier* na Rue d'Osteriche (hoje Rue de l'Oratorie; 1º). Esse depois passou aos condes de Périgord e Alençon. As instituições religiosas e o alto clero – seguindo o exemplo de Suger – também percebiam as vantagens de manter um *pied-à-terre** parisiense. As residências episcopais tendiam a ficar na margem esquerda.

Há evidência de que Filipe Augusto encorajava ativamente o crescimento da cidade, em especial na margem esquerda, oferecendo inclusive compensação do tesouro real por estrago causado pela edificação da muralha. Todavia, a prioridade que o rei dava à construção da muralha na margem direita realçava sua preferência pelo norte, comercial, em relação ao sul, universitário e vinícola. Filipe seguiu o exemplo dos antecessores ao patrocinar a vocação comercial da margem direita. Antes de sua morte, em 1137, Luís VI criara um mercado público nas áreas abertas a norte de Saint-Germain-l'Auxerrois em parceria

* Imóvel pequeno de uso ocasional. (N.T.)

com o bispo, que tinha interesses imobiliários na região. Nesse mercado – logo chamado de Les Halles – Filipe Augusto mandou construir dois grandes armazéns: um para mercadores de grãos e outro para uma série de vendedores de outros produtos alimentícios. O sucesso de Les Halles não implicou o fim do comércio no resto da cidade. As conexões comerciais e logísticas com a região eram muito intensas para permitir o surgimento de um monopólio. Existiam ainda vários mercados importantes, por exemplo, no burgo de Saint-Germain-des-Prés (6º), assim como o mercado Palu, no coração da Île de la Cité, e ainda no Apport Paris e na Place Baudoyer, nos fundos do porto de Grève (4º).[17] A comercialização do gado da cidade realizava-se na Rue Saint-Honoré (1º). Porém, nenhum desses outros mercados usufruía dos amplos privilégios que Les Halles desfrutavam. Em 1181, o rei transferiu a feira de Saint-Lazare para o local, oferecendo compensação ao mosteiro de Saint-Lazare, incluindo o direito de realizar uma nova feira no dia de São Lourenço (10 de agosto). A coroa faria igual compra e transferência da feira de Saint-Germain-des-Prés em 1285. Filipe Augusto também mandou construir um muro para proteger Les Halles do contíguo cemitério dos Inocentes, notório antro de vadiagem.[18] Durante o século XIII, construiu-se outra série de pavilhões (para comerciantes de linho, mercadores de tecidos finos, sapateiros e peleteiros), acrescentando volume e diversidade ao comércio local.

A muralha de Filipe Augusto e a localização dos portões não apenas delinearam a forma física da cidade. Também estruturaram a mobilidade, a circulação e a sociabilidade internas, a serviço dos interesses da dinastia real. A muralha parece ter sido deliberadamente planejada para deixar de fora as principais instituições religiosas – e enfraquecê-las ao dividir seus territórios em setores intra e extramuros. Esse era o caso do Templo e da abadia de Saint-Martin-des-Champs, na margem direita, e da abadia de Saint-Germain-des-Prés na Esquerda. Essas instituições viram-se obrigadas a fortificar suas propriedades extramuros. Os templários construíram um muro alto provido de ameias com não menos do que dezessete torres, entre as quais a Tour de César, que abrigava o tesouro real.

Essas exclusões foram coordenadas com um ataque sistemático à autoridade religiosa exercida dentro da área das muralhas da cidade. Em 987, todos os mercados urbanos estavam sob a autoridade de instituições religiosas. Os reis deram um jeito de acabar com essa situação. O acordo de Luís VI com o bispo sobre Les Halles representou um marco divisório: o bispo renunciou à maior parte de seus direitos senhoriais e pretensões territoriais sobre a região em troca de uma fatia dos lucros do novo mercado. O tratado *Forma Pacis*, assinado entre Filipe Augusto e o bispo em 1222, sentenciou de forma duradoura a relação entre o episcopado, o cabido da catedral e a coroa, além de fixar os direitos respectivos de cada uma das partes de um modo considerado satisfatório por todos os envolvidos. À Igreja coube menos direitos, mas que valiam mais em virtude da ratificação real. E a autoridade da coroa daí em diante deixou de ter qualquer rival à altura. "Mantenha [as cidades] na harmonia e no amor", aconselharia São Luís a seu filho. "Graças à força e à riqueza [delas] (...) seus súditos e os estrangeiros, especialmente os nobres e os barões, temerão fazer qualquer coisa contra seus interesses."[19] O monarca usava as cidades de toda a França na tentativa de contrabalançar a autoridade dos grandes vassalos feudais. Parte desse processo consistiu no esforço em transformar Paris de espaço eclesiástico contestado em espaço urbano e monárquico inconteste.

O arbitramento por parte da coroa de direitos senhoriais e de propriedade por meio de parcerias era uma iniciativa sensata, pois a economia da Europa Ocidental crescia rapidamente e oferecia lucros consideráveis aos proprietários de terra. O desenvolvimento comercial acelerado baseava-se na maior produção agrícola de Paris e arredores e no crescimento do setor de manufatura. Não era necessário viajar muito além das muralhas de Filipe Augusto para encontrar todos os elementos de uma economia em crescimento acelerado. Havia florestas por perto – por exemplo, existia uma faixa de mata preservada entre Paris e Montmartre, enquanto Vincennes a leste e Boulogne a oeste tornavam-se áreas florestais especializadas. Mas a irrigação, a drenagem e outras técnicas para aproveitar o solo, estimuladas por crescentes demandas urbanas, também permitiram a formação de novos povoamentos e o crescimento das aldeias existentes para além das muralhas da cidade – assim como dentro dos limites do *boulevard périphérique* do século XX. Particularmente notável nesse aspecto foi o advento da horticultura na área do assim chamado "Marais".

Naquela época, o Marais não incluía o bairro conhecido desde o século XVII por esse nome, baseado no 3º e no 4º arrondissements. O Marais medieval formava um arco ao norte, ao longo dos limites da muralha da margem direita, estendendo-se a partir do rio num eixo leste-oeste, da Bastilha até Chaillot.[20] Em 1153-1154, o rei autorizou os cônegos de Sainte-Opportune a aproveitar terrenos extensos no lado oeste, em grande parte prados não cultivados. Eles conseguiram transformar essas áreas em hortas e lavouras (*coutures, courtilles*), usando o antigo curso do rio Sena como canal de irrigação. Pequenas pontes sobre aquele canal-sarjeta – homenageadas na Rue des Pont-aux-Chous (Rua da Ponte do Repolho; 3º) – permitiam aos agricultores trazer à cidade a maior parte das hortaliças consumidas pelos parisienses. A iniciativa trouxe imensa riqueza a Sainte-Opportune e serviu de estímulo para que outras instituições religiosas tentassem o mesmo. O bispo, por exemplo, começou a conversão de suas extensas propriedades na Ville-l'Évêque, a oeste da cidade, nos mesmos moldes.[21] Logo havia numerosas áreas plantadas na zona nordeste circundada pelas muralhas, exploradas por grupos como os templários, a abadia de Saint-Martin-des-Champs, a igreja de Saint-Gervais e o convento de Sainte-Catherine, ao norte da Place Baudoyer (3º-4º).[22] O tamanho dos burgos ao redor dessas áreas podia ser bem considerável: no início do século XIII, Villeneuve-du-Temple tinha cerca de seiscentos habitantes; por sua vez, Saint-Germain-des-Prés – grudado "como craca no seu rochedo"[23] – tinha 121 famílias pagantes de impostos (talvez setecentas a oitocentas pessoas) – e esses números provavelmente dobrariam até o fim daquele século. Ao redor do norte de Paris – por exemplo, na Ville-l'Évêque (8º), em La Grange-Batelière (9º) e em Courtille (11º), mas também pouco adiante em Chaillot (16º), Clignancourt (18º), La Vilette (19º) e Poitronville (prestes a se tornar Belleville; 19º-20º) – as outrora isoladas e poucas moradias rurais agora formavam aldeias de bom tamanho.

Uvas e cereais ainda chegavam aos portões de Paris, especialmente no sul, e refletiam o padrão agrícola da região da Île-de-France. Economia mais diversificada se desenvolvia a sudeste da cidade. Em 1148, a abadia de Saint-Victor desviou as águas do Bièvre, afluente do Sena, em direção à sua propriedade.[24] Também perto do Bièvre existia o povoamento da abadia de Saint-Marcel, no local de um cemitério galo-romano no atual cruzamento de Les Gobelins, onde uma espécie de burgo surgiu ao redor das igrejas paroquiais de Saint-Martin, Saint-Hilaire e Saint-Hippolyte.[25] As margens do Bièvre atraíam vinicultores, açougueiros, curtidores e tingidores. O lanifício junto ao rio na Rue de Croulebarbe (13º) permaneceu no local até o século XIX. A extração em pedreiras de calcário também tinha destaque nessa área, ao redor do arco formado pelos atuais 13º, 14º e 15º arrondissements. A construção da Paris medieval utilizou como matéria-prima principalmente pedras dessas áreas.

O volume e o caráter da demanda urbana também ajudaram a promover fluxos de negócios de longo prazo. Na margem direita, por meio de uma operação de logística quase militar cujo destino era Les Halles, perto dali, o portão de Montmartre recebia carregamentos diários de peixe fresco da costa normanda. O outro portão da muralha da cidade perto de Les Halles permitia a ligação com a planície de Lendit, fora do burgo de Saint-Denis. A feira anual de Lendit, especializada em especiarias, vinhos, tecidos e cavalos, cresceu e tornou-se uma operação de larga escala, chegando inclusive a atrair parte da nata do comércio que garantira a fortuna e a fama das feiras das cidades da província de Champagne.

A circulação dentro da cidade era notoriamente precária, em consequência das ruas estreitas e sinuosas, da inexistente limpeza das ruas e da dependência excessiva de um número pequeno de pontes. O sistema de ruas era desordenado e incoerente. A Rue Saint-Honoré a oeste, por exemplo, chegava ao fim antes de encontrar a Rue Saint-Antoine, que vinha do leste. Do mesmo modo, a Rue Saint-Jacques trazia o trânsito do sul até a Petit Pont – mas daí era preciso abrir caminho pela Île de la Cité e enfrentar a eternamente superlotada Grand Pont, que conduzia até a Rue Saint-Denis. Onde não era lento, o trânsito era perigoso: o filho e herdeiro de Luís VI morreu ao ser derrubado do cavalo por um porco em fuga – bizarro início da pitoresca história de acidentes de trânsito parisienses. O rio era o meio de circulação mais confiável, especialmente para o comércio de longa distância e para cargas volumosas. A má qualidade das pontes parisienses dificultava o transporte de mercadorias até o centro da cidade, mas em geral o caminho fluvial apresentava menos problemas de infraestrutura. O porto de Grève já existia, mas havia outros portos seguros e locais para atracar. O Sena trazia à cidade, entusiasmou-se um escritor, "riquezas de todas as partes do mundo, (...) vinhos da Grécia, de Granada, de La Rochelle, da Gasconha, da Borgonha (...) e bastante trigo, centeio, ervilha, feijão, feno, carvão e madeira".[26] Subindo o rio, chegava a Paris uma diversidade de produtos normandos – maçãs, sidra, peixe fresco, peixe salgado, sal, feno, madeira – e mercadorias da costa do Atlântico, enquanto descendo o rio chegavam vinhos da Borgonha, cereais das regiões de Beauce e de Brie e a maior parte dos alimentos que abastecia a mesa dos parisienses. Havia conexões com lugares distantes, como Gênova, Florença e o Mediterrâneo ao sul, além de fortes fluxos de comércio e troca com Flandres, Alemanha e os estados do mar Báltico.

O grupo econômico mais útil para essa vitalidade comercial era o dos armadores ou mercadores navais – espécie de versão capetíngia dos *nautes* romanos.[27] Só conseguimos fazer ideia de sua importância a partir do momento em que os monarcas passaram a reconhecer e apoiar suas atividades. A primeira menção a esses mercadores navais data de 1121. Em 1170, Luís VII confirmou os privilégios dos "burgueses de Paris, mercadores navais", que incluíam o monopólio de todos os produtos importados trazidos a Paris por meio do rio. Esse direito exigia bastante controle: o cartel dos armadores navais – ou *hanse*, como era chamado – recebeu amplos poderes de coação. O rei proibiu qualquer outro tipo de construção na área da Place de Grève, onde ficavam os principais portos, e encorajou o investimento em instalações portuárias. O poder corporativo dos mercadores navais recebeu considerável distinção em 1190, quando Filipe Augusto partiu para as cruzadas. Ele nomeou sua mãe e o bispo de Paris como corregentes, mas entregou a supervisão da administração real a "seis íntegros e dignos" parisienses, todos lideranças luminares dos mercadores navais. Os seis receberam instruções para fiscalizar as contas apresentadas por funcionários reais não apenas de Paris, mas de todo o reino, três vezes por ano. Não há melhor exemplo para mostrar como a coroa usou as cidades para alavancar seu poder em detrimento do poder feudal.

Após retornar das cruzadas, Filipe Augusto manteve bom relacionamento com o grupo; em 1220, por exemplo, concedeu-lhes autoridade e controle sobre os pesos e as medidas na cidade. As medidas-padrão eram guardadas num prédio próximo à Grand Pont, conhecido como "Parloir-aux-Bourgeois", onde os mercadores se reuniam e faziam negócios. Equipamentos de aferição defeituosos eram queimados com cerimônia na praça junto a esse prédio. À medida que seus privilégios eram ampliados e sua fortuna aumentava, os mercadores navais passaram a ser vistos como um conselho municipal substituto. No início do século XIII, os mercadores navais usavam um selo, com a representação simples de um navio. O preboste de Paris (*prévôt de Paris*), posto exercido por um mercador e vendido a quem desse o lance mais alto, era sediado na fortaleza do Châtelet e exercia poderes múltiplos de caráter judiciário, policial, administrativo e militar. Porém, os mercadores navais começaram mais e mais a questionar sua autoridade. Entre 1260 e 1265, São Luís reorganizou o governo local. A função de preboste de Paris passou a ser exercida por um funcionário do estado: Étienne Boileau foi o primeiro mandatário, de 1261 a 1270. Ele compartilhava o poder local com os mercadores navais, cujos magistrados se transformaram em almotacéis (*échevins*). Os almotacéis escolhiam no seu grupo um preboste dos Mercadores, ou *prévôt des marchands*. Havia mais de um século, a monarquia reconhecia poderes de governo local a burgueses de municipalidades de toda a França. A recusa a adotar o mesmo critério em Paris realçava a intenção da coroa de não relaxar seu controle nem inibir a renda derivada dessa fonte – na década de 1290, estima-se, a cidade de Paris contribuía com aproximadamente 14% das rendas da coroa. Todavia, os mercadores navais eram em essência um conselho municipal; e o *prévôt des marchands*, o prefeito. O selo dos mercadores navais tornou-se o selo da cidade de Paris.

Junto ao reconhecimento dos mercadores navais como corporação constituída com direitos legais, veio a ampliação da responsabilidade moral e jurídica de outros grupos de comerciantes e artesãos. A coroa era favorável a essa prática, já que obtinha renda das corporações por meio de diferentes tipos de impostos, além de valorizar as funções autorregulatórias que as corporações exerciam. Aos olhos da coroa, a base legal da existência das corporações era uma forma de autoridade superior à vassalagem feudal. No final do século XII, mais de cem negócios incorporados formavam uma coleção caleidoscópica de conglomerados. Alguns grupos eram reduzidos, especialmente em setores em que havia considerável controle de qualidade – por exemplo, existiam só seis batedores de ouro em folha. Condições econômicas promissoras podiam também estimular uma extrema especialização de trabalho: assim havia corporações separadas para chapeleiros especializados em chapéus de feltro, de algodão, de flores (reunindo algumas das relativamente poucas mulheres pertencentes ao sistema) e de penas de pavão. No extremo oposto desses microgrupos, havia centenas de tecelões, padeiros e sapateiros não especializados. Era clara a hierarquia entre os ramos de negócios – por exemplo, fabricantes de imagens religiosas alegavam com arrogância que seus produtos eram destinados exclusivamente à "Santa Igreja, aos príncipes, aos barões e a outros homens ricos e nobres".[28] Mas nem sempre isso refletia níveis de habilidade: um dos negócios mais poderosos era o ramo dos açougueiros, incorporado logo no início, em 1134. Esses profissionais eram diferenciados, pois podiam ter funcionários fora de seus estabelecimentos – conforme a regra, comerciantes e artesãos só podiam trabalhar nos próprios estabelecimentos comerciais.

Grupo particularmente importante era o dos cambistas. Italianos em sua maioria, a partir de 1141 ficaram conhecidos genericamente como lombardos. Os cambistas eram obrigados a exercer a atividade ao ar livre na Grand Pont que ligava a Cité à margem direita, conhecida a partir daí como a Pont des Changeurs (Ponte dos Cambistas). A maioria deles morava na Rue des Lombard, na margem direita (1º-4º). Outros ramos de negócios também se fixavam na topografia urbana de modo semelhante, e os nomes de ruas forneciam um guia dessa especialização industrial e comercial. Esse guia nem sempre era infalível: embora muitos tecelões (*tisserands*) trabalhassem no Bourg Tibourg, nenhum tecelão residia na Rue de la Tissanderie, ao sul dali, quando as listas de impostos de 1296 foram compostas. No entanto, a documentação fiscal revelou muitos peleteiros (*pelletiers*) na Rue de la Pelleterie, sapateiros (*savetiers*) na Rue de la Saveterie e fabricantes de elmos (*heaumiers*) na Rue de la Heaumerie, logo ao norte da Grand Pont.

Nem todos os grupos de trabalhadores – mesmo aqueles com bom nível de consciência e atividade coletivas – alcançavam plena situação legal. Esse era o caso, por exemplo, das lavadeiras da Rue des Lavandières, na beira do Sena. Os ramos de pior reputação eram famosos também por concentrações residenciais. A Rue des Jongleurs junto à Rue Saint-Martin, nas proximidades do atual Centro Georges-Pompidou (4º), realmente abrigava prestidigitadores; enquanto era mais do que evidente o tipo de morador da Rue de la Grande Truanderie (Rua da Grande Malandragem; 1º) e da Rue Coupe-Gueule (Rua do Degolador; 5º). As prostitutas – cuja oferta para financiar um vitral da catedral de Notre-Dame, como faziam outros ramos de negócios, fora rejeitada pelo bispo – eram encontradas em locais como a Rue Pute-y-Muse (Rua Aqui se esconde prostituta) e o Impasse Putigneaux (Puta sarnenta; 4º). Em 1270, São Luís buscou confinar a prostituição licenciada a um certo número de ruas ao longo da cidade.[29] (De modo curioso, a maior parte desses locais ficava na Cité e na margem direita: os estudantes precisavam cruzar o Sena em busca do pecado.)

As corporações desfrutavam de um monopólio local de produção e venda em sua área de especialidade, além de uma série de privilégios. Os talhadores de pedras afirmavam solenemente que alguns dos seus privilégios provinham de Carlos Martelo, no século VIII. Cada ramo de atividade também garantia o treinamento por meio de uma rotina familiar de aprendizado. O número de aprendizes em geral era fixo, assim como o número de artífices assalariados e trabalhadores suplementares (*valets*) permitido em cada oficina. O objetivo da prática era manter os preços estáveis e assegurar a transmissão pacífica dos negócios ao longo do tempo. As pressões competitivas eram moderadas, por conta da intensa vida social, plena de religião e caridade, organizada em confrarias associadas a cada ramo de negócios. Por exemplo, a confraria dos açougueiros era associada à igreja de Saint-Jacques-de-la-Boucherie na margem direita, próxima a vários de seus estabelecimentos e onde acontecia boa parte de sua vida social.

Assim, as multivariadas corporações comerciais da economicamente vibrante capital entrelaçavam-se de modo a não apenas maximizar a renda e os interesses estatais, como também a dar suporte à posição e servir aos interesses dos pequenos produtores, artesãos e comerciantes. Esse era outro exemplo de como a coroa usava acordos de parcerias para reforçar sua autoridade dentro da cidade. O mesmo fenômeno também ocorria em relação a outro grupo de grande interesse na Paris medieval: a universidade.

Inicialmente, os capetos devem ter-se perguntado se a universidade valeria a pena o incômodo. A agitação interminável e os conflitos entre cidade e universidade que pontilharam o século XII tornaram o turbulento e cosmopolita corpo estudantil um dos maiores problemas locais. Em dado momento, Filipe Augusto até mesmo parece ter contemplado a ideia de dispersar por completo os grupos de ensino e bani-los da cidade. Inclusive vários clérigos não aprovavam a sociabilidade um tanto mundana da margem esquerda. "Fujam desse ambiente babilônico", advertia São Bernardo de Claraval aos jovens clérigos, "e salvem almas. (...) Descobrirão mais nas florestas do que nos livros." Pedro de Celles descreveu a cidade como um lugar em que "redes do vício, armadilhas do mal e flechas do inferno levam corações inocentes à perdição".[30] Jacques de Vitry relatou que muitos mestres compartilhavam as suas dependências com bordéis e deu uma ideia dos principais vícios das nações cujos estudantes ali chegavam. Por exemplo, os normandos eram "fúteis e orgulhosos"; os bretões, "volúveis e inconstantes"; os ingleses, "beberrões"; os holandeses, "frouxos e preguiçosos"; os romanos, "sediciosos, violentos e desbocados"; e os alemães, "selvagens e obscenos".[31]

Porém, ao cabo do século XII, enquanto alguns clérigos mantinham suas dúvidas sobre essa aglomeração indisciplinada, a monarquia pendia para uma perspectiva mais positiva. Talvez o fluxo de graduados parisienses que abastecia as embrionárias estruturas administrativas tenha dado boas razões para a coroa apreciar certas habilidades incutidas na Montagne Sainte-Geneviève. A reputação internacional trazida pela erudição parisiense também deve ter atraído uma dinastia real bastante sensível à autopropaganda. Fazia bem ao culto da própria imagem a ideia cada vez mais divulgada da *translatio studii* – "transferência de erudição" – por meio da qual o centro mundial de ensino e aprendizagem passara do Egito Antigo via Atenas para Roma e daí para Paris. Embora representassem uma ameaça à ordem pública, os estudantes e seus mestres também constituíam um importante setor da demanda urbana. Sem eles e as indústrias de serviços que utilizavam – desde alojamentos e alimentação até cópia e iluminura de manuscritos – a margem esquerda teria ficado praticamente desnuda. Muitos estudantes franceses eram de origem relativamente humilde, mas o cunho alcançado por Paris também trazia à cidade herdeiros de famílias estrangeiras ricas, com bastante para gastar.

Foi preciso, porém, uma questão de ordem pública para que a monarquia decidisse pela aprovação dinástica. Uma pancadaria entre membros da cidade e da universidade numa taverna da margem esquerda em 1200 deixou cinco estudantes mortos; os estudantes então ameaçaram deixar Paris caso sua queixa não fosse adequadamente ouvida. Filipe Augusto colocou todos os estudantes sob a jurisdição episcopal em vez de sob a justiça laica administrada pela corte de Châtelet. Ao estender o princípio de benefício clerical aos estudantes, o ato real tornou estudantes e professores clérigos uma entidade corporativa e os colocou sob jurisdição mais do papado do que do Estado. Ao fazer isso, Filipe os retirou da influência direta do bispo de Paris, cujas asas o rei vinha diligentemente buscando aparar. Poucos anos depois, cartas pontificais referiam-se a eles como uma "sociedade" (*societas*); o termo *universitas* logo passou a ser utilizado.[32] O processo pelo qual a corporação, nos primeiros anos do século XIII, estendeu seus privilégios e reforçou sua identidade é obscuro. Enquanto os estatutos concedidos em 1215 pelo legado papal Robert de Courson (ele próprio mestre parisiense) confirmavam os direitos anteriores e acrescentavam novos privilégios, a posição da universidade permanecia um tanto frágil. Um incidente em 1229 envolveu uma agitação estudantil no Bourg Saint-Marcel em que um estudante foi morto. Nem o bispo nem Branca de Castela, mãe de São Luís e rainha regente, ofereceram desagravo; por isso, todo o corpo estudantil ameaçou abandonar a cidade. E cumpriram a ameaça, só retornando em 1231, a pedido do papa.

A bula papal *Parens Scientarum* (Mãe das Ciências), de 1231, ao pôr fim a esse episódio, confirmou os estatutos de 1215 e reconheceu a universidade como "a mãe das ciências, (...) ornamento da Igreja, escudo da fé, espada espiritual da milícia cristã".[33] O documento apoiava as reivindicações da universidade de ter autonomia perante o bispo e seu chanceler, bem como concordava que os membros universitários tivessem acesso ao benefício clerical e ao direito de greve. O currículo, o modelo de ensino e o sistema de exames também alcançaram aprovação. Embora em tese o chanceler do bispo retivesse o direito de expedir licenças de ensino, na prática esse poder ficava nas mãos dos mestres. Após obterem título de mestre na faculdade de artes, os estudantes podiam continuar em cursos superiores de teologia, medicina e direito canônico (o ensino de direito romano, baseado em precedentes imperiais em vez de convenções eclesiásticas, fora proibido em 1219). Essas estruturas da faculdade seriam consolidadas na década de 1260, mas já estavam implícitas em 1219, quando cada faculdade ganhou o direito de ter seu próprio líder, ou inspetor. Em 1221, um selo oficial foi outorgado. A partir dessa época, o corpo estudantil organizou-se em quatro "nações". Nenhuma delas correspondia muito exatamente às fronteiras nacionais: a nação francesa incluía alunos das regiões de Île-de-France e do Midi, da Itália e da Grécia; "os normandos" cobriam a Normandia e a Bretanha; "os picardos" estendiam-se até Flandres e a maior parte do Norte da França. Os "ingleses", por sua vez, eram o grupo mais heterogêneo; além das Ilhas Britânicas, os estudantes desse grupo provinham dos Países Baixos, da Escandinávia, da Alemanha central, da Hungria e das terras eslavas. Cada nação era representada por um inspetor, e os quatro inspetores elegiam o reitor da universidade. As nações forneciam estrutura para a sociabilidade espiritual e leiga dos estudantes e para auxílio mútuo – além de representar uma receita infalível para incitar rivalidades. Os estudantes continuavam encrenqueiros como sempre: por exemplo, numa briga por volta de 1280, os ingleses colocaram abaixo os alojamentos dos picardos, matando vários deles e obrigando os outros a fugirem da cidade.

Desse modo, a estrutura corporativa da universidade retirou os acadêmicos do controle do bispo e os deixou sob o patronato do papado e da coroa. Durante mais de dois séculos, os papas e os reis raramente vacilaram em dar o seu apoio. Na década de 1250, a universidade enfrentou sua maior crise, relacionada ao papel das ordens mendicantes. O século XIII testemunhara a fundação de um grande número de instituições religiosas que coletivamente enriqueciam não só a textura espiritual, mas também o brilho arquitetônico da cidade (pois eram dotadas de grandes fortunas): os agostinianos chegaram em 1250, acabando por se instalar no Quai des Grands-Augustins (5º); os cartuxos em 1257 e os carmelitas em 1259. As ordens mendicantes também vieram: os franciscanos em 1207 e os dominicanos em 1217. Os dois grupos despertaram bastante ira universitária por terem desenvolvido programas populares de ensino, por oferecerem alojamento e instrução a estudantes mais pobres e por agirem como fura-greves durante a comoção universitária de 1229-1231.

A batalha com os mendicantes também tinha um elemento doutrinário; os opositores dos frades os representavam como seguidores de crenças milenaristas heréticas. Os esforços da universidade no começo da década de 1250 de restringir o número de cátedras disponíveis a uma por mosteiro levou a um grande conflito. Como tanto o papa quanto a monarquia defenderam os direitos das ordens religiosas, seus opositores tiveram de se retratar e aceitar os ensinamentos de dois mestres (e futuros santos) das ordens mendicantes: Boaventura e Tomás de Aquino.

A reputação de superioridade que as ordens religiosas ganhavam dentro da universidade era parcialmente contrabalançada pelo surgimento do sistema colegiado – outro sinal da maturidade institucional da universidade e fato de considerável importância no futuro. A partir da metade do século XIII, a criação de uma série de novos colégios destinados a não mendicantes era parte de um esforço coordenado para oferecer algo melhor do que os mendicantes podiam dar. Em sua maioria, as instituições eram pouco mais do que estalagens melhoradas; em 1257, porém, um novo modelo estabeleceu-se quando Robert de Sorbon, o capelão real, fundou uma faculdade com o polpudo apoio de São Luís. A Sorbonne oferecia instrução e também alojamento. Isso garantia que a evolução intelectual dos estudantes fosse monitorada com mais atenção do que antes. Da mesma forma, os internos tinham acesso a uma das melhores, senão a melhor, biblioteca de Paris. Com rapidez, criaram-se novas faculdades (legados de bispos, de outros clérigos seculares, assim como de homens e mulheres laicos), permitindo o aumento do corpo estudantil. Existiam talvez três mil estudantes em Paris por volta do ano de 1300. Com frequência, os colégios eram destinados a estudantes de alguma localidade específica. O Collège d'Harcourt (1268) compreendia quarenta estudantes normandos; o Collège des Cholet, fundado pelo bispo de Beauvais, destinava-se a estudantes das dioceses de Beauvais e Amiens. Data dos anos 1290 a fundação do Collège de Skara, especial para alunos suecos. Perto da virada do século houve muitas criações importantes, entre as quais o Collège du Cardinal Lemoine (1302, para 120 estudantes do Norte da França), o ricamente dotado Collège de Navarre (1304) e o Collège de Bayeux (1309).

2.3: Robert de Sorbon

Geralmente há um descompasso entre a reputação de uma instituição e a de seu fundador. Esse parece ser particularmente o caso da Sorbonne e de Robert de Sorbon. A instituição talvez seja a universidade mais famosa e mais histórica do mundo, enquanto seu fundador, um humilde clérigo do século XIII, um tanto limitado intelectualmente, é pouco lembrado: Robert de Sorbon.

Nascido no Leste da França em 1201, Sorbon realizou seus estudos em Paris, em condições de pobreza pessoal, até tornar-se cônego do cabido da catedral de Cambrai. Sua reputação como homem piedoso atraiu a atenção de Luís IX (São Luís), que fez de Sorbon seu capelão e mais tarde seu confessor. Ele ganhou o suficiente nesse cargo para criar uma comunidade de clérigos dedicada a oferecer lições gratuitas a estudantes de teologia pobres – como ele mesmo fora. Em 1250, enquanto São Luís estava na cruzada, a mãe do rei, a rainha regente Branca de Castela, doou a Sorbon "uma casa que pertencera a Jean de Orléans e os estábulos contíguos situados na Rue Coupe-Gueule, em frente ao Palais des Thermes". A partir dessa estrutura, houve a fundação do colégio da Sorbonne, para atender a dezesseis estudantes pobres, em 1253. São Luís fez mais outras doações e nomeou Sorbon como diretor (*proviseur*) da nova instituição, papel que exerceu até sua morte em 1274. A orientação da Sorbonne para o grau avançado de teologia a destacou das outras – os inúmeros colégios fundados anteriormente eram para estudantes que buscavam a formação universitária em artes – embora, como outros colégios, a Sorbonne tivesse várias semelhanças legais e culturais com as associações de negócios e outras corporações medievais.

Sorbon tinha particular interesse em questões de moralidade e casos de consciência; esse interesse se refletia nas especialidades que a Sorbonne criava. Da Idade Média em diante, a instituição passou a ser consultada sobre essas matérias por sucessivos papas e governantes europeus. Devido à proeminência de seus teólogos, a Sorbonne passou a representar a Faculdade de Teologia da universidade; de fato, em questões de doutrina, ela representava a universidade como um todo. Com o tempo, sua proeminência internacional se reduziu, devido à proliferação de universidades em toda a França e a Europa no final da Idade Média, à sua associação excessiva com a causa derrotada dos borguinhões na Guerra dos Cem Anos e ao surgimento da palavra impressa. A Sorbonne teve a autonomia institucional reduzida e ficou mais sob a égide da monarquia.

Até o século XVII, a Sorbonne compreendia um conjunto de casas espalhadas de maneira aleatória perto da Rue Coupe-Gueule (hoje Rue de la Sorbonne, 5º). Em 1625, o cardeal Richelieu, grande ministro chefe no reino de Luís XIII e diretor da Sorbonne, iniciou um programa de consolidação e construção. A construção do pátio e da capela da instituição atual iniciou-se em 1635 e completou-se na década de 1640.

De atuação fundamental na Contrarreforma, a Sorbonne perdeu importância no século XVIII, mais laico. Os filósofos do Iluminismo faziam chacota de sua coleção inútil de sabedoria, preparando o terreno para abolir a instituição (junto com todas as universidades) durante o Terror de 1792-1794. Reaberta por Napoleão em 1806, a instituição adaptou-se bem ao cenário da educação durante o período pós-revolucionário e tornou-se a chefia administrativa da Universidade de Paris. Extensas obras realizadas entre 1885 e 1901 resultaram nas estruturas imponentes de hoje.

Durante a maior parte da primeira metade do século XX, mais do que um em cada dois estudantes universitários franceses pertenciam à Universidade de Paris. O sistema estava sob tensão devido ao crescimento rápido do número de alunos nas décadas de 1950 e 1960. A situação alcançou níveis dramáticos em Maio de 1968, quando a Sorbonne tornou-se um dos principais palcos de protestos estudantis em Paris. A medida pós-1968, que dividiu a Universidade de Paris em unidades menores e fáceis de manejar, e a transferência de muitos trabalhos de pesquisa para institutos especializados reduziram o papel institucional da Sorbonne. Os 75 mil estudantes que frequentam a Universidade de Paris I (Panthéon Sorbonne), III (Sorbonne Nouvelle) e IV (Paris-Sorbonne) representam apenas cerca de um terço dos estudantes universitários na região de Paris e menos de 5% dos estudantes universitários em toda a França.

Robert de Sorbon tinha uma visão cordial mas deveras ingênua de como deveriam ser os estudantes: "O acadêmico que caminha nas margens do Sena à noitinha não deve praticar esportes" – afirmava, com certo otimismo –, "mas sim pensar na lição e repeti-la para si mesmo". Suas intenções foram transgredidas largamente por sucessivas gerações de alunos da Sorbonne. Esses desfrutaram da reputação de licenciosidade e de insubordinação ao longo da Idade Média e da Renascença. Um bom termo para descrever seu comportamento seria "rabelaisiano"; na verdade, Rabelais dedicou-se com afinco à observação dos costumes estudantis. Sua obra recebeu duas condenações formais da Sorbonne. Por volta do início do século XIX, os estudantes faziam parte da tradição revolucionária de barricadas e tumultos de rua – papel recente e brevemente assumido de novo por eles em 1968.

O surgimento da universidade realçava o dinamismo e a energia intelectuais gerado por estudantes e mestres naquilo que o papa Gregório IX chamou de "a oficina especial da sabedoria". Porém, nesse período de emancipação intelectual e de fama internacional da universidade, houve também controle intelectual. Isso convinha tanto às preocupações controladoras da monarquia quanto à ênfase dada pelo papado ao rigorismo doutrinário e à ortodoxia espiritual. Além de prestar apoio aos estudantes, os colégios eram instrumentos de disciplina – como ficara claro na batalha contra os mendicantes. Os colégios agiam em nome dos pais (*in loco parentis*) e se preocupavam com a moralidade dos estudantes. Nesse aspecto, tiveram importância também as tentativas de usar os acadêmicos parisienses para a imposição mais ampla da ortodoxia religiosa. Em 1205, o rei cruzado Balduíno de Flandres requisitou ao papa que lhe enviasse a Constantinopla doutores de Paris para pregarem a fé verdadeira. Em 1217, o papa Honório III requisitou o envio de doutores de Paris para ajudar a cristianizar a região do Languedoc. Como consequência, eles agiriam como tropas de assalto espirituais, reprimindo a heresia albigense na região. Além disso, a universidade assistiu impassível ao ataque e ao desmantelamento da infraestrutura do ensino judaico ao longo do século XIII.

Em 1323, o monge Ferrulo glosava a etimologia de Paris (*Parisius*) como derivada da palavra "paraíso" (*paradisus*). Porém, o paraíso não era compartilhado igualmente por todos; na verdade, existia um lado obscuro, mesmo nessa época brilhante da história da cidade. Esses elementos obscuros e essas iniquidades viriam à tona no andamento do século XIV. O desempenho extraordinariamente dinâmico de Paris desde o século XII derivara-se de uma clara sinergia de forças: a agricultura em franco desenvolvimento nos arredores (legítimo *sine qua non*); a classe mercantil habilidosa e empreendedora liderada pelos *nautes* parisienses; a crescente base de habilidades nos diferentes ramos de negócios; a hegemonia cultural da universidade e o apoio de um dos estados mais poderosos no oeste da Europa. A partir do começo do século XIV, todos esses fatores ficaram mais ou menos comprometidos. Em consequência disso, a cidade sofreu – de modo severo.

3

A cidade à deriva

*c.*1300-*c.*1480

Paris, observou um panegírico anônimo escrito no início do século XIV, era "mãe e musa de todas as cidades".[1] O status superlativo alcançado pela cidade durante os dois séculos anteriores estendia-se agora a uma ampla gama de setores. Por grande diferença, Paris era a maior cidade da cristandade: os 61.098 lares registrados no censo de 1328 sugerem uma população superior a duzentas mil ou 250 mil pessoas. Diga-se de passagem, nessa época nenhuma outra cidade francesa chegava a cinquenta mil habitantes, e as rivais europeias (Florença, Gênova, Veneza) mal chegavam aos seis dígitos. Nenhuma outra região da Europa, com a possível exceção de Flandres, era tão densamente povoada quanto a Île-de-France. A riqueza acumulada no interior das muralhas da cidade era proporcional a seu imenso tamanho e realçava não apenas o eclético leque de atividades, mas também a maior e mais rica concentração de consumidores do Ocidente. Também no campo intelectual, Paris continuava a destacar-se entre as rivais; a fama de sua universidade era tão generalizada que todo europeu com pretensões ao conhecimento acadêmico sentia-se culpado se não tivesse estudado lá. Tudo isso se tornou possível devido à relação muito próxima e benéfica que a cidade mantinha com a dinastia capetíngia. Politicamente, Paris era a capital de um estado de origens humildes em 987 que se transformara numa das potências mais dinâmicas da Europa Ocidental. Além disso, a cidade possuía vários prédios e monumentos – desde a muralha na periferia até o palácio real na Île de la Cité – que acentuavam o prestígio internacional da dinastia real francesa.

Nada ocorreu nos reinados de Filipe III (r. 1270-1285) e, em particular, de Filipe IV, o Belo (r. 1285-1314), que indicasse enfraquecimento do poder real nem diminuição do compromisso dinástico com a capital, ingrediente crucial na prosperidade de Paris. A partir de 1302, a convocação periódica dos Estados-Gerais, compostos de delegados do clero, da nobreza e das cidades, normalmente reunidos em Paris, parecia consolidar a posição da coroa em vez de enfraquecê-la. Mas, em poucos anos, a estabilidade política da França em geral e de Paris em particular chegaria ao fim. De modo sintomático, a relação de apoio mútuo entre monarquia e capital seria colocada sob tensão extrema. Com exceção de poucos anos tranquilos, o período até o fim do século XV

Et les murs si for
Comment la

iarent.

ucelle et les fracoys

ficaria entre os mais soturnos da história da cidade. Como bem caracterizou o poeta Eustache Deschamps na virada do século XV:

> Idade do ferro, tempo desconjuntado, céu de bronze,
> Terra estéril, infrutífera e infecunda,
> Povo desgraçado, cheio de dor.[2]

A dinastia capetíngia fora muito feliz no leito nupcial: uma linha ininterrupta de onze gerações garantira incontestes herdeiros do sexo masculino, desde a época de Hugo Capeto até o reino de Filipe, o Belo. Então, a sorte capetíngia se esgotou. Filipe teve três filhos – Luís X (r. 1314-1316), Filipe V (r. 1316-1322) e Carlos IV (r. 1322-1328). Todos reinaram brevemente e não geraram herdeiro varão. Em 1328, o trono passou para o sobrinho de Filipe IV, Filipe de Valois, que adotou o nome Filipe VI. Mas seu direito ao trono foi contestado – e de forma duradoura. O rei Eduardo III da Inglaterra, filho da filha de Filipe, o Belo, embora tivesse prestado as honras a seu primo Valois em 1329, logo em seguida reivindicou o direito ao trono. Em 1337, Inglaterra e França estavam em guerra. O tema da sucessão permaneceria o foco principal de uma série de disputas militares chamadas mais tarde de Guerra dos Cem Anos (1337-1453). No entanto, a guerra era ao mesmo tempo sintoma e causa de um mal-estar mais difundido que caracterizou esse período.

Os problemas de Paris ao longo dos séculos XIV e XV não decorriam apenas da contestação do poder real, mas também da ausência física ou mental dos reis na cidade durante a maior parte do tempo. Apesar de modernizar o palácio da Cité, Filipe VI escolheu residir no chalé de caça, convertido em fortaleza e palácio de verão, perto de Vincennes. João II (r. 1350-1364) morou um breve período na Île de la Cité. Seu sucessor Carlos V (r. 1364-1380) preferiu o Louvre por ser mais fácil de defender e construiu um complexo palaciano no leste da cidade, junto à Rue de Saint-Antoine (4º), em Saint-Paul (ou Saint-Pol), acrescentando espaçosos pomares, jardins e uma rara coleção de animais selvagens, que logo se tornaria lendária. Carlos VI (r. 1380-1422) passava a maior parte do tempo em Paris, mas desde 1392 padeceu de prolongadas crises de insanidade. Enquanto facções da aristocracia manobravam pelo poder, o rei deixava de ser protagonista político. A partir de 1422, a não ser de passagem, os reis simplesmente não residiram mais em Paris, preferindo os palácios no vale do Loire. Além disso, de 1420 até 1435, como vamos ver, o reino foi dividido: a metade norte, com sede em Paris, era governada pelo vice-rei da Inglaterra, e a metade sul, pelo representante dos Valois, Carlos VII (r. 1422-1461).

A mudança de destino da cidade ao longo dos séculos XIV e XV bem poderia ser contada como uma história de muralhas, portões e pontes assim como de dinastias. Nunca jamais uma pedra fora arremessada com raiva contra a muralha construída por Filipe Augusto entre 1190 e 1215; na verdade, essa muralha desempenhou papel de vanguarda no desenvolvimento urbano em tempo de paz. Em contraste, no meio do século XIV, outra muralha precisou ser construída para oferecer proteção mais adequada contra a agressão exterior. As qualidades de defesa da nova muralha seriam testadas amplamente no século seguinte. As autoridades municipais haviam começado a construção da muralha logo após a desastrosa derrota francesa para os ingleses na batalha de Poitiers de 1356. Só completada sob ordenamento real no início do século XV, a maior parte da muralha de Carlos V estava pronta na década de 1390. Com cerca de cinco quilômetros de comprimento, ela circundava 439 hectares, em comparação aos 272 hectares da muralha de Filipe Augusto. Todo o espaço novo ficava na margem direita, onde moravam quatro em cada cinco parisienses.

As novas defesas mostravam uma percepção mais aguda da necessidade de melhor proteção contra equipamentos de cerco mais sofisticados. Em especial, a característica marcante das novas defesas na margem direita era a profundidade. Uma série de valas profundas e largas, de taludes altos, permitia ao sistema defensivo atingir, nos trechos mais completos, cem metros de largura. Os pântanos do leste foram drenados para fazer um fosso. Para manter o fosso abastecido de água, criou-se um sistema suplementar de eclusas (embora a muralha da margem esquerda tivesse de se virar só com defesas secas). Houve a instalação de portões novos e mais resistentes ao longo de toda a muralha. A partir de 1370, a leste, construiu-se uma nova e maciça fortaleza, rivalizando com o enorme Louvre a oeste. A Bastilha, como em breve seria conhecida, desempenharia um papel intenso na história parisiense.

Igualmente, a muralha de Carlos V testemunhava a escala – e a topografia – da última fase de expansão urbana medieval de Paris. Houve a inclusão de muitas áreas de lavouras. Isso fazia sentido em caso de cerco. Mas agora a nova muralha incluía setores antes fora da muralha de Filipe Augusto, em que houvera expansão econômica e social nesse ínterim. Essas áreas eram todas na margem direita. Áreas desenvolvidas fora das antigas muralhas na margem esquerda, como Saint-Germain-des-Prés, Saint-Victor e Saint-Marcel, não incorporadas na construção da muralha de Carlos V, ficaram mais suscetíveis em situações de perigo. As inclusões na margem direita abrangiam terrenos ao longo da Rue Saint-Antoine, por exemplo; as *coutures* (terras de cultivo) do Templo, de Saint-Catherine e de Saint-Martin-des-Champs (3º); áreas desenvolvidas a partir de Les Halles (principalmente além dos antigos portões de Saint-Denis e de Montmartre, 2º); e propriedades ao longo da Rue Saint-Honoré, inclusive o Louvre (1º). Isso impulsionou novos crescimentos. Por exemplo, a zona do Templo, que tivera crescimento intramuros no reinado de Filipe Augusto, agora se expandira e cobria uma zona de traçado em grelha de uma dúzia de ruas uniformemente espaçadas desde as Rues du Temple e Vieille-du-Temple, ao norte da Rue de Braque e da Rue des Poulies (3º). No final do século XIV, o *hôtel* repleto de torres do nobre Olivier de Clisson deu à região certa variedade arquitetônica e tom social.[3]

Consequência mais duradoura da orientação de ênfase militar da cidade foi o surgimento de vizinhanças ou bairros (*quartiers*) como estruturas da vida social e administrativa, inclusive de defesa urbana. A construção da muralha de Carlos V aumentou o número de quartiers para dezesseis. Em cada bairro, um *quartinier* era assessorado na vigilância da cidade e na guarda do portão por *cinquantiniers* e *dizeniers*. Essa estrutura cobria – embora nem sempre correspondesse geograficamente a – os bairros usados desde 1420 no policiamento e no controle e cobrança de impostos. Estabelecia-se uma nova base de sociabilidade intraurbana baseada em bairros.

É irônico pensar que a muralha de Carlos V em 1450 abrangia apenas metade das pessoas que a muralha de Filipe Augusto – com metade do comprimento – abrigara antes da década de 1350. A população de Paris caíra em mais de 50% entre a década de 1320 e o início da década de 1420, quando a população da cidade pode ter sido de apenas oitenta mil a cem mil habitantes. Houve recuperação, mas em 1500 a população total ainda permanecia em torno de 150 mil pessoas. Outra característica irônica da muralha de Carlos V: o maior número de portões não incrementou o trânsito nem o comércio. Na verdade, devido à frequente falta de segurança da cidade, muitos portões foram amurados ou interditados por longos períodos, diminuindo o número de pontos de entrada e saída da cidade em relação à época da muralha de Filipe Augusto. A cidade se ensimesmara.

Assim, as muralhas e os portões mostravam com eloquência o quanto Paris se tornava não expansiva e focada em si própria. E as pontes também. As pontes da cidade nunca tinham alcançado o nível de eficiência exigido por um grande centro econômico. Mas agora sua condição piorara. Elas pareciam obstruir em vez de facilitar as atividades de troca: as mercadorias desciam o rio até o porto de Grève, eram descarregadas e transportadas por terra na cidade até o porto de Saint-Germain, perto do Louvre, onde eram embarcadas de novo rio abaixo – ou vice-versa. Em 1296, outra Grand Pont fora construída: a Pont aux Changeurs (ou Pont-au-Change) ligava a Cité à margem direita, próximo à antiga ponte da barragem de Carlos, o Calvo.[4] As enchentes de 1393 destruíram a Petit Pont, alvo de constantes reparos no século seguinte. Em 1407-1408, tanto a Petit Pont quanto a Saint-Michel – construída em 1378 no fim da Rue de la Harpe (5º) – foram arrastadas pelas águas. Destino parecido tiveram as Planches Mibrai, feitas de madeira, extensão da Rue Saint-Martin sobre o Sena. Em 1413, as Planches foram reconfiguradas, dando origem à Pont Notre-Dame. Infelizmente, economizou-se demais na obra; durante boa parte do século, a estrutura esteve sempre perigando cair, até ser levada pelas águas em 1499.

Essas circunstâncias sombrias inserem-se no contexto de desaceleração da economia europeia a partir do século XIV. Conforme registrou um cronista local, quebras de safra entre 1314 e 1316 produziram em Paris "grande carestia de grãos (...). O povo sentia-se amargamente onerado e oprimido."[5] A ocorrência de fome coletiva em outros locais da França sugeria a incapacidade da economia de alimentar a população crescente – embora o aumento dos preços em Paris resultasse também da especulação e da armazenagem de produtos com fins mercantis. Altos níveis de mortalidade ocorreram em 1323, 1328, 1334 e 1340-1341. Nessa época, o clima parecia deteriorar-se: além dos problemas de origem humana, certas catástrofes naturais passaram a se abater com mais frequência sobre Paris. Enchentes não eram novidade na vida parisiense: em 1196, uma enchente fez Filipe Augusto fugir assustado da Cité e refugiar-se na Montagne Saint-Geneviève; houve outras inundações em 1289 e 1296-1297. Porém, no século XIV, o Sena transbordaria não menos do que 27 vezes. O inverno do século foi o de 1407, quando icebergs flutuavam Sena abaixo, e a tinta congelava na pena de escrever.[6] As enchentes de 1432 paralisaram a vida econômica da cidade por seis meses. Da década de 1420 em diante, à noite, lobos espreitavam as ruas da cidade e saltavam para arrancar nacos das pernas dos criminosos executados nos patíbulos da cidade em Montfaucon; em 1439, os lobos mataram mais de doze pessoas nos jardins do mercado ao norte das muralhas de defesa.[7]

3.1: Montfaucon

Quem passeia no Parc des Buttes-Chaumont (19º), desfrutando dos prazeres suíços kitsch, sem notar percorre um dos mais lúgubres e degradados locais de *le Vieux Paris*, ou seja, o patíbulo de Montfaucon. Criado por São Luís (r. 1223-1270) como símbolo da justiça real na cidade, o patíbulo foi institucionalizado no governo de Carlos IV (r. 1322-1328), quando o cadafalso de madeira foi convertido numa elaborada estrutura de pedra com cerca de dezesseis colunas de dez metros de altura cada uma. Nessa plataforma, literalmente dezenas de corpos podiam ser pendurados ao mesmo tempo. O patíbulo de Montfaucon funcionava como local de execuções, mas também servia de lugar de exibição dos cadáveres dos indivíduos torturados e executados em outros dos muitos locais de execução de Paris, como a Place de Grève. Expostos por dois, três anos ou até mais – à mercê dos corvos e (em tempos difíceis) dos

O patíbulo medieval em Montfaucon

lobos –; ao cabo desse período restavam apenas uma visão medonha e um fedor repugnante bafejando em direção ao Faubourg du Temple. Quando os corpos eram baixados, os restos mortais eram jogados num buraco no centro da estrutura do patíbulo.

Esse monumento impressionante ficava num outeiro de uma região ainda bastante erma, junto à estrada principal que conduzia a Meaux. Era impossível deixar de vê-lo, mesmo à distância. Sua fama provinha não apenas de sua visibilidade, mas também do elevado status de muitos que concluíram sua existência balançando naquele local. Ministros e protegidos do rei, prebostes parisienses e, mais tarde, a carcaça mutilada do líder dos huguenotes, almirante Coligny, todos pararam ali. Após o massacre da Noite de São Bartolomeu, o rei Carlos IX passou ali para ver o corpo de Coligny, apodrecendo pendurado no patíbulo. Ao perceber a náusea dos membros da corte, o rei Carlos IX teria dito: "O cadáver de um inimigo nunca cheira mal".

Porém, o auge de Montfaucon terminaria no século XVI. As execuções no local pararam de ocorrer em 1627; um patíbulo menor foi erigido perto dali, mais para fins cerimoniais e de exibição do que para local de execuções. No início do século XVIII, os mapas da cidade mostravam apenas as bases dos outrora famosos pilares de pedra em Montfaucon. Porém, outras formas de vida – todas dos tipos mais sombrios – já assumiam as conotações sinistras do lugar. Tornara-se um dos principais despejadouros de esgoto de Paris. Então passou a servir como local de venda e abate de cavalos velhos. Em certos anos, o número de pangarés eliminados no local chegou a quinze mil. Os restos equinos nutriam vários negócios menores (adubo orgânico em pó – conhecido como *poudrette* – para jardineiros, peles para curtidores, crinas para fabricantes de escovas, vísceras para a produção de larvas para pescadores, e assim por diante). Também alimentavam um gordo exército de ratos, que conseguia reduzir um cadáver a mero esqueleto em 24 horas. Perto dali, touradas e outras lutas envolvendo animais eram montadas na Place du Combat (hoje Place du Colonel-Fabian), o que contribuía para a aura de obscuridade e repugnância do local. Além disso, a extração de gipsita (ou gesso de Paris) naqueles arredores criara um extraordinário cenário repleto de cicatrizes no relevo, paisagem meio lunar sustentada por um verdadeiro favo de cavernas e passagens subterrâneas, covis de ladrões e mendigos.

Portanto, Napoleão III e o barão Haussmann determinaram uma verdadeira metamorfose histórica ao escolherem-na como a mais significativa das raras áreas verdes desenvolvidas no leste da cidade. Haussmann usou as cicatrizes da paisagem para criar um efeito pitoresco; inclusive mandou trazer grande quantidade de pedras para prover uma atmosfera montanhosa e tranquila ao novo parque. Pronto em três anos e com a inauguração marcada para coincidir com a Exposição Universal de 1867, o Parc des Buttes-Chaumont não aceitou o novo destino sem oferecer resistência: serviu de refúgio aos partidários da Comuna de Paris de 1871, até que os canhões do governo instalados no topo de Montmartre expulsassem os rebeldes dali. Seria necessária a inspiração poética dos surrealistas da década de 1920 para remover do parque a maior parte do horror há muito arraigado no local. Ao saudar o parque como "paraíso lendário" e "apartamento de sonhos", Luís Aragon ajudou a impulsionar uma trajetória diferente da memória parisiense.

Epidemias tornaram ainda mais terrível essa sequência de invernos atrozes. O surto de peste bubônica em 1348, após mais de meio milênio de intervalo, não poderia ter ocorrido em momento pior. A peste negra de 1348-1352 provavelmente reduziu a população da França em 30 a 40%. Paris perdeu talvez cinquenta mil pessoas. Embora a cidade tenha inicialmente se recuperado, o crescimento populacional foi interrompido por outras epidemias importantes na década de 1360, e de novo em 1374 e em 1400. Entre 1348 e 1480, não menos do que 36 anos – mais do que um a cada quatro anos – foram de peste na cidade. Como se isso não bastasse, outras doenças epidêmicas ceifaram muitas vidas, por exemplo: *tac* (caxumba) em 1414, escarlatina em 1418, *dando* (gripe) em 1427 e varíola em 1433 e 1438.

A pobreza e as deficiências nutricionais representavam pouca defesa contra doenças epidêmicas; invariavelmente os pobres sofriam mais. Além disso, a infraestrutura de caridade da cidade não conseguiu se expandir de modo a enfrentar o agravamento desses problemas sociais. O crescimento econômico medieval contribuíra para uma avalanche de doações de caridade incentivada pela Igreja. Durante o reinado de São Luís, o antigo Hôtel-Dieu, contíguo à catedral de Notre-Dame na Île de la Cité, mantido pelo cabido da catedral e atendido por uma dedicada comunidade de freiras agostinianas, foi expandido para que pudesse cuidar de até seiscentas pessoas carentes por dia. Hospitalidade e cuidados médicos também eram oferecidos numa série de fundações menores, tais como o Hospital Sainte-Catherine, na Rue Saint-Denis (2º), e o albergue anexo à igreja de Saint-Julien-le-Pauvre (5º). Outras instituições tinham funções mais específicas, por exemplo: o Hospital de la Trinité, fundado em 1202 por dois burgueses para oferecer abrigo aos necessitados; outro burguês, Étienne Haudri, criara um lar para viúvas pobres (posteriormente conhecidas como haudriettes); enquanto o rei São Luís fundou a casa Quinze-Vingts para cuidar de trezentos cegos pobres.[8] Também havia estabelecimentos para pessoas com lepra, flagelo da sociedade medieval. Em geral, essas instituições situavam-se além das muralhas, longe o suficiente da cidade para os habitantes urbanos se sentirem seguros, mas perto o suficiente para poderem recorrer à caridade dos cidadãos. A principal instituição de Paris, o Hospital Saint-Lazare, ficava num local afastado, na direção do Montmartre, enquanto na margem esquerda havia uma pequena instituição próxima a Saint-Germain-des-Prés – onde hoje fica a loja de departamentos Bon Marché.

Claro, a criação de instituições de caridade e as doações solidárias continuaram após 1300, mas com impacto e eficiência reduzidos, devido ao amplo espectro das necessidades geradas pelos tempos difíceis. As novas instituições tinham alcance limitado; por outro lado, algumas instituições herdadas de períodos anteriores provavelmente dispunham de mais meios do que precisavam. Por exemplo, o Quinze-Vingts raramente dispunha de trezentos cegos para atender, enquanto a diminuição da hanseníase reduzia nos leprosários o número de internos que de fato sofriam da doença. Além disso, a coroa, que dera um grande incentivo à fortuna da cidade até 1300, parecia agora contribuir com os problemas sociais parisienses, em especial por meio do envolvimento com operações de guerra. No século XIII, a monarquia desenvolvera uma política de relações exteriores agressiva e um estilo de vida majestoso. Os dois eram mantidos – em grande parte com as rendas das propriedades da coroa – em períodos econômicos favoráveis, mas não durante períodos de recessão. Tornou-se necessária a coleta de impostos. A partir do início do século XIV, os impostos deixaram de ser encargos cobrados apenas em períodos de exceção para se tornarem imposições regulares. A cidade de Paris, em particular, sofreu as consequências dessa mudança: a dinastia real passou a tratar a cidade como a galinha dos ovos de ouro. A coroa também interferia nos assuntos de Paris para manter as finanças da cidade no azul. De fato, uma revalorização da moeda em 1306 incitou os cidadãos à revolta. Rebeldes das camadas sociais mais baixas marcharam em direção ao estabelecimento do respeitado mercador Étienne Barbette, que exigira dos inquilinos o pagamento com a nova moeda. Indignados com esse golpe no padrão de vida de povo, os revoltosos saquearam e atearam fogo à propriedade de Barbette e depois se dirigiram ao Templo, onde jantava Filipe, o Belo, para justificarem suas ações e buscarem o apoio real. O rei primeiro contemporizou, mas em seguida aniquilou a rebelião com violência fria e repressora, deixando os corpos de 28 arruaceiros pendurados nos patíbulos da cidade.

O episódio Barbette foi um precursor sinistro de graves tensões sociais futuras. Um cronista do início do século XIV caracterizara os parisienses como "agradáveis devido à amabilidade charmosa, à urbanidade e à gentileza de espírito"[9] – mas seria difícil acreditar nessa descrição após o início da Guerra dos Cem Anos. A necessidade estatal de manter os impostos anuais altos para financiar o esforço de guerra era altamente impopular – especialmente depois que os franceses começaram a perder as batalhas. Após a vitória inglesa na batalha de Crécy em 1346, batedores ingleses avançaram na direção de Paris, causando incêndios e destruição em Saint-Cloud e Rueil. Às pressas, os parisienses tiveram de renovar suas defesas urbanas. Em 1356, após a derrota na batalha de Poitiers, o estado de emergência foi ainda mais severo. Os ingleses capturaram o rei João II e exigiram resgate. As tropas inglesas cercaram Paris e impuseram grandes estragos especialmente no norte da cidade, ao redor de Mantes e Meulan, "incendiando e devastando nossa pátria de modo lamentável", nas palavras do cronista Jean de Venette.[10] Casas próximas às muralhas de Paris foram derrubadas para construir fortificações mais robustas; houve a sugestão de queimar todo o burgo de Saint-Germain-des-Prés para garantir que ele não se tornasse cidadela inimiga. Refugiados das aldeias de fora das muralhas acorriam em grande número até a cidade, tornando o abastecimento de comida ainda mais crítico.

Como demonstra esse exemplo, os problemas não eram absolutamente o resultado do prejuízo demográfico causado no campo de batalha durante o período de guerra. O principal problema eram os bandos indisciplinados de guerreiros e saqueadores que minavam a lei e a ordem, impunham "resgates" à população, gado e mercadoria locais, além de causarem grande prejuízo ao capital rural ao usurparem a terra. Os guerreiros prejudicavam também as rotas de comércio e provocavam a migração populacional, cortando o acesso das pessoas aos meios de subsistência e levando ao aumento desenfreado do preço dos bens de primeira necessidade. Nem sempre os saqueadores eram estrangeiros. Até meados da década de 1360, o prejuízo era causado por tropas inglesas associadas a desertores do exército francês ansiosos para lucrar numa terra sem lei, ou por bandos feudais conduzidos por vassalos do próprio rei. Entre esses que lucravam com a desgraça alheia, destacava-se o genro do rei João II, Carlos, o Mau, rei de Navarra e conde de Évreux. Até o final de 1358, cerca de sessenta castelos na região de Paris eram ocupados por forças anglo-navarresas; as chamas dos incêndios criminosos causados pelas tropas eram visíveis de dentro das muralhas de Paris.

A prisão do rei João II, de 1356 até 1360, gerou boa dose de manobras pelo poder de aristocratas poderosos, as quais o delfim – Carlos, o herdeiro do trono, futuro Carlos V – fez o possível para conter. Porém, essas lutas tornaram-se mais complexas e refratárias com o surgimento das comunas francesas como força política. Paris foi a mais audaciosa de todas nesse aspecto. Na reunião dos Estados-Gerais, convocada em 1355 para a aprovação nacional de novos impostos, a delegação parisiense chamou a atenção ao propor um

Entrada de Carlos V em Paris

programa de reforma financeira e de erradicação de funcionários corruptos. Os reformadores olhavam para o passado até o nostalgicamente celebrado reinado de São Luís, em que os impostos eram esporádicos e toleráveis; a moeda, forte; e os funcionários reais, modelos de probidade administrativa. (Ou assim rezava a lenda...) A causa parisiense foi apresentada por um bem-relacionado mercador, ex-almotacel, que em 1354 chegara ao cargo de preboste dos Mercadores, isto é, Étienne Marcel. Entre 1356 e 1358, essa enigmática personagem conduziria um episódio que prejudicaria gravemente as relações entre a dinastia real e sua capital.

Étienne Marcel aproveitou o estado de extremo constrangimento em que se encontrava a monarquia após a derrota em Poitiers para arrancar uma série de concessões do governo do delfim. A influência de Marcel – imposta a partir de sua popularidade na cidade e também de sua ascendência sobre outras comunas do Norte da França – garantiu que o estado aceitasse a sua proposta de adotar um programa anticorrupção. Ele também conseguiu impedir uma impopular desvalorização da moeda ao liderar uma greve das oficinas de Paris. E estava prestes a fazer o delfim concordar com a realização de reuniões regulares dos Estados-Gerais, que, se acreditava, limitaria o poder do rei. Mas certos erros fatais de avaliação anularam a influência de Marcel. Em primeiro lugar, ele liderou uma manifestação contra a conduta da coroa na guerra de fevereiro de 1358, que incluiu a invasão do palácio da Cité e o assassinato, diante dos olhos do delfim, dos marechais da Champagne e da Normandia. De um golpe só, esse crime colocou Marcel além dos limites socialmente aceitáveis à maioria dos nobres e minguou suas opções políticas. Ele completou o erro ao humilhar publicamente o delfim respingado de sangue diante dos cadáveres dos dois marechais. O delfim, que já não gostava de Marcel, viu-se forçado a vestir a touca azul e vermelha que Marcel tomara por emblema, enquanto Marcel vestia o adorno real. Posteriormente, o delfim adotou o programa de reformas do preboste dos Mercadores e o aceitou na equipe de governo. Mas essa aliança, firmada de má vontade, provou-se efêmera. Carlos passou a percorrer as cidades do Norte, num esforço para despertar a cizânia contra Paris e seu líder todo-poderoso.

As ações de Marcel despertavam sentimentos conflitantes também entre os parisienses. Ele recebera críticas e elogios ao enviar tropas para participar da brutal revolta antissenhorial camponesa conhecida por Jacquerie, na zona rural ao norte de Paris. A divergência com o delfim parecia destinada a tornar-se guerra declarada. Marcel preocupava-se, pois as outras cidades não haviam dado respaldo a Paris; por isso, buscou o apoio de Carlos, o Mau, embora muitos parisienses suspeitassem mais do heterogêneo exército navarrês do que das forças do delfim. Visando a arregimentar apoio, o preboste dos Mercadores liderou a força parisiense numa incursão que pretendia desalojar tropas inglesas em Saint-Cloud, mas os cidadãos foram chacinados num piscar de olhos. Então Marcel buscou reforçar as defesas da cidade, permitindo que Carlos, o Mau, entrasse em Paris com um exército que incluía muitos soldados ingleses. Essa medida provocou uma insurreição contra Marcel em 31 de julho de 1358, dia em que o preboste dos Mercadores acabou sendo assassinado.

O delfim Carlos, agora proclamado regente, representou o ardiloso papel daquele que trouxe o perdão benigno a todos os parisienses. O número de execuções foi mantido o mais baixo possível. Houve declarações solenes de amor mútuo entre a capital e o rei. Mudou-se o brasão da cidade: agora pairava sobre a embarcação a flor de lis da dinastia real. Pouco tempo depois, adicionou-se a divisa "*Fluctuat nec mergitur*" (Aderna, mas não afunda) – atitude adequada a esse período tempestuoso. Paris entrava na linha. A cidade outra vez obediente empenhou-se em fazer uma contribuição generosa para o resgate do rei João e em construir novas fortificações, claramente necessárias. No início da década de 1360, o delfim Carlos – que, com a morte de João em 1364, herdaria o trono como Carlos V – decidiu morar na cidade, mas no opulento complexo em Saint-Pol e não no palácio da Cité, que lhe trazia más lembranças. Aos fundos de Saint-Pol, erguia-se o perfil ameaçador da nova fortaleza da Bastilha. De modo significativo, a Bastilha foi fortificada de modo a oferecer proteção tanto contra sitiadores externos quanto contra agressores internos. Construiu-se um cais em Saint-Pol para permitir, caso necessário, a fuga do rei até a fortaleza de Vincennes, rio acima, ou até o Louvre, rio abaixo. Carlos estava decidido a nunca mais receber ordens do populacho parisiense. Apesar do desenlace relativamente benigno, o episódio Étienne Marcel desgastara seriamente a relação entre o rei e a capital.

No final do século XIV, os palcos de guerra com a Inglaterra deslocaram-se para fora da área da bacia de Paris; a retirada de guerreiros e saqueadores da maior parte da área onde Paris se abastecia produziu uma pequena recuperação econômica. A redução nos níveis populacionais causara a queda da renda senhorial pela metade; no entanto, muitos setores da economia parisiense desfrutaram de bem-vinda aceleração de atividade e de esperança. Sinais encorajadores de uma nova vitalidade cultural surgiam. Em especial, os oficiais da corte começaram a apreciar a cultura da Antiguidade, enquanto Christine de Pisan reformulava as regras do amor cortês. Eustache Deschamps, cuja especialidade era uma sutil veia erótica, mais tarde lamentaria os tempos difíceis, mas no momento era um entusiasta da cidade e de seus múltiplos prazeres. Eustache tinha um olho de especialista para *un bon cul de Paris.*[11] Iniciava também uma renovação espiritual, por conta do movimento *devotio moderna*, que enfatizava a piedade individual.

Apesar dessa trégua, a situação ficaria ainda pior. Os parisienses tinham adquirido um novo repertório de antipatias no episódio Étienne Marcel. Em 1380, após a morte de Carlos V, subiu ao trono, aos onze anos de idade, o rei Carlos VI. Esse fato desencadeou um longo e tenso período de turbulência, que durou pelo menos até o século seguinte. Apesar da continuação do conflito estrangeiro, houve um clamor generalizado – com reflexos na reunião dos Estados-Gerais de 1380 – pela abolição completa dos impostos reais. Assim, a manutenção real seria feita apenas com o produto dos domínios reais. Quando, em março de 1382, funcionários das finanças reais começaram a coletar novos impostos indiretos em Paris, houve uma insurreição popular encabeçada pelas corporações de negócios. Os rebeldes apanharam marretas (*maillets*) de chumbo do Hôtel de Ville destinadas à defesa urbana e atacaram os coletores de impostos e os agiotas (inclusive vários judeus e lombardos). A ameaça dos maillotin tornou-se ainda mais grave devido à ocorrência simultânea de revoltas contra impostos noutras cidades (em especial, Rouen).

A derrota dos rebeldes anti-impostos deu ao governo de regência – compartilhado pelos tios de Carlos VI, os duques de Anjou, Borgonha e Bourbon – a oportunidade de levar adiante a repressão à independência política de Paris. Declarou-se na cidade um estado equivalente ao de lei marcial. Nas semanas seguintes, mais de cem pessoas de certa notabilidade seriam executadas, por envolvimento nos tumultos dos maillotin. Em janeiro de 1383, os cargos de *échevin* foram extintos e a Prévôté des Marchands (Prebostado dos Mercadores) foi unificada à Prévôté de Paris, uma posição real. Além disso, o governo acabou com a independência legal das corporações, força vital do movimento dos maillotin.

Essa medida despótica contra o espírito e as práticas de autogoverno parisienses não durou muito; cada vez mais, as circunstâncias políticas pesavam contra um governo forte no trato de qualquer questão. Em 1388, Carlos VI findara os conflitos violentos entre seus tios, mas em 1392 o jovem monarca deu os primeiros sinais da insanidade que o perseguiria até sua morte em 1422 e o deixaria de fora da luta pelo poder. Por consequência disso, houve um gradual relaxamento das normas municipais – em 1389, por exemplo, o mercador Jean Jouvenel recebeu o título de cortesia de "Guardião do Prebostado dos Mercadores" e passou a usar esse título para alavancar a defesa dos interesses dos comerciantes.

O jogo da alta política então começou a se polarizar entre a facção dos borguinhões e a dos seguidores do irmão mais novo do rei, Luís de Orléans. (Após 1410, os membros desse último grupo seriam chamados de armanhaques). O rei era pouco mais do que joguete no meio deles, enquanto Paris tornava-se o palco da luta por supremacia entre as facções. Os parisienses pendiam ora para um lado, ora para o outro. Era grande a falta de popularidade local de Orléans e da rainha de Carlos VI, Isabel da Baviera; por isso, a partir de 1405, o novo duque da Borgonha, João Sem Medo (*Jean Sans Peur*), teve pouca dificuldade em assenhorear-se da cidade. Em 1407, assassinos contratados por João Sem Medo eliminaram seu principal rival político, Luís de Orléans, no momento em que ele saía da casa da rainha Isabel na Rue Barbette (3º), junto à Rue Vieille-du-Temple, no Marais. Os assassinos atingiram o príncipe com um tremendo golpe "de alabarda, fazendo os miolos espirrarem e se espalharem nas pedras do calçamento".[12] A política chegara num ponto em que já não era mais possível ficar em cima do muro.

Por quase três décadas, a política do poder nacional oscilaria de modo frenético numa Paris cronicamente dividida. Era cada vez mais difícil para a cidade representar o interesse nacional em vez de meros interesses de facções divergentes. Os próprios parisienses eram vítimas da violência perpetrada por todas as facções: num período de menos de meio século, bandoleiros chegariam até os portões de Paris em três ocasiões (em 1406, 1432 e 1437), facções em guerra em quatro (em 1410, 1423, 1429 e 1435-1436) e os ingleses em duas (em 1437 e 1441). Dentro das muralhas, repugnantes ondas de derramamento de sangue coletivo eram creditadas a borguinhões e a armanhaques – como agora se chamavam os remanescentes do grupo que apoiara Luís de Orléans, depois que Bernardo VII, conde de Armagnac e sogro do jovem herdeiro de Orléans, sucedera a Luís como líder da facção. O anônimo Burguês de Paris, cuja crônica entre 1406 e 1449 nos fornece uma visão privilegiada inestimável da experiência urbana nesse período, registrou quinze anos de pilhagem dentro da cidade e nos seus arredores – e também oito anos de epidemias, oito anos de invernos longos e rigorosos, quatro anos de enchentes, um ano de seca, quatro anos em que besouros causaram prejuízo à safra, sete anos de revalorizações da moeda, quatro anos de impostos elevados demais, além de vinte anos de preços altos. "Os poderosos", comentou o cronista sobre a época em que vivia, "se odeiam; a classe média é esmagada pelos impostos e os pobres não conseguem ganhar a vida."[13] Os cronistas do século XV registram um número extraordinário de multivariadas procissões na cidade: mais de cinquenta só no ano de 1412, a maioria nos meses de junho e julho. Todavia, esses momentos de união coletiva não passavam de folha de figueira cobrindo a vergonha de uma sociedade duramente dividida e em litígio permanente.

3.2: O Parvis de Notre-Dame

Não há resposta óbvia para a pergunta sobre onde fica o centro de Paris. A localização original de Paris era a Île de la Cité, junto à margem esquerda. Porém, no século XIX, as partes dinâmicas de Paris deslocaram-se para longe do leste. Por isso, muitas pessoas situariam o centro de Paris nos grandes bulevares próximos à Ópera. Outra candidata seria a Place du Châtelet, que une os eixos norte–sul e leste–oeste na *grande croisée*, a respeito da qual Haussmann e seus seguidores fizeram tanto estardalhaço. A estação Châtelet-Les-Halles do metrô e do RER* – onde circulam diariamente milhões de passageiros – referenda essa afirmação. No entanto, por muitos séculos, parece que todas as distâncias viárias até Paris têm sido medidas a partir da praça defronte à fachada oeste da catedral de Notre-Dame – a Place du Parvis-Notre-Dame.

A palavra *parvis* deriva de *paradisus*, embora a praça atual esteja longe de ser tão idílica quanto o nome sugere. Apesar de obras de paisagismo urbano recentes, seus espaços banais e expostos ao vento são monótonos sob todos os aspectos, exceto como ponto de observação da catedral. Embora cerca de seis vezes maior do que antes das "melhorias" quase destruidoras instituídas pelo barão Haussmann na Île de la Cité nas décadas de 1850 e 1860, o histórico Parvis, bem menor em tamanho, desempenhou importante papel na vida da cidade desde o final da Antiguidade.

O Parvis exalava o aroma da santidade. A antiga catedral de Saint-Étienne, construída no início do século VI e anterior a Notre-Dame, ficava próxima à basílica de Notre-Dame, transformada no século XII na catedral de hoje. Também ao redor de Notre-Dame aglomerava-se uma série de igrejas menores, depois eliminadas pelo fervor combinado dos reformistas do Iluminismo e dos seguidores da Revolução Francesa: o batistério de Saint-Jean-le-Rond (destruído em 1748), as igrejas de Notre-Dame-de-la-Pitié e Saint-Christophe (1747), o priorado de Saint-Denis-de-la-Châtre e a igreja de Saint-Landry (1790-91). A catedral era também o coração cerimonial da cidade, onde frequentemente se realizavam procissões comunitárias.

Misturadas aos ares de santidade no Parvis havia outras emanações mais mundanas. Virando a esquina, no coração da ilha, ficava a Rue de Glatigny, famoso centro de prostituição, cuja existência fora autorizada por São Luís. A justaposição carnal/espiritual deve ter agradado a Rabelais, cujo gigante Gargântua refugiou-se nas torres de Notre-Dame, de onde urinava nas massas parisienses lá embaixo. Segundo consta, ele matou 260.418 indivíduos (sem incluir na conta mulheres e crianças). A própria catedral de Notre-Dame não estava acima de preocupações mais carnais: o suíço Thomas Platter, estudante de medicina, no final do século XVI, observou como a catedral fora "sempre um lugar de

* Réseau Express Régional d'Île-de-France: serviço ferroviário urbano que, à diferença do metrô, opera não apenas em Paris, mas em todo departamento da Île-de-France. (N. T.)

encontros favoráveis à libertinagem". Além disso, a partir de 1748, os produtos da libertinagem podiam ser descartados no lado de fora do novo hospital para crianças enjeitadas construído no Parvis. Fora da catedral, junto à fachada oeste, havia troncos onde o bispo podia colocar indivíduos que haviam infringido seus direitos senhoriais. A porta oeste também era o local convencionado onde arquivilões reparavam seus crimes com altivez e buscavam a piedade divina antes de fazer certo itinerário através da cidade, ao cabo do qual corriam o risco de serem queimados vivos ou terem os membros quebrados na roda da Place de Grève, perto do Hôtel de Ville.

Junto à catedral de Notre-Dame, no lado do rio, ficava o principal hospital de Paris, o Hôtel-Dieu, cuja proximidade com a catedral realça o papel tradicional do bispo como fonte de hospitalidade e pai dos pobres. O hospital talvez date do século VII. Ele cresceu bastante durante a Idade Média, acrescentando quartos e outras extensões, de modo não planejado e um tanto caótico. Até o século XVII, o hospital já ocupava duas pontes e um trecho de terra na margem esquerda, e os fundos davam para a Rue des Rats (atual Rue de l'Hôtel-Colbert, 5º). O hospital continuou seu papel de refúgio para os parisienses – cerca de um terço dos moradores da cidade morreram no interior de seus muros no século XVII. Porém, já naquela época o Hôtel-Dieu adquiria sua reputação terrível como armadilha de doenças, reputação que duraria até o século XIX. Na época da Revolução Francesa de 1789, um quarto dos indivíduos que davam baixa no hospital nele morriam, com frequência de males contraídos ali mesmo. O hábito de empilhar três ou quatro pacientes no mesmo leito dificilmente contribuía para a boa saúde dos envolvidos. Apenas a mudança do hospital para novas dependências construídas para esse fim – do outro lado do Parvis, onde permanece – contribuiu para acabar com essa reputação. (Mesmo assim, o Hôtel-Dieu continua um lugar frio e sombrio.)

Verdadeiro caldeirão fervilhante de piedade, pobreza, doença, delinquência e crime, o Parvis também era um renomado centro de enganações. "Diante do Hôtel-Dieu", comentou o antiquário François Colletet em 1664, "[há] uma grande estátua que se acredita representar Esculápio, o deus dos médicos de acordo com os antigos." Os parisienses tinham o hábito mal-intencionado de pedir aos provincianos novatos na cidade que fossem ao Parvis perguntar pela loja de "Monsieur Le Gris". Humilhados ao descobrir que esse comerciante não existia, então eram conduzidos rudemente até a praça para terem os narizes esfregados na estátua de três metros de altura, perto da porta da catedral.

À estátua enigmática atribuíam-se outras identidades além das de Esculápio e Monsieur Le Gris: entre elas a do deus Mercúrio, a de um antigo bispo de Paris e a de um magnata merovíngio; também se propôs ser uma representação de Cristo, transferida da antiga catedral de Saint-Étienne. A estátua também servia de marcador de limites, e o hábito de se medir as distâncias viárias tendo-a como ponto de partida fora adotado há muito tempo pelos serviços de estradas da monarquia. Em 1748, removeu-se o conjunto estátua-marcador, como parte da adaptação da praça para abrigar o novo hospital. Mas seu local – a trinta metros da porta oeste da catedral de Notre-Dame – permanece o centro de Paris e, em certo sentido, de toda a França.

João Sem Medo fugiu de Paris após provocar indignação ao admitir sua responsabilidade pelo assassinato de Luís de Orléans. No ano seguinte, porém, retornou trazendo a reboque uma banca de advogados especialistas em direito canônico, com o argumento de que o assassinato político era um tiranicídio justificável. Ele buscou estabelecer uma base de poder borgonhesa que o colocasse numa posição em que revogações não fossem possíveis. Como emblema visível de seu poder, João Sem Medo mandou construir uma imponente residência-cidadela no Hôtel d'Artois, local para onde iam os passos manchados de sangue dos assassinos de Orléans. Com quase 27 metros de altura, e situada na margem direita, junto à velha muralha de Filipe Augusto, ela rivalizava com a torre de menagem do Louvre e com a Tour de Nesle, na margem esquerda, propriedade do Duque de Berry, que apoiava os armanhaques.[14] No andar mais alto, ficava um aposento projetado para João dormir sem medo de assassinatos. A torre era provida de ameias e reforçada. Passadiços da torre em direção aos baluartes da muralha permitiam o rápido deslocamento das tropas do duque da Borgonha ao interior da cidade. De fato, ela não resistiria a um ataque de cerco: o projeto preocupara-se mais em fazê-la parecer do que em torná-la inexpugnável.

A torre era o ponto fulcral na ousada tentativa de transformar Paris numa cidadela borgonhesa. João Sem Medo buscou moldar os mais influentes grupos tradicionais da cidade e formar assim uma base de poder para a causa borgonhesa. A universidade, antes longe da política das facções, gradativamente posicionou-se a favor do duque, fazendo a apologia dos borguinhões. João devolveu às corporações muitos dos poderes perdidos em 1382, revigorou a confraria dos mercadores navais e, em 1412, restaurou até mesmo o Prebostado dos Mercadores. De qualquer forma, esses grupos de interesse econômico estavam predispostos a abraçar a causa borgonhesa, pois os extensos territórios dos duques incluíam não apenas a Borgonha (entre os principais fornecedores de vinho da cidade), mas também os Países Baixos: as cidades flamengas formavam o principal elo mercantil e manufatureiro dos mercadores parisienses, enquanto Bruges se tornara o principal centro financeiro do norte da Europa. João trouxe barris de vinho de Beaune para presentear seus apoiadores políticos. Característica adicional de seu projeto era a adoção, como fiel seguidora política, da rica confraria dos açougueiros, que formava uma espécie de aristocracia das corporações. Os dois mil homens armados recrutados pelos açougueiros formavam a escolta pessoal do duque. Constituíam também a essência do exército que se uniu às tropas inglesas em 1412 para infligir derrotas significativas aos sitiadores armanhaques, em Saint-Denis e Saint-Cloud.

Porém, parecia cada vez mais difícil para João Sem Medo manter Paris dentro dos limites da ordem e da legalidade. Uma série de insurreições em abril e maio de 1413, lideradas pelo açougueiro e esquilador Claude Caboche, resultou na invasão de Saint-Pol, residência do jovem Luís (delfim de Carlos VI), e em ensandecidas caçadas pelas ruas e prisões da cidade a supostos apoiadores dos armanhaques. Seriam necessários novos episódios de violência e terror das forças lideradas pelo açougueiro Caboche, envolvendo o assassinato de centenas de indivíduos, para que os barões em guerra e os figurões de Paris fossem provocados a derrotar os cabochiens. Esses últimos, ao caírem, levaram o duque de Borgonha consigo. João Sem Medo perdera sua reputação em Paris pelo fragoroso fracasso na repressão à violência dos cabochiens. Em agosto de 1413, ele fugiu da cidade e a deixou nas mãos dos apoiadores da causa armanhaque.

Durante os cinco anos em que controlaram Paris, os armanhaques demonstrariam ainda menos capacidade do que os borguinhões para administrar a difícil situação; por isso, em 1418, João Sem Medo seria recebido de braços abertos pelos parisienses. A situação dos armanhaques, reconhecidamente, deteriorara-se devido à desastrosa derrota das forças francesas perante os ingleses e seus arcos longos na batalha de Agincourt, em outubro de 1485, assim como pela morte do delfim Luís. Em Paris, o terror armanhaque seguiu-se ao terror borguinhão, aceito com alegria pelo próprio conde Bernardo de Armagnac ("mais cruel do que Nero", na opinião do Burguês de Paris).[15] Isso devolveu muito da simpatia parisiense à causa borgonhesa. Na noite de 28 para 29 de maio de 1418, cidadãos contrários aos armanhaques abriram o portão da cidade em Saint-Germain às forças borgonhesas, que, recebidas por gritos de "Paz! Paz!", invadiram a cidade e puseram os inimigos em fuga. Após quinze dias de medo e confusão, as forças borgonhesas realizaram um massacre de prisioneiros, incluindo o próprio conde de Armagnac, além de vários bispos, barões e altos funcionários. João Sem Medo viu-se novamente aliado aos elementos mais violentos e sanguinários da sociedade parisiense, liderados dessa vez pelo carrasco Capeluche, cujas vítimas, em sua "ampla maioria", conforme ficou registrado, "eram pessoas de poucas posses".[16] O duque fez o que estava a seu alcance para pôr as quadrilhas criminosas sob o controle de elementos mais burgueses, mas, em novembro de 1419, foi assassinado numa emboscada armada pelos armanhaques, agora pertencentes ao círculo do novo jovem delfim Carlos (rei, com o título de Carlos VII, de 1422 a 1461).[17]

A decisão do novo duque da Borgonha, Filipe III, o Bom, de aliar-se aos ingleses para buscar vingança, recebeu o apoio de muitos parisienses. Nunca, desde o tempo de Clóvis, na opinião do Burguês de Paris,

> a França esteve tão desolada e dividida (...) e o delfim não tem outra intenção além de colocar a ferro e fogo toda a nação paterna, enquanto os ingleses causam tanto mal quanto causariam os sarracenos. É melhor cair nas mãos dos ingleses do que nas do delfim e seus assim chamados seguidores armanhaques.[18]

E aconteceu isso mesmo. Numa cerimônia ocorrida na catedral de Notre-Dame a 21 de maio de 1420, o rei Carlos VI assinou o Tratado de Troyes, que tornou o rei Henrique V da Inglaterra regente da França e herdeiro necessário da coroa francesa. Ele casou-se com a filha de Carlos VI para referendar a união política. O preboste dos Mercadores e a universidade ratificaram o tratado e os dois reis, junto com o duque Filipe III, o Bom, realizaram entrada solene em Paris sob muitos aplausos, no dia 1º de dezembro de 1420. Guarnições inglesas foram instaladas no Louvre, em Vincennes, assim como na Bastilha, onde as forças inglesas eram comandadas por Sir John Falstaff (com o qual mais tarde Shakespeare tomaria certas liberdades poéticas). Embora Henrique V tivesse morrido em agosto de 1422, com a morte de Carlos VI, poucos meses depois, subiu ao trono da França Henrique VI da Inglaterra – um bebezinho de um ano. O delfim dos Valois permanecia pretendente ao trono.

Assim, a capital onde os capetíngios construíram uma pujante reputação europeia tornou-se feudo inglês. O controle da cidade estava nas mãos do regente (e tio) de Henrique VI, o duque de Bedford, que se instalou no Hôtel des Tournelles, construído por Carlos V no Marais, ao norte do Hôtel Saint-Pol. Nem o rei da Inglaterra tampouco seu aliado da Borgonha demonstravam muito interesse pela cidade. O duque Filipe III, o Bom, empreendeu apenas visitas breves, que somadas chegavam a seis meses. Ele rejeitou uma oferta de regência em 1429 e seguiu focado na construção de seu estado borgonhês-flamengo como grande potência europeia. Em 1431, Henrique VI foi coroado rei da França na catedral de Notre-Dame. Mas o rei passou menos de um mês na cidade de Paris.

Os parisienses pareciam não sentir falta do pretendente. "Carlos VII" retirou-se para a cidade de Bourges, aguardando o momento propício. Havia só uns cem ingleses na cidade durante a maior parte da ocupação, de modo que a Paris "inglesa" era administrada por parisienses. Quando, em 1424, Bedford obteve uma significativa vitória diante das forças do "rei de Bourges" em Verneuil, o duque e sua esposa foram aclamados em Paris com celebrações sem paralelo, conforme o Burguês de Paris, desde o tempo dos romanos. Na catedral de Notre-Dame, o duque foi recebido "como um deus", ao som de hinos, sinos, trombetas e órgão.[19] De fato, mesmo quando a causa de Carlos VII recobrava forças de modo espetacular graças ao dinamismo de Joana d'Arc, os parisienses permaneceram indiferentes. Em 1429, a investida liderada pela "Donzela de Orléans" contra os portões da cidade no Faubourg Saint-Honoré encontrou resistência vigorosa. Não foi inglês, mas francês, o arqueiro que disparou a flecha que a feriu. Muitos parisienses consideravam *la Pucelle* – a Donzela – uma bruxa e temiam que Carlos VII perpetrasse um banho de sangue se conseguisse penetrar na cidade.

Os parisienses haviam recebido com entusiasmo a "solução" anglo-borgonhesa para a guerra civil. Eles esperavam uma recuperação da economia urbana, mutilada pelas brigas entre borguinhões e armanhaques e ficaram consternados, pois nenhuma luz surgira no final do túnel. A guerra civil prosseguia. Os preços haviam subido até seis vezes entre 1410 e 1420 e davam pouco sinal de queda. A dominação anglo-borgonhesa agravava ainda mais a situação. Devido às dificuldades de abastecimento e ao predomínio de saqueadores nos arredores da cidade, quase tudo que era posto à venda em Paris saía por um preço que incorporava um ou dois valores de resgate. Até o início da década de 1420, metade da população fugira, provocando uma grande quebra em todos os indicadores econômicos. A queda da população da cidade causava um colapso no mercado imobiliário, com o valor dos aluguéis despencando em até 90%: as listas de impostos revelavam multidões de inquilinos assinalados com a frase "partiu devido à pobreza". Muitos comerciantes dependentes de um mercado local grande e próspero faliram devido à violenta retração na demanda por produtos. Os impostos seguiam altos, entre outros motivos, porque os anglo-borgonheses precisavam manter grandes guarnições permanentes de modo a conseguir enfrentar os ataques esporádicos lançados pelo "rei de Bourges" em toda a região principal de abastecimento da cidade (as zonas sudeste e leste). Os parisienses estavam convencidos de que os ingleses os extorquiam até o último centavo – mas na verdade era o tesouro inglês que subsidiava o estado anglo-borgonhês.

A sensação de ressentimento crescente exacerbava-se, pois o duque de Borgonha tinha papel pequeno no novo estado, que, por consequência, parecia mais inglês do que anglo-borgonhês. Os ingleses não demonstravam qualquer sensibilidade em relação às sutilezas do protocolo constitucional;

comportavam-se mais como conquistadores do que como aliados. A coroação de Henrique VI na catedral de Notre-Dame em 1431 parecera um pouco ordinária, especialmente se considerarmos a coroação de Carlos VII, dois anos antes, com rituais veneráveis e unção com santos óleos. Além disso, o séquito do rei-menino inglês cometeu uma série de gafes após sua coroação. Em vez do ritual ordeiro, o banquete principal consistira numa disputa indecorosa, com "sapateiros, fabricantes de mostarda, garotos da copa, empregados de tavernas e ajudantes de pedreiros" querendo se servir antes dos membros das corporações de maior prestígio da cidade. Simplesmente não se observou o gesto habitual de abrir a mão e prover mesa farta. A comida foi considerada tanto escassa quanto requentada – estarrecedor pecado culinário, reforçando a permanente tradição francesa de desdém pela culinária britânica. Os conselheiros do rei Henrique não haviam entendido: ser rei da França envolvia ser o patrono mão-aberta de Paris.[20]

A coroa inglesa não conseguira despertar o afeto do povo de Paris. Então, já que Bedford morrera em 1435, e a causa de Carlos VII outra vez ganhava terreno, os parisienses não descartavam a ideia de ficar outra vez sob a autoridade dos reis da França. Com a promessa de anistia de Carlos VII, os membros do grupo pró-francês na cidade começaram uma insurreição que forçou os ingleses a recuar até a Bastilha. Então os rebeldes abriram o portão de Saint-Jacques às tropas reais. Permitiu-se aos ingleses derrotados o embarque à terra natal. O ciclo interminável de guerras só cessaria mais de dez anos depois; mas pelo menos a partir de 1436 Paris era francesa de novo. Estavam lançadas as bases de uma nova relação entre a capital e o rei.

Em 1437, Carlos VII entrou a cavalo na cidade, "ele e seus homens armados" para evitar surpresas desagradáveis.[21] O rei foi piedoso e magnânimo com os parisienses. Decretou-se anistia e proibiu-se a cobrança de resgates. Mas as feridas demoraram a cicatrizar: não era possível esconder a desconfiança e o ressentimento permanentes da dinastia real em relação às questões parisienses. A ocupação inglesa confirmara a ruptura da relação especial entre cidade e rei causada pelos episódios Étienne Marcel e maillotin. Carlos VII e seus sucessores – Luís XI (r. 1461-1483), Carlos VIII (r. 1483-1498) e Luís XII (r. 1498-1515) raramente ficavam na cidade, preferindo os palácios luxuosos construídos no vale do Loire. Luís XI parece mesmo ter considerado mudar a capital para Tours. Uma ordem real de 1450 confirmou o intricado sistema eleitoral para o governo local de Paris, então descaradamente manipulado pela coroa. Carlos VII escolheu um homem da sua confiança, o magistrado parlamentar Henri de Livres, como preboste dos Mercadores em 1460. Ele foi mantido no cargo até 1465 por Luís XI, que então o impôs de novo a uma indócil municipalidade em 1466 e outra vez entre 1476 e 1484.

Os parisienses tiveram ocasião de mostrar fidelidade, já que a luta política contra a Borgonha continuava. Por exemplo, em 1468, na chamada Guerra da Liga do Bem Público, as cartas do jogo foram distribuídas contra o sucessor de Carlos VII, Luís XI – com bretões e borgonheses saqueando e pilhando a zona periférica da cidade, em Clignancourt, Montrouge, Gentilly e Ivry. Mas Paris se saiu bem. A cidade recusou-se de modo desafiador a abrir os portões aos barões que a sitiavam (entre eles, o futuro Carlos, o Temerário, da Borgonha). "A burguesia e todos os habitantes de Paris tiveram grande dignidade [nessa situação]", registrou um cronista, "pois defenderam-se muito bem, tanto pela honra do rei quanto por sua própria, e mantiveram-se unidos e obedientes ao monarca."[22] Eles mostraram lealdade parecida na década de 1470, fazendo sua parte no colapso da causa borgonhesa.

Após décadas de lutas e divisões, o clérigo Thomas Basin observou, na década de 1440, que "Paris começou a respirar de novo e a voltar a circunstâncias melhores".[23] Mudanças significativas aconteciam na economia urbana. Os mercadores navais, que constituíram a nata da sociedade parisiense na época de Filipe Augusto e de Luís IX, mantinham a posição superior a todos, exceto aos mais ricos e poderosos membros da nobreza. Por exemplo, no início do século XIV, em imitação aos fidalgos padrões de cavalaria da nobreza, os mercadores realizaram justas em que pelejavam contra rivais da cidade recriando a Guerra de Troia – simpática alusão ao patriotismo local.[24] Esses patrícios altamente conscientes de suas posições, que se consideravam tão bons quanto quaisquer nobres, foram atingidos duramente pela contingência econômica, em particular pelo contínuo fracasso da dinastia real em manter a lei e a ordem na região de Paris. Eles perderam muitos de seus barcos devido à pilhagem e aos pedidos de resgate e foram incapazes de impor seus privilégios aos mercadores intrusos de Rouen. Outros mercadores parecem ter simplesmente migrado em busca de locais mais seguros e garantidos.

Se o colapso da lei e da ordem na região de Paris prejudicou o comércio e o transporte de longa distância, o mais dinâmico setor da manufatura na Idade Média, o ramo de tecidos, também entrou em decadência de maneira vertiginosa. No ano de 1300, cerca de 360 tecelões pagaram seus impostos; em 1421, apenas dois figuravam na lista.[25] A redução dos números sequer era causada por concentração industrial: ao contrário, devido às regras prevalentes, todo artesão exercia a profissão na própria oficina; por isso, o tipo de concentração industrial que ocorria em regiões dos Países Baixos e no norte da Itália não se repetia aqui. O sistema financeiro de Paris também parecia cada vez mais raquítico se comparado ao dos competidores comerciais: de fato, os lombardos, que no passado comandavam os serviços financeiros de Paris, cada vez mais serviam de bode expiatório. Filipe Augusto (em 1291) e Filipe VI (em 1347) os expulsaram, e embora os lombardos logo estivessem de volta à atividade, a coroa não se mostrou capaz de protegê-los do mesmo tipo de xenofobia popular que também perseguia os judeus: por exemplo, os dois grupos seriam vítimas da ira dos maillotin. Por volta de 1450, restavam raros lombardos na cidade. Muitos financistas escolheram instalar-se perto da corte real, no vale do Loire; os que permaneceram na Pont-au-Change precisaram acotovelar-se com fabricantes de chapéus e de bonecas.

O colapso da indústria têxtil de Paris também se deveu ao atraso técnico. A essa altura do século XIV, os tecidos que vendiam melhor eram cardados* para produzir melhor acabamento – mas os mestres tecelões de Paris resistiam a essa melhoria técnica. De modo significativo, apenas os fabricantes e comerciantes de linho e algodão de Saint-Marcel mostravam-se dispostos a inovar nesse aspecto (eles também aprenderam muito com os tingidores italianos). Certa desindustrialização ocorria na zona leste da cidade, perto do antigo centro têxtil do Bourg Tibourg. Os fabricantes de tecidos perderam espaço devido à competição das indústrias de Saint-Marcel e também devido ao influxo de dinheiro de moradores elegantes: muitos membros da alta nobreza também começaram a construir residências nessa área para ficarem perto dos palácios reais de Saint-Pol e de Tournelles.

As indústrias de acabamento e tingidura de tecidos de Paris tiveram melhor desempenho do que a indústria de tecelagem, assim como a manufatura da seda. Essas indústrias combinavam com a orientação tradicional da manufatura parisiense para a produção de luxo e semiluxo. Mas o quadro era de declínio, relacionado à mudança da corte real e da elite política para fora de Paris. A ausência do rei para morar em várias residências na região do Loire fomentava a emigração em massa da elite política, que agora possuía razões menos prementes para manter residência em Paris. O tipo de prédio poderoso representado pela residência-torre Jean Sans Peur era coisa do passado: depois dele, nenhum duque de Borgonha residiu em Paris. Os bispos de Sens construíram uma residência na margem direita em 1475, e a ordem de Cluny erigiu uma moradia impressionante sobre os antigos banhos romanos na margem esquerda em 1485.[26] Mas essas eram as exceções. Três quartos dos bispos com pied-à-terre parisiense em 1400 o haviam abandonado por volta de 1500. "Os reis e senhores têm tanta vontade de ir a Paris quanto de ir a Jerusalém", rosnou o Burguês de Paris, antevendo o futuro ano de 1438.[27] O setor manufatureiro de Paris estava muito acostumado aos dias fáceis da rica elite local como mercado-alvo; era difícil mudar de hábito e buscar novos mercados. De modo sintomático, Les Halles também ia mal; seu status internacional enfrentava um declínio vertiginoso.

Esses deslocamentos políticos e econômicos escureciam a atmosfera social nos séculos XIV e XV. Com o apoio da coroa, um desagradável efeito

* A cardagem desembaraça as fibras têxteis, tornando-as paralelas e eliminando impurezas. (N.T.)

de bode expiatório começou a surgir. Por exemplo, em 1307, Filipe, o Belo, lançara um ataque brutal à ordem dos templários, que serviram de tesoureiros ao rei e cuja riqueza ele cobiçava. Após um processo penal conduzido com extrema má-fé, os líderes templários acabaram queimados por heresia na ponta ocidental da Île de la Cité, em 1314. Os lombardos também tiveram o seu conhecimento financeiro usado contra si. O mesmo aconteceu com os judeus: expulsos em 1306 por Filipe, o Belo, e depois chamados de volta, seriam expulsos definitivamente de Paris e do reino no ano de 1394. Os judeus foram vítimas tanto da ira popular quanto da ira real. Em 1320, espalharam-se acusações na França de que os judeus estariam envenenando os poços de água, imputação repetida em 1321 (embora então dirigida principalmente aos leprosos, outro grupo eleito como bode expiatório) e em 1348-1349, após o surgimento da peste negra. No final do século, a bruxaria tornou-se foco de crescente preocupação: em 1398, a Sorbonne condenou 28 formas de magia e bruxaria, e as primeiras caças às bruxas – notadamente na região sudoeste – começaram logo depois. Joana d'Arc sofreria as consequências desses temores em seu julgamento em 1431. Esse traço mais repressivo e intolerante da vida parisiense era evidente no tratamento dado aos trabalhadores de fora da cidade, vagabundos e mendigos – assim como às prostitutas, vítimas de crescentes ações de repressão por constituírem ameaça à ordem pública. Os ataques tornaram-se mais sistemáticos na esteira da Guerra dos Cem Anos. Em 1473, o Parlamento de Paris ordenou aos oficiais da polícia local proceder a um ataque combinado contra "bandidos e vagabundos".

Assim como a base, o topo da sociedade parisiense também estava em movimento. Em 1467, Luís XI convocou uma reunião de tropas fora do portão de Saint-Antoine de todos os homens parisienses em idade de carregar armas. O cronista Jean de Roye registrou a cena, chamando a atenção para

> os estandartes e flâmulas da corte do Parlamento, da Câmara de Contadores, do Tesouro Real, dos funcionários da administração de impostos, da Casa da Moeda, do Châtelet e do Hôtel de Ville, sob os quais havia tantos ou até mesmo mais guerreiros do que sob as bandeiras das corporações de negócios.[28]

Essa observação realçava uma verdade básica a respeito da Paris do final do século XV. Por causa das oscilações do século anterior, a cidade deixava de ser um centro político e econômico importante e transformava-se numa cidadela administrativa, mudança que causaria impacto na topografia e na hierarquia social da cidade. O novo padrão fora iniciado pela monarquia, que já em 1500 começara loteando e se desfazendo de sua extensa residência de Saint-Pol: os últimos leões da sua estimada coleção, visitada por plebe e realeza, morreram em 1487 (deixando de lembrança um nome de rua).[29] Ao

Soldados amotinados saqueando uma casa em Paris

partir, muitos bispos permitiam que suas residências parisienses se tornassem colégios universitários, enquanto as residências de outros prelados e da alta nobreza eram transferidas para a elite abonada, responsável pela administração jurídica e financeira. No final do século XV, o Hôtel d'Armagnac (outrora residência dos condes de Armagnac e do duque de Berry), o Hôtel du Porc-Épic (antiga propriedade de Luís de Orléans) e o Hôtel de Clisson eram todos propriedade de oficiais das finanças do estado.[30]

Devido às vicissitudes da economia, talvez não fosse de todo surpreendente que os mercadores buscassem áreas de investimento mais sólidas do que o comércio e a manufatura. Com a reunificação do reino, após a expulsão dos ingleses em 1453, o estado passou a precisar de uma estrutura administrativa, jurídica e financeira bem maior. Embora houvesse um movimento crescente visando à descentralização de parte dos negócios do estado – assim, por volta de 1500, a França contava com seis parlamentos, cinco câmaras de contadores e seis cortes de assistentes –, isso era contrabalançado e superado pelo crescimento de volume desses mesmos negócios. Após as violentas oscilações da política de facções, a área de serviços prestados à realeza era ideologicamente atrativa para a maior parte da elite financeira, que considerava também a participação no setor terciário uma forma de promoção social e de investimento econômico. Mesmo com os problemas no pagamento imediato de salários nos cargos de serviços reais, esses cargos ainda representavam fonte de renda mais estável e confiável do que a oferecida pelo comércio e a manufatura. A municipalidade fora reorganizada e também precisava de pessoal: só o Prebostado dos Mercadores empregava cerca de 250 pessoas (incluindo dois inspetores de réstias de cebolas e dois de pacotes de nozes...).[31] Em 1438, dentre os 281 indivíduos mais ricos cuja origem social podemos identificar, 103 eram do mundo das repartições, do direito e das finanças. Essa proporção era provavelmente ainda maior no final do século. Também havia uma tendência crescente – já perceptível no século XIV, quando até mesmo Étienne Marcel, por exemplo, mantinha uma pequena casa de campo em Ferriéres no Brie – dessa nova elite de igualar o estilo de vida da antiga nobreza e comprar propriedades rurais para fins de lazer e para marcar sua progressão de status social.

O crescimento do estado e a reordenação da elite social também afetaram a Universidade de Paris. Carlos V chamava a universidade de sua "filha mais velha", e, no início do século XV, o chanceler da universidade, Jean Gerson, saudava a instituição como "mãe do estudo, musa da ciência, tutora da verdade, (...) o sol claro e bonito de (...) toda a cristandade".[32] O relato do corpo docente de medicina sobre a peste negra ganhou reputação e legitimidade internacionais. Por sua vez, ao longo do século XIV, os teólogos da universidade, agora concentrados na Sorbonne, eram sempre consultados por seus históricos protetores – a monarquia e o papado – sobre todas as principais questões doutrinais.

Como resultado da política de poder de Filipe, o Belo, o papado mudou-se para Avignon em 1309, onde permaneceu até 1378, e a França predominou no fornecimento de papas, que lealmente buscavam a Sorbonne como guia doutrinal. O cisma ocorreu em 1378, com papas rivais daí em diante instalados em Avignon e em Roma. O apoio da França a Avignon indispôs a maioria dos outros países que tradicionalmente enviavam estudantes à Universidade de Paris.

A Universidade de Paris perdera a aura de universalidade. Embora viesse a ter papel essencial no encerramento do cisma no Concílio de Constança, entre 1414 e 1417, naquela altura seu prestígio internacional já estava diminuindo, e o declínio continuou ao longo do século. O fluxo de estudantes ingleses reduziu-se a um mínimo sob o impacto da guerra, e a "nação inglesa", ao final do século XV, era constituída quase em sua totalidade por alemães. O estudo simplesmente não era seguro numa cidade que oscilava entre borguinhões e armanhaques, e o poder de atração da universidade parecia cada vez mais restrito ao Norte da França e às terras borgonhesas. Essas tensões agravaram os conflitos entre cidade e universidade. A carreira inconsequente do poeta François Villon – graduado em artes em 1452, matou um homem numa briga (mas conseguiu evitar a punição) e se envolveu noutras escaramuças – sugere a existência de um mundo de delinquência estudantil que estremecia as relações entre o pessoal da cidade e o da universidade. Um conflito entre estudantes e cidadãos no meio de século acabou com os últimos berrando: "Matem-nos! Matem-nos! Existem estudantes demais!"[33]

3.3: François Villon

François de Montcorbier, conhecido como Villon, o mais talentoso poeta francês da parte final da Idade Média, passou todos os períodos de sua vida sobre os quais sabemos alguma coisa no ambiente dos estudantes de Paris. Talvez ele fosse menos parisiense do que afirmava, já que sua família era de Bourbonnais, mais ao sul. Essa pretensão a uma identidade parisiense não era, porém, rara. A população da cidade caíra para menos de cem mil na década de 1420, resultado da luta de facções entre borguinhões e armanhaques, mas, por volta das décadas de 1440 e 1450, a população começara a crescer novamente. Villon estava longe de ser o único a se considerar um "novo" parisiense.

A vida desse pseudoparisiense seria vivida à sombra da onda de disciplina política e social imposta à cidade após as crises políticas das primeiras décadas do século XV. Em sua busca por ordem, a monarquia expulsou os mendigos, os marginais e os delinquentes, além de reduzir a autonomia institucional da universidade. Por sua vez, a universidade procurou limpar sua reputação: em 1444, a Sorbonne condenou a "festa dos doidos" durante o carnaval, em que os estudantes sempre tiveram papel destacado. O comportamento de Villon talvez não fosse pior do que o de muitos estudantes antes dele. Mas ele entrou em choque com a campanha pela ordem urbana e universitária.

De origem humilde, Villon estudou em Paris na década de 1440, antes de receber seu mestrado em artes em 1452 – um ano antes do fim da Guerra dos Cem Anos. A vida estudantil parisiense continuava bastante tumultuada naquele momento. Numa famosa travessura noturna de 1455, os estudantes – Villon muito provavelmente entre eles – deslocaram um enorme e antigo marco de pedra na margem direita conhecido familiarmente como o Pet au Diable ("Peido do Diabo") até a montanha Sainte-Geneviève, produzindo uma grande desordem perante a lei. No papel de estudante quase perpétuo, Villon envolveu-se numa série de confusões com a justiça. Em 1455, ele matou um clérigo como ele numa briga e teve de fugir da cidade. Seus amigos conseguiram perdão na sua ausência; mas, assim que retornou, Villon envolveu-se num roubo organizado ao Collège de Navarre e precisou fugir da cidade outra vez para escapar à prisão. Tudo indica que ele passou os anos seguintes na estrada, mas em 1461 estava de novo na prisão, por algum crime que não sabemos ao certo, em Meung-sur-Loire, no Orléanais, onde é possível que tenha sofrido tortura judicial. Perdoado pelo rei Luís XI, Villon retornou a Paris apenas para ser identificado como cúmplice no caso do Collège de Navarre – por conta do que recebeu salgada multa. Nesse ponto da carreira, a reputação de Villon como delinquente já estava tão estabelecida que, ao ser preso pelo envolvimento numa briga de taverna em 1461, foi condenado à morte. Parecia ser exatamente o tipo de indivíduo combatido tanto pelo Estado quanto pela Universidade. Villon conseguiu mais uma vez obter o perdão, mas à custa de ser banido por dez anos da cidade. Partiu em 1463 e a história nunca mais teve notícias dele.

No século seguinte, Rabelais contou fatos sobre a vida de Villon após 1463, afirmando que ele fixara residência na província, mas isso parece ser ficção e não fato. Certamente, Villon foi uma celebridade apenas póstuma. Sua poesia foi publicada por um livreiro parisiense em 1489, e o rei Francisco I mandou o poeta Clément Marot organizar uma coleção completa de suas obras em 1533. Mas sua poesia não se encaixava no cânone clássico que se estabelecia – e não houve novas edições de sua obra entre o início do século XVI e 1742. Daí em diante, a obra de Villon tendeu a ser mais atraente para aqueles que sentem afinidade com sua vida de folião, rebelde e boêmio embrionário – estetas do final do século XIX como Huysmans, modernistas como Ezra Pound e para-surrealistas como Pierre MacOrlan.

Sem dúvida, o foco temático da poesia de Villon é uma vida marginal, plena de bebedeiras, mulheres, gatunagens e confusões com a lei, mas também de fome, frio e miséria. Nem por isso sua poesia deixa de ser complexa, concisa e difícil, repleta de paródias poéticas e escolásticas, salpicada de referências impossíveis de recuperar e com uma ambiguidade ao mesmo tempo divertida e enigmática. Apesar da grande animação e dinamismo, seus versos não fogem da morte: um poema é uma despedida imaginária a caminho do patíbulo de Montfaucon; outro – o mais famoso – é um testamento imaginário, em que ele finge deixar legados ora sinceros (o coração para a amante infiel), ora cômicos (o marco coberto de teias de aranha de suas janelas para os pobres, o cabelo cortado para o barbeiro etc.). Por fim, seus poemas revelam um entusiasmo triste em relação ao passado: o verso "*Mais où sont les neiges d'antan?*" (Onde estão as neves de outrora?) tornou-se uma das citações mais repetidas da literatura nostálgica. É o que basta para distingui-lo como verdadeiro parisiense.

O declínio da universidade também foi consequência parcial do surgimento de novos centros de ensino em toda a Europa Ocidental. Em 1200, Paris era uma das apenas três universidades (junto com Bolonha e Oxford) em toda a Europa; por volta de 1500, havia mais de uma dúzia apenas na região da França, algumas com a pretensão de abalar a supremacia de Paris – especialmente Montpellier na medicina e Orléans no direito civil (que nem mesmo era lecionado em Paris). Os mestres de Paris ficaram furiosos com a fundação pela Inglaterra de universidades em Caen, em 1424, e em Bordeaux, em 1441, cujo alvo era exatamente ameaçar a supremacia intelectual de Paris.

Com a grande variedade de instituições rivais reduzindo o poder de atração da Montagne Sainte-Geneviève, a universidade também encontrava dificuldade de colocar-se acima das facções que assolavam a política francesa no período como um todo. O reitor proibiu o uso de emblemas de grupos políticos durante o episódio Étienne Marcel, como forma de realçar a necessidade da universidade ficar acima da política sectária. Cortejados pelos duques de Borgonha, os doutores logo cederam. Os mestres da universidade justificaram o assassinato a sangue-frio de Luís de Orléans por João Sem Medo como defesa do bem comum contra a tirania. Após 1420, os mestres universitários apoiaram de modo suave e sem objeções o regime anglo-borgonhês – de fato, às vezes sua atitude beirou a bajulação. De bom grado, forneceram promotores para o julgamento de Joana d'Arc que mandou a Donzela de Orléans para a fogueira.

Tendo apostado no cavalo errado na disputa entre borguinhões e armanhaques, a universidade não tinha condições de tirar uma lasquinha agora que

Carlos VII era governante inconteste. No tipo de Estado que emergira como resultado da Guerra de Cem Anos, a universidade parecia ser apenas uma no meio de uma confusão de corporações que faziam campanha por tratamento diferenciado – e encontravam um estado menos generoso do que outrora. A partir do início do século XIV, os doutos acadêmicos viram seus privilégios reduzidos gradativamente. Quando reclamavam, o governante lhes dava pouco crédito: "Vocês não valem a minha preocupação," desdenhou certa feita o rei Luís XI (ofendido porque a universidade deixara até mesmo de comparecer à sua entrada solene em Paris em 1461).[34] Dois atos importantes e inovadores do Estado que ressurgia foram a declaração de 1439 de que o rei poderia criar impostos à vontade (o novo imposto de *taille** foi introduzido sem consulta aos Estados-Gerais) e a formação de um exército permanente em 1440. Nos dois casos, a universidade viu suas liberdades invadidas. Seus direitos como instituição colocada sob a égide do papado diminuíam; ela se tornava instituição estatal. Isso ficou cada vez mais evidente no decurso do século. Em 1437, o estado acabou com qualquer ideia de a universidade continuar isenta de impostos normais do Estado; em 1470, Luís XI impôs a todos os estudantes de terras borgonhesas um juramento de lealdade (o que causou êxodo em massa); e, em 1475, os estudantes foram mandados para a guerra apesar do entendimento anterior de que, como clérigos, estariam isentos do serviço militar. Em 1445, a independência jurídica também fora extinta, quando a universidade foi colocada sob a autoridade dos parlamentos pela primeira vez. Uma reforma rigorosa dos estatutos da universidade em 1452 buscou reduzir abusos evidentes, embora não fosse capaz de reverter a redução em curso do dinamismo intelectual da instituição. Em 1498-1499, a universidade perderia o venerável direito de greve, e a pretensão de seus membros ao benefício clerical foi restrita ainda mais. Estudantes perpétuos nos moldes de Villon eram cada vez mais equiparados a vadios, e a polícia os tratava de modo sumário.

Enquanto a universidade permanecia na modorra convicta de suas certezas escolásticas e pedagógicas, isolada do apoio papal, com menos respeito internacional e incorporada de maneira firme nas estruturas legais do Estado francês, um novo tipo de instituição se oferecia para disputar primazia como centro de ensino e pesquisa: a imprensa. Em 1470, dois doutos da Sorbonne atraíram dois impressores da Alemanha, onde desde o meio do século Johann Gutenberg e seus competidores haviam começado a experimentar com sucesso o uso de tipos móveis. A demanda existia: a leitura de livros decuplicou. A nova tecnologia da imprensa não se limitaria às estruturas universitárias, e seu impacto revolucionário nas comunicações logo ficaria aparente. A imprensa deixaria marcas indeléveis – positivas e negativas – na história de Paris do século XVI.

---

* Talha, antigo imposto cobrado dos plebeus. (N.T.)

4

Paris renascida, Paris reformada

c.1480-1594

Em 15 de março de 1528, o rei Francisco I (r. 1515-1547) declarou de modo solene ao conselho municipal de Paris: "De hoje em diante, a nossa intenção é viver a maior parte do tempo na boa cidade de Paris e arredores mais do que em outra parte do reino. Reconhecendo o nosso castelo do Louvre como nossa morada mais adequada e conveniente, ordenamos que o dito castelo seja restaurado e posto em ordem."[1]

As coisas não seriam assim tão simples. Só quase duas décadas depois, em 1546, um ano antes de sua morte e da subida ao trono de seu filho Henrique II (r. 1547-1559), Francisco realmente começou o trabalho de reconstrução do Louvre. Quando em Paris, o rei Francisco I ficava normalmente no velho palácio de Tournelles, junto ao portão de Saint-Antoine, mas passava mais tempo fora da cidade, nas residências em Fontainebleau, Saint-Germain-en-Laye e na casa de campo de Madrid, no Bois de Boulogne. Mas no longo prazo cumpriu-se a determinação acima, restaurando-se a proximidade entre monarca e capital, que caracterizara os anos da jovem Paris da Idade Média. Isso significou o fim de um século de orientação da dinastia Valois a favor da região do rio Loire: Luís XI (r. 1461-1483) até debatera a hipótese de transferir a capital para Tours, enquanto Carlos VIII (r. 1483-1498) e Luís XII (r. 1498-1515) pouco apareciam em Paris. Em 1496, após uma discordância com o conselho municipal sobre impostos para financiar as Guerras da Itália, conflitos que empenhavam a coroa desde 1494, Carlos jurou nunca mais pisar na cidade. Em sua juventude, Francisco também preferiu desfrutar o luxo de Chambord e de outras residências no vale do Loire.

4.1: O Louvre

No início da década de 1980, o presidente da Quinta República François Mitterrand lançou planos para um Grand Louvre, envolvendo a construção no pátio principal da pirâmide de vidro e aço de I. M. Pei, que serviria de entrada pública ao museu ampliado. Houve considerável clamor popular contra a suposta profanação do patrimônio histórico. Se, por um lado, o Louvre tornou-se símbolo permanente e imutável da

civilização ocidental, por outro, uma das características mais notáveis de sua história tem sido ser uma espécie de massa de modelar, na qual os homens no poder buscam imprimir a marca de suas influências e personalidades. O Louvre sempre significou exibição de poder – mas sua forma tem sido mais camaleônica do que em geral se imagina.

A partir do fim da Idade Média, essa característica de versatilidade encontrou reconhecimento numa das pretensas etimologias do Louvre: o nome, afirmava-se, seria uma corruptela de *l'oeuvre* – obra, local de construção – e indicaria que o palácio estava sempre em processo de transformação e na verdade nunca seria concluído. Outras hipóteses quanto ao nome do local (algumas igualmente fantasiosas) incluíam derivações do celta *levrez*, leprosário, sugerindo a existência no local (não confirmada) de um hospital para leprosos; o latim *rubrum* (vermelho, por corruptela, *lubrum*), evocando a cor dos ladrilhos supostamente fabricados nas olarias *(tuileries)* adjacentes; o latim *luparia*, local dos lobos; o franco *lure*, ficar alerta; e o anglo-saxão *leouar*, castelo.

Talvez os dois últimos significados sejam os mais plausíveis, levando em conta a forma inicial dada ao prédio por Filipe Augusto: enorme torre feudal, integrante das novas defesas da cidade. A altura da torre permitia o alerta antecipado em caso de aproximação de tropas vindas do oeste. Parecia assustadora mesmo de longe. Além disso, em meados do século XIV, com a construção da nova muralha de Carlos V, as qualidades defensivas do castelo melhoraram em vez de se diluírem. Só as escavações do fim do século XX revelaram a magnífica escala do bastião medieval. Hoje, as ruínas dos baluartes de Carlos V são visíveis no shopping center embaixo do Louvre.

Durante a Guerra dos Cem Anos, nenhum rei morou ali, e o prédio tornou-se depósito de armas e prisão. Mesmo assim, o velho Louvre tinha fama quase lendária. O antiquário do século XVII Henri Sauval considerava não haver "torre mais comentada na história do mundo". Então, o espanto foi geral quando Francisco I, com o plano de se instalar de modo adequado na cidade perto do final da década de 1520, mandou demolir o solar e substituí-lo por um palácio de estilo típico da Renascença. O palácio renascentista era uma declaração solene e pública da glória real, onde aconteciam as principais cerimônias do Estado. Essa dimensão oficial e o estado inacabado do prédio – "se um dia viesse a ser concluído," observou o secretário do embaixador veneziano no fim da década de 1570, "seria um dos mais belos edifícios do mundo" – levaram Catarina de Médici a construir um palácio mais simples, embora ainda bastante grandioso, a oeste dali, as Tulherias. Ela – e depois Henrique IV – construiu uma galeria unindo os dois palácios junto ao rio. A partir daí, estabeleceu-se uma divisão de trabalho, na qual o Palácio das Tulherias servia de lar do monarca reinante, enquanto o Louvre era a expressão oficial do poder estatal. Durante séculos, apenas poucos governantes suportaram – ou mesmo tiveram a permissão dos súditos rebeldes para – viver ali por muito tempo.

O status emblemático do Louvre como local do fausto oficial e cerimonial foi ampliado por Henrique IV e Luís XIII, mas de modo mais especial por Luís XIV. Sob a direção entusiástica de Colbert, a fachada do palácio projetada na década de 1540 pelo arquiteto Pierre Lescot e o escultor Jean Goujon foi transformada na extremidade de um pátio fechado, a Cour Carrée. Para a surpresa de todos, Colbert articulou a vinda do festejado mestre do barroco Gianlorenzo Bernini a Paris, a fim de trabalhar no projeto da fachada leste do palácio. Bernini logo se retiraria, magoado com as odiosas intrigas internas; seus desafetos, a começar por Claude Perrault, apresentaram projetos mais clássicos para a colunata.

A esplêndida colunata de Perrault era uma fachada tanto no sentido figurado quanto no sentido físico. A decisão de Luís XIV de transferir a corte para Versalhes deixou o Louvre desprovido de verbas até mesmo para a conclusão adequada dos projetos de Perrault. Henrique IV permitira que artistas e artesãos de luxo residissem em parte do palácio. Durante a gestão de Colbert, academias reais também ocupavam espaço no local. Mas era tanto o abandono que agora os espaços vazios do palácio encontravam-se invadidos por hordas de marginais, que montavam cabanas e barracos até mesmo no interior da Cour Carrée.

Em 1806, Napoleão retirou os artesãos e outros parasitas reais das instalações do palácio e buscou recuperar a aparência oficial do Louvre. Porém, foi Napoleão III, dentro de seu programa de modernização urbana, quem mais realizou para transformar o Louvre no que hoje ele é. Em especial, construiu o pátio a oeste da Cour Carrée – a Cour du Carrousel – e fez do espaço entre o Louvre e as Tulherias uma praça pública como na Itália. Isso envolveu demolir prédios de apartamentos mal-afamados e insalubres, que separavam os dois palácios desde sua criação. Em 1871, a destruição do Palácio das Tulherias pelo incêndio dos communards, os partidários da Comuna de Paris, teve o efeito adicional e inesperado de abrir a fachada ocidental do Louvre, com vista aos jardins das Tulherias e, mais abaixo, à Champs-Élysées. Portanto, a Terceira República – ao decidir não reconstruir o Palácio das Tulherias – estabeleceu uma das mais grandiosas de todas as perspectivas políticas.

Se, na época de Filipe Augusto, o Louvre apresentara a imagem de poderio militar bruto, e, no Segundo Império, de imponente centro do cerimonial da Renascença, agora ele ganhava cada vez mais fama de centro cultural, tanto pelo que continha quanto pelo que era. Em 1377, mostras do salão de artes de Paris haviam sido iniciadas ali. Só mais tarde, em 1793, ao criar o Museu da República no local, a Primeira República selou o futuro do Louvre. Desde então, o prédio tornou-se uma das grandes galerias de arte públicas. Os quadros em suas paredes tiveram influência tão grande na evolução da arte ocidental quanto a própria cidade de Paris.

No começo dos anos 1980, a decisão de François Mitterrand de desenvolver a ideia de um Grand Louvre como um dos grandes projetos de sua presidência baseou-se na percepção arguta das tradições personificadas pela história do Louvre. A renovação completa das galerias almejou criar um contexto mais adequado e facilitador aos visitantes. A transferência dos escritórios do Ministério das Finanças dos prédios da ala norte liberou mais espaço para exibição de obras. A novidade do projeto piramidal de Pei consistia em parte nas superfícies exteriores espelhadas, que refletem e intensificam a imagem dos prédios históricos ao redor. Entretanto, não era só isso: o projeto havia sido encomendado sob medida para estabelecer com firmeza Mitterrand na ilustre linhagem de chefes de Estado que, desde o tempo de Filipe Augusto, acumularam capital político ao fixar seu gosto e sua visão política nesse que é um dos mais importantes "locais de memória" da França.

A declaração de 1528, até certo ponto, era uma nota de agradecimento do rei a Paris. Apesar do ressentimento de Carlos VIII, a cidade fizera – e continuaria fazer – contribuições importantes para o financiamento da iniciativa bélica dos Valois nas Guerras da Itália, série desconexa de conflitos que perdurou de 1494 a 1559. Embora conduzida principalmente na península da Itália, a guerra colocou a França contra a dinastia Habsburgo, que controlava a Alemanha e a Espanha. Após dois séculos de profundo estremecimento na relação coroa-capital, que tanto benefício mútuo trouxera na Idade Média, o relacionamento pareceu retomar o caminho – mas, como veremos, não seriam poucos os solavancos pela frente.

Nessa segunda lua de mel, a coroa passou a consultar regularmente os líderes da cidade sobre temas de relevância nacional. A partir de 1522, criou-se um sistema estatal de empréstimos, as *rentes sur l'Hôtel-de-Ville de Paris*[2], que usava o crédito financeiro da cidade com o objetivo de mobilizar a riqueza nacional. Em 1525, Paris permaneceria politicamente firme enquanto Francisco I estava preso na Itália e na Espanha, após a derrota desastrosa na batalha de Pavia. Mais tarde, a cidade demonstrou-se generosa quanto ao resgate exigido por Carlos V, o imperador Habsburgo do Sacro Império Romano Germânico (também rei da Espanha), para entregar os filhos de Francisco, trocados por seu pai em 1526. Assim, a declaração de 1528 confirmava o acordo contratual em pleno desenvolvimento entre dinastia real e capital.

Eram dois os símbolos do pacto renovado entre a coroa e a cidade: um novo palácio real e uma nova prefeitura (ou Hôtel de Ville). Derrubou-se a enorme torre de menagem feudal do Louvre. Enfim, as obras de reconstrução começaram, sob a supervisão do arquiteto principal Pierre Lescot, que construiu o canto sudoeste da *cour carrée* do Louvre. O portão principal do antigo Louvre ficava defronte ao rio, mas foi deslocado para a fachada oriental, abrindo o acesso direto do palácio à cidade. Os arredores do Louvre tornaram-se uma espécie de complexo palaciano. Francisco I comprou o Hôtel de Neuville perto dali para sua mãe, Luísa de Savoia. Na década de 1560, a viúva de Henrique II, Catarina de Médici, instalou-se nessa residência e na área ao redor dela (incluindo uma antiga olaria ou *tuilerie*). Ela ordenou que o arquiteto Philibert de l'Orme lhe construísse um novo palácio – as Tulherias. Esse palácio ficou famoso por seus esplêndidos jardins, onde não faltavam labirinto nem gruta. Na década de 1570, ela mudou-se para uma nova e magnífica residência, próxima a Les Halles, o Hôtel de Soisson (do qual sobrou apenas a torre astrológica hoje pertencente à Bolsa de Comércio; 1º).

Os traços clássicos presentes na construção desses palácios reais – por exemplo, Lescot encomendou esculturas magníficas a Jean Clouet para a fachada do Louvre – também eram evidentes na obra do novo Hôtel de Ville, à qual, a partir de 1529, Francisco comprometia a coroa. Desde o tempo de Étienne Marcel, a municipalidade estivera alojada na chamada Maison des Pilliers, na Place de Grève – hoje conhecida como Place de l'Hôtel-de-Ville (4º) – e construiu-se o novo prédio do outro lado da praça, no local hoje ocupado pelo Hôtel de Ville. (Esse último é uma réplica "melhorada", construída após o original ser completamente incendiado pelos communards em 1871.) As obras no local começaram em 1532 e duraram várias décadas. O prédio seguia o projeto do arquiteto italiano Boccador e apresentava colunas coríntias e estátuas colocadas em nichos; essas formas de influência italiana combinavam de modo agradável com os altos telhados de estilo francês.

Para as ideias amplas da monarquia renascentista de Francisco I, o brilho atraente do Louvre e do Hôtel de Ville vinha bem a calhar. Assim como outros governantes contemporâneos da Europa, os reis Valois da França buscavam, cada vez mais, lustrar sua reputação através do espetáculo, no cerimonial, na arquitetura ou nas atividades da corte. Como outros monarcas, os Valois buscavam embasar suas atividades culturais numa Antiguidade redescoberta. O humanismo – o movimento intelectual disperso que garimpava os textos mais autênticos da Antiguidade como forma de alcançar o conhecimento – espalhara-se por toda a Europa e na Itália em especial a partir do século XIV. Na França, porém, o humanismo não engrenou logo. No fim do século XIV e no começo do século XV, o Collège de Navarre e a chancelaria real haviam sido focos de um interesse renovado na cultura dos antigos. Isso levou à preocupação com o desenvolvimento de um conceito mais individual de piedade – a chamada *devotio moderna*. Mas, a partir de 1410, a turbulência crescente da Guerra dos Cem Anos findou esse movimento. Só depois do fim do século XV, os intelectuais parisienses voltaram a se conectar com as correntes intelectuais europeias mais amplas. A partir de 1494, devido às campanhas militares na península da Itália, a dinastia real e a elite política entraram em contato direto com a Antiguidade e com a cultura da Renascença nela baseada.

Estímulo crucial ao desenvolvimento do humanismo na França – assim como na Europa em geral – foi o advento da imprensa. A partir da década de 1460, livros impressos publicados na Alemanha tornaram-se disponíveis em Paris. A vantagem oferecida pela nova tecnologia, de permitir acesso a um número maior de textos e a textos mais estáveis derivados da Antiguidade, levou dois acadêmicos da Sorbonne a convidar impressores alemães para virem a Paris em 1470 e formarem a primeira loja de impressão no país. Na década de 1480, Paris era o sétimo local da Europa em produção de livros; por volta de 1500, só perdia para Veneza; e, durante o século XVI, tornar-se-ia o mais produtivo centro de impressão da Europa, produzindo 25 mil títulos, contra quinze mil de Veneza. Já no começo do século XVI, Paris tinha 102 prensas, a maioria das quais na margem esquerda, especialmente nos arredores da Rue Saint-Jacques. Num determinado momento, havia 160 lojas de impressão instaladas em oitenta casas naquela rua. No começo, a religião era o foco principal da produção, desde exemplares da *devotio moderna*, como *Imitatio Christi* de Thomas à Kempis, e manuais sobre a arte de morrer até pesados tomos de teologia. Porém, a cultura impressa logo envolveu muito mais do que isso: os produtos na década de 1490 eram destinados a todos os bolsos e incluíam clássicos da Antiguidade, romances de cavalaria arturiana, poesia de Villon, livros de procedimento, descrições do cerimonial real e até mesmo relatos dos campos de batalha das Guerras Italianas de Carlos VIII. Por volta da década de 1530, mapas da cidade impressos começaram a aparecer e se tornaram importantes vetores de autopropaganda parisiense.

O respeito humanista pela Antiguidade harmonizava-se com o desejo da coroa de repensar a cidade dentro de um novo espírito de cooperação. Francisco I, influenciado pelo humanismo e altamente italianófilo (trouxera da Itália Leonardo da Vinci e o célebre ourives Benvenuto Cellini para trabalharem a serviço da coroa), era receptivo também às ideias sobre renovação urbana implementadas dentro das cidades da Itália da Renascença. Disso resultou uma busca para recriar Paris nos moldes de uma nova Roma – uma Roma melhor, na verdade. A inspiração se refletia no interesse renovado na história da cidade, enfatizando a suposta origem troiana (a Troia mitológica era mais antiga e, portanto, mais prestigiosa do que Roma). Alguns autores defendiam a ideia de uma origem pré-diluviana de Paris, com a cidade supostamente buscando suas raízes no tempo de Japeto, filho de Noé, nascido antes do Dilúvio Universal. Escrevendo em 1532, Gilles Corrozet expôs uma opinião apenas ligeiramente menos imaginativa: a cidade fora fundada quase um milênio após o Dilúvio Universal – mas isso não a impedia de ser setenta anos mais antiga do que Troia e 498 anos mais antiga do que a chamada Cidade Eterna de Roma.[3] Essas genealogias inventivas eram antes exercícios de legitimação política do que trabalho baseado em pesquisa histórica.

Um dos primeiros marcos culturais do compromisso da dinastia dos Valois com novas ideias sobre o espaço urbano foi a ponte erguida para substituir a Pont Notre-Dame, que desmoronara nas tempestades de 1499. Feita de pedra entre 1504 e 1512, a nova estrutura baseou-se no projeto do italiano Fra Giocondo. A exemplo de outras pontes de Paris, essa ponte contava com casas, com uma novidade: as 68 casas seguiam o mesmo modelo e, além da área habitável, apresentavam espaço para loja e galeria. Elas formavam uma série simétrica e sistemática arrematada nas duas extremidades por arcos monumentais (outro toque clássico). Os esforços de abrir áreas com vista para a ponte, procedimento urbano recentemente adotado na Via Giulia em Roma, intensificaram o impacto da ponte no espaço visual. Na Île de la Cité, alargou-se e deu-se um traçado mais reto à Rue de la Juiverie – atual Rue de la Cité. Em 1530, demoliu-se o "portão falso" da antiga muralha de Filipe Augusto na Rue Saint-Martin. Essas mudanças para "o bem, o lucro, a utilidade e a decoração da cidade" possibilitaram uma linha de visão ininterrupta desde a igreja de Saint-Séverin, na margem esquerda, até o portão de Saint-Martin, junto à muralha de Carlos V. A mudança teve efeito contagioso, pois em 1533 a cidade condenou todos os portões das muralhas de Filipe Augusto na margem direita, "para que as ruas sejam mais graciosas, retas e alinhadas".[4]

Tornar os espaços da cidade mais livres tinha o objetivo de permitir a melhor exibição do poder real. Em especial a partir do século XIV, as entradas solenes dos monarcas na cidade tornaram-se um hábito. A mais importante dessas *entrées* reais seguia-se à coroação, ocasião em que toda a cidade prestava homenagem ao rei, que, em troca, confirmava os privilégios da cidade. Mas *entrées* reais também ocorriam para marcar outros eventos significativos da realeza. Passaram a ser representadas visando uma audiência internacional, e publicações descreviam o itinerário da marcha, os participantes, os monumentos percorridos e assim por diante. A partir do final do século XV, os contemporâneos passaram a se referir às *entrées* como "triunfos". O termo realçava o senso crescente de majestade e de *Romanidade* dessas ocasiões, salientado com a construção de arcos triunfais para o rei passar por baixo. A partir de 1531, mudou-se o trajeto cerimonial para o cortejo atravessar a Pont Notre-Dame, de arcos cerimoniais especialmente brilhantes. As janelas superiores das casas ao longo da ponte eram alugadas aos membros do conselho municipal, proporcionando a eles e a seus convidados um local privilegiado para acompanhar o desfile.

Motivos romanos influenciavam o conteúdo das cerimônias. Tradicionalmente, montavam-se pequenas peças de teatro alusivas à paixão de Cristo ao longo do percurso, mas, em 1549, essas peças foram excluídas pelo Parlamento de Paris por serem "pantomimas de eras passadas".[5] No lugar delas, foram introduzidos painéis vivos e dramas de temas mais alegóricos e mitológicos. Esses espetáculos realçavam eventos importantes na história da cidade – muito embora o conteúdo alegórico das *entrées* reais fosse tão obscuro que confundia até os mais cultos dos parisienses. Por exemplo, mal se podia intuir exatamente o que estava acontecendo quando cinco cavalos carregavam as palavras *Paix*, *Amour*, *Raison*, *Joye*, *Seureté* (Paz, Amor, Razão, Júbilo, Segurança) – as cinco letras iniciais formavam a palavra "Paris". Mas na *entrée* de Luís XI ninguém conseguiu interpretar o sentido cifrado da presença, em determinado ponto do desfile, de três mulheres nuas da cintura para cima. Um perplexo observador registrou que elas exibiam "seios belos, empinados, bem separados, róseos e firmes (visão extremamente agradável)".[6] Talvez isso fosse alegoria suficiente.

As melhorias urbanas no início do século XVI se estenderam além de muralhas, portões e pontes. Os *quais* tanto na margem esquerda quanto na Direita foram alinhados, levantados um pouco (de modo a reduzir o risco de alagamentos) e, a partir do final da década de 1520, pavimentados. O abastecimento de água era uma preocupação especial; em 1500, havia dezessete fontes públicas, posteriormente embelezadas. Adicionaram-se outras, sendo a mais notável a Fonte dos Inocentes, construída perto do cemitério dos Inocentes. Ela ficava no trajeto da *entrée* real de Henrique II em 1549, adornada de ninfas altas e belas, esculpidas por Jean Goujon. Esforços mais mundanos, mas igualmente importantes dentro do plano de urbanização, buscavam produzir fachadas mais alinhadas para as moradias e remover obstáculos das vias públicas. Éditos municipais de 1554 e 1560 proibiam beirais na fachada das casas, com o objetivo de melhorar a iluminação natural das ruas. Repetidas recomendações solicitavam aos moradores acenderem velas junto às janelas durante a noite, tornando as ruas mais fáceis de caminhar e menos perigosas. Em 1506, criou-se um imposto apelidado de "imposto da lama" (*taxe aux boues*) para pagar o serviço (ainda bastante rudimentar) de limpeza de ruas e remoção de lixo.

A coroa teve um papel importante nessas melhorias e no desenvolvimento de moradias urbanas preexistentes e de novas áreas de moradias. Alcançou-se isso principalmente com o conhecido processo de loteamento – ou seja, a repartição da área em terrenos menores com frente para ruas recentemente planejadas. Éditos reais de 1516 e especialmente de 1543 colocaram no mercado de imóveis o que restava do antigo Hôtel Saint-Pol, cuja divisão começara no final do século XV, bem como outras terras de propriedade da coroa na capital. A morte de Henrique II, num bizarro acidente durante uma justa em 1559, levou sua viúva, na década de 1560, a tentar se desfazer do palácio de Tournelles – ainda mais agora que o Louvre renovado já estava funcionando. Se as vendas não foram um sucesso (a maior parte da área transformou-se em mercado de cavalos), isso ocorreu principalmente porque a oferta na zona leste da cidade já estava saturada por loteamentos anteriores – e porque o mau cheiro da área era incrível, devido à proximidade com o esgoto municipal. Na década de 1540, a decisão do convento de Sainte-Catherine de levantar fundos com a venda de suas extensas áreas de plantação transformou hortas em imóveis de primeira linha, precisamente para indivíduos abonados, atraídos de volta a Paris com a transferência da corte real. A transformação das áreas de plantio de Sainte-Catherine foi admiravelmente rápida: em 1550, Gilles Corrozet observou que "a *couture* deu lugar à construção" e, em 1561, registrava que "ali agora existem belas ruas e moradias suntuosas".[7] A área constitui o coração do Marais dos dias de hoje; nesse exato período foram construídas algumas das joias da arquitetura (muitas com influência italiana) que ainda ornamentam o bairro, por exemplo: o Hôtel de Ligneris (o Hôtel de Sévigné, que hoje abriga o Museu Carnavalet); o Hôtel de Lamoignon, sede da Biblioteca Histórica da Cidade de Paris; e o Hôtel Donon, onde se localiza o Museu Cognacq-Jay. O loteamento da vasta propriedade Barbette junto à Rue Vieille-du-Temple, em 1561, atraiu também ricos compradores de lotes para construção.[8]

Com a renovação monárquica do Louvre, a vizinhança do palácio e a área em direção a Les Halles também começaram a atrair abonados construtores de *hôtels* nos moldes do Marais. A alienação por Francisco I do antigo Hôtel de Flandre e do Hôtel d'Artois (hoje conhecido como Hôtel de Bourgogne) de João Sem Medo forneceu novo espaço para expansão.[9] Na década de 1550, Henrique II supervisionou a reurbanização da vizinhança de Les Halles, simplificando e melhorando o sistema viário de modo a atrair clientes imobiliários à região. A igreja paroquial era a suntuosa Saint-Eustache, "catedral de Les Halles", completa e generosamente remodelada a partir de 1352.

A maior parte das novas melhorias ocorreu fora das muralhas da cidade, nos faubourgs (subúrbios). Em 1471, Luís XI estabelecera no Faubourg Saint-Antoine, além da Bastilha, uma zona franca sob a proteção da abadia de religiosas de Saint-Antoine-des-Champs. Isso permitira aos trabalhadores em madeira e aos fabricantes de móveis a criação de negócios isentos das restrições corporativas da cidade, mas que se beneficiavam da proximidade com o porto e o armazém da cidade. Outros faubourgs também prosperavam. A oeste, a presença do Louvre e das Tulherias estimulava o crescimento da Rue Saint-Honoré: a fundação da igreja paroquial de Saint-Roch confirmava a vitalidade da vizinhança.[10] Habitações desenvolvidas do lado de fora do portão de Saint-Denis, sobre um antigo depósito de lixo – um *Mons superbus* ao qual se chegava pela Rue Mont-Orgueil (2º) –, cresceram tanto que a área ficou conhecida como Villeneuve-des-Gravois e, em 1563, recebeu uma igreja paroquial, Notre-Dame-de-Bonne-Nouvelle (2º).[11]

Na margem esquerda, a influência da coroa pesava menos. A oeste, havia melhorias perto do rio, ao redor da Tour de Nesle e da Rue Saint-André-des-Arts (6º); a leste, a propriedade do Collège des Bernardins, desde o Quai de la Tournelle até a Rue Saint-Victor (5º), foi loteada e vendida. Toda essa área há muito se expandira além das fortificações, deixando pouco espaço ao desenvolvimento intramuros. A maior parte do progresso consistia num adensamento dos faubourgs existentes. A inauguração de uma balsa (*bac*) permitiu o transporte das pedras de Vaugirard para o outro lado do rio até as construções do Louvre e das Tulherias, desenvolvendo a região da nova Rue de Bac (7º). Em 1539, a reabertura da Porte de Buci (6º), fechada por um século, além da criação de um novo portão no lado oeste, a Porte de Nesle, facilitou a conexão com a cidade, encorajando nobres e funcionários estatais a se instalarem ali ou ainda a criarem residências de verão. A animada feira de Saint-Germain, realizada todo ano na primavera e popular entre príncipes e mendigos, contribuía ainda mais para a vitalidade da área, em especial após 1511, quando lojas permanentes foram construídas. Houve também um bom número de loteamento a partir do Faubourg Saint-Jacques a leste, principalmente nas imediações da Rue Mouffetard. No início do século XVI, uma região chamada de Villeneuve Saint-René começava a se formar além da Rue Mouffetard, até o Faubourg Saint-Victor e o atual Jardin des Plantes (5º).

A instalação do rei e de sua corte em Paris incentivou também os setores da economia urbana que supriam a crescente demanda por artigos de luxo. Desde a Idade Média, a coroa aprovara leis suntuárias buscando restringir o gasto privado em itens de luxo por razões sociais e econômicas. A legislação suntuária seguia sendo revista – por exemplo, em 1517, 1547, 1549 e 1567 –, porém, ainda era fácil para os parisienses viverem de forma extravagante. Paris não era mais um destacado centro de produção de tecidos: os vendedores de tecidos finos importavam tecidos de Bourges, de Beauvaisis e da Normandia e os tingiam e faziam o acabamento. Em especial, o comércio de vestuário prosperava, pois, nas rodas da elite, o antigo hábito de cada pessoa ter apenas uma túnica era trocado por uma tendência de valorizar a diversidade, em que o corte, o tecido, a cor – na verdade, a moda – tinham importância fundamental. Os tingidores, as costureiras, os bordadores e os alfaiates desfrutavam de uma posição nunca antes alcançada, e o mesmo acontecia com o dinâmico comércio de roupas usadas. Uma dúzia de lojas vendiam plumas para chapéus – quase o mesmo número das que vendiam penas de escrever.[12] A qualidade da água do rio Bièvre para tingidura já era renomada, e a atividade dos tingidores do Faubourg Saint-Marcel gradativamente se diversificava e incluía a manufatura de tapeçarias, em que a numerosa dinastia dos Gobelins firmou sua reputação. Francisco I criou uma oficina de tapeçaria em Fontainebleau, e Henrique II abriu outra no Hospital de la Trinité, na Rue Saint-Denis (2º).

4.2: O Rio Bièvre

A história de Paris está tão inseparavelmente ligada à história do rio Sena que é fácil esquecer o papel desempenhado por outras vias fluviais, por exemplo: a rede de rios da bacia de Paris, que coloca a cidade em contato com uma região interior mais ampla, e os canais d'Ourcq, Saint-Denis e Saint-Martin, ao redor dos quais baseou-se a maior parte da prosperidade industrial da cidade no século XIX. Rio de grande importância na história da cidade, o Bièvre tem esse nome (por mais que pareça improvável) devido aos castores (na língua celta, *befar*) que ali habitavam antes mesmo da chegada dos romanos. Outra característica do Bièvre é sua discrição – de fato, no final do século XX, já se tornara invisível, escondido sob o calçamento ou desviado para escoadouros que protegem contra alagamentos causados por tempestades.

O Bièvre nasce na região de Versalhes e vem do sul em direção a Paris, atravessando o atual *boulevard périphérique* perto do Stade Charléty (13º), de onde segue ao norte nas imediações do Butte-aux-Cailles, atravessa o bulevar Blanqui e depois costeia a Rue de Croulebarbe (que recebeu o nome do moinho ali situado no século XIII). De fato, os choupos do Parc René-Le-Gall daquela rua são nutridos pelas águas hoje subterrâneas do Bièvre. Cruzando a Rue Mouffetard (5º) na altura da chamada Pont-aux-Tripes, o rio originalmente alcançava o Sena na região da Gare d'Austerlitz. No entanto, em 1148, os monges de Saint-Victor construíram um desvio que fazia a água do rio correr através de seus jardins e acionar os moinhos da abadia. Com esse desvio de curso, o rio passou a alcançar o Sena um pouco adiante da Notre-Dame – junto à atual Rue de Bièvre (5º). A construção das muralhas de Carlos V também levou a novos desvios das águas.

A utilidade do rio para fins industriais foi percebida por outros além dos monges de Saint-Victor. A partir do século XV, as águas do Bièvre foram usadas por tingidores, curtidores e fabricantes de goma do Bourg (em breve Faubourg Saint-Marcel). Os açougueiros daquela área também usavam as águas como local de despejo para seus dejetos. Disso resultava um fedor insalubre, e o rio ficou famoso por ele (mas a poluição do rio não impediu a instalação de fabricantes de cerveja nas proximidades). Rabelais deu uma explicação criativa para esse aspecto nocivo do rio, segundo a qual ele se formara pela micção coletiva de seis mil cães. Em tom semelhante, o poeta do século XVII Claude Le Petit se perguntava se o arroio mais lembrava lama ou água, fuligem ou tinta. Chegou à conclusão de que se tratava em essência de um penico suíno.

Não obstante, no século XV, tinha sido a pureza da água que atraíra os tingidores flamengos e suas famílias a esse local. Essa vocação do rio foi confirmada em 1666, quando o ministro das Finanças de Luís XIV, Jean-Baptiste Colbert, adquiriu as oficinas de tingidores dos herdeiros do tingidor Jean Gobelin e de seus pares e criou a manufatura real dos Gobelins. A especialidade dos Gobelins era – de fato, ainda é – a fabricação de tapeçarias, combinadas à tecelagem de tapetes e à manufatura moveleira. Portanto, durante séculos, o Bièvre foi uma importante e permanente fonte de emprego na margem esquerda. Em 1860, o rio era fonte de água e de força motriz para mais de cem fábricas e oficinas dentro da cidade, entre as quais 24 curtumes, 21 preparadores de couro, nove especialistas em produtos de couro, oito lavanderias, quatro oficinas de tingidores e três cervejarias. Na época em que Marville fotografou o local, o rio parecia o pátio de uma fábrica.

Apesar dos usos industriais do rio nos trechos mais baixos, ele mantivera certa reputação de local atrasado e rural na beira da cidade. Na afastada região adiante do bulevar Auguste Blanqui de hoje (14º), o rio cortava uma série de córregos que congelavam no inverno – dando aos parisienses a oportunidade de esquiar, mas também uma indústria de gelo que abastecia Paris (função comemorada pelo nome da área: Glacière). Rio acima ficava o tradicional ponto em que as lavadeiras lavavam as roupas e as estendiam para secar. Ali Jean-Jacques Rousseau fizera pesquisas de botânica no final do século XVIII. A colheita do vinho (*sic*) recém acabara – lembrou Rousseau – e "os camponeses deixavam os campos até as tarefas de inverno. Ainda verde e sorridente, embora em parte sem folhas e quase deserto, o campo apresentava em todo lugar a imagem da solitude." O escritor romântico Senancour, de maneira semelhante, lembrou com carinho dos "lugares mais arborizados, mais agradáveis e mais toleráveis de uma região que não é bela, mas bastante aprazível e variada". Mais tarde, no século XIX, o esteta J. K. Huysmans louvou "este rio estranho, escoadouro de todo tipo de sujeira, cloaca da cor da ardósia e do chumbo" como o último refúgio da zona rural ao alcance dos parisienses.

No entanto, não só o aspecto rural desaparecia como resultado do crescimento de Paris. O Bièvre também. Obras de canalização para reduzir os níveis de poluição começaram na década de 1840. Apesar de interrupções temporárias nas obras, até 1910 todo o rio se encontrava debaixo de pedra e de concreto. As fábricas ainda podiam utilizar sua água. Mas o rio se fora.

A monarquia buscava causar a melhor impressão possível por meio da pompa e do espetáculo, e isso caía como uma luva aos setores de alta qualidade do comércio de luxo da cidade. Há tempos Paris era conhecida pela qualidade de seus ourives: a introdução de marcas de qualidade, em 1506, levou os mestres parisienses a adotarem como marca própria a flor de lis da dinastia real – símbolo satisfatório do ressurgente contrato entre a coroa e a cidade. No final do século XVI, estimava-se a existência de mais ou menos trezentos ourives; provavelmente no início desse século o número era ainda maior.[13] Artesãos capazes de trabalhar com pedras preciosas, marfim, vidro e metais refinados eram muito procurados, assim como os produtos de um novo ramo de negócios, a manufatura de relógios. Uma indústria do lazer começava a se desenvolver com grande sucesso, como atesta a existência de mais de duzentas quadras de tênis (*jeux de paume*).

Condições econômicas extremamente favoráveis reafirmavam o status de Paris de maior cidade da Europa, fato que a transferência da monarquia à capital ajudava a promover. Nas últimas décadas do século XV, a população chegava aos níveis de antes da peste negra, mas subiu a um número sem precedentes por volta de 1560, quando Paris contava provavelmente com trezentos mil habitantes. Nessa época, um em cada cinquenta franceses era parisiense.

A dinastia dos Valois via com bons olhos e estimulava o desenvolvimento urbano e o crescimento econômico. Porém, uma sequência de governantes teve dificuldade para coordenar o progresso efervescente com a estrutura de cidade clássica da Renascença e também ao lidar com os problemas sociais derivados do dinamismo urbano. Em 1548, Henrique II manifestou sua preocupação com o ritmo e o caminho desse crescimento, ao proibir qualquer nova construção nos faubourgs. O édito, apesar de revogado quase imediatamente, realçou a ansiedade provocada pela expansão dos faubourgs. Os subúrbios exigiam proteção e defesa, e isso não era barato. Houve uma série

Curtumes no rio Bièvre, século XIX

de sobressaltos militares durante toda a primeira metade do século XVI, após derrotas diante dos ingleses (em 1512 e 1523) e do imperador Carlos V do Sacro Império Romano Germânico. Em 1536, o imperador Carlos V alcançou Saint-Quentin e Péronne; em 1544, Château-Thierry; e em 1552, Metz. Havia a sensação crescente de que as defesas da cidade eram inadequadas. O foco dessa preocupação eram os baluartes de defesa da margem direita, pois embora o crescimento extenso da margem esquerda tivesse tornado as defesas meridionais altamente vulneráveis, geralmente se supunha que os ataques viriam dos limites setentrionais e orientais da cidade. A Paris da margem direita também crescera muito. Os esforços desconexos de reforçar os baluartes em 1512, 1523 e na metade da década de 1520 tornaram-se mais urgentes devido às ameaças de invasão da década de 1530. Nos inícios da década de 1560, abriu-se uma nova trincheira que incluía os faubourgs da margem esquerda e houve tentativas de se fazer uma extensão das muralhas da margem direita de modo a incluir o Palácio das Tulherias.

Além das preocupações de segurança que subvertiam as noções renascentistas da dinastia de uma cidade mais aberta, o édito de 1548 realçava outros tipos de ansiedade. A legislação que regulava os negócios dentro dos faubourgs era menos restritiva, o que inibia a prosperidade dos artesãos intramuros e ameaçava provocar escassez de mão de obra. O excesso populacional podia ser uma dificuldade adicional no atendimento das necessidades urbanas, mas os habitantes dos faubourgs pagavam impostos desproporcionalmente baixos. Além disso, essas áreas eram redutos famosos de foras da lei, delinquentes e pessoas doentes. O policiamento interno da cidade também se encontrava em estado lamentável. Em 1518, um bando de delinquentes queimara o cadafalso real em Les Halles – e, de quebra, assassinara o carrasco. Em 1534, outro bando roubou o dossel real do palácio do Louvre.

Apesar da aparente explosão de desenvolvimento liderada pelo luxo na cidade, os processos econômicos em andamento produziam tanto vítimas quanto beneficiários. Durante a maior parte do século, o valor real dos salários caiu na maioria dos ramos de atividade em Paris, em parte resultado do crescimento da população e da maior oferta de trabalhadores. Era difícil a integração no mercado de trabalho dos soldados que haviam dado baixa ou desertado dos exércitos reais, e esses constituíam uma séria ameaça social. As condições eram propícias para o crime prosperar. Só no final da década de 1550 e no início da década seguinte houve esforços sistemáticos para reorganizar e profissionalizar as forças policiais da capital, de modo a adequá-las a um leque de atividades cada vez mais amplo.

Assim, o projeto renascentista de abertura da cidade envolvia maior atenção às questões de policiamento do que a dinastia real provavelmente quisera. Mendigos, vagabundos e outros indesejáveis eram representados mais e mais como fermento poluído e poluidor que encarnava doenças infecciosas, vícios ilícitos e crimes. Em 1496, Carlos VIII decretara que todos os *pipeurs, ruffians et coquins* poderiam ser enviados para as galés, e, a partir da década de 1520, medidas para expulsar esse tipo de pessoa inconveniente tornaram-se mais severas. O tratamento rigoroso com os mendigos e vagabundos estendeu-se às prostitutas. Os antigos bordéis das vizinhanças da Rue de Glatigny na Île de la Cité foram fechados em 1518. Em 1561, a coroa tornaria os bordéis ilegais em toda a França. Em Paris, os bordéis haviam sofrido uma redução como ramo de atividade a partir do hábito surgido entre devotos católicos de ficarem esperando na frente dos bordéis e lançarem santas imprecações contra qualquer pessoa que estivesse entrando ou saindo.

Já há algum tempo a cidade atuava no âmbito da caridade, antes dominado pela Igreja. Em 1505, o Hôtel-Dieu, cuja administração pelo cabido da catedral mostrava-se cada vez mais ineficiente, ficou a cargo de pessoas indicadas pelo município. A partir da década de 1530, adotou-se uma nova legislação municipal sobre assistência pública, que tornou o bem-estar dos pobres um dos ramos de atividade do governo municipal. Criado em 1535, o serviço especial de atendimento a órfãos e enjeitados (que se tornaram alvo de preocupação diferenciada) do Hôtel-Dieu chamava-se Enfants-Rouges; a partir de 1541, o Hospital Saint-Esprit também começou a atendê-los; e em 1545, o serviço conhecido como Enfants-Bleus foi introduzido no Hospital de la Trinité, na estrada de Saint-Denis. Em 1544, criou-se o Grand Bureau des Pauvres: um imposto de auxílio à pobreza seria coletado, e a caridade só seria destinada aos pobres merecedores; os desempregados fisicamente aptos seriam colocados a trabalhar em iniciativas públicas. O objetivo era não deixar quaisquer desculpas para os pobres "não merecedores", justificando assim punições mais rigorosas.

Essa preocupação em reprimir os grupos socialmente marginais estava ligada a medidas de controle de doenças contagiosas. A peste bubônica continuava um pesadelo recorrente. Não está claro se os esforços concentrados de controle realizados a partir de então contribuíram com a redução do impacto demográfico das doenças. A prática de se colocar vítimas de doenças em quarentena nos bairros afastados da cidade havia sido experimentada em 1497-1498 e em 1506 para a "doença nova" da sífilis e estendido às vítimas da peste em 1519. Certos lugares adiante de Saint-Germain-des-Prés foram usados com esse objetivo. A partir de 1531-1533, após consultar a coroa e o corpo docente médico da Universidade de Paris, o conselho municipal coordenou a adoção de amplas medidas. Havia um aspecto repressivo nas políticas de controle da peste, que visavam a reduzir contatos humanos considerados perigosos – e assim associavam-se a medidas mais gerais de policiamento. Desse modo, casas de banho, bordéis e teatros eram forçados a fechar as portas, enquanto mendigos e vagabundos eram expulsos da cidade (possivelmente levando a doença para outros lugares – mas isso era problema de outrem).

Os esforços de repressão ao crime e ao vício, de controle às doenças e de auxílio à pobreza "digna" tiveram sucesso apenas parcial, realçando a fragilidade das realizações da dinastia real durante a primeira metade do século ao tentar fazer de Paris uma vitrina renascentista onde pudesse exibir seu poder e seu prestígio. A tentativa de dar uma nova forma ao espaço urbano e reconfigurar a cidade de modo a evocar a grandeza da Antiguidade não rendera frutos duradouros. A dinastia real dedicara mais tempo e dinheiro às Guerras da Itália do que ao embelezamento urbano. É sintomático que Francisco I viesse a morrer em Rambouillet e não em Paris. De fato, Henrique II conseguiu a proeza de morrer na capital, porém estava no antigo palácio de Tournelles e não no Louvre reformado.

Durante a maior parte do século XVI, ferramentas deficientes de controle social despendiam violentos esforços para acompanhar o crescimento desenfreado da população. Assim, os ideais utópicos de renovação urbana entravam em choque com acontecimentos sociais e demográficos imprevistos. A coroa também parecia estar correndo na frente do gosto popular: apesar de todas as influências renascentistas italianas evidentes nos edifícios patrocinados pela coroa, a maioria das igrejas construídas ao longo desse período dá preferência a um gótico de estilo flamejante – ainda visto com efeito brilhante em Saint-Germain-l'Auxerrois (1º), Saint-Eustache (3º) e Saint-Étienne-du-Mont (5º).[14] Mas houve poucas mudanças na paisagem urbana geral, e Paris manteve a maioria dos traços medievais. Na verdade, a cidade era essencialmente uma tapeçaria medieval cravejada de algumas joias da Renascença.

Portanto, se Paris continuava a impressionar, era menos por seu mérito arquitetônico ou por seu renascimento cultural do que simplesmente por seu tamanho: com trezentos mil habitantes na década de 1560, seguia bem acima de todas as cidades francesas e das principais rivais europeias. Assim, o legado do passado esmagava o – diminuto – choque do novo. Paris continuava a ser uma cidade, como afirmara Henrique II, de "lodaçal, estrume e imundície".[15] Uma das razões da mudança da dinastia real para o lado ocidental da cidade havia sido o fedor insuportável no Hôtel de Saint-Pol e Hôtel des Tournelles causado pelo escoadouro aberto, o *Grand Égout*, que corria pelo traçado da atual Rue de Turenne (4º) e que provocava a morte instantânea dos peixes que nele nadavam.[16] Em 1556, o nobre espanhol Gaspar de Vega passou por Paris especificamente para ver o Louvre. O palácio significava "muito pouco para uma cidade tão grande", escreveu ele para o rei Filipe II da Espanha. "Não vi nenhum prédio digno de nota; a cidade não tem nada de interessante além do tamanho."[17]

Porém, a partir da década de 1560, o tamanho e o dinamismo social de Paris seriam postos à prova em uma perspectiva diferente, à medida que as ambições renascentistas de planejamento urbano e de renovação cultural davam lugar à luta dinástica por sobrevivência. Em 1559, a morte prematura de Henrique II causara uma incerteza política que durou uma geração inteira. O filho de quinze anos de Henrique, Francisco II (r. 1559-1560) durou pouco mais de um ano no poder, enquanto seu irmão Carlos IX (r. 1560-1574) ficou gravemente doente pouco depois de chegar à maioridade. Seus reinos foram marcados pela presença vigorosa da rainha-mãe e regente eventual Catarina de Médici, cuja influência continuou no reinado de seu terceiro filho, Henrique III (r. 1574-1589). Henrique III morreria sem filhos e, conforme as leis de sucessão real, o trono deveria passar de maneira inconteste para o ramo colateral dos Bourbon, na pessoa do rei Henrique de Navarra. Henrique, porém, era protestante – e a história não acabava aí. Após a Reforma, introduzida por Martinho Lutero na Alemanha em 1517, as disputas religiosas entre protestantes e católicos em toda a França tornaram-se cada vez mais virulentas. O cisma religioso e as lutas dinásticas após 1560 prepararam um coquetel de efeito quase letal à estabilidade francesa – e ao prestígio e à prosperidade parisienses.

Em pouco tempo, a Reforma Protestante causou impacto na França e particularmente em Paris. A crítica de Lutero à Igreja tornou-se mais severa, e o seu conflito com as autoridades eclesiásticas agravou-se. Porém, o que Lutero tinha a dizer, em essência – para não dizer na íntegra – harmonizava-se com as tendências preexistentes nas rodas intelectuais francesas. A busca luterana por formas altamente individualizadas de devoção era uma versão radical da *devotio moderna*, popular entre os grupos humanistas. De modo semelhante, a atenção minuciosa dedicada pelos humanistas aos textos gregos, hebraicos e latinos estendera-se a textos religiosos e às obras canônicas da Antiguidade. Esse movimento de ideias associava-se à contínua demanda por reforma dentro da Igreja, que parecia ansiosa por revitalização. A reunião nacional dos Estados-Gerais, em 1484, por exemplo, censurara a Igreja da França por sua decadência e insistira na necessidade de reformá-la.

A urgência de uma reforma completa da Igreja, conduzida no âmbito espiritual, não fora ignorada pelas autoridades eclesiásticas da França. Por exemplo, Étienne Poncher, bispo de Paris de 1503 a 1519, atuou com energia no ataque a clérigos delinquentes e ingênuos e na reforma de mosteiros, por vezes literalmente derrubando portões dos mosteiros para fazê-lo. Também não poupou esforços para impedir que a Sorbonne condenasse, de modo cabal, o humanismo cristão de Erasmo e de Lefèvre d'Étaples, acusados de navegar em

Icy est le vray pourtraict naturel de la
A PARIS CHEZ MELCHIOR
QUAI DU PORT AU FOIN
QUI REGARDE L'ILE NOSTRE DAME

Planta de Paris em 1576

águas luteranas. Em 1516, Guillaume Briçonnet, o aluno de Lefèvre d'Étaples e ex-abade de Saint-Germain-des-Prés, foi nomeado bispo de Meaux e tentou introduzir reformas. Nesse período, a Sorbonne definhava intelectualmente, mas alguns colégios acolheram bem os novos conceitos de piedade e se tornaram verdadeiras sementeiras da mensagem protestante. Destacaram-se nesse aspecto o Collège de Navarre e o Collège de Montaigu. A austera vida de devoção criada nesse último pelo sacerdote flamengo Jan Standonck incutiu no jovem Erasmo o medo tanto de Deus quanto do diretor da escola. Como observou anos mais tarde um visitante holandês, o Collège de Montaigu parecia "mais um cárcere destinado à tortura do que uma instituição educacional".[18] No Collège du Cardinal-Lemoine, os estudantes alemães estavam entre os primeiros e mais entusiasmados seguidores de Lutero, cujos escritos tornavam-se mais difundidos por estarem na forma impressa. Johann Gutenberg colocara o ovo e Martinho Lutero estava chocando.

De modo significativo, o chamado Caso dos Cartazes, de 1534, em que se afixaram cartazes impressos atacando a crença católica na missa, levou à polarização da luta religiosa. O conflito já era extremamente grave. Em 1521, a Sorbonne partira para a ofensiva e condenara tanto Lutero quanto algumas obras humanistas cristãs de Lefèvre d'Étaples. Dois anos mais tarde, o primeiro protestante foi queimado na fogueira em Paris (junto com montes de livros de Lutero). Outros se seguiriam na década de 1520. Em 1528, a profanação de uma estátua de beira de estrada da Virgem Maria na Rue du Roi de Sicile, no Marais (4º), provocou grande clamor entre os católicos e procissões de multidões contritas, lideradas pelo próprio rei Francisco I, "de cabeça descoberta e de tocha na mão".[19]

Apesar dessas altercações amargas e às vezes sangrentas, os católicos estavam longe de conseguir tudo a seu modo nas décadas de 1520 e 1530. A perspectiva cultural de Francisco I o predispunha a manter certa tolerância em relação ao humanismo cristão. Em 1517, ele criara o Collège du Roi – atualmente, Collège de France – fora da estrutura do sistema universitário, posteriormente dotando a nova instituição de cátedras de grego e latim, além de estudos hebraicos e de línguas orientais. A irmã do rei, Marguerite d'Angoulême, poeta de talento e grande defensora da causa humanista, ligava-se aos humanistas de Meaux tutelados por Briçonnet. Ela protegeu um dos pupilos de Lefèvre d'Étaples, Louis de Berquin, que traduzira Lutero para o francês, das garras da Sorbonne (mas não por muito tempo – Louis foi executado em 1529). Marguerite casou com Henrique d'Albret, rei de Navarra, em 1527, mas seguiu morando em Paris. Em 1533, por designação dela, o seu confessor Gerard Roussel, membro do grupo de Meaux, pregou um sermão de Quaresma de mensagem considerada protestante por muita gente. No mesmo ano, Nicolas Cop, o reitor da Universidade, e um jovem advogado de Noyon chamado João Calvino escreveram em coautoria um discurso de espírito semelhante dirigido à universidade: tiveram que correr por cima dos telhados para escapar da multidão de protestantes parisienses aglomerada para ouvi-los. Os dois acabaram fugindo para Genebra, que se tornaria o lar espiritual do protestantismo francês.

O Caso dos Cartazes pendeu a balança política para o lado da causa católica, que recentemente ganhara mais força com o ataque iconoclasta de 1528. Corria o boato que o rei andava furioso devido a um pôster ameaçador afixado, sem a menor cerimônia, na porta que conduzia aos aposentos reais. A isso se seguiram inúmeras prisões de protestantes suspeitos. Francisco I declarou que mandaria até os próprios filhos à fogueira se trilhassem o caminho da heresia. Em janeiro de 1535, liderou uma procissão de contrição em massa. O ponto alto da procissão (após um generoso jantar) foi a execução de seis homens acusados de participação no caso. A rede "antiluterana" tinha alcance cada vez mais amplo. Em novembro de 1534, Antoine Augereau, que no passado publicara obras de Marguerite d'Angoulême-Navarre, foi queimado na fogueira. Ao primeiro impressor executado seguiu-se a primeira mulher a receber igual punição: a professora de escola elementar Marie La Catelle lera o evangelho para os alunos em francês e comera carne na sexta-feira. A partir de 1544, a Sorbonne elaborou um índex de livros proibidos. Robert Estienne, nomeado impressor real em 1538, fugiu como refugiado religioso para Genebra em 1551. Se Francisco I demonstrara crescente impaciência com opiniões divergentes antes de sua morte, em 1547, seu sucessor, Henrique II, manifestou intolerância ainda mais agressiva. A *chambre ardente* (câmara ardente), criada por ele no Louvre em 1547, conduziu quinhentos processos de julgamento em três anos e mandou 38 indivíduos para a fogueira.

Os "luteranos", além disso, vinham se tornando calvinistas. O jurista João Calvino, agora baseado em Genebra, publicara sua famosa obra *Instituições da religião cristã* em 1536, oferecendo, ao mesmo tempo, um refinamento da doutrina luterana e uma nova forma de organização eclesiástica baseada em comunidades de crentes. Em meados da década de 1550, existiam quatro igrejas calvinistas secretas em Paris. Baseadas no Quartier Latin, elas buscavam, nas palavras de um de seus seguidores, trabalhar em estruturas "mais próximas ao exemplo da Igreja primitiva do tempo dos apóstolos".[20] O trabalho de proselitismo dos "huguenotes" – nome dado aos calvinistas a partir da década de 1560 (por razões ainda misteriosas)[21] – vinha obtendo excelentes resultados, especialmente entre estudantes universitários e pessoas que trabalhavam na indústria de impressão e na administração real (incluído aí o Parlamento de Paris). Apesar de proibida pelas autoridades, a pregação pública por parte dos huguenotes seguia ocorrendo em encontros secretos nas tavernas, ou, mais distante, em Pré-aux-Clercs, na margem esquerda, nos faubourgs menos vigiados (em especial perto da igreja de Saint-Médard, na Rue Mouffetard) e nas casas de campo de partidários dos calvinistas, em Popincourt. O trabalho de conversão atraía um número cada vez maior de seguidores. Em 1559, um sínodo nacional realizado em Paris reuniu representantes de 72 igrejas, e a rede nacional aí estabelecida contava em 1561 com 1.200 comunidades e uma população de pelo menos um milhão de indivíduos.

A resistência corajosa da comunidade dos huguenotes foi alavancada pelo surgimento, na década de 1550, de novos convertidos da elite social e política. Em 1558, na Rue Saint-Jacques, uma batida policial feita numa assembleia de huguenotes revelou pelo menos vinte nobres entre os participantes. Partidários afamados incluíam a rainha de Navarra, Joana d'Albret (filha de Marguerite d'Angoulême); o marido dela, Antoine de Bourbon, destacado representante do ramo colateral da linhagem dos Valois; o irmão de Antoine, o príncipe de Condé; e o vigoroso Gaspard de Coligny, veterano de guerra e grão-almirante da França. Coligny e Condé (com o chanceler católico Michel de l'Hôpital, as principais figuras do conselho de regência da mãe de Carlos IX, Catarina de Médici) pregavam a tolerância. Mas, no final de 1561, o Colóquio de Poissy não encontrou bases para um acordo entre representantes dos dois lados. A situação agravou-se graças a uma série de incidentes, como atrocidades e incêndios de protestantes e católicos na paróquia de Saint-Médard, no fim de 1561, e o ultraje em março de 1562, quando as tropas do paladino católico duque de Guise atacaram uma assembleia protestante em Wassy, na Champagne, causando muitas mortes. Nesse cenário, qualquer legislação da coroa fazendo concessões aos huguenotes era cutucar a onça católica com vara curta.

De modo sintomático, o combustível para a guerra religiosa veio do "massacre de Wassy" e não das "atrocidades" de Saint-Médard. Nas primeiras décadas da Reforma, Paris havia sido o centro do projeto humanista, em seguida do projeto luterano e então do projeto calvinista; agora, gradativamente, a capital perdia importância na evolução do conflito religioso. Cerca de oito guerras religiosas eclodiriam entre 1562 e 1598, todas pontilhadas de tréguas, de declarações de paz e de tentativas vãs de cicatrizar a divisão declarada. Esses conflitos aconteceram em todo o país. Nessa fértil arena, os conflitos oporiam fé contra fé, dinastia contra dinastia. Enquanto a casa dos Bourbon, com sede no pequeno reino de Navarra, nos Pirineus, tornara-se a defensora da causa dos huguenotes, a poderosa família Guise, detentora de extensas propriedades no Norte e no Leste da França, liderava a intransigente causa católica. Já a casa de Montmorency (inclusive o almirante Coligny) oscilava entre as duas. Acima de tudo e de todos, tentando desesperadamente manter o equilíbrio confessional e impedir que o rei se tornasse refém das facções, encontrava-se Catarina de Médici. Porém, o fato de ela não tomar partido causava consternação a ambos e os encorajava a pensar em termos de autodeterminação.

Em 1563, a regente assumiu o título de "Mãe da Cidade de Paris", gesto político que se provaria tão fútil quanto se poderia imaginar nessas circunstâncias. Na verdade, a resolução das guerras tornou-se ainda mais problemática, à medida que Paris veio a se identificar de corpo e alma com o lado católico. Devido a um único e crucial evento, a causa dos huguenotes praticamente soçobrou numa cidade até então fundamental para seu sucesso. Esse evento foi o massacre da noite de São Bartolomeu, em 1572, que deixou uma profunda cicatriz na cidade de Paris e na história religiosa e política da França. Um bom número de cidades, principalmente no Sul e no Sudoeste, anunciou seu apoio à causa dos huguenotes, e líderes de dinastias poderosas – especialmente Condé e Coligny – lhes ofereciam proteção e sua força principal. Não parecia haver solução militar para a coroa. Era difícil encontrar recursos para manter o exército em campanha militar, que dirá garantir sua fidelidade. Catarina não conseguia vislumbrar uma solução que adequasse o oscilante equilíbrio entre as facções com as fortes raízes das hostilidades locais. Em 1567, na batalha de Saint-Denis, as milícias burguesas parisienses haviam resistido com sucesso à tentativa dos huguenotes de apoderar-se da capital, mas só a alto custo de vidas humanas, causando angústia aos católicos parisienses. Num esforço para evitar outro ataque desses, a rainha regente buscou acalmar a discórdia faccional arranjando o casamento entre a irmã do rei Carlos IX, Margarida de Valois, com o filho de Joana d'Albret, o líder huguenote Henrique de Navarra. O casamento ficou marcado para agosto de 1572 na catedral de Notre-Dame.

A situação política se deteriorou rapidamente. Os historiadores ainda debatem o grau de responsabilidade dos participantes pelos eventos que se seguiram. Parece que, num primeiro momento, os líderes católicos mais radicais decidiram assassinar um número indeterminado de opositores; o mais proeminente deles, o almirante Coligny, conseguira se tornar voz dominante no conselho de regência. Ninguém sabe se os conspiradores apenas se aproveitaram da presença de um grande número de nobres huguenotes pela primeira vez na cidade para as celebrações das bodas ou se realmente temiam que os huguenotes estivessem prestes a deflagrar um golpe de Estado. A tentativa de assassinar Coligny no dia 22 de agosto fracassou, incitando ainda mais os conspiradores católicos, com certo apoio tácito do jovem Carlos IX – e o apoio mais enfático de sua mãe. No dia de São Bartolomeu, 24 de agosto de 1572, o dobre matutino (de alvorada) do sino da igreja de Saint-Germain-l'Auxerrois, contígua ao Louvre, era o sinal para que justiceiros católicos começassem uma chacina sistemática dos huguenotes no interior da cidade. O rei Henrique de

Navarra e o jovem príncipe de Condé foram poupados, mas apenas como instrumentos de barganha e com o entendimento de que se converteriam ao catolicismo. O almirante Coligny foi defenestrado e seu corpo, profanado: "Teve a cabeça arrancada e as partes pudendas cortadas fora por [centenas de] criancinhas".[22]

"A matança dos huguenotes continuou por todo o domingo e toda a segunda-feira", registrou um cronista num estilo indiferente que dá calafrios.[23] A violência era legitimada pelo rei: "Matem-nos todos, é a ordem do rei". Guise determinara.[24] Em dado momento, a situação parecia fora de controle; o populacho católico, aproveitando-se da ilegalidade geral, começou a atacar e saquear os lares dos católicos ricos assim como dos huguenotes. A ilegalidade era tanta que o observador alemão Geitzkofler, horrorizado, registrou: "Para fazer picadinho do inimigo basta chamá-lo de huguenote".[25] O Sena ficou vermelho com o sangue dos cadáveres jogados nas suas águas. Como dizia uma cantiga sem graça, esse foi um modo de "levar as notícias até Rouen [reduto protestante] sem precisar de barco".[26] O estado de alerta continuou durante várias semanas. Até a noite de 27 de agosto, ocorrera o massacre de 1500 a dois mil huguenotes – número maior de acordo com relatos contemporâneos – em condições da mais horrível crueldade.

O massacre da noite de São Bartolomeu representou enorme revés à causa protestante, pois eliminou toda a sua elite política de um só golpe. Junto com a matança de oito a dez mil huguenotes nas cidades das províncias, inflamada pelo massacre parisiense, a noite de São Bartolomeu constituiu o maior ato de atrocidade durante as guerras confessionais da Reforma na Europa – distinção sangrenta em meio a conflitos sempre violentos. Os católicos parisienses, acostumados aos superlativos, na verdade pareciam vangloriar-se do ocorrido: "Cheia de felicidade", observou Geitzkofler, "a população gritava *Vive le Roy!*, como se o massacre fosse algo louvável".[27] O massacre também acabou de modo eficaz com a causa dos huguenotes dentro de Paris. A cidade deixou de ser foco de confronto religioso entre duas comunidades e transformou-se em adepta fanática da causa católica de modo geral e do clã dos Guise de modo particular.

Após 1572, a maior parte da ação militar das Guerras de Religião transferiu-se para o Sul e o Oeste da França, à medida que a trégua melancólica substituía lutas esporádicas e que o novo rei, Henrique III (r. 1574-1589), considerava caro demais manter um exército em campanha de modo a impor respeito aos dois lados. Os Estados-Gerais convocados por Henrique em 1576 revelaram-se uma plataforma para a expressão de opiniões em breve conhecidas como *politique* – ou seja, a favor do retorno à estabilidade política e a algum tipo de tolerância religiosa. Mas os *politiques* não contavam ainda com os batalhões à disposição das causas dos católicos e dos huguenotes. Corria o boato de que os huguenotes formariam um novo estado na metade sul do reino, aos moldes das "Províncias Unidas" holandesas. A oposição católica a esse plano se manifestava com hostilidade incondicional. Além disso, a partir de 1584, reforçou-se o compromisso dos huguenotes com a integridade do Estado francês, pois a morte do duque d'Anjou, o irmão mais novo do rei Henrique III, tornara o rei Henrique de Navarra, um Bourbon (sua mãe, Joana d'Albret, casara com Antoine de Bourbon), herdeiro legítimo do trono. Acreditava-se amplamente que Henrique III – apesar dos dignos esforços – não seria capaz de produzir um herdeiro. Há um bom tempo o formato, a viabilidade funcional e as preferências do pênis do rei haviam se tornado apimentado tema de correspondências diplomáticas secretas, mas em 1584 a maioria dos estadistas europeus já descartara o órgão real por ser irremediavelmente defeituoso.

Por isso, após 1584, os interesses políticos eram bem mais altos – e esses interesses incluíam Paris, já que a concordância da capital com qualquer arranjo político envolvendo um protestante parecia tão essencial quanto improvável. Um magistrado do Parlamento disse ao duque de Mayenne, do clã dos Guise: Paris "é a flor mais importante do seu chapéu. Se o senhor perdê-la, num piscar de olhos, nosso partido perderá a credibilidade com todas as outras cidades."[28] Diante da possibilidade de o rei de Navarra ascender ao trono, a causa católica estabeleceu um marco quando os mais importantes membros do clã dos Guise – notadamente Henri, duque de Guise "le Balafré",[29] e Mayenne, seu irmão mais novo – assinaram um tratado secreto em Joinville com representantes do rei da Espanha, comprometendo-se todos à "conservação perpétua da religião católica". Essa Santa Liga, que concedia o endosso internacional para a unidade e o catolicismo do Estado francês, foi um golpe desanimador para o rei Henrique de Navarra – mas também, em certa medida, para Henrique III.

4.3: Henrique III

"Ó, cidade ingrata! Amei-vos mais do que à minha própria esposa!" Essa queixa pesarosa de Henrique III talvez fosse lisonja menor do que parece, já que Henrique se casou contra a vontade, abandonou a companheira em seguida e passou toda a vida longe dela. Além disso, ele enfatizava seu desencanto ao continuar aumentando uma longa lista de amantes, tanto masculinos (os *mignons*, ou "queridos") quanto femininos. Porém, mesmo que julguemos seu comentário, é verdade que o amor de Henrique III por Paris continua sendo um dos grandes amores não correspondidos pela cidade. Criado no Louvre, a cujo embelezamento dedicou carinhosa atenção, Henrique estudou cuidadosamente a história da capital e apreciava sua atmosfera intelectual e cultural. Também era um devotado *flâneur* – tranquilo passeador nas ruas de Paris – que admirava a agitação e a sociabilidade dos bairros mais movimentados, deleitava-se com a diversão encontrada em ocasiões como as tumultuadas feiras de Saint-Germain a cada primavera e inclusive iniciara uma mania parisiense graças ao amor pelo brinquedo infantil bilboquê. Henrique III começou as obras da Pont-Neuf, a grande ponte ligando as margens esquerda e direita com a Cité – mas, de modo típico, o sucessor Henrique IV recebeu todo o crédito ao completar a obra.

Henrique III levava o papel de monarca da Renascença a sério. Ele enriqueceu a vida cultural da cidade com música, mascaradas e festivais na corte real e uma (em breve malograda) academia, a Académie du Palais. Mas os cortesãos e os amigos íntimos eram os maiores beneficiários das predileções do monarca. A ênfase em entretenimentos de estilo renascentista para a corte real isolou-o do povo de Paris, assim como o apego a questões de etiqueta, que antecipavam o protocolo da corte do reinado de Luís XIV. O senso de exclusão de Henrique explica a ausência durante todo o seu reino de *entrées* reais, a forma favorita de inclusão urbana festiva patrocinada pela monarquia. Os parisienses achavam difícil de engolir o gosto de Henrique III por roupas finas, joias, brincos, cosméticos faciais e outros modismos importados da Itália. A xenofobia parisiense aumentava, já que o rei usava e abusava de financistas italianos.

Os parisienses reprovavam o fato de Henrique não apresentar religiosidade ortodoxa. Porém, o jovem príncipe era também um governante comprometido com a Contrarreforma. Provavelmente desempenhou um papel crucial no massacre da noite de São Bartolomeu. Católico ardoroso, introduziu novas formas de devoção na cidade, principalmente a confraria de penitentes, copiada de São Carlos Borromeo de Milão. Também insistiu que a Igreja francesa adotasse os éditos da Contrarreforma do Concílio de Trento. Em determinadas ocasiões, ele guinava febrilmente do hedonismo para surtos de devoção austera – embora tivesse percebido que essa característica incomodava ainda mais os parisienses. Após 1583, esse "*arquiflâneur*" não podia mais andar nas ruas de Paris sem guarda-costas. Em 1588, ele precisou fugir da cidade rebelada para salvar a própria vida e, como observou mais tarde o cavalheiro inglês Robert Dallington, "só de gibão e calções e sem uma das botas, devido à pressa".

Henrique tinha diante de si a tarefa nada invejável e muito difícil de governar um estado saturado de violência religiosa, que danificava os mecanismos do governo e padecia de problemas econômicos agudos.

Seu temperamento não o qualificava para o delicado jogo de equilíbrio que a política exigia na década de 1580. "Aquilo que amo", anunciou, "amo de maneira extrema" – e Paris já tinha um excesso de posições extremas próprias para apreciar as atitudes extremas de Henrique III. Uma onda de panfletagem por membros da Liga arruinara sua reputação muito antes de sua morte em 1589, fora de sua amada Paris. Embora o Parlamento legalista de Paris tivesse enforcado o advogado Le Breton por ataques sórdidos à reputação do rei, uma multidão de parisienses beijou os pés do cadáver pendurado. Por volta de 1589, os pregadores religiosos de Paris exigiam o assassinato do "tirano" e preces públicas eram oferecidas em que se rogava por sua morte, e, quando ela aconteceu, foi saudada com grande júbilo no âmago da capital amada.

O que mais incomodava os parisienses era o estilo de vida de Henrique e acima de tudo sua sexualidade livre. O impacto dessas características acabou ecoando durante séculos graças a historiadores moralistas. A sodomia era considerada não apenas uma forma de desvio social, mas também inequívoca heresia, e o fato de Henrique ser amplamente reconhecido como *un bougre* dava carta branca a seus detratores para condená-lo de todos os modos possíveis – como travesti, enganador, adorador do diabo, praticante de magia negra, assassino e muito mais. Raramente um governante tão dedicado à sua capital recebeu condenação tão completa.

Apesar do afeto genuíno por Paris, Henrique III tornava-se cada vez mais impopular na cidade. Suas escapadas bissexuais desencantavam os parisienses devotos. Uma fonte de descontentamento era o luxo de uma corte real parasita do organismo político. Isso num contexto de impostos altos, de salários atrasados do funcionalismo e de tráfico de influência – esse último fizera a ética do serviço público perder-se num turbilhão de improbidade e corrupção. Nem mesmo era possível contar com a justiça real: cara, lenta e parcial. O fato de a coroa se valer de financistas italianos também nutria a latente xenofobia parisiense. Desde a erradicação da causa dos huguenotes na cidade no massacre de 1572, a maioria dos parisienses apoiava a posição "ultracatólica", representada pela facção dos Guise, e considerava a posição mais obsequiosa de Henrique III em relação aos huguenotes cada vez mais intolerável. Embora o rei fosse obrigado a se aliar com os Guise em 1585, a aceitar a Santa Liga e a conceder amplos direitos de auto-organização aos partidários da facção nas cidades do interior, isso apenas encorajou a oposição dos "ultracatólicos".

O fanatismo religioso enraizava-se na cidade. Maravilhas prodigiosas e portentos de desastres eram relatados por muitos e testemunhados coletivamente – luzes estranhas, dragões voadores, figuras avistadas lutando nas nuvens e assim por diante. Afirmava-se de maneira segura que a cidade possuía cerca de trinta mil bruxas sob o domínio de um rei.[30] No dia seguinte ao massacre da noite de São Bartolomeu, um espinheiro seco subitamente florescera no cemitério dos Inocentes. Interpretou-se isso como sinal de aprovação divina às atividades do dia anterior, e a árvore tornou-se local de peregrinação popular. Uma espécie de frenesi por procissões gradativamente tomou conta da cidade. No início da década de 1580, havia "procissões brancas" de camponeses que procuravam "acalmar a ira [divina] e preservar os pobres do contágio da peste"[31] – já que pestilência, escassez e fome coletiva somavam-se às calamidades de origem política. Os dias eram curtos demais para todas as procissões que os parisienses queriam fazer: os párocos eram acordados no meio da noite para conduzir procissões de fiéis vestidos de camisolão nas ruas de Paris (essas procissões noturnas, porém, precisaram ser interrompidas devido a casos de gravidez indesejada). As procissões eram muitas vezes obras de confrarias religiosas. Essa forma antiga de sociabilidade espiritual fora revitalizada pelo movimento da Contrarreforma e confirmou-se uma estrutura importante na organização do ativismo religioso. De fato, o próprio Henrique III contribuíra para o movimento, ao popularizar na cidade as confrarias de penitentes, que praticavam boas ações no anonimato dos capuzes. Uma tendência milenarista, cada vez mais evidente na propaganda "ultracatólica", glorificava Paris como a nova Jerusalém. A ideia de Paris como a cidade da Renascença ao estilo de uma nova Roma parecia distante.

Nesse contexto, portanto, havia um quê de elegia pungente no panegírico em honra da cidade que o escritor Michel de Montaigne redigira imediatamente após o massacre da noite de São Bartolomeu. As palavras de Montaigne, humanitárias e tolerantes, revestem-se de certa nostalgia por um passado melhor:

> Por mais que me rebele contra a França, olho com carinho para Paris. Ela conquistou meu coração desde menino (...) Quanto mais vejo outras cidades bonitas, mais a beleza de Paris ganha o meu apreço. Amo Paris pelo que ela é, e só pelo que ela é. Amo-a com ternura, com todas as suas imperfeições. Sou francês por intermédio dessa grande cidade (...) a glória da França e um dos mais nobres ornamentos do mundo. Que Deus a afaste de todas as discórdias![32]

Esse era mesmo um desejo devoto para uma cidade que se orgulhava cada vez mais de ser "o objetivo e a fortaleza de toda a cristandade"[33] – cristandade católica, na verdade. De meados da década de 1580 em diante, a causa católica passou a ser transferida às mãos de um comitê organizador clandestino, conhecido como os *Seize* (os "Dezesseis", indicando a ampla base de apoio nos dezesseis bairros da cidade). Em sua maioria de origem parisiense e de sólidas raízes burguesas, esses homens consolidaram a posição da Santa Liga e espalharam sua influência entre as ordens inferiores. Realizaram campanhas de difamação contra as atrocidades e as intenções dos huguenotes, fazendo as prensas trabalharem além do horário regular: "Os braseiros da rebelião", na opinião de Pierre de l'Estoile, um *politique*, originaram-se em "discursos, respostas, memorandos e apologias".[34] Da mesma forma, a Santa Liga trabalhava em parceria com padres que nos sermões lançavam ameaças de condenação ao fogo do inferno cujos alvos eram o rei e Henrique de Navarra. O vigor apaixonado desses pregadores da Santa Liga impressionou ao embaixador de Veneza: eles falavam, observou encantado, "por três ou quatro horas ininterruptas sem ao menos cuspir: proeza realmente incrível".[35]

Em maio de 1588, melindrado pelo modo como os populares Guise faziam exibição aberta de sua desobediência, Henrique III tentou um *coup de force* contra a capital, enviando tropas suíças reais para todos os bairros. Só conseguiu provocar uma insurreição popular. Nas ruas, correntes foram esticadas e barricadas, construídas – uma estreia significativa na história de Paris – para inibir o movimento das tropas e para impedir quaisquer iniciativas de elementos desordeiros da população. Levas de soldados suíços foram massacradas. Acuado no Louvre, Henrique percebeu que o jogo acabara e fugiu da cidade (para sempre, como se veria), deixando a causa da triunfante Santa Liga. Paris encontrava-se em estado de acefalia monárquica voluntária e assim permaneceria até 1594, quando Henrique de Navarra – a partir de 1589, rei Henrique IV (r. 1589-1610), entrou na cidade.

A natureza aparentemente incondicional da rejeição de Paris tanto em relação a Henrique III quanto a Henrique IV era perceptível no apoio crescente à ideia de se eleger um monarca dos Guise. Esses pensamentos sofreram amargo revés devido ao rei Henrique III em dezembro de 1588. Após fugir de Paris, o rei conseguira manobrar com certa destreza, atraíra apoio interno no Parlamento de Paris e arregimentara oposição à Santa Liga em toda a França. Em dezembro de 1588, durante os Estados-Gerais convocados por ele, Henrique atraiu com astúcia Henri Balafré, duque de Guise, e o irmão deste, o cardeal de Guise, até o palácio em Blois e os mandou assassinar. "Assim morre o rei de Paris", Henrique III teria dito ao ver o corpo imóvel do rival a seus pés. "Matei [o duque]", contou ele para sua mãe. "Quero ser rei, não prisioneiro nem escravo. (...) Agora começo a ser rei de novo."[36]

As mortes foram recebidas com horror antimonárquico em Paris: "Do menor ao maior, todos caíram em prantos".[37] A liga proclamou o tio de Henrique de Navarra, o "ultracatólico" cardeal Carlos de Bourbon, o herdeiro de direito. Essa medida de legalidade constitucional questionável colocou Henrique III, pelo menos temporariamente, no campo protestante. Ele se uniu a

Henrique de Navarra na marcha a Paris no verão de 1589. Para o restabelecimento da autoridade política na França como um todo, a independência desenfreada de Paris teria de ser coibida.

Paris era tanto vítima em potencial quanto prêmio máximo daquilo que viria a se provar a derradeira etapa das Guerras de Religião. Qualquer chance de os *politiques* produzirem uma forte onda de apoio foi, porém, adiada, pois, em 2 de agosto de 1589, Henrique III foi assassinado. O assassino, o monge Jacques Clément, foi saudado com entusiasmo como enviado milagroso de Deus. De modo significativo, porém, o monarca agonizante reconheceu o rei Henrique de Navarra como sucessor – golpe de mestre *politique* com consequências duradouras, que a propaganda dos huguenotes fez de tudo para explorar.

Henrique IV levaria quase uma década para estabilizar o sistema político e firmar a paz na questão religiosa. Passou a maior parte desse período em operações militares país afora, e o sucesso militar constituiu parte crucial dessa história. Henrique considerava a conquista de Paris essencial à pretensão de reivindicar seu direito hereditário ao trono. Mas Paris não era fácil de persuadir. Os parisienses não tinham qualquer boa vontade com o "pretendente" dos huguenotes, especialmente porque ele acabara de sitiá-los juntamente com sua *bête noire*, Henrique III. O navarrês decidiu experimentar a força em vez da persuasão. Reuniu novas tropas na Normandia e retornou para novo cerco a Paris. Derrotou o duque de Mayenne na batalha de Arcques, tomou Saint-Denis, conquistou todas as aldeias adjacentes e devastou as frágeis defesas dos faubourgs externos, causando intencionalmente bastante destruição. Henrique inclusive avistou a cidade hostil do alto da torre da igreja da abadia de Saint-Germain-des-Prés, mas sua artilharia não pôde suplantar a muralha de Filipe Augusto, o que o levou a aceitar a inviabilidade de um assalto militar. Preparou-se para um cerco demorado de uma cidade habitada por "um populacho amotinado, sem ordem, forma ou razão".[38]

O cerco de 1590 expôs as tensões no interior da cidade. Os parisienses haviam reagido à perda de seus líderes da facção dos Guise com a criação do Conselho dos Quarenta, espécie de conselho de guerra formado por pessoas notáveis de Paris que incluía três bispos e sete membros da alta nobreza, que nomearam o irmão mais jovem de Guise, o duque de Mayenne, comandante militar. Os clérigos paroquianos, defensores fanáticos da Santa Liga, organizaram grandes procissões de rua com o objetivo de manter o moral alto – que, porém, começou a cair. Por coincidência, ao mesmo tempo em que o nível do Sena baixava devido à seca, e a falta de abastecimento de comida logo levaria os habitantes a comer todo e qualquer animal que se movesse no interior das muralhas, inclusive cavalos, gatos, cães e ratos. "Eu mesmo vi", enfatizou uma testemunha italiana do cerco, "indivíduos mordiscarem cachorros vivos por não poderem pagar a lenha para cozinhá-los." Outra testemunha relatou: "E muitos se alimentavam de gatos, que comiam em casa".[39] Talvez trinta mil pessoas tenham morrido devido à fome; esse número, acrescido das pessoas em fuga (e que inicialmente Henrique permitira que partissem), levou a população da cidade a cair de trezentos para duzentos mil. Vozes cansadas de guerra, às vezes apenas abafadas, começaram a se fazer ouvir e a clamar por "paz e pão".

O cerco foi levantado quando o duque de Parma trouxe tropas espanholas até as proximidades de Paris; com isso, Henrique bateu em retirada. Os membros da Santa Liga ainda seguiam no comando e controlavam um programa de renovação espiritual cada vez mais opressivo. Eles farejavam uma conspiração dos *politiques* sempre que percebiam oposição à situação. Num incidente em novembro de 1591, até mesmo removeram do Parlamento de Paris magistrados que consideravam terem se vendido ao inimigo. A execução dos parlamentares chocou a opinião burguesa e provocou a reação veemente de Mayenne. Mas, ao punir extremistas da Santa Liga, Mayenne apenas agravou tensões crescentes no interior da cidade. A morte daquele que a Santa Liga defendia como pretendente ao trono – o titubeante "Carlos X", cardeal Charles de Bourbon – causou novo desgosto aos membros da Liga. Não sobrava qualquer candidato óbvio, e o interesse crescente no assunto por parte do rei da Espanha provocava temores de que Paris estivesse se tornando marionete daquele país. Se a Santa Liga sempre fora uma coalizão improvisada, agora ela se tornara altamente fragmentária. Além disso, sob a aparente lealdade à posição dos ultracatólicos, moldava-se um movimento a favor da paz.

Até março de 1592, as rachaduras internas da Santa Liga haviam aumentado o suficiente para que Mayenne iniciasse negociação com Henrique IV. A questão da abjuração do protestantismo por parte de Henrique logo foi levantada. Em julho de 1593, o navarrês converteu-se ao catolicismo, abjurando formalmente na igreja da abadia de Saint-Denis – local escolhido por ele por suas ligações abençoadas com a monarquia. É difícil mergulhar nas profundezas das convicções religiosas de qualquer pessoa e perscrutá-las, particularmente quando elas se encontram sob o tipo de pressão conflitante que rodeava Henrique IV após mais de três décadas de disputa religiosa. Porém, seu famoso comentário de que Paris "vale uma missa" provavelmente não foi tão irrefletido como parecera.

Em 22 de março de 1594, Henrique entrou em Paris. Teve cautela na execução da manobra, pois suspeitava que haveria oposição militar, mas não houve qualquer reação. De fato, os parisienses pareciam agora mais do que resignados em vê-lo: pareciam felizes. Ele demonstrou boas intenções desempenhando o papel de manifesto governante católico: lavando os pés dos pobres na Quinta-Feira Santa; aplicando o toque para curar o mal do rei e se fazendo presente com todo o aparato na missa da Páscoa. Ao usar de modo deliberado as cerimônias e os rituais mais históricos – e mais católicos – da monarquia, Henrique IV buscou reunificar o lacerado organismo estatal.

O novo rei exibiu um sentimento de perdão de modo a ganhar apoio entre os parisienses. A primeira declaração real em Paris deu um exemplo de amnésia real deliberada. Essa não era a primeira vez durante as Guerras de Religião em que fórmulas de esquecimento haviam sido empregadas. Mas o que importava era resolver o caso. "Sua Majestade", declarou-se, "no anseio de unir todos os súditos, em particular os burgueses e moradores da boa cidade de Paris, e permitir que vivam em amizade e harmonia, deseja e pretende que seja esquecido tudo o que ocorreu desde que os distúrbios começaram."[40]

Após a conquista da capital francesa, foi uma questão de tempo para Henrique encerrar as Guerras de Religião. Por volta de 1598, o Édito de Nantes restabeleceu um regime de tolerância formal da diversidade religiosa que viria a ser duradouro. Não restara a quem combater. Mas, para Henrique, perder a capital era algo terrível demais para ser cogitado. Sabia que em outras oportunidades fizera os parisienses sofrerem e agora pretendia aproximar-se deles. Seu reino testemunhou um renascimento parisiense mais significativo que o da Renascença. E as reformas introduzidas por Henrique IV e seus sucessores revelar-se-iam mais duradouras – especialmente levando em conta os estarrecedores eventos da Noite de São Bartolomeu e o culto oficial à amnésia proclamado pelo novo rei – do que a própria Reforma. O futuro de Paris era ser uma nova Roma, não uma nova Jerusalém.

5

Grand Siècle, grande eclipse

1594-1715

A cidade conquistada por Henrique IV "de Navarra" (r. 1589-1610) para sua causa nas Guerras de Religião estava em péssimo estado. Nos reinados do navarrês e de seu filho e sucessor Luís XIII (r. 1610-1643), Paris recuperou a energia e entrou num período dinâmico de crescimento. Houve um aumento significativo da população, em especial antes de 1650: a recuperação demográfica após o cerco de 1589-1590 foi rápida. Por volta de 1600, a cidade parecia retornar ao nível de trezentos mil habitantes da década de 1560; até 1680, a população alcançara meio milhão de pessoas. A área da cidade cresceu ainda mais depressa e no mínimo dobrou ao longo desse período. A maior parte das novas construções era de boa qualidade e, de fato, ainda hoje conferem aos bairros do centro de Paris muito do seu charme. A íntima correlação entre a prosperidade de Paris e o compromisso da dinastia real com a capital parecia valer outra vez. Com o "Rei Sol" Luís XIV (r. 1643-1715) – pelo menos no início – radicado na capital, a ciência, as ideias, a literatura e as belas-artes desfrutaram de um período singularmente fértil. O assim chamado Grand Siècle caracterizou-se também pelo formidável desenvolvimento da máquina estatal – por exemplo, o número de funcionários da realeza dobrou entre 1560 e 1640 – e pela consolidação e expansão do território francês.

Jean-Baptiste Colbert, principal ministro de Luís XIV desde a década de 1660 até sua morte, em 1683, inspirou-se no legado dos antecessores do rei para, de modo explícito, encetar a renovação do comprometimento real com os ideais renascentistas da cidade. Em meados da década de 1670, as peças pareciam se encaixar e tornar Paris uma nova Roma, uma nova cidade eterna – "não enterrada nas próprias ruínas" como a metrópole italiana, como dissera um cronista de viagens em 1643, mas, ao contrário, "com população numerosa, prédios soberbos e igrejas e instituições religiosas magníficas".[1] Mesclando força política, fascinação cultural e reconhecimento internacional como grande potência, na opinião de Vauban, grande engenheiro militar de Luís XIV, Paris era "o legítimo coração do reino, a mãe de todos os franceses e o resumo da própria França". De modo semelhante, o jurisconsulto Julien Brodeau saudaria Paris como "a França da França", "a capital do reino, o centro do Estado, (...) a fonte da lei, a pátria comum de todos os franceses, o polo de todas as nações do mundo".[2]

Mas a relação de Louis le Grand (Luís, o Grande) – alcunha dada pelos parisienses a Luís XIV em 1672 – com Paris era fogo de palha. A princípio atraído pela ideia de Colbert de que a glorificação da capital da França aumentaria o seu próprio brilho e o brilho de sua dinastia real, mais tarde o rei decidiu abandonar Paris por um lugar novo, feito sob medida para ele: o palácio de Versalhes. Apesar do esplendor cultural do momento, a cidade de Paris testemunharia, a partir da década de 1680, um eclipse relativo, em face da nova cidade-sede da corte real em Versalhes, o templo solar onde o Rei Sol passava todo o tempo. Em 1697, nas palavras de um funcionário estatal do alto escalão, Paris permanecia "a mais notável cidade do mundo", enquanto Versalhes dentre as cidades do gênero era "a primeira, a maior e a mais magnífica de todo o mundo".[3] A esta altura, também, outro tipo de eclipse se vislumbrava no horizonte: após mais de meio milênio na posição de maior cidade da Europa, Paris era alcançada e em breve seria suplantada em tamanho por Londres.

Se essa mudança tardia no rumo na história de Paris no fim do século XVII parecia uma renúncia política dos Bourbon, a relação da dinastia com a cidade não evoluiu assim. Na verdade, Henrique IV demonstrou compromisso quase incondicional com a capital. A importância de Paris para a legitimidade e a força do regime fora sublinhada nas fases finais das Guerras de Religião. O próprio Henrique assumira o cargo de governador da cidade e fizera da capital a base essencial dos esforços de recuperação nacional. Utilizando um discurso que ecoava as afirmações de Francisco I, que tanto marcaram época em 1528, o rei afirmou a intenção de "passar o tempo e morar na cidade (...) torná-la bela e repleta de todas as decorações e utilidades possíveis".[4] (Diga-se de passagem: assim como a de Francisco, essa promessa ficou marcada mais pela quebra do que pela observância, já que Henrique IV passava boa parte do tempo em retiros rurais na Île-de-France.) Ambicioso, o novo rei empenhou-se em modelar a cidade de modo a espelhar a grandeza almejada por ele para a nação francesa e a dinastia real. No ano de sua morte, um panfleto observaria que "a partir do momento em que [Henrique IV] assumiu o poder, Paris virou um canteiro de obras".[5] Esses consideráveis esforços de construção e reconstrução foram ampliados por seu filho, Luís XIII. Tanto Luís XIII quanto o sucessor Luís XIV subiram ao trono ainda crianças; suas regentes – Maria de Médici, no caso de Luís XIII (1610-1617), e Ana da Áustria, no de Luís XIV (1643-1651) – também exerceram importantes papéis para garantir essa continuidade. Outros que se destacaram nesse aspecto foram os cardeais e principais ministros da coroa: Richelieu, cujo poderio durou de 1624 a 1632, e Mazarino, no cargo de 1642 até 1661.

Henrique IV seguiu o exemplo de Francisco I ao buscar fazer do Louvre o magnífico cerne de seu poder. O novo rei deu início à reforma do palácio quase imediatamente após entrar em Paris, em 1594, e mandou construir uma comprida galeria de quatrocentos metros conectando o Louvre ao Palácio das Tulherias, erigido por Catarina de Médici. A galeria foi convertida numa série de oficinas para artistas e artesãos de luxo – mas também era ótima rota de fuga em caso de crise política. Sua beleza podia ser avistada da recente Pont Neuf – a ponte iniciada por Henrique III em 1578 que ligava a margem esquerda à Direita na ponta da Île de la Cité. Em 1588, quando o conflito religioso se intensificou, as obras pararam, mas após a conquista da cidade Henrique IV trouxe os operários de volta ao trabalho. Em 1603, o rei Henrique cruzou ágil e saltitante a ponte quase pronta (outros tentaram seguir o exemplo mas caíram no Sena). Em 1606, a ponte foi inaugurada sob aclamação unânime.

5.1: A Pont Neuf

A Pont Neuf era a Torre Eiffel do Ancien Régime. Reproduzida infinitas vezes em gravuras, pinturas, esboços e paisagens urbanas, ela foi um dos primeiros monumentos parisienses a serem fixados numa fotografia panorâmica – e o advento da fotografia levou sua fama ainda mais longe. Sua forma e sua localização eram conhecidas o suficiente para não despertar qualquer dúvida. Como a Torre Eiffel, ela evocava Paris. De fato, ela era Paris.

Em 1991, o cineasta Leos Carax provocou rebuliço quando, para realizar o filme *Os amantes da Pont Neuf*, recriou a ponte com riqueza de detalhes históricos, numa pedreira próxima a Aix-en-Provence. Mas todo esse rebuliço não fazia muito sentido. Afinal, com o tempo, os componentes materiais da Pont Neuf original foram renovados na íntegra mais de uma vez. Nenhuma pedra da estrutura do século XXI é remanescente da "Ponte Nova" criada por Henrique III e Henrique IV (embora muitas das decorações originais adornem museus parisienses). Todos os mascarões – cabeças de gárgulas de bocas abertas – foram renovados na década de 1850. Até mesmo a estátua de bronze de Henrique IV é uma imitação: a original de 1614 foi derretida e transformada em canhão pelos exércitos da Revolução, e a substituta atual só foi erigida em 1818. Porém, de certo modo essa preocupação com a exata verossimilhança – tanto dos conservacionistas quanto dos cineastas – evidencia o afeto que, pelo menos até pouco tempo, os parisienses dedicavam a essa estrutura, ou pelo menos à sua forma.

Na inauguração, em 1606, a Pont Neuf representava – como representaria a Torre Eiffel em 1889 – algo especial. A mais comprida (278 metros) e a mais larga (28 metros) das pontes parisienses foi a primeira a ser construída sem casas. Isso a tornava uma ponte tanto monárquica como parisiense: foi financiada pelo rei não com a venda de casas sobre a ponte, mas por meio da cobrança de impostos regulares dos moradores da cidade. Devido à ausência de casas, atravessar a ponte tornava-se uma aventura para os parisienses (especialmente porque as "lufadas imprevisíveis" – nas palavras de Laurence Sterne – de vento ameaçavam muitas vezes arrancar os chapéus e as perucas dos passantes da ponte). A existência de calçadas dos dois lados – outra novidade absoluta em Paris – e a presença de lojas nas *demi-lunes* (espaços semicirculares acima de cada bastião) contribuíam com a semelhança da ponte com uma esplanada ou uma piazza. La Samaritaine – a primeira bomba hidráulica funcional de Paris, adornada com a escultura do Bom Samaritano – foi instalada em 1608. Ajudou a tornar a ponte famosa por ser lotada – e lotada por ser famosa. Um visitante alemão no início do século XVII registrou o ditado parisiense conforme o qual não havia "um momento do dia em que não se vissem [sobre a ponte] uma carruagem, um cavalo branco, um padre e uma prostituta". No conjunto, além disso, a Pont Neuf representava uma alegoria política apropriada: um novo meio de ligação que aproximava e proporcionava o encontro harmonioso do povo parisiense, separado nas duas gerações anteriores a 1594 por conflitos políticos e religiosos.

A Pont Neuf solidificou sua posição na imaginação de gerações sucessivas por ser local de autoridade e poder e, ao mesmo tempo, ambiente de contestação e folguedos populares. Ela oferecia uma visão privilegiada de cerimoniais aquáticos, de queimas de fogos de artifício e de festivais organizados para o entretenimento do rei no palácio do Louvre, ao lado, enquanto Henrique IV e seu cavalo de bronze tornaram-se o foco de um monarquismo vulgar. A rota cerimonial que conduzia do Louvre ao Palais de Justice ou à catedral de Notre-Dame sempre passava na ponte. Às vezes, os parisienses deleitavam-se em subverter o caráter oficial da ponte real. Foi ali que o cadáver de Concini, o odiado conselheiro de Maria de Médici, foi profanado (e provavelmente assado no espeto); ali que a irreverência dos revoltosos da Fronda atingiu o ápice entre 1648 e 1652; ali que as efígies de ministros reais foram queimadas nos preparativos para a Revolução de 1789; e por ali as carroças transportavam aristocratas aos locais das guilhotinas na margem direita durante o Terror.

De modo mais mundano e em épocas menos tumultuadas, a Pont Neuf oferecia aos transeuntes doses diárias do pitoresco. O comércio de rua proliferava na ponte, cada tipo de comerciante com seu próprio grito característico para chamar a atenção dos fregueses. (Os *cris de Paris* constituíram gênero artístico e literário de popularidade duradoura). Vendedores ambulantes acotovelavam-se no meio dos *bouquinistes* (comerciantes de livros usados), panfleteiros, punguistas, acrobatas, cabeleireiros caninos, artistas de rua, floristas, alugadores de sombrinhas e sargentos recrutadores. Além disso, a ponte tinha fama de "local de encontro dos charlatões". Na década de 1690, um visitante italiano observou que "alguns [curandeiros] repõem dentes perdidos, outros fazem olhos de vidro, enquanto outros saram males incuráveis. (...) Outros proclamam o poder de rejuvenescer os velhos, e outros ainda retiram as rugas da testa ou dos olhos e até fabricam pernas de pau." Os tiradentes destacavam-se na ponte, desde antes da Fronda. Entre as décadas de 1710 e 1750, o folclórico Grand Thomas montava diariamente sua banca próxima ao cavalo de bronze. Arrancou dentes de duas gerações de parisienses estupefatos.

Em seu *Tableau de Paris*, em 1788, Louis-Sébastien Mercier declarou que a Pont Neuf era "para a cidade o que o coração é para o corpo: o centro do movimento e da circulação". Porém, naquele instante, a fama da ponte sofrera um declínio. Na década de 1770, as bancas públicas foram proibidas; um conjunto mais sóbrio de lojas foi autorizado, mas removido na década de 1850. A Samaritaine foi demolida em 1813. O barão Haussmann e os automóveis completaram o serviço de ruína. O único *cri de Paris* que se ouviria na ponte daí em diante seria o derradeiro lamento de um pedestre atropelado (parafraseando um dos poemas de Raymond Queneau). A decisão do artista performático Christo de "embrulhar" a ponte em 1985 como se ela fosse um pacote marcou a tentativa de mais uma vez chamar a atenção dos parisienses para a Pont Neuf – mas esse foi um último gesto desesperado. Se hoje temos consciência do status lendário da ponte na vida de Paris, talvez só consigamos ler a respeito desse status e não mais senti-lo genuinamente.

O admirador de antiguidades Francisco I, o predecessor de Henrique, fizera da nova ponte o ponto principal do compromisso de reformar a cidade em moldes que se alinhavam aos ideais urbanos da Renascença. Porém, ao contrário de Francisco, Henrique IV realmente conseguiu realizar muitas coisas e empreender avanços consideráveis numa cidade que permanecia em grande parte medieval. No centro dessa concepção estava a noção da *place royale* (praça real). Todas as praças – inspiradas nas piazzas de Roma e das cidades do Norte da Itália – eram oportunidades de desenvolvimento; o rei entrava com o plano e o traçado das ruas, mas o capital privado arcava com os custos. Henrique foi pessoalmente responsável pela concepção e execução de não menos do que três *places* desse tipo. O projeto mais ambicioso morreu ainda incipiente, quando Henrique foi assassinado, em 1610. Era a Place de France, localizada na extremidade nordeste da cidade (3º), planejada por Henrique para sediar a burocracia governamental e o bairro diplomático. Apenas poucos nomes de ruas – destinadas a evocar as múltiplas províncias francesas – sobreviveram. As obras tinham por centro o distrito no 3º arrondissement ao redor da Rue de Bretagne, com as Rues de Normandie, de Poitou e de Saintonge sendo óbvias remanescentes.[6]

Henrique IV teve impacto maior no planejamento urbano com duas outras praças reais, a Place Royale, no Marais, e a Place Dauphine, na Île de la Cité. A ideia por trás da Place Royale – rebatizada Place des Vosges durante a Revolução (4º) – era preservar a fachada do antigo palácio de Tournelles no Marais e usá-la para instalar uma indústria da seda que, Henrique esperava, pudesse rivalizar com a indústria italiana e dar impulso à economia doméstica. Porém, o plano rapidamente avançou além da ideia de vila de trabalhadores, e a *place* foi transformada numa elegante praça urbana, dominada pela aristocracia e sem muito espaço para detalhes plebeus. Comprometido com residir em Paris, Henrique IV queria atrair a alta nobreza para a capital, que ele preferia ter sob seu olhar em vez de manter nas províncias fomentando perturbações dinásticas ou religiosas. Era, julgava, "mais do que nunca necessário aumentar o tamanho de Paris de modo a acomodar os *seigneurs*, cavalheiros e outros oficiais de nosso círculo".[7] O projeto teve financiamento em parceria. Henrique investira seu próprio dinheiro, em especial no Pavillon du Roi, no lado sul da praça, mas os três lados restantes foram divididos em lotes que o rei e o ministro principal Sully empurraram à elite política, insistindo que as residências seguissem o modelo específico da praça, com pedras brancas e tijolos vermelhos. Os principais nomes da velha aristocracia da espada e a mais recente nobreza da toga do serviço administrativo estatal logo começaram a fazer fila para comprar propriedades. A inauguração real desse projeto impressionante – o torneio de cavalhadas montado no jardim no coração da praça – ocorreu no reinado do sucessor de Henrique, Luís XIII. Em 1639, Richelieu mandou colocar uma estátua de Luís XIII no centro da praça.

A essa altura, a obra provocara novas fases de expansão nos arredores. Por exemplo, perto dali, a oeste da praça, o antigo escoadouro da cidade (*égout*) foi coberto por calçamento, tornando a Rue Neuve-Saint-Louis – mais tarde chamada de Rue de Turenne, em homenagem a um de seus moradores mais ilustres – uma rua altamente requintada. A rua atravessava as áreas plantadas de Saint-Germain e do Templo, e essas áreas também foram desenvolvidas posteriormente, possibilitando expansão adicional do bairro. Além disso, Henrique insistia que os arquitetos obedecessem a normas de construção – algumas de séculos antes – que exigiam uma linha de construção mais reta nas ruas. Isso ajuda a explicar por que as habitações da época que ainda permanecem nessa área do Marais combinam tão harmoniosamente com a atual Place des Vosges. Aqui, como de resto em outros lugares, construções revestidas de madeira foram proibidas, e houve maior cuidado na uniformização da altura dos prédios.

Os inícios do século XVII também testemunharam a criação de uma nova ilha, a Île Saint-Louis, que se tornou a extensão fluvial do cada vez mais seleto Marais. A partir de 1614, um grupo de empresários privados capitaneados por Christophe Marie teve a ideia de reunir, num só empreendimento, duas ilhas semiabandonadas a sotavento da Île de la Cité, ou seja, a Île Notre-Dame, propriedade do cabido da catedral, e a ilha menor chamada de Île des Vaches (Ilha das Vacas). Com o apoio do rei, eles superaram a oposição do cabido da catedral ao uso da terra e à construção de uma rede de pontes novas. A Pont Marie (1614-1635) ligava a ilha à margem direita (o lado do Marais), a Pont de la Tournelle (1620) continuava a linha da Pont Marie na ligação com a margem esquerda, enquanto um passadiço de madeira ligava a nova ilha à ponta leste da Île de la Cité. O grupo de empresários de Marie oferecia terrenos à beira-rio com maravilhosa vista àqueles com dinheiro suficiente para construir e usufruir. Por outro lado, moradias mais humildes foram planejadas no interior da vila, onde uma nova igreja, Saint-Louis-en-l'Île, foi construída a partir de 1622. A existência da ilha e sua rápida prosperidade também ajudaram a revitalizar a área esquecida da margem esquerda atrás do Quai de la Tournelle e, mais a leste, a região dos jardins botânicos criados em 1633. A partir de 1640, o Jardin du Roi – o atual Jardin des Plantes – foi aberto ao público e tornou-se um dos pontos preferidos de lazer dos parisienses.

Combinação semelhante de utilidade urbana, engenharia social e decoração foi alcançada na obra de Henrique IV na Place Dauphine (1º). O terceiro projeto de praça real desenvolvido por Henrique ficava na ponta ocidental da Île de la Cité, logo atrás da Pont Neuf. Aberta em 1608, a Place Dauphine não era destinada aos aristocratas que frequentavam a Place Royale, mas a financistas e mercadores, que se beneficiavam com a proximidade com as principais zonas de comércio das cidades. Embora permaneça uma quantidade menor de prédios originais em comparação à Place Royale, ainda é possível se ter uma ideia do caráter fechado, elegante e seleto daquele espaço triangular. Os *quais* ao redor da ponte e na Île de la Cité receberam novo calçamento. O toque final foi a estátua equestre de Henrique IV, colocada no meio da Pont Neuf, próxima ao ponto mais alto da Place Dauphine. Encomendado a um escultor italiano em 1604, o cavalo de bronze naufragou no Mediterrâneo vindo da Itália e só foi inaugurado pela viúva de Henrique em 1614.

Nenhum governante antes de Henrique IV colocara sua efígie à mostra desse modo na capital. O gesto embutia noções renascentistas de soberania desenvolvidas nas cidades-estado do norte da Itália, mas também realçava a confiança que o governante tinha no apoio parisiense à dinastia Bourbon – governantes anteriores temiam ver suas efígies desfiguradas nos locais públicos. Henrique IV também fez da Pont Neuf e da Place Dauphine um trampolim para uma ampla reurbanização da margem esquerda, dessa vez mais associada à vizinhança do Louvre. Uma rua nova e larga – a Rue Dauphine (6º) – foi traçada na linha da Pont Neuf na margem esquerda. O plano de Henrique de revestir a rua com casas de projeto uniforme não deu em nada, mas a rua serviu para estimular o desenvolvimento da área: era atravessada por uma série de ruas novas, todas planejadas para fins de expansão imobiliária.[8]

A criação da Rue Dauphine também teve importância na maior integração do Faubourg Saint-Germain com a cidade de Paris. O visitante inglês Robert Dallington considerou o faubourg do tamanho de Cambridge – parece mesmo que sua população superava os vinte mil habitantes.[9] No princípio, variante pobre do Marais com um quê de zona rural, o bairro se alçaria à posição de suprassumo das residências elegantes ao final do reino de Luís XIV. Dois palácios reais também tiveram papel crucial no sucesso de Saint-Germain. Um deles era a enorme residência construída após 1607 pela Rainha Margot (a primeira esposa de Henrique IV, no casamento arranjado anterior ao massacre da noite de São Bartolomeu em 1572, que ele há tempos descartara). O palácio ficava em um terreno comprado da Universidade no antigo Pré-aux-Clercs (aos poucos engolido pelo progresso), de frente para o Louvre. Ao falecer, em 1615, a rainha deixou sua propriedade para Luís XIII, que autorizou que a casa fosse demolida e o terreno usado como zona residencial. O plano de ruas traçado ao sul da Rue de l'Université (7º) – especialmente a Rue de Bourbon (hoje Rue de Lille) e a Rue de Verneuil, paralelas àquela – fornecia um traçado em grelha para a construção de elegantes residências privadas (ou *hôtels particuliers*).

Se as obras na antiga propriedade da Rainha Margot atraíram o Faubourg Saint-Germain para perto do Sena, a construção do palácio da viúva de Henrique IV, Maria de Médici, gerou crescimento em direção à Montagne Sainte-Geneviève. Era o chamado Palácio de Luxemburgo (Maria não morou ali o tempo suficiente para imprimir sua identidade ao local, que ainda hoje se refere a um proprietário anterior). Construído entre 1612 e os anos 1620, copiava de forma deliberada o Palácio Pitti de Florença, terra natal de Maria; e o espaçoso Jardim de Luxemburgo, que se tornaria o local de passeio favorito dos parisienses (6º), lembrava o também florentino Jardim de Boboli. Em 1644, John Evelin considerou o conjunto "perfeitamente lindo e magnífico".[10]

A expansão do Faubourg Saint-Germain – no longo prazo, à custa do território do Marais – realçava a tendência gradual, porém definida, de mudança do centro de gravidade da cidade de Paris na direção oeste, apesar das obras no Marais e na Île Saint-Louis. Isso era ainda mais evidente na margem direita. O papel recente do Louvre de residência real estimulara a construção de prédios aristocráticos nos arredores, inclusive junto às antigas muralhas de Carlos V e mesmo além delas. O Faubourg Saint-Honoré (junto à rua homônima) presenciou o início de várias obras. Os planos de extensão das muralhas de Carlos V a oeste e noroeste, de modo a incluir bairros de crescimento recente, haviam sido interrompidos durante as Guerras de Religião. A construção por Henrique IV da galeria que conectava o Louvre, pela beira do rio, e o Palácio das Tulherias de Catarina de Médici assinalava novas intenções em relação àquela vizinhança. Maria de Médici abriu uma esplanada magnífica, a Cours-la-Reine, até Chaillot (onde Catarina de Médici construíra um palácio), em direção ao Bois de Boulogne. A expansão da área também se beneficiou da decisão do cardeal Richelieu de construir para si uma nova residência, ao norte e perto do palácio do Louvre. O Palais-Cardinal – ou Palais-Royal, como ficou conhecido de forma mais duradoura a partir de 1643 – era uma estrutura extensa com jardins delimitados por colunas. Quase ao lado dali, ao norte, o sucessor de Richelieu, o cardeal Mazarino, também construiu um palácio: o Palais-Mazarin ocupava o atual prédio Richelieu da Biblioteca Nacional.

Os dois ministros cardeais reconheciam a necessidade de oferecer defesa militar a essas áreas de crescimento rápido onde tinham decidido situar suas residências. Essa estratégia envolvia dois fatores: primeiro, combater o crescimento de moradias nos subúrbios – éditos de 1627, 1634, 1638 e 1644 faziam coro a vários precedentes do século XVI e atacavam essas construções –, e, segundo, estender a área da cidade passível de defesa. Na década de 1630, novos baluartes foram construídos ao longo de uma linha já traçada nos fins do século XVI, correndo na direção oeste, depois na direção sudoeste, a partir da Porte Saint-Denis (2º), e adicionando mais ou menos 84 hectares. Isso equivalia a um terço da área fortificada na margem direita e aumentou a área total da cidade para 567 hectares. As chamadas fortificações dos Fossés Jaunes ("Fossos Amarelos", devido à cor da terra movida em sua criação) chegavam ao Sena na altura dos jardins das Tulherias, modelados na década de 1660 (resquícios ainda formam o limite ocidental dos jardins das Tulherias, voltado para a atual Place de la Concorde; 1º). A zona agora coberta por defesas incluía, além das Tulherias, a maior parte do Faubourg Saint-Honoré, bem como o Faubourg Montmartre ao norte. A infraestrutura para a expansão no novo bairro consistia na Rue de Richelieu, que corria no sentido norte–sul e cruzava uma rua, no sentido leste–oeste, paralela à Rue Saint-Honoré, a Rue des Petits-Champs.

Essa última área era menos bucólica do que o nome indicava, pois ali também ficava a montanha de lixo da cidade conhecida como Basse-Voirie. O monturo foi nivelado na década de 1630, permitindo a criação da Rue Sainte-Anne (1º-2º). As décadas seguintes testemunharam o crescimento progressivo de toda essa área, processo em que o cardeal Richelieu investiu. Esse distrito atraiu boa parte das elites financeiras estatais – por exemplo, Colbert, principal ministro de Luís, era outro morador devotado.

O *hôtel particulier* estava no auge, tanto no distrito de Richelieu quanto noutros bairros elegantes como o Marais, a Île Saint-Louis e o Faubourg Saint-Germain. Essas residências – quer para antigas famílias da corte ou aristocráticas, quer para residentes dos setores financeiro, legal ou administrativo do estado dos Bourbon – eram maiores e mais bem arejadas do que as antecessoras do século XVI. Os visitantes estrangeiros, impressionados com sua vibrante vida cultural, geralmente as chamavam de palácios em vez de residências. Elegantes desde a fachada, invariavelmente ostentavam interiores com decoração luxuosa e extravagante. O Hôtel de Lambert de Thorigny, na ponta oriental da Île Saint-Louis, é um exemplar brilhante do gênero. Construído por Le Vau e decorado por Eustache Le Sueur e Charles Le Brun, seu primeiro proprietário foi um financista do estado extremamente bem-sucedido, um daqueles "raquíticos da fortuna" evocados pelo historiador parisiense Henri Sauval, que "enriqueceram por resultado do banditismo e da extorsão".[11] O estilo de vida aristocrático encorajado pelos novos *hôtels* se estendia às novas elites financeiras bem como às famílias nobres antigas.

5.2: Madame de Sévigné

"É um negócio excelente," a célebre escritora de cartas Marie de Rabutin-Chantal, Madame de Sévigné (1627-1696), escreveu empolgada para a filha, a respeito da residência que planejava comprar para as duas morarem. "Teremos um belo pátio, um jardim adorável e uma vizinhança requintada." A residência em questão, onde Madame de Sévigné viria a passar as duas últimas décadas de sua vida, era o Hôtel Carnavalet. Instalada no elegante bairro do Marais (3º-4º), na atual Rue Sévigné, hoje abriga o Musée de l'Histoire de Paris. O principal museu histórico de Paris fica em local adequado: o Hôtel Carnavalet era uma das joias do Marais num período altamente distinto da vida cultural da cidade. Além disso, pouco dessa vida não era familiar a Madame Sevigné e deixou de ser comentado em sua correspondência profusa e de agradável leitura.

A construção da Place Royale (atualmente, Place des Vosges) por Henrique IV no Marais havia estimulado que construções requintadas florescessem na região. O poeta Scarron teceu louvores às casas da Place:

Suntuosos interiores, divinos painéis,
Inestimáveis quadros, ricos ornamentos,
Raros gabinetes, balaústres e dosséis

Tais comentários também se aplicavam a muitos outros *hôtels particuliers* construídos depois da inauguração da Place Royale e que continuam a dar ao Marais até hoje sua beleza característica. A intenção do rei era que a Place Royale fosse o cimento cultural a solidificar a unidade da sempre irascível elite social – e Madame de Sévigné, que nasceu numa residência na própria praça, estava particularmente bem situada para se beneficiar disso. Fruto do casamento desigual entre um financista e a filha de uma antiga casa nobre, Madame de Sévigné tinha acesso à corte real, mas também era cidadã ativa no bairro. Embora viajasse muito por toda a França, ela sempre retornava ao Marais – de fato, passou toda a vida adulta em Paris no bairro. Seu status e o fato de ser mulher a impediam de participar de certas atividades culturais: ela não poderia misturar-se ao povo e ir ao teatro; ao mesmo tempo, estava fora de seu alcance a libertinagem intelectual ousada de Mersenne (às vezes anfitrião de Descartes e Gassendi), Saint-Amant, Cyrano de Bergerac e outros. Porém, mesmo que não frequentasse os teatros da cidade, Madame de Sévigné lia peças teatrais e as assistia quando representadas na corte: ela era "louca por" Corneille, amiga de Racine (e a história de que teria dito que a mania por suas peças seria tão passageira quanto a mania por café é provavelmente falsa) e apreciava as comédias de Molière por seu moralismo latente. La Fontaine dedicou uma de suas fábulas à filha dela. Ela considerava Pascal a fonte de regras que regiam sua vida. Madame de Sévigné também tinha apreço por Scarron (bem como pela esposa deste, que, após enviuvar, tornar-se-ia Madame de Maintenon, esposa morganática de Luís XIV), pelos poetas Boileau e Voiture, pelo lexicógrafo Ménage, pela família jansenista Arnaud, pelo compositor Lully – de fato, todos os grandes nomes do Grand Siècle.

O Marais de Madame de Sévigné era um centro de efervescência cultural. Muitos artistas (Vignon, La Hyre etc.) e arquitetos (Mansart, Mansart-Hardouin, Le Vau etc.) responsáveis pelos novos prédios e suas decorações escolheram morar ali. O teatro também entrava numa fase excelente: a trupe de atores do Hôtel de Bourgogne – o núcleo original da Comédie-Française que se formaria mais tarde nesse mesmo século – começou a ópera no Impasse Berthaud (beco em frente ao Centro Georges-Pompidou de hoje). Realizavam-se salões onde se discutiam questões culturais e se mantinham debates intelectuais. Na Rue Pavée (na casa onde hoje é a Biblioteca Histórica da Cidade de Paris), Lamoignon era o anfitrião de um salão frequentado pelos autores Racine, Boileau e La Rochefoucauld e pelo médico Guy Patin.

Como flor que não murchara – o grande memorialista Saint-Simon recordava dela como sendo "tão querida e companhia tão agradável" –, Madame de Sévigné integrava-se muito bem nesse ambiente e tinha especial predileção por literatas, que contribuíam também para o caráter próprio do Marais. O salão de Madame de Rambouillet, mais no começo do século, foi seguido pelo de Mademoiselle de Scudéry, na Rue de Vieille-du-Temple, enquanto na Rue des Turnelles havia as reuniões da lendária cortesã Ninon de Lenclos (que, casualmente, num período de vinte anos seduziu tanto o marido quanto o filho de Madame de Sévigné). Essa última também apoiava Madame de Lafayette, cuja obra *A princesa de Clèves* (1678) é um dos primeiros romances em língua francesa.

Lemos Madame de Sévigné hoje não apenas por sua agudeza de espírito e vivacidade de estilo (apesar dos cortes moralistas dos descendentes pudicos), ou pelas perspectivas que ela apresenta desse momento de supremacia cultural do Marais (logo ultrapassado pelo Faubourg Saint-Germain). Além disso, suas cartas oferecem mexericos incomparáveis sobre o bairro que ela conhecia tão bem. Quem ia se casar com quem, quem tinha negócios e finanças malfadados, como se passavam as estações, os destinos dos animais de estimação, duelos na Place Royale (ela conhecia ao menos de vista o d'Artagnan verdadeiro, cujo regimento de mosqueteiros se alojava perto dali) – tudo era matéria-prima para sua pena. Uma obsessão especial era a saúde, tanto a sua própria quanto a de sua amada filha (a quem Madame de Sévigné deu alguns dos primeiros conselhos sobre contracepção a ficarem registrados por escrito). Cerca de sessenta homens de medicina são mencionados em sua correspondência, incluindo desde médicos sisudos da Faculdade de Medicina, alvos da sátira travessa de Molière, até completos charlatões. Até mesmo modismos passageiros da medicina aparecem nas cartas, de águas de Vichy ao café e do chocolate ao quinino e todo tipo de purgante que se possa imaginar (pois Madame de Sévigné era defensora ardorosa da liberação dos intestinos). Desse modo múltiplo, ela traz o velho Marais de volta à vida.

A mescla de investimentos estatais e privados que desenvolvera as praças reais de Henrique IV e incentivara o crescimento de moradias urbanas na primeira metade do século XVII também caracterizou outro fenômeno desse período: a onda de construções eclesiais. Henrique IV terminara as Guerras de Religião com o Édito de Nantes, de 1598, que concedia aos huguenotes direitos de tolerância dentro da França. O próprio Henrique dera o exemplo ao escolher membros do conselho que pertenciam aos dois lados da disputa confessional. O culto protestante foi permitido em algumas cidades francesas, mas, seguindo prática muito antiga, não em Paris. Embora recebessem proteção legal, os vinte ou trinta mil huguenotes de Paris – boa parte se agrupava nas cercanias da Rue de l'Université, na área do Pré-aux-Clercs – frequentavam o culto no templo da vizinha Charenton, aonde se chegava após uma curta viagem de barco.

Entretanto, apesar da presença dos protestantes, compreensivelmente frustrara-se a esperança de Calvino de transformar Paris num baluarte da Reforma Protestante. De fato, ao longo do século XVII, a cidade tornou-se um foco de agitação tardia da Contrarreforma, seguindo a linha doutrinal estabelecida pelo Concílio de Trento (1545-1563), da Igreja internacional. Essa posição foi selada com a decisão de 1622 de elevar o bispado de Paris a arcebispado. Que Paris tenha se tornado cidade de uma só doutrina, pelo menos em termos de cultos públicos, foi sublinhado pela profusão de construções religiosas. Uma única igreja católica havia sido construída em toda a França durante as Guerras de Religião. A situação agora mudava drasticamente: no século XVI, só em Paris, talvez uma centena de igrejas foi construída ou passou por reforma importante. Algumas dessas iniciativas – como, por exemplo, Notre-Dame-des-Victoires (1629-1740; 2º) e Saint-Jacques-du-Haut-Pas (1630-1685; 5º) – estavam ligadas à criação de paróquias novas para acomodar o crescimento da população. Obras também foram retomadas em igrejas cuja construção interrompera-se e permanecera sem perspectiva de continuação por causa dos conflitos – por exemplo, Saint-Merri, Saint-Gervais, Saint-Germain-des-Prés, Saint-Sulpice, Saint-Eustache e Saint-Étienne-du-Mont. Particularmente notáveis em termos arquitetônicos eram as igrejas de Saint-Roch, na Rue Saint-Honoré (1º), e a igreja jesuítica de Saint-Louis-et-Saint-Paul (hoje, igreja de Saint-Paul: 1627-1641), na Rue Saint-Antoine (4º). As duas foram completadas com fachadas elegantes no "estilo jesuíta", que incluíam as três ordens de colunas clássicas. A escala de construção nessas e em outras igrejas era tão substancial que havia problemas de conclusão – a reconstrução de Saint-Sulpice, começada em 1646, não findaria até a véspera da Revolução Francesa, em 1788.

O clero regular contribuiu em peso para a torrente de construções clericais. O surgimento de novas casas religiosas havia sido bastante raro no século XVI, mas foram criadas não menos do que sessenta instituições religiosas novas entre 1600 e 1660 e outras trinta até 1700 (com apenas outras dez entre 1700 e 1750). A maioria ficava na margem esquerda. Após as Guerras de Religião, a maior parte da área dos faubourgs estava "em ruínas e completamente

Carrossel na Place Royale, 1615

abandonada", descreveu um visitante[12], mas, em condições de paz, representava terra barata e fisicamente próxima ao coração da cidade; por isso, os construtores de prédios religiosos não saíam dali. Dois terços das novas obras eram de instituições religiosas para mulheres. Essas casas tinham uma variedade de missões espirituais, incluindo a místico-contemplativa, como as carmelitas, introduzidas em 1603 por Barbe Acarie em Notre-Dame-des-Champs, na Rue Saint-Jacques (5º). No polo oposto, comunidades dedicadas à vida ativa (em especial nos ramos de caridade e educação), morando "no mundo" em vez de atrás de muros monásticos, representavam um dos exemplos mais notáveis da piedade tridentina (fruto das reformas litúrgicas e doutrinais e da restauração do movimento monástico aprovadas pelo Concílio de Trento). Entre as mais famosas ordens de religiosas estavam as Filhas da Caridade, fundadas por São Vicente de Paulo e Louise de Marillac, cuja casa matriz localizava-se na Rue du Faubourg Saint-Denis (10º).

Alguns dos novos conventos e mosteiros foram construídos com sobriedade. A abadia de Port-Royal, por exemplo, lar espiritual do jansenismo, movimento de devoção dos agostinianos que se desenvolveu na década de 1630, era de uma austeridade adequada. Porém, muito perto dali, na extremidade meridional da cidade, ficava a gloriosa exuberância do convento de Val-de-Grâce. A capela desse convento começou a ser construída em 1624 num local adquirido pela rainha Ana da Áustria, associada às suas orações para ter um filho, atendidas em 1638 com o nascimento de Luís XIV, quando ela estava com quase quarenta anos. A capela era coroada por um domo, e esse elemento, de fato, era uma marca das formas de religiosidade mais barrocas, de influência italiana, promovidas em particular pelo cardeal Mazarino (romano de nascimento). Outros domos de destaque incluíam a capela da Sorbonne construída pelo cardeal Richelieu (1642), a igreja de Saint-Louis-et-Saint-Paul, no Marais (1641), o Hôtel des Invalides (1670), o hospital La Salpêtrière (1670) e o Collège des Quatre-Nations (1688).[13] A silhueta da cidade de Paris fora transformada de modo indelével por meio da miscelânea do gótico com a influência italiana.

A profusão ostentosa de obras de caráter religioso buscava "catolicizar" o espaço parisiense de modo a causar desconforto entre os huguenotes remanescentes – algo de que o governo, associado de maneira íntima a essas iniciativas, era bastante consciente. A implementação dos éditos do Concílio de Trento, que haviam reformado a Igreja Católica completamente, fora atrasada na França pelas Guerras de Religião; mas, após a virada do século, tais éditos provocaram um novo despertar da religiosidade católica. A monarquia instituída por ordenação divina só tinha a ganhar com isso. A Igreja pós-tridentina e suas elites laicas pareciam ter renunciado à violência direta contra os huguenotes. As confrarias que atuaram de vanguarda espiritual a serviço do sectarismo da Santa Liga nas Guerras de Religião agora se voltavam a propósitos de caridade, de educação e de devoção mais tranquila. Em 1614, o cardeal Richelieu disse abertamente aos Estados-Gerais que a conversão agora viria não pela violência, mas por meio de "um bom exemplo, do ensino e da oração, únicas armas com que desejamos lutar".[14] Importante consideração face ao assassinato de Henrique IV apenas quatro anos antes pela mão do *dévot* Jean-François Ravaillac, em um resquício fanático das Guerras de Religião. Porém, o comentário de Richelieu também se provaria exagerado, já que a revogação do Édito de Nantes, em 1685, pondo fim à tolerância aos huguenotes em toda a França, seria acompanhada de violência manifesta e agressão direta (embora os piores casos ocorressem nas províncias e não na capital). Porém, era válida a consideração de que a Igreja Católica buscava reformar-se e aumentar o apelo aos leigos. Os católicos ofereciam um bombardeio sensorial e intelectual aos opositores e leigos em geral. As igrejas e os mosteiros serviam de agentes visuais do proselitismo, por dentro e por fora. Os interiores das igrejas foram decorados luxuosamente com pinturas, esculturas e vitrais. A música de órgão e a música sacra coral floresceram como nunca. Aquele tipo vívido de cultura processional e cerimonial evidenciado na década de 1580 permanecia corrente, mas perdera os elementos apocalípticos: a noção de Paris como a nova Jerusalém parecia ser mesmo coisa do passado. A Igreja pós-tridentina também buscava combater o protestantismo em bases doutrinárias, o que exigia a reforma completa do treinamento do clero. Vários seminários novos foram criados; os mais famosos eram os seminários dos oratorianos, na Rue Saint-Honoré (1611); dos lazaristas de São Vicente de Paulo, na Rue Saint-Denis (1625); e dos sulpicianos (1642). Por consequência, o sermão católico estava em sua época áurea.

Publicações de caráter religioso também receberam muita atenção, desde os mais cerebrais tratados teológicos até obras elementares de proselitismo e de popularização da fé católica. A dinastia dos Bourbon deu liberdade de ação à Igreja – na verdade, Luís XIII e Ana da Áustria eram sob muitos prismas governantes pós-tridentinos de devoções clássicas. Porém, o espaço para a discussão religiosa e intelectual era rigidamente limitado se comparado às liberdades propugnadas pela católica Santa Liga. Os governantes não queriam que os clérigos se tornassem foco de oposição política. Henrique IV completara o trabalho de domesticação da Universidade começado por seus antecessores da dinastia dos Valois. A instituição estava em estado precário – de modo notável, o número de estudantes sofrera uma redução drástica devido às Guerras de Religião. O cardeal Richelieu, para ter absoluta certeza de que ela seria teologicamente dócil, assumiu o cargo de provisor da Sorbonne (e contribuiu também com sua reforma arquitetônica). O ministro cardeal ampliou também a censura. Por sua vez, a criação do primeiro jornal da França, a *Gazette de France*, de Théophraste

Renaudot (1631), visava antes ao controle das notícias e à manipulação da opinião pública do que à difusão de informações. Richelieu também fez uso de ordens de prisão reais (*lettres de cachet*) contra opositores políticos e intelectuais, tornando a fortaleza da Bastilha o notório e sombrio local de repressão de divergências que seguiria sendo até o 14 de julho de 1789.

Os ministros cardeais deram continuidade aos esforços dos predecessores de transformar o conselho municipal de Paris no poodle da coroa. Desde 1415, o Petit Bureau do conselho municipal, que tratava de questões de rotina, consistia no preboste dos Mercadores, quatro almotacéis (*échevins*) eleitos e três oficiais assalariados. Esses componentes recebiam a adição de 24 notáveis de Paris e formavam o Grand Bureau, para a discussão de matérias importantes. A coroa começou a amordaçar a municipalidade após a Guerra dos Cem Anos. Em seguida, Francisco I e Henrique II garantiram que nenhuma eleição municipal seria válida sem a aprovação da coroa, e ambos interferiram constantemente nos processos eleitorais. Até o final do século XVI, descontando-se os cargos mais antigos e eletivos, as vagas na câmara municipal eram preenchidas por tráfico de influência, cooptação, venalidade e corrupção. Durante as Guerras de Religião, o conselho municipal perdera tanta autoridade que suas intenções eram alvo de zombaria de grupos de devotos reunidos *ad hoc*. No longo prazo, o conselho também perdeu terreno devido à extensão dos poderes do Châtelet. Nessa época, o preboste de Paris era, invariavelmente, um aristocrata detentor de título de nobreza, então seus lugares-tenentes tendiam a ser agentes da autoridade da coroa. No campo militar, a posição de governante da cidade (antes e depois de Henrique IV) era geralmente dada a membros da família real ou a outros nobres importantes, que demonstravam pouco interesse na opinião da municipalidade.

Agora um preboste dos Mercadores só poderia almejar eficiência se estivesse cumprindo as vontades do rei. Esse certamente era o caso, por exemplo, de François Miron, detentor do cargo de 1604 a 1606. Filho de um lugar-tenente do Châtelet, Miron servira no Parlamento de Paris e a partir de 1596 como lugar-tenente, antes de assumir o gabinete com o apoio pessoal de Henrique IV. O rei, dizia-se, num comentário que ilustra a falta de ética no serviço público parisiense, "sabia que ele era um servidor fiel, sem muita ganância, e por isso [o rei sabia] roubaria menos do que os outros".[15] Miron e seu sucessor, Jacques Sanguin, preboste dos Mercadores de 1606 a 1612, tornaram-se eficazes instrumentos da vontade de Henrique IV de rejuvenescer a cidade. Reorganizaram as finanças de Paris após os danos das Guerras de Religião e buscaram recuperar e embelezar a cidade no espírito da Renascença defendido por seu monarca.

O conselho municipal vinha mudando em termos de composição social bem como de composição política. Em parte, essa mudança refletia o afastamento evidente e gradativo da elite urbana das atividades de comércio e manufatura.[16] Algumas medidas ao mesmo tempo confirmavam e agravavam essa tendência. A criação de um tribunal de comércio na cidade em 1563 reduzira a dimensão comercial da autoridade de um conselho municipal que, afinal de contas, começara a existir como uma corporação de mercadores navais. Uma norma datada de 1615 determinava que pelo menos dois dos quatro almotacéis deviam ser comerciantes, mas essa regra era amplamente desconsiderada. Em 1554, os membros das "artes mecânicas" foram proibidos de ser eleitos; com isso, o conselho municipal perdeu a função de representar aqueles comerciantes não pertencentes à elite. Vários governantes em sucessão fizeram vista grossa à tendência de os conselheiros eleitos serem membros da nobreza da toga com laços de lealdade com a coroa em vez de comerciantes independentes. Esses indivíduos muitas vezes desfrutavam do status de nobreza, fenômeno estendido por uma decisão real de 1577 de conceder esse título ao preboste dos Mercadores e aos almotacéis cujos pais também tivessem servido no conselho municipal. Em 1614, mais da metade dos membros do conselho municipal eram membros do Parlamento de Paris e de outras cortes reais (que haviam comprado suas posições). Processos semelhantes estavam em andamento nos estratos inferiores da hierarquia urbana: em 1633, a prática da venalidade – a venda de cargos na administração estatal – foi estendida oficialmente à posição dos *quartiniers* responsáveis pelas diversas vizinhanças de Paris.

A domesticação do conselho municipal pela coroa, a transformação do cenário urbano e a renovação da atmosfera intelectual e espiritual poderiam dar a impressão de que as elites sociais e religiosas estavam politicamente dóceis. Nada poderia estar mais distante da verdade. A religião ainda importava e não era fácil de controlar. Embora a maioria dos católicos tivesse renunciado à violência da Santa Liga, muitos católicos militantes – ou devotos, como eram chamados – insistiam em ações enérgicas contra os protestantes, diferentes das adotadas por Henrique IV. Na década de 1620, eles influenciaram Luís XIII e em particular a rainha regente Maria de Médici a tomarem medidas para reduzir a autonomia militar das comunidades huguenotes no Sul e no Oeste da França. Os *dévots* também eram veementes críticos da política externa introduzida pela dinastia Bourbon. Na visão deles, o Estado francês, ao fazer alianças estratégicas com príncipes protestantes contra os Habsburgo (inimigos de longa data da França), colocava os próprios interesses – *raison d'état* – acima de considerações sobre a harmonia espiritual da Igreja internacional.

Além disso, a crítica dos devotos era ainda mais ameaçadora em termos políticos, pois acontecia num período em que os planos de construção do estado dos Bourbon exigiam demais da sociedade francesa. No início, os franceses não se envolveram na Guerra dos Trinta Anos (1618-1648), oferecendo apenas apoio velado aos opositores alemães do imperador do Sacro Império Romano Germânico. Em 1635, porém, a França entrou na guerra, e o conflito continuaria com a Áustria até 1648 e com a Espanha (também dos Habsburgo) até 1659. O aumento brusco no tamanho do exército causou o rápido e assustador crescimento nos custos da guerra. O governo reagiu com grandes aumentos de impostos, empréstimos colossais e uma engenhosa série de estratagemas financeiros com o objetivo de espremer a população e arrancar mais dinheiro dela – ou fazer o Estado pagar menos do que o valor integral pelos bens e serviços de que precisava. Tudo isso ocorria num momento de safras ruins e de surtos frequentes de peste bubônica. Entre 1620 e a década de 1650, uma ou mais dentre uma miríade de formas de protesto – levantes rurais, tumultos de rua urbanos, complôs da nobreza – ocorreram a cada ano em algum lugar da França. Os conflitos tiveram seu apogeu na Fronda (1648-1653), coquetel original de guerra civil, insurreição camponesa, rebelião urbana, conspiração aristocrática e turbulência constitucional.

Paris teve mais do que sua parcela de envolvimento nesses conflitos. Em 1617, uma conspiração liderada pelo jovem Luís XIII contra a própria mãe e o principal conselheiro, Concino Concini, resultou no assassinato desse último por ordem do rei e seu enterro secreto na igreja de Saint-Germain-l'Auxerrois. Turbas parisienses, ressentidas com as políticas fiscais de Concini, procederam a exumação e o transporte do cadáver até a Pont Neuf, onde foi cortado em pedaços e queimado, em cenas que supostamente incluíram até canibalismo. Nos anos seguintes, a cidade permaneceu compassiva e calma, mas houve certo alarme em 1636. Tropas espanholas vindas da Holanda derrotaram os franceses na batalha de Corbie e enviaram grupos de saqueadores vale do rio Oise abaixo para ameaçar Paris. Houve pânico e êxodo no Norte e Nordeste da França; multidões buscaram refúgio em Paris. Por sua vez, levas de parisienses aterrorizados dirigiram-se ao Sul e bloquearam as estradas com carroças e carruagens. O cardeal Richelieu e Luís XIII mantiveram a cabeça no lugar quando todos ao redor perdiam as suas, e seu exemplo de perseverança impressionou os parisienses, que foram voluntários para lutar em grande número, forçando os espanhóis a baterem em retirada.

Na década de 1640, o sucessor de Richelieu, cardeal Mazarino, decidiu que os parisienses tinham condições melhores de contribuir ao esforço de guerra do que a maioria dos súditos franceses. O édito Toisé, de 1644, e o édito das Tarifas, de 1646, eram esquemas descarados para levantar fundos e espremer dinheiro dos inúmeros parisienses que habitavam além das fortificações da cidade. O édito da Redenção, de 1647, era semelhante: usava os quase sempre ignorados direitos senhoriais do rei como alavanca fiscal, permitindo gentilmente aos residentes de propriedades em domínios reais a isenção de obrigações futuras. Em janeiro de 1648, seguiram-se outras medidas financeiras, direcionadas especialmente aos magistrados ricos do Parlamento de Paris.

Era perceptível que a resistência a essas manobras fiscais em Paris que tendesse a ser capitaneada pelo Parlamento e não pela municipalidade. O esfacelamento da independência do conselho municipal criara um vácuo de poder, e o Parlamento de Paris não perdeu tempo em ocupá-lo com entusiasmo. Todos os magistrados eram oficiais venais e não eleitos, e a instituição, em essência, era mais uma corte suprema de justiça do que um parlamento; apesar disso, o Parlamento de Paris mostrou ser capaz de forjar para si mesmo um papel representativo significante. A partir do século XV, o parlamento salientou sua posição de defensor dos interesses dos munícipes como um todo – em questões ligadas ao abastecimento de comida e a preços altos, por exemplo. Seu dever de protocolar toda a legislação real fez do Parlamento de Paris uma espécie de órgão regulador constitucional, com o direito de retardar ou mesmo obstruir qualquer legislação real interpretada como em desacordo com a tradição. O papel da instituição ganhou ênfase quando, a partir de 1614, os Estados-Gerais – assembleia representativa nacional que se reunira cinco vezes em todo o século XVI – foram postos na geladeira. O Parlamento de Paris, sediado no antigo palácio real na Île de la Cité, tornado obsoleto como residência real após a construção do Louvre, intensificou sua pretensão de exercer parte da soberania.

Provocados por essa série de medidas fiscais draconianas que tinham como alvo eles próprios e outros parisienses, os membros do Parlamento de Paris reagiram com vigor. Portanto, foram oficiais venais do Parlamento – e não conselheiros municipais eleitos – que lideraram um movimento organizado em março de 1648, exigindo o desmantelamento do aparato militar e financeiro do estado e o fim da orientação da dinastia real favorável à expansão militar. O Conselho da Regência, comandado por Ana da Áustria e o cardeal Mazarino, respondeu prendendo os magistrados considerados líderes do movimento – medida que por pouco não causou uma revolução. A Fronda – que recebeu o nome da funda usada pelas crianças parisienses para atacar os membros da elite – estava em marcha.

A lei e a ordem pareciam a ponto de se esfacelar em Paris enquanto barricadas eram construídas nas ruas – e não pela última vez. Por meio de negociações que excluíram o conselho municipal, a regente pareceu concordar com as reivindicações dos rebeldes. Porém, ela e o rei escaparam furtivamente de Paris em janeiro de 1649 e usaram o príncipe de Condé, príncipe de sangue real e o maior general de sua geração, para lançar um cerco à cidade e forçá-la a voltar à obediência. A situação lembrava o cerco de Paris de Henrique IV em

1589-1590. O cardeal de Retz, na época bispo assistente de seu tio, o arcebispo de Paris, e cujas memórias constituem um breviário de revolta aristocrática, lembrou ter visto armas da Guerra dos Cem Anos e penachos da Santa Liga exibidos pelas ruas.[17] As divisões de caráter religioso, porém, não estavam mais em questão – quase sem exceção, tanto os partidários do rei quanto os rebeldes eram católicos, e os huguenotes não ousavam se manifestar.

O cerco terminou por meio de um tratado conciliatório entre a regente e os rebeldes. Entretanto, a situação – especialmente devido à continuação da guerra com a Espanha – se tornaria bem pior antes de melhorar. Os anos seguintes veriam uma série interminável e muitas vezes imprevisível de reviravoltas. O que começara como disputa sobre questões fiscais tornara-se um conflito nacional. Fator complicador foi a intervenção interesseira da elite do reino, que puxou a brasa para seu assado, mas mantinha a esperança de se valer da fraqueza da monarquia durante o período de regência para reduzir os ímpetos das movimentações visando a centralização monárquica iniciada pelo cardeal Richelieu. Contribuíram com a agitação algumas extraordinárias mulheres aristocratas, bem-conectadas, como a duquesa de Nemours, tão ávidas quanto os parceiros homens por representar o papel épico dos heróis dos romances ou dos dramas de Corneille. Às vezes os frondeurs adotavam a estratégia dos grandes aristocratas durante as Guerras de Religião e usavam sua clientela nas províncias para arregimentar exércitos particulares. Noutras ocasiões, buscavam fazer alianças políticas com o Parlamento de Paris. E, por vezes, alguns dos frondeurs – inclusive o cardeal de Retz, o príncipe de Condé e o tio de Luís XIII, o duque de Orléans – lançaram mão de redatores de aluguel para escrever panfletos incendiários (as chamadas *mazarinades*) para inflamar a população parisiense. Muitos frondeurs estavam dispostos a desistir da rebelião por um preço justo – mas, nas circunstâncias difíceis do fim dos anos 1640 e começo dos 1650, o Estado simplesmente não tinha poder nem mesmo para comprar apoio.

Não há uma fórmula fácil para os historiadores compreenderem a complexidade dos diversos fatores envolvidos na Fronda – e esse já era o caso para muitos contemporâneos. Em 1652, por exemplo, muitos camponeses das aldeias ao redor de Paris acolheram bem o príncipe de Condé e seu exército por acreditarem que ele estava a serviço do rei, quando na verdade, naquele momento, Condé já havia se tornado o principal rebelde frondeur. Nessa sucessão mutável e caótica de eventos, todos parecem ter padecido pelo menos num momento ou outro. O cardeal Mazarino foi forçado a buscar exílio em não menos do que três ocasiões distintas. Ele e Ana da Áustria foram vítimas constantes de humilhação pública por meio de *mazarinades* violentamente sectárias e muitas vezes obscenas. E, numa determinada ocasião, o jovem Luís XIV foi forçado a se submeter à afronta de assistir a uma multidão de parisienses marchando ao lado de sua cama durante a noite para se certificarem de que ele não fugira de Paris.

Apesar do nome frívolo, a revolta da Fronda foi tremendamente grave, em particular para os habitantes de Paris e de seus arredores rurais, os que mais padeceram. Houve dois períodos de cerco – 1649 e 1652 –, e nas duas ocasiões o preço do pão disparou, provocando privações terríveis e engrossando o número de frondeurs. A taxa de mortalidade dobrou entre 1651 e 1653. A situação era pior para os habitantes dos arredores da cidade, pois eles tinham de enfrentar saques e pilhagens da parte de tropas indisciplinadas tanto do rei quanto de frondeurs, o que provocava mais fome e aumentava ainda mais a taxa de mortalidade dentro da cidade. "Estão nos matando feito galinhas"[18], escreveu a freira jansenista Angélique Arnaud, em seu relato dos massacres e atrocidades acontecidos pouco além dos portões da cidade. "Dois terços dos aldeões nas imediações de Paris morreram de doenças, carência e sofrimento", observou um dos magistrados de Paris.[19] Muitos distritos na região de Paris precisariam de mais de uma geração para recuperar-se do estrago econômico e demográfico provocado pela Fronda.

O desenrolar dos acontecimentos causava grande constrangimento às estruturas do governo municipal parisiense. Com funcionários reais em fuga ou deixando completamente de trabalhar, a municipalidade não aproveitou a oportunidade de agir como protetora de Paris. O Parlamento de Paris não estava muito melhor, enganado pelo comportamento pouco confiável de frondeurs aristocráticos, como o príncipe de Condé, o cardeal de Retz e o sempre vacilante duque de Orléans. O fracasso do governo urbano ficou exposto de forma cruel na primavera de 1652. Com a recusa da parte das autoridades parisienses de abrir os portões da cidade a quaisquer tropas, fossem elas reais ou dos frondeurs, o príncipe de Condé e o exército de frondeurs foram acuados contra o exterior das muralhas da cidade, junto ao portão de Saint-Antoine, onde corriam o risco de serem dizimados pelo exército real sob o comando de Turenne. Na sequência dos fatos, os soldados de Condé só foram salvos graças a tiros certeiros de canhão disparados das muralhas da cidade sob a supervisão da duquesa de Montpensier, frondeuse e filha do duque de Orléans. A duquesa, possível candidata a esposa de Luís XIV, até mesmo praticara tiros de canhão de brincadeira (ou assim se espera) na direção do grupo do jovem rei, que acompanhava os acontecimentos do alto da colina em Charonne (11º). Embora o rei tenha sobrevivido, ela havia "matado o marido", nas palavras do cardeal Mazarino.[20] (Ela nunca se casou.) Os tiros de canhão salvadores permitiram que a cidade abrisse os portões e acolhesse as tropas do príncipe de Condé.

Mas os parisienses logo teriam motivo para se arrepender. Dias depois, no dia 4 de julho, as tropas de Condé cometeriam o Massacre do Hôtel de Ville, matando mais de vinte ilustres da cidade e assumindo o governo da cidade junto com os membros mais radicais do Parlamento de Paris. A tomada do poder – de certo modo repetindo o expurgo que a Santa Liga fizera no Parlamento de Paris na década de 1590 – teve, porém, o custo de indispor todo e qualquer apoio dentro da própria Paris. Como na década de 1590, em breve surgiria um movimento a favor da paz.

De qualquer forma, os rebeldes frondeurs haviam brigado entre si e não possuíam exército, nem máquina administrativa, tampouco os recursos financeiros para dar sequência ao conflito. O príncipe de Condé fugiu e juntou-se aos espanhóis. Repleta de júbilo, mas não sem certa apreensão, Paris abriu os portões para o jovem Luís XIV fazer uma *entrée* real no dia 21 de outubro de 1652. O rei adolescente instalou-se no Louvre e, embora tivesse a intenção de anistiar a cidade de Paris, todos os líderes frondeurs foram punidos. Nem o seu governo, que o cardeal Mazarino retornou do exílio para conduzir, fez qualquer mudança nas políticas relacionadas à guerra: a luta contra a Espanha continuou, e os impostos altos, a instabilidade da moeda e o recurso a expedientes fiscais continuaram em voga por toda aquela década. O Parlamento de Paris ensaiou resistência algumas vezes, mas a coroa ignorou qualquer objeção às suas políticas e por fim suprimiu o direito constitucional da instituição de protestar contra éditos reais.

Porém, apesar dos problemas contínuos, a partir de 1652-1653 o governo retomou sua posição de comando. A autonomia do governo municipal fora completamente liquidada. Apenas legalistas tinham acesso a cargos municipais, e sucessivos prebostes dos Mercadores rivalizavam entre si no servilismo covarde. No dia 4 de julho de 1653, o primeiro aniversário do Massacre do Hôtel de Ville, o rei montou uma queima de fogos de artifício e festividades para os parisienses. A atração principal era uma estátua do próprio rei, instalada bem na frente da prefeitura, representado "como semideus, com um raio na mão, um pé apagando a chama da discórdia e o outro descansando num barco emborcado mostrando o brasão de armas da cidade de Paris".[21] A estátua permaneceria naquele local por muitas décadas. Ao contrário de Henrique IV em 1594, Luís XIV não cederia à amnésia política voluntária.

Seguiu-se um período de incerteza no qual, apesar de tudo, o rei parecia poder cultivar o amor a Paris e às coisas parisienses, superando o ressentimento anterior. Em 1661, o cardeal Mazarino morreu, e o jovem rei decidiu que não nomearia um sucessor para o cardeal, mas governaria na condição de seu próprio principal ministro. "Aqui todos esperam que o rei venha fazer grandes coisas em termos de justiça e de bem-estar do povo", observou o médico arquiparisiense Guy Patin em 1661. "O rei afirmou", observou mais tarde, "que deseja fazer em Paris o que Augusto fez em Roma."[22]

O sentimento da romanofilia era compartilhado por Luís XIV e Jean-Baptiste Colbert, que serviu ao rei como factótum ministerial geral desde a morte de Mazarino até sua própria morte, em 1683. Esse sentimento expressou-se numa variedade de meios – história, panegíricos, pintura e as artes em geral. Embora houvesse muito entusiasmo pelos ideais da Renascença desde o século XV, questionava-se o modo de colocar esses ideais em prática. A contribuição de Luís XIV e Colbert foi buscar estabelecer e implementar esses ideais por meio de academias reais, ao mesmo tempo modelos de bom gosto e fontes de regras. À Académie française, fundada pelo cardeal Richelieu em 1635, aliavam-se agora academias de pintura e escultura (1648), ciências (1661), inscrições e belas-letras (1663) e arquitetura (1671). Guiados por essas instituições, Luís e Colbert embarcaram num surto frenético de construção de obras que serviam como expressão do seu poder e em que a influência da Antiguidade figurava em primeiro plano.

A vontade de Francisco I de modelar Paris como a nova Roma tivera pouco efeito prático, enquanto os esforços de Henrique IV nesse sentido haviam se atrelado a uma combinação de utilidade e decoração. O que distinguia o programa de Luís XIV e Jean-Baptiste Colbert era a ênfase no monumental. Singular ênfase receberam os prédios públicos, que subjugariam o observador com impressão de força e vigor. Tomou-se cuidado em implantar os prédios de modo que eles transformassem a paisagem urbana circundante. A Academia de Arquitetura exerceria papel fundamental na produção de uma variante classicista mais homogênea, de estilo francês, com influência duradoura na construção da maioria dos prédios de Paris acima dos muito humildes. Em 1665, Luís XIV convocara Bernini, o brilhante escultor e arquiteto italiano, para projetar uma nova e majestosa fachada para o Louvre. O rei acabou rejeitando o plano de Bernini em favor de um projeto mais clássico – e classicamente francês – de autoria de Charles Perrault e Louis Le Vau. Esse projeto não envolvia concepção menos esplêndida. Os interiores dos palácios do Louvre e das Tulherias foram completamente reformados e, em dado momento, três mil pedreiros e seiscentos marceneiros trabalhavam duro nesse duplo canteiro de obras. O paisagista André Le Nôtre foi escalado para empreender a remodelagem do Jardim das Tulherias. Do outro lado do rio, demoliu-se a Tour de Nesle, junto à antiga muralha de Carlos V, disponibilizando o local e arredores para a construção do Collège des Quatre-Nations, para o qual havia uma provisão do cardeal Mazarino.[23] Le Vau fez o projeto arquitetônico do prédio, hoje o Institut de France. Coroado por um domo, sua integração ao cenário urbano tornou a vista oeste da Pont Neuf uma impressionante afirmação do poder dinástico dos Bourbon.

O monumentalismo patrocinado por Colbert e Luís XIV fez mais efeito num panorama não atravancado pelo confuso excesso de construções que tradicionalmente caracterizava a cidade. As pontes estavam em voga – como a

Dia das Barricadas, 26 de agosto de 1648

Pont Neuf, sem a presença de casas e com o poder de despertar a consciência dos moradores da cidade sobre o rio. E também a Pont Royal, construída em madeira na década de 1630 pelo empreendedor Le Barbier, para substituir a velha balsa da Rue du Bac, e reconstruída em pedra pelo rei na década de 1680. A região até a Pont Neuf, flanqueada de um lado pelos palácios do Louvre e das Tulherias e do outro pelo Collège des Quatre-Nations, tornou-se uma espécie de anfiteatro público onde se realizavam queimas de fogos de artifício, justas fluviais e procissões aquáticas de caráter cerimonial.

Outros exemplos de obras que serviam como expressão do poder eram os significativos arcos triunfais construídos no norte da cidade: um no fim da Rue Saint-Denis comemorava vitórias na Guerra de Devolução Holandesa (1667-8) e outro na Rue Saint-Martin celebrava a anexação do Franco-Condado à França em 1678. As fontes públicas também foram redecoradas num estilo mais impressionante e monumental. La Samaritaine, a bomba hidráulica instalada na Pont Neuf em 1608, era um famoso monumento de Paris, e instalou-se uma bomba semelhante na Pont Notre-Dame em 1676. Outro prédio de referência era o observatório científico projetado por Perrault e mandado construir por Luís em 1676 ao sul dos Jardim de Luxemburgo. O astrônomo Giovanni Cassini teria preferido construir em local mais elevado, fora da cidade, onde o prédio seria mais funcional – demonstrando não entender a nova gramática visual do poder absolutista praticada pelo rei e seus ministros.

O Observatório e os novos arcos triunfais ficavam do lado externo da linha formal das muralhas da cidade. Mas as muralhas não existiam mais. Em 1670, Luís XIV mandou demolir todos os baluartes de defesa e substituí-los por bulevares elevados e ladeados de árvores (a palavra *boulevard* é um neologismo de Luís XIV derivado de *bolwerc*, baluarte, em holandês). Embora em 1674 ele estabelecesse uma zona limite de construções para a cidade a poucos quilômetros além da área construída, esses limites eram demarcados apenas por marcos de pedra, sem quaisquer funções militares. Fazer de Paris uma cidade aberta dessa maneira assinalava uma confiança renovada no poderio militar da França. A densa rede de fortalezas e trincheiras supostamente inexpugnáveis – o chamado "cinturão de ferro" – em plena construção pelo engenheiro militar Sébastien Le Prestre de Vauban ao redor das fronteiras francesas colocava a proteção efetiva à distância. Além disso, uma das lições das Guerras de Religião e da Fronda era que as muralhas da cidade permitiam aos cidadãos defender sua posição contra o rei e não a favor dele. Esperava-se que a remoção das muralhas reforçasse o afeto dos parisienses pela dinastia real, já que sua segurança dependeria inteiramente dela.

A bulevarização dos baluartes – cujos trajetos os grandes bulevares do século XIX seguiriam de perto – realizou-se rapidamente na margem direita.

O ineditismo de remover as fortificações urbanas na certeza de que a cidade permaneceria adequadamente defendida causou furor internacional, e após isso o exemplo de Paris seria muito copiado na Europa. Embora os portões da antiga muralha de Filipe Augusto tenham sido demolidos entre 1673 e 1683, o processo de bulevarização só se completaria na margem esquerda bem adiante, no século XVIII. A ideia era utilizar o espaço ao redor dos baluartes – em alguns trechos, de cem metros de largura – para caminhos que ofereceriam panoramas privilegiados da cidade e das zonas rurais adjacentes. Desse modo, as reformas monumentalistas na Paris de Luís XIV favoreciam o lazer dos passeadores.

Essa combinação de espaço de observação e presença de monumentos urbanos evidenciava-se em outras iniciativas de construção promovidas pelo rei. A oeste da cidade, a Cours-la-Reine (8º), na estrada para Chaillot, a sudoeste do Palácio das Tulherias, descortinava um cenário urbano semelhante e, em 1670, Le Nôtre criou uma Grand Cours que atravessava o centro dos jardins das Tulherias, seguindo a linha da atual Avenue des Champs-Élysées. Na margem esquerda, viu-se um uso ainda mais impressionante do espaço em 1670, com a criação do Hôtel des Invalides (7º). O domo da igreja parecia quase literalmente puxar Paris mais para oeste. O hospital permitiu a conexão a uma rede crescente de ruas na divisa com o Faubourg Saint-Germain, ao redor da Rue de l'Université, Rue Saint-Dominique e Rue de Grenelle, onde moradias elegantes eram construídas. As instituições prestadoras de serviços dos Invalides também insuflaram nova vida e novas habitações a oeste, em meio à aldeia de Grenelle e aos antigos criatórios de coelhos. Ao mesmo tempo, a partir dali construiu-se uma esplêndida avenida em estilo de bulevar (a Avenue de Breteuil) no sentido sul. Ao norte, proibiu-se qualquer tipo de construção, deixando o panorama intacto.

Luís XIV e seus propagandistas enfatizavam que o Hôtel des Invalides era uma instituição de caridade estabelecida graças à generosidade pessoal do rei com ex-combatentes corajosos. Sob o prisma mais rotineiro, era parte de uma ampla operação de controle para limpar Paris e garantir uma ótima segurança à cidade agora desprovida de muralhas. As rupturas causadas pela Guerra dos Trinta Anos no Norte e no Leste da França haviam causado um êxodo de refugiados em direção a cidades como Paris, enquanto os distúrbios da Fronda exacerbaram o problema da pobreza desarraigada. Em tais circunstâncias, os soldados desmobilizados e os desertores se tornavam fonte invariável de desordem pública e de pequenos crimes – como vinha acontecendo desde a Guerra dos Cem Anos ou mesmo antes.

O confinamento dos veteranos de guerra nos Invalides tinha, pelo menos em parte, a intenção de impedir que estes provessem sua subsistência a partir da exploração da população civil. Adotou-se lógica semelhante no projeto de construção do chamado Hospital Geral (*Hôpital Général*), conceito defendido por ativistas *dévots* pós-tridentinos, como os membros da Companhia do Santo Sacramento, grupo bastante influente (apesar de clandestino). O confinamento em asilos multifuncionais de mendigos, vagabundos e pequenos criminosos junto a pessoas carentes permitiria o socorro a baixo custo dos genuinamente necessitados e a regeneração moral dos delinquentes e desviados, que aprenderiam bom comportamento por meio de um regime severo de doutrinação espiritual. O conceito também atraía aqueles economistas políticos que acreditavam que os pobres concentrados em massa poderiam ser utilizados em atividades artesanais a serviço da balança de pagamentos do país. Outro argumento a favor do confinamento era a persistente tendência de associar os pobres às doenças contagiosas que colocavam em risco a saúde das elites. Em 1606-1607, Henrique IV construíra o Hospital Saint-Louis (10º) para vítimas da peste no meio do caminho entre o norte da cidade e a aldeia de Belleville. O hospital fora utilizado quase que ininterruptamente entre 1618 e 1636, período em que a peste bubônica era praticamente endêmica na cidade de Paris. Dali em diante, com a menor incidência desse flagelo, a instituição ou passava a se dedicar ao tratamento de doenças de pele ou ficava fechada. Embora tenha permanecido fechada por cerca de 80% do tempo entre 1650 e 1700, a ameaça da peste bubônica era encarada como uma realidade mais terrível do que nunca. Portanto, o Hospital Geral (assim como o Hôtel des Invalides, pois a sífilis e as doenças da pele eram endêmicas nas tropas) tinha a vantagem adicional de servir de alojamento a muitos que provavelmente contribuiriam para a transmissão de doenças.

A fundação do Hospital Geral em 1656 foi uma mixórdia e teve um aspecto bem mais repressivo do que o originalmente planejado, o que desagradou muitos *dévots* repletos de intenções humanitárias, como São Vicente de Paulo. Em seu formato final, as diferentes casas da instituição ou serviam para armazenar os pobres sem casa (em especial, crianças enjeitadas, órfãos, idosos, inválidos, deficientes e doentes mentais) ou então aprisionavam diferentes tipos de delinquentes (em particular, prostitutas e indivíduos com alegados desvios de conduta moral). As maiores casas eram La Salpêtrière, para meninas e mulheres, cuja capela coroada com uma cúpula era projeto do Libéral Bruant, e Bicêtre, para homens e meninos. O nome La Salpêtrière origina-se da construção próxima a antigos paióis de pólvora numa zona distante do despojado Faubourg Saint-Victor – na verdade, a reputação desse asilo de pobres era tão ruim que ele impediu maiores expansões urbanas nessa área por muitas gerações. Bicêtre, erguida no local de um castelo abandonado vários quilômetros ao sul da cidade, foi caracterizada por um visitante italiano na década de 1660 como o abrigo de "um ajuntamento de patifes colocados ali para apodrecer na sujeira e brigar sem parar".[24] Até 1663, já havia cerca de cinco mil pobres confinados no Hospital Geral como um todo, dois terços em Bicêtre e em La Salpêtrière. Por volta de 1700, esse número havia dobrado.

Com exceção leprosários, os hospitais da Idade Média costumavam ser no centro da cidade, onde, acreditava-se, a visão da humanidade em sofrimento provavelmente contribuiria para os gestos de caridade de que as instituições dependiam. Assim, o antigo Hôtel-Dieu, por exemplo, ficava ao lado da catedral de Notre-Dame. Para a geração do Grand Siècle, no entanto, quando o assunto era pobreza e doença, valia a máxima "o que os olhos não veem, o coração não sente". O Hôtel des Invalides e também os hospitais de Saint-Louis, La Salpêtrière e Bicêtre, assim como um hospital para enjeitados no Faubourg Saint-Antoine, todos ficavam fora da linha das muralhas da cidade. Havia algumas instituições menores dentro da cidade, na margem esquerda, mas não havia absolutamente nenhuma instituição intramuros na margem direita. A estratégia de manter a pobreza à distância também se aplicava às doenças. Técnicas de cordão sanitário, fundamentais nessa estratégia, foram empregadas com sucesso em 1666-1668 para impedir que a peste descesse o rio desde a Normandia até Paris. Sem saber, a cidade dissera adeus à peste após uma convivência sombria de mais de três séculos.

A política social de contenção do governo era a contrapartida da estratégia de remover as antigas muralhas da cidade e produzir uma cidade aberta. Abrir a cidade implicava fechar as portas àqueles que representavam a maior ameaça à ordem urbana. Novas políticas de policiamento dentro da cidade também seguiam o mesmo padrão. Paris parece ter sido um lugar perigosíssimo no começo do século XVII. Não menos do que 372 pessoas foram assassinadas na cidade só no ano de 1643. Num único dia em 1644, 6 de junho, houve catorze homicídios. A coroa combatera com severidade a prática de duelos a partir da década de 1620, mas ainda havia inúmeros desses compromissos mortais. O crime organizado proliferava, e dizia-se que quadrilhas de mendigos e pequenos criminosos habitavam zonas centrais impenetráveis chamadas de "cortes dos milagres" (*cours des miracles*). A existência de várias "zonas de liberdade" onde os poderes do Châtelet eram limitados e de senhorias que desfrutavam de poderes judiciais (especialmente aquelas pertencentes ao bispo, ao cabido da catedral e a algumas instituições monásticas) pareciam encorajar em vez de inibir a atividade dos fora da lei.

5.3: A Cour des Miracles

Os parisienses do século XVII eram dominados por um pânico moral. Os mendigos e delinquentes haviam se reunido em organizações paramilitares e viviam da boa-fé e das boas intenções dos parisienses honestos. Indivíduos descontrolados habitavam regiões da cidade onde a lei simplesmente não se aplicava. Henri Sauval, historiador parisiense do final do século XVII, alegou que visitara a mais famosa dessas zonas de liberdade urbanas, a Cour des Miracles, localizada próxima ao convento das Filles-Dieu, cujo limite hoje são a Rue Réaumur, a Rue Damiette e a Rue des Forges (2º). Era, segundo observou, "uma quadra de tamanho bem considerável, um enorme e fedorento beco sem saída, enlameado, irregular e sem qualquer pavimento". Era "um outro mundo [e] situado num dos bairros mais sujos e malconstruídos". A Cour era o quartel-general dos ladrões profissionais, dos salteadores de estradas, das prostitutas e dos mendigos. Os "milagres" ali realizados eram os gestos histriônicos pelos quais os mendigos se caracterizavam para parecerem cegos, deficientes, aleijados e cobertos de machucaduras e feridas. De volta para casa após um dia de esmolaria ilegal, relatou Sauval, "eles removem as pinturas, limpam-se e ficam saudáveis e alegres num instante – sem quaisquer milagres".

Essa extraordinária Cour des Miracles tinha traços que lembravam uma confraria ou corporação – por exemplo, os mendigos tinham leis, rituais e ritos de passagem próprios, bem como procedimentos de treinamento e códigos de honra específicos. Mas a Cour também parodiava a corte real (também uma *cour*) construída pelos Bourbon. Os residentes da Cour des Miracles tinham seu próprio rei, o assim chamado Grand Coesre, além de, observou Sauval, "leis, Estados-Gerais e um idioma só deles". Enquanto os reis da França acentuavam o seu direito divino, na Cour des Miracles "todos viviam numa grande libertinagem, sem fé e sem lei; o batismo, o casamento e os sacramentos eram desconhecidos". Além disso, alguns eram ciganos.

Entretanto, a lenda da Cour des Miracles tinha pouco fundamento de verdade e funcionava como um mito reconfortante para as classes proprietárias. Não há nada nos registros policiais e judiciais ou mesmo em mapas da cidade contemporâneos que confirme esse nível de sofisticação organizacional no mundo do crime, da mendicância e da prostituição. Mas a ideia de existir essa contracultura estabelecida alimentava a crença dos parisienses de que deveriam ser mais comedidos nos gestos de caridade para com os pobres, por temerem estar subsidiando o vício e o crime. A ideia também servia de justificativa para os esforços de Luís XIV de instituir uma disciplina social mais severa numa Paris cuja violência fora confirmada durante a Fronda. A fundação, em 1565-1567, do Hospital Geral de Paris – o conjunto lamentável de asilos para indigentes e prisões onde os pobres necessitados e delinquentes seriam confinados – inspirou-se na ideia de se erradicar a mendicância das ruas e fechar os refúgios do vício. Do mesmo modo, um dos primeiros méritos alegados por Nicolas de La Reynie, o novo oficial de Polícia de Luís XIV, o chefe-geral de Polícia, cargo criado em 1667, era o de haver empreendido uma batida policial no Cour des Miracles, expurgado o bairro de seus moradores e restituído a lei e a ordem na área. Com a expansão urbana perto do fim do século, novas ruas retas atravessaram o antigo local da Cour des Miracles. Os últimos vestígios da *Cour* desapareceram com a expropriação e o desenvolvimento do terreno das Filles-Dieu na Revolução e com os novos projetos de Haussmann no Segundo Império (em especial ao longo da Rue Réaumur).

A ideia de uma contracultura urbana de pobreza e mendicância inspirou o lado romântico de Victor Hugo. Seu romance *Notre-Dame de Paris*, de 1831, aproveitou bastante as informações de Sauval e escritores similares na representação da cigana Esmeralda, de Quasímodo e das demais personagens. Hugo e outros que lhe seguiram estavam pelo menos em parte refletindo temores contemporâneos sobre o nível de auto-organização das classes trabalhadoras industriais urbanas de Paris. Isso não quer dizer, é claro, que os níveis de pobreza ou certos aspectos do crime organizado da Paris de Victor Hugo não fossem tão assustadores quanto na Paris de Luís XIV. Mas, a exemplo do ocorrido em meados do século XVII, no começo do século XIX houve imigração urbana de grande escala, e as estruturas de controle social existentes foram submetidas à violenta pressão. A história da Cour des Miracles era mais um mito que mexia com os amplos temores burgueses sobre a ordem pública do que um relato etnográfico correto sobre a realidade social estabelecida. Infelizmente, o mito ressurge em outras épocas de preocupação social – por exemplo, tem sido usado e abusado nas descrições de comunidades imigrantes na Paris dos fins do século XX. A Cour des Miracles era um grupo genuíno de ruas. Mais importante, era também a ficção criada pela imaginação burguesa indignada. Seu sombrio significado ideológico não deve ser subestimado.

Em 1665, a crise precipitou-se quando o oficial superior da polícia – o *lieutenant criminel* do Châtelet, Jacques Tardieu – e sua mulher foram assassinados em casa. Foi quase impossível encontrar um substituto. Em 1666, um comitê governamental de alto escalão reuniu-se para reestudar o policiamento na capital. A vigilância da cidade passou por reforma e expansão. Mais crucial foi a criação, em 1667, de um novo cargo oficial monárquico, dotado de amplos poderes para supervisionar todo o policiamento da cidade: o chefe-geral de Polícia. O primeiro nomeado, La Reynie, permaneceu por trinta anos no posto, até 1697, e seu sucessor, o marquês d'Argenson, por quase duas décadas. O meio século em que os dois estiveram à frente dessa posição, alçada à importância de ministério, demonstrou-se absolutamente fundamental à vida parisiense. A missão recebida no édito de 1667 era "expurgar a cidade de toda e qualquer fonte de desordem e obter abundância".[25] Inspirando-se de modo característico no Império Romano, Colbert considerava essencial "impedir que a cidade de Paris crescesse demais e compartilhasse o destino das cidades mais poderosas da Antiguidade, cujas entranhas tinham sido a fonte da própria ruína, pois é dificílimo garantir a ordem e a boa administração [*police*] em todas as partes de um organismo tão grande".[26]

Em 1674, com o término dos direitos senhoriais não monárquicos no âmbito da cidade, os poderes policiais eram desempenhados uniformemente através do espaço urbano. Mantiveram-se poucas "zonas livres", como as imediações do Templo, no Marais, não fustigadas pelo controle policial e, portanto, onde os autores escapavam da censura. Mas essas zonas além de poucas eram sempre infiltradas por espiões policiais. Batidas para recolher mendigos e pequenos meliantes resultavam em transferências em massa para o Hospital Geral. As *cours des miracles* foram (supostamente) desmanteladas. Da mesma forma, existiam políticas bem mais rígidas relativas à prostituição e a comportamentos sexuais divergentes, em especial a partir dos anos 1680, à medida que o governante, com a idade, tornava-se mais melindrado e *dévot*.

Apesar do poder repressivo do chefe-geral de Polícia, havia também um aspecto criativo e até benigno em seu trabalho. Ele demonstrava preocupação com a assistência social e o alívio dos pobres, em particular em épocas de escassez e de epidemias. O chefe-geral de Polícia introduziu um sistema de limpeza de ruas bem mais eficaz, além de multiplicar programas de pavimentação e alargamento das vias. O surgimento da carruagem como meio de transporte na cidade era relativamente recente. Antes os parisienses andavam a pé, a cavalo e a mula. Pouco tempo antes, no reinado de Henrique IV, carruagens eram virtualmente desconhecidas. Certa ocasião, o monarca deixou de comparecer a uma reunião com o ministro principal com a desculpa de que "minha mulher está usando a carruagem".[27] (Por mórbida ironia, Henrique seria assassinado dentro de sua carruagem, presa no trânsito lento.) Em meados do século XVII, contabilizavam-se trezentas carruagens, e um lucrativo negócio de aluguel de carruagens desenvolvera-se. Havia mais de dez mil delas no começo do século seguinte. A iluminação urbana também deu um salto de qualidade em consequência da ação da polícia, fato comentado com frequência pelos visitantes estrangeiros na cidade. Após 1700, introduziu-se um novo sistema de combate a incêndio, que empregava modernas bombas hidráulicas de fabricação holandesa.

O rei e o seu chefe de polícia também trabalhavam coordenados em relação ao mundo do trabalho. Desde o início da paixão de Henrique IV pela ideia de impulsionar a indústria da seda parisiense, os governantes da dinastia Bourbon demonstravam preocupação – posteriormente rotulada de "mercantilista" – com a produção de bens de luxo, de modo a reduzir a dependência da importação. Nesse aspecto em particular, Colbert teve ação incisiva, e Paris era um de seus laboratórios mais trabalhados. O estado criou uma impressionante estrutura artesanal no Faubourg Saint-Marcel, em Gobelins (13º) – sob a direção artística do Primeiro Pintor real, Charles Le Brun –, especializada em produtos necessários à corte real: tapeçarias, esculturas, trabalhos sofisticados de ferraria e marcenaria etc. Organizou-se a ala Savonnerie do Hospital Geral em Chaillot (16º) para a produção de tapetes, e criou-se uma fábrica de espelhos em Reuilly (12º), além do Faubourg Saint-Antoine.

Coube a La Reynie administrar a disciplina trabalhista, não apenas nas fábricas estatais, mas por toda a Paris. Despenderam-se esforços consideráveis para reprimir os sindicatos trabalhistas clandestinos conhecidos como *compagnonnages.* A legislação real no século XVI buscara assegurar que todos os artesãos e donos de lojas fizessem parte de uma corporação ou sindicato legalmente constituído. Colbert renovou essa legislação em 1673 e recorreu a La Reynie para executá-la em Paris. Embora nem mesmo o rei estivesse convicto quanto a impor essa legislação, o número de sindicatos legalmente constituídos em Paris dobrou em duas décadas. A ideia de restringir o trabalhismo a sindicatos sob controle vigilante era consistente do ponto de vista ideológico com a estratégia de alijar os pobres. As políticas de contenção também ecoaram no sistema de bairros (*quartiers*) em que Paris se reorganizou em 1680 e de novo em 1702. O novo sistema procurava substituir as antigas comunidades burguesas locais por uma estrutura administrativa mais rígida, imposta de cima para baixo, sob a tutela do Châtelet. Cada bairro era patrulhado por comissários da Lieutenance-Générale.

Assim, durante várias décadas, uma espécie de condicionamento real tentou fazer os parisienses seguirem as noções de *romanidade* que inspiravam os monumentais projetos de construção de Luís e Colbert. Porém, no começo dos anos 1670, os dois já haviam percebido que era impossível vencer essa batalha. Colbert se deu conta da sua incapacidade de dissuadir Luís de sua birra com os parisienses, forjada nos dias sombrios da Fronda. Quando residia no Louvre, o rei perambulava em Fontainebleau, Saint-Germain-en-Laye e ansiava por outras residências reais nos arredores de Paris. Entre todas essas paixões de Luís destacava-se Versalhes, que para o pai dele tinha sido pouco mais que um chalé de caça. "Ah! Como é trágico", Colbert certa vez dirigira-se de forma retórica ao rei, "que o maior e mais virtuoso dos reis (...) venha a ser julgado por Versalhes!"[28] Mas era isso mesmo que aconteceria.

Nas décadas de 1660 e 1670, Luís passou a considerar com alta estima o seu próprio papel em assuntos europeus. Mas apesar de seus esforços, deparou-se com a postura irreparavelmente crítica e depreciativa dos parisienses, não dispostos a participar no exagero da glória internacional do rei. Por exemplo, em 1661, ao aquiescer com o poder único, Luís demitira Nicolas Fouquet do cargo de ministro das Finanças e o colocara em julgamento por corrupção. Mas quanto mais demorava o julgamento, mais os parisienses aderiam à causa contra o sucessor de Fouquet, o frio e pragmático Colbert. A opinião parisiense escandalizou-se com a severa sentença recebida pelo ex-ministro das Finanças. Se por um lado Luís desdenhava o povo parisiense, por outro ele desprezava o conselho municipal e tinha sérias suspeitas em relação ao Parlamento. Mesmo após livrar-se do arquiconspirador Retz, que perdeu a condição de arcebispo de Paris, Luís ainda guardava mágoa do baixo clero frondeur. Muitos eclesiásticos foram atraídos pelas ideias austeras dos jansenistas, e Luís nunca tirou da cabeça que esses tinham formado a milícia de Retz durante a Fronda. Sua linha dura contra o convento jansenista em Port-Royal na década de 1680 recebeu muitas críticas vindas da igreja, do Parlamento e do povo de Paris (como os agentes policiais puderam contar em detalhe ao rei). Até mesmo sua revogação do Édito de Nantes, em 1685, que o rei esperava provocar aplausos de sua cidade hipercatólica, fracassou em alcançar elogio unânime. Aspectos violentos da interdição do protestantismo – a destruição do templo huguenote em Charenton, a tentativa de subjugar as consciências – causavam preocupação até mesmo no círculo *dévot.*

O entusiasmo religioso começava a inibir a turbulenta e rabelaisiana cultura urbana de que os parisienses sempre haviam se orgulhado. O dramaturgo Molière satirizou a beatice na peça *Tartufo* (1664), mas ele nadava contra a corrente, especialmente porque Luís, a partir dos 1680, deu uma guinada em direção à religiosidade pomposa. Além disso, a associação da Pont Neuf com a indisciplina da Fronda afastou o rei e seu séquito. No passado, os monarcas eram visitantes assíduos da anual Feira Saint-Germain. As aberrações e exibições fantásticas da feira continuavam a atrair multidões – um visitante alemão registrou ter visto ali uma mulher barbuda, um homem sem mãos que escrevia com os pés, uma leoa, um camelo, um golfinho de duas cabeças, um aquário, uma vaca de cinco patas, shows de marionetes, homens fortes erguendo canhões, equilibristas na corda bamba e muito, muito mais[29] – mas o rei não mais fazia parte da multidão. Ele preferia uma cultura baseada na corte – mascaradas, peças, bailados (dos quais participava com destaque), concertos e similares. Iniciados por Henrique III, esses entretenimentos da corte agora estavam firmemente estabelecidos no repertório cultural dos monarcas. Davam pouco espaço para o povo parisiense.

Com a morte da mãe, Ana da Áustria, no Louvre, em 1666, Luís escapou para Versalhes, "o lugar onde mais consigo ser eu mesmo"[30], e esse sentimento de distinção tornou-se cada vez mais pronunciado. Luís não retornou ao Louvre por quase dois anos, e então passou apenas dois meses do ano ali. Ele abandonou o Louvre – para sempre, como se confirmaria – na chuvosa noite de 10 de fevereiro de 1670, retornando à cidade em não mais de 24 vezes ao longo dos próximos 44 anos até sua morte, mas não pernoitou ali de novo. A mudança do governo para Versalhes, para onde passou a destinar somas colossais de dinheiro, foi gradual, e só em 1683 a corte realmente mudou-se para Versalhes. Por um bom tempo tudo era provisório: seu ministro das Relações Exteriores teve de dormir junto com a coleção de animais selvagens em 1672. Mesmo depois de 1683 os problemas continuavam claros: os ministros eram obrigados a morar em Versalhes, mas seus escritórios e arquivos permaneciam em Paris, a três horas de viagem.

Além disso, por volta de 1683, Colbert – com quem Luís forjara a ideia da *Romanidade* parisiense – estava morto. A intenção de fazer de Paris algo especial morreu com ele. Na verdade, Luís abandonara Paris bem antes de estabelecer a corte em Versalhes. No decurso de seu reinado, ele gastaria bastante dinheiro em novas construções em Paris: a soma chegaria a vinte milhões de libras, metade desse valor no Louvre e nas Tulherias, com Gobelins e o Hôtel des Invalides representando também somas substanciais. Mas isso era quase nada – cerca de 10% – se comparado à quantia investida em Versalhes. De modo sintomático, apesar do alto preço da fachada leste de Perrault para o Louvre, o prédio nem ao menos recebeu um telhado até bem depois do começo do século XVIII. Havia o perigo iminente de Paris ser eclipsada pela nova cidade da corte. Luís continuava a indagar de seus cortesões: "O que andam dizendo em Paris?", mas na própria cidade havia uma preocupação generalizada de que Paris estivesse se tornando, nas palavras de La Bruyère, "o símio da corte".[31] Durante as últimas décadas do seu reinado, Paris sofreu um eclipse monárquico.

Paris fora remodelada de acordo com os padrões de um governante de estilo romano, mas agora a cidade na maior parte do tempo tinha de se contentar apenas com a imagem desse governante. As gazetas da corte, jornais domesticados e medalhões reais proclamavam a glória do rei. A imagem dele era também disponível aos parisienses em esculturas, em especial na Place des Victoires e na Place Vendôme. Essas duas tentativas tardias de conectar-se com a tradição da *place royale* mapeada por Henrique IV situavam-se nas novas áreas ocidentais da margem direita. O projeto da Place des Victoires (1º), logo a leste da Rue de Richelieu, de autoria de François Mansarte, dava realce à estátua de Luís XIV, comissionada pelo renomado bajulador duque de La Feuillade. O rei visitou a estátua em 1687, quando o local estava sendo limpo para a construção. Outra estátua com a imagem do rei era o ponto central da Place Vendôme, a oeste (1º). As casas eram construídas no mesmo estilo, como na Place Royale de Henrique IV, mas exalavam tanta polidez, elegância e sofisticação que faziam a praça favorita de Henrique IV parecer singularmente bucólica e arcaica. Como na Place des Victoires, os habitantes da nova praça eram os gerentes das mais ricas agências financeiras das quais o rei dependia para empreender suas guerras.

Apesar da centralidade de sua representação para o conceito como um todo, Luís nem se deu o trabalho de comparecer à cerimônia de inauguração da Place Vendôme em 1699, enviando o duque de Orléans em seu lugar. Na verdade, as duas praças tiveram importância menos pela glorificação da imagem real, mas sim pela imitação generalizada das formas clássicas na arquitetura doméstica para clientes não aristocráticos. As poucas visitas finais de Luís a Paris após 1700 tiveram a ver com o Hôtel des Invalides. Mas se ele demonstrava uma louvável preocupação com o bem-estar dos militares, parecia indiferente no que se refere ao bem-estar dos civis. A amplidão generosa e magnífica das praças reais contrastava com as condições de vida do povo. Em 1698, o visitante inglês Martin Lister comentou: "Aqui os palácios e os conventos consumiram as moradias do povo, aglomerando-as de modo exagerado e se apossando da maior parte da terra".[32]

Guerras quase ininterruptas a partir dos fins dos anos 1680 impuseram imensa pressão ao país, levando ao aumento de impostos e a um pacote de estratagemas financeiros. Em 1693-1694, e depois novamente em 1709-1710, a França sofreu algumas das piores crises de mortalidade do começo do período moderno. O problema era essencialmente meteorológico: devido às péssimas safras em toda a Europa, causadas por condições climáticas limitantes, a comida estava escassa. Em 1693-1694, mais de um décimo da população total da França morreu, e uma testemunha ocular recordou que em Paris "1.400 a 1.500 pessoas morriam por dia, algumas no Hôtel-Dieu, outras atoladas na lama no meio das ruas".[33] A crise de 1709-1710 foi menos pronunciada, mas ainda assim drástica. A severidade do inverno tornou-se lendária, e com o posterior degelo a maior parte de Paris ficou abaixo d'água. A aspereza das condições causou a diminuição da população da cidade provavelmente em um quinto, de cerca de meio milhão para em torno de quatrocentas mil pessoas.

O governo real pouco podia fazer contra esse tipo de flagelo, mas isso não o impediu de receber boa parte da culpa por inação diante do sofrimento. Em 1709, o ressentimento cristalizou-se em rebeldia, depois que projetos de assistência social com o objetivo de prover a subsistência para os necessitados falharam devido à grande demanda. A casa do chefe-geral de Polícia d'Argenson (que trabalhou duro para mitigar os efeitos da crise) precisava manter uma guarda armada para evitar ataques populares, e alguns tiroteios resultaram em vários parisienses mortos.

"À bala: o único modo de fazer os parisienses calarem a boca", observou sardonicamente o escritor Gustave Flaubert, no século XIX.[34] Esse tipo de comentário só se torna realmente inteligível na história parisiense a partir da época de Luís XIV. No passado, com frequência os reis se viram combatendo os parisienses – mas isso era principalmente para controlar a cidade e fazê-la a peça central nas políticas estratégicas. A violência manifesta ainda era exceção, mas agora que a monarquia remanejara o centro ritualístico para a vizinha Versalhes, o governo buscou manter os parisienses na linha por meio de medidas de contenção, cárcere, restrição, policiamento – e, como último recurso, violência manifesta. Ao remover as fortificações da cidade, a monarquia objetivara tornar os parisienses mais dependentes da dinastia. Mas isso não aconteceu. Com a monarquia se mantendo à distância e aparentando desinteresse na ideia de construir uma nova Roma, parecia agora depender mais dos parisienses a construção de sua própria história.

6

A capital sem rei do Iluminismo

1715-1789

Paris perdera a condição de residência real em 1683. Em 1715, após a morte de Luís XIV, o menino Luís XV (r. 1715-1774) foi transferido para o Palácio das Tulherias. Seu tio, o duque de Orléans, instalou-se no Palais-Royal como regente. Em 1722, porém, o menino-rei, com apenas doze anos, deslumbrado com a imagem carismática do bisavô, recolocou a corte em Versalhes. E por lá ficou. Seu neto e sucessor, Luís XVI (r. 1774-1792), nem pensou em retornar a Paris. Só em 1789 veio a morar na cidade – compelido pelas lanças e baionetas dos súditos rebeldes. Mas essa história vai ter de esperar um pouco.[1] O que nos interessa neste capítulo é como uma cidade cuja identidade histórica construiu-se em torno do status de capital real, que tendeu a desfrutar de seus melhores momentos enquanto o monarca nela residia, adaptou-se à condição da ausência física do rei.

Nem Luís XV tampouco Luís XVI sentiam-se em casa em Paris: os dois mostravam pouca desenvoltura em público, e seu aparecimento em lugares públicos não exibia a indiferença astuta de Henrique IV ou de Luís XIV. Em 1744, os parisienses, após o episódio em que Luís XV adoeceu com gravidade, chamaram-no de Luís, o Bem-Amado. Entretanto, o afeto não era profundo nem permanente. As visitas de Luís XV a Paris já se tornavam raras e superficiais quando, em 1749, uma revolta pelo suposto rapto de crianças por oficiais do rei estremeceu as relações de uma vez por todas. Depois do episódio chamado de "As Crianças Desaparecidas", até mesmo o próprio Luís comentou soturnamente que se tornara "Luís, o Bem-Odiado" aos olhos dos súditos parisienses.[2] Ele mandou abrir uma estrada especialmente para não ser obrigado a atravessar a capital ao viajar de Saint-Denis a Versalhes. Dessa forma, ele nunca passava a noite em Paris, não fazia *entrées* reais, evitava ir à missa na catedral de Notre-Dame ou na Sainte-Chapelle e raramente dava o ar de sua graça no Louvre. Luís XVI nada fez para reverter essa tendência; na verdade, em maio de 1770, um terrível pânico na multidão nas ruas próximas ao Palácio das Tulherias, durante a noite de festas de seu casamento (quando ainda era delfim) com Maria Antonieta da Áustria, mais de cem parisienses morreram esmagados – infortúnio que estremeceu as relações logo de início.

O distanciamento entre a coroa e Paris estava ligado ao temor pelo contínuo progresso da capital. Seguindo o exemplo de Luís XIV e Colbert, o governo receava que a cidade pudesse repetir a experiência das megalópoles dos tempos antigos e "morresse devido ao próprio tamanho", como afirmou o teórico em assuntos policiais De La Mare.[3] Havia o perigo de a cidade ser estragada pelo desuso devido à fuga aos subúrbios, o que obstruiria o centro da cidade, dificultando a circulação e o policiamento eficientes. Em 1724, Luís XV, recém-instalado em Versalhes, demonstrou preocupação com esse assunto por meio do endosso formal da lei de 1674 de seu predecessor, pela qual ficava proibida a construção de novas ruas nos faubourgs.

Ao longo do século, porém, o desenvolvimento da cidade não pareceu sentir a influência do eclipse parcial da presença do rei nem das restrições governamentais ao crescimento urbano. De fato, o século XVIII viria a ser um dos mais fascinantes e dinâmicos na história dessa cidade então aparentemente sem rei. A população de Paris cresceu de cerca de meio milhão de habitantes ao final do reinado de Luís XIV para mais de 650 mil habitantes em 1789. O comércio e a indústria se intensificaram, seu papel como centro de consumo atingiu novos picos, e as conquistas intelectuais elevaram-se a grande altitude. Paris tornou-se a capital não oficial do Iluminismo europeu, o movimento de ideias que salientava a importância do aperfeiçoamento racional da humanidade. As instituições culturais da cidade floresceram de modo a despertar a inveja do resto da Europa, que passou a tentar imitá-la. "Paris é o mundo", escreveu Marivaux em 1734, "o resto da Terra não passa de periferia."[4] No século anterior, La Bruyère desdenhara o modo com que Paris imitava a corte de Versalhes.[5] Agora, essa relação se invertera. Na década de 1780, o dramaturgo e analista urbano Louis-Sébastien Mercier descreveria a posição de Versalhes em relação a Paris como a de "um satélite ao redor de um furacão".[6] A corte real era destino certo dos turistas locais e estrangeiros, mas, reconhecia Mercier, era Paris e não Versalhes que "atraía a atenção do mundo inteiro". Paris, admitiu Charles de Peyssonel em 1782, era a "sinopse do Universo, cidade vasta e disforme, repleta de maravilhas, virtudes, vícios e desatinos".[7]

Os primeiros guias de viagem de Paris haviam realçado suas antiguidades e o arquivo arqueológico que ela corporificava. Entretanto, na *Nova descrição da cidade de Paris*, de Germain Brice, muito reeditada ao longo do século[8], a ênfase mudou para o aqui e o agora e destacou a importância do utilitário sobre o histórico, fornecendo endereços de lojas em vez de intermináveis listas de monumentos. Paris era importante pelo seu presente, não pelo seu passado. Havia a crescente preocupação em ajustar o pleno alcance da pulsante vida sociocultural da cidade e de representar esse alcance de um modo menos engessado pela tradição. Pioneiro, o guia de Brice incluía um mapa da cidade; mais de cem mapas de Paris seriam publicados ao longo do século – bem mais do que no passado. Esses mapas invariavelmente delimitavam a divisão

administrativa de Paris de 1702 em vinte *quartiers* em vez da antiquada divisão em Île de la Cité, margens direita e esquerda. Mais e mais mapas, guias e almanaques eram disponibilizados em tamanho de bolso, em especial aos passantes curiosos.

Pânico na multidão durante as celebrações do casamento real, 1770

A face de Paris parecia mudar de modo palpável no sentido de atenuar o conservador vocabulário visual da autoridade do rei. A ostentação do poder militar real era menos importante do que até então, em particular devido à retirada das fortificações por Luís XIV. A criação de uma sequência de aparentemente inexpugnáveis fortalezas no perímetro da nação francesa produzira uma *pax borbonica* benéfica aos parisienses: não houve incursões militares contra a capital desde a Fronda até 1792 (embora tenha havido medo de invasão por duas ocasiões). A fortaleza da Bastilha de Charles V tornou-se uma prisão, assim como a Châtelet, repleta de torres. As duas só foram demolidas depois do colapso do Antigo Regime – a Bastilha, semanas após o 14 de julho de 1789; e a Châtelet, entre 1802 e 1810. Porém, as duas já eram consideradas obsoletas, e existiam numerosos projetos para sua retirada da paisagem urbana. Estavam fora de lugar numa cidade aberta. Além disso, com raras exceções[9], os projetos de construções eclesiásticas – um dos meios pelo qual o poder dos Bourbon com base no direito divino se afirmara, no zênite da Contrarreforma – eram menos evidentes num século que, para todos os efeitos, se tornava cada vez mais profano e materialista. As cerimônias com procissões religiosas agora serviam de incitação para entretenimentos mais mundanos: em 1786, a visitante inglesa sra. Cradock ficou impressionada com a "mistura de religião e divertimento", ao testemunhar a transformação de uma solene procissão religiosa nas imediações da igreja de Saint-Sulpice que envolvia centenas de padres em um espetáculo de rua que incluía "um macaco montado num camelo e um palhaço dançando, cantando e fazendo piadas lascivas ao público", acompanhados por outros artistas de rua.[10]

A redução do compromisso dinástico com a cidade podia estar em andamento, mas era notório que tanto Luís XV como Luís XVI procuravam não se desconectar da cidade. Afinal, os impostos parisienses forneciam ao redor de um sexto de toda a renda estatal. Paris podia estar fisicamente sem rei, mas continuava preparada para ostentar sinais da autoridade e da força dinásticas – e para aceitar as exigências do cobrador de tributos do rei. Cerimônias de boas-vindas a embaixadores e chefes de Estado estrangeiros continuavam a acontecer nas ruas da cidade, a exemplo das *salles de parade* em Versalhes. Entretanto, o louvor ao rei nessas ocasiões era invariavelmente vicário. Na ausência do rei, os príncipes de sangue real, amantes de Paris, como os sucessivos duques de Orléans e o primo de Luís XV, o príncipe de Conti, participavam pessoalmente dessas celebrações. Da mesma forma não auspiciosa, o Parlamento de Paris recuperara o poder de protestar contra éditos reais e começara a acentuar o contestado papel de defensor e representante do povo parisiense – e em verdade da nação francesa. Os magistrados envolveram-se em frequentes embates políticos com Luís XV. Esses embates foram mais notáveis no final da década de 1720 e no começo dos anos 1730, e depois durante a década de 1750 – sobre assuntos financeiros e também relativos ao movimento jansenista na igreja francesa. Tanto o rei quanto o Parlamento buscavam, com adulação, obter os favores da opinião parisiense. Disputavam para ver quem parecia mais patriótico e atencioso aos olhos dos parisienses.

Houve, de fato, uma perceptível mudança no estilo da representatividade urbana preferido pela coroa. Os governantes deixaram para trás a tradição de realçar a condição do rei como chefe militar a ser obedecido ou como temeroso representante divino na terra. Em vez disso, a propaganda real enfatizava que o rei deveria ser visto como afável – apesar de um tanto distante – símbolo paterno, ansioso por assegurar o bem-estar dos súditos e por inspirar amor, respeito e gratidão em vez de medo ou espanto. Assim, os reis podiam se dissociar fisicamente de Paris; mas a monarquia não renunciava ao direito duradouro de moldar Paris à imagem e semelhança de sua dinastia.

Essa nova abordagem ficou evidente quando Luís XV fundou, em 1752, uma academia militar, a École Militaire. Isso mostrava a associação real da cidade com outro objeto da afeição real: a nobreza militar. Nobre gesto filantrópico, a exemplo da criação do Hôtel des Invalides e o La Salpêtrière, a escola foi construída, como os estabelecimentos citados, na menos habitada margem esquerda (num local casualmente bem fora dos limites da cidade estipulados pela coroa de 1674 a 1724). A École Militaire, construída com a supervisão do financista Pâris-Duverney e da amante de Luís XV, a Marquesa de Pompadour, visava prover treinamento e carreira para camponeses pobres e de boa família. A instituição teve a trajetória um pouco ofuscada até a Revolução: projetada levando em conta a caridade real, nunca recebeu os fundos necessários e levou anos para ficar pronta. Mas a sua criação foi importante para atrair Paris mais para sudoeste e estimular a construção de prédios novos no Faubourg Saint-Germain. A diminuta aldeia de pescadores de Gros Caillou (7º), situada entre a École Militaire e o Hôtel des Invalides, agora prosperava ao suprir essas instituições.

Avenidas amplas e ladeadas por árvores foram criadas nas redondezas da École Militaire e do Hôtel des Invalides, com a planificação gradualmente estendida aos bulevares do perímetro da cidade. Esse desenvolvimento complementou-se com a criação, na parte externa da escola, onde antes existiam lotes de horticultura, de um campo de exercícios e desfiles, o Champ de Mars. O terreno foi encompridado pelo aterro de um arroio afluente do Sena: incorporou-se a antiga Île des Cygnes de modo a estender o Champ de Mars até o Sena (no ponto em que mais tarde seria erguida a Torre Eiffel). Dezenas de milhares de pessoas podiam reunir-se e de fato se reuniam aqui para exibições militares, corridas de cavalos e outros espetáculos públicos.

O Champ de Mars realçava o desejo contínuo da monarquia de contribuir para o remodelamento da cidade. Também demonstrava a crescente preocupação do rei com a autopromoção e a generosidade dinásticas por meio do espetáculo público. Essa política era clara também numa série de projetos e iniciativas menores. Os jardins das Tulherias, por exemplo, foram abertos ao público (gesto que Luís XVI obrigou os príncipes reais a imitar no caso dos jardins do Palais-Royal e de Luxemburgo). Conceberam-se planos para estender as praças em frente às igrejas de Saint-Sulpice (6º) e Saint-Germain-l'Auxerrois (hoje Place du Louvre; 1º) com o objetivo de permitir a formação de locais semelhantes para a reunião de multidões. Tais praças públicas, notadamente as praças reais, tornaram-se palco das comemorações públicas orquestradas para anúncio de tratados de paz, batalhas importantes, eventos dinásticos e assim por diante. Os cais à beira do Sena também foram redesenhados de forma a acomodar o grande número de pessoas que desejavam assistir aos entretenimentos fluviais nos feriados. Por exemplo, em 1739, magníficas justas fluviais (*joutes*) aconteceram no Sena para celebrar o casamento da filha mais velha do rei com um príncipe espanhol (embora, como sempre, ninguém da família real tenha se dado o trabalho de comparecer).

A grandeza da dinastia era cada vez mais expressa no estilo neoclássico. Esse retorno ao gosto pela Antiguidade nos círculos do governo deveu-se muito à visita que o marquês de Marigny, irmão mais novo da Madame de Pompadour, fez à Itália no começo dos anos 1750. Quando retornou, apaixonado por antiguidades, Marigny tornou-se diretor-geral dos Edifícios Reais, cargo que lhe deu controle sobre as comissões artísticas e arquitetônicas reais por duas décadas. O Hôtel des Monnaies (a Casa da Moeda real), construído nos anos 1770 pelo arquiteto Jacques-Denis Antoine sob a orientação de Marigny em local de grande visibilidade às margens do Sena[11], foi um exemplo de sua paixão. Poderia muito bem passar por um templo grego um pouco atualizado. Isso valia também tanto para a Faculdade de Cirurgia de Jacques Gondouin, onde hoje é a Rue de l'École de Médecine (6º), que Luís ajudou a patrocinar, quanto para a igreja da Madeleine (8º), iniciada por Constant d'Ivry em 1764. A coroa atuava também nas amplas reformas ao redor do novo Théâtre-Français (hoje o Odéon; 6º), outro templo pseudogrego. Luís XV comprou o terreno do príncipe de Condé em 1773, mas quando o rei morreu, o trabalho não tinha ido muito longe. Luís XVI passou a responsabilidade da construção para o irmão, o conde de Provence, que recebeu como residência o palácio Luxembourg, perto dali. O terreno foi dividido num conjunto radial de ruas tendo como centro o teatro, construído de modo a se abrir defronte a uma grande praça. O estilo romano era mais notável no mercado de cereais (*Halle aux Blés*) (1º) erigido nos anos 1760 em forma de coliseu no terreno do Hôtel de Soissons, de Catarina de Médici.[12]

O maior produto dessa renascença greco-romana, exemplo especialmente requintado dos espetaculares monumentos da coroa, era a igreja de Sainte-Geneviève (5º). Em 1744, depois de se recuperar da quase fatal doença em Metz, Luís XV fez a promessa de reconstruir a muito dilapidada igrejaabadia de Sainte-Geneviève, local de repouso dos restos mortais da santa padroeira de Paris, assim como de Clóvis e outros reis merovíngios. O projeto da nova igreja foi obra de Jacques-Germain Soufflot, um dos acompanhantes de Marigny na viagem turística pela Itália. A primeira pedra foi colocada em 1764, e a igreja foi completada em 1773. Tornar-se-ia o Panthéon, local de repouso para os restos mortais de grandes homens (e, há pouco tempo, diminutas amostras de grandes mulheres). De modo significativo, apesar do pedigree real, os restos mortais dos reis e das rainhas nunca passariam o domo desse imponente edifício: a Revolução garantiu isso. Para dar à igreja espaço para respirar, abriu-se a Rue Soufflot (5º), rumo aos jardins do Luxembourg. Embora a nova rua terminasse logo na Rue Saint-Jacques, a operação envolveu gastos consideráveis e vastas operações administrativas.

As complexidades do importante crescimento em meio ao tecido urbano existente influenciaram a localização de outra importante iniciativa real, a Place Louis XV, projeto que combinava igualmente o paternalismo real, o monumentalismo espetacular e o gosto pelo greco-romano. A ideia para uma nova praça real seguiu-se à promessa feita pelo governo da cidade de homenagear Luís XV por seu sucesso na Guerra da Sucessão Austríaca (1740-1748). Em dois concursos, arquitetos e engenheiros foram convidados a sugerir um local e um projeto para a praça. Mais de cem competidores entraram no espírito do projeto, propondo ampla e imaginativa série de locais (por exemplo, a Île de la Cité, a Place de l'Hôtel-de-Ville e até mesmo, com certa ironia, a Bastilha). Quase todos esses locais teriam aberto o coração da cidade e estimulado a mobilidade e a conexão. No entanto, esses projetos teriam sido difíceis de executar dos pontos de vista político, financeiro e administrativo, e no fim o rei preferiu a alternativa mais fácil: doar aos líderes da cidade um pedaço de terra que lhe pertencia, na extremidade dos jardins das Tulherias, na ponta ocidental de Paris. A nova Place Luís XV (mais tarde, Place de la Concorde; 1º) ofereceu menos oportunidade para renovação urbana que as praças reais do século XVII, como a Place des Vosges e a Place Vendôme. A praça abria a possibilidade de conexão com a Champs-Élysées, planejados em forma de avenida, com bulevares arborizados estendendo-se até a nova ponte em Neuilly. Porém, esse plano não foi seguido – a praça era vista como o limite externo da cidade, e um fosso a separava da Champs-Élysées. "Cercada de jardins e bosques", observou um escritor, "lembra apenas uma bonita esplanada no meio de uma agradável paisagem rural."[13] Com a magistral estátua equestre do rei (obra do escultor Edmé Bouchardon, destruída na Revolução) enfeitando o centro da praça, esse tipo de construção do poder dinástico acentuava a contemplação popular da autoridade real em detrimento de melhorias na praticidade e na circulação urbanas. Só com a construção da Pont Louis XVI (hoje

Pont de la Concorde) no final dos anos 1780, unindo o Faubourg Saint-Honoré da margem direita ao Faubourg Saint-Germain da esquerda, que a Place começou a mostrar potencial como catalisadora do desenvolvimento urbano.

Os faubourgs Saint-Honoré e Saint-Germain, na verdade, eram os endereços mais elegantes na Paris do século XVIII, superando o outrora chique Marais, visto agora como antiquado e *passé*. A prosperidade dos dois bairros demonstrava que os indivíduos mais ricos e poderosos do reino, mesmo passando o tempo na corte real em Versalhes, também eram comprometidos com o estilo de vida encontrado apenas em Paris. A *entrée* para a corte real podia ser uma afirmação vital ao status aristocrático, mas muitos logo se aborreciam com a vida na corte. Luís XV e Luís XVI não foram capazes de evitar a migração precipitada dos cortesãos aristocráticos que formavam a plateia das cerimônias absolutistas do rei em Versalhes em direção a Paris. Velhos nobres "de espada" (cuja posição derivava de suas funções militares) em fuga das futilidades da corte construíram residências parecidas com as dos nobres "de toga" (cujo status derivava do serviço administrativo e jurídico) e dos financistas. Casamentos entre membros dessas categorias e interesses compartilhados na atividade cultural solidificaram essa tendência – assim como a proximidade residencial. Os faubourgs parisienses da moda ofereciam estrutura para que os elementos heterogêneos dentro da elite social ambicionassem um estilo de vida relativamente homogêneo.

O fato de que muito do aparato do governo central localizava-se ainda na cidade também era importante nessa mescla das elites. Só na década de 1760 os ministérios da Guerra, da Marinha e das Relações Exteriores foram transferidos para Versalhes. Mesmo assim, os escritórios do Contrôle Général (o Ministério da Fazenda) e os ramos subalternos de todos os ministérios continuavam sediados em Paris. Além disso, a cidade permanecia sendo o centro dos sistemas judiciário e financeiro do estado. A nobreza togada, que dominava o Parlamento, estava entre os elementos mais sólidos da elite e, a exemplo dos altos oficiais no âmbito da maquinaria financeira estatal, demonstrava forte preferência por Paris em relação a Versalhes. A Arrecadação Geral, responsável por coletar os impostos indiretos, tinha seus gabinetes na atual Rue Jean-Jacques Rousseau (1º), com a igreja de Saint-Eustache de um lado e a seleta Place Vendôme do outro. Enquanto o Faubourg Saint-Germain era mais o habitat da antiga nobreza, nove décimos dos arrecadadores-gerais em 1789 residiam nas proximidades da Rue Saint-Honoré e sua extensão, a Rue du Faubourg Saint-Honoré. A área criou a aura de distrito financeiro da cidade (a bolsa de valores ficava ali perto), assim como de centro cultural, pois a elite financeira também se orgulhava de estar entre os incentivadores da cultura da cidade.

Conforme um memorando de 1733, apenas os Faubourgs Saint-Germain e Saint-Honoré "eram apropriados à construção de grandes casas para pessoas distintas". Essas áreas, por consequência, continuava o texto, encontravam-se "tão aumentadas e repletas de novas e soberbas casas que muitas mereceriam o nome de palacetes".[14] Os dois bairros desfrutavam de bons ares; tinham espaço para permitir a criação de extensos jardins e orgulho da relativa ausência das classes sociais inferiores. Na margem esquerda, o desenvolvimento do Faubourg Saint-Germain era marcante ao longo do conjunto de compridas ruas paralelas ao Sena: a Rue de Bourbon (hoje Rue de Lille), a Rue de Verneuil e a Rue de l'Université, e, mais ao sul, a Rues Saint-Dominique e a Rue de Grenelle (6º-7º) – todas mantêm algo dessa impressionante coleção da arquitetura do século XVIII. Mais tarde nesse mesmo século a área da moda do faubourg se espraiaria em direção a Saint-Sulpice e ao Odéon.

A instalação do rei nas Tulherias e do duque de Orléans no Palais-Royal em 1715 atraíra à vizinhança do Saint-Honoré parcela considerável da elite política. O exercício do cargo de ministro das Finanças do Estado pelo especulador escocês John Law desencadeou uma explosão especulativa baseada na superprodução de papel-moeda. Embora o famoso "Sistema" de Law tenha caído em colapso e ignomínia em 1721, àquela altura já dera o pontapé inicial a muitos projetos nessas redondezas. Esse processo foi bem servido com a canalização e a posterior pavimentação completa do *Grand Égout* (1739-1767)[15], que se estendia ao norte, paralelo aos Grandes Bulevares. A remoção dessa fonte de mau cheiro e infecção tornou as redondezas mais agradáveis. Então, imponentes residências começaram a ser construídas no lado sul da Rue du Faubourg Saint-Honoré, com jardins se abrindo para a Champs-Élysées. O Hôtel d'Évreux, por exemplo, construído entre 1718 e 1722, tornou-se, na década de 1740, a residência parisiense da amante do rei, a Marquesa de Pompadour, ávida compradora no comércio da Rue Saint-Honoré, onde se encontravam as melhores sedas, mobílias, porcelanas e roupas da moda. (Mais tarde rebatizado de Palácio do Eliseu, o Hôtel d'Évreux desde 1871 tem sido a residência dos presidentes da República.) O bairro da Chaussée d'Antin (9º), a noroeste da Rue de Richelieu, era outra área da moda na vizinhança. Prados, leiterias e hortas do tempo da regência quase de um dia para o outro se transformaram em distrito residencial, de casas espaçosas e elegantes para ricos financistas e semelhantes.

O crescimento da área da Chaussée d'Antin estagnou um pouco no fim dos anos 1720, mas ressurgiu com força nas décadas de 1760 e 1770, período que testemunhou o começo de uma importante explosão imobiliária especulativa em Paris, em grande parte concentrada no raio dos bairros ricos do oeste. A limitação de 1724 às construções foi se tornando cada vez mais supérflua, em especial porque aqueles que financiavam o desenvolvimento urbano na cidade e seus faubourgs estavam na posição de extrair favores reais. Foi o irmão de Luís XVI, o conde de Provence, como já vimos, que encabeçou as operações de desenvolvimento em torno do Odéon.[16] Da mesma forma, o irmão mais novo de Provence, o conde d'Artois, construiu o bairro Roule além do muro de impostos, ao longo do Faubourg Saint-Honoré, onde eram os antigos viveiros dos jardins reais criados por Luís XIII (8º).[17] Arruinado, o ministro duque de Choiseul, decidiu angariar dinheiro aumentando os jardins de sua residência na Rue de Richelieu e deu outro exemplo visível dessa tendência: ali construiu-se uma sede para a companhia de teatro Opéra-Comique, e novas propriedades da moda foram construídas ao lado (2º).[18] De modo semelhante, o ministro das Finanças de Luís XVI, Jacques Necker, e o arrecadador-geral Jean-Joseph de la Borde estiveram envolvidos na especulação imobiliária no bairro chique Chaussée d'Antin. A leste de Chaussée d'Antin, na mesma época, o Faubourg Poissonnière (9º) presenciou exercício similar desse tipo de construção especulativa de alto nível, notadamente nos antigos domínios das Filles-Dieu e do mosteiro de Saint-Lazare.

De fato, a propriedade eclesiástica exerceu papel não desprezível nessa explosão imobiliária do fim de século. Muitas casas religiosas – como Filles-Dieu e Saint-Lazare – tinham extensos jardins e terrenos, datados da época da Contrarreforma ou mais antigos. No entanto, durante o século XVIII, enfrentaram más administrações e infortúnios financeiros, declínios nas contribuições de caridade e quedas nas vocações religiosas. Os acordos de propriedade ofereciam solução a esses problemas, e uma nova ferramenta financeira, a saber, o arrendamento, lhes permitia driblar a "mão morta" (proibição legal da venda de terras da Igreja). Na margem direita, com vistas a adquirir solvência, as Feuillants arrendaram por contratos de 99 anos suas propriedades ao longo da Rue Saint-Honoré. No Marais, as propriedades da Ordem de Malta nos antigos domínios templários permitiram importantes desenvolvimentos prediais (3º-11º), enquanto o mercado de Aligre e suas redondezas foram loteados a partir das propriedades da abadia de Saint-Antoine-des-Champs (12º). Na margem esquerda, a abadia de Saint-Germain-des-Prés desenvolveu a Rue Jacob, enquanto as Carmelitas fizeram o mesmo ao longo da Rue de Vaugirard, descendo em direção à Rue du Regard (6º).

Um passeio no Museu Cognacq-Jay, no Marais (3º), dará ao visitante do século XXI uma ideia dos luxuosos (mas às vezes excessivos) interiores encontrados na nata dessas novas residências da moda: o museu tem as características que fizeram dos reinados de Luís XV e Luís XVI uma era dourada nas artes decorativas francesas. Os austeros valores clássicos adotados por Colbert e por Luís XIV, da regência em diante, cederam espaço ao rococó.

Esse termo, cunhado apenas mais tarde naquele século, denota o movimento multiforme de ornamentação elegantemente assimétrica e suntuosa, muitas vezes apresentada em estilo hedonista de suave erotismo, salientando de forma onírica as atividades de ninfas, pastoras e deusas pagãs. O rococó agradava à ostentação materialista da elite dominante, e de fato por sua vez influenciava a realeza – através da Europa e também na França. O apoio ao rococó vindo da Madame de Pompadour – cujas compras e comissões, com a ajuda do irmão dela, Marigny, atingiam escalas extraordinárias – instalou o estilo nas suntuosas casas de lazer da região de Paris (como a favorita da própria marquesa, a casa de campo em Bellevue) e também nas mais refinadas residências de Paris. Embora a emergência do estilo neoclássico na arquitetura tenha estimulado o afastamento do estilo e da temática rococós vigentes nos anos 1750 e 1760, a infiltração de motivos greco-romanos e de um estilo decorativo mais elevado e moralista não afetou a qualidade estética nem o custo da manufatura à vista.

Pelo menos em tese, os critérios para o trabalho intelectual e o gosto artístico eram fixados pelas academias reais fundadas no século XVII.[19] Todavia, o século XVIII viu florescer novos organismos que rivalizariam com a autoridade intelectual e artística do aparato cultural da coroa. Em especial, as mansões de lazer da elite abastada forneceram espaço para a expansão das instituições culturais independentes do estado. *Hôtels* aristocráticos muitas vezes abrigavam coleções de arte, exposições de história natural, coleções de moedas e medalhas e bibliotecas, às quais todo o turista bem-educado ou intelectual literato podia ter acesso. Certas residências promoviam salões, reuniões mundanas e frequentes de membros das elites sociais, literárias e artísticas para conversarem sobre os assuntos do dia e praticarem outras atividades culturais (música, poesia, leituras de peças etc.). A maioria dos salões era composta por homens, embora em geral comandados por uma mulher, que supervisionava os eventos nas opulentas redondezas dos mais seletos *hôtels particuliers* dos bairros mais elegantes da cidade: a Rue Saint-Honoré (Madame du Tencin, Madame du Deffand, Madame Geoffrin), a Rue des Moulins perto da Place Vendôme (barão d'Holbach), a Chaussée d'Antin (Madame Necker) e a Rue Saint-Dominique (Julie de Lespinasse).

A posição de destaque nos encontros dos salões foi tomada por escritores e jornalistas que se proclamavam os filósofos da razão e do Iluminismo. Os filósofos – homens como Voltaire, Montesquieu, Diderot, d'Alembert, Grimm – estabeleciam o compasso intelectual, influenciavam o gosto popular e faziam campanha para racionalizar as instituições sociais. Chamava a atenção dos estrangeiros o prestígio cultural alcançado por esses homens de letras. O costume de "não apenas acolher, mas cortejar os literatos a se aventurarem no *beau monde* (...)" era visto como algo essencialmente parisiense; "[v]ocê [os] verá", prosseguiu um destemperado visitante inglês, "*habillè au dernier gout* [sic], em meio a uniformes e galões dourados, dando sabor às *petit soupès* (...) ou adaptando a arte de amar de Ovídio ao espírito dos banheiros modernos".[20] Embora os habitués dos salões viessem de uma camada social mais ampla que as academias reais, tamanha era a fama dos filósofos que os chefes de Estado visitantes, ansiosos, faziam fila para frequentar os encontros e sorver a inebriante conversa racionalista e a agradável polidez à disposição.

Em geral, os frequentadores dos salões não expressavam apenas visões contrárias àquelas do aparato cultural da monarquia absoluta: cada vez mais alegavam encarnar as visões racionais da opinião pública em geral. A ideia de que os cânones do gosto deviam ser regulados não de cima pela coroa e por seus favoritos culturais nem mesmo pelo Parlamento, mas sim de baixo, do interior da sociedade educada, era desenvolvida simultaneamente em outro ambiente cultural, o Salão de Arte de Paris.[21] Desde o fim dos anos 1730, a realização da importante exibição anual (mais tarde bienal) de novas pinturas no Salão, dentro do Louvre, forneceu um veículo de alto prestígio para os artistas. A popularidade dessas exibições de arte – em 1781, por exemplo, foram trinta mil visitantes – indicava a sutil transformação em curso. O que deu o crescente prestígio ao Salão foi menos o endosso da coroa do que a aclamação pública. "Só nas palavras desses homens firmes e justos que compõem o Público", defendeu o crítico de arte La Font de Saint-Yenne em 1747, "(...) podemos encontrar a linguagem da verdade."[22]

A opinião pública reinava nessa faixa emergente de instituições culturais que parecia fora do controle da monarquia. As atividades culturais e intelectuais atraíam um público mais abrangente no âmbito da burguesia urbana. Guiados pelos *philosophes*, os burgueses tornavam-se cada vez mais autoconfiantes nos próprios julgamentos. Por exemplo, dominavam as lojas maçônicas, surgidas em Paris na década de 1720. Embora algumas lojas fossem socialmente exclusivistas, na maioria delas, indivíduos de nobres a artesãos e lojistas ombreavam alegres com homens de negócios, oficiais e funcionários do estado, enquanto executavam obscuros rituais secretos e se engajavam em atos clandestinos de filantropia. Existiam cerca de cem lojas em Paris ao fim do Ancien Régime, com talvez até 5% da população masculina adulta e alta proporção da burguesia comercial e profissional.

Assim como nem só de boas ações clandestinas viviam as lojas maçônicas, nem só de café viviam os cafés de Paris. Os cafés também formavam um fórum de discussão e debate especialmente popular entre as pessoas da classe média. Se o número de cafés chegava a quatrocentos na época da regência, mais perto do fim do século eram três ou quatro vezes mais numerosos. Uma característica-padrão dos cafés eram os jornais. De fato, a imprensa era componente vital na esfera pública da burguesia emergente. O número de livros publicados triplicou ao longo do século, com os assuntos teológicos despencando em favor de um cardápio mais ameno: história, turismo e belas-letras. Ainda mais significativa foi a ascensão da imprensa periódica, em especial na segunda metade do século. A censura governamental restringia o modo com que a política e os temas públicos eram divulgados, mas mesmo assim era notória a rapidez com que crescia a procura por notícias e opiniões de toda espécie. A partir de 1777, Paris teve seu primeiro jornal diário, o *Journal de Paris*. Em meados dos 1780, sua tiragem diária era de dez mil exemplares, muitos avidamente devorados no ambiente cultural dos cafés da cidade.

6.1: O Café Procope

O supremo mérito de Paris, na opinião de Ralph Waldo Emerson, era o de ser "uma cidade de cafés e conversação" – e que os dois eram inseparáveis. Por isso, a cidade deve bastante a Francesco Procopio dei Coitelli. De origem siciliana, ele passou a ser chamado de François Procope e, em geral, a ser considerado o fundador do primeiro café de Paris. O grão de café já marcava sua exótica presença na França desde a década de 1640; mas, segundo consta, Procope, depois de promover a nova bebida na Feira Saint-Germain em 1672, estabeleceu sua própria loja na Rue des Fossés-Saint-Germain (hoje Rue de l'Ancienne-Comédie; 6º) em 1686. Procope tinha faro para os negócios: ao situar seu negócio (cujo público-alvo era o mais sofisticado) ao lado de uma cancha de bocha na grama e uma quadra de tênis, garantiu o fluxo regular de clientes sedentos. A transformação das canchas de bocha na sede da Comédie-Française garantiu outro conjunto de desocupados (ou seja, a plateia). Escolhido pela sociedade da moda, o café tornou-se uma coqueluche sobre a qual todos tinham opinião.

A exemplo de muitas modas, o café também poderia ter sido passageiro. O interesse médico no valor terapêutico da nova substância era intenso; isso ajudou a incentivar seu consumo. Entretanto, se o café perdurou e se fixou como item de absoluta necessidade na vida da maioria dos parisienses, isso se deve substancialmente à associação a uma nova forma de sociabilidade que tornou seu consumo uma atividade aprazível e coletiva – a mistura de café e conversação. Os holandeses e os ingleses tiveram cafés pouco antes dos franceses, mas quando o holandês Nemeitz visitou Paris nos anos 1720 ficou abismado com a quantidade desse tipo de estabelecimento. Certas ruas tinham entre dez e doze cafés – na verdade, existiam provavelmente ao redor de quatrocentos naquela época. Alguns deles, observou, "são tidos em alta estima e muitas vezes são frequentados por príncipes e outras grandes personagens". Não eram tanto refúgios de fumantes como os cafés holandeses (isso mudaria), nem tão dados a receber jornais (isso também mudaria). Eram diferentes dos bares dos trabalhadores; a atmosfera em geral era estrondosa, mas de modo burguês em vez de plebeu. Aos olhos de Nemeitz, o que os distinguia era o fato de as pessoas adorarem conversar sobre assuntos do dia a dia. O café tornara-se o fórum da burguesia.

O século XVIII foi o período áureo do Café Procope. Todos os principais *philosophes* eram assíduos frequentadores: Diderot e d'Alembert (foi ali que um dia os dois tiveram a ideia de fazer a *Enciclopédia*), Voltaire, Rousseau, Marmontel, Beaumarchais, Mercier e assim por diante. A Revolução trouxe uma nova onda: Danton, Marat, Hébert, Camille Desmoulins e inúmeros jornalistas e membros da intelligentsia *sans-culotte*. O gorro vermelho surgiu ali. Muito embora o Procope tenha tido a sua fase romântica – com Musset, George Sand, Gautier, Balzac, Hugo e, mais tarde, Verlaine –, passou por tempos difíceis no final do século XIX. Tornou-se restaurante vegetariano (verdadeira curiosidade antes do último quartel do século XX) e era administrado pela Assistance publique. O turismo internacional salvou-o (de certa maneira): o café foi renovado, mas na forma de restaurante hoje direcionado principalmente à multidão de turistas com cartões de crédito.

A fama do Procope começara a cair mesmo antes da Revolução. Os grandes cafés dos fins do século XVIII e inícios do século XIX situavam-se dentro ou perto do Palais-Royal. Em 1814, a primeira coisa que os soldados dos exércitos aliados fizeram ao entrar em Paris foi correr aos cafés do Palais-Royal para inalar sua atmosfera – e conferir as prostitutas. Em meados do século XIX, os líderes de marca – o Café Riche, o Café Anglais e o Tortoni – ficavam nos elegantes bulevares do oeste. A essa altura, os cafés tinham decoração característica, primeiro nos estabelecimentos de primeira linha, mas logo se espalhando de modo amplo: espelhos, candelabros, mesas com tampo de mármore, estuque ornamental e detalhes folheados a ouro. Os cafés-concerto mostraram diversificação nas atividades de lazer encontradas em tais locais. Igualmente, a partir dos anos 1860, começando nos bulevares, criou-se o hábito de se espalhar as mesas dos cafés na rua, como que expondo a vida secreta de Paris num envolvente teatro. Depois disso, Paris nunca mais foi a mesma. Um visitante americano ficou de queixo caído em 1869 ao descobrir "pessoas de todas as classes sociais sentadas [nas ruas dos cafés] fumando, bebendo, conversando, lendo jornais. Eis uma democracia de verdade – a única igualdade social a ser vista na cristandade." (Talvez ele tenha exagerado.)

Café Procope

Karl Marx conheceu Friedrich Engels no Café de la Régence, no Palais-Royal. Nisso não há nada de extraordinário, pois a história primitiva do café era vinculada a burgueses e boêmios: Marx e Engels eram as duas coisas. Porém, à medida que o século XIX evoluiu, a classe proletária, cuja causa recebeu adesão dos dois, tornou-se tão atraída pelo café quanto pelo bar e pela loja de vinhos. Na verdade, não havia muita coisa que distinguisse um estabelecimento do outro – há tempos o álcool era mercadoria essencial nos cafés. Nos anos de 1880, a cidade possuía cerca de quarenta mil cafés. (Esse número caiu em 1914 para em torno de trinta mil; hoje existem ao redor de dois mil). A sociabilidade da classe trabalhadora exigia tabaco. Muitos estabelecimentos burgueses resistiram até certo ponto, mas logo cederam. Esses eram locais de convívio, mas também de consolação, "catedrais dos pobres", de acordo com o escritor Leroy-Beaulieu. Edmond de Goncourt visitou Belleville, bairro da classe trabalhadora, uma semana depois da destruição sangrenta da Comuna em 1871 e encontrou "pessoas bebendo com cara de silêncio desagradável". Poderia ter sido pior. Pois se afirmava com segurança que trinta mil parisienses teriam se enforcado caso os cafés fechassem nas noites de domingo como na Inglaterra.

Durante a Segunda Guerra Mundial, o café teve um momento que perduraria na nostalgia parisiense. A escassez de combustível e de alimentos básicos conduzia as pessoas aos cafés em busca de um pouco de cordialidade, além de café, álcool e companhia, os principais artigos desses locais. Os cafés intelectuais da Saint-German-des-Prés geraram o movimento existencial do *après guerre*. Sartre desenvolveu sua filosofia a partir das ações do garçom de um café, numa espécie de parábola existencialista.

Na virada do século XXI, o café sem dúvida estava sob pressão. Fast-foods e similares seduziram um numeroso segmento do público potencial dos cafés, e os novos ventos levaram muitos cafés a fecharem mais cedo, em especial nos subúrbios, às vezes desencadeando uma espiral descendente no movimento. Felizmente, o café mostrou boa resistência. As boas-vindas agora dadas às mulheres, em lugares antes baluartes da masculinidade, aumentaram a clientela potencial. Além disso, os proprietários dos cafés responderam à tendência de segmentação dos mercados, desenvolvendo cafés de nichos específicos: cafés musicais, cafés literários, cafés filosóficos, cafés gays, cafés abstêmios e – não menos importantes – cybercafés. De modo sintomático, os museus começaram a ser invadidos por cafés. Empreendedores do café deram à instituição um estilo renovado – vide a rede criada pelos irmãos Coste, incluindo o Café des Hauteurs, no Museu d'Orsay, e o Café Marly, que contempla do alto a pirâmide do Louvre, ou ainda o Café Beaubourg, perto do Centro Georges-Pompidou, projetado pelo arquiteto Christian de Portzamparc.

O consumo de café – em que os parisienses gastavam cerca de três milhões de libras por ano (mais do que em queijos, casualmente)[23] – transcendia distinções sociais. O exótico produto era a *raison d'être* dos cafés, os novos baluartes da vulgarização intelectual e política. Todavia, um dos pequenos prazeres de Luís XV era fazer café para os convidados nos jantares particulares promovidos pela Madame de Pompadour – outro exemplo em que a coroa passou a seguir a moda em vez de ditá-la. Além disso, na outra ponta do espectro social, o *café au lait* tornava-se rapidamente item padrão do café da manhã das classes trabalhadoras de Paris. Esse tipo de compartilhamento de preferências através das diferentes classes sociais era evidente em outros locais de cultura e lazer. Certas instituições culturais da elite, por exemplo, tornaram-se mais socialmente extensivas ao longo do século. Para se ter uma ideia, havia apenas cerca de quatro mil lugares em todos os teatros de Paris em 1700; em 1789 havia treze mil. A Opéra-Comique e os novos teatros dos bulevares apelavam tanto ao gosto popular quanto ao da elite. Além disso, enquanto os cafés, os teatros e os jardins públicos assistiam à invasão das classes mais baixas, inversamente, certos refúgios das classes trabalhadoras passaram a ser frequentados por pessoas das classes mais altas. Nobres, por exemplo, podiam estar proporcionalmente super-representados nos bares e antros de bebida parisienses, enquanto nas numerosas quadras de tênis príncipes dividiam espaço com vidraceiros.[24] As antigas feiras de Saint-Germain e Saint-Laurent entraram em declínio depois dos anos 1760, mas outros locais adotaram o seu estilo de serem frequentadas por todas as classe sociais – especialmente os bulevares do noroeste, que ofereciam uma mistura heterogênea de teatro de fantoches, performances de acrobatas, demonstrações de marionetes, museus de cera e shows de aberrações. Paris, observou um visitante, esforçando-se por encontrar uma comparação apropriada, era uma coleção de "enxames de espíritos e fantasmas esvoaçando nos espaços do caos".[25]

Embora execuções públicas e lutas de animais (ambas invariavelmente cotadas como ótimo lazer) também atraíssem ampla faixa de entusiastas, talvez o melhor emblema dessa cultura urbana coletiva emergente – assim como o símbolo satisfatório da era do Iluminismo – fosse o espetáculo de fogos de artifício, que se tornou acompanhamento invariável das festas reais, municipais e populares. Os espaços recém-abertos na cidade por projetos reais e expansões especulativas – a Place Luís XV, o Champ de Mars, os *quais* e assim por diante – permitiam a mistura promíscua das classes. A predileção parisiense observada pela sra. Cradock (de transformar eventos públicos em entretenimento e orgia)[26] atestava um materialismo profano que os contemporâneos interpretavam como sinal de diminuição da fé religiosa.

Onde há mercado para a miscigenação de classes sociais, há empreendedores e projetistas ansiosos por estimular a demanda. Em seguida, novas indústrias de lazer apareceriam para providenciar divertimento ao florescente mercado do turismo. Em 1764, o pirotecnista italiano Torre criou um "vauxhall de verão" na Rue de Bondy (hoje Rue René-Boulanger, 10º), enquanto seu compatriota Ruggieri estabeleceu um "vauxhall de inverno" nas dependências da Feira de Saint-Germain. (A utilização do termo "vauxhall" realçava o débito mais que linguístico com Londres, o principal mercado consumidor da Europa do século XVIII.) Local parecido e especialmente admirável era o Colisée, imenso anfiteatro construído na década de 1770 ao norte da Champs-Élysées (8º), cujo modelo inspirava-se no Coliseu romano. Com capacidade para acomodar quarenta mil pessoas, o Colisée oferecia vasta gama de diversões e opções de compra para desde "os mais humildes até os homens com títulos".[27] Ainda mais impressionante nesse aspecto era o Palais-Royal. No começo dos 1780, o duque de Orléans transformou sua ancestral residência parisiense em um espaço semipúblico, espécie de shopping center neoclássico transbordante de negócios e lotado de passeadores e transeuntes (e sem escassez de prostitutas). O dramaturgo italiano Goldoni observou que havia lojas mais do que suficientes nas arcadas do Palais-Royal para "fornecer tudo que alguém precisa para sua aparência", assim como não faltavam "cafés, banheiros públicos, restaurantes e fornecedores, *hôtels,* encontros sociais, espetáculos, pinturas, livros e concertos".[28] "Com dinheiro no bolso", comentou o Marquês de Bombelles em 1786, "em um único dia e sem deixar suas dependências pode-se comprar mercadorias luxuosas tão prodigiosamente como num ano inteiro em qualquer outro local." [29]

Como o Palais-Royal parecia demonstrar, o novo ambiente cultural evidente na Paris do século XVIII e a vida social que o acompanhava erodiram a deferência social. No passado, com frequência os visitantes haviam registrado a alegria suave e irreverente dos parisienses; nesta época, isso parecia estar evoluindo para uma perspectiva mais livre e igualitária da vida, muitas vezes exibida na rua ou em locais como o Palais-Royal. "Com exceção da alta nobreza, todos são iguais em Paris", observou um comentarista não sem pouco (mas ainda assim revelador) exagero. "Um sapateiro não dá passagem a um marquês na rua. Isso que é bonito em Paris."[30] Para a deferência costumeira funcionar, entretanto, o sapateiro e o marquês teriam de reconhecer o patamar social um do outro. Isso estava ficando cada vez mais difícil – devido ao exagero da moda.

A moda era vista com lamentação moralista como a fonte de todos os vícios. Entretanto, sermões austeros não inibiam sua crescente popularidade em todas as classes sociais. Tradicionalmente, você era o que você vestia – mas essa equação honrada pelo tempo tornava-se menos convincente. A moda inconstante e bem-humorada parodiava as normas do vestir e agia como solvente na demonstração da posição social pela roupa. Tornou-se impossível distinguir uma duquesa de uma dama de companhia. A Madame de Pompadour e, mais tarde, a rainha Maria Antonieta, de Luís XVI, brincavam vestindo-se de camponesas, enquanto as camponesas, por sua vez, adotavam modos de vestir – meias de seda, vestidos leves e coloridos, joias e bijuterias – antes exclusivos da elite. Todo ano, os comerciantes da Rue Saint-Honoré, onde a Madame de Pompadour e a elite da moda faziam as compras, vestiam uma boneca com as roupas que representariam a nova moda da estação. Um regimento de bonecas era então enviado às províncias e a locais distantes no estrangeiro. A boneca da moda informava tanto à amante do rei quanto à vendedora de loja em toda a Europa exatamente qual seria a moda do ano.

A moda causou um problema semelhante de indeterminação visual também no que tange aos homens. No nível mais alto, o casaco de montaria puramente inglês tornou-se item desejado por grande parte da elite social: até Luís XVI vestia um – a ponto de estranhos não conseguirem identificá-lo em meio aos camaradas. "As mais antigas figuras do estado caminham nas ruas vestidas como o menos elevado dos cidadãos", observou Charles de Peyssonel na década de 1780. "Você pensa que está falando com um escrivão, mas na verdade é um príncipe de sangue."[31] Na mesma linha, os homens ricos do clero preferiam vestir-se como almofadinhas aristocratas, ostentando espada e bastão.

A revolução no vestuário exposto nas ruas, bulevares e parques da capital era parte de um progresso ainda mais extenso, visível em virtualmente todos os aspectos da vida material. A análise dos inventários *post-mortem* das classes inferiores demonstra que os interiores suntuosos da elite dominante encontravam eco em estilos de vida mais materialistas e conscientes da moda nos primeiros degraus da escada social. Havia mais roupas – e de diferentes talhes, tons e tecidos – nos guarda-roupas populares. E, de fato, as pessoas tinham guarda-roupa – um século antes, a maioria tinha apenas um baú. Outros novos tipos de mobília tornaram-se comuns: cadeiras, mesas de parede, cômodas, lamparinas, gravuras, tapeçaria de parede, espelhos e biombos, por exemplo. Mais pessoas usavam pratos de porcelana e manipulavam jarros, vasos, facas, garfos e colheres. Aproximadamente metade das casas tinha cafeteira. Essas mudanças se estendiam para a indumentária: o relógio tornou-se item padrão – até mesmo "o mais miúdo dos moleques de rua" ostentava um, reclamou um estudante da província.[32] E do mesmo modo isso acontecia com as joias, perucas e caixinhas de rapé femininas (e, por consequência, lenços: entre 1700 e 1789, ponderou Daniel Roche, Paris aprendeu a assoar o nariz).[33] Navalhas, perucas e escovas de dente mudaram o aspecto das pessoas e ofereceram os meios para adaptar as aparências aos caprichos da moda.

A revolução consumista trouxe leveza hedonista não apenas à cidade, mas também, cada vez mais, ao ambiente rural circundante. Fora dos bulevares

O Palais-Royal perto do fim do século XVIII

externos, aldeias e distritos isolados e abandonados no século anterior de súbito viram-se arrastados no vórtex da crescente cultura material. Mercadorias consumidas fora da barreira fiscal eram isentas de impostos estatais, e isso encorajou a emergência de uma indústria de lazer logo além do alcance do fisco. Nessa região emergiu uma rede de bares chamados *guinguettes*. Esses lugares eram especialmente animados nos domingos, nas segundas-feiras "sagradas" (ou seja, em que não se trabalhava) e em dias festivos, quando os parisienses apareciam para se divertir e se embriagar com bebidas baratas. Como consequência, ali os níveis de violência urbana (e, comentava-se, de concepções extraconjugais) eram notavelmente altos. Não muito longe dali, distritos e povoados como Roule (8º), La Chapelle (18º), Fontarabie (perto de Charonne; 12º), Bercy (13º) e Vaugirard (15º) foram capturados por esse mesmo movimento de lazer coletivo.

Outra característica dessas mudanças era a predileção dos membros da elite abastada por construir casas de campo, refúgios, casas de veraneio e palacetes. Nesses ambientes, podiam se dedicar ao gosto refinado pela jardinagem, botânica e natureza em todas suas formas. *Maisons galantes*, ou seja, refúgios de lazer para as amantes, constituíam outra especialidade local. A apreciação renovada do campo próximo começara durante a regência: Orléans construiu o castelo de La Muette para sua filha, a duquesa de Berry, enquanto sua esposa construiu uma casa de campo em Bagnolet. Mais longe, em Bois de Boulogne, o marechal d'Estrées construiu a residência Bagatelle em 1720, completamente redesenhada e remodelada na década de 1770 pelo conde d'Artois, irmão de Luís XVI. Posteriormente, a maioria dessas *résidences secondaires* – em locais como Passy, Auteuil, Nanterre, Saint-Cloud, Asnières, Sèvres, Ivry, Vincennes, Saint Maur, Villejuif – seriam destruídas para a implantação de novas construções nos séculos XIX e XX. Com a exceção notável de Bagatelle, poucos sinais sobrevivem dessa evolução marcante, além do fato de que os planos das ruas atuais às vezes sobrepõem-se às antigas estradas vicinais.[34]

Para chegarem às suas *guinguettes* ou suas *résidences secondaires* além da linha das velhas fortificações, os parisienses ainda precisavam cruzar por terras agrícolas. O centeio e a cevada eram cultivados em Grenelle (15º) e no Faubourg Poissonnière (9º). A viticultura ainda era comum ao sul, até Passy (16º), Vanves e Vaugirard (15º), enquanto a leste, em Belleville e Charonne (11º-20º), ainda existiam aldeias vinícolas, e ao norte mais de um quarto de Montmartre (18º) cedera lugar às uvas (e esta última localidade ostentava também uma dúzia de moinhos de vento). Entretanto, em geral, as lavouras e os vinhedos nas imediações de Paris estavam em marcante recuo; o campo imediatamente ao redor estava sendo urbanizado. Além de serem destinadas a parques e casas de veraneio, quantidades crescentes de terras agrícolas forneciam os bens primários mais diversificados característicos de uma economia de consumo. As propriedades hortigranjeiras foram então deslocadas para longe dos bulevares, estimulando a entrada de pacatos vilarejos na vida comercial. Houve uma especialização do trabalho agrícola, com frequência baseado no esterco de cavalo transportado da cidade todos os dias. Por exemplo: havia aspargo em Argenteuil, La Villette e Montmartre. Cogumelos vinham de Vaugirard; ervilhas, de Clamart; cerejas, de Montlhéry; groselhas, de Charonne; feijão-verde, de Arpajon e flores, da região além do Faubourg Saint-Marcel. Próximo ao fim do século, o agrônomo Parmentier faria experimentos com o cultivo de batatas em Grenelle.

A indústria também se desenvolveu lado a lado com as pedreiras há tempo estabelecidas ao redor do perímetro da cidade. A garança, matéria-prima para corantes, era cultivada em La Villette (19º), enquanto o vilarejo próximo, Goutte d'Or (18º), especializou-se na extração de salitre. Ocorria a introdução de indústrias químicas na ilha de Javel (15º), a oeste da cidade: *eau de Javel* – isto é, alvejante – seria inventado ali em 1789. A porcelana era outra especialidade parisiense que chegava até os subúrbios. Em 1756, Luís XV transferiu as fábricas de porcelana de Vincennes para Sèvres, ao sul, quase literalmente sob os olhos de sua protetora, a Madame de Pompadour, que contemplava a região do alto da sua mansão em Bellevue. Clignancourt, Sceaux, Meudon, Saint-Cloud e Poissy todas desenvolveram também importantes fábricas de porcelana, muitas delas patrocinadas por membros da família real.

Em comparação a outros locais da Europa nessa época, porém, a expansão da indústria em áreas suburbanas e rurais ainda era relativamente limitada. A orientação da manufatura parisiense sempre fora – e continuava a ser – os bens de luxo ou semiluxo. (Destrua o comércio de luxo de Paris, ponderou a baronesa d'Oberkirch, e a supremacia internacional da França entra em colapso de um dia para o outro.)[35] E esses comércios de luxo estavam quase que exclusivamente concentrados no âmbito da velha cidade. Em meados do século, a cidade tinha talvez pouco mais de cinquenta mil artesões e trabalhadores industriais; perto de 1789, esse número aproximou-se de cem mil. À primeira vista, a produção estava organizada em inúmeros sindicatos e corporações. Mas esses estavam na defensiva. A coroa queria destruí-los (e quase o fez em 1775) por obstruírem o livre mercado e fazerem vista grossa a toda sorte de infrações da regulação corporativa. Além disso, havia mais de uma dúzia de sociedades independentes, chamadas "liberdades", como o Templo e o Faubourg Saint-Antoine (que desfrutava da proteção da adjacente abadia de Saint-Antoine), com quem os sindicatos não ousavam se intrometer.

Boa parte da indústria parisiense estava centrada em processar matérias-primas originárias das províncias ou objetos lá manufaturados. Mestres nisso eram os negociantes de tecidos, que somavam dois mil membros e constituíam a maior das poderosas "Seis Corporações" que formavam o prestigioso ápice da pirâmide corporativa de Paris.[36] Com especialização em mercadorias que incluíam desde sedas, roupas elegantes e mobília refinada até joias, pinturas, tapeçarias, espelhos, relógios, porcelana, esmalte, acessórios de moda (botões, laços, fitas etc.), guarda-chuvas e brinquedos, eles abriram o leque tanto das diferentes especialidades que produziam os bens de luxo como dos mundos da produção e do consumo. Esses especialistas versáteis do "embelezamento" (como um dicionário comercial denominou)[37] prestavam atenção à moda da estação e às necessidades individuais da em geral rica clientela, customizando os produtos. O elegante espelho vendido na Rue Saint-Honoré poderia vir das fábricas de vidro de Saint-Gobain antes de receber a moldura rococó; o relógio poderia combinar maquinaria elaborada, detalhes em bronze ou dourado e estatuetas ou broches de porcelana; a cômoda poderia receber os elegantes painéis chineses vitrificados da companhia Martin; assim como o vestido da moda consistia numa sofisticada confecção de tecido, laços, botões e fitas de um exército de especialistas. O que começou como customização cara para a elite se vulgarizaria com o uso de materiais mais baratos, visando a outros mercados: os turistas estrangeiros, a classe média ou até as classes trabalhadoras aspirando ascensão. O gosto europeu seguia a liderança de Paris.

6.2: Rose Bertin

"A moda é para Paris o que as minas de ouro do Peru são para a Espanha." Desse modo Jean-Baptiste Colbert, ministro de Luís XIV, ressaltou em 1665 os benefícios econômicos que a condição de líder no ramo da moda proporcionava à França – e em especial a Paris. A corte do Rei Sol definiu estilos que o resto da Europa ansiava por igualar. Mesmo a corte situando-se em Versalhes, era o comércio de roupas de Paris que fornecia as mercadorias. Uma nova evolução no final do século XVIII decorreu da sinergia produtiva entre uma definidora de estilo e uma estilista. A definidora de estilo era a rainha Maria Antonieta, de Luís XVI, e a estilista era Marie-Jeanne (vulgo Rose) Bertin, cujos contemporâneos invejosamente chamavam de "ministra da moda" da monarquia.

Nascida na Picardia em 1741, de origens humildes, Rose Bertin trabalhou em Abbeville antes de se mudar a Paris. Na capital, seus talentos foram reconhecidos por um grupo de damas da corte, incluindo a duquesa de Chartres (esposa do futuro Felipe Égalité, duque de Orléans) e a princesa de Conti. Com patrocínio delas, Rose abriu uma loja na Rue Saint-Honoré em 1770, com o exótico título de Le Grand Mogol.

No começo dos 1770, ela foi apresentada a Maria Antonieta. A amizade floresceu entre as duas.

De meados ao fim da década de 1770, Rose Bertin foi a principal estilista das roupas de Maria Antonieta. A cada estação, as duas mulheres lançavam um estilo de moda, que todas as damas bem-nascidas se apressavam em tentar copiar. "As multidões cercavam um vestido Madame Bertin", relatou um biógrafo mais tarde. "Foi uma verdadeira revolução no modo de vestir de nossas damas." Rose despertou ódio por recusar-se a deixar outra senhora da corte vestir uma novidade da estação antes que Maria Antonieta a tivesse lançado. Ela chamava os dois encontros semanais com a rainha de "trabalho" (*travail*), palavra usada para especificar as reuniões do rei com os ministros. Um ego assim tão inflado não era muito popular – a baronesa d'Oberkirch a chamava de "empedernida e convencida, tratando princesas de igual para igual", e Rose causou sensação ao desencadear um processo jurídico por cuspir no olho de uma rival. Mas enquanto mantivesse a preferência da rainha, Rose era inatacável.

Rose era uma *marchande de modes* – expressão melhor traduzida como "modista" ou "comerciante de moda". O justilho e a cauda do vestido eram obra do alfaiate; a costureira fazia as anáguas; enquanto a *marchande de modes* fornecia as características decorativas que davam ao vestido (e aos adereços de cabeça) sua distinção. Como Mercier observou, os sete mil alfaiates e costureiras de Paris eram os serventes da construção, e as vinte e poucas *marchandes de modes*, as arquitetas e decoradoras.

Um dos acessórios de moda característicos de Rose Bertin era o *pouf*, peça de gaze e outros materiais (flores, plumas, frutas ou balangandãs de toda sorte) trançada no cabelo ou na peruca. A partir de 1775, os *poufs* e outras criações de Bertin renderam uma espécie de comentário alegórico sobre a vida pública. Em 1775, havia o *pouf à l'inoculation* (confecção indecifrável que incluía serpente, sol nascente, flores e ramo de oliveira, criado para celebrar a inoculação de Luís XVI com varíola) e o *pouf à la révolte* (em homenagem a uma revolta camponesa de pães); no ano seguinte, os tons castanhos receberam a chancela de Bertin. Seguiu-se então um estilo de enormes plumas de cabeça, com sessenta ou noventa centímetros de altura; os chapéus Henrique IV (evocando os esforços patrióticos de Luís XVI em rivalizar com o ilustre predecessor); o *coiffure aux insurgents* (exibindo o apoio aos aliados da França nas colônias americanas); o *coiffure au Dauphin*, em 1781 (celebrando o nascimento do filho e herdeiro real); o estilo Montgolfier, de 1783, evocando o primeiro voo de balão; e muitos outros. Muitos desses estilos foram ilustrados em retratos da rainha pela artista da corte Madame Élisabeth Vigée-Lebrun, o que ampliou o renome de Bertin.

Nos anos 1780, Rose teve menos acesso direto à rainha, à medida que Maria Antonieta passou a adotar estilos menos extravagantes (mas ainda assim muito caros), e à medida que modistas rivais conquistavam a preferência real. Mas, mesmo depois que a rainha foi presa na época do Terror, Rose continuou a servi-la. Embora Rose tenha emigrado em 1792, posteriormente ela provou ao governo revolucionário que estivera atrás de seus credores aristocráticos Europa afora, em prol das trinta e tantas mulheres – "verdadeiras sans-culottes", alegava ela – que trabalharam com ela. Rose recebera "o ouro dos inimigos da França em pagamento às balas disparadas pelos exércitos da República". Radicada novamente em Paris no fim dos anos 1790 na Rue de Richelieu, ela morreu em 1813 – e, no final, não era uma mulher rica. Seus clientes abastados – inclusive a rainha – não eram bons pagadores.

Rose Bertin foi um desastre para a coroa. Suas roupagens vistosas e caras tornaram-se alvo de muitas sátiras e críticas antimonárquicas e nutriram o mito de que os problemas financeiros estatais deviam-se principalmente à extravagância da corte. Os estilos de moda da Revolução Francesa seriam criações anti-Bertin que enfatizavam a simplicidade e a virtude, com títulos úteis como *négligé à la patriote* e *déshabillé à la démocrate*. No longo prazo, porém, sua importância para Paris foi tremenda. Ela confirmou a liderança de Paris no mundo da moda e forneceu o primeiro exemplo de uma cidadã do mercado de confecções agindo como árbitro da moda nacional e mesmo internacional. Com a ajuda de Maria Antonieta, Rose construiu um ciclo da moda que determinou o ritmo de trabalho e de invenção no comércio de roupas de Paris. Além disso, o uso que ela fazia da mídia era inovador: além de utilizar a emergente imprensa da moda, também vestia atrizes e outros personagens que atraíam o interesse público (como o hermafrodita Chevalier d'Éon). O comércio de vestuário de Paris granjeou reputação internacional que nunca perderia: "por meio da moda", observou um contemporâneo, "Paris é a amante do mundo". Desde então, o jet-set internacional desejaria se vestir de acordo com a moda de Paris porque lera ou vira que era moda de Paris. Worth, Poiret, Chanel, Schiaparelli, Dior, Saint-Laurent e Galliano são herdeiros de Rose Bertin. Como o são as centenas de milhares de homens e mulheres que desde os tempos de Rose constituem a força de trabalho de uma das mais duradouras indústrias de Paris, que combina de modo raro glamour e *sweatshops*.*

* Lojas ou fábricas com condições precárias de trabalho. (N. T.)

O consumismo estava reestruturando a produção dentro da cidade, mas também contribuindo com a sutil transformação de seu caráter social, de um modo que transcendeu séculos de tradição. No passado, os bairros de Paris sempre tiveram a tendência de conter uma mescla de tipos e vocações sociais. Isso encontrava apoio na antiga tradição de diferenciação social "vertical": quanto mais alto se subia nos andares de um edifício, mais pobres eram seus moradores. Esse modelo persistia, mas estava sendo minado pela diferenciação "horizontal". Por exemplo, muitos empregados, mas poucos artesãos e oficinas, podiam ser encontrados nos chiques Faubourg Saint-Germain e Faubourg Saint-Honoré. Com prédios superpopulosos e ruas estreitas e tortuosas entulhadas de resíduos e detritos, o coração histórico da cidade – a Île de la Cité e a área próxima ao Hôtel de Ville – era um cisco no olho: a vizinhança, observou o arquiteto Pierre Patte, "constitui a velha Lutécia e não muda desde o barbarismo gótico".[38] Com cautela, as elites estavam se livrando desse histórico bairro pobre. Os bairros de Les Halles e do Hôtel de Ville em especial eram áreas sem a presença de nobres. Poucos nobres podiam ser encontrados tanto em bairros como o Faubourg Saint-Antoine, cuja florescente especialização no ramo moveleiro era então incrementada pela produção de espelhos, porcelana e papéis de parede, como no mais desfavorecido Faubourg Saint-Marcel, com suas fábricas de curtume e de tintas.

"Há mais dinheiro numa só casa do Faubourg Saint-Honoré", salientou um esclarecido observador nos anos 1780, "do que em todo o Faubourg Saint-Marcel."[39] Nos empobrecidos setores ao sul da cidade encontravam-se La Salpêtrière e Bicêtre – as duas principais unidades do Hospital Geral de Paris – dois sólidos e solidamente depressivos asilos para pobres que abrigavam mais de dez mil indivíduos. Foi por essa despojada zona sul que o jovem Jean-Jacques Rousseau, com o cérebro repleto das fantasias de cidade grande, como ele recordou mais tarde, entrou em Paris pela primeira vez em 1731.

> Eu imaginara uma cidade tão bonita quanto grande, com a mais imponente das aparências. Ao entrar no Faubourg Saint-Marcel, só vi ruelas fedorentas, casebres escuros arruinados, um ar de sujeira, de pobreza, de mendigos, de carroças, de costureiras, de vendedoras de chás e mascates de chapéus (...). Algo dessa primeira impressão ficou comigo para sempre e me impregnou de um desgosto secreto pelas residências da capital.[40]

6.3: RUE MOUFFETARD

O Café des Amateurs era o poço negro da Rue Mouffetard. (...) Nos velhos prédios de apartamentos, os banheiros de acocorar-se, um por andar, perto das escadas e com duas bases cunhadas em cimento no formato dos pés,

> uma em cada lado da abertura para o *locataire* não escorregar, eram esvaziados em poços negros por sua vez esvaziados à noite por bombeamento em carroções puxados por cavalos. No verão, com todas as janelas abertas, escutava-se o barulho da bomba e sentia-se o cheiro forte (...).

As memórias de Ernest Hemingway dos tempos de escritor iniciante vividos nos anos 1920 em *la Mouffe'* – a Rue Mouffetard (5º) – é um lembrete de quão lento foi o progresso de conforto e conveniências materiais para as classes trabalhadoras de Paris. Isso não afetou sua visão carinhosa da rua em si, considerada por ele uma "rua comercial maravilhosa, estreita e cheia de gente". O elemento comercial ainda predomina – uma olhada em qualquer guia turístico do século XXI pode confirmar – por isso é fácil perder de vista o passado característico da rua.

A história da rua em seus primórdios não deixava de ter certa dignidade. O que veio a se tornar a Rue Mouffetard havia sido uma das mais antigas ruas principais da Lutécia romana, indo desde a Petit Pont na Île de la Cité até as atuais Rue Galande, Rue Lagrange, a Place Maubert, e a Rue de la Montagne Sainte-Geneviève e Rue Descartes, na direção de Lyon e da Itália. Desde os tempos merovíngios, a igreja de Saint-Médard – cerca de um quilômetro ao sul do Sena, no ponto em que a rua cruzava o rio Bièvre – funcionara como polo para a expansão populacional, e um pouco mais ao sul criou-se um cemitério. A maior parte disso foi arrasada por conquistadores vikings no século IX, mas assim que os tempos amainaram, a sorte do "Bourg Saint-Médard", junto com a do "Bourg Saint-Marcel", um pouco mais ao sul, melhorou. A partir do século XII, algumas importantes instituições eclesiásticas e indivíduos bem-posicionados radicaram-se nessa área.

Não obstante, os cheiros pútridos evocados por Hemingway tiveram ligação duradoura com o local – e na verdade o cheiro dos curtumes desapareceu apenas há poucas décadas. Os etimologistas nos informam que o nome Mouffetard vem de *Mons Cetardus*, o nome latino para a colina situada onde hoje é a Place d'Italie. Irrelevante: quase todos os primeiros antiquários parisienses consideravam que o termo se referia na verdade à palavra francesa *mofette*, que significa fedor. A partir da Idade Média, os curtidores, os fabricantes de goma de amido, os tintureiros e os açougueiros do vizinho rio Bièvre tornaram malcheirosa a área da Mouffetard. Mas esses negócios impulsionaram o desenvolvimento industrial, dando caráter plebeu à Rue Mouffetard e à crescente rede de ruas laterais.

"Quem se aventura a entrar nessa área", observou Louis-Sébastien Mercier ao fim do século XVIII, "é por pura curiosidade; nada nos leva ali, pois não há um monumento sequer para ser visto." Incorporado à cidade em 1724, o bairro exibia as marcas da marginalidade. "Nenhum bairro de Paris é mais horrível nem tão desconhecido", comentou Balzac, reforçando o ponto de vista décadas depois. Os habitantes do Quartier Latin podiam fazer visitas esporádicas: no século XVI a taverna Pomme au Pin, onde hoje é a Place de la Contrescarpe, havia sido o refúgio de Rabelais, Ronsard e outros. Porém, no século XVIII, a área adquiriu reputação por sua violência e selvageria. "A população não tem ligação alguma com os parisienses, os habitantes civilizados das margens do Sena", registrou Mercier. Em 1561, o suposto "Vacarme de Saint-Médard" (o alarido de Saint-Médard) foi uma atrocidade das Guerras Religiosas desencadeada pela decisão dos tocadores de sino das igrejas de tocarem sem cessar os sinos para impedir que os protestantes reunidos do lado de fora ouvissem o pregador; como resultado, derramou-se muito sangue. Nas décadas de 1720 e 1730, o cemitério da igreja foi palco de ataques e espasmos histéricos dos rebeldes jansenistas. Depois de 1800, salões de baile na área ficaram conhecidos por estimular as brigas de rua e a violência popular. Além disso, os homens da Mouffe' sempre se encontrariam na posição de rebeldes nas *journées* revolucionárias dos anos 1790, e de novo, mais tarde, nas barricadas urbanas de 1830, 1834, 1848 e 1871. "O país Mouffetard", observou Georges Duhamel em 1920, "tem seus próprios costumes e leis, sem significado ou jurisdição do outro lado da Rue Monge."

O barão Haussmann e seus discípulos fizeram o melhor que puderam para domesticar essa área orgulhosamente independente por meio de uma urbanização agressiva. O plano para um bulevar haussmanniano que cortaria a rua não deu em nada, mas a abertura da Rue Monge e da Rue Claude-Bernard reduziu o tamanho do bairro Mouffetard e trouxe uma população mais burguesa para a área. O desenvolvimento das partes mais baixas da rua – que hoje se tornaram a Avenue des Gobelins – teve efeito parecido. Embora parte dela tenha sido rotulada como *îlot insalubre* propício à reestruturação após a Primeira Guerra Mundial, a Mouffe' manteve o caráter popular e o senso de vilarejo. O baixo custo do bairro atraiu escritores sem dinheiro como Hemingway e também George Orwell, cuja obra *Na pior em Paris e Londres* (1933) apresenta a Rue Mouffetard levemente disfarçada. O radicalismo político do passado estava em decadência. A Mouffe' deu uma guinada radical a partir do fim da década de 1950 e durante os 1960, quando anarquistas e "Soixant-Huitards" ali se instalaram, iniciando vários projetos locais, que incluíam um teatro de rua adaptado num ônibus fora de uso. Mas os dias de glória radical estavam acabados, e a burguesia e o consumismo estavam a caminho.

O mercado local estava se tornando o ponto de referência mais óbvio do bairro. No começo do século XX, o escritor Georges Duhamel, em *La Confession de minuit* (1920), comparou-o com um *souk* oriental, "margeado por lojas de aparência modesta repletas de mercadorias suculentas. Carnes, queijos, verduras e frutas expostos na rua. Vemos prodigiosas triparias e pastelarias, (...) muros de cenouras, montes de batatas, continentes de repolhos (...)." Essa descrição é reconhecível pelo *flâneur* do século XXI, que pode acrescentar a isso a eflorescência recente dos sushi bars, fast-foods, cafés com internet e demais indumentárias do consumismo pós-industrial.

Em meados dos 1760, quando Rousseau registrou essas primeiras impressões, o abismo que se abria entre os ricos e os pobres da cidade tornava-se aparente – mas também emergia o discurso crítico sobre a cidade, exatamente como geradora da desigualdade social e alienação humana. Nesse drama Rousseau teve papel importante. Seus famosos "Dois discursos" – sobre ciências e artes (1750) e sobre as origens da desigualdade (1755) – tinham criticado a premissa de que o progresso social e a cultura urbana inevitavelmente traziam a felicidade como consequência. Em seus romances mais bem vendidos, como *A nova Heloísa* (1760) e *Emile*, ele avivou o tema: uma cidade como Paris era menos o farol da civilização e mais "o abismo da espécie humana", que gerava descontentamento e infelicidade.[41] Rousseau não foi o primeiro a atacar a artificialidade da vida urbana, mas conseguiu cristalizar as críticas existentes de forma contundente. Na verdade, numa artimanha para se familiarizarem, os habitantes do "abismo" estavam entre os seus leitores mais fiéis. Do ponto de vista de Rousseau, o materialismo ostentoso e hedonista da maior parte da cidade parecia uma provocação negligente para com os pobres. "Esse paraíso sobre a terra", observou um comentarista, "está se tornando local de tortura cada vez mais cruel para os miseráveis. A abundância, o prazer, a alegria e os festivais, de que são testemunhas e não participam, rememoram de modo mais impressionante a assustadora imagem de seu infortúnio."[42] Assim, as últimas décadas do Ancien Régime seriam caracterizadas não apenas por entusiasmo pelos valores cosmopolitas e civilizadores parisienses, mas também por ansiedade crescente sobre os problemas sociais da cidade.

A Paris iluminista com certeza tinha seu lado escuro. As grandes crises de mortalidade do passado podiam ter acabado – a última epidemia de peste bubônica em Paris fora em 1652 e a última grande fome em 1709-1710 –, mas a pobreza e a privação latentes continuavam a prevalecer. A cidade do consumismo consumia os cadáveres dos pobres. Apesar das pretensões igualitárias, aproximadamente um terço da população era considerada pobre nos padrões da época, mas essa proporção poderia rapidamente se elevar: houve privações em 1725-1726, 1739-1741, 1765-1775 e 1788-1789, e importantes perturbações na mão de obra causadas pelas desmobilizações pós-guerra em 1715, 1748, 1763 e 1783. A maioria das crianças nascidas na cidade era criada por amas de leite na zona rural; era comum uma taxa de morte perinatal na faixa de um para três ou quatro nascimentos. A cidade recebia uma horda de crianças abandonadas: setor considerável do sistema de transporte era destinado a conduzir esses enjeitados, vindos de todo o norte da França: eram 3.150 em 1740 e o dobro disso uma geração mais tarde. As crianças que conseguiam sobreviver até os três meses de idade ficavam então suscetíveis a grande espectro de doenças, principalmente a varíola, que, após o controle da peste bubônica no século anterior, tornara-se a epidemia mais mortal. A sífilis também era uma ameaça adicional. Os bebês muitas vezes nasciam com as pústulas da doença no corpo – pois grassavam tanto a prostituição quanto as doenças venéreas. Havia talvez vinte mil prostitutas na cidade, embora o número de mulheres envolvidas em sexo casual e comercial fosse muito maior. A taxa de ilegitimidade subiu ao longo do século de um para onze para um para quatro.

Devido à alta mortalidade, em especial entre os muito jovens, e ao fracasso de alcançar crescimento populacional por incremento natural, a cidade precisava recrutar um interminável fluxo de imigrantes das áreas vizinhas. Mais de 75% dos parisienses tinham nascido fora da cidade; nos anos 1780, cerca de 3.500 novos recrutas entravam na cidade por ano. Eles se aglomeravam nos faubourgs mais pobres, onde encontravam redes existentes dos companheiros do campo. Dessa situação, desenvolveram-se especializações geográficas: por exemplo, os originários de Limousin tornavam-se em geral serventes de construção; os da Savoia, carregadores de água; e os de Lyon, cortadores de pedra. Todos esses forasteiros eram vistos como semisselvagens pelos parisienses, embora um provinciano tenha observado de modo corajoso em 1787: "Nem todos os parisienses são gênios e nem todos os provincianos são imbecis".[43] (Os parisienses, entretanto, não estavam tão certos disso).

Até o século XVII, em geral pensava-se que a peste e outras doenças epidêmicas penetravam na cidade; agora a ênfase estava na cidade como fonte de sua própria patologia. As multidões de imigrantes eram menos responsáveis pela prevalência da doença do que as condições da cidade em si. "Paris", escreveu o médico topógrafo Menuret de Chambaud, é "um poço negro atmosférico em que todos nós nadamos."[44] Outros médicos alegaram que a área contígua a Les Halles, o antigo cemitério dos Inocentes, o principal cemitério de Paris, causava sérias epidemias. Tais problemas médico-sociais pareciam ainda mais graves, pois as instituições de assistência aos pobres passaram por dificuldades financeiras e logísticas ao longo do século, o que as tornou incapazes de satisfazer a crescente demanda por seus serviços. A caridade não estava no mesmo ritmo da inflação; por sua vez, as finanças de muitos hospitais haviam sido bastante afetadas pelo fiasco de John Law. O Hôtel-Dieu, o principal hospital de Paris, estava em estado calamitoso: em cada leito empilhavam-se quatro a seis enfermos, e um em cada quatro pacientes que entrava na instituição morria, em geral de uma doença contraída após a entrada. A atenção com os pobres estava se tornando fatal. Entrar em Paris, disse o escritor italiano Vittorio Alfieri, equivalia a ser "sugado por um esgoto fétido".[45]

A crescente consciência da desigualdade social e da patologia urbana estimulou um movimento vigoroso de reforma e desenvolvimento urbanos, especialmente da metade do século em diante. A pressão médica reivindicando maior higiene urbana era cada vez mais sonante: o ar deveria circular; as ruas deveriam ser pavimentadas, alinhadas e desobstruídas; as fontes de água deveriam ser melhoradas; e a poluição, controlada. Essas campanhas de higiene coadunavam-se de modo conveniente ao desejo dos estadistas e economistas políticos de tornar os habitantes da cidade mais produtivos. Também existia um componente estético no movimento de reforma. O *philosophe* Voltaire foi porta-voz desse movimento por "embelezamento urbano" (as ideias de urbanização e planejamento ainda não estavam em voga); em sua obra *Les Embellissements de Paris* (1749), mesclou considerações humanitárias, higiênicas e utilitárias à preocupação com a beleza urbana. Reis, financistas e autoridades municipais foram abertamente atacados por fracassarem em remodelar a cidade de maneira a torná-la "tão prática e magnífica quanto possível".

> Com razão ruborizamos ao ver a sujeira dos mercados públicos espalhando infecção nas ruelas e causando distúrbios na população. (...) Precisamos de mercados públicos, fontes d'água funcionais, estradas metodicamente desenhadas e novos teatros. Devemos alargar as ruas insalubres e estreitas, revelar e dar visibilidade aos monumentos escondidos.[46]

O apelo de Voltaire para que os monumentos fossem separados do tecido urbano circundante derivava do desejo de que sua "grandeza" pudesse ser melhor apreciada, desejo que ecoava as noções urbanistas do Renascimento bem como o classicismo de Louis-Quatorzian. Mas Voltaire também recomendou a mudança porque traria um benfazejo ar fresco aos estagnados sítios urbanos, a exemplo do que os médicos defendiam.

Uma preocupação especial com as ruas foi um dos aspectos característicos do movimento de reforma. No tempo de Luís XIV, o dicionário de Furetière definira "rua" em termos absolutamente minimalistas e funcionais:

"Espaço entre as casas que serve para deixar as pessoas passarem".[47] Agora havia um sentimento crescente de que a rua teria papel central na remodelação da cidade com base em fundamentos higiênicos, estéticos e utilitários. Visitantes e turistas continuavam a se escandalizar com a prática de jogar fezes e urina pela janela em cima da cabeça dos transeuntes, mas os regulamentos policiais sobre estorvos, obstruções e iluminação ficavam mais rigorosos. Coletado uma vez por semana em 1700, agora o lixo das ruas era removido todos os dias. Nas décadas de 1750 e 1760, os principais depósitos de lixo da cidade foram transferidos para além dos limites da cidade. Mais tarde, tomaram-se medidas para melhorar o suprimento de água. Havia a disposição de pavimentar as ruas (embora a provisão de calçadas para os pedestres fosse incipiente). Outra característica da campanha foi a remoção das habitações das pontes. Um incêndio na Petit Pont, em 1718, deixara uma lacuna de quatro casas na ponte. Às vésperas da Revolução de 1789, um panfleto alegou, com base no escrutínio cuidadoso dos registros dos óbitos, que a ventilação decorrente tinha reduzido a mortalidade do bairro – e salvo vinte mil vidas em meio século! Dessa época em diante, não seriam permitidas casas em nenhuma ponte nova, e nos anos 1780 deu-se início à demolição das casas nas pontes existentes. Desde a década de 1760, devotou-se atenção para melhorar a qualidade dos *quais* e também das margens do rio, e isso incluía a remoção das moradias ribeirinhas.

Alvo particular dos reformadores de higiene era a superabundância de doentes e mortos dentro da cidade. Em 1772, um incêndio no Hôtel-Dieu conduziu a uma série de pesquisas com o objetivo de transferir a instituição patogênica para um ambiente mais higiênico, longe do centro da cidade – mas nada foi feito, e as taxas de mortandade continuaram escandalosamente altas. De modo significativo, em seus esforços para melhorar o cuidado hospitalar, os reformadores tendiam a ignorar o Hôtel-Dieu: em torno de uma dúzia de pequenos hospitais com no máximo cerca de cem leitos cada um foram criados entre 1778 e 1788. A ideia era de que instituições racionalmente projetadas teriam mais chance de atuar como "máquinas de cura"[48] em vez de geradoras de doença. Sucesso maior coroou os esforços em remover os cadáveres para os perímetros da cidade. Desde os anos 1760, existiam ações para impedir a prática de realizar enterros dentro das igrejas, cada vez mais vista como armadilha causadora de enfermidades. O arquiteto e teorista urbano Patte, com inusitada alegria, solicitou o descarte de virtualmente todas as igrejas góticas (inclusive, por exemplo, a Saint-Germain-l'Auxerrois) por motivos tanto higiênicos quanto estéticos. Essas sobreviveram, mas o antigo cemitério dos Inocentes não. Após abrangente campanha pública por higiene, os enterros cessaram ali em 1780 e, a partir de 1786, os ossos existentes foram transferidos para o terreno da Tombe-Issoire (14º), ao sul da cidade, onde foram criadas as catacumbas.[49] O local evacuado foi transformado numa feira de produtos vegetais adjacente a Les Halles.

Atenção especial – que combinava de forma característica argumentos utilitários e estéticos – era devotada agora à questão da largura da rua e da altura das casas. As novas ruas abertas no frenesi de construção após a década de 1760 estavam cada vez mais sujeitas a normas que insistiam na largura. A largura adicionada não apenas tornava as ruas mais fáceis de serem mantidas limpas, mas também criava o tipo de panorama agradável recomendado por Voltaire. A prática de novas construções foi regulamentada em 1783-1784. Dali em diante, pelo menos na teoria, a altura das casas estava em relação direta com a largura da rua: as construções de madeira não deveriam ter altura superior a quinze metros, com a largura das ruas entre 7,5 e nove metros; nas ruas com fachadas de pedra, a altura das construções era limitada em dezoito metros e a largura da rua fixada entre nove e catorze metros. Essas normas de construção – posteriormente melhoradas e de modo crescente aplicadas – teriam impacto consistente e duradouro na paisagem parisiense.

Embora o desenvolvimento do cenário urbano ao longo do século demonstrasse as atividades coordenadas de empreendedores particulares, das autoridades eclesiásticas, do Parlamento de Paris e do governo central, cada vez mais o governo central assumia a direção. Os reis mandavam e desmandavam na capital, como sugerimos[50], mas ainda queriam que a marca real em Paris fosse indelével, alinhada à agenda assistencialista adotada pela coroa no começo do século. A coroa esperava que o governo municipal exercesse papel significativo na direção urbana; mas isso não significava tolerar quaisquer expressões de independência. As finanças da cidade eram colocadas diretamente sob o olhar de águia do controlador-geral estatal. Ainda sem prefeito, Paris tinha um preboste dos Mercadores eleito pelas autoridades municipais de dois em dois anos – mas o nome sempre era escolhido pelo rei. Ele e seus conselheiros recebiam críticas crescentes por serem eunucos políticos cuja boa disposição exibia claros sinais de terem apreciado muitos jantares municipais.[51] De fato, até mesmo os jantares estavam na mira, já que desde 1760 a monarquia lançara campanha para reduzir a pompa cerimonial do poder, apreciada pelos membros do conselho municipal; o orçamento municipal foi expurgado de gastos com banquetes ligados às eleições municipais, contratação de carruagens, compra de togas e até mesmo uniformes para os guardas do cerimonial. A partir de 1768, as tradicionais fogueiras de verão que iluminavam a Place de l'Hôtel-de-Ville na noite de São João foram suprimidas. A estrutura da vida cerimonial parisiense, ao que parece, deveria ser monárquica e não municipal.

A Lieutenance-Générale de Police, criada em 1667, comandava o ataque da monarquia contra o prestígio cerimonial e a autoridade política da municipalidade.[52] Nomeado pela coroa, o chefe-geral de Polícia liderava o policiamento da cidade – termo cada vez mais interpretado de modo amplo e sob perspectiva mundana. Policiar não era mais, proclamou o oficial de polícia Guillaute, "transformar a sociedade em mosteiro" por meio de uma rede de proibições. O assunto em pauta era administrar a cidade fria e racionalmente, de modo a encorajar os aspectos civilizadores da vida urbana, "sem tirar o olho da montanha infinita de pequenos detalhes sem os quais os cidadãos não se sentiriam seguros nem à vontade".[53] A ordem pública era uma meta importante: as ruas de Paris agora eram vistas geralmente como seguras para caminhar (exceto pelo trânsito); a polícia desmantelara as últimas grandes gangues criminosas na década de 1750, e um aprovisionamento atento garantia poucas perturbações decorrentes do preço do pão. Além do controle da ordem pública, a atuação da polícia de Paris abrangia abastecimento, lojas e feiras, mercado editorial, vigilância de forasteiros, manutenção de estradas, atividades filantrópicas e muito mais. Sob o comando de Lenoir, o chefe-geral de Polícia, entre 1775 e 1776 o departamento dedicou um quinto de seu orçamento e um quarto de seu pessoal para questões como limpeza de ruas, iluminação, serviços de emergência, trabalhos de caridade e públicos. As iniciativas urbanas nessa época tendiam a partir do escritório do chefe-geral de Polícia e não dos líderes da cidade. Por exemplo, nas últimas duas décadas do Ancien Régime, a polícia era essencial para a regulação do serviço das amas de leite, na construção de um hospital para bebês sifilíticos e no estabelecimento de uma casa de penhores aos necessitados.

No entanto, a monarquia não obteve tanto crédito ideológico quanto poderia com essas operações. Em primeiro lugar, como já vimos, nem Luís XV tampouco Luís XVI mostraram interesse verdadeiro em se envolverem pessoalmente na dinâmica cultura cosmopolita que emergia na capital, preferindo as cerimônias reservadas de Versalhes. Em segundo lugar, parte do trabalho do "melhoramento" urbano era muito obviamente às custas de parte dos cidadãos: a remoção de casas das pontes e das moradias precárias ao redor do cemitério dos Inocentes pode ter sido desejável do ponto de vista higiênico, mas despejou os moradores na rua sem remorso algum. Em terceiro lugar, a coroa atraiu boa dose de impopularidade devidos aos agentes monárquicos que só faziam na cidade coisas de interesse monárquico. Apesar de seu papel filantrópico, o chefe-geral de Polícia era considerado nefasta e despoticamente poderoso. Ele dirigia uma grande força policial de combate ao crime, um exército de informantes e espiões, uma equipe de censores – e, muitos acreditavam, comandava o próprio mundo do crime da cidade. O próprio Lenoir queixava-se de sua reputação parisiense de onipotência, evidente na "convicção de que nada acontecia em Paris sem que o chefe da Polícia ficasse sabendo".[54] Essa convicção era capaz de intimidar, mas também de provocar raiva e fúria.

A ideia de que as instituições monárquicas não eram apenas irrelevantes, mas sim ativamente tóxicas ao bem-estar dos parisienses, tornou-se cada vez mais corrente nas últimas décadas do período que os revolucionários de 1789 chamariam de Ancien Régime. O florescer da esfera pública e de uma cultura mais aberta e igualitária na cidade forneceu um modelo alternativo – e cada vez mais em oposição – aos valores dos Bourbon. Apesar da agenda assistencialista da monarquia, os reis e seus cortesãos com frequência davam a impressão de incentivar uma cultura de camaradagem política, que desvalorizava a responsabilidade pública em favor da busca do lucro pessoal e do prazer privado. Os nobres da corte, muitos deles oriundos das famílias mais antigas, participavam de negociatas entabuladas em Paris e então fechadas em Versalhes com endosso real e privilégios associados. Isso causava preocupação crescente na esfera pública. Como quem sinaliza uma provável reação popular, até o preboste dos Mercadores comentou em 1787 que as "mentes estão mesmo inclinadas a censurar de modo indiscriminado tudo que parece apresentar a menor ideia de privilégio, sempre associado a vantagens em detrimento do povo".[55]

"Por volta dessa época", observou mais tarde Thomas Blaikie, escocês que prosperou em Paris nos anos 1780 como consultor de jardinagem da realeza, "as pessoas começaram a falar de modo muito desrespeitoso sobre a corte."[56] Fofocas, conversas e ataques contra privilégios foram amplificados pela imprensa, tanto lícita quanto ilícita. Por sua vez, o Parlamento de Paris articulava severas críticas ao que era referido comumente como "despotismo ministerial". Cada vez mais, o Parlamento posava como verdadeiro defensor dos interesses de todos parisienses. Os magistrados encorajavam os parisienses a acreditar que apenas o pior poderia vir de Versalhes. Eles acusavam Calonne – o malquisto ministro das Finanças de Luís XVI – de ser pouco mais que um patife, manipulando o mercado de ações no interesse de familiares e aliados e arquitetando uma quebra na bolsa de valores em 1785-1787. O ministro também se envolveu numa implacável batalha política sobre o fornecimento de água para a cidade, em que dois cartéis de empresários e estadistas (incluindo o chefe-geral de Polícia e vários ministros reais) disputavam um contrato amplamente visto como um meio descarado de enriquecimento pessoal às custas do povo de Paris. "O que *não* está à venda nesta cidade extraordinária?", indagou Mercier, estupefato, ao se deparar com "uma empresa para nos vender a água do Sena."[57]

A atmosfera de torpeza moral e de corrupção nos negócios que pairava sobre o sistema político espalhou-se de modo crescente rumo à família real. Na década de 1770, as facções antiaustríacas da corte lançaram panfletos pornográficos alegando que o rei era impotente e a rainha, uma irrefreável pervertida sexual. Na década de 1780, essas acusações de debilidade e corrupção morais circulavam amplamente em Paris e nas províncias. Em 1786, as multidões parisienses aplaudiram abertamente a humilhação legal de Maria Antonieta pelo Parlamento, no conhecido "Caso do Colar de Diamantes", que pareceu provar a libertinagem sexual da rainha.[58] A vigilância estatal sobre o comércio de cereais – útil para eliminar o espectro da fome da vida dos parisienses pela primeira vez na história da cidade – era encarada com desconfiança sempre que os preços do pão subiam. Apesar de sua linguagem paternalista fingida, tanto Luís XV quanto Luís XVI foram acusados de ligação com um *pacte de famine*, que envolvia especulação nos preços dos grãos de forma a causar fome e miséria generalizadas, enquanto eles enriqueciam junto com seus cortesãos e financistas. Justamente por isso, o engajamento da coroa no "embelezamento" de Paris e o frenesi da construção civil pós-1760 eram interpretados como ações setoriais, egoístas e provavelmente contra o interesse público.

Luís XV atraíra boa dose de impopularidade em Paris por sua lei de 1724 (em cuja transgressão, como vimos[59], ele teve papel importante), pela qual Paris não deveria se expandir além de determinados limites. Luís XVI, por sua vez, gerou uma onda de hostilidade ainda maior ao criar uma nova barreira fiscal – o chamado muro dos Arrecadadores-Gerais (1784-1787). A barreira, de cerca de 24 quilômetros de comprimento, situava-se bem além das áreas construídas e abrangia considerável área antes livre de impostos. Foi apresentada como medida racional de proteção ao contrabando e às fraudes que ameaçavam os empreendimentos parisienses. De certa forma, também demonstrava o compromisso positivo do rei com uma cidade até então negligenciada pela monarquia, porque a barreira era situada de forma a permitir mais evolução e desenvolvimento. Para os parisienses, porém, o muro parecia anacrônico num período dominado pelas noções do livre comércio. Sentiram-se cercados e não gostaram disso. Em consequência, um grupo de interesse investiu contra o conselho real, que alegou com espanto que a criação dessa nova barreira poderia apenas ser encarada no interesse da "felicidade e prazer"[60] de Paris. Porém, a cantiga entoava: "O muro murando Paris deixa Paris murmurando".[61] Os parisienses não gostavam da ideia de pagar mais pela bebida nos *guinguettes* da periferia, antes isentos de impostos. Especialistas do setor médico fizeram elucubrações sobre o muro gerar mais doenças (um médico inclusive forneceu cálculos exatos sobre quantos metros cúbicos de ar seriam negados aos parisienses). Como queimadas nos campos, logo se espalharam lendas urbanas sobre contrabandistas trazendo vinho e eau-de-vie ilicitamente para o interior dos limites da cidade por meio de tubos subterrâneos e minibalões. O ressentimento se acentuava, pois o muro parecia mostrar a parceria incondicional entre a coroa e os arrecadadores-gerais – as pessoas mais odiadas da França do século XVIII. Para colocar mais lenha na fogueira, o muro foi construído a partir de um projeto suntuoso do arquiteto Claude-Nicolas Ledoux; o conjunto de praças de pedágio combinava o neoclássico ao utópico-visionário.[62] Quando se deu conta do que estava sendo feito em seu nome, Luís XVI demitiu Ledoux e reduziu os custos de construção. Mas a essa altura o dano à reputação da coroa estava feito.

"Uma revolta que possa degenerar em motim", observou Mercier em 1788, numa das grandes profecias fracassadas da história mundial, "tornou-se moralmente impossível [em Paris]. (...) Tudo parece no lugar para que a ameaça de uma rebelião séria seja reprimida para sempre."[63] De fato, o policiamento efetivo reduzira a ocorrência de revoltas perigosas ao longo das décadas anteriores. Paris na idade do Iluminismo era a tranquilidade em pessoa se comparada à dos séculos XVI e XVII. Porém, surgira uma articulada esfera pública que criticava o governo por apartar-se do dinamismo social, econômico e cultural da cidade. Encasulada em Versalhes, a monarquia era cada vez mais vista como imoral, corrupta, interesseira e – como indicava o imbróglio do muro dos Arrecadadores-Gerais – seriamente alienada. Essas mudanças trouxeram de volta à agenda parisiense a possibilidade de graves conflitos. Os alvos da fúria popular em 14 de julho de 1789 incluíram não apenas a Bastilha – prisão estatal, depósito de armas e símbolo carcomido (e anacrônico) do poder militar – mas também os principais pedágios do infame muro dos Arrecadadores-Gerais. Essas investidas assinalavam que os parisienses tinham se acostumado demais a habitar uma cidade aberta, e que não acreditavam mais na bondade paternalista de uma dinastia que se desligara da capital ao longo do século anterior e agora pagava um preço alto por isso.

7

Revolução e império

1789-1815

O curto período entre 1789 e 1815 não mudou a face de Paris de modo radical ou inovador. Na verdade, o ambiente físico da cidade mudou menos do que nas décadas anteriores a 1789, que haviam testemunhado uma explosão febril de construção urbana. Porém, fatos acontecidos na cidade no quarto de século seguinte à Revolução de 1789 tiveram impacto dramático sobre a história da França e do mundo. Paris foi ao mesmo tempo a máquina motriz e o mais notável cenário da Revolução. Paris e Revolução tornaram-se, em certos contextos, sinônimos. O papel exercido pela cidade confirmou e endossou o conjunto de imagens criadas por Paris no século prévio. A Paris do Iluminismo havia sido – como mencionara o jornalista, dramaturgo e observador da elite parisiense Louis-Sébastien Mercier – "a capital da luz", "o centro da república das letras", "a nova Atenas".[1] Não foram poucas as pessoas a verem os eventos de 1789 através dessa lente em especial. Apesar de vozes dissonantes como a de Edmund Burke na Grã-Bretanha, em geral intelectuais de dois continentes (Wordsworth, Coleridge, Priestley, Kant, Goethe e Schiller na Europa; Washington, Jefferson e Madison nos novos Estados Unidos da América), saudaram o processo revolucionário nos termos mais ardorosos. "Essa foi a maior e a melhor coisa que podia ter acontecido!", exclamou Charles James Fox. No entanto, a experiência da cidade, em particular na primeira metade da década de 1790, lançaria sobre Paris uma luz nova e sinistra, como a sede da violência popular, da revolta sangrenta e do Terror político. Fonte de valores civilizados e iluminados, Paris agora se tornara uma caixa de Pandora de horrores políticos.

Na crise política de 1789, o povo de Paris estava para se arremessar de modo inesquecível e duradouro no curso de mudanças radicais, com peculiaridades não facilmente previstas à luz dos eventos que conduziram a essas mudanças. Afinal, a política acontecia em Versalhes, em torno dos conselhos reais, não em Paris. A crise começou quando o controlador-geral, Calonne, percebeu que o Estado estava indo à bancarrota. A crise política resultante, de 1787-1788 – chamada pelos historiadores de "Pré-Revolução" – originou-se mais dos problemas financeiros da monarquia Bourbon do que de quaisquer manifestações específicas na capital Paris. A coroa gastara muito com guerras ao longo do século XVIII, porém não desenvolvera os métodos financeiros para

Retour de la Famille Ro

Paris le 25 Juin 1791.

extrair o suficiente da imensa e florescente riqueza do país. Calonne insistiu que o rei criasse um corpo representativo nacional escolhido a dedo, chamado de Assembleia dos Notáveis, para aprovar um pacote radical de reformas tributárias. A assembleia reunira-se em Versalhes em fevereiro de 1787 e recusara-se a entrar no jogo, forçando a renúncia de Calonne e a sua substituição pelo arcebispo de Toulouse, Loménie de Brienne. Quando este último tentou impingir um pacote similar de reformas, enfrentou a oposição combinada dos treze parlamentos da França, liderados pelos ilustres magistrados do Parlamento de Paris. Os parlamentos tinham o dever de aprovar toda a legislação real. Usaram esse poder para argumentar que estariam infringindo o dever com o Estado ao permitirem a criação de uma severa legislação tributária, contra o espírito constitucional do país.

O impasse entre o governo e os parlamentos fez da crise política em curso em 1787-1788 mais do que mera maquinação sediada em Versalhes. Porém, a atividade no âmbito da cidade de Paris tendia ainda a ter um alcance limitado. Houve ruidosas manifestações de apoio ao Parlamento na Pont Neuf no fim de 1787 e no começo de 1788. Em agosto de 1788, a efígie de Brienne foi queimada teatralmente sobre a ponte, enquanto a coroa de modo relutante sacrificava o ministro principal e concordava com a convocação, em 1789, dos Estados-Gerais, o corpo representativo nacional da França, reunido a última vez em 1614.

Se um observador ponderasse que as manifestações da Pont Neuf significavam pouco mais que "sedição perpetrada por estudantes"[2], em parte seria porque as revoltas eram lideradas por estudantes de direito e advogados estagiários e não por trabalhadores dos faubourgs. Naquele momento, entretanto, emergiam condições para a ampliação social do conflito. A economia francesa entrara em recessão a partir dos anos 1770, e as quebras consecutivas nas safras de 1787 e 1788 fizeram o preço do pão disparar. A fome popular gerou um crescente número de perturbações e de revoltas econômicas no país. A crise econômica nacional também afetou Paris com gravidade. A terrível tempestade de granizo de 13 de julho de 1788 dizimou um quarto da safra regional. Sob geada e neve, ao longo do inverno de 1788-1789, os rios que abasteciam a cidade congelaram, e só se transitava nas estradas com dificuldade. As famílias pobres gastavam de 80 a 90% da renda com pão. O consequente colapso na demanda por bens manufaturados afetou a indústria parisiense, que já sofria o impacto da competição com as mercadorias inglesas baratas, por conta do tratado de comércio anglo-francês em 1786. Em abril de 1789, houve importante revolta no Faubourg Saint-Antoine; contemporâneos alegaram que desde a Fronda não ocorriam revoltas desse tipo. O alvo era o fabricante de papel de parede Réveillon, que, segundo se dizia, exigira a brusca redução dos salários dos trabalhadores como forma de sair da crise. A rebelião foi sufocada por regimentos das Guardas-Francesas, normalmente aquartelados em Paris, com uma brutalidade que mais agravou do que apaziguou a ira do povo.

A ira também adquiria conformações mais políticas nessa época. Em 1788, a censura real entrara em colapso – a coroa não podia mais ignorar o clamor da dissensão efervescendo para acolher os novos Estados-Gerais. Isso desencadeou uma explosão de panfletagem política, em grande parte fazendo exigências políticas antes proibidas. O desejo expressado pelo Parlamento de Paris de que os Estados-Gerais se reunissem nos moldes da reunião de 1614 intensificou o debate, pois inferia que o Parlamento queria se unir à nobreza e ao clero num único bloco repressivo para contemporizar em vez de resolver as amplas preocupações populares. Por esse único gesto, o Parlamento de Paris, herói na crise pré-revolucionária, converteu-se quase de um dia para o outro em vilão político aos olhos da maioria dos parisienses. Assim, no começo de 1789, quando o demorado e laborioso procedimento de eleições para os Estados-Gerais pôs-se em andamento, os parisienses e os provincianos estavam desconfiados das maquinações políticas das agora chamadas "classes privilegiadas", ou seja, o clero (o Primeiro Estado) e a nobreza (o Segundo). Assembleias eleitorais do Terceiro Estado (cidadãos comuns não clericais), assim como do clero e da nobreza, eram acompanhadas pela compilação de cadernos de reclamações (*cahiers de doléances*) que expressavam a esperança de reforma. Os *cahiers* do Terceiro Estado de Paris eram uma típica mixórdia de exigências, desde as mais radicais – os Estados-Gerais deveriam se reunir em Paris e não em Versalhes, Paris deveria ter governo próprio adequado, o muro de coleta de impostos dos arrecadadores-gerais deveria ser posta abaixo, assim como a Bastilha – até as mais mundanas – as fontes de poluição urbana deveriam ser identificadas, deveriam existir hospitais melhores etc. Reformas de amplo alcance pareciam estar em pauta.

O processo eleitoral em várias camadas introduzido na cidade de Paris aconteceu no âmbito de sessenta distritos eleitorais; era tão complicado que não estava pronto até o final de maio de 1789. Os delegados do Terceiro Estado de Paris uniram-se aos seus pares de Versalhes e encontraram os Estados-Gerais num beco sem saída. Os deputados do Terceiro Estado se recusavam a começar os trabalhos até a coroa deixar claro que a eleição seria feita de modo a impedir o predomínio das classes privilegiadas.

A crise do verão de 1789 impeliu o povo de Paris das linhas secundárias ao coração da política revolucionária. Sob a pressão popular, Luís XVI pareceu ceder tanto ao Terceiro Estado quanto às regras da votação, mas na mesma hora convocou tropas para cercar Versalhes e Paris, como quem planeja um golpe a fim de desfazer combinações políticas das quais já se arrependia. Ele também demitiu o popular ministro Necker, colocando em seu lugar renomados reacionários. Havia a apreensão de que um "massacre de São Bartolomeu de patriotas" pudesse estar prestes a acontecer. Forçado a uma posição defensiva devido à aparente falta de confiança real, o povo de Paris reagiu com energia. A assembleia eleitoral que fizera a seleção final dos deputados do Terceiro Estado – cerca de 407 burgueses de Paris – estivera se encontrando informalmente para acompanhar os eventos políticos e agora entrava e tomava as rédeas do governo local no Hôtel de Ville. Flesselles, o preboste dos Mercadores, não teve outra opção além de dançar conforme a música. A Comuna – como o grupo chamava-se – formou uma milícia burguesa, fortalecida por muitos membros das Guardas-Francesas, a essa altura amotinados contra a autoridade real. A milícia, mais tarde batizada com o título oficial de Guarda Nacional, preparou-se para defender Paris contra as tropas reais e também tentou manter a ordem no meio da turba agitada. O aristocrata liberal Lafayette, veterano da Guerra da Independência americana, foi chamado para comandar a Guarda Nacional. Esta foi incapaz de interromper a destruição dos portões de pedágio do muro dos arrecadadores-gerais, que levavam a culpa pela fome do povo. Mas empenhou-se na caça a armas e pólvora que levou à tomada primeiramente do Hôtel des Invalides e então, em 14 de julho, da Bastilha. Ao ficar sabendo da perda da Bastilha e de sua guarnição, Luís concordou em retirar as tropas de Paris, reintegrar Necker no cargo e aceitar a existência da Assembleia Nacional (na qual os Estados-Gerais se transformaram). Em 17 de julho, o rei viajou de Versalhes à capital e foi ovacionado de forma entusiástica pelos parisienses. Naquele dia, ao ser inserido o branco cerimonial da dinastia Bourbon entre o vermelho e o azul heráldicos da cidade de Paris, a bandeira tricolor nacional foi criada. Também se decidiu demolir a Bastilha, símbolo da tirania política que se supunha agora ser coisa do passado.

Muitos contemporâneos consideraram a decisão tomada pelo rei em 17 de julho (de aceitar a revolução parisiense de 14 de julho) o símbolo satisfatório da unidade política redescoberta entre governante e nação. Ledo engano! A unidade seria apenas sonho esvaecido, embora insistente, ao longo da próxima década. A oposição ao processo revolucionário não desaparecera: nem bem a Bastilha caiu, príncipes reais e altos aristocratas escapavam do país com o objetivo de angariar apoio pela Europa contra a Assembleia Nacional. Esses exilados políticos – os *émigrés* – provariam ser um duradouro espinho na carne da Revolução. Os eventos de meados de julho do mesmo modo haviam realçado outra importante característica das próximas décadas – a ameaça de violência constituída pela população parisiense. Que não apenas tomara a Bastilha, mas também assassinara o seu diretor e várias outras autoridades, como o preboste dos Mercadores e o intendente da Île-de-France, exibindo suas cabeças na ponta de estacas pelas ruas de Paris como troféus.

A Assembleia Nacional sentou-se para confeccionar a constituição. Nos dois anos seguintes, seus componentes instalariam um conjunto de reformas extremamente amplo, baseado nos princípios da liberdade e da igualdade perante a lei delineada na Declaração dos Direitos do Homem e do Cidadão, introduzida em 26 de agosto de 1789. Mas a crise não terminaria. Em um cenário de aumentos contínuos no preço do pão, incitado pelos boatos de que o rei e a rainha permitiam a corte em Versalhes se tornar o epicentro de uma contrarrevolução armada, o povo de Paris organizou uma marcha a Versalhes. As *journées* de 5 e 6 de outubro de 1789 obrigaram o rei a aceitar o retorno da corte a Paris, onde ele e sua família foram reacomodados no Palácio das Tulherias (bem desconfortavelmente, ao que consta). Depois de um século de ausência, o rei estava fisicamente de volta ao seio dos parisienses. Os deputados da Assembleia Nacional, que haviam acompanhado o séquito de Luís na volta à capital, também se estabeleceram na cidade.

As *journées* de 5 a 6 de outubro de 1789 confirmaram a dupla realidade da contrarrevolução e da violência popular parisienses – e doravante salientaram ainda mais a importância da cidade nos eventos políticos. O rei sentia-se prisioneiro nas Tulherias, e para todos os efeitos ele era. A Assembleia Nacional também se sentia sob a vigilância do povo parisiense, que lotava as galerias públicas e fornecia calorosos e muitas vezes críticos comentários sobre os fatos. Paris inscrevera-se no roteiro da Revolução de um modo que se provaria difícil de apagar.

Se a violência sediada em Paris – tanto popular quanto contrarrevolucionária – pairou hesitante nas margens da ameaça a maior parte do tempo até 1792, Paris também se lançaria na ribalta revolucionária de outra forma, ou seja, como o fórum privilegiado das ideias políticas. De certo modo, os primeiros anos revolucionários constituíram o ápice da vida pública burguesa que havia se expandido naquele período que os revolucionários agora chamavam de "Ancien Régime" (Antigo Regime). Com as garantias ora oferecidas pela constituição, nunca houvera tanta liberdade de expressão. Os visitantes da cidade eram unânimes: os parisienses estavam ansiosos por discutir política de um jeito novo e entusiasmado. Também salientavam o papel dos oratórios públicos informais, em locais como o Palais-Royal do duque de Orléans e em muitos cafés políticos que agora povoavam Paris.

7.1: Felipe Égalité, duque de Orléans

Luís Filipe José, duque de Orléans (1747-1794), era a ovelha negra da família real. Os Orléans eram o ramo militar dos Bourbon. O duque era o homem mais rico da França depois de Luís XVI, mas tinha dívidas enormes com o primo real. Isso não o impediu de cultivar Paris como a contrapartida da possessão de Versalhes do monarca; de ser eleito para a primeira assembleia republicana da história da França; de trocar o título de duque pelo cognome "Igualdade" (*Égalité*) e de votar a favor da pena de morte no julgamento do rei. Este último e caprichoso gesto de republicanismo antifamiliar – que chocou até mesmo muitas pessoas mais íntimas – não o impediu de perder a própria cabeça na guilhotina pouco tempo depois.

A execução de Filipe em Paris foi especialmente impressionante, pois a casa dos Orléans cultivava vínculos antigos com a cidade. Com a transferência da afeição de Luís XIV e sucessores da capital para Versalhes, surgira uma lacuna real que os sucessivos duques de Orléans se esforçaram para preencher. Em 1715, o bisavô de Felipe Égalité, ao tornar-se regente, transferiu a corte real de volta a Paris (embora Luís XV logo a removesse a Versalhes outra vez). Duques sucessivos atuavam como representantes reais nas cerimônias de Paris em que o rei não se importava em comparecer. O pai de Filipe cultivara aliados no Parlamento de Paris, e durante disputas políticas na década de 1770 ele até mesmo fez os parisienses erguerem cartazes no pátio de sua residência clamando que ele assumisse o trono.

As ambições políticas de Filipe eram difíceis de sondar. A merecida reputação de hedonista um tanto fastidioso tornou-o impopular na corte de Luís XVI e Maria Antonieta. Seu gosto acentuado por autopublicidade (por exemplo, participou de um voo de balão) e por coisas inglesas (corridas de cavalos, jogos de azar e modas masculinas como a sobrecasaca) também irritavam o rei. Se ele tinha ambições políticas, porém, deixou-as em espera enquanto dependia da permissão de Luís para renovar a residência parisiense da família Orléans, o Palais-Royal. Construído pelo Cardeal Richelieu a partir da década de 1620, o ex-Palais-Cardinal hospedara o jovem Luís XIV durante o período da Fronda (levando assim à mudança do nome para Palais-Royal), antes de passar definitivamente às mãos da dinastia Orléans. Filipe estava em apuros financeiros – de modo surpreendente, considerando sua estupenda riqueza – e vislumbrou a potencialidade comercial de transformar sua residência numa espécie de centro de vendas, repleto de lojas de luxo e cafés, que atrairia a Paris elegante para passar o tempo ocioso sob sua égide. Buscou e obteve a permissão do rei para esse empreendimento no começo dos anos 1780 (muito embora não sem Luís gracejar sobre a recém-descoberta carreira de "lojista" do primo). Um novo teatro foi construído na ocasião, e também havia um "circo" – espécie de salão de mostras dentro dos limites do jardim – e um museu de cera, dirigido por Curtius, protetor de Madame Tussaud.

No fim dos 1780, o Palais-Royal parecia ser o trampolim para as silenciosamente acalentadas ambições políticas de Filipe. A enorme popularidade do local colocou-o na vitrine parisiense, característica acentuada ao cruzar espadas com o rei em 1787-1788 e ganhar para si um período de exílio mártir. Por volta de 1789, tinha a seu serviço uma equipe de redatores contratados, impulsionando suas causas políticas. A essa altura, o Palais-Royal transformara-se na sala de máquinas do radicalismo político, repleto de gráficas e lojas ilícitas despejando panfletos e propagandas radicais. Todos os parisienses, conforme registrou um jornal, acorriam para lá a fim de "saber das novidades e ficar a par do que acontecia no mundo". Também era onde os conspiradores políticos se encontravam para aguçar seus conluios e programas para os vindouros Estados-Gerais.

O assalto à Bastilha, em 14 de julho de 1789, que viu os parisienses forçarem Luís XVI a aceitar uma constituição liberal, originou-se no Palais-Royal. Reza a lenda que ali o jornalista Camille Desmoulins subiu numa mesa do café para denunciar as manobras militares da corte real e lançar um apelo às armas. Depois disso, o Palais-Royal confirmou seu lugar como fórum urbano de debate público e formador da opinião parisiense. Como mencionaria Victor Hugo mais tarde, o Palais-Royal era "o núcleo do cometa Revolução". O escritor russo Nikolai Karamzin, que ali esteve em 1790, chamou-o de "o coração, a alma, o cérebro, a própria sinopse de Paris". Ele abrigava também prazeres mais escusos. Em 1791, o poeta inglês William Wordsworth "perambulou para lá e para cá na fila / De bares, bordéis, cassinos e lojas". Compras, comidas e bebidas de classe alta, jogos de azar e prostituição mais ou menos aberta eram – além da absoluta *flanêrie* – partes essenciais da atração do Palais-Royal. Os mundos do consumo e da política revolucionária estavam em harmonia: os principais grupos políticos encontravam-se nos cafés do local.

Embora boa parte dessa atividade refletisse em razoável crédito a favor de Filipe, ele encontrava dificuldade de aproveitá-lo. Mostrou os indispensáveis sinais de patriotismo, até mesmo combatendo no exército ao lado do filho, o duque de Chartres. Mas quando o povo francês se deu conta de que queria se ver livre de Luís XVI, já havia decidido não substituí-lo com o primo orleanista. Por isso, Orléans ficou reduzido a ações políticas cada vez mais extremas para provar suas credenciais republicanas, inclusive consignar o primo à guilhotina. Mas menos de um ano depois ele próprio foi preso e executado. A carroça que o conduziu ao patíbulo deu uma parada em frente à sua antiga casa – um toque sádico –, mas ele permaneceu impassível e estoico: sua morte foi mais impressionante que a sua vida.

Durante o governo de Napoleão e mais ainda depois de sua queda, o Palais-Royal permaneceu mais um lendário ambiente de prazer do que local de política popular. "Não há lugar igual na Europa", observou um espantado turista em 1813. Em 1815, os orleanistas voltaram a morar nele e imediatamente procuraram agradar ao povo parisiense. O filho de Felipe Égalité realmente sobe ao trono na derrocada dos Bourbon na Revolução de 1830 – embora tenha permanecido apenas até 1848, quando foi deposto. A essa altura, o Palais-Royal era um lugar bem mais pacato. A proibição tanto do jogo quanto da prostituição nos anos 1830 terminara seu reinado vertiginoso como o lar do hedonismo parisiense.

O maior volume de opiniões e de notícias era transmitido pelos jornais. Provavelmente mais pessoas ficaram sabendo sobre os detalhes da queda da Bastilha por meio da leitura dos jornais do que por outra forma. Antes de 1789, a imprensa era animada e engajada, mas a Revolução a transformou em genuíno meio das massas. Em nenhum outro lugar isso era mais verdadeiro do que em Paris, onde 90% dos homens e 80% das mulheres tinham ao menos rudimentos de alfabetização. Em 1788, havia duzentas livrarias e 36 gráficas na capital. Ao final dos anos 1790, esses números subiram para quinhentas e 218, respectivamente. A capital tivera apenas um jornal diário no Ancien Régime – o pacato *Journal de Paris*, fundado em 1777. Por volta de 1790, havia 23 diários e um número indeterminado de periódicos de menor frequência. O teatro – outro alvo da supervisão e censura atentas por parte do estado durante o Ancien Régime – também se beneficiou bastante com as novas condições e mostrou crescente propensão a politizar-se. A cidade abrigara uma dúzia de teatros em 1789; nas décadas revolucionárias eram 37 (em sua maioria na margem direita, especialmente no Boulevard du Temple [3º], que se tornava o centro do teatro parisiense). Os salões também se expandiam e com frequência adotavam nuanças mais políticas do que até então.

Clubes políticos – mais ou menos ilícitos antes de 1789 – também surgiram, muitas vezes reunindo-se nas dependências de igrejas abandonadas depois da reforma eclesiástica. O mais famoso desses clubes, que se reunia no antigo mosteiro da comunidade de Saint Jacques na Rue Saint-Honoré, era a Sociedade dos Amigos da Constituição – os jacobinos. Começando como antecâmara política em preparação aos assuntos do dia seguinte na Assembleia, os jacobinos tinham proporção mais alta de deputados que os outros clubes e abriam suas sessões ao público. Alcançaram notoriedade também ao patrocinarem clubes provincianos afiliados – cerca de mil na época. Em 1793, a cidade possuía 49 clubes (dois femininos), uma quarta parte desses afiliada aos jacobinos.

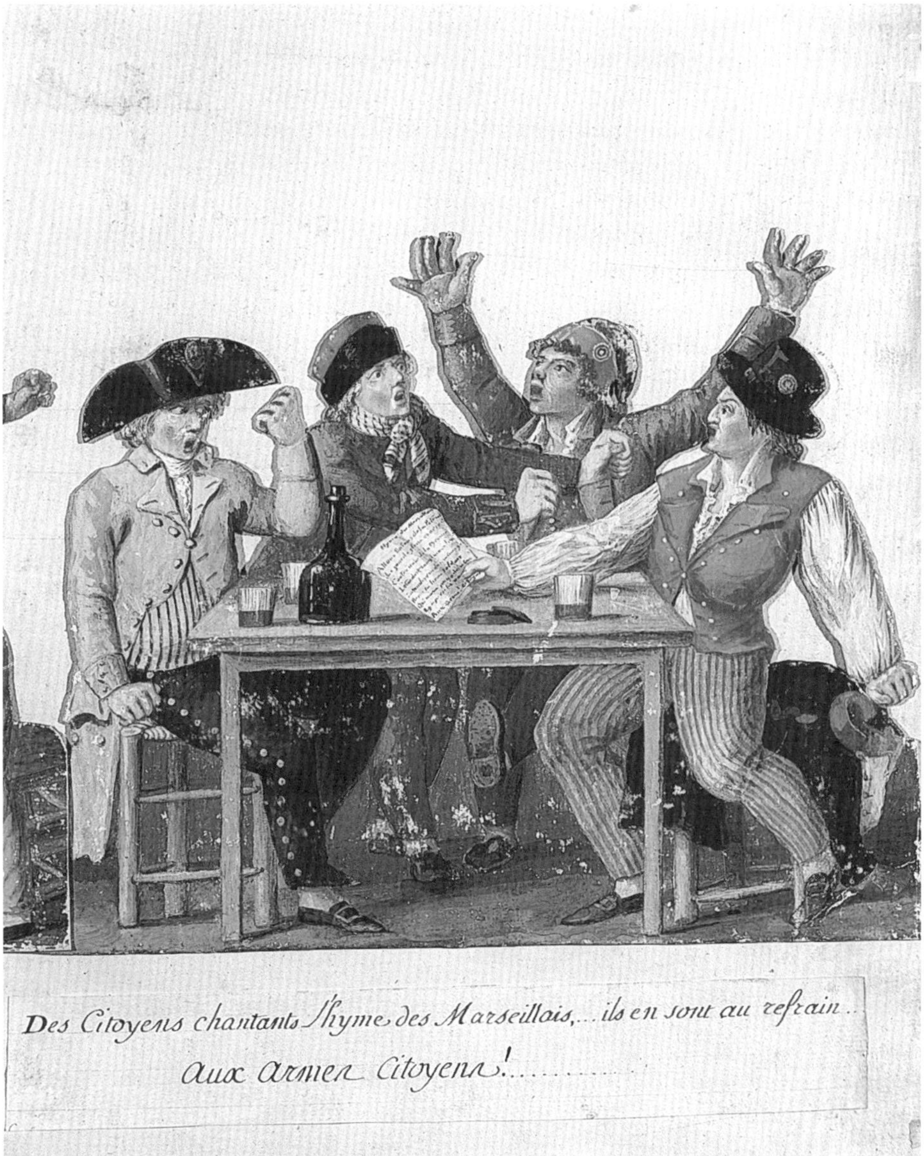

Cidadãos cantando a "Marselhesa"

A organização nacional dos clubes, que confirmava o papel estratégico de Paris no processo político, era copiada por clubes de distintas matizes, tais como os feuillants, uma dissidência moderada dos jacobinos em 1791. Outros clubes patrocinavam jornais e panfletos para divulgar suas ideias nacionalmente. O grupo utópico do Cercle Social, por exemplo, publicava uma gazeta radical chamada *Bouche de Fer*; enquanto o popular Clube dos Cordeliers dispunha das rudes e vulgares frases bombásticas do jornal *Père Duchesne*, de Jacques Hébert (em que ideias radicais se acotovelavam com numerosos *bougres* e *foutres*). O Clube dos Cordeliers, junto com os clubes formados localmente nos bairros, com frequência tinha sócios mais plebeus que o Clube dos Jacobinos, cujas taxas de admissão eram mais altas – e as opiniões políticas, mais radicais. Muitos desses clubes eram incapazes de transmitir sua mensagem para as províncias e se concentravam em modos de influenciar a orientação política no âmbito da Assembleia Nacional, tais como petições coletivas sobre certos assuntos. Delegações dos clubes criaram o costume de apresentar suas petições de modo extravagante para a Assembleia, em sessões repletas de interesse dramático. Os grupos radicais buscavam coordenar suas ações por meio do sistema de governo municipal de Paris.

Embora não viesse a acabar bem, um estilo apropriado de governo municipal havia realmente sido introduzido em 1789, recompensando os parisienses por seu papel crucial nos eventos e nivelando a cidade a outros municípios e localidades do país. Paris era um dos três distritos pertencentes ao departamento de Paris. A Comuna *ad hoc* criada na época da tomada da Bastilha era o núcleo de uma comissão municipal que supervisionou o governo até o decreto de 21 de maio de 1790. O valoroso astrônomo Bailly, delegado do Terceiro Estado de Paris, foi aclamado prefeito na época da visita do rei a Paris, em 17 de julho de 1789. Ele era assessorado pelos representantes – quase todos burgueses – dos sessenta distritos eleitorais da cidade para os Estados-Gerais. Em maio de 1790, os sessenta distritos foram comprimidos em 48 seções eleitorais, embora mantendo suas características essenciais. O governo local estava em mãos burguesas. Só a derrota do rei Luís XVI e a fundação de uma república trariam um sentimento mais populista à política da cidade.

Na verdade, apesar do entusiasmo popular de 1789, o rei considerava extremamente difícil adaptar-se a uma revolução que desprezava seus antigos poderes "absolutos" e o obrigava a agir dentro de um sistema político que colocava mais poder nas mãos de uma assembleia legislativa eleita, de câmara única, do que nas suas. Embora ele tivesse presidido em pessoa a Festa da Federação, popular cerimônia de celebração organizada no Champ de Mars em 14 de julho de 1790, com delegados de cada departamento da França apresentando armas ao rei e à nação, os processos em curso lhe deixavam nauseado. A ameaça de violência que parecia pairar sobre Paris causava repugnância ao rei; por lealdade, ele sentia-se solidário à sua família e aos servos aristocráticos que se exilavam no exterior ou refugiavam-se no interior. O rei também estava extremamente insatisfeito com as reformas religiosas introduzidas pela Assembleia Nacional. Em novembro de 1789, a Assembleia nacionalizara todas as propriedades da Igreja, como meio de adquirir solvência estatal. A isso, seguiu-se a Constituição Civil do Clero, de julho de 1790. Essa tentativa de empreender uma espécie de faxina liberal em uma organização antiga e delicada – os votos monásticos foram encerrados; o número de dioceses e paróquias, reduzido; eleição ao gabinete clerical, introduzida etc. – com certeza ainda daria muito pano para manga. Instruído pelo papa, Luís foi solidário aos membros do clero contrários à Constituição Civil, que se recusaram a fazer o juramento de lealdade exigido de todos os clérigos. Na França como um todo, cerca de 55% dos clérigos fizeram o juramento (embora alguns posteriormente tenham se retratado). Em Paris, onde o número de paróquias foi reduzido de 52 para 33, o número dos "juramentados" entre os clérigos paroquiais era de 66%, mas ao se considerar todas as outras formas do clero essa porcentagem baixava para apenas 40%.

A falta de vontade de Luís de impedir os padres em geral de rezar a missa – que dirá os não juramentados – levantou a suspeita de que ele pudesse não estar apoiando a Revolução. Mesmo antes de 1789, como vimos, houvera boa dose de desconfiança quanto ao compromisso do rei com o bem-estar do povo. As suspeitas estavam agora amplificadas pelo esforço de Luís em escapar de sua "prisão" parisiense em junho de 1791. A "fuga para Varennes" terminou em fiasco. O rei foi capturado e trazido de volta a Paris numa espécie de "*antientrée*" real, passando no meio de fileiras cerradas de parisienses sob silêncio nefasto. Luís escapou de ser deposto por um triz – e principalmente porque demonstrara intenção de se retratar, simulando apoio incondicional à causa revolucionária. Os moderados na Assembleia preferiram tê-lo sob controle a permitir ao cada vez mais radical movimento popular instituir uma república, que arriscava alhear o resto da França e até mesmo toda a Europa.

Como vimos, Paris acostumara-se ao antigo e estranho status de cidade sem rei no decurso do século XVIII. Além disso, houve bastante secularização de atitudes durante o Iluminismo em todo o espectro social. Porém, muito pouco em 1789 indicaria que dentro de quatro anos os parisienses liderariam um movimento bem-sucedido de derrubar o rei e instituir uma república, nem tampouco que a cidade se tornaria o teatro de uma campanha de malévolo anticlericalismo "descristianizador". Em 1789, o republicanismo como opção política não era levado a sério por ninguém (ou por ninguém sério). Além disso, as triunfantes *journées* dos primeiros anos da Revolução eram celebradas com missas país afora – e Paris não era muito diferente nesse aspecto.

As condutas do rei, da corte e dos clérigos não juramentados tornaram o antimonarquismo e o anticlericalismo politicamente respeitáveis e até mesmo patrioticamente desejáveis. A guerra, acima de tudo, produziu essa mudança. Em abril de 1792, a França entrou em guerra contra o Sagrado Império Romano (o resto da Europa seguiria o exemplo no começo de 1793). Os girondinos, grupo de deputados do departamento da Gironda (perto de Bordeaux) e aliados, lançaram uma campanha pela guerra como meio de forçar os céticos da Revolução, o rei inclusive, a saírem de cima do muro. Mas a estratégia repercutiu mal. A guerra polarizou as atitudes políticas, em particular porque os seus primeiros resultados foram péssimos. A indiferença em relação à Revolução demonstrada pelos clérigos não juramentados ou pelo rei e seus seguidores passou a ser classificada de traição. A legislação punitiva direcionada aos *émigrés* e aos não juramentados só fez o rei hesitar ainda mais – de um modo que cada vez mais parecia traição.

Com a Assembleia Nacional incorrigivelmente dividida sobre como desfazer o impasse político em relação ao rei, coube aos ativistas organizados do movimento popular encontrar uma saída. Na crise de guerra do verão de 1792, militantes populares começaram a frequentar encontros secionais e a se alistar na Guarda Nacional – duas formas de engajamento antes restritas a cidadãos com propriedades. Também se ofereceram como voluntários ao front de batalha. No fim de julho, muitas seções não apenas estavam votando abertamente por uma república, mas também secretamente organizando uma nova *journée* para depor o rei. Fizeram um movimento para assumir o lugar da municipalidade existente e se transformar numa Comuna Insurrecional. Em 10 de agosto, num dia de violência exacerbada, os militantes obrigaram a Assembleia Nacional a aceitar a abdicação do rei. A Assembleia concordou em convocar uma convenção nacional para escrever uma nova e republicana constituição para a França.

Nesse meio-tempo em que as eleições se organizavam, a Comuna Insurrecional governou Paris com eficácia. Preparou a defesa da cidade, caso as tropas alemãs penetrassem no leste da França, o que parecia bem possível. Ordenou o derretimento dos sinos de igreja para fazer canhões. Introduziu vasto leque de medidas de vigilância e procurou controlar a opinião pública interditando editoras contrarrevolucionárias e censurando a imprensa. Por fim, recrutou cidadãos pacíficos para a Guarda Nacional e incentivou o voluntariado para o exército. Em 20 de setembro de 1792, entre as tropas francesas que repeliram os invasores no canhoneio de Valmy, a duzentos quilômetros da capital, não eram poucos os parisienses. No mesmo dia, a nova Convenção Nacional reuniu-se e imediatamente declarou uma república, "una e indivisível".

Apesar de seu papel fundamental no estabelecimento da república e da sua contribuição heroica na defesa nacional, os militantes populares parisienses receberiam apenas reconhecimentos contraditórios de suas realizações, pois o heroísmo veio acompanhado de atos de selvageria que repugnaram não só a maior parte da opinião europeia, mas grande número de sinceros republicanos na própria França. A *journée* de 10 de agosto foi acompanhada de horríveis atrocidades cometidas contra a Guarda Suíça do rei – que, disseram alguns para mitigar o fato, abrira fogo primeiro. Não parecia haver desculpa viável – com exceção talvez de um medo quimérico de uma trama contrarrevolucionária – para explicar os Massacres de Setembro (ocorridos entre os dias 2 e 5 de setembro). Com o apoio mais ou menos aberto do comitê de vigilância da Comuna, bandos de militantes foram de prisão em prisão parisiense massacrando os lá confinados: desde prisioneiros comuns como prostitutas, ladrões e vagabundos até padres não juramentados e indivíduos presos por razões políticas. Várias outras atrocidades foram cometidas, inclusive o assassínio da amiga íntima de Maria Antonieta, princesa de Lamballe, cuja cabeça decepada e profanada balançou despreocupadamente na ponta de uma estaca fora da cela da rainha na prisão do Temple. Mais de 1.300 pessoas pereceram. As pedras ficaram vermelhas de sangue nas prisões da cidade (a Conciergerie, a Abbaye, a Force etc.), nos abrigos de pobres (Bicêtre, La Salpêtrière) e antigos prédios religiosos transformados em centros de detenção provisórios (Carmelitas, Bernardinas, Saint-Firmin). Muitos desses locais encontravam-se no coração de Paris; os parisienses escutavam os gritos e apertavam o passo.

"Foram os melhores tempos; foram os piores tempos." As palavras de abertura do grande romance de Charles Dickens sobre a Revolução Francesa, *Um conto de duas cidades* (1859), nunca foram tão apropriadas quanto nesse momento da história parisiense, que mesclou tão dramaticamente o sublime e o medonho, o heroico e o ignóbil. Uma vez instalada, a Convenção agiu com rapidez para desmantelar a Comuna Insurrecional e marcar novas eleições municipais. As eleições levaram meses para terminar, dando à nova Convenção pausa para tomar fôlego da pressão municipal. Um moderado, o médico Chambon de Montaux, elegeu-se prefeito. Porém, a reputação ignominiosa que a Comuna trouxera à revolução parisiense não era fácil de apagar. Ativistas de Brest e Marseille, proeminentes entre os rebeldes de 10 de agosto, e uma maioria de "parisienses" eram provincianos de nascimento. Não importa: os Massacres de Setembro eram depositados justamente à porta do movimento popular parisiense. Muitos simpatizantes da Revolução viraram contrarrevolucionários de um dia para o outro. "A Revolução da Declaração dos Direitos do Homem é uma coisa", comentou o escritor italiano Alfieri. "A Paris revolucionária nas mãos da plebe (*plébaille*) é algo bem diferente."[3] Em seu livro *Nouveau Paris*, publicado em 1799, Louis-Sébastien Mercier buscaria diferenciar "dois povos distintos" morando lado a lado na cidade, que a seu ver fizeram e arruinaram a Revolução: de um lado havia "o povo de 14 de julho e 10 de agosto", "lançando-se rumo à liberdade, invencível e generoso, pronto para enfrentar tudo", que fizera a Revolução de verdade; e no outro lado havia o povo "ladino, ganancioso e cruel", atrás apenas de "poder e riqueza", que a arruinara.[4]

Mercier, eleito para a Convenção em 1792, pertencia ao grupo dos girondinos. Muitos desses, anteriormente caros ao papel histórico de Paris como baluarte contra a tirania política e o atraso intelectual provinciano, passaram a ver Paris como o inimigo público número um. Antes disso, o intelectual Condorcet havia argumentado que "A França precisa ser forte para resistir a seus inimigos e, para ser forte, precisa de um centro comum". Louvet entoou a mesma cantiga ainda em julho de 1792: "Paris é o paládio de nossa liberdade. Aos olhos dos tiranos, a cidade será eternamente culpada por ter começado a Revolução."[5] Naquele momento os dois homens compartilhavam o medo de outro companheiro girondino, que vaticinou: "Paris se tornará a tumba da liberdade universal".[6] Essa inquietação cada vez mais generalizava-se nas províncias.

Os girondinos acreditavam que os ativistas parisienses haviam conseguido influenciar a Revolução apenas devido ao apoio recebido da ala radical da Assembleia Nacional. Portanto, seus inimigos na nova Convenção eram pessoas com séquito popular em Paris (muitos deles, ex-membros da Comuna Insurrecional). Esses radicais pró-parisienses eram chamados de montagnards. Incluíam personagens como o advogado vindo da cidade de Arras, Maximilien Robespierre, apelidado de "o Incorruptível" pela postura altruísta e ética em questões morais; o orador vulcânico Danton, ligado ao clube dos Cordeliers; e o jornalista do front e ex-médico Marat. Todos os três estavam sujeitos a enfrentar furiosos ataques girondinos na Convenção, especialmente por sua reputada participação nos Massacres de Setembro. Todos os três, entretanto, percebiam cada vez mais que, sem um programa radical de reformas que atraísse o apoio das classes trabalhadoras, a república nascente arriscava morrer na casca. Eles tendiam a tolerar a violência dos aliados plebeus como justiça natural ou ainda como excessos generosos do desejo de liberdade. A proclamação da república teria de ser à força e não livre de violência – ou fracassaria.

A divisão dentro da elite política republicana foi realçada dramaticamente no julgamento de Luís XVI, que se transformou numa disputa entre girondinos e montagnards, na qual o destino do rei ficava às vezes de lado em meio ao calor dos debates. De fato, Luís foi executado em 21 de janeiro de 1793, mas isso não resolveu nada. As divisões políticas tendiam a orbitar ao redor do ativista parisiense – ou sans-culotte, como então era frequentemente chamado. Ser *sans culottes* era vestir pantalonas (calças compridas e folgadas), estilo de vestuário supostamente característico dos trabalhadores, em oposição aos efeminados aristocratas e suas calças setecentescas (justas e até os joelhos).

Não era pouco o exagero desse contraste. Os indivíduos autointitulados de sans-culottes em 1792-1794 eram, em sua maioria, mestres-artesãos, pequenos lojistas e escrivães, e os guarda-roupas pré-revolucionários desses indivíduos incluíam invariavelmente calças setecentescas. Assim, o estilo-Terror-politicamente-correto envolvia vestir com garbo (ou, melhor dizendo, com desleixo) pantalonas, colete plebeu e sapatões de madeira (o couro era reservado para as botas dos soldados), ostentar um enfeite tricolor preso ao gorro vermelho "frígio" (inspirado no barrete agraciado aos escravos livres da Antiguidade) e portar um forcado, sinal de prontidão para entrar patrioticamente em ação. Além disso, os sans-culottes legítimos entoavam vários hinos revolucionários, incluindo a "Marselhesa", popularizada pelos militantes de Marselha que haviam contribuído com a derrubada de Luís XVI.

Embora Robespierre e outros montagnards nutrissem uma imagem um tanto idealizada de sans-culottes generosos, obedientes ao desejo do povo expresso na Convenção Nacional, na verdade os membros do movimento popular de Paris eram uma multidão bem-estrondosa e independente. Podiam odiar a parisfobia dos girondinos, mas também eram capazes de discordar dos pontos de vista dos montagnards. Nutridos de ideias de economia moral no que tange ao fornecimento de comida, eram mais ansiosos que os montagnards por medidas de proteção para alcançar o igualitarismo econômico, tais como tabelamento de preços, impostos aos ricos e pena de morte aos mealheiros. Encorajados por radicais ambiciosos como o clérigo Jacques Roux e o jornalista Hébert, viam-se, nas assembleias secionais, como a encarnação da soberania popular – doutrina que não teve aceitação entre os convencionais. "Aqui não defendemos os interesses da cidade de Paris", os oficiais da Comuna pregaram numa raivosa Convenção no outono de 1793, "mas os de toda a França. Paris fez a Revolução, Paris deu a liberdade ao resto da França. Paris vai mantê-la."[7]

O período da primavera de 1793 até o começo de 1794 presenciou o desenlace de um complexo conflito político multilateral em Paris. Os montagnards queriam permitir uma pressão popular para a Convenção expulsar os deputados girondinos, e as provocações foram tudo menos diplomáticas: "Paris será aniquilada", exclamou um girondino na Assembleia, caso os sans-culottes tomassem atitudes contra eles, "e as pessoas vão procurar sinais da cidade às margens do Sena"[8]. Entretanto, pelas *journées* de 31 de maio a 2 de junho de 1793, como resultado da pressão sans-culotte, os girondinos foram expulsos e muitos acabaram indo à guilhotina em outubro. Por outro lado, os montagnards provaram-se menos relutantes em abraçar o programa econômico radical exigido por Roux e seus apoiadores, os chamados *enragés* ("os furiosos"). Foram necessárias outras manifestações dos sans-culottes (notadamente em 4 e 5 de setembro), além da piora na situação internacional e militar, para tornar essas políticas palatáveis à Convenção. Esta, por sua vez, tratou de aprovar um programa social radical: preço máximo para os alimentos (o Máximo); programas de assistência aos pobres; proibição da depreciação do papel-moeda revolucionário (chamado de *assignat*); aprovação da pilhagem nos territórios conquistados no estrangeiro; pena de morte para especuladores e outros escroques financeiros; e assim por diante. A fim de entregar esse programa, a Convenção implementou uma política vigorosamente centralizada de Terror estatal. O poder executivo daquele agora referido como Governo Revolucionário foi colocado nas mãos de um comitê da Convenção, o Comitê de Segurança Pública (a partir de julho comandado por Robespierre). Esse comitê desfrutava de amplos poderes no que tange às operações de guerra bem como à implementação do Terror na França. O Tribunal Revolucionário lidava com crimes contrarrevolucionários. A Lei de Suspeitos ameaçava de morte todo tipo de dissidentes políticos. Poderes de grande alcance eram colocados nas mãos da polícia e dos comitês locais de vigilância. As forças vigilantes sans-culotte, conhecidas como *armées révolutionnaires*, eram enviadas para a zona campestre a fim de garantir pelo uso da força o cumprimento do Máximo e toda a legislação revolucionária. A guilhotina – revelada em 1792 como um meio mais humanitário de proceder à pena capital do que as horríveis torturas do Ancien Régime – passou a representar um emblema sinistro da repressão. A seu redor desenvolveu-se um sofisticado teatro público de punição.

Esse arsenal de legislação terrorista dava uma no cravo e outra na ferradura: fora planejado também para manter em ordem o restante da nação. A crescente violência parisiense, e em especial a expulsão dos girondinos, alimentara uma oposição generalizada através da França, de modo que os departamentos precisavam ser coibidos, bajulados e seduzidos novamente à submissão. Muito embora os montagnards tenham aceitado boa parte do programa do movimento popular parisiense, eram hostis à sua vangloriada autonomia e à sua alegação de representar o povo da França. Assim, ao mesmo tempo em que aprovavam programas dos *enragés*, igualmente levavam Roux e alguns de seus aliados à prisão ou ao silêncio intimidado. Os dois sucessores de Roux como agitadores sans-culotte, Hébert e Chaumette, ocultos dentro da Comuna, lutaram para inaugurar um novo front, por meio da guinada rumo a políticas radicais de descristianização. Eles difundiram suas políticas entre os aliados políticos da Convenção que estavam impingindo o Terror nos departamentos. Mas Paris era o centro especial de suas atividades. A cidade já perdera muito da atraente aparência católica que a caracterizara desde os dias da Contrarreforma. Cerca de seis mil eclesiásticos enchiam as ruas da Paris pré-revolucionária – em 1793 eram somente poucas centenas. Procissões religiosas foram banidas. A maioria dos sinos das igrejas foi derretida e transformada em canhões. Antes de 1789, havia numerosas construções religiosas em Paris – cinquenta e tantas igrejas paroquiais, cerca de 130 mosteiros, mais de sessenta universidades e uma dúzia de seminários. Todos viraram "bens nacionais", e a maioria agora estava fechada, vendida ou posta em uso alternativo. (Por exemplo, Notre-Dame-des-Victoires [1º-2º] virou bolsa de valores.) Desde meados de 1792, houve abundância de ataques iconoclastas contra sinais de realeza, nobreza e feudalismo pela cidade: todas as estátuas reais nas *places royales* da cidade foram sumariamente destruídas. As tumbas reais situadas na basílica de Saint-Denis foram sistematicamente profanadas. Os restos mortais de mais de um milênio de monarcas franceses foram despejados numa vala comum e cobertos com cal viva. Os restos mortais de Luís XVI e Maria Antonieta tiveram o mesmo destino. As cruzes nas ruas e os santuários foram destruídos. Então esse movimento ampliou-se para um assalto sistemático às estátuas das igrejas. As figuras na fachada oeste da catedral de Notre-Dame – que se pensava (erroneamente) representarem os reis da França – foram removidas, não antes de serem simbolicamente decapitadas. Os nomes dos santos foram retirados da topografia parisiense, em especial a partir de outubro de 1793, quando se introduziu um novo calendário leigo, que substituiu os nomes dos santos por elementos da natureza e implementos agrícolas. (O próprio Chaumette entrou no espírito da nova época ao mudar o nome de batismo Pierre-Gaspard para o clássico "Anaxágoras".) O Palais-Royal tornou-se o Palais-National; a Place Royale, a Place des Vosges; a Place Luís XV, a Place de la Révolution; a Rue Bourbon, a Rue de Lille; a Rue Saint-Denis, a Rue Franciade; a Rue Saint-Honoré, a Rue de la Convention; a Rue Saint-Sulpice, a Rue du 31-Mai (1793); e assim por diante exaustivamente.

Chaumette e seus apoiadores na nova e reformada Comuna procuravam situar a capital como palco das ações de descristianização para obter mais influência política. Em 7 de novembro de 1793, Gobel, arcebispo de Paris eleito conforme as cláusulas da Constituição Civil do Clero, abjurou publicamente sua fé e vestiu o gorro vermelho; uma dúzia de clérigos paroquiais seguiriam o exemplo, alguns deles até mesmo se casariam, novamente em cerimônias de alto conteúdo anticlerical. Em 10 de novembro, aconteceu o "Festival da Razão", com procissão e culto leigo no novo "Templo da Razão" (ex-catedral de Notre-Dame). Em 23 de novembro, a Comuna ordenou o fechamento de todas as igrejas de Paris. Hébert queria igualmente interditar todos os campanários da cidade.

A descristianização total de Paris era, entretanto, alvo da resistência de Robespierre e muitos de seus aliados montagnards. Eles temiam que Chaumette estivesse indo longe demais na direção do ateísmo e arriscasse desencadear uma recaída clerical mesmo entre indivíduos até então devotados à causa revolucionária. Robespierre também suspeitava dos motivos políticos de Chaumette e temia as tentativas da Comuna de novamente impor sua influência de modo a implicar que ela, mais que a Convenção, representava o povo da França. Ao lado de Danton, Robespierre reafirmou o princípio da liberdade religiosa, acusando o ateísmo de credo mais aristocrático que popular. A isso, seguiu-se a lei de 14 de frimário do ano II, no calendário revolucionário (4 de dezembro de 1793). Essa lei confirmava os amplos poderes do Comitê de Segurança Pública; endurecia os controles burocráticos; definia limites para o grau de coordenação política das 48 seções de Paris; e chamava de volta muitos agentes descristianizadores das províncias. Em março de 1794, o Comitê de Segurança Pública estava pronto para denunciar Hébert perante o Tribunal Revolucionário sob acusações forjadas. Chaumette e vários seguidores logo seguiriam o mesmo caminho (assim como o moderado Danton). Robespierre também maquinou um culto humanista revolucionário com vistas a substituir os esforços ateístas da Comuna: em 8 de junho a Convenção promoveu o sofisticado Festival do Ser Supremo, desfilando pelas ruas de Paris com Robespierre como mestre de cerimônias. Com o desconhecido Fleuriot-Lescot indicado por Robespierre para prefeito a partir de maio de 1794, a Comuna era uma sombra do que havia sido. Nas disputas trabalhistas da primavera de 1794, a Comuna ficou contra a posição dos trabalhadores. Em 23 de julho – 5 de termidor do ano II –, inclusive implementou o Máximo para os salários, assim como havia sido feito com os preços na primeira vez. A medida reduziu drasticamente os salários dos trabalhadores parisienses.

Quatro dias após esta legislação trabalhista – em 9 de termidor do ano II (27 de julho de 1794) –, Robespierre foi deposto por seus companheiros de Convenção. Boa parte da assembleia temia pela própria vida, em um Terror que parecia estar escapando de controle no decorrer do ano II. A lei de 22 de prairial (10 de junho) facilitara as condenações do Tribunal Revolucionário; assim, as ruas de Paris cada vez mais testemunhavam a passagem de carroças levando pessoas à guilhotina. Boatos davam conta de que o local de execução seria mudado para um local retirado, a leste da cidade, onde hoje fica a Place de la Nation (11º-12º), pois o solo embaixo da guilhotina na Place de Grève estava ficando tão encharcado de sangue que havia o risco de contaminar as fontes hídricas urbanas. Cerca de 2.600 pessoas pereceram dessa forma nas mãos do Tribunal Revolucionário. Em 1793, muitos deputados moderados aceitaram a necessidade do Terror por urgência de guerra. Porém, em junho de 1794, a situação da guerra era infinitamente melhor. Por fim, levados à ação por receio da desvairada conversa de Robespierre sobre proscrições políticas ainda maiores, um grupo de membros da Convenção conspirou para derrubá-lo junto com sua aparentemente intocável panelinha de seguidores. Numa turbulenta *journée*, Robespierre foi preso, mas conseguiu escapar. Usando como base o Hôtel de Ville, o quartel-general da Comuna, ele convocou militantes secionais para salvarem-no do golpe da Convenção. Os sans-culottes simplesmente recusaram-se a comparecer em massa e defender um homem que a essa altura – como a lei do Máximo de 5 de termidor mostrara – parecia mais opressor do que amigo.

Robespierre seria levado ao patíbulo em 10 de termidor. Enquanto ele passava, os parisienses enraivecidos gritavam: "Foda-se o Máximo!". Durante os dois dias seguintes, as multidões testemunhariam a execução de 87 membros da Comuna Revolucionária. Outras dezenas acabaram na prisão. Parecia haver pouca ação na cidade para defender indivíduos que alegavam representar o povo da França e que eram de fato os representantes legais da população parisiense. Isso demonstrou que a aliança entre governo revolucionário e movimento popular, criada no ano anterior com a ajuda de Robespierre, agora desaparecera. Robespierre havia neutralizado de tal forma o movimento popular parisiense que, ao precisar dele, o movimento não teve força nem vontade de apoiá-lo.

A ruína de Robespierre significou também o fim do curto período de autogoverno de que Paris desfrutava desde 1789. Mesmo antes de Étienne Marcel, no século XIV, havia o sentimento de que Paris era muito importante para o Estado para que pudesse ter o tipo de autogoverno que as outras cidades gozavam. A experiência da Comuna de Paris entre 1789 e 1794 parecia provar que a monarquia estava certa pelo menos nesse detalhe. Embora esse processo tenha começado antes de 9 de termidor, a Convenção pós-Termidoriana estava mais do que contente por levá-lo adiante. Buscou assegurar que uma reprise do Terror em Paris era inimaginável e que o populacho parisiense deixara de ser um agente político. As 48 seções que haviam sido cadinho da militância popular foram riscadas do mapa e substituídas por doze arrondissements, que os ex-terroristas do ano II tinham medo de frequentar. O departamento de Paris, renomeado departamento do Sena, teve os poderes aumentados. Na verdade, porém, no curto prazo, a maioria das responsabilidades do governo local, incluindo o policiamento, era administrada pelos comitês da Convenção. Ao fechamento dos clubes jacobinos seguiu-se a perseguição aos militantes secionais. Tentativas meio patéticas dos remanescentes do movimento popular de se imporem perante os fatos apenas deram ao governo licença para pisar ainda mais forte. As malogradas *journées* de germinal e prairial do ano III (abril-maio de 1795) em protesto contra o preço alto do pão e a guinada à direita da política nacional foram seguidas pela desmilitarização dos faubourgs, o aprisionamento de ativistas populares e a denúncia de deputados da ala esquerdista atraídos pela causa popular. A Convenção planejou uma nova constituição,

Prisão de Robespierre

menos radical, mais liberal e descentralizada do que qualquer coisa imaginada sob o Terror. Quando os parisienses procuraram protestar – na *journée* de 13 de vendemiário do ano IV (7 de outubro de 1795) –, as manifestações foram esmagadas por poucos e certeiros tiros de canhão a comando do jovem oficial do exército Napoleão Bonaparte.

O "bafejo da metralha" de Bonaparte estabeleceu a escala de prioridades a ser observada pelo diretório instituído pela nova constituição. Assuntos parisienses foram eclipsados por questões militares. Dali em diante, o drama da política revolucionária seria encenado nos campos de batalha da Europa e não nas ruas da capital. Além do mais, os períodos Termidoriano e Diretorial foram caracterizados por tentativas teatrais e simbólicas de recuperar as ruas e instituições de Paris daqueles que a tinham dominado no ano II. Em 1795-1797, os velhos jacobinos e sans-culottes foram sujeitados à impiedosa perseguição pela assim chamada *jeunesse dorée* (juventude dourada), filhos das famílias de classe média com alguns ex-girondinos, prisioneiros soltos e criptomonarquistas. Qualquer pessoa usando gorro vermelho ou o uniforme não oficial sans-culotte do Ano II era atacado e atormentado. Execuções da "Marselhesa" – seja em cafés, ruas ou teatros – foram sufocadas por hinos contrarrevolucionários. Os restos mortais dos heróis revolucionários, enterrados no Panthéon, foram exumados e profanados. Apesar de ainda haver muita e generalizada suspeita em relação ao Catolicismo, houve resistência aos gestos descristianizadores do ano II. Por exemplo, os nomes das ruas foram "desdescristianizados" ou então recuperaram suas identidades históricas. A antiga Rue des Cordeliers (batizada com o nome da ordem religiosa, não do clube), que se tornara a Rue Marat em 1793, foi transformada na Rue de l'École-de-Santé (hoje Rue de l'École-de-Médicine; 5º). Até mesmo a Rue du Roi-de-Sicile (4º) – Rue des Droits-de-l'Homme a partir de 1792 – teve o nome recuperado, embora a Place Louis XV – Place de la Révolution – fosse renomeada (solidamente) Place de la Concorde. *Concorde* – harmonia – estava, no entanto, em falta.

O movimento popular parecia ter queimado seus cartuchos. Em 1796, a esquerda arquitetou uma conspiração contra o novo regime, na forma de uma organização clandestina em torno do escritor radical e comunista "Gracchus" Babeuf. Entretanto, os babouvistas apelaram ao exército por apoio em vez de aos faubourgs. Ainda assim foram facilmente esmagados. O complexo regime eleitoral instituído pelo Diretório dava às províncias mais voz na política nacional, mas embora isso tivesse contrabalançado a influência parisiense, trouxe problemas inerentes – uma interminável oscilação entre direita e esquerda, produzindo uma instabilidade política que tornou perigosa pela mudança da sorte na guerra. As brilhantes vitórias militares alcançadas por Bonaparte nas campanhas italianas de 1796-1797 assinalavam que a guerra de defesa nacional do ano II metamorfoseara-se em um conflito por engrandecimento territorial na Europa. A guerra parecia ser um paliativo às feridas políticas dos anos 1790, mas apenas enquanto fosse coroada de sucesso. O assunto era outro quando o esforço de guerra fracassava, como aconteceu em 1798-1799. A tentativa de Bonaparte de atacar o poder britânico no Oriente na campanha egípcia de 1798 resultou em fiasco, enquanto os austríacos impuseram derrotas às tropas francesas pela Europa. Irrompeu uma crise política em Paris, com vestígios do velho Clube dos Jacobinos e do movimento popular do ano II exigindo medidas de segurança nacional na linha daquelas instituídas sob o Terror.

Os políticos em sua maioria tinham pânico só de pensar numa mudança de abordagem que trouxesse os sans-culottes parisienses de volta ao coração da estratégia governamental. Preferiram procurar um general forte que lhes entregasse vitórias no campo de batalha, mas que igualmente tivesse prestígio para reescrever a constituição dando mais poder ao executivo, de forma a findar com as então quase convulsivas oscilações da opinião política país afora. Encontraram o general na formidável forma de Bonaparte. De volta à França, vindo do Egito, ele se dirigiu às pressas para Paris, onde desfilou entre diferentes ambientes políticos, bebendo em companhia de intelectuais e artistas – mas deixando claro não fazer a mínima questão de demonstrar fraternidade com a gente dos faubourgs. A premissa do golpe de brumário, orquestrado por ele em novembro de 1799, era fabricar um medo político que forçasse a legislatura a declarar emergência e transferir o governo para Saint-Cloud – cerca de dez quilômetros a oeste da capital, e várias horas de caminhada sobre sapatões de madeira desde o Faubourg Saint-Marcel, situado a leste. Os militantes populares parisienses foram obrigados a assumir a posição de observadores em vez de participantes na mudança da constituição que conduziu à instalação do Consulado, dominado pelo primeiro-cônsul Bonaparte. Essa era a primeira vez, desde 1789, que a política doméstica nacional acontecia fora dos limites da cidade de Paris.

Em 1802, Bonaparte nomearia a si próprio cônsul vitalício e, em 1804, imperador. Confirmou igualmente o controle do Estado sobre a cidade de Paris, ato efetivado pelos termidorianos e diretoriais. Uma lei de 11 de outubro de 1795 confirmara a substituição das 48 seções por doze arrondissements. Além disso, um "comissário" governamental, indicado para manter o departamento do Sena sob vigilância, recebeu responsabilidades especiais relativas à capital. Em todas as questões de segurança, ele trabalhou de forma integrada com o Ministério da Polícia estabelecido pelo Diretório em 1796. Essas disposições foram mantidas e suplementadas por Napoleão. Todos os doze arrondissements eram municipalidades individuais, cada uma com seu prefeito – mas esses não eram eleitos e sim nomeados pelo governo. Os prefeitos eram controlados de perto pelo recém-instituído chefe do departamento do Sena (herdeiro institucional do comissário departamental do Diretório), que era, como Napoleão admitia, "uma espécie de ministro".[9] O chefe do departamento do Sena podia ter mais poderes que o antigo preboste dos Mercadores, mas tinha menos independência. Assuntos de segurança eram passados a um inspetor-chefe de polícia, copiando muitos atributos do antigo chefe-geral de Polícia. Com equipe numerosa, o departamento indicava comissários policiais para cada uma das doze municipalidades de Paris. A outra influência sobre tópicos parisienses seria do ministro do Interior – a maior parte das questões de urbanismo passavam por seu gabinete. Paris, assim, estava sob o pulso firme de uma tríade institucional – chefe do departamento do Sena, inspetor-chefe de polícia e ministro do Interior –, todos reportando-se diretamente ao novo comandante.

O próprio Napoleão tinha plena consciência da importância da cidade de Paris para seu novo regime, mas ele nutria forte desconfiança em relação a seus habitantes. "Por natureza", afirmava ele, "os parisienses são *frondeurs* ingratos."[10] Seu comentário sobre os acontecimentos de 10 de agosto de 1792 foi revelador: "Se eu fosse rei, as coisas não teriam acontecido desse modo".[11] Luís XVI não demonstrara presença de espírito; os parisienses desprezavam a fraqueza. Precisavam de força para mantê-los na linha, como Napoleão ilustrara na *journée* de 13 de vendemiário. Luís XVI sentira-se um prisioneiro patético nas Tulherias; Napoleão instalou-se no palácio sem neuroses desse tipo (embora, verdade seja dita, ele tendesse a tratar as Tulherias como um hotel, já que esteve em campanha cerca de três quartos do tempo entre 1805 e 1814). Quando precisou decidir o lugar onde deveria ser coroado imperador, ele pensou em Roma e Lyon – símbolos clássicos onde, na sua visão, o seu regime imperial teria funcionado – antes de escolher Paris. Porém, a ideia de fazer a cerimônia no Champ de Mars – local da Festa da Federação de 1790 – foi rechaçada com veemência: "É importante o povo de Paris não pensar que constitui a nação", insistia ele. "Não se deve dar ouvidos ao tititi popular (*brouhahas*)."[12] Sua escolha da catedral de Notre-Dame provou-se muito conveniente: o papa compareceu à cerimônia (embora Napoleão tenha preferido coroar a si próprio) e assinou com Napoleão em 1801 a Concordata, restabelecendo a paz religiosa depois dos desvios anticlericais dos 1790.

Os parisienses apreciaram o fato de Napoleão ter escolhido coroar-se em Paris. Porém, isso decorreu não de um gosto especial pelo novo regime, mas sim porque a cerimônia atraiu turistas e foi boa para os negócios. Somente oitenta parisienses votaram contra a criação do Consulado, enquanto sessenta mil votaram a favor. No entanto, era isso mesmo o que podia se esperar do tipo de democracia de plebiscito criada por Napoleão (81 votaram contra a mudança para o império, portanto claramente a oposição estava se expandindo – apenas um tanto devagar). Os parisienses em geral tinham pouco afeto por Napoleão. Ficaram um pouco mais solidários à sua causa quando ele quase foi vítima de um atentado à bomba – o caso da *machine infernale* da Rue Saint-Nicaise logo na saída das Tulherias em dezembro de 1800. Mas muitos não gostaram de sua resposta repressiva – cerca de cem supostos jacobinos foram deportados. Embora Napoleão tivesse negociado um armistício europeu em Amiens em 1801, logo esse tratado foi rompido, e os parisienses tiveram de aceitar a perpetuação de um regime de guerra.

Napoleão mantinha a cidade sob rédeas curtas, e isso deixava ressentida a maioria dos parisienses. A destruição do governo próprio em nível municipal era só parte de uma campanha mais ampla para diminuir o engajamento político dos parisienses. Essa campanha começara antes de termidor, como sugerimos, e Napoleão deu continuidade a ela. O engajamento popular na política revolucionária no começo e em meados dos anos 1790 havia sido em geral um fenômeno minoritário em termos de agregação, mas ainda assim considerável, e estabelecera um degrau acima de tudo experimentado antes de 1789. A participação nas eleições para prefeito foi limitada; por exemplo, cerca de um quinto dos eleitores homens com propriedade – um total de quinze mil indivíduos –, votou na eleição de Bailly para prefeito em 1789. Após essa data, esse nível algumas vezes foi quase alcançado, mas raramente superado. Talvez um número parecido com esse tenha estado regularmente envolvido na política partidária no ano II. Porém, números bem maiores estiveram envolvidos nas *journées* revolucionárias que constituíram a mais marcante e mais genuinamente coletiva contribuição cívica dos parisienses ao processo revolucionário. Os parisienses demonstraram igualmente seu ardor pelo compromisso militar: no auge da emergência de guerra em 1793, a Guarda Nacional possuía cerca de cem mil homens, e o *armée révolutionnaire* parisiense, espalhando terror nas províncias, ao redor de sete mil homens. Ao longo da década de 1790 como um todo, entre 6 e 9% dos homens parisienses serviram ao exército. Os adultos da cidade em sua maioria eram alfabetizados e provaram ser leitores assíduos de periódicos e jornais políticos. O *Père Duchesne*, do valente da Comuna Hébert, era publicado em tiragens nacionais de até duzentos mil; os leitores eram bem superiores a esse número. Os parisienses estavam entre os participantes mais ardentes dos clubes e associações políticos, e, mais que em outros lugares, na capital era mais profundo o envolvimento das novas classes de agentes políticos – principalmente as classes trabalhadoras e os empregados domésticos, mas também as mulheres.

A Revolução deu forte impulso ao engajamento político feminino, mais que qualquer outro fenômeno político na história da humanidade. Com frequência, as mulheres estiveram na vanguarda das multidões nas grandes *journées*

Chegada de Napoleão à catedral de Notre-Dame

revolucionárias. Elas participavam da vida política, comparecendo em sucessivas sessões das assembleias nacionais e da Comuna de Paris. Muitas, seguindo a determinação da Comuna durante o Terror, costuravam meias para as tropas do front enquanto escutavam os debates. Elas capitalizaram maciçamente a liberdade de expressão e de publicação: quatro vezes mais mulheres tiveram obras publicadas na década de 1790 do que na década anterior a 1789. A peça *Os direitos das mulheres* (1791), de Olympe de Gouges, foi um sonoro libelo por direitos iguais. As mulheres aproveitaram também a nova legislação sobre divórcio para se libertar de maridos abusivos. Elas se associaram a alguns clubes políticos para defender seus interesses e fundaram clubes femininos. O mais famoso desses, a Sociedade das Cidadãs Republicanas Revolucionárias, incluía em suas fileiras Pauline Leon e Claire Lacombe, estrategistas dos *enragés*. Mas o governo revolucionário, a exemplo do que fizera antes de Termidor com o objetivo de amordaçar o radicalismo político, decidiu também erradicar a demanda feminina por direitos políticos iguais. De Gouges foi levada ao patíbulo. A Comuna de Chaumette, e a seguir o governo revolucionário, formalmente declararam ilegais os clubes femininos. A linguagem altamente sexista usada nesses debates realçava o grau com que os machos revolucionários haviam sido influenciados pelo forte código de virilidade promovido pelo estado de guerra revolucionário. As mulheres, a Convenção foi informada, eram propícias a "uma superexcitação fatal em questões públicas".[13] De março de 1795 em diante, a Assembleia Nacional proibiu as mulheres de comparecerem às reuniões políticas ou mesmo de reunir-se em grupos nas ruas para discutir questões públicas. Napoleão retrocedeu a legislação social que beneficiava as mulheres, como as leis sobre o divórcio. O Código Civil Napoleônico introduzido em 1804 mais ou menos reduzia as mulheres ao status de menores sob a autoridade dos maridos ou pais. Escritos médicos que pretendiam demonstrar que as mulheres eram biologicamente equipadas para pouco mais que amor e maternidade estabeleceram uma duradoura domesticação das mulheres. O regime napoleônico foi uma péssima notícia para os direitos das mulheres da cidade.

A remoção das mulheres da vida política, a proibição dos clubes políticos, a repressão judicial, a fustigação vigilante das atividades esquerdistas, o desmantelamento do sistema eleitoral e o amordaçamento das estruturas de autogoverno municipal combinaram para gerar uma desativação maciça da política participativa a partir do final da década de 1790 em diante. Napoleão gostava de multidões proclamando lealdade e assistindo cerimônias de poder consular, depois imperial. Ele esperava obediência, não envolvimento político consciente. Os direitos de agrupamento político foram muito reduzidos, e o número de jornais, drasticamente cortado. O número de editoras foi reduzido de cerca de duzentos no fim dos 1790 para 132 em 1804 e oitenta em 1811.

A militância política, que no auge dos 1790 bem poderia ser considerada luxo de uma minoria, a partir de 1799 tornou-se um tabu.

A desmoralização política foi intensificada por severas pressões sociais em Paris, decorrentes do desregramento da economia nacional depois do Terror. Revolução e guerra desarticularam uma cidade que já sofria o impacto da recessão econômica dos anos finais do Ancien Régime. Os mercados de luxo foram atingidos duramente pela emigração e pelo expurgo da alta elite eclesiástica: trabalhadores do setor de transporte com carruagens, do ramo de mobília de luxo e dos salões de beleza estavam entre os mais veementes (e mais esfaimados) sans-culottes. A súbita redução da demanda de consumo e o alistamento militar estão entre os fatores causadores da estagnação generalizada e do provável declínio da população da cidade. Em 1789, alcançava 650 mil habitantes ou mais, mas em 1795 esse número era certamente menor. O censo de 1801 registrou apenas 547.576 habitantes. Esse número indicava a magnitude aproximada da perda de população, embora subestimasse a população flutuante atraída pela cidade.

A década de 1790 não foi, entretanto, um desastre econômico total para todos os parisienses. O estabelecimento das novas instituições revolucionárias na cidade atraiu uma nova importante fonte de consumo. Os políticos precisavam de um lugar para comer à noite, necessidade que está na base das origens da emergência do restaurante nesse período. O gigantesco apetite gráfico da Revolução também significou para todas as pessoas ligadas ao mercado editorial uma possibilidade de prosperar (desde que não pisassem na bola do jogo político): recolhedores de lixo, fabricantes de papel, gráficos, editores, encadernadores, livreiros, fabricantes de tinta, mascates, bufarinheiros – e escritores. O jornalismo atingiu magnitude crítica suficiente para se tornar profissão. O volume da burocracia provavelmente decuplicou – fenômeno que levou à aceitação social da nova palavra *bureaucratie* (ou *burocratie*). A centralização do ensino e da pesquisa superiores – legado diretorial e napoleônico que se revelaria uma característica permanente na vida francesa – também trouxe benefícios à cidade. A localização parisiense de criações dos Bourbon – como o antigo Jardin du Roi (hoje transformado no Museu de História Natural e no Jardin des Plantes), as Ponts et Chaussées (1747) e a École des Mines (1778) – foi corroborada. Por sua vez, o Institut (1795) servia de organização guarda-chuva para as antigas academias nacionais. Novos e importantes empreendimentos incluíam a École Normale (1794), o Conservatoire des Arts et Métiers (1794) e a École Polytechnique (1795). A restaurada faculdade de medicina, a École de Santé (1794), também dominava as rivais provincianas, como Montpellier e Strasbourg. Por conseguinte, o grosso da pesquisa de financiamento estatal e a esmagadora maioria dos estudantes encontrava-se na capital.

7.2: O Grand Véfour

Assim como a bebida feita com café surgiu antes dos cafés, o *restaurant* veio antes do restaurante. Originalmente, parece (como demonstrou Rebecca Spang), o restaurante era um lugar ao qual uma pessoa se dirigia a fim de *se restaurer* – restaurar-se – por meio do consumo de *bouillon* (espécie de caldo de carne) medicinal chamado de *restaurant*. Nas décadas precedentes à revolução de 1789, donos dos estabelecimentos que ofereciam esse refinado serviço eram astutos homens de negócios: tirando proveito do culto contemporâneo à sensibilidade; explorando inquietações em voga sobre os efeitos danosos da vida urbana moderna no sistema nervoso; e postulando uma conexão entre saúde e consumo de alimento, desde então, eficiente leitmotiv na publicidade de alimentos. Nos 1770, os primeiros estabelecimentos desse tipo com frequência se intitulavam *maisons de santé* (casas de saúde, enfermarias). Apesar da posterior associação do restaurante à sobrecarga digestiva, esses estabelecimentos pioneiros utilizavam mecanismos de marketing a fim de posarem como locais onde as pessoas na verdade comiam muito pouco. Era a *nouvelle cuisine – avant la lettre*. Num restaurante, era possível ver solitários frequentadores degustando bouillons, laticínios leves e frutas doces e frescas. Havia cerca de cinquenta restaurantes na cidade em 1789.

É tão forte a ideia de Paris como o ápice da gastronomia e da boa mesa que é fácil não perceber que essa reputação foi adquirida há relativamente pouco tempo em relação à longa história da cidade. É claro, a Paris medieval e do Renascimento tinha seu setor de hospitalidade, como estalagens, tavernas e variados tipos de estabelecimentos que serviam comida e bebida. Mas o restaurante como conhecemos é produto da história citadina perto do fim do século XVIII. O restaurante Grand Véfour – ainda em funcionamento no Palais-Royal – foi uma dessas relativamente poucas instituições que continuou a oferecer bouillons restauradores durante bom tempo no século XIX. Naquela época, o novo tipo de estabelecimento havia sido transformado radicalmente, em especial por progressos durante a Revolução. Chefs de cozinha de casas aristocráticas obrigaram-se a procurar novas formas de trabalho devido à emigração política de seus empregadores durante a década de 1790: muitos abriram restaurantes. A instituição também se beneficiou da presença contínua em Paris, a partir de 1789, de deputados provincianos da Assembleia Nacional, que precisavam encontrar locais de refeição apropriados. Além disso, o setor teve a vigorosa influência do surgimento, mais visível a partir do período do Diretório, da ciência da gastronomia. Dessa conjunção de fatores, um conjunto de práticas e convenções emergiu e permaneceu: horários flexíveis de refeição, menus impressos (em vez de comer o que estava servido, ao estilo *table d'hôte*), refeições individuais e mobília refinada, que mesclava privacidade (mesas pequenas, salas separadas, protocolo teatral executado pelos garçons) à publicidade (espelhos, salão comum de refeições). A refeição no restaurante passou a acontecer num ambiente social que combinava negócio a prazer e utilidades a festejos. Além do mais, ao contrário de muitos cafés, nos restaurantes as mulheres podiam sentir-se à vontade.

O Grand Véfour chegou relativamente tarde à mesa. O fundador, Jean Véfour, comprou um dos eminentes cafés políticos do Palais-Royal, o Café de Chartres, refúgio de facções monarquistas e da *jeunesse dorée* pós-termidoriana. Preocupado com a possível deserção da elite social do Palais-Royal durante a modificada atmosfera política do império, em 1814 ele decidiu diversificar acrescentando um restaurante. A aposta deu certo, e o Grand Véfour, nome adotado a partir de 1820, tornou-se popular por seus elegantes "almoços de garfo", frequentados por todas as celebridades da época. Sua fama brilhou com luz especial no Segundo Império, quando absorveu o contíguo restaurante Véry, que Lucien de Rubempré, de Balzac, escolheu para jantar quando chegava de Angoulême para se iniciar nos "prazeres de Paris" – as ostras de Ostende, peixe, perdiz, macarrão e frutas, regados a Bourbon, eram "o ne plus ultra de seus desejos". Querendo evocar os contrastes da sociedade parisiense, a obra de Baudelaire menciona uma menina pobre catando comida no lixo do Véfour.

O Véfour permanece em destaque na alta cozinha de Paris. Mas mesmo ao fim do século XIX, num Palais-Royal semideserto, o Véfour parecia deliberadamente uma versão de estilo antigo, decorado com bonitas paredes pintadas e tetos que, de modo constrangedor, lembravam o Ancien Régime (apesar de terem sido amplamente "revigorados" no Segundo Império). Ao cabo do século XIX, o restaurante como instituição diversificara-se enormemente. Restaurantes para a classe trabalhadora – entre os quais o Bouillons Chartier se destacava (e ainda se destaca) – demonstraram o triunfo da instituição em todo o espectro social. Restaurantes "rústicos" apareciam, servindo comida regional para parisienses curiosos e provincianos nostálgicos. E o bistrô também passou a oferecer uma versão mais informal do jantar burguês. Além disso, a perda da Alsácia e da Lorena para a Alemanha em 1870 trouxe a Paris empreendedores refugiados do Leste da França, que estabeleceram o estilo brasserie de restaurante (Bofinger, Lipp, Brasserie Flo etc.), em geral usado para tipificar o gênero.

Mudanças nos estilos gastronômicos no final do século XX certamente têm deixado sua marca no setor de restaurantes parisiense. Renovado com novos estilos e modas – *nouvelle cuisine*, *cuisine minceur*, cozinha de fusão –, continua mantendo a reputação internacional de gastronomia requintada, entre outros motivos devido ao excelente sistema de fornecimento de matérias-primas frescas. Talvez a aventura gastronômica mais verdadeira na Paris do começo do século XXI envolva os restaurantes das populações imigrantes de Paris – do Norte da África por todos os lugares; indochineses na China Town do 13º arrondissement; caribenhos, indianos e africanos em Belleville e no 20º. A exemplo da brasserie alsaciana, essas novas tendências podem vir a influenciar o que os comensais esperam dos restaurantes parisienses.

A centralização econômica do Terror deu a Paris vantagem sobre as províncias rivais, que sofriam devido ao colapso dos mercados coloniais. A emergência de um exército de enorme efetivo – com mais de um milhão em 1793-1794 – estimulou igualmente as indústrias de guerra (armamentos, uniformes, botas). Muitas dessas indústrias localizavam-se em Paris, em parte, é preciso dizer, para apaziguar os sans-culottes. Setores de manufatura atingidos pela perda dos mercados de luxo agora eram recrutados na produção militar: "Deixem os fabricantes de fechaduras pararem de fazer fechaduras", declarou o Comitê de Segurança Pública. "As fechaduras da liberdade são as baionetas e os mosquetes."[14] Agora que rejeitava como indignas as "modas ridículas, inúmeras quinquilharias, roupas magníficas e móveis bonitos" que tornaram famosa a cidade, Paris podia se tornar o "arsenal da França".[15] No ano II, havia sete mil operários na indústria de armamento; no Ancien Régime não havia nenhum.

O descontrole da economia após o Terror gerou bastante miséria, piorada pelos invernos rigorosos em 1794 e 1795. Fome, frio e morte: o século XVIII não vira inverno como o de 1795. Porém, a diminuição do controle estatal sobre a produção também ajudou a impulsionar as indústrias de consumo (porcelana, vidro, joias, fabricação de relógios etc.), que perto do fim dos 1790 e nos princípios dos 1800 ensaiavam um forte retorno. Uma nova indústria de algodão quebrava todos os recordes de crescimento. A presença permanente de mão de obra capacitada, a disponibilidade de capital, a existência de prédios em estilo de fábrica (em forma de construções eclesiásticas fora de uso) caíram nas mãos de industriais sagazes. Em 1798, o ministro do Interior, François de Neufchâteau, organizou uma exposição industrial no Champ de Mars para mostrar ao resto da Europa que Paris estava de volta aos negócios. Foram cerca de cem expositores, cujos produtos incluíam, entre os bens de consumo, tapeçarias Gobelins, roupas da moda e papéis de parede; além de um motor a vapor, exemplos de metalurgia industrial e técnicas químicas para destacar o lado inventivo e produtivo de Paris.

Em fins dos anos 1790 e inícios dos 1800, o mercado de propriedades de Paris estava se aquecendo. A explosão da construção civil das décadas de 1770 e 1780 malogrou pouco depois de 1789. A emigração política de um grupo numericamente pequeno de nobres ricos – um total de duzentas famílias, talvez – removeu da cidade uma das fontes mais lucrativas de construção e decoração. A construção quase estagnou em meados da década de 1790. Porém, o potencial para recuperação permaneceu. A propriedade tornara-se uma grande defesa contra a inflação e as depreciações monetárias que infestaram os anos 1790 e arruinaram inúmeras famílias tradicionais que haviam investido em bônus e títulos anuais do governo. Além disso, a decisão do Estado de vender a maior parte da propriedade nacionalizada da Igreja (e, por fim, as propriedades expropriadas dos *émigrés*) revitalizou o mercado imobiliário parisiense. Mil edifícios trocaram de dono. No norte de Paris, cerca de um quarto das propriedades ganhou status de *bien national* e passou ao mercado durante os anos 1790. Apesar de o descontrole econômico pós-Terror ter trazido miséria aos parisienses mais pobres, naqueles anos o clima de negócios era favorável ao acúmulo de enormes fortunas por especuladores imobiliários, fornecedores do exército e financistas. De acordo com Charles de Constant, visitante da cidade na virada do século, enquanto a zona leste da cidade parecia terrivelmente empobrecida e decaída, e enquanto a emigração transformara o antes aristocrático Faubourg Saint-Germain numa cidade-fantasma, nas zonas oeste e noroeste da cidade a história era bem diferente. Ao longo da Rue du Faubourg Saint-Honoré, no distrito Role e ao redor da Chaussée d'Antin (1º, 2º, 9º), novas e bonitas residências podiam ser encontradas, sempre com belas colunas gregas nas fachadas e muitas vezes decoradas com estátuas que antes enfeitavam igrejas agora fora de uso. Os proprietários eram "todos aqueles que a Revolução tornara proeminentes, distintos e ricos: fornecedores do exército, generais da campanha na Itália, artistas e atores".[16]

A explosão imobiliária nos bairros ocidentais enfatizou o processo de restabelecimento da elite parisiense conforme padrões de riqueza em vez de nascimento. Já em 1789 a sociedade de classes parecia anacrônica em Paris; em 1799 era defunta completa. A emigração de muitos membros da alta nobreza e a ruína de outros, notadamente na elite jurídica, devido à abolição de cargos venais e ao colapso monetário estatal, abriu espaço para recém-chegados. A propriedade era marca privilegiada de status na nova elite de orientação classista. Muitos arrivistas da elite parisiense assinalavam sua posição com a compra de uma segunda casa nas redondezas de Paris, onde havia muitas pechinchas a serem aproveitadas. Cerca de um terço dos bens nacionais vendidos na área ao redor de Versalhes foi parar nas mãos de parisienses, que na região de Chartres representavam um comprador em seis.

A recuperação do mercado da propriedade particular perto do fim dos anos 1790, ligada ao prestígio crescente dos bairros do oeste e à consolidação de uma elite urbana baseada em níveis de riqueza, continuaria nos mesmos moldes com Napoleão no poder. Do mesmo modo, as consequências da perda de controle pela Igreja de extensa gama de edifícios e propriedades ainda estavam sendo moldadas. Demolições não eram incomuns: a fortaleza do Templo (3º), onde Luís XVI fora preso, foi derrubada em 1808 (Napoleão estava preocupado com a possibilidade de o Templo tornar-se local de peregrinação monarquista); as abadias de Saint-Victor (5º) e Carmes (6º), em 1811 e 1813. Porém, no começo e em meados dos anos 1790, as aquisições não eram frequentemente seguidas de melhorias nos prédios, devido à falta de dinheiro e às condições econômicas desfavoráveis. A partir do final da década de 1790, condições mais propícias desencadearam projetos mais substanciais. Isso ficou particularmente claro na margem esquerda. A nacionalização das extensas propriedades da abadia de Saint-Germain-des-Prés (6º) representou uma fonte de riqueza aos promotores de desenvolvimento, com novas e importantes ruas abertas: a partir de 1800, a Rue de l'Abbaye, ao norte da abadia, atravessou o coração da propriedade, enquanto no eixo norte–sul a Rue Bonaparte abriu o bairro em direção ao Sena. Alguns prédios se perderam no processo, mas outros se tornaram o cerne dos projetos de construção: o bloco de estábulos da abadia, por exemplo, foi convertido na arrebatadora Place Furstemberg. A Rue d'Assas (6º), construída entre 1798 e 1806, constituiu outro bom exemplo desse fenômeno. Partindo da Rue de Vaugirard e indo até o Observatório, atravessava propriedades antes pertencentes a várias casas monásticas. No mesmo bairro, a demolição do seminário de Saint-Sulpice permitiu a abertura da Place de Saint-Sulpice em frente à igreja. Igualmente, a Rue d'Ulm (5º), ao sul do Panthéon, foi criada depois de 1807, em terras antes pertencentes às visitandinas, ursulinas e feuillantines.

A recuperação do mercado imobiliário no fim dos anos 1790 e começo dos anos 1800 contrastava com a estagnação dos edifícios públicos. Durante a maior parte da década de 1790, as autoridades nacionais e locais estiveram mais preocupadas em fazer política do que prédios. Em 1794, a Convenção estabeleceu um grupo consultivo para estudar potenciais reurbanizações. Composta por onze membros – sete deles arquitetos e os outros com experiência no departamento de estradas da cidade (*voirie*) –, a Comissão de Artistas produziu alguns projetos de "embelezamento" urbano (como ainda são chamados, seguindo a inspiração do urbanismo iluminista). Alegações posteriores de que o trabalho da Comissão foi precursor do de Haussmann são inexatas: embora tenha realmente agilizado a criação de várias ruas e bulevares que cortavam o tecido urbano existente, não havia qualquer senso de plano urbano unificado. Além disso, se alguns poucos planos da Comissão foram executados – por exemplo, a demolição da prisão Grand Châtelet, a partir de 1802 –, isso aconteceu mais por acidente do que por planejamento. Simplesmente não havia dinheiro para implementar muita coisa nos anos 1790, e mesmo os limitados projetos da Comissão em sua maioria foram solenemente ignorados.

Novos teatros constituíram os acréscimos mais notáveis ao conjunto de edifícios públicos. Outros monumentos revolucionários famosos tendiam a envolver mudanças de uso: assim, a igreja Sainte-Geneviève de Soufflot tornou-se o Panthéon para Grandes Homens, amplificou-se a utilização do Louvre como museu, e o mosteiro Val-de-Grâce tornou-se hospital militar. Havia estátuas também: uma na Place de la Révolution representava a República, e um obelisco na Place des Victoires homenageava os combatentes mortos. Uma coluna imitando a coluna de Trajano de Roma, decorada com cenas militares da carreira de Napoleão, foi erigida na Place Vendôme, entre 1806 e 1810. Estruturas provisórias para festivais revolucionários eram numerosas, como o anfiteatro público construído no Champ de Mars para a Festa da Federação em 1790. Em termos gerais, a década de 1790 testemunhou mais destruição (a Bastilha, várias igrejas fora de uso, estátuas reais etc.) do que construção monumental.

Uma das brilhantes ideias de Napoleão quanto a Paris era revitalizar o acervo de monumentos da cidade. "Paris tem poucos monumentos", observou. E concluiu: "É preciso fazê-los".[17] O desejo de reformular Paris por meio de um ambicioso programa de construção pública provinha do desejo de tornar a cidade um local apropriado para seus atos de cerimonial político e teatro imperial. "Um homem é tão grande quanto os monumentos que lega às gerações seguintes", asseverou – obviamente pensando em si. Porém, havia uma faceta mais pragmática nessas ideias. Uma vez ele observou que "preferiria enfrentar vinte mil soldados no campo de batalha que dois mil operários nas ruas de Lyon" (poderia ter dito Paris). O sistema econômico por ele estabelecido por meio de suas conquistas europeias era planejado para servir de proteção contra ações radicais de sans-culottes em potencial, enchendo seus estômagos e fornecendo-lhes emprego. A *bellum napoleonicum* teria, assim, o mesmo efeito de proteger os parisienses contra a crueldade da guerra que tivera a *pax borbonica* no século XVIII. A provisão de cargos públicos era um modo recomendável de manter os parisienses felizes – e leais a um regime não naturalmente acalentado por eles. Os monumentos poderiam exercer a função de fixar a memória popular em modos úteis ao regime: "Minha meta", ponderou Napoleão em 1805, "é conduzir as artes para temas que perpetuem a memória dos acontecimentos dos últimos quinze anos".[18]

Conforme Napoleão, "as quatro coisas mais importantes para a cidade de Paris são: a água do rio Ourcq, novos mercados em Les Halles, abatedouros e vinícolas".[19] Essa é uma curiosa lista de superlativos para alguém tão obcecado com grandeza imperial quanto Napoleão. Seus planos de estender a cidade rumo a oeste – até Saint-Cloud, declarou com grandiloquência numa ocasião – exigiam uma infraestrutura econômica de tamanho mais considerável. Além disso, sua preocupação com o abastecimento de água potável e de alimentos básicos para Paris baseava-se no desejo de garantir que o povo não tivesse desculpa para se amotinar. Embora ele não tenha citado na lista, um ponto indispensável nesse aspecto era a oferta eficiente e barata de cereais à capital: afinal de contas, como ele bem sabia, o fornecimento de pão (e espetáculos) tinha impecável pedigree imperial-romano. Ao longo do século XVIII, o preço do pão atuara como barômetro do descontentamento popular, e Napoleão esforçou-se para estabilizá-lo. Revolucionou a estrutura de armazenamento de grãos da cidade, primeiro modernizando e dando novo telhado à Halle aux Blés, que incendiara em 1802, e depois criando um conjunto suplementar de silos, a leste da cidade. "Quero que Les Halles", declarou, "seja o Louvre do povo."[20] Na mesma área, ele construiu vinícolas no formato da Halle aux Vins, construída no Quai Saint-Bernard (4º). A distribuição e o varejo do pão, vinho e outros produtos de primeira necessidade ficou garantida com a construção de bom número de mercados cobertos espalhados pela cidade, a maioria localizada em antigos prédios religiosos (e alguns terminados apenas depois de 1815). Na margem esquerda, por exemplo, o Mercado Saint-Germain (6º; o único dos mercados de Napoleão ainda existente) foi construído sobre as dependências do dilapidado local da antiga feira. Perto dali, o Mercado des Carmes foi erigido em cima do antigo mosteiro carmelita, palco de alguns dos mais horríveis Massacres de Setembro. Às vezes, a construção de mercados era acompanhada de melhorias nas ruas de acesso ou de abertura de ruas novas: o Mercado Saint-Martin, construído nos terrenos da antiga abadia de Saint-Martin (3º; hoje o local do Museu de Artes e Ofícios), desencadeou a construção das Rues Vaucanson, Montgolfier, Borda, Conté e outras.

Enquanto a comida era trazida mais para perto dos parisienses, o processamento da comida era mantido longe: novos regulamentos introduzidos em 1810 estipulavam a instalação de cinco novos abatedouros na periferia da cidade. Considerações higiênicas também vinham em primeiro lugar na continuidade das medidas para situar os ambientes de enterros distantes dos locais de habitação humana, processo iniciado pela decisão de fechar o cemitério dos Inocentes na década de 1780. Na época em que Napoleão subiu ao poder, em poucos locais de Paris permitiam-se enterros. Frochot, o primeiro chefe do departamento do Sena, deu prosseguimento ao remanejo de restos mortais para a Tombe d'Issoire (14º). Também foi responsável por transformar esses ossuários em catacumbas de modelo romano. Logo turistas enfileiravam-se para visitar ossadas dispostas com tanto "bom gosto". Frochot criou igualmente três importantes cemitérios municipais em pontos naquela época bem fora da cidade. O mais celebrado desses era o cemitério Père-Lachaise (20º), situado além do Faubourg Saint-Antoine, inaugurado em 1804.

7.3: As catacumbas

As catacumbas de Paris foram criadas perto do fim do século XVIII e no início do século XIX a partir de ossos e outros restos mortais removidos do cemitério dos Inocentes, no centro de Paris, para o bairro da Tombe d'Issoire, no 14º arrondissement. Embora as catacumbas constituam apenas um oitocentos avos da área total de passagens subterrâneas existentes sob os vinte arrondissements da Paris moderna, elas compreendem uma área extensa o suficiente para impressionar e dar calafrios no visitante.

As catacumbas receberam a conformação atual – corredores de crânios e tíbias cuidadosamente arranjados – em 1809, quando Frochot, chefe do Sena escolhido por Napoleão, e Hériart de Thury, inspetor-geral das Pedreiras, incumbiram-se de dispor o enorme volume de restos mortais de modo a impressionar os visitantes. Roma tivera suas catacumbas. A cidade de Paris, agora imperial, deveria tê-las também – e de preferência melhores. Estima-se que os restos mortais de cerca de dois milhões de parisienses tinham sido enterrados no cemitério dos Inocentes no período de um milênio no passado de Paris, mas esses números foram constantemente preenchidos até bem depois da virada do século XIX, pelo contínuo remanejo àquele local dos conteúdos das igrejas e ossuários da cidade.

As catacumbas são talvez menos impressionantes se vistas sob a perspectiva de construção e exibição imperiais do que como parte de uma substancial mudança nos significados culturais da morte na cidade, ocorrida perto do fim do século XVIII e em princípios do século XIX. Os romanos localizaram seu cemitério às margens de Lutécia; assim, para entrar na cidade, era preciso passar pelos monumentos funerários. Posteriormente, a morte instalou-se no coração de Paris, nos cemitérios das igrejas da cidade e com frequência dentro dessas igrejas. Quando, no século XII, a cidade expandiu-se a noroeste com a abertura de um importante mercado – Les Halles –, instalou-se um cemitério (dos Inocentes) ali perto.

A justaposição de mortos e vivos no coração da cidade pareceu apresentar poucos problemas para os parisienses do fim do período medieval e do Renascimento – na verdade, ativou numerosas formas de piedade e devoção. Apenas no mais ateísta século XVIII a higiene pública tornou-se razão para remover os restos mortais do meio das moradias. Ponto marcante nesse respeito foi o pedido testamentário de La Reynie, o chefe-geral de Polícia, em 1709, de não ser enterrado na paróquia da igreja de Saint-Eustache (contígua ao cemitério dos Inocentes) para não contribuir com a infecção do ar nas redondezas. Mais perto do fim do século, uma comissão médica escolheu o remanejo dos cemitérios como importante plataforma de suas políticas de melhoramento sanitário. Quando o Parlamento de Paris adotou esses argumentos, a mudança estava madura.

A localização distante da morte foi acompanhada pela decisão paralela de criar novos cemitérios além do perímetro da cidade – política aplicada a todas as comunidades da França em 1803. Disso surgiram os cemitérios Montparnasse, Montmartre e, especialmente, o Père-Lachaise. Reformado por Haussmann, este último tornou-se sinal da modernidade urbana em geral representada por Paris: o imperador do Brasil, os padres de São Francisco e o conselho municipal de Glasgow quiseram construir um Père-Lachaise em seus respectivos quintais.

A morte poderia estar mais fora da vista dos parisienses do século XIX do que para qualquer um de seus ancestrais, mas não estava fora da mente. Na verdade, a virada do século XIX viu a emergência do culto genuíno à morte e à memória. A visita ao cemitério no Dia de Todas as Almas, a criação das tumbas familiares, o paisagismo dos cemitérios para criar um local mais "natural" – e, é claro, a abertura das catacumbas para a visitação pública – foram acompanhados por uma série de devoções mais personalizadas. O cemitério fora retirado do coração da cidade, mas não sua representação literária e visual. A colina do Père-Lachaise tornou-se ponto conhecido para admirar a cidade. Dali Rastignac, o herói de Balzac, contempla sua futura carreira em atitude desafiadora, determinado mais a conquistar do que a aceitar docilmente a cidade que tanto sofrimento lhe trouxera.

O moderno veículo da fotografia renovou o culto aos mortos da cidade na ausência dos próprios mortos – e não somente com retratos dos defuntos. O pioneiro fotógrafo parisiense Nadar, por exemplo, famoso por suas fotos panorâmicas da cidade, granjeou fama também como a primeira pessoa a fotografar o mundo subterrâneo de Paris. Seu ensaio de 1867, "Le Dessus et le dessous de Paris" ("A superfície e os subterrâneos de Paris"), realçou a "confusa igualdade da morte" encontrada nas catacumbas, "onde tudo parece desaparecer, até mesmo a imagem do pai na lembrança do filho", e onde os restos mortais das marquesas (de Pompadour, por exemplo) jaziam ao lado dos das camponesas, e aqueles "que amaram e foram amados" dividiam espaço com indivíduos "sem-nome, esquecidos, perdidos". Os esforços de Nadar para revelar a magia desse espectro envolveram um pouco de mágica. Como ele precisava utilizar tempos de exposição muito longos para capturar uma imagem, decidiu que a personagem humana adequada para dar um senso de escala a suas fotos seria substituída por um manequim de alfaiate, vestido com roupas femininas. Assim, a familiaridade representacional da morte embaixo (mais do que dentro) da cidade baseou-se numa ilusão conveniente.

A necessidade de regulação dos mercados de alimento decorria tanto de considerações higiênicas quanto de ansiedades sobre a perturbação social. Questões de saúde assumiam maior importância quando o assunto era abastecimento de água. Não que a população estivesse crescendo de modo tão rápido a necessitar novas fontes – na verdade a população estava relativamente estável, e ultrapassou os níveis de 1789 somente após 1815. O motivo principal, como vimos na sua lista de prioridades para Paris, era o fato de Napoleão considerar a água em abundância um componente imprescindível para a saúde pública. Ele insistia que as águas das 56 fontes da cidade corressem dia e noite e ordenou a construção de mais quinze. Uma fonte em estilo egípcio foi construída no terreno da antiquíssima prisão Châtelet (3º). A partir de 1802, para garantir que a cidade tivesse água suficiente para esses propósitos, ele supervisionou a construção do Canal de l'Ourcq. Isso envolveu a canalização do rio Ourcq por onze quilômetros, e então a construção de uma rede de canalização adicional de uma centena de quilômetros para trazer a água até a enseada de La Vilette, no nordeste da cidade (19º). A enseada, aberta em 1808, conectava-se igualmente ao Canal Saint-Denis, que desembocava no Sena ao sul da Place de la Bastille (4º).

Essa extraordinária realização de engenharia foi uma vitória para a circulação, tornando Paris um local extremamente fácil de abastecer, ao menos do ponto de vista técnico. Uma preocupação com acessos facilitados foi demonstrada dentro da cidade também. Quando Napoleão subiu ao poder, Paris tinha doze pontes; ao ser deposto, tinha quinze. Nenhuma das pontes tinha casas – essa norma de Luís XVI tornara-se padrão. A passarela com estrutura de ferro da Pont des Arts, ligando o Louvre ao Institut, trazia intenso cunho simbólico: conhecimento consorciado ao poder. Havia simbolismo

As catacumbas fotografadas por Nadar, c. 1890

também na construção da Pont d'Iéna, que conectava o fim do Champ de Mars a Chaillot, onde Napoleão planejava construir um palácio imperial para seu filho. Intenção mais utilitária tinha a Pont d'Austerlitz, que ligava a área do Jardin des Plantes ao Faubourg Saint-Antoine.

A circulação era também o coração do mais impressionante empreendimento na construção urbana: a evolução cruciforme ao redor da Place de la Concorde e da Pont de la Concorde (esta última havia sido terminada, usando pedras da prisão da Bastilha, no começo dos 1790). A área permanece o setor de Paris com mais marcas napoleônicas. Esse melhoramento surgiu da percepção de Napoleão de que, para crescer e prosperar, Paris precisava desenvolver-se em direção ao oeste, construindo além da próspera área de Saint-Honoré e do Faubourg Saint-Germain. No eixo norte–sul, a igreja Madeleine (8º), ao norte da Place, havia sido iniciada em 1764 sob ordem de Luís XV, mas o trabalho foi interrompido na época da Revolução. Em 1806, a obra recomeçou, destinada por Napoleão a ser um templo para glorificar seus exércitos. Agora uma fachada parecida com a de um templo grego defrontava o antigo Palais-Bourbon, na outra margem do rio (7º). Empregou-se também o idioma neoclássico em outros prédios da margem direita, a leste da Madeleine: a bolsa de valores em formato de templo (*Bourse*), no terreno alienado de um convento (1807-1813), e a coluna da Place Vendôme.

O estilo neoclássico era ainda mais aparente no eixo leste–oeste, passando através da Place de la Concorde. Aqui, o melhoramento napoleônico consistiu em estender e ornamentar o que já era um bem-estabelecido eixo simbólico do poder. O trabalho para nivelar a colina a oeste da praça começara na época de Luís XV; a ideia de Napoleão era ampliar além do atual Rond-Point des Champs-Élysées até o local da Place Charles-de-Gaulle (8º). Para coroar a vista efetivamente, tornava-se necessária uma sólida estrutura de monumentos, e, a partir de 1806, começaram os trabalhos para construir o primeiro arco do triunfo de Paris desde 1670 – e a maior dessas estruturas já construída até então. O Arco do Triunfo da Étoile seria completado apenas no governo da Monarquia de Julho. Sua localização, ao centro de uma estrela (*étoile*) de ruas facilitou o desenvolvimento posterior da área. Sua contrapartida era o bem menor Arco do Triunfo do Carrossel, localizado ao longo do eixo Louvre–Étoile, no lado externo das Tulherias, na atual Place du Carrousel (1º).

Colbert e a Comissão de Artistas de 1794 estavam entre os muitos que haviam instado a extensão do curso da Champs-Élysées na direção leste, rumo ao local da Bastilha. O crescente volume de trânsito ao longo da próspera Rue Saint-Honoré indicava a necessidade de certas tentativas de reforma urbana, e a nacionalização de algumas construções religiosas ao longo do curso que se estendia a leste a partir da Rue Saint-Honoré tornou possível a criação de uma nova estrada expressa, de vinte metros de largura: a Rue de Rivoli. Apenas a escola de equitação do Palácio das Tulherias – a Salle du Manège, sede da Assembleia Nacional de 1789 a 1793 – precisou ser demolida. A seção da rua a partir da Concorde descendo ao nível do Louvre foi aberta em 1802. Um conjunto de ruas laterais também foi construído, em especial a Rue Castiglione até a Place Vendôme, estendida ao norte por meio da Rue de la Paix (1º). Foram criados lotes para lojas e negócios assim como para residências; porém, devido aos lucros minguados da especulação imobiliária, só na década de 1830 a área foi completada.

O lento progresso do desenvolvimento comercial na Rue de Rivoli realçou o fracasso de Napoleão em coordenar sua avidez por monumentos com as necessidades dos negócios e as exigências do mercado de propriedade privada. Todavia, se o imperador fracassou em dar à cidade a forma grandiosa com que sonhava, isso decorreu principalmente da falta de dois fatores: tempo e dinheiro. Ele seria deposto em 1814, e o seu breve retorno em 1815 ficou marcado somente pela preocupação desesperada com a sobrevivência. Os custos elevados de guerra impediram-no de suprir os recursos necessários para a ampla reformulação da cidade. Tampouco houve dinheiro, tempo e imaginação suficientes e à disposição para desenvolver um estilo imperial distintivo: suas construções inspiravam-se no idioma neoclássico estabelecido antes da Revolução. A altura dos prédios foi mantida dentro dos limites regulamentares fixados em 1783-1784. Adequados a um chefe de Estado melhor em conversa do que em performance, os nomes das ruas com que ele supriu a cidade – em geral comemorando suas vitórias militares (Castiglione, Pyramides, Rivoli, Ulm, Iéna, Austerlitz, Montebello e assim por diante) – estão entre seus legados mais duradouros. Muitos de seus projetos nem foram terminados com ele no poder – isso aconteceu com projetos dos mais grandiosos (a bolsa de valores, em 1827; o Arco do Triunfo, 1836; a Madeleine, 1845) aos mais triviais (Rue de Rivoli, vários mercados etc.). Todos trazem marcas dos regimes sucessores. Ele queria colocar um obelisco de 55 metros de altura no local do cavalo de bronze na ponta da Île de la Cité, mas teve de se contentar com a maquete de papelão que permaneceu ali em 1810-1811. Ele construiu o Arco do Triunfo da Étoile com uma estrutura de madeira e lona, de forma a comover os parisienses a darem as boas-vindas à nova imperatriz, Maria Luísa da Áustria, em sua chegada à cidade em 1810. Apesar da grandeza de suas ambições, os esforços de Napoleão mais pareciam jogo de cena. Além disso, parte dessa grandeza artificial era mais produto de pilhagem do que construção, como os troféus de guerra que ele fez desfilar em Paris em 1798, depois das campanhas italianas, antes de colocá-los no Louvre. Alguns dos mais impressionantes desses troféus – por exemplo, os cavalos da catedral São Marco de Veneza – foram devolvidos aos países proprietários em 1815.

As áreas de construção em que o impacto napoleônico foi genuinamente útil e permanente – o Canal de l'Ourcq, mercados, silos, fontes, abatedouros e assim por diante – relacionavam-se ao abastecimento da cidade, com o objetivo de manter os cidadãos contentes com seu regime. Portanto, era irônico que em 1810-1812 sua impopularidade estivesse crescendo, já que ele não conseguira impedir que repercutisse em Paris o impacto da crise econômica, causada em parte por más colheitas e em parte por sua grandiosa estratégia econômica. A sofisticada maquinaria criada para fornecer pão barato não funcionou: a crise de subsistência de 1810-1812 repetia aquela de 1787-1789 em toda a sua essência. O Sistema Continental, por meio do qual ele procurou romper o poder econômico britânico com a proibição da entrada dos produtos de exportação ingleses, ricocheteou nele; até mesmo os países clientes da França amotinaram-se contra essa medida política, enquanto os produtos importados britânicos causavam desemprego generalizado em Paris e em todo o império. O velho muro dos arrecadadores-gerais, que Napoleão convertera em barreira fiscal para a coleta de tributos (os *octroi*) com o objetivo de manter as finanças municipais, agora servia de argumento contra ele.

Os parisienses consideraram difícil perdoar Napoleão por expô-los à ocupação estrangeira. O cinturão de ferro de Vauban mantivera os exércitos estrangeiros fora da França com certo sucesso desde o século XVII, mas, em 1814, devido à crescente fraqueza militar de Napoleão, os parisienses enfrentaram a perspectiva de ter de se defender sem ao menos ter uma muralha de proteção. Com os exércitos de Napoleão sem força para impedi-los, os exércitos aliados começaram a cercar a cidade em 30 de março de 1814. Depois de uma onda não heroica de combates, os parisienses se renderam. "Luís XVIII" – o irmão de Luís XVI, ex-conde de Provence – entrou na cidade em 3 de maio, pronto a restaurar a monarquia Bourbon.

Antes do ocaso haveria mais lágrimas para Napoleão. Ele estava exilado na pequena ilha de Elba, no Mediterrâneo, mas seu dramático retorno à França em 1815 encontrou os Bourbon em fuga diligente. Napoleão encontrou facilidades para reacomodar-se nas Tulherias – mas isso se deveu menos à sua popularidade em Paris do que à impopularidade dos Bourbon, que haviam fracassado em proteger a cidade contra a severa crise econômica decorrente da ocupação, e cuja excessiva religiosidade parecia em desarmonia com a opinião parisiense. Tivesse jogado as cartas de modo diferente, Napoleão poderia ter extraído resposta mais forte da cidade; mas, a exemplo de seu chefe de departamento em 1814, ele recusou de modo irredutível a ideia de dar rifles aos trabalhadores do Faubourg Saint-Antoine. Até na hora decisiva, o espectro de sans-culottes armados e perigosos perseguia sua visão sobre Paris. Os parisienses receberam as notícias da batalha de Waterloo e do exílio de Napoleão em Santa Helena com bastante indiferença.

Soldados russos na Champs-Élysées, 1814

Quando as tropas aliadas entraram em Paris pela primeira vez em 1814, muitas envergavam um pequeno pedaço de tecido branco nos quepes como símbolo de suas intenções pacíficas em relação aos parisienses. Pensando em demonstrar aos invasores o reconhecimento pelo gesto, muitos parisienses envergaram o ornamento branco em resposta. Entretanto, simpatizantes dos Bourbon entre as tropas imaginavam que ao usarem esses cocares os parisienses demonstravam apoio eterno à causa Bourbon (pois o branco era a cor cerimonial da monarquia). Esse mal-entendido levou os aliados a imaginarem que Paris era maciçamente pró-Bourbon e pró-Restauração. Os anos subsequentes a 1815 mostrariam o quanto isso estava errado. Na verdade, os regimes que se seguiram ao de Napoleão produziram uma nostalgia por seu império que seu império pouco fizera para justificar.

8

Entre Napoleões

1815-1851

Em retrospectiva, o período entre 1815 e 1851 assume o caráter de um interregno napoleônico. Os três regimes seguintes à queda do Primeiro Império – a Restauração (1814-1830), a Monarquia de Julho (1830-1848) e a Segunda República (1848-1852) – todos começaram muito otimistas quanto à durabilidade. E nada parecia indicar a inevitabilidade da volta do Bonapartismo. A morte de Napoleão no exílio em Santa Helena em 1821 foi recebida com indiferença pelos parisienses, e embora a lenda napoleônica tenha evoluído depois disso, depositavam-se poucas esperanças no pretendente bonapartista, o sobrinho de Napoleão, príncipe Luís Napoleão Bonaparte. Devido à aparência pessoal nada cativante e às ideias avançadas (alguns diziam excêntricas), ele não era levado a sério como político. O patético fiasco resultante de seu par de tentativas, em 1836 e 1840, de liderar um levante bonapartista na França também abalou sua reputação. Porém, para a surpresa parisiense, em 1848, o príncipe elegeu-se presidente da Segunda República; em 1851, organizou um *coup d'état* para fortalecer seus poderes e, em 1852, impôs sua nomeação como imperador.

Como vamos ver[1], o Segundo Império de Napoleão III (1852-1870) buscaria inspiração em Napoleão I, procurando transformar Paris num emblema do poder da dinastia. Em contraste, os regimes que tiveram o poder entre os dois Napoleões mantiveram políticas ao mesmo tempo menos pomposas e mais ricas em nuances para a capital. A dinastia Bourbon, restabelecida após os "Cem Dias" de Napoleão, esperara o desfecho da ocupação aliada com certa reserva. O romancista inglês Walter Scott registrou os parisienses em 1815 chamando em tom de zombaria o restaurado Luís XVIII (r. 1814-1824) de "o Prefeito Inglês" e "Luís, o Inevitável".[2] Todavia, apesar do fraco início, o rei granjeou razoável popularidade, governando conforme os preceitos de uma constituição moderadamente liberal e comandando a recuperação social e econômica da cidade.

O acordo internacional de 1815 forçou a França a retornar às fronteiras de 1792. O rei também teve de permitir que muitas das obras de arte pilhadas com que Napoleão I enfeitara Paris – como os cavalos de bronze de São Marcos, oriundos de Veneza – retornassem às pátrias de origem. Paris deixou de ser a capital imperial que Napoleão buscara fazer. Luís XVIII defrontou-se

com a pergunta: como fazer de Paris outra vez uma capital real? A decisão de rejeitar o retorno da corte a Versalhes, o centro do poder dos Bourbon, foi um gesto conciliador e corajoso. Ele estabeleceu uma vida de corte nas Tulherias (onde dormia na cama de Napoleão). Embora seu ardoroso entusiasmo por questões de protocolo e etiqueta tivesse tornado a vida na corte empertigada e tediosa, a corte realmente começou a romper as barreiras que separavam as elites de Paris do mundo dos cortesãos no tempo do Ancien Régime. A expressão *le Tout-Paris* começou a ser usada a partir dos 1820 para denotar a mescla das elites social, política e cultural da cidade.

Luís seguiu também uma política moderada quanto a fazer Paris pagar por seus pecados revolucionários, inclusive no que se referia ao próprio irmão mais velho e à cunhada. Uma das primeiras coisas que fez ao retornar a Paris foi procurar os ossos de Luís XVI e Maria Antonieta, que jaziam numa vala comum do cemitério da Rue d'Anjou (8º). A rainha sorrira para o escritor e estadista Chateaubriand quando ele visitara Versalhes, prestes a estourar a Revolução de 1789. De modo arrepiante, as memórias do escritor relatariam como a lembrança daquele sorriso, emoldurado pela famosa mandíbula dos Habsburgo, lhe permitiria reconhecer o crânio da rainha nesse tétrico exercício de identificação.[3] Os restos mortais de Luís XVI e de sua rainha foram removidos para Saint-Denis, onde esforços estavam sendo despendidos no intuito de reconstituir a antiga necrópole real. Embora os ossos reais tivessem sido jogados para fora da abadia numa vala comum, o antiquário Alexandre Lenoir providenciou a retenção de muitos monumentos funerários de Saint-Denis e exibiu-os num museu no velho mosteiro dos Petits-Augustins, na Rue Bonaparte, em Paris (6º). Esses itens foram igualmente devolvidos a Saint-Denis.

Luís XVIII ordenou a construção de uma capela expiatória no terreno do antigo local de descanso real. Essa capela abrigaria os restos mortais das vítimas do Tribunal Revolucionário. Monumentos comemorativos foram estabelecidos também na prisão Conciergerie, na Île de la Cité, onde a rainha passara suas horas derradeiras em 1793, e no Jardin de Picpus, para as outras vítimas do Terror.[4] Além disso, o rei ordenou que o Panthéon voltasse a ser igreja em vez de monumento laico para grandes homens. As estátuas equestres reais, derretidas e convertidas em canhões nos anos 1790, foram refeitas. Em 1818, Henrique IV e o célebre cavalo de bronze reapareceram na Pont Neuf. Em 1822, foi a vez de Luís XIV na Place des Victoires. Só em 1829, Luís XIII reapareceria na Place des Vosges – ou melhor, na Place Royale, como voltou a chamar-se.

A troca de nomes, aliada à difusão da bandeira branca heráldica e do brasão real, era mais um modo de os restaurados Bourbon buscarem a "monarquização" da capital. Muitos dos mais bizarros nomes revolucionários, na verdade, já haviam sido modificados por Napoleão. A Place de la Concorde teve seu nome mudado para Place Louis XV. A Rue Royale (antes Rue de la Concorde) perto da praça, a Rue Dauphine (Rue de Thionville de 1792 a 1814) e o Quai Conti (ex-Quai de la Monnaie) também foram rebatizados. (Claro, depois de 1830 haveria a reversão aos títulos da pré-Restauração.)

Luís XVIII não levou esse processo de reocupação simbólica de Paris tão longe quanto certos ultramonarquistas gostariam. Ele pressentiu que colocar ênfase excessiva nas pretensões de expiação da cidade seria impopular para a maioria dos cidadãos e ricochetearia na dinastia. Entretanto, depositou boa ênfase na restaurada religião católica como garantia do bom comportamento da cidade no futuro. De fato, os rituais religiosos e as cerimônias de adoração pública nas ruas constituíram a centelha de um novo despertar espiritual na cidade. A construção de novas igrejas teve início, especialmente no lado mais elegante da cidade – por exemplo, a Notre-Dame-de-Bonne-Nouvelle (2º) em 1822, a Notre-Dame-de-Lorette (9º) no ano seguinte e a Saint-Denys-du-Saint-Sacrement (3º) em 1826.[5] Em 1830, uma filha da Caridade chamada Catherine Labouré alegou ter sido visitada pela Virgem Maria na capela do convento na Rue du Bac (7º) – e logo houve registro de vários supostos milagres por toda a cidade e região.

O novo despertar religioso irritou intensamente o grande setor da população parisiense indiferente ao Cristianismo ou desconfiado com o entusiasmo do regime pela união entre "Trono e Altar". Além disso, as divisões políticas na capital acentuaram-se quando a monarquia afastou-se da disposição inicial de conciliação. O assassínio em 1820 do sobrinho de Luís XVIII, o duque de Berry, filho do irmão de Luís, o conde d'Artois, levou o rei a adotar políticas mais radicais. As posições pró-émigré e pró-clericais ganharam ainda mais evidência no governo do sucessor de Luís XVIII (que não tivera filhos), seu irmão conde d'Artois, que reinou com o título de Carlos X (r. 1824-1830) e foi o último monarca da França a realizar o toque para curar escrófula, o mal do rei. Em 1830, uma medida do rei contra a liberdade de imprensa e a legalidade constitucional desencadeou três dias de revoltas em Paris – as chamadas Trois Glorieuses de 27-29 de julho – que o regime provou ser incapaz de administrar. De modo significativo, os rebeldes visaram os símbolos da autoridade da dinastia Bourbon espalhados pela cidade, por intermédio dos quais os Bourbon haviam tentado "monarquizar" a capital da Revolução. Assim, as tropas reais foram atacadas e barricadas erguidas para impedir que elas assumissem o controle das ruas; houve pilhagem nos palácios do Louvre e das Tulherias; em todos os lugares, a bandeira branca dos Bourbon foi sumariamente substituída pela tricolor; os brasões reais estampados por estabelecimentos comerciais fornecedores da família real foram arrancados. Hôtels aristocráticos foram atacados e as cruzes das igrejas removidas dos telhados.

DESC

Du Char funèbre qui transportera les cendres des Héros de la gr
sa largeur, sa longueur et sa hauteur prodigieuse.--Détails des
rois, en l'honneur des Victimes, et pendant la descente de leur
de la Bastille, son intérieur et son extérieur;-Liste des noms des

Le char qui transportera les cendres des héros de juillet aux caveaux de la Colonne de la place de la Bastille est d'un aspect imposant ; jamais la capitale n'aura vu pareil corbillard, tant par ses riches draperies et décorations que par sa forme gigantesque. Son élévation égale au moins la hauteur d'un deuxième étage d'une grande maison. Du reste, les chiffres suivans donnent une juste appréciation de ses formes et dimensions :

supporte une statue exécutée par M. Dumont. C'est le Génie de la Liberté tenant un flambeau d'une main, des fers brisés dans l'autre, et déployant ses ailes. Où s'arrêtera son vol?

Les fondemens sur lesquels repose la colonne de Juillet présentent l'aspect le plus extraordinaire et le plus monumental ; ils sont placés à cheval sur le canal St-Martin qui passe sous la place de la Bastille. Une ogive

sonn peuvent aiséme
me temps; l'escalier p
attache aux nervures
éclair par le haut et
teau; i est tout en bro
la plate-forme entouré
pés, égalemen en bro
laissés au centre par l

ION

aine aux caveaux de la place de la Bastille;--Son poids énorme',
es religieuses qui auront lieu à l'église Saint-Germain l'Auxer-
s leur nouvelle sépulture.--Description de la Colonne de la place
es inscrits sur la colonne de Juillet, qui sont morts pour la liberté.

scendre en mè-
e de la Colonne
es montans et
ions du chapi-
[illegible]
nemens décou-
pieds d'espace

prend aux nations que la France ne dégénère jamais; que nous sommes d'âge en âge les héritiers du patriotisme de nos pères.

Depuis long-temps nous demandions à grands cris cette Colonne, qui désormais nous si fiers. La patrie a enfin compris et comblé le vœu de ses enfants : ce monument impérissable s'élève aujourd'hui pour charmer leurs regards avides, et chacun d'eux dans sa pensée

sieux. J. Chéviron. L. Clément. P. Cléry. P. M. Corbel. P. A. Gorduapt. A. Cormier. P. Cortilleux. J. Cottin. J. L. Coudère. R. Coudray. L. Cousin. J. F. Couve. L. Crabay. J. L. Crampon. B. J. Crespelt. J. G. Crouillié. J. Crozel. A. Curier. A. Cuvier.

T. Dablies. A. Daisay. A. Dalifar. L. G. Damas. L. E. Damas. M. Danse. F. Darbour. J. J. Dartois. N. F. Daubert. A. Dauphin. P. Dauteuil. L. M. David. H. David. H. Deblond. L. G. Deboves. J. Decourty. J. Dedieu. M. Degoutte. N. Deheurles. L. J. Debun. J. C. Delacourt. P. F. Delamotte. L. C. Delattre. A. Delmas. C. Denance.

Comemoração, em 1840, da Revolução de 1830

Embora os rebeldes parecessem decididos a apagar os símbolos reais da cidade, as Trois Glorieuses não produziram república (a classe média se assustava só de pensar nessa possibilidade) nem tampouco restauração bonapartista. As manobras políticas centraram-se no Hôtel de Ville, onde Lafayette, numa repetição deliberada de 1789, recebeu a indicação de comandante da Guarda Nacional reconstituída (havia sido dispersa por indocilidade política em 1827). O desfecho envolveu a continuidade da monarquia, porém com novo rei. O trono da chamada Monarquia de Julho foi oferecido ao (e aceito pelo) duque de Orléans. A casa dos Orléans cultivava apoio em Paris desde a época de Luís XIV. O novo monarca, Luís Filipe, o Primeiro (e último), era o filho mais velho de Felipe Égalité, o duque revolucionário que transformara sua residência, o Palais-Royal, em local de proliferação de radicalismos e votara a favor da execução de Luís XVI. O próprio Luís Filipe servira com certa distinção ao exército republicano antes de fugir do Terror de 1793 e, desde 1815, estava instalado no Palais-Royal. Agora ele abandonava o ancestral Palais-Royal para instalar-se nas Tulherias (que ainda carecia, é bom que se diga, de certos confortos – só teria água corrente a partir de 1848).

Nas Trois Glorieuses, Paris modificara o governo da França – e o fizera com poucos danos: apenas 600 rebeldes e 150 soldados morreram nas escaramuças. A cidade que oferecera a coroa numa bandeja a Luís Filipe recebeu caloroso endosso real. O novo rei declarou Paris "sua cidade natal", nomeou o primeiro neto conde de Paris e confirmou a continuidade da Guarda Nacional. Residia nas Tulherias e caminhava nas ruas da cidade com um guarda-chuva no braço. "O que o povo precisa agora", disse-lhe Lafayette durante as negociações de poder em 1830, "é de um rei popular, cercado de instituições republicanas."[6] Por consequência, Luís Filipe introduziu uma constituição mais liberal e cultivou uma imagem pessoal popular. Distanciou-se da aura da Restauração ao rejeitar tudo que lembrasse a carcomida união de "Trono e Altar". A Rue Charles-X foi rebatizada Rue Lafayette; dispersou-se a velha corte; o rei pomposamente recusava-se a ir à missa aos domingos; e baniram-se as procissões religiosas em Paris. As cerimônias reais tornaram-se ocasiões laicas e populistas. Por exemplo, numa comemoração das Trois Glorieuses em 1840, o rei inaugurou uma coluna em homenagem aos combatentes de julho na Place de la Bastille, onde permanece até hoje.

Modesto nas pretensões políticas, o novo regime era modesto nas atitudes relativas aos monumentos públicos da capital. A Monarquia de Julho mais terminou do que começou monumentos. A maior parte de seus principais empreendimentos consistiu em projetos herdados, muitos deles com a construção interrompida desde 1789. Todos se localizavam na metade oeste da cidade. Por exemplo, a igreja Madeleine (1842; 8º) começara a ser construída no tempo de Luís XV. Em estilo neogrego, o templo lembrava de modo incongruente a Bolsa (1827). Outras obras de término e embelezamento incluíram o Arco do Triunfo da Étoile e a remodelada Place de la Concorde (ambos em 1836). Nesse ano, um grande público presenciou o espetáculo para a instalação, no local da antiga estátua equestre de Luís XV, da coluna Luxor, datada do século XIII a.C. – de longe o objeto mais velho de Paris, ganhando por mais de um milênio em relação aos concorrentes. Esse também era um legado do regime anterior: o obelisco fora prometido a Charles X pelo chefe egípcio Mohammad Ali em 1829, como demonstração de amizade diplomática. Igualmente foram atualizados e reorganizados o Palais-Bourbon (7º), sede da Câmara dos Deputados; o palácio Luxemburgo (5º), sede do Senado; o Hôtel de Ville (4º), sede da municipalidade, triplicado em tamanho; o Palais de Justice na Île de la Cité (1º); e a igreja Saint-Geneviève (5º), reconvertida em Panthéon aos grandes homens da nação francesa (1830). Parcela não insignificante do orçamento municipal era dedicada a criar igrejas e a restaurar os edifícios eclesiásticos vendidos como propriedade nacional na Revolução. Em 1826, a igreja Saint-Julien-le-Pauvre (5º) deixou de funcionar como depósito, e o armazém de farinha no qual a Sainte-Chapelle (1º) se transformara voltou a ser local de adoração em 1837.

Dentre esses gestos de continuidade com o passado, o mais majestoso envolveu a decisão de trazer os restos mortais de Napoleão de Santa Helena. A publicação, em 1823, do *Memorial de Napoleão em Santa Helena*, de autoria do conde de Las Cases, ajudou a estimular uma reavaliação mais positiva do império. Nesses tempos difíceis, a reputação de Napoleão também se elevou entre os trabalhadores de Paris, para quem o imperador sempre tentara fornecer emprego, pão e espetáculo. Após vários anos de negociações com os britânicos, o traslado foi permitido em 1840. Depois de longa jornada por mar e terra, os restos imperiais fizeram demorada procissão pelas ruas de Paris no enregelante dia 15 de dezembro de 1840. O carro fúnebre, projetado pelo arquiteto Henri Labrouste (cujo trabalho incluía a cavernosa Biblioteca Nacional, na Rue de Richelieu), era uma estrutura monumental, altamente decorada, de dez metros de altura e quatro de largura. Sua passagem sob o Arco do Triunfo, ao longo da Champs-Élysées, rumo ao Hôtel des Invalides, onde os restos mortais descansariam dali em diante, foi acompanhada por centenas de milhares de pessoas. "Parece que Paris escorreu toda em um dos lados da cidade", observou Victor Hugo, "como o líquido num vaso inclinado."[7]

A atitude consistentemente paliativa de Luís Filipe em relação aos regimes precedentes à Monarquia de Julho refletia menos força do que fraqueza. O rei sentia uma falta de confiança irremediável quanto à reputação da legitimidade de seu regime – em Paris, no país como um todo e na Europa em geral.

Realçar os monumentos dos regimes anteriores parecia um modo de associar-se vicariamente a seu capital simbólico. Porém, existia o perigo de que isso atiçasse as cinzas ainda quentes dos movimentos políticos ligados àqueles regimes. O romancista inglês William Makepeace Thackeray, presente em Paris no retorno de Napoleão em 1840, notou os gritos de "*Vive l'Empereur!*" que acompanharam o cortejo, paralelos a manifestações de desrespeito por Luís Filipe.[8]

Apesar de seus melhores esforços, a estrela de Luís Filipe não ascendeu em Paris. Ele acabou alvo não só de meia dúzia de tentativas de assassinato, mas também de sátiras implacáveis. Como se não bastassem as vicissitudes da vida parisiense, o filho dele morreu num acidente de trânsito. (Nessa época, as mortes em acidentes de trânsito somavam em média vinte por ano.) Os parisienses sarcasticamente observaram que o rei gastava menos dinheiro em Paris do que em suas casas de campo em Fontainebleau, Compiègne, Saint-Cloud e Neuilly, assim como na de Versalhes. Com alto custo, ele converteu esta última em museu de história nacional – medida considerada amplamente como outra tentativa um tanto patética de alcançar legitimidade.

Assim, para os contemporâneos, o que se evidenciou no episódio da transferência de poder em 1830 foi menos a importância do candidato orleanista e mais o dinamismo e a energia do povo de Paris, cujos atos reafirmavam sua capacidade de provocar revoluções. Sintoma curioso e um tanto inesperado dessa demonstração de vitalidade parisiense foi a mudança do sexo feminino para o masculino. *La ville de Paris* por muito tempo havia sido alegoricamente personificada conforme a concordância de gênero da língua francesa no feminino.[9] Em 883, por exemplo, o monge cronista Abbon saudara "a rainha das cidades", enquanto no auge das Guerras Religiosas do século XVI, Montaigne anunciara que amava Paris "pelo que ela era". Os poetas românticos do começo do século XIX, que personificaram a cidade mais do que qualquer outro movimento, ampliaram a lista de epítetos e descrições. Em 1828, Victor Hugo imaginara Paris como uma "giganta dormindo a seus pés". Porém, em 1831, ele saudava "o gigante [sic] Paris".[10] Era como se a Revolução de 1830 tivesse revelado que Paris não era uma dama. A feminizada multidão (*la foule*) transformara-se agora no masculino "povo" (*le peuple*). A partir daí, a esquerda em especial de modo diferente enalteceu e mitificou o município como "herói", "gladiador", "soldado", "guarda" e "toureiro" majestosos. Embora a direita de forma insultante se referisse a Paris como monstruosa prostituta babilônica, agora tendia a perceber a cidade no masculino e não no feminino: Paris era "tirano", "sátrapa", "novo-rico", "mendigo", "assassino", "charlatão", "palhaço" e assim por diante.

A figura de Luís Filipe era acanhada e desimportante se comparada à da cidade, assim personificada como força coletiva (e masculina) da natureza.

Tentativa de assassinar Luís Filipe em 1835

Os esforços do rei para mostrar autoridade na cidade só contribuíram com sua impopularidade. A má vontade do governo em levar os ministros de Charles X a julgamento causou considerável agitação na capital, onde grupos radicais agora se reorganizavam na liberdade reencontrada. Devido à decisão provocativa dos apoiadores dos Bourbon de mandar rezar uma missa na igreja de Saint-Germain-l'Auxerrois em comemoração ao aniversário do assassinato do duque de Berry, a igreja foi saqueada e incendiada pelos descendentes anticlericais dos sans-culottes. Embora os ânimos tivessem amainado um pouco devido à epidemia de cólera, os anos de 1833 e 1834 testemunharam uma extensa série de atos de militância coletiva. Em 1834, num terrível incidente – conhecido como "massacre da Rue Transnonain" –, as forças oficiais mataram a sangue frio rebeldes e pessoas que se encontravam por perto. Se a agitação popular arrefeceu a partir de meados da década, não se extinguiu de todo, como provariam as *journées* revolucionárias de fevereiro de 1848 que depuseram Luís Filipe.

8.1: RUE TRANSNONAIN

> Um dia, aos quinze anos de idade, parado defronte a uma loja na Rue Transnonain, ele vira soldados com as baionetas vermelhas de sangue e tufos de cabelos grudados nas coronhas.

Essa descrição dos momentos seguintes ao massacre da Rue Transnonain de 12 de abril de 1834 é literária. Está em *A educação sentimental*, de Flaubert, obra terminada em 1869. O massacre evocado pelo trecho ocorreu durante a "pacificação" de Paris, após o levante instigado pela radical Société des Droits de l'Homme et du Citoyen, em solidariedade a uma insurreição dos trabalhadores do ramo da seda em Lyon. Vinte ou mais barricadas foram erguidas na margem direita, na região das Rues Saint-Denis, Saint-Martin e Beaubourg – fato longe de ser isolado no turbulento período subsequente à Revolução de 1830. Devido às condições econômicas e aos devastadores surtos de cólera, a maior parte da população trabalhadora de Paris estava decepcionada com a Monarquia de Julho. "O povo estava muito entristecido e enraivecido com as promessas não cumpridas pelo governo", lembraria mais tarde o talhador de pedras e construtor Martin Nadaud. A barricada era um símbolo ativo da resistência e uma exigência política por mudanças.

Como em outros levantes, a Guarda Nacional, sob as ordens de Luís Filipe, junto com as tropas de linha dirigiram-se ao local para apaziguar os ânimos, atuando sistematicamente nas imediações durante vários dias. Em resposta a supostos tiros disparados por um franco atirador instalado no prédio número 12 da Rue Transnonain, próximo a uma das maiores e mais impressionantes barricadas, as tropas sob o comando do general Bugeaud (que posteriormente negou responsabilidade) entraram no prédio. Ao serem recebidas com portas fechadas, as tropas procederam à evacuação do prédio, atirando, às vezes à queima-roupa, em todos os habitantes. Doze pessoas, entre homens, mulheres e crianças, morreram nas mãos das forças oficiais.

Embora o levante tenha terminado quase imediatamente, esse incidente causou tremendo clamor. A versão oficial – de que as tropas teriam encontrado defesa armada e disparado em legítima defesa – foi refutada por numerosos relatos testemunhais publicados na imprensa. Vários meses depois, o caricaturista Honoré Daumier publicou uma famosa litografia em que um homem indefeso, com barrete de dormir e camisolão, jazia morto sobre o cadáver de uma criança.

Foi o descompasso entre civis e soldados que deu ao incidente a aparência de atrocidade. O massacre horrorizou a Esquerda e causou surpresa mesmo dentro do exército: Bugeaud foi apelidado de "o açougueiro da Rue Transnonain", e seus homens por um tempo foram afastados das tropas. A referência de Flaubert ao incidente demonstra seu status de lenda urbana. Stendhal também o citou – na época em que o sangue ainda estava morno – no romance *Lucien Leuwen*, que deixou inacabado ao morrer, em 1834. Repugnado com o massacre, o herói homônimo de Stendhal desiste da ideia de seguir a carreira militar. *Os miseráveis*, de Victor Hugo, publicado em 1862, mas fruto de décadas de trabalho, também se baseou nos fatos desse levante (no qual ele alegou quase ter sido alvejado a tiros pela Guarda Nacional como um radical são-simoniano). A compaixão pela morte do jovem Gavroche nas barricadas em *Os miseráveis* evoca a poderosa emoção que o massacre da Transnonain causara.

O massacre da Rue Transnonain aconteceu no coração de uma das áreas mais turbulentas da velha Paris, onde o espírito da comunidade local moldara uma tradição poderosa de radicalismo político; também era uma das mais pobres e despojadas regiões da cidade velha. Haussmann, ao que parece, levou em conta tanto o radicalismo quanto a pobreza ao planejar a transformação do bairro nos anos 1850 e 1860. Com isso, várias ruas amplas e retas trespassaram o tecido urbano desintegrado. Rumo ao norte a partir da Rue Transnonain, havia a Rue Beaubourg, e as duas ruas foram realinhadas e alargadas. Ao mesmo tempo, a criação de um novo cruzamento e da transversal Rue de Turbigo, a partir de Les Halles até a Place de la Republique, envolveu igualmente extensa demolição ao longo dessas ruas. Haussmann aproveitou a oportunidade para amalgamar a Rue Transnonain à Rue Beaubourg, riscando assim do mapa parisiense o nome de um sítio fundamental na memória da classe trabalhadora. Uma velha placa de rua no número 79 da Rue Beaubourg e poucas casas antigas: é tudo o que resta da Rue Transnonain.

Se o massacre da Rue Transnonain perdeu a carga emotiva na memória parisiense, isso se deve em parte ao apagamento do nome da rua feito por Haussmann. Mais importante, talvez, tenha sido o fato de que a tradição radical de Paris em breve teria eventos bem mais sangrentos para relembrar – a repressão da Comuna, em 1871.

As Trois Glorieuses e a agitação popular do começo dos anos 1830 revigoraram o renome mundial de Paris no ativismo revolucionário em nome do progresso social. Para o bem ou para o mal, Paris parecia corporificar a revolução, uma irresistível e elementar fonte de energia. Escrevendo em 1833, Auguste Bazin definiu "revolta" como "a quase periódica convulsão de uma doença adquirida ao respirarmos o ar da liberdade. Carregamo-la no peito; anda conosco; dorme conosco."[11] Entre os notáveis radicais locais que defenderam com ânimo o mito da Paris-Revolução estavam os numerosos estudantes do Quartier Latin, cujos estilos boêmios de vida (idealismo, sótãos, fome, romance, *grisettes* etc.) foram apresentados por Henri Murger em *Cenas da vida boêmia* (1851). Toda e qualquer imaginável facção revolucionária em exílio político considerava Paris sua pátria. Karl Marx viveu na cidade entre 1843 e 1845 e conheceu seu colaborador vitalício Friedrich Engels num café do Palais-Royal.

Enquanto a elite política enaltecia (ou lamentava) o papel de Paris como possuidora de uma poderosa tradição de revolta política, para muitas outras pessoas contemporâneas era o modo de vida encontrado em Paris que a tornava verdadeiramente moderna. Para Balzac, Paris era a "a cabeça do mundo, um cérebro explodindo de gênio, a líder da civilização, a pátria mais adorável".[12] A cidade reassumira sua reputação de redemoinho da atividade intelectual e artística. Depois de 1815, em parte devido à venda de produtos de arte da elite napoleônica, Paris tornou-se o centro do comércio artístico europeu. Apesar da perda de muitos tesouros, o Louvre permanecia a galeria de arte mais conhecida do mundo, enquanto o Salon proporcionava uma vitrine brilhante para novos trabalhos. Nessa época, também, Paris superou Viena como a capital mundial da música, atraindo a maior parte dos compositores europeus mais importantes. Numa Europa em que a língua francesa mantinha a fama de linguagem da polidez cosmopolita e do conhecimento acadêmico internacional, a vida intelectual de Paris desfrutava igualmente de grande reputação. Governos sucessivos forneceram verbas generosas para instituições científicas como o Museu de História Natural, a École Polytechnique, o Collège de France, Ponts et Chaussées, Arts et Métiers e a Faculdade de Medicina de Paris (ocupada em inventar a ciência médica moderna). A cidade virou a meca internacional de todos os jovens acadêmicos, cientistas, engenheiros e médicos com visão e ambição. Em Paris, todos pareciam estar lendo – um visitante flagrou um cocheiro folheando Horácio em latim![13] Livros baratos, imprensa jornalística em expansão e serviço postal sobrecarregado (Paris tinha 3,2% da população francesa, mas recebia 27% das cartas) davam a impressão aos visitantes de terem gerado um público de caráter genuinamente abrangente.

Parte do charme de Paris era o puro espetáculo urbano apresentado ao pedestre e ao transeunte. Um guia de turismo de 1846 captou o espírito ao descrever Paris como "o coração da Europa, a capital da civilização".[14] Esses guias forneciam aos leitores uma caleidoscópica topografia dos prazeres parisienses, por exemplo: o Champ de Mars para corridas de cavalo; a *barrière du Combat* para lutas de animais (incluindo jogos de dardos com ratos como alvos); os bulevares para os melhores espetáculos teatrais, concertos, cafés, salões de baile, restaurantes, cassinos e bordéis de classe alta; os jardins Tivoli ou o Jardin d'Hiver para passear e ver celebridades; e assim por diante. Então havia os melhores endereços e locais para concertos e danças a céu aberto, entretenimentos em feiras, exibições de fogos de artifício, demonstrações militares, desfiles carnavalescos, shows de marionetes e bailes de máscaras.

Nos anos 1830, o jornalista polonês Frankowski descreveu que na cidade pulsava uma energia extraordinariamente criativa. A cidade, observou ele,

> é rápida, ardorosa, efervescente (...). Nas ruas, nas alamedas, nos jardins, nas praças, nos cais, sobre as pontes e sob as pontes, homens, animais, carruagens e barcos caminham, correm, rodam e deslizam. O ar vibra. É dedilhado por notas bruscas e notas longas; é consumido por explosões de sonoridade bizarra que irrompem de repente e de repente desaparecem. A rua está sempre um burburinho, e as pedras do pavimento gemem ou se queixam, rangem ou sibilam (...).[15]

Frankowski intitulou seu relato sobre a cidade *Études physiologiques sur les grandes métropoles*. A *fisiognomia* ou *fisiologia* tornou-se um novo gênero literário nas décadas de 1820 e 1830. Com frequência inspirando-se na fonte do ilustre clássico precedente *Tableau de Paris* (1782-1788), de Louis-Sébastien Mercier, trabalhos desse gênero submeteram todos os aspectos diversos e dinâmicos da vida parisiense ao olhar atento do *flâneur*.

O *flâneur* era o perceptivo caminhante do espaço urbano. Ele – pois eram poucas as *flâneuses* – era uma personagem característica da cultura do século XIX. Andando pelas ruas da cidade, experimentando o anonimato inconfundível da multidão urbana e sorvendo as impressões, o *flâneur* era, para Bazin, "o único e verdadeiro soberano" de toda Paris, caracterizada por ele como "esta vida ao ar livre, este mundo a céu aberto, este intercâmbio de olhares, comentários e cumprimentos, esta sociabilidade ambulante".[16] A multidão urbana propiciava um ambiente para a experiência social não hierárquica, potencialmente democrática. Transmitia à vida nas ruas uma carga cintilante, quase erótica, numa cidade "onde cada olho era um olho alegre".[17] Embora um tipo de hedonismo desapressado fosse a sua marca verdadeira, o *flâneur* também procurava compreender o novo fenômeno social em que estava inserido. "Ah! Perambular em Paris!", ponderou Balzac. "Que existência adorável e deliciosa. Ser *flâneur* é uma ciência: a gastronomia do olhar."[18] O *flâneur* não apenas se divertia pela cidade; ele também buscava entendê-la.

O senso renovado da cidade como entidade excitante, mítica e personificada foi explorado em invocações poéticas, propagandas políticas, guias turísticos, odisseias de *flâneur* e incontáveis *fisiologias* e *fisiognomias*. Com a invenção da fotografia, as pretensões para a compreensão científica da cidade receberam apoio adicional. Louis Daguerre, mestre da ilusão visual e empresário do diorama, realizou em 1838 seu primeiro daguerreótipo: a visão panorâmica do Boulevard du Temple (3º) a partir da janela de seu estúdio. Em menos de um ano, o astrônomo Arago estaria explicando a importância da descoberta para a Academia de Ciências. Ao longo das décadas seguintes, a cidade de Paris seria o laboratório para a evolução do método fotográfico. Há provavelmente mais fotos antigas de Paris – de monumentos, ruas e (contanto que ficassem parados) representantes de *pétit métiers* (prostitutas, tocadores de cilindros de realejo, vendedores de guarda-chuvas e assim por diante) – do que de qualquer outra cidade. No livro *Lutèce*, o alemão Heinrich Heine observou como a fotografia então passara a fornecer inspiração para o *flâneur*-analista urbano: "Um esmerado daguerreótipo reproduz desde a mosca mais insignificante até o mais orgulhoso garanhão de batalha. Minha obra *Cartas lutecianas* é uma história daguerreotípica, em que cada dia representa a si mesmo."[19] A câmera foi louvada como o olho urbano incapaz de mentir.

A busca para registrar de modo meticuloso a experiência superficial da vida urbana, como parte de um movimento para entender o que acontecia por trás das aparências, também se harmonizava com o ressurgimento de pesquisas históricas e arqueológicas por volta desse período. A *Histoire de Paris*, de Dulaure (1821-1829), alcançou sucesso popular; o estadista protestante Guizot fundou a École des Chartes em 1822 para o treinamento de pessoal especializado em processar e conservar arquivos. Nessa época emergia um movimento conservacionista, incluindo os escritores Montalembert, Prosper Mérimée e Victor Hugo. Em especial, a obra *Notre-Dame de Paris* (1831), de Victor Hugo, ajudou a despertar o interesse sobre o patrimônio medieval abandonado no coração da cidade ou obscurecido por sucessivas reurbanizações. Revelação semelhante era visível também numa onda de trabalhos de investigação social. Fato fundamental nesse processo foi a criação dos *Annales d'hygiène et de médecine légale*, em 1829, que serviram de porta-voz a um crescente grupo de reformadores sociais ansiosos por tentar resolver problemas urbanos como doença, pobreza, crime e vício. Versão politicamente mais radical dessa tendência foi proporcionada pelos pensadores rotulados posteriormente por Marx como "socialistas utópicos" – Fourier, Saint-Simon, Louis Blanc, Proudhon e Blanqui. Na ficção, o tema aparecia nas formas embrionárias do conto policial experimentadas por Balzac e Edgar Allan Poe: pistas detectadas pelo observador atento permitiam trazer à tona a verdade subliminar. No romance *O pai Goriot*, Balzac mitificou também o modo com que a busca por entender a cidade fundia-se à ânsia por dominá-la. Ao cabo do romance, livre de crenças errôneas, o herói Eugène de Rastignac olha do alto do cemitério Père-Lachaise para a cidade que se descortinava lá embaixo e se dirige a Paris: "À *nous deux maintenant*" – "É entre nós dois, agora!"

8.2: Victor Hugo

O funeral estatal de Victor Hugo em 1885, registrou o sociólogo Maurice Halbwachs, foi "o primeiro evento a penetrar na estrutura das impressões de minha infância (eu tinha oito anos na época)". O escritor Jules Romains não teria como evocar lembranças – estava na barriga da mãe, mas ficou sabendo que ela estivera presente. As pessoas sabiam exatamente onde estavam quando Victor Hugo foi enterrado.

Funerais patrocinados pelo Estado no século XIX deviam algo às tradições do Ancien Régime de enterros imperiais e algo aos rituais cívicos desenvolvidos durante a Primeira República nos 1790. Baseavam-se, em primeiro lugar, na premissa de que o morto era um "grande homem" (e esses "homens" eram quase exclusivamente do sexo masculino). Em segundo lugar, na compreensão de que a grandeza poderia vir em formas variadas. Políticos e militares estavam no topo da lista de indivíduos que mereceram enterros estatais na Terceira República, por exemplo: Louis Blanc (1882), Léon Michel Gambetta (1882), Jules Ferry (1893), Félix Faure (1899), junto com outros generais. Mas cientistas também estiveram presentes (Claude Bernard em 1878 e Louis Pasteur em 1895), literatos (Renan em 1892, Zola em 1902) e homens de artes (o compositor Gounod em 1893).

Havia pouca dúvida de que a altaneira figura intelectual e literária de Victor teria lugar nessa lista. Mesmo antes de sua morte, sua obra estava entesourada no cânone literário francês como produto de gênio. Embora monarquistas na juventude, as preferências políticas de Hugo acabaram se acomodando na esquerda. A polêmica teatral sobre sua peça *Hernani*, em 1830, rompeu o baluarte das convenções clássicas e abriu no teatro a possibilidade para o romantismo e suas formas, que realçavam a paixão e os movimentos sociais. Antibonapartista engajado, Hugo teve de passar a maior parte do Segundo Império no exílio nas ilhas do Canal da Mancha. Seu retorno a Paris em 1870 foi um grande evento parisiense: conforme estimativa do escritor, ele apertou a mão de dez mil delirantes parisienses, entoando em uníssono a "Marselhesa", nas primeiras horas de seu retorno à cidade. Em seu octogésimo aniversário, em 1882, já recebera demonstrações de honras de Estado. Nascido na província da Borgonha, Hugo era, na íntegra, parisiense por adoção. Por si só, esse já seria motivo suficiente para se esperar que Paris fornecesse local adequado para o cerimonial a ser encenado em torno de seu enterro.

Embora nunca tivesse desenvolvido uma filosofia política consistente, o compromisso radical de Hugo com a causa dos parisienses pobres ficou registrado em muitas de suas obras, como em *Os miseráveis*. Ele mitificou o povo de Paris. E também mitificou suas edificações: enxergava o melhor da arquitetura como expressão direta do povo. Não aficcionado do Haussmannismo, foi um dos primeiros conservacionistas. Seu romance *Notre-Dame de Paris* (1831) exerceu importante papel ao alertar os parisienses sobre a destruição perpetrada nos remanescentes góticos da cidade. Adotou uma posição pública em várias causas célebres que confrontavam planejadores e conservacionistas. "Demolir o prédio?", perguntou retoricamente numa dessas ocasiões. "Não: melhor demolir o planejador." Sua obra e seu ativismo ajudaram a formar a noção de *le Vieux Paris* como algo que valia a pena salvar. Na época de sua morte, esse defensor de *le Vieux Paris* tornara-se ele próprio um elemento de *le Vieux Paris*.

Hugo pedira para ser conduzido ao cemitério Père-Lachaise num carro fúnebre humilde e ser enterrado numa cova humilde. Os políticos da Terceira República quiseram mais do que isso. Eles sentiram que o funeral de Hugo poderia ser a ocasião de o regime seduzir a nação (em especial, o povo de Paris) a reafirmar os valores republicanos e democráticos em torno desse vulto icônico. Com esse fim, ordenaram que a igreja de Sainte-Geneviève fosse reintegrada à antiga função de panteão para grandes homens – e recebesse os restos mortais de Hugo.

"Não é um monumento, é um termômetro", satirizou um jornalista ao descrever a história flutuante do Panthéon. Em 1791, a Assembleia Nacional designara a igreja de Sainte-Geneviève como o local de descanso de grandes homens. Os restos mortais dos filósofos Voltaire e Rousseau foram depositados ali. A partir de 1806, igreja e mausoléu; em 1822, reconvertida pelo governo da Restauração a somente igreja. A Monarquia de Julho resgatou a função de mausoléu em 1831, mas Luís Bonaparte em 1851 novamente a fez apenas igreja. A morte de Victor Hugo levou a Assembleia a reconvertê-la – agora de modo definitivo – a Panthéon da França.

Embora a direita temesse que o funeral se transformasse numa *journée* revolucionária, o governo fez de tudo para assegurar que a cerimônia constituísse uma espécie de discurso sobre os valores republicanos. O corpo ficou em câmara ardente sob o Arco do Triunfo. O plano era a procissão descer pela Champs-Élysées e circular pelos bulevares até a Ópera, onde seriam entoados hinos nacionais especiais encomendados ao compositor Saint-Saëns. Essa ideia foi engavetada, entretanto, pois, pensava-se, daria muito tempo e espaço aos radicais pró-communards para organizarem contramanifestações. Tomou-se uma rota mais direta. Ainda assim, o cortejo fúnebre demorou oito horas, tal era o adensamento da multidão. O evento transcorreu de modo pacífico e triunfante. O que mais impressionou os contemporâneos foi a inexistência de distúrbios na multidão, estimada entre um e dois milhões de indivíduos. Criara-se um novo e participativo ritual republicano. O povo de Paris constituíra seu próprio espetáculo pacifista e político. E sem uma barricada sequer.

A ideia de Paris como um colosso (do sexo masculino) utilizado tanto de modo monstruoso como benigno, cujos mistérios exigiam penetrante olhar científico para serem compreendidos, realçou a sensação de que a sociedade urbana passava por importantes mudanças. Não por coincidência, talvez, a característica mais visível de mudança fosse o excedente de homens jovens e economicamente ativos. Em suma: Paris estava sendo masculinizada tanto alegórica quanto demograficamente.

Em vez do ritmo constante de crescimento populacional no século XVIII – e as oscilações nos períodos revolucionários e napoleônicos –, surgiram tendências mais notáveis. A população da cidade, de 550 a seiscentos mil habitantes em 1801, subira para setecentos mil habitantes em 1817; em 1831, atingira a marca aproximada de oitocentos mil habitantes. Em meados do século, Paris tinha mais de um milhão de pessoas. Em cinquenta anos, a população praticamente dobrara. Igualmente surpreendente, a razão homens:mulheres da cidade mudou da média histórica de 100:117 para algo como 110:95 na década de 1830 – espantosa reversão de gênero. Claramente, as estruturas demográficas da cidade estavam em alteração contínua. No século XVIII havia, grosso modo, equilíbrio entre os nascimentos e as mortes, com a taxa de nascimentos flutuando um pouco abaixo da média nacional. Embora tenha havido nessa época um aumento irrisório na taxa de natalidade e uma queda na mortalidade perinatal (em grande parte devido à vacinação contra varíola), em torno de 90% do crescimento de cidade eram devidos à chegada de levas de homens jovens – em especial na faixa dos vinte aos trinta anos e principalmente nos períodos entre 1831-1836 e 1841-1846. Embora houvesse certos contingentes de indivíduos naturais do sul – em particular, os oriundos de Limousin continuavam a guarnecer os quadros da construção civil –, a maioria dos imigrantes provinha de áreas ao norte e nordeste de uma linha que se estendia desde o Mont-Saint-Michel, nos limites da Normandia e da Bretanha, até Genebra, na fronteira com a Suíça. A tendência de migração oriunda do norte era evidente também entre os estrangeiros da cidade. Havia um bom número de italianos, mas o maior contingente era composto de alemães, ingleses, holandeses e belgas.

Balzac lamentou o fato de haver "mais estrangeiros e provincianos do que parisienses" em Paris, enquanto Bazin confessou sua dificuldade "em encontrar a raça primitiva [de parisienses] e em reconhecer as características da família nativa".[20] Por volta dos anos 1830, mais da metade dos residentes nascera fora da cidade; e a esse número poderiam ser adicionados provincianos e estrangeiros de passagem na condição itinerante de operários, turistas, refugiados políticos e estudantes. É válido ressaltar, entretanto, que esse tipo de padrão tinha raízes profundas na tradição parisiense. Os indivíduos nascidos em Paris sempre foram minoria na própria cidade. O maciço volume de imigração nessa época – e o desafio que os recém-chegados impunham à infraestrutura existente – parece ter convencido os contemporâneos de que testemunhavam algo novo e assustador. As classes trabalhadoras também eram classes perigosas.[21]

O fator "repelente" por trás da migração a Paris incluía a incapacidade de muitas áreas rurais de absorverem a população extra. Mas fatores "atraentes", como a disponibilidade de trabalho, eram igualmente importantes. Paris representava cerca de 3% da população nacional; respondia por 25% da produção francesa total. Em 1827, os bens produzidos em Paris representavam 13% do valor total da exportação francesa; vinte anos depois esse número pulou para 25%. No começo do século XIX, a cidade continha cerca de um sexto da população urbana total de França, mas um quinto em 1850. Além de oferecer trabalho, Paris também pagava salários geralmente mais altos que o resto da

França (embora, às vezes, provincianos ambiciosos esquecessem de levar em conta o custo de vida mais alto).

Paris seguia a passos lentos o estilo britânico de industrialização baseada em fábricas: a oficina permanecia a estrutura produtiva dominante. Os comércios tradicionais de luxo, semiluxo e acabamento demandavam mão de obra capacitada, suprida predominantemente por parisienses nativos. Os recém-chegados, em contraste, eram levados para os crescentes mercados da construção civil e da manufatura têxtil (embora uma crise na indústria de algodão entre 1827 e 1834 tivesse provocado demissões). Em 1848, a cidade contava com cerca de 350 mil operários, um terço deles trabalhando no mercado de roupas e tecidos; por sua vez, um em cada nove trabalhava na construção civil; um em cada dez, na fabricação de móveis; e outro tanto, na indústria metalúrgica. Os ramos de joias e impressão gráfica absorviam um em cada vinte trabalhadores. Apesar das previsões sombrias dos críticos sobre "as classes perigosas", a população imigrante contribuía efetivamente para os novos níveis de riqueza.

A geografia industrial da cidade estava mudando sob a pressão dessas forças. O Faubourg Saint-Antoine continuava especializado no ramo moveleiro, enquanto outros pontos tradicionais continuavam a existir: fabricantes de produtos têxteis na Rue de Cléry e na atual Rue d'Aboukir (2º); indústria de alimentos em Les Halles (1º); e fabricação de produtos de luxo e semiluxo nas Rues Saint-Denis (1º-2º), Saint-Martin (3º-4º) e Saint-Honoré (1º-8º). As melhorias na circulação, entretanto, começavam a criar novas aglomerações de trabalhadores eventuais. A enseada fluvial criada por Napoleão em La Villette foi conectada ao Canal Saint-Martin em 1825 e, por extensão, ao Canal Saint-Denis. Dessa época em diante, mercadorias pesadas poderiam chegar a Paris tanto subindo quanto descendo o rio. E fábricas começaram a espocar em terras baratas, fora do perímetro do antigo muro dos Arrecadadores-Gerais, antes destinadas à horticultura. O rio Sena – cujos barcos a vapor ofereciam-se amiúde a partir do começo dos anos 1820 em diante – também testemunhou uma atividade vigorosa. Na década de 1830, Paris era o principal porto da França.

As estações ferroviárias – entre as obras monumentais da Monarquia de Julho, talvez as mais genuinamente próprias do regime (em vez de herdadas dos regimes predecessores) – também exerceram papel no realinhamento industrial de Paris. Com a criação da Gare Saint-Lazare (1837-1840), da Gare du Nord (1843) e da Gare de l'Est (1847-1850), a vocação industrial da margem direita ampliou-se. Da mesma forma, na margem esquerda, as estações ferroviárias forneceram novos polos de expansão econômica: notadamente, ao redor das gares d'Austerlitz (1838-1840) e de Lyon (1847-1853), no sudeste, e da Gare Montparnasse (1848-1849), no sudoeste da cidade. Em meados do século, cerca de seis milhões de habitantes usavam os serviços da viação férrea de Paris. A centralização da rede ferroviária em Paris, em detrimento de linhas conectando os centros provincianos, provavelmente teve certo efeito na crescente imigração para a cidade. Entretanto, em 1850, a maioria dos recém-chegados a Paris havia alcançado o destino a pé e a bordo de carruagens ou barcos, em vez de comboios ferroviários. A era ferroviária foi posterior à transformação populacional de Paris.

A densa migração a Paris no começo do século XIX produziu problemas de integração e de acomodação no espaço urbano existente. Na ausência contínua de um prefeito parisiense, o funcionário oficial mais diretamente preocupado em lidar com esses problemas era o chefe do departamento do Sena. Esse era representante do governo central e era coagido apenas espasmodicamente pelos representantes eleitos de Paris (cuja independência e base eleitoral eram limitadas). Equipado com a ampla gama de poderes que Napoleão lhe conferira, o chefe do departamento comandava um orçamento maior que o de muitos países da Europa Central. A maior parte desse orçamento vinha dos *octroi* (pedágios municipais), ainda coletados no velho muro dos Arrecadadores-Gerais.

As duas personagens mais impressionantes no cargo de chefe do departamento no período entrenapoleônico foram Gilbert Joseph Gaspard, o conde de Chabrol de Volvic (1815-1830), e Claude Philibert Barthelot, o conde de Rambuteau (1833-1848). Não lhes caberia, como a seus predecessores e sucessores napoleônicos, trabalharem para líderes comprometidos com transformações urbanas importantes. De qualquer forma, os dois homens privilegiavam escalas pequenas em vez de grandes. Rambuteau, em especial, desdenhava as "chamadas estruturas sinópticas [*plans d'ensemble*], cujo resultado seria comprometer os interesses da cidade e de seus habitantes".[22] Entretanto, se eles rejeitavam grandes visões de transformação urbana, eram capazes de realizações apreciáveis trabalhando dentro de um alcance mais limitado. Chabrol gastou seis vezes mais do que seus predecessores napoleônicos em reparos e renovações de estradas e na pavimentação das ruas e duas vezes mais em canais e abastecimento de água. Boa parte dessa verba foi investida no término dos projetos napoleônicos – o Canal d'Ourcq, inúmeros mercados urbanos, fontes e assim por diante. Houve também acréscimo de melhorias no abastecimento de água, planos de drenagem, iluminação das vias públicas (luzes a gás foram introduzidas em 1822) e pavimentação de estradas. Em 1822, Paris exibia apenas 267 metros de pavimento; no biênio 1824-1825, três quilômetros foram pavimentados. Os dois chefes do departamento também exerceram papel importante no que tange a melhorar os alinhamentos das casas nas ruas de Paris e em fazer cumprir os regulamentos de construção, o que possibilitava às novas edificações integrarem-se harmoniosamente com o ambiente já construído.

Rambuteau orgulhava-se tanto de plantar árvores quanto de abrir estradas; certa vez, descreveu sua missão: fornecer "ar, água e sombra" aos parisienses. Chabrol, por sua vez, certa ocasião afirmou: "A verdadeira política consiste em tornar a vida confortável e o povo feliz".[23] Ambos adotavam como parte importante do repertório de medidas de melhoramento a criação de novas estradas e ruas. Essas novas vias ofereciam a possibilidade simultânea de renovar os bairros mais pobres, melhorar a circulação e embelezar a cidade. A legislação de 1841 facilitou ao chefe do departamento a desapropriação de imóveis particulares em questões de utilidade pública (e em especial de saúde pública). Isso foi crucial na realização mais significativa – e profética – de Rambuteau nessa área, ou seja, a criação da Rue Rambuteau (1º-3º). Essa iniciativa levou à construção de uma rua reta e com treze metros de largura através de uma zona urbana densa e superpopulosa que se estendia desde a igreja de Saint-Eustache, em Les Halles, até a Rue des Francs-Bourgeois, no Marais, absorvendo uma hoste de ruas medievais minúsculas e labirínticas no caminho. Haussmann aprenderia muito com a experiência.

As ilhas fluviais (4º) também receberam atenção de Chabrol e Rambuteau. Em um estudo médico-topográfico do período da Restauração, a Île de la Cité é descrita como "um bizarro conjunto de prédios malconstruídos, espremidos uns contra os outros, escuros e úmidos".[24] Rambuteau deu o pontapé inicial no remodelamento da ilha ao criar uma nova rua, a Rue d'Arcole (1834), e prolongar uma rua existente, a Rue de Lutèce (1838). O estreito riacho que separava a Île Louviers da margem direita rio acima foi aterrado, originando o Boulevard Morland (1843). O chefe do departamento trabalhou duro para melhorar a ligação entre as margens esquerda e direita, pois a ilha parecia absorver e obstruir o trânsito em vez de facilitá-lo. Às obras de Chabrol – a Pont de Grenelle (1827), a Pont de l'Archevêché (1828) e a Pont des Invalides (1829) – ele acrescentou a Pont Louis-Philippe (1833), a Pont du Carrousel (1833-1834), uma ponte pênsil em Bercy e várias *passerelles* (pontes para pedestres).

Entre 1815 e 1848, sob as administrações de Chabrol e Rambuteau, a cidade viu a abertura de 150 novas ruas. Todavia, o projeto de integrar o coração histórico da cidade às vias de acesso e de comércio que se desenvolviam ao redor dele não foi coroado de sucesso. Na época de Napoleão, a cidade apresentava 24 mil casas; em 1848, devido aos valiosos esforços dos sucessivos chefes do departamento, tinha cerca de 31 mil. Porém, esse aumento de 30% no número de casas era pouco se comparado ao aumento da população, que virtualmente dobrara no mesmo período. Além disso, por conta da excessiva construção de residências caras para a classe média, propriedades valiosas ficavam ociosas e indisponíveis para aluguel, em especial no noroeste da cidade, enquanto a superpopulação dos bairros populares do leste alcançava níveis escandalosos. Da mesma e significativa maneira, apesar do crescimento flagrante nos níveis de carência, o orçamento da cidade destinado à assistência dos necessitados permaneceu estável ao longo dos anos 1830 e 1840, e a capacidade dos hospitais e das instituições assistenciais, relativamente igual.

Os esforços para melhorar a quantidade de casas e as condições sociais nas áreas mais populosas e empobrecidas da cidade eram dificultados pelo fato de que muitos indivíduos da classe média queriam manter distância das perigosamente crescentes hordas de pobres. Os turistas expressavam surpresa com a justaposição de extremos sociais dentro da cidade – "palácio na frente de estábulo e catedral perto de galinheiro", observou um visitante norte-americano.[25] Isso tinha raízes na espécie de "estratificação vertical" tradicional na cidade, na qual ricos e pobres coexistiam no mesmo prédio, mas em diferentes andares – os pobres no térreo e no andar superior, os ricos no primeiro e segundo andares. Entretanto, esse modelo foi substituído progressivamente por uma estratificação mais "horizontal", em que ricos e pobres viviam em partes diferentes da cidade. Como vimos, essa tendência já era bem clara no século XVIII. No século seguinte, tornou-se ainda mais acentuada. Embora ainda houvesse bons endereços no coração de Paris – por exemplo, no já um tanto fora da moda Marais –, uma mudança sutil estava em curso, atraindo a riqueza e o prestígio para a parte oeste da cidade, enquanto o leste e o centro eram mais e mais vistos como depauperados.

Guias turísticos observaram a maneira com que o cerne do dinamismo da cidade estava se deslocando em direção aos grandes bulevares do norte e noroeste, que representavam "um dos pontos da Terra", defendia o poeta Alfred de Musset, "em que o prazer do mundo se concentra".[26] Os projetos monumentais tanto da Restauração como da Monarquia de Julho, como vimos[27], abraçavam a metade oeste da cidade. Sintoma adicional dessa evolução foi o destino do Palais-Royal, do duque de Orléans, cuja mescla inebriante de comércio e sociabilidade levara Mercier a denominá-lo "a capital de Paris". O excitamento que a instituição gerara no fim do século XVIII – e, de modo fugaz, no apogeu da Revolução de 1830 – começou a enfraquecer. A proibição da prostituição (1828) e dos jogos de azar (1836) podem ter tido algo a ver com isso. A energia social agora parecia pairar ao redor das galerias. Essas instituições eram menos insalubres, mais limpas, mais elegantes e com melhor iluminação do que o Palais-Royal e ofereciam um ambiente ideal para os propósitos de lazer do *flâneur*. A proximidade com os teatros e cafés constituía aspecto importante de sua sedução. Teatros e salões populares tendiam a se localizar no Boulevard du Temple (3º), no leste. Mas a partir da Rue Saint-Martin rumo ao Boulevard Montmartre (2º), a oeste, teatros exibiam melodramas aplaudidos por ricos e abonados. Além disso, perto do encontro do Boulevard Montmartre com o Boulevard des Italiens, encontravam-se os restaurantes e cafés da moda, em especial o Café de Paris, o Tortoni (famoso por seus sorvetes de frutas), o Maison Dorée e o Café Anglais.

8.3: As galerias

As *passages* ou galerias eram os shopping centers do começo do século XIX. Elas representavam um espaço fechado com mescla de tipos sociais em busca de compras a varejo, sociabilidade e lazer. Sua inspiração era o Palais-Royal do duque de Orléans, aberto ao público em forma de empreendimento de comércio e de lazer nos anos 1780. Enquanto os prédios do Palais-Royal observavam as linhas clássicas da arquitetura pública francesa, as galerias ou arcadas, entretanto, realçavam projetos modernos. Telhados de vidro, estruturas de ferro e (a partir de 1817) iluminação a gás: de fato, a modernidade.

As galerias respondiam a uma miscelânea de necessidades sociais. A falta de pavimentação, a variabilidade do clima parisiense e os níveis de sujeira nas ruas mesmo nas partes mais favorecidas de Paris tornavam desejável um ambiente coberto para compras. E também o perigoso trânsito de uma cidade em que, como Baudelaire reclamou, “de repente a morte vem a galope não se sabe de onde”. As galerias também preenchiam a necessidade por lugares em que uma sociedade baseada em classes (em vez de posição, como no Ancien Régime) pudesse socializar-se e engajar-se em hábitos consumistas de inveja e competição. Embora em tese qualquer pessoa pudesse entrar numa galeria, as mais bem-sucedidas *passages* utilizavam lacaios suíços para expelir indivíduos sem as necessárias credenciais burguesas. Além disso, do ponto de vista dos varejistas, as galerias concentravam lojas de modo a abrir a oportunidade para compras por impulso e aquisições competitivas. Por sua vez, do ponto de vista dos empreendedores imobiliários do período pós-revolucionário, a galeria era uma alternativa mais barata do que a construção de uma rua dentro de um conjunto residencial, além de oferecer a possibilidade de aluguéis mais altos.

Embora o fim básico fosse sempre comercial, as galerias funcionavam também como locais de entretenimento das elites: além de cafés e restaurantes, tendiam a ter atrações que mesclavam ciência com entretenimento puro. A Passage des Panoramas (2º; 1800), por exemplo, no Boulevard Montmartre, tornou-se o cerne de um intricado complexo de lazer, que realmente se estendia, como sugere o nome, a panoramas e dioramas.

Outros participantes frequentes na vida das galerias eram livrarias, salas de leitura, modistas de chapéus, pâtisseries, lojas de guarda-chuvas, lojas e fábricas de brinquedos e tabacarias. "As lojas são esplêndidas e têm bom estoque", observou um guia turístico publicado em 1828, "embora um pouco caras."

O sucesso de uma galeria tendia a ser altamente localizado. Não havia quase nenhuma na comercialmente mais arriscada margem esquerda. No período da Restauração, muitas eram localizadas próximas a centros comerciais e financeiros. A Passage Véro-Dodat (1º; 1826), por exemplo, conectava a área do Palais-Royal a um importante terminal de carruagens na Rue Jean-Jacques Rousseau. De modo semelhante, a Passage du Grand Cerf (2º; 1825) situava-se nas imediações da Rue Saint-Denis e da Rue Saint Martin, e as galerias Colbert e Vivienne (2º; 1823, 1828) foram criadas logo ao sul da bolsa de valores. Durante a Monarquia de Julho, novos estabelecimentos oscilavam entre as redondezas dos grandes bulevares e a região dos teatros de Paris.

Embora a primeira galeria tivesse sido inaugurada perto do fim do século XVIII e houvesse vários acréscimos napoleônicos, o apogeu das galerias foi nas décadas de 1820 e 1830. Por volta do fim do Segundo Império, somavam 150. A essa altura, porém, o declínio já começara. Tentativas malsucedidas de abrir novas galerias conectadas à Gare Saint-Lazare na década de 1840 indicaram que seu élan comercial estava em decadência. A última a ser construída foi a Passage des Princes, no Boulevard des Italiens (2º), em 1860.

O declínio das galerias deveu-se muito a Haussmann. Como o escritor Edmond Beaurepaire observou em 1900, "nossas ruas mais largas e nossos passeios mais espaçosos facilitaram a doce *flânerie* que nossos ancestrais podiam desfrutar somente nas galerias". As galerias passaram a tocha da modernidade para os grandes magazines. Comparadas ao novo formato, as galerias pareciam sem requinte e liliputianas. A maioria das galerias fechou ou se adaptou para sobreviver por meio de uma redução nas ambições e no modus operandi. Algumas se especializaram em negócios atacadistas e no mercado de segunda-mão. Começaram a aparecer fabricantes de espartilhos e cintas para hérnia e varejistas de dentaduras usadas. Caracterizadas por uma imundície geral e odores úmidos que irritavam o escritor fascista Céline, criado na Passage Choiseul, uma das mais lúgubres, elas funcionaram (e funcionam) melhor em doses homeopáticas.

Se algumas galerias presenciaram novo sopro de vida a partir da década de 1960, isso reflete seu espaço dentro de uma indústria muito habilitada

Passage de l'Opéra, *c.* 1860-1870

a transformar nostalgia institucionalizada em lucro. Nos anos 1920, os surrealistas destacaram a mágica esvaecida das galerias. Para Aragon, "a vida original desses aquários humanos está quase extinta, mas merecem ser considerados como receptáculos de vários mitos modernos". O filósofo alemão Walter Benjamin dedicou a vida a investigar o fenômeno visto por ele como constitutivo de uma espécie de substrato vestigial do alto capitalismo em que estavam incrustadas as fantasias e os desejos populares. Os surrealistas não conseguiram impedir a demolição da adorada Passage de l'Opéra em 1925, mas a mística literária que eles concederam às galerias ajudou em seu recente contra-ataque.

Com o crescente prestígio dos setores oeste e noroeste da cidade, houve valorização dos terrenos imobiliários a uma surpreendente distância dos bulevares hiperelegantes – em especial num anel externo de terras a oeste e a norte de uma linha que ia desde Champs-Élysées até Montmartre. Nesses locais, os jovens e ambiciosos heróis dos romances de Balzac – que em geral começavam a vida em péssimos alojamentos no Quartier Latin – sonhavam morar, como prova de sucesso social. A partir dos anos 1820, os moradores elegantes dessas áreas podiam ser transportados aos bulevares em ônibus puxados por cavalos, meio de transporte ainda muito caro para as classes trabalhadoras. Por volta de 1850, havia onze companhias atuando em quarenta linhas, com cerca de cinco mil carruagens.

O desenvolvimento residencial no norte e no noroeste foi feito através de planos de parcerias do setor público com a iniciativa privada, que faziam lembrar a frenética explosão imobiliária das últimas décadas do Ancien Régime. Os projetos mais bem-sucedidos conduzidos por Chabrol e Rambuteau localizavam-se nas imediações da Chaussée d'Antin (9º), que manteve a aura elegante. No bairro morava grande parte da elite financeira da França – homens como Jacques Laffitte, Casimir Périer, Benjamin Delessert e James de Rothschild. Ali perto, a "Nova Atenas", região a leste da atual Gare Saint-Lazare, era outro caso parecido. O prospecto publicitário dos empreendedores elogiava o projeto como "um conjunto homogêneo de casas e residências, inspirado nos cânones estéticos do neoclassicismo, exibidos na simplicidade e na decoração, que mostram discreta devoção à Antiguidade".[28] A área atraiu indivíduos tanto do meio artístico como do meio político e financeiro: entre os primeiros compradores estavam George Sand e Chopin, seguidos por Alexandre Dumas, o ator Talma e os pintores Delacroix e Ary Scheffer (cuja residência é hoje o Museu da Vida Romântica). O sucesso desse projeto encorajou desenvolvimento semelhante no distrito de Saint-Georges, na paróquia da igreja de Notre-Dame-de-Lorette. A Place d'Orléans, cujo projeto baseou-se nas grandes praças britânicas, serviu de modelo para empreendimentos vizinhos, ao longo das ruas La Bruyère, Trudaine, Malesherbes, Chaptal e Pigalle. O desenvolvimento da área na direção leste, nas imediações da igreja de Saint-Vincent-de-Paul (1824; 10º) e ao longo da Rue Lafayette (9º), foi estimulado adicionalmente pela construção da Gare du Nord. Na verdade, porém, a criação da Gare Saint-Lazare inibiu a expansão do Quartier de l'Europe (8º), ao sul da Place de Chichy, que crescera nos mesmos padrões especulativos: as vias férreas romperam a unidade da área.

A exemplo do que acontecera durante o Primeiro Império, a propriedade supérflua desapropriada da Igreja durante a Revolução com frequência formava a base para a construção especulativa. Isso aconteceu no norte da cidade, mais especificamente rumo a Rue Saint-Denis nos terrenos do velho mosteiro Saint-Lazare (9º-10º) e no antigo convento das Filles-Saint-Thomas, perto da bolsa de valores (2º). Houve desenvolvimento parecido na área da antiga abadia de Saint-Martin-des-Champs (3º), por exemplo, e na propriedade outrora pertencente às irmãs enfermeiras de La Roquette (11º). Antes da Revolução, esses prédios religiosos haviam sido integrados à vida da vizinhança, de modo que a construção de casas ao redor tendeu a prosperar. Problemas podiam acontecer, porém, quando novos projetos eram abertos em áreas mais retiradas, sem a infraestrutura necessária para comportar injeções revigorantes de população. A empresa que nos anos 1820 tentou desenvolver o Quartier François I ao sul da Champs-Élysées e da Avenue Montaigne (8º), onde antes existiam lotes de horticultura, não conseguiu atrair interessados. O mesmo aconteceu inicialmente em um antigo complexo de lazer nos jardins Beaujon (8º), onde foram abertas as Rues Chateaubriand, Lord-Byron e Fortunée.[29]

A geografia social de todas essas áreas perimetrais foi transformada de modo substancial pela decisão do governo, em 1841, de construir uma nova muralha de defesa militar. O antigo muro dos Arrecadadores-Gerais, de dois metros de altura, podia evitar a entrada de contrabandistas, mas era incapaz de resistir a ataques armados – como ficara provado em 1814 e 1815. Desde a Restauração, os militares apontavam a necessidade de fortificações adequadas, mas foi necessário um aumento na temperatura da diplomacia europeia no fim dos anos 1830, devido a tensões no Oriente Médio, para colocar o assunto na pauta governamental. Mesmo assim, só com todo o empenho de Luís Filipe e de seu poderoso ministro Adolphe Thiers, a legislação passou por uma assembleia temerosa com os custos e preocupada com o aventurismo estrangeiro. A muralha Thiers trouxe tanta impopularidade para Luís Filipe quanto o antigo muro dos Arrecadadores-Gerais trouxera para Luís XVI. (Ao que parece, os cavalos dos parisienses não gostavam dele também: paravam automaticamente no antigo muro dos Arrecadadores-Gerais, como incapazes de romper os hábitos de toda uma existência equina.) A construção da nova muralha empregou 25 mil operários e foi terminada em 1846. Com cerca de 34 quilômetros de comprimento, situava-se entre um e três quilômetros dos limites externos existentes da cidade, entre o muro dos Arrecadadores-Gerais e as fronteiras do departamento do Sena. Tinha 45 portões, assim como pontos de entrada para ferrovias e canais. As construções foram proibidas numa faixa de 250 metros a partir da nova muralha, e verdes colinas desses trechos tornaram-se os locais prediletos para os piqueniques dominicais dos parisienses, estimulando o surgimento nas proximidades de estalagens, salões de baile e *guinguettes* para o mercado de lazer. Os negócios foram beneficiados pelo fato de que o anel interno da *petit banlieue* (a pequena periferia), como era chamada, ficava do lado externo do muro dos Arrecadadores-Gerais e, portanto, era isento do imposto municipal; ou seja, ali o vinho era mais barato do que na cidade.

Uma estrada pavimentada foi construída adjacente à muralha em torno de onde hoje ficam os *boulevards des maréchaux* – as estradas com nomes de marechais franceses que circundam marginalmente a cidade dentro do atual *boulevard périphérique*. Assim, era fácil movimentar-se tangenciando a borda da nova linha de defesa. A nova muralha estimulou também o desenvolvimento ao longo dessa estrada, ao redor dos portões principais e em muitas das ruas que ligavam os portões da cidade aos antigos portões de pedágio. Além da isenção do imposto, os preços dos terrenos ali eram muito inferiores aos de Paris. Isso estimulou um influxo tanto de mão de obra quanto de investimentos. As normas municipais da época visavam a eliminar substâncias nocivas das áreas residenciais da cidade; isso estava forçando muitos ramos de negócios – curtumes, indústrias químicas e similares – para fora da "pequena periferia", cuja população experimentou um rápido crescimento, de 75 mil pessoas em 1831 para 173 mil em 1856. O adensamento populacional na região externa dos limites formais da cidade (mas dentro da muralha de defesa) preparou a área para sua plena integração a Paris em 1860.[30]

Trechos da "pequena periferia" assumiram caráter fortemente operário e industrial. Isso era mais evidente talvez no setor que ia desde Montmartre (18º) até o cemitério Père-Lachaise (20º), a leste. Essa área já possuía níveis densos de residências pobres. Centros de moradia das classes operárias incluíam os bairros abaixo de Montmartre ao redor da Place des Abbesses e da Rue d'Orsel (18º), a Rue de la Goutte d'Or em direção à atual Place de la Chapelle (18º) e a cada vez mais industrializada área de La Villette. As aldeias pobres de Belleville, famosa por suas pedreiras, e Charonne, ambas agora dentro da Muralha Thiers, também testemunharam crescimento considerável.

Victor Hugo descreveu o Montparnasse e suas imediações no começo do século XIX como "esses estranhos lugares que ninguém conhece".[31] Com a criação da Gare Montparnasse (15º), entretanto, pela primeira vez a área inseriu-se na estrutura urbana. Ao sul da estação, a área da Plaisance, rumo à atual Rue Raymond Losserand, tornou-se um centro habitacional de trabalhadores ferroviários. Os bairros contíguos Thermopyles e Nouveau Village d'Orléans presenciaram um crescimento residencial semiorganizado. A leste da estação, a Rue de la Gaieté (14º) transformou-se, como o nome sugere, num centro de teatros populares, restaurantes e bares. De boa parte dessa área da margem esquerda fluía ainda um aroma rural; entretanto, essa sensação era mais intensa a oeste das aldeias de Vanves e Vaugirard (15º) e na área a sudeste de Montparnasse (14º-13º). Nos campos ao redor de Buttes-aux-Cailles (14º), eram cultivados alguns dos últimos vinhedos de Paris, enquanto na área da Glacière havia fábricas e depósitos de gelo (e locais para patinação de inverno). Mais ao sul, a leste do rio Bièvre, a zona de Petit-Gentilly era de costume enfeitada com roupa lavada secando.

Esse desenvolvimento, caracterizado pela mescla do rural com o urbano, era perceptível também nos extremos oeste e leste do anel interno da Muralha Thiers. A leste, a área desde Charonne até Bercy (11º-13º) era uma das partes menos habitadas da "pequena periferia", embora o desenvolvimento de Bercy como centro de empresas vinícolas tivesse trazido alguns novos moradores. No extremo oeste, as terras baixas e inundáveis além da École militaire em Grenelle (15º), outrora terras agrícolas relativamente desabitadas, agora começavam a ter um crescimento residencial, tanto de operários como de burgueses, nos dois lados da atual Rue du Commerce (1837). A população da área quase quadruplicou entre 1841 e 1856. Na margem oposta do Sena, as aldeias de Auteuil, Passy e Chaillot (16º) estavam se transformando em centros de confortáveis residências. Ali, e ao norte de Chaillot, em especial rumo à área de Batignolles (18º), hortas e viveiros dividiam espaço com pequenas indústrias. Em 1800, Batignolles contava com apenas um moinho de vento e praticamente nenhuma população registrada. Na década de 1820, porém, a área foi alvo de empreendimentos imobiliários que ofereciam residências para a classe média. Um influxo de trabalhadores para a indústria pesada desenvolvida nas imediações da Avenue de Clichy modificou a aparência da área. Tornou-se o posto avançado da indústria pesada na zona nordeste, com a população crescendo de seis mil habitantes em 1831 para trinta mil em 1851.

Assim, a Paris "entre Napoleões" pode ter parecido menos politicamente dramática que os regimes revolucionário e napoleônico precedentes, bem como se comparada à Paris do Segundo Império depois de 1851. Mas, na verdade, isso escondeu o extenso remodelamento da cidade e as importantes mudanças sociais em pleno vigor na primeira metade do século XIX. Além disso, o aumento populacional, causado em grande parte pela imigração, estava submetendo as estruturas existentes a pressões severas. Certos pontos do centro começavam a ser percebidos como zonas de estagnação econômica e de privação social. O problema maior, porém, era a crescente divisão entre o setor noroeste, mais rico, e a metade leste da cidade, mais densamente industrial e mais empobrecida. Paris parecia ter se tornado uma cidade de duas pistas e duas velocidades.

Essa geografia social emergente evidenciou-se de modo completo no impacto da epidemia de cólera em 1832. Não havia razão clínica para a doença não se espalhar igualmente entre a população, mas, na verdade, como observou de modo acerbo o jornalista Jules Janin, o cólera demonstrou-se uma aflição eminentemente dos pobres, "os primeiros a morrer em abandono, e cuja morte desmentia, com sangue e em essência, as doutrinas de igualdade com as quais nos entretivemos por meio século".[32] No decurso do ano de 1832, de fato, a taxa de mortalidade devido ao cólera entre os mais ricos locadores de imóveis e proprietários de terras caiu (principalmente porque eles conseguiam se proteger por fuga e reclusão), enquanto a mortalidade entre os trabalhadores diaristas dobrou. Áreas pobres, com ruelas estreitas e espremidas, chafurdadas na imundície, eram por consequência mais gravemente atingidas que a área noroeste e mais rica da cidade. "O cólera", anunciava uma placa erguida no Faubourg Saint-Antoine, "é uma invenção da burguesia e do governo para fazer o povo passar fome."[33]

Apesar de socialmente seletivo, o terrível (e terrivelmente rápido) resultado da epidemia de cólera perturbou a elite social de modo severo. Pois a ameaça real de um contágio pouco compreendido parecia rondar tanto as casas ricas quanto as pobres. O caráter hídrico da doença foi identificado muito mais tarde, e a presença da epidemia era normalmente ligada a maus cheiros. Alimentou um sentimento assustador no seio da burguesia de que toda a cidade se tornara patológica. Nos anos 1780, o *Tableau de Paris* de Mercier discorrera de modo prolixo e minucioso sobre os ambientes patogênicos da cidade no fim do século XVIII. Mas, depois disso, o denso influxo de mão de obra adulta impôs pressão adicional às estruturas da vida rotineira. Por exemplo, uma das experiências mais surpreendentes registradas pelos turistas no começo do século XIX era a gama de extremos sensoriais aos quais os visitantes eram expostos. Nesse contexto, nenhuma sensação pura parecia possível. O brilho ofuscante das vitrines e das galerias contrastava com o ataque aéreo de penicos sendo esvaziados e com os atos de "nojo bestial" que Fanny Trollope reclamou ter testemunhado nas ruas (ela se referia a urinação e defecação eventuais).[34] De modo parecido, o agradável burburinho dos cafés e dos salões contrastava radicalmente com o atordoante barulho das ruas. O perfume dos interiores burgueses não conseguia resistir ao completo fedor da cidade. Quando soprava o vento leste, o repugnante mau cheiro dos resíduos despejados em Montfaucon penetrava no coração da cidade.

A taxa de mortalidade da cidade era mais elevada do que no resto do país – e do que nas grandes cidades contemporâneas, como Londres. Um terço de todos os nascimentos eram ilegítimos, e cerca de um décimo dos recém-nascidos era abandonado no hospital dos enjeitados. Uma vez na instituição, 60% das crianças abandonadas morriam antes de completar um ano. Um sexto de todos os suicídios da França aconteciam no departamento do Sena. Ali, gastava-se com assistência social o dobro do que no resto da França. Os imigrantes que chegavam à cidade descobriam que, apesar das atrações óbvias de Paris, suas ruas não eram pavimentadas com ouro. Na verdade, em meados do século, talvez um em cada dez parisienses dependia da caridade ou da assistência social, e três em cada quatro óbitos produziam funerais despojados. Todos os dados demográficos também eram socialmente enviesados. Entre os jovens imigrantes homens, na zona leste da cidade, as taxas de mortalidade eram absurdamente altas. Esses bairros da zona leste, bem como outros bairros pobres no centro, registravam mais nascimentos ilegítimos, mais crianças abandonadas e níveis bem mais altos de assistência social. Eram também centros de vício e de crime. Os bordéis elegantes situavam-se na abastada zona noroeste, mas os prostíbulos frequentados pela classe operária ficavam na zona leste – numa escala substancial, levando em conta o desequilíbrio de gêneros na população adulta. Ali também o submundo do crime parecia prosperar, em especial nos faubourgs Saint-Victor e Saint-Marcel, no sudeste, onde quase todos os índices de privação, crime e patologia social (mendicância, roubo, infanticídio, insanidade, suicídio etc.) eram mais elevados.

A análise cuidadosa das estatísticas criminais levou muitos historiadores a considerarem exagerada a reputação de Paris de ter níveis patológicos de vício e de criminalidade.[35] Mas isso não importa, o que contava era a percepção dos contemporâneos: as classes trabalhadoras eram equiparadas às *classes dangereuses* ou "classes perigosas". O crime e o vício oriundo das pessoas pobres eram percebidos como doenças sociais capazes de bloquear o caminho da cidade para a modernidade, a exemplo do que a epidemia de cólera ameaçara fazer em 1832. Os romancistas mais bem-vendidos da época tiveram atuação crucial na transmissão dessa mensagem à burguesia urbana, dramatizando os "fatos" revelados por investigação social de modo a deixá-los mais palatáveis. O resumo de Balzac do enredo urbano subliminar era de uma concisão brutal: em Paris "a vida pode ser considerada um eterno conflito entre ricos e pobres".[36] Os 65 volumes de sua *Comédia humana* (primeira edição em 1842) forneceram significativa visão panorâmica da sociedade parisiense ao girarem em torno desse tema, baseando-se copiosamente no trabalho dos investigadores sociais. Igualmente, a obra *Mystères de Paris* (1842-1843), de Eugène Sue, pretendia atrair os leitores para a sombria realidade classista sob a superfície resplandecente da cidade – e no processo usou a investigação sobre a prostituição parisiense realizada por Parent-Duchâtelet, a obra de Frégier sobre os operários urbanos e o estudo de Villermé sobre os problemas da saúde pública. Novamente, no clássico relato sobre as classes desprivilegiadas parisienses, *Os miseráveis* (1862), de Victor Hugo, as passagens memoráveis nos esgotos parisienses tiveram como inspiração a erudita pesquisa de Parent-Duchâtelet sobre o assunto.[37]

Os problemas no setor da saúde pública e as questões de crime e vício parisienses teriam sido boa fonte de melodrama mesmo sem os romancistas. Mas o modo como os romancistas narravam o infortúnio social lhes deu imensa visibilidade cultural. Para Balzac, a manchete de jornal "Ontem às quatro horas uma jovem se atirou no Sena da Pont des Arts" representava o tipo de *fait divers* "perante o qual drama e ficção empalidecem-se na comparação".[38] No entanto, a ficção de Balzac deliberadamente usava "fatos" sociais como matéria-prima para os enredos – o que lhe possibilitou alegar que seus romances eram documentos quase etnográficos e com validade científica. Na sua visão, compartilhada por muitos contemporâneos, os habitantes empobrecidos da cidade formavam uma raça de selvagens ou bárbaros, sujeita a certa condição degenerativa: "um povo horrível de enxergar", era sua expressão em *A menina dos olhos de ouro* (1834). Seus rostos – "abatidos, amarelados, castigados pelas intempéries, (...) contorcidos, desfigurados" – eram "mais máscaras do que rostos, máscaras de fraqueza, máscaras de força, máscaras de desdita, máscaras de prazer, máscaras de hipocrisia".[39] Conceito parecido ficou evidenciado em *Os moicanos de Paris* (1854), de Alexandre Dumas, em que o romancista trouxe o olhar do antropologista dos índios norte-americanos ao mundo parisiense de vício e de crime. As cavernas e catacumbas subterrâneas de Paris eram cenário ocasional de muito desse tipo de ficção – o subterrâneo era um meio ambiente sociocultural adequadamente apocalíptico para as novas e perigosas classes desprivilegiadas. Em linhas gerais, entretanto, esses romances tinham como cenário os faubourgs dos trabalhadores. Esses eram vistos – de novo as palavras são de Balzac, no romance *Facino cane* (1836) – na forma de muitas "escolas de revolução, que contêm heróis, inventores, sábios por experiência, biltres, tratantes, virtudes e vícios, tudo junto comprimido pela pobreza, sufocados pela carência, afogados na bebida, destruídos pelo álcool".[40]

A ideia de que os faubourgs incentivaram tanto o radicalismo e a anarquia em potencial quanto o vício e o crime tornou-se mais firmemente entrincheirada à medida que a Monarquia de Julho prosseguia. O governo, ligado a uma rígida filosofia social de laissez-faire, falhava de modo evidente em encontrar reparação adequada aos problemas sociais conectados à capital. Essa era certamente a mensagem dos radicais franceses, exilados políticos internacionais e jornalistas correspondentes, cujas críticas tornavam-se cada vez mais virulentas durante os 1840. Mas, mesmo aos olhos dos críticos conservadores do regime, a luta de classes na cidade tornava-se mais do que uma simples picuinha política. Em janeiro de 1848, Alexis de Tocqueville disse aos colegas na Câmara dos Deputados que "estamos dormindo sobre um vulcão" e profetizou "as mais formidáveis revoluções".[41]

Como esperado, no mesmo ano, o vulcão entrou em erupção – em forma de uma nova revolução política. A conjunção da crise política arquitetada pelos oponentes do regime, as dificuldades econômicas desencadeadas por quebras nas safras agrícolas e a retração no ciclo de negócios produziu uma revolta em fevereiro de 1848, com barricadas surgindo novamente pela cidade. O rei abdicou com pressa quase indecente, correndo aos portos do Canal da Mancha para refugiar-se na Inglaterra. Mérimée corretamente concluiu que os orleanistas haviam "destruído a monarquia na França".[42] De fato, Luís Filipe seria o último rei dos franceses. O Hôtel de Ville de Paris novamente teve o destino da França nas mãos – e dessa vez arrojou-se numa república, que de imediato introduziu uma legislação liberal e humanista, adotando o sufrágio universal para os homens, abolindo a escravatura nas colônias francesas, fixando a jornada de trabalho em dez horas e criando oficinas nacionais para gerar emprego aos famintos e desempregados.

Porém, as sementes da destruição da Segunda República foram lançadas sem demora. Exatamente como ocorrera em 1794, a burguesia afastou-se dos radicais do movimento popular tão logo percebeu que as energias populares estavam piorando os problemas. Então, o governo provisório atiçou os radicais parisienses, fechando as oficinas nacionais e levando os descendentes dos sans-culottes ao protesto nas barricadas. O radical Auguste Blanqui avisara que "um Massacre de São Bartolomeu de proletários" estava prestes a estourar.[43] E nos "Dias de Junho" de 1848, o regime brutalmente esmagou a oposição radical nas ruas dos faubourgs parisienses. Apesar da aparente unanimidade da Revolução de Fevereiro, agora a divisão social se instalara no coração da nova república. O resultado: cerca de quatro mil civis mortos (houve mais de mil baixas entre os militares) e onze mil presos. Na limpeza subsequente, mais de quatro mil rebeldes foram deportados para a Argélia.

A Revolução de Fevereiro de 1848 presenciara a militância de rua parisiense – como em 1789, 1792-1793 e 1830 – guiando o governo francês. Os Dias de Junho reverteram a tendência. De fato, as eleições em abril de 1848 já haviam minado as pretensões da capital de representar a nação, com o retorno de substancial maioria conservadora. Em dezembro de 1848, o povo da França elegeu presidente Luís Napoleão Bonaparte, casualmente humilhando os políticos parisienses que tinham feito nome no decurso da Revolução. O sufrágio universal masculino dera voz à França agrícola – e essa voz elegeu um homem imaculado pelos políticos parisienses, sobrinho do homem responsável, no prisma dos campônios, por distribuir terras no Primeiro Império e restaurar o catolicismo. Embora a elite política tendesse a desconsiderar o novo Bonaparte, quem riu por último foi ele. Além disso, o Segundo Império, por ele inaugurado em 1852, tornaria Paris novamente o centro de seus projetos; mas não seria a Paris da modernidade revolucionária e sim a cidade da transformação urbana e dos novos estilos de vida.

9

O Haussmannismo e a cidade da modernidade 1851-1889

A volta de um Bonaparte ao poder em 1848 suscitou uma reprise dos temas imperiais e da escala grandiosa de operações que Napoleão I projetara para a capital de seu império europeu. Mesmo enquanto ainda era presidente da República, Luís Bonaparte (que, em 1852, tornar-se-ia o imperador Napoleão III)[1] já planejava a revitalização da capital da nação. Reza a lenda que, ao chegar na Gare du Nord em 1848, ele trazia enrolado embaixo do braço um mapa com os futuros bulevares desenhados a lápis de cor. A tomada do poder executivo por Luís Bonaparte em 1851-1852, além de provocar oposição generalizada nas ruas de Paris, aumentou os recursos à sua disposição e impulsionou suas ambições. O período até a queda do Segundo Império, em 1870, e a criação da Terceira República (1870-1940) seria caracterizado pelo talvez mais ambicioso e mais extenso programa de renovação urbana da história ocidental. Disso resultou uma Paris na virada do século com novos limites, nova configuração e, sob certos aspectos, nova identidade: a cidade da modernidade.

O Segundo Império inovou não por construir ao lado e fora do velho centro, mas sim por situar, quase pela primeira vez, a inovação no próprio cerne da cidade, no coração da radical sans-culotterie que se opusera à ascensão de Luís Bonaparte ao poder e de fato se manifestara contra seu *coup d'état* de 1851. Talvez o aspecto mais surpreendente da transformação fosse o novo e mais plenamente integrado sistema de vias amplas e retas que trespassou o antigo tecido daquele então já chamado de *le Vieux Paris.* Outras incluíam a priorização da circulação, a harmonização entre os monumentos e os meios de transporte, a provisão de espaço verde e a articulação de uma infraestrutura capaz de comportar uma região mais ampla e densamente ocupada. A área da capital subiu de menos de 3.500 hectares para em torno de 8.000 hectares na década de 1860; a população aumentou de aproximadamente um milhão na queda da Segunda República em 1851 para 1,9 milhões em 1872, 2,4 milhões em 1891 e cerca de três milhões na época da Primeira Guerra Mundial.

A influência pessoal de Napoleão III sobre sua proclamada missão de renovação não deve ser subestimada. Entretanto, é difícil desconectar suas atividades do papel exercido pelo barão Georges-Eugène Haussmann, nomeado chefe do departamento do Sena por Napoleão III em 1853. Haussmann permaneceu

no cargo até poucos meses antes da queda do próprio Napoleão. A perda de documentos vitais, especialmente devido à intensa onda de incêndios criminosos ocorrida após o ignominioso término do Segundo Império, em 1871, torna impossível uma avaliação exata da responsabilidade de cada um – assim como a tendência de autopromoção lisonjeira de Napoleão III e a propensão retórica de Haussmann em destacar seu próprio papel de mero "instrumento" e "servo" de seu "mestre".[2] Na época, os contemporâneos creditaram mais méritos a Haussmann, em parte porque achavam difícil de imaginar que um homem como Napoleão pudesse ter influência profunda numa cidade que ele parecia conhecer tão pouco. Antes de 1848, ele nunca residira em Paris, exceto quando bebê ou na condição de turista passageiro; já imperador, em certas ocasiões se perdia mesmo numa simples caminhada. Haussmann, o "Átila da Alsácia", ao contrário, passara uma infância feliz na capital antes de sua família mudar-se para o leste da França. Além disso, o nome Haussmann persistiu. O nome Bonaparte foi execrado durante a Terceira República, de modo que não o Napoleonismo, mas sim o Haussmannismo, ganhou reconhecimento como a influência – influência permanente – sobre o remodelamento da capital.

Talvez o fator que mais distinguisse a já chamada pelos contemporâneos de haussmannização dos processos precedentes de desenvolvimento urbano fosse a visão unitária e holística que a sustentava – mesmo que essa visão unitária fosse obra de dois homens. Poucos elementos dessa visão eram novos. Afinal de contas, a cidade fora usada como local de poder dinástico desde os romanos. A rua urbana em linha reta havia sido altamente valorizada durante o Renascimento. Os bulevares existiam desde a época de Luís XIV. No governo de Luís XVI, houve movimentos para ampliar os perímetros da cidade por édito real. Napoleão I preocupara-se com a infraestrutura da cidade e procurara realçar monumentos prestigiosos na paisagem urbana. Além disso, muitos detalhes da renovação urbana associados à noção de Haussmannismo já haviam sido colocados em prática por dois chefes do departamento do Sena: Chabrol e Rambuteau. Este último, em especial, divisara o método de renovar bairros decadentes por meio da criação de novas ruas.

Porém, foi durante o Segundo Império que essas características existentes de transformação urbana foram amalgamadas num programa de renovação urbana que cobria todas as funções executadas pela cidade. Enquanto Rambuteau e Chabrol abstiveram-se da ideia de qualquer *plan d'ensemble*, Haussmann e Napoleão III glorificaram-se com ele. Para eles, a cidade moderna era um organismo que precisava ser analisado de acordo com um exame estritamente utilitário das funções urbanas. Napoleão e Haussmann consideravam-se clínicos urbanistas cuja tarefa era assegurar a nutrição de Paris, regular e agilizar a circulação nas artérias (isto é, nas ruas), fortalecer seus pulmões de modo a deixá-la respirar (em especial, por meio de espaços verdes) e garantir que os resíduos fossem higiênica e eficientemente utilizados. Com orgulho, Napoleão exibiu ao mundo todos esses aspectos da nova Paris nas exposições internacionais promovidas na cidade em 1855 e 1867. Como esperado, o mundo maravilhou-se.[3]

No passado, Paris com frequência era vista como uma cidade grande cuja grandeza podia ser registrada nos vestígios deixados pelo tempo em sua face. Essa equação entre grandeza e registro monumental já se erodira ao longo do século XVIII, sob a pressão de abordagens mais utilitárias.[4] Embora Napoleão III acentuasse as conexões de seu regime tanto com o império romano quanto com o napoleônico, a própria história de Paris desempenhava papel muito pequeno em sua visão para a cidade. De modo semelhante, apesar de Napoleão referir-se a seus projetos como "embelezamentos", Haussmann, por sua vez, admitia pensar essencialmente em melhorar "a segurança, a circulação e a salubridade" de Paris.[5] Nenhum dos dois demonstrava muita apreciação nostálgica ou estética em relação ao ambiente da velha cidade. Haussmann, é verdade, encomendou ao fotógrafo Charles Marville e ao pintor de aquarelas Davioud retratos "antes e depois" das áreas transformadas por seus projetos – mas a ênfase era menos na nostalgia por um mundo perdido do que na sensação de conforto por consignar o fato à história.

A história era notável apenas por não constar na lista das características centrais do programa de haussmannização realçado por Napoleão ao conselho municipal em 1858. Sua visão incluía

> artérias importantes sendo abertas, áreas populosas tornando-se mais saudáveis, o preço dos aluguéis baixando como resultado de cada vez mais construções, a classe trabalhadora melhorando de vida por fruto do próprio trabalho, a pobreza diminuindo por conta da melhor organização assistencial e Paris respondendo a seu chamado mais nobre.[6]

O "chamado mais nobre" que Napoleão III, desse modo um tanto messiânico, planejava para Paris era a metamorfose de uma cidade enferma na capital do mundo, a luz esplendorosa da era moderna. Como em todas as missões desse tipo, o projeto de renovação destacava o estado precário de Paris antes do seu advento. Com veemência, o economista político Victor Considérant descreveu Paris em 1848 como "uma enorme fábrica de putrefação em que a pobreza, a peste (...) e a doença trabalham coordenadas e onde raramente bate a luz do sol. Buraco infame onde as plantas murcham e perecem e quatro em cada sete crianças morrem antes de completar um ano."[7] Mais tarde, o escritor Maxime du Camp concordou:

> Após a Revolução de 1848, Paris estava quase se tornando inabitável. A população [estava] sufocando nas ruas minúsculas, estreitas, pútridas e emaranhadas em que havia sido despejada. Como resultado dessa situação, tudo padecia: a higiene, a segurança, o ritmo de circulação e a moralidade pública.[8]

Até certo ponto, esses veredictos condenatórios sobre a condição de Paris em meados do século são exageros que acentuaram a realização do Segundo Império. Na metade do século, Paris obviamente enfrentava muitos e importantes problemas sociais. Porém, apesar dos profetas do Apocalipse, ela continuava sendo a maior cidade industrial do mundo, era um importante centro financeiro, tinha uma força de trabalho jovem e dinâmica, colocara em funcionamento uma infraestrutura ferroviária e estava começando a obra de reinventar-se como cidade moderna. As críticas à Paris pré-Haussmann, entretanto, contêm uma parcela essencial da verdade: ou seja, que em meados do século a cidade era vista amplamente como um lugar perigoso, insalubre e frustrantemente difícil de morar. Em outras palavras, havia uma enorme ansiedade partindo do âmago da comunidade urbana por uma cidade melhor para se viver. Isso não significa que se ele não tivesse existido, os parisienses teriam inventado Haussmann. Mas significa, sim, que o Haussmannismo já estava no ar.

Mesmo antes de Haussmann ser indicado chefe do departamento do Sena, uma Comissão para o Embelezamento de Paris, criada pelo império, já começara a vislumbrar planos para a renovação da cidade, que, em muitos detalhes, antecipavam o programa de Haussmann. Na mesma época, o ministro do Interior Persigny estava desenvolvendo ideias semelhantes.[9] Esses precursores podem ter tido uma visão cintilante da cidade moderna; entretanto, não tinham o poder político, financeiro e administrativo para dar vida à essa visão. Isso Napoleão e Haussmann foram capazes de fornecer – mas somente de 1853 em diante. Por exemplo, os planos de renovação que Napoleão testou enquanto era apenas presidente da República não obtiveram tanto impacto. O predecessor de Haussmann como chefe do departamento do Sena, Jean-Jacques Berger, considerava muito alto o custo dos planos de Napoleão: "Com certeza não vou me envolver", observou ele, em particular, "na ruína financeira da cidade".[10] Ele viria a ser uma perene pedra no sapato. Entretanto, com a tomada de Paris por Napoleão no *coup d'état* de dezembro de 1851 e sua declaração de império em novembro de 1852, a balança do poder pendeu para o lado de Napoleão. Em Haussmann, designado em junho de 1853 ao cargo de Berger, Napoleão encontrou um enérgico e engajado estabilizador político, ao mesmo tempo mais receptivo a suas ideias e mais do que contente em jogar queda de braço com o conselho municipal – cujos membros de todo jeito ele próprio indicara – e convencer o conselho a acatar os desejos de seu mestre.

As ruas e os bulevares de Haussmann exibiam o mesmo tipo de autoritarismo despreocupado de sua conduta política. Esse "artista da demolição"[11], como ele jocosamente se autodenominava, desviou-se dos antigos métodos gradativos de melhoramento, por meio de alinhamento das ruas existentes e, em vez disso, adotou o método usado com pioneirismo por Rambuteau, que consistia em direcionar novas ruas através dos bairros existentes. Era, opinou ele, "mais fácil cortar a torta ao meio do que romper sua crosta".[12] Além do mais, essa carnificina urbana foi facilitada por normas introduzidas em 1848 e confirmadas em 1852 que aumentavam o poder do chefe do departamento nos projetos de construção de ruas. As normas de 1841, projetadas originalmente para facilitar o desenvolvimento das ferrovias e usadas por Rambuteau em seu projeto de urbanização, permitiam a expropriação para fins de utilidade pública se a propriedade situava-se exatamente no caminho de uma rua nova. O decreto de 1852 estabelecia que as propriedades adjacentes à rua e afetadas pelos planos também estariam sujeitas à compra compulsória e seriam disponibilizadas para o desenvolvimento. Isso permitiu a substituição quase cirúrgica de conformações residenciais e viárias caóticas por ruas retilíneas. Também permitiu a construção de novos edifícios em substituição àqueles demolidos. De modo característico, as operações tornaram-se autofinanciadas, pois os geralmente insalubres prédios velhos eram vendidos a baixo custo para empreendedores urbanos que os substituíam por propriedades atraentes e prestigiosas, que podiam ser vendidas ou senão alugadas para fins residenciais ou comerciais. Isso possibilitou a acumulação de capital, que podia ser investido em mais construções especulativas, tendência favorecida também pelo surgimento nessa época de um moderno setor bancário.

Para as pessoas envolvidas nesse carrossel de desenvolvimento imobiliário, Haussmann parecia ter inventado uma espécie de círculo virtuoso que conjugava as energias privadas e públicas de modo a construir novas casas, fornecer emprego em massa (no auge das melhorias de Haussmann, 20% da força de trabalho parisiense pertencia à construção civil), realizar marcante contribuição à saúde pública, embelezar a cidade e, por fim, suprir a burguesia financeira com lucros polpudos. A noção de "chamado mais nobre" que Napoleão e Haussmann tinham sobre a Paris modernizada, além disso, baseava-se no cálculo otimista de que o crescimento urbano se autofinanciaria no longo prazo. Muitos pessimistas financeiros – entre eles Berger, o ex-chefe do departamento do Sena – argumentavam que a cidade simplesmente não poderia arcar com as despesas de novas construções na escala desejada por Haussmann. Mas esse era o ponto de vista de finanças equilibradas. Haussmann inseriu nos cálculos a suposição de que o "gasto produtivo" – na prática, o financiamento

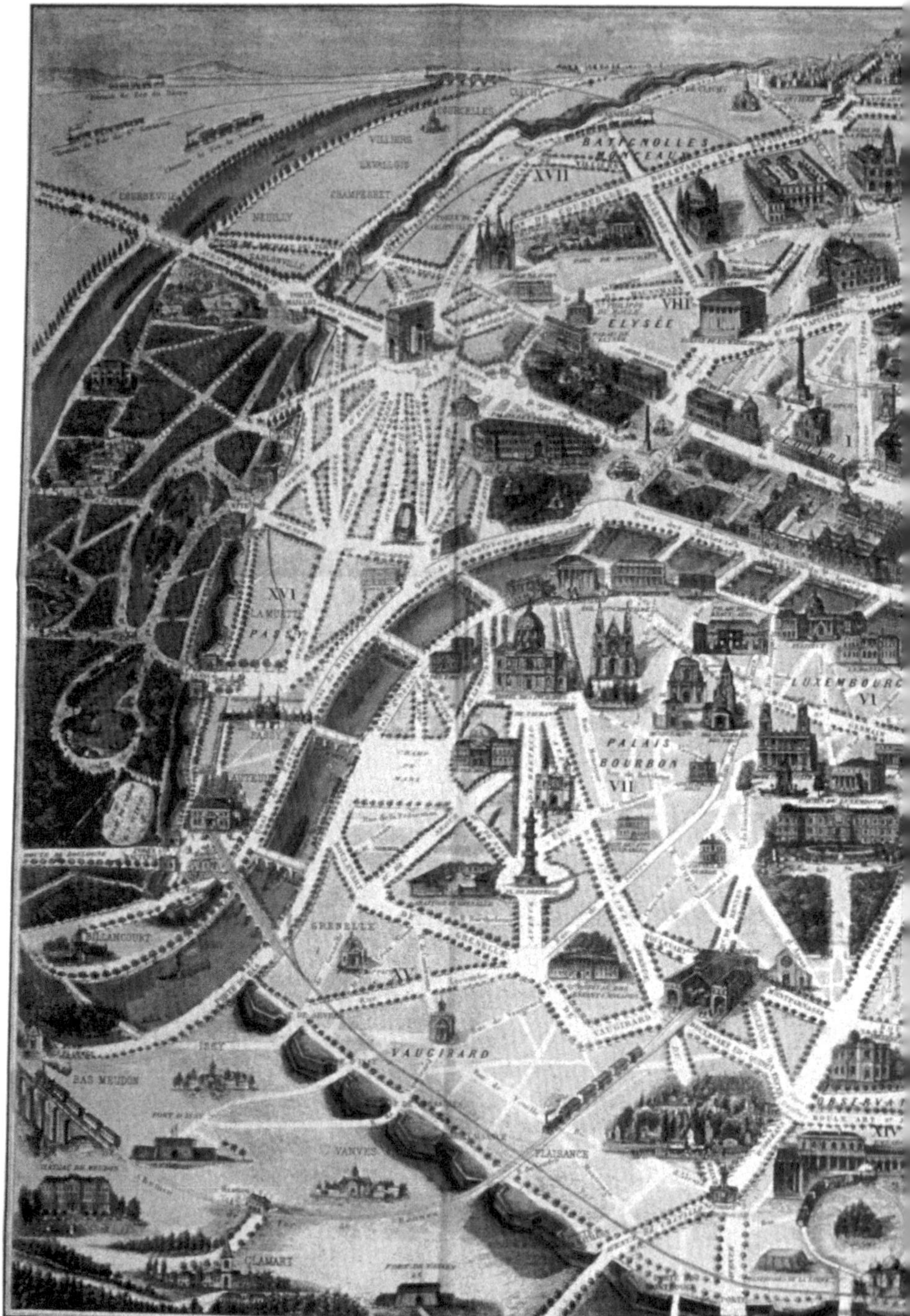
BATIGNOLLES
XVII
VIII
ELYSÉE
XVI
LUXEMBOURG
VI
PALAIS
BOURBON
VII
GRENELLE
XV
VAUGIRARD
ISSY
BAS MEUDON
VANVES
PLAISANCE
CLAMART
XIV

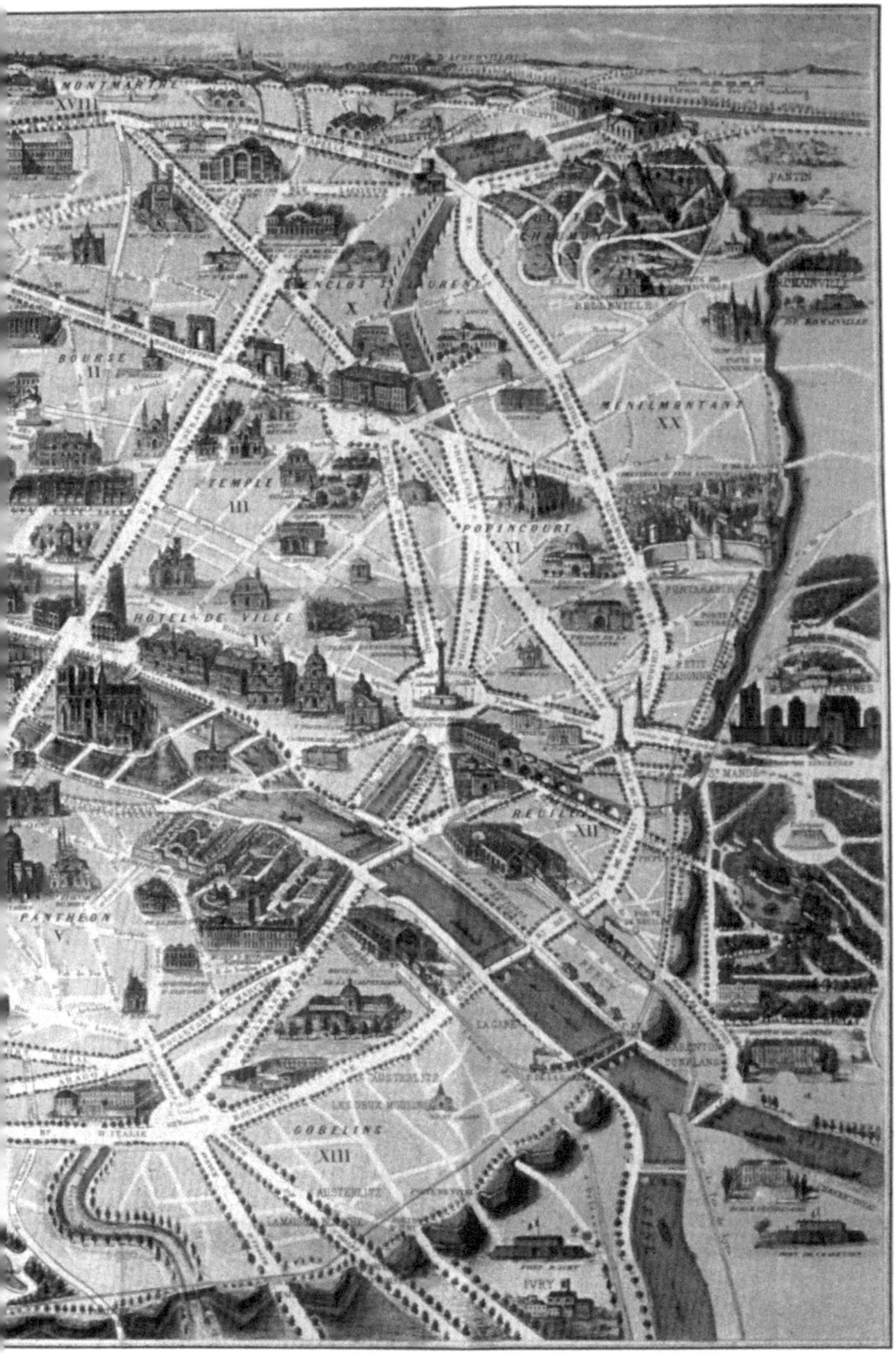

Mapa da Paris de Haussmann

de dívidas – tornaria a cidade maior, mais rica e mais atraente. Ao desenvolver Paris como uma cidade cosmopolita cujos habitantes tinham mais dinheiro no bolso, com grande número de turistas querendo visitá-la, seria muito fácil drenar parte dessa riqueza adicional, especialmente na forma de impostos indiretos sobre o consumo (o maior item no orçamento da cidade). Nessa lógica desenvolvimentista, o governo renovou Paris por uma pechincha, comparativamente falando: o tesouro estatal arcou com apenas cerca de 10% dos custos totais das obras públicas realizadas nessas duas décadas. Praticamente todo o restante do dinheiro veio de empréstimos, para os quais Haussmann conseguia permissões junto às autoridades municipais por meio de uma combinação de uso do poder, jogo de cintura e otimismo contábil.

Em linhas gerais, a reconstrução de Paris por Napoleão III e Haussmann durante as décadas de 1850 e 1860 aconteceu de dentro para fora. Inicialmente, o objetivo principal era renovar o centro da velha cidade conforme o projeto imaginado pelo imperador. O foco inicial de trabalho era a imposição de um importante cruzamento – a assim chamada *grande croisée* – no cerne da velha Paris, trazendo assim os efeitos benéficos da circulação para o seu próprio coração. A Rue Rivoli (1º) de Napoleão I era uma conexão essencial no importante eixo viário leste–oeste, começando no Arco do Triunfo, na Champs-Élysées, e prosseguindo através e além da Place de la Bastille. A ideia era que a rua seguisse o limite norte do Louvre e das Tulherias. Quando Napoleão III ascendeu ao poder, a rua estava apenas parcialmente aberta, desde a Place de la Concorde descendo até o Palais-Royal. A Rue de Rivoli então foi estendida bem além da fachada leste do Louvre, descendo em direção à Rue de Sévigné (4º), no Marais, onde unia-se à Rue Saint-Antoine em direção à Place de la Bastille. A extensão da Rue de Rivoli e a relacionada demolição de casas entre os palácios do Louvre e das Tulherias ocorreram às custas de duas dezenas de ruelas de nome venerável na história parisiense (Rue de la Tixanderie, Rue de la Heaumerie etc.). "Removam estas verrugas do meu rosto", praguejava Haussmann ao ser confrontado com essa demolição historicamente sensível.[13]

A extensão da Rue de Rivoli também envolvia o remodelamento da Place du Châtelet, o centro do cruzamento. Erigiram-se dois teatros importantes em um local expandido. A Place du Palais-Royal e a Place de l'Hôtel-de-Ville receberam tratamento semelhante – na verdade esta última teve seu tamanho quadruplicado. Sempre fora um centro histórico de socialização urbana: agora se transformara em uma mistura de cruzamento e espaço vazio, a partir de onde se podia ter uma bela vista da prefeitura. Além disso, ao longo da Rue de Rivoli entre o Châtelet e o Hôtel de Ville, a torre medieval da igreja de Saint-Jacques-de-la-Boucherie (4º) foi modernizada (de modo um tanto anacrônico na verdade) ao centro de uma pequena praça ajardinada. Assim, como resultado das extensas terraplanagens ao longo da Rue de Rivoli, a entrada da torre ficou vários metros acima de seu nível histórico.

Assim, Haussmann desenvolvera uma receita urbana pessoalíssima ao abordar a extensão da Rue de Rivoli: ruas amplas para promover melhor circulação e trazer mais ar e luz; o nivelamento das saliências arquitetônicas; papel essencial conferido a praças amplas e livres; impiedosa demolição de tudo o que estivesse em seu caminho; insensibilidade aos clamores da história; e (um pouco limitada) atenção a áreas verdes. Em linhas gerais, essa fórmula foi reproduzida no melhoramento dos bulevares Sébastopol, de Strasbourg e Saint-Michel, que formariam o eixo norte–sul entrecortando a Rue de Rivoli na altura da Place du Châtelet para formar a *grande croisée*. A exemplo dos planos de extensão da Rue de Rivoli, a ideia da criação do Boulevard Sébastopol chegara a Paris na valise de Luís Bonaparte. Irredutível quanto à necessidade do bulevar, ele ignorou os críticos que argumentaram que Paris possuía artérias norte–sul perfeitamente funcionais, ou seja, as Rues Saint-Denis e Saint-Martin na margem direita e a Rue Saint-Jacques na Esquerda. Porém, só com a extensão do Boulevard Sébastopol poderia ser traçada uma linha direta entre a junção da Place du Châtelet e uma importante estação ferroviária, a Gare de l'Est. Esse tipo de conexão era outro ponto cardeal da estratégia haussmanniana. A completa remodelagem dos densamente habitados bairros da margem direita foi também acentuada com a criação de três transversais ligando a Rue Saint-Denis e a Rue Saint-Martin: a Rue Étienne-Marcel (desvelando de modo acidental a velha Tour Jean Sans Peur, quase submersa no meio da sobrecarga de construções pós-medievais), uma extensão da Rue Réaumur e a nova Rue de Turbigo (nome de uma das raras batalhas vitoriosas de Napoleão III).[14]

A criação do Boulevard Saint-Michel (5º-6º) na margem esquerda alcançou o braço sul da *grande croisée* – na verdade, ao ser aberto em 1855, o seu nome era Boulevard de Sébastopol-Rive-Gauche. O bulevar abriu à apreciação pública os banhos romanos; na realidade seu desenho era bem parecido com o de uma rua romana. Atraiu o tráfego da medieval Rue de la Harpe, que corria paralela a ele e que um contemporâneo descrevera como caracterizada por "lama e miséria, bares escuros e restaurantes barulhentos".[15] (Então a rua caiu no esquecimento, sendo apenas redescoberta por restauradores gregos nos anos 1950.) O impacto do novo bulevar no bairro amplificou-se pela criação, a partir de 1855, do Boulevard Saint-Germain (5º-6º-7º), espécie de Rue de Rivoli da margem esquerda, que facilitou a circulação no sentido oeste-leste.

Assim, enquanto a *croisée* era criada, Haussmann tratava de moldar outra parte da Paris central, mais exatamente a Île de la Cité, de acordo com a nova imagem de Paris. Apesar dos melhores esforços de Rambuteau, a mobilidade e a circulação pareciam antíteses do que a Cité se tornara. Mas, por volta dos 1870, quase numa só tacada, Haussmann convertera a Cité de zona residencial superpopulosa em centro administrativo, com a população despencando de quinze mil para cinco mil pessoas. Na prática houve a remoção de todas as residências particulares, à exceção de poucas centenas de metros de casas velhas no noroeste da ilha. A catedral de Notre-Dame e o Palais de Justice (com a Sainte-Chapelle) permaneceram intactos, mas sem prédios circundantes. O hospital Hôtel-Dieu, estendendo-se rumo à margem esquerda, foi demolido, e a instituição, remanejada a um novo prédio no outro lado do Parvis de Notre-Dame (que passara por vasta ampliação), onde antes existiam casebres. Esse lado esquerdo da catedral – naquele momento passando por restauração rigorosa pelo apaixonado por construções medievais Viollet-le-Duc – parecia sinistramente isolado. Agora, no centro da ilha, localizavam-se os tribunais comerciais (o Tribunal do Comércio) e o quartel-general da Polícia, a Préfecture de Police. Haussmann obtivera sucesso ao fazer da Île de la Cité um corredor entre a margem esquerda e a direita: poucos em seu juízo perfeito dali em diante escolheriam demorar-se por ali, a não ser nos cais ou na catedral.

As mudanças não se limitariam às zonas centrais: os planos de melhorias de Haussmann estendiam-se até os limites da cidade e incluíam, em particular, as estações ferroviárias. Ele não era o único a considerar as gares os novos portais da cidade, o que envolvia repensar o espaço urbano. O objetivo dele, por consequência, era estabelecer uma estrutura de circulação que encaixasse perfeitamente no novo plano das ruas de Paris e com os sistemas viários e ferroviários nacionais. De qualquer forma, esses dois sistemas eram altamente (para ser franco, excessivamente) pariscêntricos em sua orientação. Cada terminal recebeu tratamento digno de monumento, com frequência utilizando materiais modernos em vidro e em ferro. As estações foram ampliadas de modo a satisfazer a demanda crescente de passageiros. Muitas delas também passaram por intensa e maciça decoração – como a Gare du Nord, reconstruída no começo da década de 1860 por Jean-Jacques Hittorff, um dos muitos talentosos arquitetos da época. Além disso, as estações foram brindadas com espaçosas vias de acesso para garantir o seu destaque. Construir uma linha reta seguindo os bulevares de Strasbourg e Sébastopol rumo à Gare de l'Est exigiu a mutilação das igrejas medievais de Saint-Leu-Saint-Gilles e de Saint-Laurent, esta última entre os locais eclesiásticos mais antigos da cidade. Para Haussmann, as linhas retas e as funções urbanas prevaleciam sobre ponderações históricas. Na margem esquerda, a Rue de Rennes deu à Gare Montparnasse uma vista igualmente impressionante a partir do Boulevard Saint-Germain (embora os planos de estender a rua até o rio Sena não tenham ido adiante).[16]

A vontade de combinar o ótimo fluxo de trânsito com a perspectiva visual de monumentos importantes, evidente nas redes de ruas radiais ao redor dos terminais ferroviários, era outra característica geral do trabalho de Haussmann. Dizem que ele nutria o desejo secreto de pôr abaixo a igreja de Saint-Germain-l'Auxerrois, de modo a possibilitar uma vista desimpedida entre o Hôtel de Ville e a fachada leste do Louvre, mas percebeu que, partindo de um protestante como ele, a autorização para demolir uma igreja cujo sino em 1572 desencadeara a abertura do Massacre da Noite de São Bartolomeu causaria um sério incidente religioso. O projeto de maior exuberância visual a virar realidade foi a Place de l'Étoile (hoje Place Charles-de-Gaulle), de adequado formato estelar, situada nos limites ocidentais mais externos e ponto de convergência de cinco estradas. Essas estradas passaram por realinhamento e, em 1857, mais sete foram adicionadas, tornando o Arco do Triunfo o ponto convergente de um fascinante número de perspectivas. A Place de la République – ou Place du Château-d'Eau, como então era chamada –, situada no vértice da intersecção entre o 3º, o 10º e o 11º arrondissements, oferecia um exemplo mais suavizado do mesmo fenômeno. A própria praça foi bastante ampliada, resultando na redução do número dos teatros populares que davam renome ao Boulevard du Temple e na atenuação da lendária e mal-afamada sociabilidade plebeia da praça. Agora servia de ponto de convergência de várias novas vias: o Boulevard Voltaire (então Boulevard Prince-Eugène), que conectava o sudeste à Place de la Nation (ainda chamada de Place du Trône; 11º-12º); a Avenue de la République (Avenue des Amandiers até 1879), que seguia até o bairro operário de Ménilmontant (11º); e uma série de ruas largas que iam em direção aos limites norte e leste da cidade.

A decisão, em 1861, de construir um novo teatro de ópera um pouco ao norte do Boulevard des Capucines levou à criação de outra importante e inovadora *place* radial no elegante 9º arrondissement. A construção não ficaria pronta até a Terceira República, e a reorganização das ruas circundantes abrangeu os dois regimes também. Radialmente à nova Place de l'Opéra (1862-1864) estabeleceram-se inovações que incluíam o Boulevard Haussmann, a Rue Auber (no começo chamada de Rue de Rouen), a Rue du Quatre-Septembre (chamada inicialmente de Rue du Dix-Décembre) e a Avenue de l'Opéra.

O desejo de que todo bulevar desse vista a um monumento tornou-se um pouco exagerado e fetichista. O arquiteto Bailly, por exemplo, viu-se obrigado a projetar o domo do Tribunal do Comércio na Île de la Cité em posição inclinada em relação à estrutura, de modo a permitir uma vista perfeita do Boulevard Sébastopol. O Boulevard Henri-IV (4º), vindo desde a Bastilha e atravessando os jardins do velho mosteiro Celestinos, abriu uma vista maravilhosa do Panthéon e permitiu a confluência com o Boulevard Saint-Germain. Mas isso só foi possível a custo de alcançar a margem do Sena em ângulo tão agudo que duas pontes, as pontes de Sully, tiveram de ser construídas obliquamente para cruzar o rio. Justamente pelo mesmo motivo, a igreja ítalo-bizantina de Saint-Augustin (8º), erigida por Baltard na década de 1860, teve de ser constringida em um terreno triangular esquisito, para possibilitar um poderoso campo de visão ao longo do novo Boulevard Malesherbes. Outro exemplo dessa obsessão com a precisão geométrica foi a transferência do obelisco da Place du Châtelet para um lugar a vinte metros de onde estava, apenas para ficar no centro exato da praça remodelada.

Devagar, um segundo círculo de bulevares – muitas vezes no local do velho muro dos Arrecadadores-Gerais, estendendo-se a oeste a partir da Étoile até a Place de la Nation, no leste – foi sendo adicionado aos bulevares que Luís XIV traçara nas antigas fortificações. Essa expansão deu espaço para interconexões e novas construções. O Boulevard Malesherbes, entre a Madeleine e o Parc Monceau (a caminho da igreja Saint-Augustin) (8º-17º), foi uma das primeiras criações haussmannianas a não apenas deixar um rastro de destruição em residências pobres já estabelecidas (neste caso o bastante miserável bairro Petite Pologne), mas também a abrir espaço para novos desenvolvimentos. Na verdade, tão logo Haussmann vendeu parte do Parc Monceau para o investidor Émile Pereire realizar um empreendimento residencial, o bairro tornou-se um dos mais elegantes da cidade, desencadeando uma fuga de dinheiro grosso de Chaussée d'Antin. De qualquer forma, a estrela da Chaussée d'Antin estava em declínio: muitas de suas residências luxuosas do século XVIII foram demolidas para abrir espaço para o Boulevard Haussmann e as novas ruas circundantes.

Haussmann ganhou tela ainda maior para pintar com a decisão em 1859-1860 de incorporar a Paris a extensão completa das terras até a muralha Thiers, criada nos anos 1840. Isso significava a adição da área integral de onze comunas, mais treze pedaços de outras comunas (divididas ao meio pelo novo arranjo).[17] De um dia para o outro, a superfície de Paris mais do que dobrou, e a população aumentou em cerca de 50%. A barreira fiscal foi transferida para as fortificações, embora o muro dos Arrecadadores-Gerais mantivesse um significado como divisa rudimentar para os anéis interno e externo dos vinte arrondissements nos quais Paris era – e ainda é – dividida. Os críticos defendiam que Haussmann dera o passo maior que as pernas ao fazer a adição de 1859-1860. "Costuraram farrapos no vestido de uma rainha", disparou o jornalista radical Louis Lazare.[18] No entanto, o chefe do departamento permaneceu impassível, convicto de que, ao atrair mais indivíduos para utilizarem as instituições parisienses, estaria potencializando a base fiscal da cidade e incrementando a renda citadina. Com o mesmo raciocínio, ele chegou a considerar a extensão dos limites da cidade até a fronteira do departamento do Sena.

Algumas das áreas anexadas em 1859-1860 eram aldeias com antigas tradições de independência: Auteuil, Passy e Vaugirard a oeste; Montmartre ao norte; e Charonne a leste. Mas outras ex-comunas eram bem menos desenvolvidas, e sua integração veio a ser dolorosa. No anel externo, um terço das vias não era pavimentado, e todas eram de qualidade medíocre. O abastecimento de água era desesperadamente escasso; a drenagem, precária; e o policiamento, quase inexistente. Símbolo das intenções de Haussmann era a construção de pontes de modo a conectar essas áreas externas: a Pont de l'Alma (7º-8º) foi acrescentada no oeste, e as pontes Bercy e National (12º-13º) no leste. Iniciou-se a abertura de estradas ao longo do trilhado perímetro adjacente às fortificações Thier, e em 1851 abriu-se o "cinturão ferroviário" a aproximadamente a mesma distância do centro; a partir de 1862, esse anel ferroviário transportava produtos e passageiros. Novas estradas radiais foram começadas com o objetivo de conectar a periferia ao centro. Por exemplo, a Avenue Daumesnil (12º) conectou a Gare de Lyon a Vincennes, de onde a Rue des Pyrénées (20º) dirigia-se ao norte até Belleville. No oeste, a Avenue de l'Impératrice (atual Avenue Foch; 16º) fornecia uma rota majestosa desde a Étoile até o distante Bois de Boulogne.

Essas últimas obras realçaram outra marca do programa de Haussmann: a preocupação com o espaço verde. A noção de que o espaço verde exercia a função de pulmão do organismo urbano era um dos assuntos preferidos do imperador, que ao mesmo tempo amava e invejava os parques de Londres. Em 1852, ele doou o Bois de Boulogne à cidade; em 1860, foi a vez do Bois de Vincennes ser presenteado (antes ambas áreas de lazer pertenciam ao Estado). O engenheiro municipal Alphand recebeu instruções para transformar os dois em parques de estilo inglês. No Bois de Boulougne, por exemplo, foram abertos cerca de 95 quilômetros de trilhas, plantados intermináveis canteiros de flores e escavados dois lagos. Esses dois parques extramuros representavam o ápice de uma complexa hierarquia de espaços verdes. Dentro dos limites da cidade, Napoleão modernizou o Jardim de Luxemburgo e das Tulherias, desenvolveu o Parc Monceau, abriu o Parc Montsouris (13º; de modo curioso e nada pitoresco, atravessado por uma ferrovia) e criou o parque Buttes-Chaumont (19º) no terreno do antigo patíbulo medieval de Montfaucon. Mais de vinte pequenas praças foram criadas também, incluindo a Square du Temple (3º) e a Square de Saint-Jacques-de-la-Boucherie. Então foi a vez dos bulevares e das vias de aproximação – que em 1873 foram agraciados com cem mil árvores. Novas igrejas também forneciam alívio ao estilo haussmanniano. Apresentavam tendência mais eclética do que as edificações públicas estatais: a Saint-Augustin, no Boulevard Malesherbes, como vimos, combinava o uso moderno do ferro e do aço com acabamento neogótico. Tendências semelhantes, mesclando o romanesco, o gótico e o bizantino, com frequência eram visíveis nas igrejas de Sainte-Clotilde, que o arquiteto Théodore Ballu completou

Place de l'Opéra em 1889

em 1857; de Saint-Ambroise (1869); de Saint-Pierre-de-Montrouge (1868), do arquiteto Joseph-August Vaudremer; e outra obra desse arquiteto, construída mais tarde, a igreja de Auteuil (1877) – assim como na catedral russa ortodoxa de Alexandre-Nevski (1861).[19]

A exemplo do tio Napoleão I, Napoleão III demonstrou especial preocupação com prédios públicos para o fornecimento de comida; entre os primeiros projetos estava a construção de novos pavilhões na principal feira da cidade, Les Halles. Depois de um começo em falso no projeto – "só quero guarda-chuvas grandes", alertou Napoleão ao arquiteto Louis-Pierre Baltard quando este lhe mostrou seus projetos[20] –, Baltard idealizou um pavilhão de estrutura de ferro para renovar e modernizar Les Halles por completo. Haussmann estabeleceu também um vasto leque de mercados nos bairros de Paris, invariavelmente lançando mão da arquitetura baseada em ferro popularizada por Baltard; exemplos: o Carreau du Temple (3º), em 1863, e o mercado de La Villette (19º), em 1868. Desde 1867, existia em La Villette um grande abatedouro.

O fornecimento de espaço verde e a preocupação com o abastecimento alimentar integravam um interesse mais abrangente em saúde pública. A higiene era, como temos visto, fator central na construção de ruas dentro da visão de Napoleão III para a cidade, mas foi Haussmann quem assumiu a especial responsabilidade por outras características de infraestrutura do plano de obras. Grande parte de suas realizações está sob o solo. Alertado por assistentes confiáveis, os engenheiros municipais Alphand e Belgrand, de que o abastecimento de água era deficiente para a cidade em expansão, ele restringiu as águas dos rios Sena e Ourcq apenas para consumo público. Para o uso privado ele trouxe água – a custos enormes e por meio de um impressionante conjunto de aquedutos – de outros rios da região de Île-de-France. Por volta do começo da década de 1870, os parisienses consumiam dez vezes mais água do que na década de 1850, e cerca de dois terços de todas as residências particulares tinham água corrente. Nessa época, em torno de 20% das residências também usufruíam de fornecimento de gás.

Preocupação adicional era o manejo dos resíduos. Essa necessidade ganhou destaque com as epidemias de cólera em 1832, 1848-1849, 1853-1854 e 1865. Construiu-se um gigantesco sistema subterrâneo de esgotos, harmoniosamente interconectado com o traçado das ruas – "ideia minha", mais tarde Haussmann proclamaria com orgulho.[21] A rede garantia a remoção segura, eficiente e higiênica dos dejetos. Haussmann tinha dobrado a quilometragem das ruas parisienses. Esforçando-se para transformar a cidade na "Roma imperial de nossos tempos", ele quintuplicou o comprimento dos esgotos.[22] O paralelo romano claramente fez efeito: "Quase dois mil anos se passaram", registrou um guia de turismo em 1867 sobre as excursões aos esgotos inaugurados em 1855, "para que um passeio como esse fosse realizado em Paris".[23] O rei de Portugal foi o primeiro convidado de honra a fazer essa descida turística, que era considerada divertida mas amena o suficiente para atrair tanto mulheres quanto homens: "A presença de mulheres adoráveis pode dar charme a um esgoto", observou um visitante norte-americano.[24]

Embora esses projetos fossem realizações impressionantes, também se tornava evidente que as áreas privilegiadas por eles eram áreas onde os ricos moravam. O um terço de casas sem água corrente e os quatro quintos sem fornecimento de gás eram desproporcionalmente situados em bairros pobres, caracterizados por moradias precárias, trechos secundários de ferrovias, fábricas e depósitos em vez de caros e confortáveis apartamentos burgueses. Das 24 praças projetadas por Napoleão, apenas duas situavam-se nos subúrbios operários orientais, a leste do Canal Saint-Martin. Além da tradicional divisão leste–oeste entre pobreza e riqueza, uma nova configuração de necessitados emergia, que confrontava os arrondissements centrais renovados e os mais despojados do anel externo. Em 1865, nos arrondissements 10º, 11º, 18º, 19º e 20º, no nordeste, 40% das casas tinham condições tão precárias que não se cobravam impostos. Em 1870, Louis Lazare descreveu esses arrondissements pobres como "uma genuína Sibéria". "A capital virou duas cidades, uma rica e outra pobre", observou outro comentarista, "com a pobre circundando a rica."[25] Nessas áreas externas, era mais provável a ocorrência de disenteria, febre tifoide, difteria, coqueluche, varíola e tuberculose. Claro, essa não era a intenção declarada do programa sanitário de Haussmann – mas tornava inconsistentes as alegações do chefe do departamento de estar motivado por uma preocupação geral com a saúde pública.

Até certo ponto, o processo de empurrar as indústrias para fora dos bairros centrais realmente integrava o projeto de Haussmann. "Não é preciso", escreveu o chefe do departamento a seu soberano em 1857,

> que Paris, a capital da França, metrópole do mundo civilizado, destino favorito de turistas em busca de lazer, tenha fábricas e oficinas (...). Paris deveria ser um centro de atividade intelectual e artística, o centro da movimentação financeira e comercial do país e ao mesmo tempo a sede do governo.[26]

Mudanças no abastecimento de comida da cidade representaram importante consideração a esse respeito. A criação de uma rede ferroviária nacional permitiu a remessa de frutas, produtos hortigranjeiros e vinho com presteza à capital, a partir das áreas mais remotas, antecipando e prevenindo a necessidade de fontes locais de oferta alimentar. A remanescente indústria vinícola parisiense simplesmente não era capaz de competir com o *vin ordinaire* do Midi. Pressionadas para fora do centro da cidade, as indústrias encontrariam assim seu espaço em terras agrícolas que não tinham mais razão de ser. Isso deixaria o espaço central da cidade cada vez mais dedicado aos setores de serviços. Na prática, a desindustrialização dos bairros centrais de *le Vieux Paris* nunca se completou, particularmente no que tange às oficinas. Entretanto, a elevação do preço das propriedades da região central de fato expulsou muitos pobres e impediu que a mão de obra imigrante ali se instalasse. A face industrial de Paris se movia rumo aos arrondissements externos – e a classe trabalhadora também. Alguns argumentavam que com o tempo a riqueza se expandiria em direção aos bairros mais pobres e permitiria desenvolvimentos mais harmoniosos. Outros eram menos otimistas. "A cidade do luxo", alertava Lazare, seria "dominada pela cidade da pobreza."[27]

A haussmannização obrigou cerca de 350 mil pessoas a mudarem de endereço. Entre 1861 e 1901, houve redução de 20% na população dos elegantes 1º e 2º arrondissements; a burguesia não gostava de ficar se acotovelando. Todavia, por volta do mesmo período, a população dos arrondissements externos, a partir do 13º no sudoeste no sentido horário até o 17º no nordeste, dobrou. Os críticos do regime percebiam esse deslocamento populacional como produto de uma lógica punitiva muito bem estudada em ação nos projetos de Haussmann. "Em essência, o que chamam de embelezamento de Paris é apenas um sistema geral de preparo defensivo e ofensivo contra a revolta; um tiro de alerta contra a revolução", fulminou o arqueólogo e geógrafo Victor Fournel, que reservou as farpas mais afiadas ao bulevar haussmanniano, cuja conformação, desdenhou, tinha "a sutileza e a inteligência de uma bala de canhão".[28]

É evidente que não há provas na forma de uma ordem de Napoleão III ou de Haussmann para construir bulevares com propósitos militares e repressivos. Nem tampouco seria de grande auxílio subestimar a variedade de motivos não repressivos que contribuíram para a haussmannização de Paris. Mas parece haver pouca dúvida de que o desejo de minar a militância popular parisiense por meio de uma combinação de melhoramento social e "embelezamento estratégico"[29] realmente influenciou as ideias de Haussmann e colaboradores. O radicalismo popular era visto largamente como uma espécie de epidemia antissocial, como o cólera ou a disenteria. Napoleão temia um replay dos Dias de Junho de 1848 ou da resistência popular que Paris ensaiara contra seu golpe de dezembro de 1851, quando a multidão no Faubourg du Temple só fora dispersa depois de repetidas cargas de cavalaria. A visão de Haussmann sobre a vida urbana moderna baseava-se na erradicação da resistência popular. "Ele trabalhou simultaneamente", observou Fornel, "contra pestes e contra revoluções".[30]

"É a evisceração da velha Paris", comentou Haussmann sobre seu trabalho de destruição nos distritos da classe trabalhadora, "de uma vizinhança de revoltas e barricadas."[31] Por certo, os bulevares tornaram o emprego de barricadas, arsenal do tradicional radicalismo parisiense, uma prática um tanto obsoleta (na época seu valor já era mais simbólico do que militar, de acordo com Friedrich Engels). A largura dos bulevares permitia que os destacamentos da cavalaria desempenhassem suas funções com eficiência.[32] O nivelamento do terreno também tornava as manobras da cavalaria mais praticáveis, particularmente em estradas vicinais, onde as colinas (*monceaux*)[33], habituais aos merovíngios, agora estavam niveladas. A localização dos bulevares permitia também a rápida mobilização policial dos quartéis que na época guarneciam a cidade: por exemplo, as tropas da Rue Lobau (4º), atrás do Hôtel de Ville, ofereciam potencial para apoio armado caso a municipalidade enfrentasse problemas, enquanto a Rue de Rivoli permitia igualmente que o Louvre e as Tulherias recebessem ajuda militar com diligência.

A disposição estratégica das ruas e dos bulevares principais constituía outra forma de disciplina social, já que seccionavam as zonas de aglomeração de militância em pedaços mais isolados e fáceis de manejar. Os bulevares Saint-Michel e Saint-Germain, por exemplo, cortavam faixas exemplares através do Quartier Latin, um dos pontos tradicionais de sedição de Paris, sede de estudantes rebeldes desde o século XII até hoje. Intencionalmente ou não, a estátua feita por Duret, de Saint Michael esmagando um dragão com o pé, que adorna a fonte Saint-Michel de Davioud próximo ao Sena – "sólido aborto artístico", na visão de um dos críticos de Haussmann[34] – lembrava a estátua pós-Fronda de Luís XIV triunfando sobre os rebeldes.[35]

História parecida aconteceu nos bairros do leste, estendendo-se desde a orla do Marais, passando pelo Faubourg Saint-Antoine e indo até Belleville, Ménilmontant e Charonne. As ruas radiais que culminavam na Place de la République eram estrategicamente astutas: a Avenue de la République, os bulevares Voltaire e de Magenta e a Rue de Turbigo atravessavam áreas operárias pobres e radicais, enquanto em 1854 construiu-se um grande e poderoso quartel de cavalaria na praça, tornando-a "local perigoso para quaisquer ideias subversivas que se aventurassem a passar ali por perto".[36] Complementando essa estratégia de contenção, decidiu-se pavimentar parte do Canal Saint-Martin para formar o Boulevard Richard-Lenoir (11º). Durante os Dias de Junho de 1848, os revoltosos se refugiaram no lado leste do canal, sabendo que o acesso das tropas do governo ao interior do Faubourg Saint-Antoine era limitado; o projeto de pavimentação tornou o faubourg mais fácil de controlar. "No passado, controlávamos revoltas com rifles e canhões", comentou um lacaio imperial em 1858. "Hoje usamos picareta e colher de pedreiro."[37]

A haussmannização do Faubourg Saint-Marcel, no 13º, apresentou uma mescla parecida de melhoramento urbano e mutilação comunitária. Com a criação do Boulevard du Port-Royal, prolongou-se o Boulevard de Montparnasse, abriu-se o novo Boulevard Arago, o qual veio então a confluir numa reorganizada Rue Mouffetard. Parte desta última, depois de "bulevarizada", tornou-se a Avenue des Gobelins e a Avenue d'Italie. Quando essas obras terminaram, na Terceira República, na prática nada sobrava de uma das partes mais antigas do plano de ruas parisiense, em que vestígios do independente e medieval Bourg Saint-Marcel, circundado de fossos, até então eram observáveis.

A haussmannização ofereceu a esses bairros mutilados um conjunto impressionante de igrejas, escolas, prédios públicos, hospitais e outras características da infraestrutura moderna – mas sem falta de pedagogos progressistas pedantes: "Se o martelo dos demolidores aniquilou certos vestígios do passado que gostaríamos de ter preservado", assinalou um escritor em 1864, "destrói ainda mais antros de ladrões e locais de devassidão."[38] Sob essa retórica, a demolição, a desarticulação e a mudança de lugar envolvidos no processo de haussmannização danificaram bastante o senso de comunidade desenvolvido no âmago de muitos bairros operários, em volta das esquinas, praças, lojas de vinho e lavanderias. Porém, as circunstâncias da queda do Segundo Império e o estabelecimento da Terceira República mostrariam que a lógica do Haussmannismo não extinguira totalmente o radicalismo da classe operária. Mas, como se verificaria, a transformação urbana do Segundo Império mudara a localização e o caráter desse radicalismo.

Em janeiro de 1858, a caminho da ópera, Napoleão III escapou por um triz de um atentado a bomba de autoria do radical italiano Orsini. Em vez de tornar-se mais repressor em decorrência do atentado, o imperador iniciou um período mais liberal em seu governo. Começou a formar-se uma oposição política que canalizava muito dessa raiva contra o escolhido do imperador para ser o chefe do departamento do Sena. A natureza autoritária de Haussmann esmagara quaisquer pensamentos dos parisienses de tentar influenciar a transformação da cidade. Com a liberalização do império, o estilo de Haussmann pareceu cada vez mais anacrônico. O aumento do tamanho de Paris devido às anexações de 1859-1860 envolveu gastos financeiros consideráveis, em particular na infraestrutura. Haussmann idealizou novos instrumentos financeiros para conseguir efetivar seus planos, notadamente a Caisse des Travaux de Paris, espécie de banco de economias privilegiadas delineado para atrair empréstimos. No entanto, ele estava sob pressão crescente, e sua situação piorou com o aumento das taxas de juros dos empréstimos que ele precisava tomar. Cada vez mais, uma nuvem de favorecimento a amigos e de corrupção pairava sobre a cabeça do chefe do departamento. Havia a preocupação de que o seu déficit financeiro pudesse impedir o bem-estar das gerações seguintes. O opositor político Jules Ferry deleitava a elite política com histórias sobre o barão, publicadas com o título *Comptes fantastiques.*[39] Ferry e aliados provaram ser capazes de forçá-lo a deixar o cargo – mas bem no momento em que o Segundo Império se encaminhava para o colapso.

9.1: Felice Orsini

Desde a época de Clóvis, Paris tem sido tanto a capital da França como a residência frequente do chefe de Estado; isso equivale a dizer que a cidade muitas vezes tem sido palco de atos de violência contra reis, imperadores, presidentes e similares. Dessa forma, o atentado de Orsini contra Napoleão III pertenceu a uma distinta linhagem – e constituiu uma das quase dez tentativas de assassinato sofridas pelo Imperador.

Felice Orsini, membro dos Carbonari, grupo nacionalista radical italiano que considerava Napoleão III um empecilho para a unificação da Itália, jogou três bombas contra o imperador quando ele saía do antigo prédio da Ópera, na estreita e movimentada Rue le Peletier (9º). Napoleão saiu muito abalado, mas ileso. Os cavalos que puxavam a carruagem tiveram menos sorte: as explosões os estraçalharam. Oito transeuntes morreram e mais de cem ficaram feridos. Orsini acabou executado. De forma incomum para um assassino, porém, parece que a tentativa frustrada teve impacto positivo sobre o alvo. Napoleão adequou sua política externa e em 1858 passou a defender a causa da unificação italiana. O ato de Orsini acelerou também os planos de Haussmann de transferir o teatro da ópera para um local novo, com menos gente e movimento. Quando da construção da atual Ópera-Garnier, cuidou-se para que ela tivesse uma bem-guardada entrada particular para o imperador, de modo a evitar uma repetição do atentado de Orsini.

O caso Orsini nos lembra que Paris, miticamente renomada por barricadas, rebeliões, revolução e jornadas de ação militante, tem sido frequentemente local de violência política tanto individual quanto coletiva. As tentativas bem-sucedidas são mais conhecidas, mas formam apenas a ponta de um considerável iceberg de violência política individualizada, que prossegue até os dias de hoje, da qual é testemunho o atentado contra a vida do prefeito de Paris Bertrand Delanoë em 2002.

Parece que a dimensão ideológica dos assassinatos políticos ganhou destaque a partir da época das Guerras Religiosas no século XVI, quando foram desenvolvidas as doutrinas de regicídio e "tiranicídio" justificáveis.

Henrique III fugiu de Paris justamente para não ser morto pelos parisienses. Henrique IV, após sobreviver por um triz ao Massacre da Noite de São Bartolomeu, sofreu também mais de uma dúzia de atentados contra sua vida (na maioria fora da capital, na verdade) antes de sucumbir à faca de Jean-François Ravaillac, com a carruagem trancada num engarrafamento na Paris de 1610. Mas a linha entre a ação motivada por ideologia e o trabalho de solitários nutrindo mágoas individuais é difícil de traçar. Por exemplo, Jean-Louis Damiens, que tentou esfaquear Luís XV com um canivete em 6 de janeiro de 1757, sofreu torturas revoltantes na tentativa de fazê-lo confessar seus cúmplices no movimento jansenista. Ele revelou apenas vestígios dessas conexões. Sua motivação principal parece ter sido exorcizar demônios pessoais – padrão não atípico.

No entanto, tentativas de assassinato têm sido mais comuns em tempos de intensa carga ideológica e tumulto político. Por exemplo: o assassínio de Marat na banheira por Charlotte Corday em 1793 e as tentativas secretas de se livrar de Robespierre no ápice do Terror tiveram manifesto cunho ideológico, assim como a bem-sucedida tentativa do ultrarrepublicano Louis Louvel de matar o duque de Berry, herdeiro de Luís XVIII, em 1820. Isso também é verdadeiro no que se refere aos atentados anarquistas na virada do século XX (cujo ato mais efetivo foi o assassinato do presidente Sadi Carnot em Lyon em 1894). Com exceção dos assassinatos do socialista Jean Jaurès, em 1914, e do presidente Paul Doumer pelas mãos de um anarquista russo em 1932, a primeira metade do século XX esteve relativamente livre dessa forma de violência. Mas ressurgiu com força a partir de meados do século. Houve numerosos atentados contra a vida de Charles de Gaulle nos turbulentos anos da Quinta República, época em que se proclamava a independência da Argélia. Os anos finais do século XX presenciaram novas ondas desse tipo de violência, por meio de terroristas que agora demonstravam menos desejo de alvejar líderes políticos. A bomba que matou seis e feriu 62 inocentes na estação de metrô Saint-Michel, em 1955, não havia sido colocada ali para matar o presidente a caminho da ópera nem a outro lugar.

Assassinatos políticos visando importantes personagens políticas têm ocorrido tanto fora como dentro de Paris, mas a punição dos malfeitores tem invariavelmente acontecido dentro da capital, de modo a dar ao evento a máxima publicidade. A execução de Damiens na Place de Grève, defronte ao Hôtel de Ville, em 1757, por exemplo, foi um verdadeiro espetáculo público. Após percorrer os degraus da Notre-Dame vestido apenas de camisolão e segurando uma vela em penitência, Damiens foi submetido a uma deliberada sequência de torturas dolorosas, culminando com seu literal esquartejamento por quatro cavalos, cada um puxando um de seus membros, cena presenciada por dezenas de milhares de pessoas. Quartos e sacadas com vista para a praça foram alugados para damas e cavalheiros cultos, ansiosos por garantir um bom lugar.

A execução de Damiens exemplifica o intenso apetite parisiense por exibições públicas de punição, extensivo a personagens não políticos. Os casos de Lacenaire, em 1836, de Troppman, em 1869, de membros da gangue Bonnot e dos *apaches* envolvidos no caso do Casque d'Or antes da Primeira Guerra Mundial, das irmãs Pappin e de Weidmann, nos anos 1930, são todos exemplos de violentos crimes domésticos, às vezes seriais e geralmente passionais, que provocaram atenção desproporcional do público, instigado pela mídia. A maior parte desses criminosos teve execução pública. Durante o Ancien Régime, a execução pública era a regra, mas recebeu impulso adicional na época do Terror. A guilhotina surgiu em 1792 como bondosa tecnologia cujo objetivo era acabar com o tipo de morte pública consagrada ao pobre Damiens; no entanto, logo se transformou em símbolo sangrento e vingativo. A partir da década de 1830, as execuções passaram a acontecer não mais no centro e sim nos arredores da cidade. A execução de Orsini realizou-se no pátio da penitenciária Roquette (11º), mas nos anos 1850 o local de execução transferiu-se para o lado externo da penitenciária Santé (14º). Desde 1939, após cenas de lúgubre entusiasmo por assistir à morte do serial killer Eugène Weidmann, decidiu-se realizar todas as execuções posteriores sem presença de público. Isso não impediu mórbidas vigílias na prisão nos dias de execução – até 1977, última vez em que desceu a guilhotina. Em 1981, a pena de morte foi abolida.

Em 1870, Napoleão foi mal-aconselhado a declarar guerra contra a Prússia de Bismarck, que estava louco para brigar. Sua popularidade sempre fora mais alta nas províncias do que na capital. Setores da elite financeira, da Igreja Católica e da burguesia que vivia de renda o apoiavam, mas sua veia autoritária – evidenciada no modo com que esmagou a oposição trabalhista com seu golpe de Estado de 10 de dezembro de 1851 – nunca tivera muita aceitação em Paris. Apesar de ter legalizado as greves em 1864 pela primeira vez desde 1791, os trabalhadores urbanos hostilizavam seus agrados. A exemplo do tio, Napoleão III patrocinou políticas de emprego público que criaram cargos parisienses – mas diferente do que aconteceu no Primeiro Império, às custas da perda de muitos lares dos trabalhadores. As exposições de 1855 e

1867 realçaram uma política de grandeza, mais eficiente para os turistas do que para muitos parisienses, que se consideravam os únicos a pagar a conta. Além disso, perto do fim dos anos 1860, até mesmo os cidadãos de finanças mais sólidas estavam apreensivos; a varinha de condão de Haussmann parecia não estar mais funcionando: *boom* imobiliário prestes a entrar em colapso, aluguéis estratosféricos e crise habitacional no horizonte. Nas eleições de 1869, três quartos dos eleitores parisienses votaram nos partidos de oposição (comparados a 60% em âmbito nacional). Enquanto 83% dos homens franceses votaram pela liberalização do regime no plebiscito de maio de 1870, na capital, apenas 43% se importaram em fazer isso.

A permanente base de popularidade de Napoleão no país como um todo não fez diferença nenhuma quando as notícias de sua rendição aos prussianos no cerco de Sedan em setembro de 1871 chegaram a Paris. "Há um bramido ameaçador na multidão", observou Edmond de Goncourt em seu diário, "a estupefação dá lugar à raiva. Grandes multidões percorrem os bulevares gritando 'Abaixo o império!'"[40] Impotentes, os partidários do imperador não resistiram ao apelo por uma (Terceira) República, devidamente declarada da sacada do Hôtel de Ville em 4 de setembro.

O Segundo Império desabou mais com choro do que com estrondo. Paris, em estado de agitação extrema, agitou-se ainda mais com a chegada dos prussianos para investir cidade adentro. Certas circunstâncias do cerco prussiano – por exemplo, a fuga de Gambetta e outros políticos num balão em busca de ajuda das províncias e a bem-sucedida comunicação via pombos-correio – entraram para a memória popular. Como entrou para história também o bombardeio do sul da cidade por canhões prussianos, que matou centenas de pessoas e danificou milhares de casas e alguns edifícios públicos, como o Palácio de Luxemburgo e o Panthéon. Com a falta de alimento, a maioria dos mamíferos do zoológico Vincennes – junto com todo cão, gato ou rato que pudesse ser achado – virou comida dos parisienses famintos. Em janeiro de 1871, Edmond de Goncourt recusou a oferta de um bife de elefante e rins de camelo de um vendedor na Champs-Élysées e contentou-se com registrar a satisfação de ter capturado um melro na arapuca para o jantar.[41] No mesmo mês, o governo provisório da Terceira República rendeu-se, encerrando a resistência da cidade condenada. O rei Guilherme II da Prússia sagrou-se imperador da Alemanha no Salão dos Espelhos do palácio de Versalhes de Luís XIV. Em março, tropas germânicas desfilavam em marcha triunfal na Champs-Élysées – importante gesto simbólico antes do retorno ao leste.

As condições traumáticas nas quais o regime terminara desencadearam ressentimentos inesperados. Um batalhão da Guarda Nacional em Montmartre recusou-se a entregar as armas, desferindo um ataque contra o governo provisório liderado por Thiers. Este último, altamente impopular devido aos termos do tratado de paz que cedera à Alemanha as províncias da Alsácia e da Lorena, recuou a Versalhes, deixando a cidade nas mãos de um governo ainda mais provisório e improvisado, a Comuna. Esta então encenou um episódio de radicalismo urbano – apesar de breve e infrutífero –, pleno de coragem e gestos simbólicos. A coluna Vendôme, erigida por Napoleão I, foi demolida, supostamente sob o olhar hábil do pintor Gustave Courbet. Um novo cerco aconteceu, desta vez com o exército oficial francês circundando Paris. Na "Semana Sangrenta", de 21 a 28 de maio, tropas entraram na cidade, encetando uma orgia de violência extrema. "Aqui, um cavalo morto", relatou Edmond de Goncourt em sua passagem pelos jardins das Tulherias ao cabo daquela semana, "lá adiante, perto das pedras de pavimentação, uma barricada semidestruída; quepes dos soldados nadam em sangue."[42] No final, os rebeldes retrocederam até Montmartre, Belleville e Ménilmontant, realçando que a nata do radicalismo trabalhista deslocada do centro pela haussmannização agora estava nos arrondissements externos. Nesse sentido, a Comuna tinha sido "a vingança dos expelidos".[43]

À medida que as tropas republicanas entravam na cidade, uma onda de incêndios iluminava os céus. Pelo menos parte dos incêndios era acidental, mas também ocorreu bom número de incêndios criminosos, cujos alvos variados incluíram o Palácio das Tulherias, em que Napoleão residira, e o Hôtel de Ville, o centro do governo municipal. O fogo consumiu por completo os dois prédios. Nesse meio-tempo, a violência incendiária atingia também outras instituições simbólicas do regime, como a Préfecture de Police, os ministérios das Finanças e das Relações Exteriores e os arquivos municipais. Tentativas de atear fogo à catedral de Notre-Dame e ao palácio do Louvre fracassaram por detalhe. Mulheres – as *pétrouleses* – receberam boa parte da culpa; supostamente por lançarem bombas de gasolina a esmo na cidade perdida (embora o combustível dessas acusações tivesse sido principalmente o pânico misógino). O regime que vivera por e para novas construções encontrou castigo numa orgia de demolição incendiária. Em vez da bola de demolição utilizada por Haussmann, os incêndios dos communards e das communardes. Desde os vikings Paris não via tanta destruição.

Mas os rebeldes opositores pagaram caro. O número de mortos nos eventos da Semana Sangrenta supera com folga a mortalidade do Massacre da Noite de São Bartolomeu, em 1573 (dois mil mortos), do Grande Terror de 1793-1794 (2.600 vítimas do Tribunal Revolucionário) e dos Dias de Junho de 1848 (quatro mil mortos). Não menos que vinte mil pessoas morreram durante a semana. Muitas execuções aconteceram nos espaços verdes – por exemplo, o Parc Monceau e o Jardim de Luxemburgo – cuja modernização tanto orgulhara

Rue de Rivoli, 24 de maio de 1871

Barricades 1871.
pendant la Commune

Napoleão. Mais de 35 mil parisienses acabaram presos e posteriormente dez mil foram a julgamento. Cerca de cinco mil acabaram condenados ao degredo na Nova Caledônia. Somado ao número de trabalhadores que fugiram da repressão, o número de indivíduos que se retirou da cidade após a Comuna aproximou-se de cem mil. Como outros traumas históricos, a Semana Sangrenta deixou marca profunda na memória parisiense e, assim, logo de início frustrou as pretensões da Terceira República de representar toda a nação.

Paris entrou num período de inimizade fratricida: "Metade da população estrangularia a outra com satisfação, e a recíproca era verdadeira", ponderou o romancista Gustave Flaubert. "Isso é perceptível no olhar dos transeuntes."[44] A Assembleia Nacional votou uma lei solicitando a criação em Montmartre de uma basílica do Sacré-Coeur, como forma de expiação pelos crimes da Comuna. A decisão inflamou em vez de amainar as divisões – partidários da Esquerda nutririam ódio mortal pelo monumento. Eles reverenciavam seus próprios locais de memória, particularmente o Mur des Fédérés – o ponto do cemitério Père-Lachaise em que foram enterrados mais de mil communards mortos a tiros durante a repressão.

9.2: O MUR DES FÉDÉRÉS

O Mur des Fédérés foi palco de um dos atos mais arrepiantes e repulsivos de violência política na longa e (nesse assunto) rica experiência de Paris. De longe eclipsou o incidente de 1834 na Rue Transnonain. A partir de março de 1870, a Guarda Nacional parisiense formara-se em federações e, logo que a experiência da Comuna iniciou, o termo *fédéré* passou a ser usado como sinônimo de *communard*, ou apoiador da Comuna. Em 28 de maio de 1871, após frenética caçada humana em meio às lápides, 147 rebeldes communards foram mortos a tiros no cemitério Père-Lachaise, contra o muro perimetral sudeste. Os corpos de aproximadamente mais mil communards foram trazidos para ali, de outros locais de execução da cidade, e desovados em valas comuns. Depois de um período em que a simples monstruosidade da ação foi propriamente registrada, o Mur des Fédérés tornou-se local de peregrinação esquerdista, o que perdura até hoje.

Para a Esquerda, o Mur des Fédérés representava a selvageria do governo burguês motivada pelo medo da revolução proletária, mas também um sítio heroico de comemoração pela bravura irredutível das classes trabalhadoras. Ao cabo da Comuna de Paris, o governo, baseado em Versalhes, enviou o exército para desalojar do poder os rebeldes. Enquanto dirigiam-se ao centro da cidade, os communards não apenas deixaram um rastro de incêndio e de destruição atrás de si, também atiraram contra prisioneiros tomados reféns, como o arcebispo de Paris, monsenhor Darboy. Houve atrocidades de ambos os lados, mas, em termos de números de vítimas, as tropas do governo foram bem mais brutais e impiedosas: vinte mil mortes, muitas delas em fuzilamentos em massa como o do Père-Lachaise (mais um número ainda maior de detenções e prisões), contra cerca de mil baixas no exército.

Tornou mais cáustica a comemoração da Esquerda no Mur des Fédérés o fato de terem sido os communards (e não as tropas de Versalhes) a sofrerem os ataques mais severos da parte de escritores e intelectuais – surpreendentemente poucos desses tinham alguma palavra boa a dizer a respeito dessa "orgia de poder, vinho, mulheres e sangue chamada Comuna", como definiu certo escritor. Alguns argumentaram que os imigrantes provincianos haviam causado todo o problema, mas outros apenas adaptaram o mito duradouro da Paris babilônica, da qual só o pior poderia se esperar. Parte dessa hostilidade derivava do fato de que os communards eram responsáveis por uma das mais selvagens mutilações da memória parisiense em toda a história da cidade. Embora a reconstrução tenha sido possível em muitos casos, os incêndios da Comuna através do coração da cidade alvejaram muitos dos menos controversos *lieux de mémoire.*

O crescimento do jornalismo após a repressão da Comuna garantiu que a existência do muro e das mortes dos fédérés ficassem bem conhecidas por meio de fotografias e matérias impressas. Mas a esquerda ficou tão desmoralizada após 1871 que o próprio muro acabou bastante negligenciado. Flores eram depositadas por parentes no começo da década de 1870, mas só mais perto do fim da década aumentou o interesse político pelo local. No começo dos 1880, houve uma espécie de escândalo quando se descobriu que rapazes estavam usando crânios retirados das covas rasas próximas ao muro para jogar uma versão improvisada de *boules.* Peregrinação política mais organizada tornou-se hábito na década de 1880, mas sob vigilância atenta. Houve uma série de embates corpo a corpo com a polícia, e, para piorar as coisas, entre diferentes grupos da Esquerda que alegavam se inspirar nos communards. Entretanto, a Esquerda uniu-se para fazer oposição aos planos da municipalidade de vender um lote de terras no cemitério, inclusive o Mur des Fédérés, para empreendimentos residenciais. Por volta dessa época, surgiram uma série de rituais esquerdistas em torno da comemoração: prender um botão de margarida na lapela, ofertar rosas e guirlandas ao pé do muro, desfraldar bandeiras rubras, fazer discursos políticos e atividades pós-cerimoniais e assim por diante.

De modo gradual, nas palavras do primeiro-ministro da Frente Popular Léon Blum em 1936, "o grande dia de luto tornou-se um dia de celebração". Esse certamente foi o caso após a eleição da Frente Popular em maio de 1936: no dia 24, cerca de seiscentas mil pessoas marcharam pelas ruas de Paris e passaram em fila pelo Mur des Fédérés. O Partido Comunista liderou a comemoração – sempre fora capaz de juntar o maior número de pessoas, em especial após a Segunda Guerra Mundial, quando o dia de memória passou a homenagear também os prisioneiros franceses nos campos nazistas. Foram os comunistas que forneceram cinquenta mil dos sessenta mil indivíduos presentes no centésimo aniversário da Comuna em 1971. Naquela ocasião, as cinzas do último sobrevivente communard, Adrien Lejeune, falecido de morte natural na União Soviética em 1942, foram enterradas junto ao muro.

Nessa época, porém, a cerimônia perdera muito de seu apelo atrativo. O declínio do trabalhismo organizado, a lenta derrocada do Partido Comunista e a emergência de formas alternativas de comemoração política provavelmente exerceram papéis conjuntos nesse processo. Assim como as mudanças no lazer de fim de semana da classe trabalhadora parisiense. De certa forma, a decisão do presidente socialista François Mitterrand, em 1983, de conceder ao Mur des Fédérés o status de monumento histórico marcou a "nacionalização" de um local antes associado apenas a um lado do espectro político. Alguém pode se perguntar se isso não foi quase um *coup de grâce* em prol de um monumento que parece não mais despertar um conjunto significativo de memórias políticas.

A Comuna provara-se impotente para modificar o caráter da política nacional. Como os Dias de Junho de 1848 e as manifestações contra Napoleão em 1851-1852 já haviam indicado, os tempos em que a França seguira submissa a liderança política de Paris tinham chegado ao fim. Com o Segundo Império fora do caminho, a nova Terceira República e seus eleitores não estavam dispostos a conceder quaisquer favores a Paris. Vigorou na cidade o estado de lei marcial até 1876. Havia censura rigorosa, e um toque de recolher era observado. O governo só se transferiu de Versalhes a Paris em 1879. No interregno pós-imperial, Paris aproveitara a chance de eleger um prefeito, cargo preenchido pelo cientista Étienne Arago, e depois, a partir de novembro de 1870 até junho de 1871, pelo político centrista Jules Ferry. Em sequência à Comuna, a cidade perdeu o direito de ter um prefeito – na verdade a cidade não teria um até 1977. Embora houvesse um conselho municipal eleito, ele ainda era dominado pelo chefe do departamento, enquanto os prefeitos dos vinte arrondissements eram todos nomeados pelo chefe de Estado.

Ironicamente, os políticos da Terceira República que poucos meses antes haviam acossado e retirado Haussmann do cargo, abraçaram em vez de rejeitarem o legado haussmanniano. Era como se Haussmann tivesse alterado tanto a sintaxe do melhoramento urbano que, a partir de então, se tornara difícil falar outra linguagem – ponto endossado pelo fato de que vários dos principais colaboradores do ex-chefe do departamento permaneceram em funções de responsabilidade no âmbito do serviço municipal. Parecia importante, observou o político Jules Simon, "que terminássemos na liberdade o que havia sido começado no despotismo".[45] Pressionadas a reconstruir importantes setores da cidade após os incêndios dos communards, as autoridades transcenderam políticas de simples substituição e completaram vários dos projetos do barão. A construção dos bulevares Saint-Germain e Henri-IV, por exemplo, e a abertura das vias radiais partindo da Place de la République – todas ideias favoritas do Segundo Império – foram levadas a cabo, assim como a Ópera de Charles Garnier e o complexo sistema de ruas a seu redor. A criação da Avenue de l'Opéra envolveu a destruição da Butte des Moulins – originalmente um depósito de lixo medieval extramuros – e só em 1876 o projeto alcançou plena execução. A própria carcaça inacabada da Ópera servira de armazém para alimentos durante o cerco a Paris. Na inauguração, talvez como maneira de declaração anti-imperial, Garnier teve de pagar ingresso para ver o concerto de abertura.

O tema da continuidade evidenciava-se igualmente no que tange aos estilos de construção adotados no Haussmannismo. A edificação de novas residências, na maioria para a classe média, fazia parte da construção da rua com a qual o nome de Haussmann está indissoluvelmente ligado. Em 1859 e 1864, como parte de seu desejo de otimizar as perspectivas urbanas, o chefe do departamento atualizou levemente as normas referentes à altura dos prédios e à largura das ruas instituídas durante o reinado de Luís XVI, em 1783-1784 (por sua vez, continuação de boas práticas anteriores). Esse respeito pela tradição – tão destoante do desdém de Haussmann por questões históricas[46] – transmitiu a sensação misteriosa de que a nova Paris mesclava-se imperceptivelmente com muitas características antigas. Com seu poder de conceder permissões para construir, o chefe do departamento era capaz de forçar os construtores a observarem algumas das características fundamentais da estética urbana desenvolvida nos séculos prévios em iniciativas privadas e públicas. Ao longo desse tempo, encorajou-se um classicismo sóbrio e discreto. Havia a possibilidade de loja no térreo e pequeno negócio no mezanino. Então, seguiam-se três (ou, nos principais bulevares, quatro) andares adicionais, mais sótão. As fachadas, incluindo alinhamentos e sacadas, eram retas e harmônicas, com o ecletismo decorativo reduzido ao mínimo. A maior parte das melhores construções continuou a ser realizada com pedra calcária de superfície tratada – agora trazida de trem de pedreiras distantes, pois os estoques nos arredores de Paris estavam se esgotando. Isso representou outro importante fator de continuidade. Uma variante um pouco mais decorativa insinuou-se a partir dos 1890.[47] Motivos greco-romanos, como cariátides, passaram a ser utilizados de modo crescente, e surgiu a Art Nouveau. Em geral, porém, esse tipo clássico de construção haussmanniana teve mais utilização nas décadas após 1870 do que durante o Segundo Império, e continua marcando a paisagem urbana de Paris mais profundamente que qualquer outro estilo de construção.

Houve bastante padronização no que se refere tanto aos interiores quanto aos exteriores na construção de estilo haussmanniano. Construído mais por fins especulativos do que para satisfazer clientes individuais, visando ser habitado mais por inquilinos do que por proprietários, o bloco de apartamentos haussmanniano minimizava o idiossincrático e otimizava o padrão. Eram *immeubles de rapport* – edifícios projetados para render lucros (*rapporter*). O sótão (onde os empregados eram colocados) e o térreo poderiam ter outros fins, mas a tendência era construir todos os demais andares seguindo o mesmo projeto. A obrigação de ter um zelador ou porteiro, espécie de olhos e ouvidos (e nariz) institucionais para proteger contra intrusos e manter o nível entre os residentes, levou à generalização de um dos mais distintivos personagens dentre as *dramatis personae* da Paris moderna. Com a introdução do elevador, a partir dos 1880, o andar mais desejado deixou de ser o primeiro ou o segundo – tradicionalmente o *piano nobile* –, mas poderia ser outro mais alto. Cada vez mais, os apartamentos eram construídos de acordo com um novo modelo padrão, que realçava entrada e escada separadas para empregados e patrões; hall de entrada ostensivamente decorado; cômodos funcionais com acesso a corredor central; melhores salas e quartos de dormir desfrutando de vista frontal; e a gradual infiltração em todos os andares de "conveniências" como água corrente, iluminação a gás, aquecimento central com caldeira e banheiros decentes. Certa vez, o filósofo Victor Cousin alegou, indignado, que a seu ver isso estava "matando a arquitetura para submetê-la à comodidade e ao conforto".[48] Mas os arquitetos e projetistas da Terceira República não lhe deram ouvidos. A comodidade e o conforto tornaram-se necessidades para os inquilinos de classe média dos blocos de apartamentos parisienses.

Assim, os políticos da Terceira República abraçaram a política de grandeza urbana do Segundo Império. Paris precisava destacar-se do resto do mundo. Isso envolveu um grande esforço para remendar ou encobrir os danos feitos pelos communards, o que levou tempo. Por fim, tomou-se a decisão de demolir o danificado Palácio das Tulherias, e a sede do Ministério de Relações Exteriores no Palais d'Orsay permaneceu em ruínas chamuscadas até o fim dos anos 1890. A reconstrução do Hôtel de Ville só foi completamente terminada em 1882 (em formato bem ampliado e, além disso, mais parecido com um pastiche do gótico tardio do século XIX do que com uma cuidadosa restauração da Renascença). Muitos parisienses consternavam-se com a extensão do grande local de construção que sua cidade havia se tornado durante este período, mas a construção não parou com a queda do Segundo Império. Napoleão III comandara a criação de mais de vinte praças e jardins públicos; em 1911, a Terceira República já havia feito 37. No período entre 1878 e 1888, foram construídos três vezes mais prédios do que entre 1860 e 1869.[49] A popularidade da fórmula de Haussmann (não apenas nas cidades provincianas, mas também noutros países mundo afora) estabelecia Paris em certos sentidos como o paradigma do planejamento urbano moderno.

De modo característico, os governos da Terceira República também deram continuidade à política de Napoleão III de usar exibições internacionais para mostrar Paris como capital mundial. A Grande Exibição de 1851 no Crystal Palace, em Londres, cativara Napoleão e o deixara determinado a converter a tradição industrial das feiras francesas – que remontavam à inspiração de François de Neufchâteau em 1798[50] – em algo completamente grandioso. As exposições realizadas em 1855 e 1867 alcançaram pleno sucesso e confirmaram a reputação de Paris como a cidade da luz. Por exemplo, a contribuição de Paris em relação aos produtos de exportação da França aumentou bastante no rastro das exposições. A Exposição Universal de 1855, montada principalmente na Champs-Élysées, atraiu cerca de cinco milhões de visitantes, incluindo legiões de chefes de Estado e outras autoridades internacionais. Ainda maior, a Exposição Universal de 1867 ocupou grande parte do Champ du Mars e atraiu sete milhões de pessoas. Para não ser ofuscada, e desejando com ardor demonstrar a recuperação da nação das humilhações de 1870-1871, a Terceira República garantiu que a Exposição Universal de 1878 alcançasse abrangência ainda maior. Cobriu terrenos desde o Champ de Mars até o Trocadéro, na margem direita do Sena, e ao longo da margem esquerda até os Invalides. A Exposição Universal de 1889 – para sempre lembrada pela inauguração da Torre Eiffel – reuniu não menos de 32 milhões de visitantes, o dobro que em 1878.

As exposições celebraram o culto à produção tecnológica e industrial. Isso foi alcançado tanto por meio da impressionante arquitetura baseada em ferro que dominava os pavilhões das exibições quanto da energia impiedosa das máquinas e instalações montadas, que impressionavam os contemporâneos. "Quatro locomotivas faziam sentinela no salão das máquinas", um visitante mais tarde lembrou,

> como vistosas esfinges na entrada dos templos egípcios. Esse salão – terra do ferro, do fogo e da água – ensurdecia os ouvidos e ofuscava os olhos (...). Tudo

em movimento. Lã sendo trabalhada, tecido sendo trançado, novelos sendo enrolados, grão sendo moído, carvão sendo extraído, chocolates sendo refinados e assim por diante.[51]

O caráter internacional dos exibidores transmitia um sentimento global à exposição: "Júlio Verne sonhou fazer a volta ao mundo em oitenta dias", dizia o guia oficial da Exposição Universal de 1889, "no Champ de Mars, você pode fazer em seis horas."[52]

Em certos aspectos, porém, o melhor produto em exposição nesse evento internacional era algo completamente mais doméstico, ou seja, a própria Paris, então uma paisagem haussmanniana de poder. A cidade transformada quase a ponto de não ser reconhecida orgulhosamente se exibia de um modo com o qual nenhum de seus rivais poderia competir. Nenhuma outra nação investiu tão maciçamente nesse tipo de evento ou utilizou o evento tão eficientemente para melhorar a infraestrutura urbana. A linha de bonde havia sido inaugurada para a exposição de 1855; por sua vez, em 1867, lançou-se o serviço especial de bateaux-mouches. Em 1878, iniciaram-se os primeiros experimentos com iluminação elétrica nas ruas.

Às vésperas da Exposição Universal de 1878, o escritor anglo-americano Henry James, em visita a Paris, maravilhou-se com a "incrível plasticidade da França": apesar da violência destrutiva da Comuna e suas consequências, "Paris hoje", opinou ele, "parece tão radiante e tão próspera (...) como se nunca uma nuvem tivesse cruzado o céu da cidade".[53] As exposições internacionais exerceram papel importante na persistência da noção de uma Paris eterna, apesar de todos os problemas, a resiliente e radiante cidade da modernidade – o "ponto de convergência da civilização", como dissera Victor Hugo, "o microcosmo da história geral".[54] Em 1878, o visitante italiano Edmondo de Amicis também se maravilhou com a nova experiência cultural de ser um indivíduo na Paris haussmanniana, inundado por sensações e quase afogado no grandioso espetáculo da cidade moderna:

> [Alguém] pensa com surpresa naquelas cidadezinhas solitárias e silenciosas onde nós começamos, chamadas Turim, Milão e Florença, onde cada um fica parado na porta da loja e todos parecem viver numa grande família. Ontem estávamos remando num laguinho, hoje velejamos no oceano.[55]

"A Europa saiu para olhar as mercadorias", comentou secamente o historiador Ernest Renan sobre a Exposição Universal de 1855, "e para comparar produtos e materiais."[56] De fato, o tom de censura de Renan realça a crescente congruência entre as exposições e a experiência de comprar. O que impressionava as multidões não era apenas a exibição de tecnologia e energia produtiva bruta, mas também o modo com que a tecnologia e a energia cada vez mais se sintonizavam com as necessidades individuais e com o conforto pessoal dos consumidores. Assim, a máquina de costura Singer, a fotografia e a aplicação doméstica da eletricidade alcançaram sucesso estrondoso em 1855, bem como a geladeira, a máquina de escrever, o telefone, o elevador e uma versão embrionária do fonógrafo em 1878. Todos esses objetos logo estariam à venda em Paris.

Até certo ponto, a fascinação produzida pelas exposições era a extensão de um fenômeno – embora escancarado e mítico – que tivera expressão mais banal em formas emergentes de varejo, notadamente por meio das lojas de departamentos, como À La Belle Jardinière e La Samaritaine, criadas na margem direita, próximas à Pont Neuf, em 1867 e 1870, respectivamente; a Bon Marché, na Rue du Bac, na margem esquerda, num antigo hospital de doenças venéreas e lepra, em 1883; enquanto as Galeries Lafayette seriam criadas na Chaussée d'Antin em 1895. Uma loja bem ampliada da Au Printemps (fundada em 1862) abriria no Boulevard Haussmann em 1905. Com base nos princípios de giro alto e baixas margens de lucro, esses grandes magazines de vários andares mantinham estoques imensos e variados de bens de consumo e estabeleciam preços fixos. Suas vendas aumentaram com o surgimento dos catálogos de encomenda postal que difundiram o fenômeno parisiense país afora. A demanda por mercadorias para abastecer as prateleiras deu um tremendo estímulo à indústria local parisiense – sempre fornecedora fundamental do setor semiluxo. Assim, a economia artesanal tanto dos antigos quanto dos novos arrondissements foi tragada pelos frenéticos ciclos de venda dos grandes magazines.

As lojas representavam uma nova experiência de compra que colocava seus predecessores, como as galerias da Restauração e da Monarquia de Julho, numa sombra deveras esquálida. Moldaram essa experiência num ambiente que combinava a mais moderna tecnologia – em especial, a construção em estrutura de ferro e janelas de vidro laminado – com uma decoração digna das mil e uma noites. Fenômenos de multidão, como olhar vitrines, percorrer lojas sem intenção de comprar nada, misturar-se a outros consumidores e fazer compras não planejadas entraram no estilo de vida de um público numeroso. Essas catedrais de consumo, desfilando o ornamento exótico do luxo a uma gama de níveis de preços, seduziam todas as classes dos bulevares, "da duquesa à namoradeira e do milionário ao mendigo".[57] Elas apelavam às fantasias consumistas dos fregueses – estratégia às vezes usada por romancistas. Por exemplo, as descrições de Émile Zola de uma loja de departamentos em seu romance *Au Bonheur des Dames* (*O paraíso das damas*, 1883) tiveram como modelo evidente a Bon Marché. Essas descrições satisfizeram os desejos e as fantasias dos leitores e produziram um efeito de feedback, devido ao qual, dois anos depois, a Bon Marché modelou as vitrines conforme as descrições do romance.

Esse entrelaçamento de arte e realidade, ilusão e verdade, desejo individual e fantasia coletiva, presente em cada aspecto da espetacular representação de Paris, aumentavam com intensidade à medida que o século XIX evoluía. "Com o título mágico de *Paris*, qualquer peça teatral ou artigo ou livro já é garantia de sucesso", observou o poeta romântico Théophile Gautier em 1856.[58] Os romances do século XVIII podiam ter situado as ações na capital, mas tinham revelado pouco sentido de lugar. Perto do fim do século XIX, em contraste, visitantes e turistas admitiam francamente que suas imaginações estavam tão prevenidas pelo engajamento com as representações literárias que às vezes era difícil de experimentar Paris como ela realmente era. Como consequência de romances líderes de vendas e peças famosas, a cidade parecia conhecida em surpreendente detalhe até mesmo por indivíduos que nunca sequer haviam pisado no lugar. Isso queria dizer, como observou De Amicis em 1878, que "nunca vemos Paris pela primeira vez; sempre a vemos de novo".[59] A lista de associações topográfico-literárias em especial era interminável, por exemplo: o submundo parisiense e as novelas policiais de Eugène Sue; os salões aristocráticos ou a cultura impressa da margem esquerda (e tantas coisas mais!) na produção prodigiosa de Balzac; e os esgotos em *Os miseráveis*, de Victor Hugo. (Quantos turistas na excursão aos esgotos não estavam apenas revivendo em imaginação a odisseia de Jean Valjean neste romance?)

Os romances de Zola – em especial o ciclo Rougon-Macquart, publicado entre 1871 e 1893, baseado no período do Segundo Império – oferecem exemplo contundente desse processo de mitificação literária. Afinal, a obra coligida de Zola numa espécie de parábola representava a Paris do Segundo Império como um mundo em transformação – realçado em evocações maravilhosas não apenas da loja de departamentos, mas também, a título de amostra, dos mundos de Les Halles, da prostituição de alta classe, dos banqueiros e das finanças e dos bares de absinto. Os romances também exemplificavam muito da energia febril da emergente Paris, suas redes de significados tecidas em ciclos infindáveis de circulação e câmbio. Além disso, ilustravam um tema cada vez mais evidente ao longo do século, ou seja, que o escritor era testemunha de significância histórica, não só na metamorfose da cidade, mas também na compreensão dos sentidos da modernidade.

O papel do *flâneur*, o perceptivo caminhante das ruas da cidade pós-revolucionária e moderna, continuou a exercer papel significativo nas percepções de Paris. O *flâneur* representava o indivíduo imerso na multidão, mas que não pertencia a ela. "Para o *flâneur* perfeito, para o observador apaixonado", ponderou o poeta-*flâneur* Charles Baudelaire, "é um prazer imenso morar no coração da multidão, em meio ao fluxo da maré humana, fugidia e infinita."[60] O anonimato do *flâneur* permitiu-lhe testemunhar a vida pulsante das ruas da cidade em expansão, e ele divulgou suas percepções e sensações em romances, artigos de jornais, guias literários e tratados de fisiologia urbana – que em suas diversas modalidades auxiliaram os mitos literários de Paris, como observamos anteriormente.

Além do mais, o que começou como fenômeno literário, a partir das décadas de 1850 e 1860, ecoava no mundo artístico, notavelmente na obra de Manet e dos pintores impressionistas, à medida que eles tateavam incertos rumo ao que Baudelaire defendia como "a pintura da vida moderna". Esta rejeitou abertamente a convenção estabelecida de perceber história, religião e mitologia como a substância da pintura, e advogava um olhar imparcial sobre os obstáculos da vida industrial e urbana. O poeta Gautier postulava que "um tipo moderno de beleza diferente daquele da Arte Clássica poderia ser alcançado se aceitarmos a civilização como ela é, com ferrovias, barcos a vapor, pesquisa científica britânica, aquecimento central e chaminés de fábricas".[61]

A ligação do grupo ao retrato do aqui e agora causou desagrado no meio artístico estabelecido, em especial o Salão anual, garantidor das reputações artísticas e visto como legitimador da qualidade artística. A ênfase dos impressionistas tanto numa postura mais exploratória no que tange à representação da realidade (em especial por meio da luz e da cor) quanto numa extensão dos parâmetros de conteúdos aceitáveis originou embates artísticos famosos. O quadro de Manet exibido em 1863, *Olympia*, um nu que devia menos às representações das formas femininas idealizadas do passado do que ao mundo da prostituição contemporânea, causou grande furor. O Salão não era mais simpático a outros do círculo de Manet, cujas obras eram consistentemente recusadas para exibição. O grupo respondeu criando um contrassalão, o chamado *Salon des Refusés*, para exibir suas obras. Entre 1874 e 1886, houve oito exposições. Na primeira delas, o grupo foi denominado (por um crítico hostil atacando uma tela de Claude Monet) de "impressionista".

Considerados como um grupo, os impressionistas – que incluíam, além de Manet e Monet, Caillebotte, Cézanne, Degas, Morisot, Pissarro, Renoir e Sisley – focalizaram boa parte das pinturas na Paris moderna, em especial nos locais em que os sinais do moderno eram mais aparentes. Precedendo os impressionistas, o repertório surpreendentemente escasso de pinturas com Paris como motivo focalizara os monumentos urbanos – a Pont Neuf, a catedral de Notre-Dame, várias igrejas e assim por diante. Os impressionistas, ao contrário, preferiam a vida nas ruas. Seu terreno eletivo tendia a ser os bulevares, os cais, o Bois de Boulogne e os elegantes bairros do noroeste da cidade. Era mais provável que escolhessem, entre os monumentos para representar, uma estação ferroviária, um café ou um *immeuble de rapport* (prédio de apartamentos) haussmanniano – locais onde a burguesia se sentia confortável e não incomodada por lembranças políticas – do que uma catedral. Na tela *La Place de la Concorde*, Degas retratou um homem em caminhada casual na famosa praça parisiense. Mas a cartola do homem esconde convenientemente do espectador a alegórica estátua de Strasburgo, cidade perdida para a Alemanha em 1870 e desde então lembrada eternamente com luto. O gosto dos impressionistas por temas festivos de vez em quando trazia elementos de escapismo político.

Quando os impressionistas se aventuraram a sair de Paris em busca de paisagens a céu aberto, eles invariavelmente evitavam a natureza ou os ambientes agrícolas domesticados e pintavam os locais visitados pela burguesia da capital. Seus pontos favoritos eram aqueles ainda não invadidos pelo desenvolvimento industrial, como Asnières, Argenteuil, Bougival, Chatou e Sèvres; ou ainda locais à beira-mar como Deauville, que as ferrovias haviam descoberto para os parisienses passearem aos fins de semana ou nas férias, onde podiam banhar-se, passear de barco, jantar ao ar livre, fazer piqueniques e tudo mais.

O mito de Paris modelo da modernidade e ao mesmo tempo filtro através do qual a cidade era percebida poderia, assim, funcionar de modo politicamente conservador. Um visitante americano na cidade durante o Segundo Império observara "uma máscara de liberdade (...) estampada em muitas cabeças ocas conformadas com a perda do gorro da liberdade".[62] O efeito de fascinação causado pela Paris moderna continuou evidente durante a Terceira República; mas à medida que o tempo foi passando, muitos *flâneurs* tornaram-se mais cáusticos e pensativos, subordinando as sensações a uma inteligência mais incisiva e crítica. Aceitavam plenamente que uma nova e espetacular cidade parecia estar emergindo; mas, no contexto de tradição radical dos dias sombrios de 1848, 1851 e 1871, não deixavam de observar também a maneira com que isso produzia uma sensação de não pertencimento e alienação no seio dos habitantes da cidade moderna. O trabalho de Haussmann amplificou essa sensibilidade, pois mostrou que os parisienses eram incapazes de prevenir a destruição de seu próprio meio. Baudelaire registrou com lirismo a inquietude e o desencanto que isso originou. Ele sabia muito bem que Paris era "rica em tópicos maravilhosos e poéticos".[63] Contudo, ao contrário daqueles que preferiam se regalar nos excessos espetaculares e consumistas de Paris, Baudelaire desviou-se da rota turística dos bulevares, das lojas de departamentos, dos jardins públicos e dos ambientes de entretenimento. Frequentou os antros dos vagabundos, dos papeleiros, dos artistas de rua e dos intelectuais desclassificados; espeluncas escuras nas ruas desmazeladas dos bairros mais pobres e nos espaços desordenados e melancólicos dos faubourgs. Assim, ele sabia até que ponto a modernidade de Haussmann era um mito sobreposto à repressão e à destruição. Incitado e atraído pela ideia da multidão, descobriu também que os gostos da nova sociedade de massa não combinavam com os seus. Ele ansiava por uma velha Paris que parecia tragicamente perdida para sempre: "A velha Paris acabou (a forma de uma cidade muda mais rápido, ah!, que o coração de um mortal)".[64]

Por consequência, quanto mais Paris era mitificada como a cidade da modernidade, mais isso alimentava o contramito de *le Vieux Paris*, local em desordem, mas de certa forma autêntico, supostamente de dimensão bem mais humana. O meio ambiente haussmanniano impunha-se, diminuindo os indivíduos e fazendo-os parecerem funções do organismo urbano, que controlava as ações dos habitantes. O parisiense médio, asseverou Maxime du Camp, tornara-se um zero à esquerda, passivo, reprimido e controlado, quer queira quer não "registrado, catalogado, numerado, colocado sob vigilância, instruído, limpo, conduzido, cuidado, advertido, preso, julgado, aprisionado e enterrado".[65] Essa visão antiutópica e desencantada realçava o quanto o nome de Haussmann e a causa da modernidade estavam se tornando bodes expiatórios para os processos de intensas mudanças sociais e culturais.

Do alto da Torre Eiffel, instalado em um tributo de elogio modernista feito para a Exposição Universal de 1889, era possível vislumbrar algo da contínua variedade do coração da cidade haussmanniana. A vista alcançava não apenas os bulevares e lojas chiques dos bairros do oeste, mas também as fábricas e as residências dos trabalhadores dos arrondissements mais externos. Abraçava uma cidade – como a exposição enfatizava de modo significativo – que era um centro de consumo espetacular, mas também um importante foco da produção industrial e artesanal. Mas o bulevar haussmanniano não triunfara de modo assim tão completo, mesmo no coração histórico da cidade ao qual o chefe do departamento dedicara tanta atenção. Embora picotado em ilhotas menores, o centro de *le Vieux Paris* permanecia vivo e pulsante, a poucos metros de distância da Rue de Rivoli ou do Boulevard Saint-Michel.

9.3: A Torre Eiffel

> A Torre Eiffel, que nem mesmo a gananciosa América, temos certeza, não quereria, é a desonra de Paris. Todo mundo sabe disso, todo mundo fala nisso e todo mundo está profundamente aborrecido com isso – e somos apenas o débil eco da opinião pública universal, que, com todo direito, está alarmada. Basta imaginar uma torre vertiginosamente ridícula dominando Paris como uma gigantesca e negra chaminé de fábrica, esmagando com maciça barbárie a catedral de Notre-Dame, a Sainte-Chapelle, a torre Saint-Jacques, o Louvre, o domo do Hôtel des Invalides, o Arco do Triunfo etc.

Em 1887, o abaixo-assinado do qual se extraiu essa passagem foi subscrito por um elenco estelar de cerca de cinquenta intelectuais, inclusive os escritores Alexandre Dumas, Leconte de Lisle e Guy de Maupassant, o arquiteto Charles Garnier, compositores Gounod e Massenet, o dramaturgo Victorien Sardou e vários arquitetos. Esses declarados "amantes apaixonados da beleza" assumiram a condição de representantes de todos que amavam a Paris histórica, mas desprezavam o pensamento de que ela pudesse ser profanada pela "odiosa sombra dessa coluna oca de metal" cuja construção estava recém começando.

Para uma construção condenada de modo tão abrangente por parte substancial da intelligentsia literária e artística antes que um único dos 2,5 milhões de rebites necessários tivesse sido martelado, a Torre Eiffel tem se saído surpreendentemente bem. Gustave Eiffel, o engenheiro borgonhês responsável pela construção da Torre – embora na verdade o projeto fosse de seus sócios Nouguier e Koechlin – escreveu uma resposta espirituosa, defendendo o novo tipo de beleza de uma construção que, argumentou ele, mais transcendia do que transgredia tanto os cânones artísticos quanto históricos precedentes.

> Foi devido a seu valor histórico que as pirâmides causaram impacto tão poderoso sobre a imaginação humana? (...) A torre será o edifício mais alto construído pelo homem. Por que o admirável no Egito deve se tornar odiável e ridículo em Paris?

A torre já teve seus detratores obstinados: J. M. Huysmans, por exemplo, atacou chamando-a de "castiçal sem miolo", um "supositório solitário, todo perfurado". Mas os contemporâneos da Eiffel – e quase toda a posteridade – abraçaram a causa da torre. Ela recebeu dois milhões de visitantes no ano de sua construção para a Exposição Universal de 1889. Entre os convidados ilustres que enfrentaram a longa e penosa subida de 1.710 degraus até o topo da estrutura de trezentos metros estavam o príncipe de Gales, oito reis africanos, Thomas Edison, Sarah Bernhardt e Buffalo Bill. A loja de departamentos Au Printemps garantiu uma jogada de marketing (e lançou uma permanente indústria de turismo) arrematando sobras de metal do canteiro da obra e convertendo-as em miniaturas da Torre Eiffel para recordação. A imagem da torre saturou a sociedade francesa. Na virada do século XXI, o número total de visitantes aproximava-se dos duzentos milhões.

Embora Pissarro fosse reconhecidamente contra, a maioria dos pintores tomou o partido da torre quase de imediato: Seurat, já em 1889, Douanier Rousseau e Signac em 1890, com Chagall, Delaunay, Utrillo, Dufy, Cocteau e uma legião de outros seguindo o seu exemplo. E o mesmo aconteceu com os poetas. Guillaume Apollinaire, que serviu no front na Primeira Guerra Mundial, compôs um poema icônico de resistência contra os alemães, cujos versos eram dispostos no formato da torre. O gesto de Apollinaire realçou um fato já bastante aparente, ou seja, de que a Torre Eiffel era uma incomparável lembrança da cidade de Paris. Nenhum dos prestigiosos *lieux de mémoire* dos quais Paris era repleta conseguia equiparar esse nível de representatividade. A catedral de Notre-Dame – que a torre também lembrava por ser o produto de um exército de operários de grande habilidade, mas inteiramente anônimos – a seguia de perto nesse aspecto, embora a função religiosa da catedral a tornasse socialmente inaceitável para as fileiras cerradas de anticlericais parisienses. O próprio Eiffel falava de sua torre como um "mastro de trezentos metros", com a tricolor no alto. A imagem da Torre Eiffel – desde pinturas e poemas até fotografias, filmes e espalhafatosos suvenires – evocava mais Paris do que a França como um todo. Na verdade, para muitas pessoas ela *significava* Paris.

A torre transcendia os cânones artísticos; transcendia também quaisquer noções de função prática. No final, foram encontradas utilizações para ela: um transmissor de telegrafia foi erguido em 1908, e em seguida outro para televisão; o topo servia também de posto de observação militar. Também tem sido usada como grande outdoor publicitário e como estação meteorológica. Mas todos esses fins mundanos poderiam ter sido atingidos de outras maneiras. Para todos os efeitos, a torre é de uma inutilidade sublime. É uma suprema realização de engenharia – mas isso a Forth Bridge, na Grã-Bretanha, inaugurada na mesma época, também é, com a diferença que esta permite o trânsito de um lado ao outro do estuário (embora a custo humano maior: cerca de cem homens morreram em sua construção, enquanto apenas um operário feriu-se com gravidade durante a construção da Torre Eiffel).

Ponto turístico por excelência, a torre transcende também noções triviais do turismo. Como observou Roland Barthes, o mais perspicaz comentarista da torre: não há um lado interno no qual o turista entra; de fato, a torre não tem conteúdo. De certo modo não há nada para se ver na torre – a não ser Paris. O local que dá o panorama mais abrangente da cidade é igualmente presença inevitável no horizonte em todas partes de Paris. Não é de se admirar que Guy de Maupassant comesse no restaurante da torre: ali era, afirmava ele, "o único lugar em Paris em que uma pessoa não *a* enxergava!"

A falta de utilidade da torre tem estimulado uma busca compensatória para imbuí-la de significado. Eiffel orgulhava-se de ter superado disputas consideráveis para construir o que representava uma profunda realização humana. O desafio da torre estimulou desafios mais idiossincráticos. Pessoas tentaram voar pelo meio dos pilares (1926, com insucesso; 1945); saltar de paraquedas (1912); descer de bicicleta (1923); subir correndo a pé (1905); subir usando técnicas de montanhismo (em vez de subir pelos elevadores; 1954), de motocicleta (1983) e de mountain bike (1987); e assim por diante. Várias dessas tentativas terminaram de modo trágico – e de fato o número de mortos da torre, desde aventureiros até o bem diferente desafio do suicídio, chega a 350.

No começo do século XX, o escultor Raymond Duchamp-Villon chamou a torre de "sonho de exaltação sobre-humana", e sua falta de utilidade óbvia impulsionara esse elemento de fantasia. A torre tem sido comparada a fogo de artifício, guindaste, para-raios, inseto e muitas, muitas coisas mais. A fantasia tem com frequência adotado um tom erótico. A dimensão evidentemente priápica (realçada por Cendrars, Aragon e os surrealistas) tem de fato sido amalgamada muito estranhamente com a sensação, expressa num poema de Appolinaire, de que ela também permanece em pé como uma pastora cuidando das ovelhas parisienses (comparação que evoca na verdade a padroeira da cidade, Geneviève, às vezes representada pastoreando ovelhas). Além disso, visto de baixo – em especial aos olhos dos poetas –, o primeiro andar da torre lembra um monstruoso assoalho pélvico. Isso mostra que a torre transcende gênero assim como transcende beleza, utilidade, história, visão e quase tudo mais.

Assim, Paris manteve a habilidade de desafiar interpretações e dividir opiniões. A disputa sobre os significados da cidade havia se tornado o debate sobre a natureza da modernidade, o debate de que os não parisienses mundo afora eram livres para participar. A discordância sobre a natureza do presente e do passado envolvia também uma visão particular do futuro. A virada do século se aproximava, e o futuro de Paris parecia mesmo incerto. Sob certo prisma, os parisienses pareciam entrar num período sem-paralelo de contentamento e prazer. A geração seguinte à Primeira Guerra Mundial, que ligaria a esse exato período o termo *belle époque*, era obviamente dessa opinião. Mas, por outro lado, muitas pessoas ressaltavam as tensões e os lados sombrios das transformações em curso. Algumas temiam inclusive resultados quase apocalípticos: o futuro reservava finais e não começos. Assim, o período da Belle Époque também foi de fim de século.

10

O espetáculo ansioso

1889-1918

A história de Paris perto do começo do século XX poderia ser contada como o relato de dois eventos – as exposições internacionais de 1889 e 1900. Moldadas ao estilo das exposições de 1855, 1867 e 1878, centradas no Champ de Mars, essas duas exposições realçaram outra vez Paris como a "Cidade Luz" (de fato, as duas tiveram iluminação elétrica) e alcançaram esplendoroso sucesso. A Exposição Universal de 1889 atraiu 32 milhões de visitantes – o dobro do que em 1878 –, enquanto os 51 milhões de visitantes em 1900 a tornaram a mostra internacional de maior público no mundo, até Osaka no Japão abiscoitar o título em 1970. Planejada para coincidir com o centenário da Revolução Francesa, a mostra de 1889 ambicionou representar o momento inaugural da era moderna; por sua vez, o tema da Exposição Universal de 1900 foi "Paris, capital do mundo civilizado". Reputado torrão natal da democracia e então ponto culminante da civilização moderna, Paris revelou sua personalidade espetacular neste período de dois gumes: *fin de siècle* e *belle époque*.

Precisou topete, com certeza, para organizar mostras tão grandes, levando em conta a atmosfera política e social que distinguira a Terceira República desde o princípio. As duas Exposições buscaram oferecer uma imagem unificada de um regime político que permanecia causticamente dividido e que ainda não se livrara por completo da ressaca da Comuna. Durante boa parte dos anos 1870, o partido monarquista estivera a ponto de reconquistar o poder, e a república parecia frágil. Na verdade, em 1873, o regime andava a um passo da restauração monarquista. O aspirante Bourbon, o conde de Chambord, neto de Charles X, que morara na França só a partir de 1871, chegou mesmo a ir a Versalhes atrás da ratificação de sua candidatura na Assembleia. A teimosia em recusar o abandono da bandeira branca pela tricolor como emblema nacional afundou suas chances. O gesto revelou uma hipersensibilidade com a qual ele provavelmente não duraria muito no poder, de qualquer forma.

Só em 1879 que o governo, terminado o flerte com a monarquia, transferiu-se a Paris de Versalhes, onde estivera desde os dias sombrios da Comuna. No mesmo ano, a primeira leva de prisioneiros communards pôde entrar novamente na jurisdição municipal. (As autoridades os desembarcaram furtivamente na Gare d'Orléans às quatro da manhã e surpreenderam-se com as calorosas boas-vindas de quarenta mil operários de braços dados). Em 1880, o 14 de julho virou feriado nacional, demonstrando a acomodação progressiva da república com o legado histórico antimonárquico. De meados a fins dos anos 1880, porém, esse instante de calma relativa sofreu reviravolta devido a uma estrela cadente política, o general Boulanger, espécie de Napoleão com dificuldades intelectuais. Seu apelo por revisão constitucional e por uma guerra de revanche contra o império alemão recebeu considerável apoio eleitoral entre parisienses das classes operária e média. Até 1891, entretanto, o general queimara seus cartuchos (um deles em si próprio, sobre o túmulo da amante)[1], mas os anos 1890 presenciaram o surgimento de novas fontes de instabilidade política. O alto nível de corrupção financeira nos círculos políticos engendrou vários escândalos que provocaram a indisposição de parte substancial da opinião pública. Também houve escândalos sexuais, entre os quais se destaca a morte do presidente Félix Faure, em 1889, em pleno intercurso sexual com a amante. Embora em 1892 o papa tenha instado o apoio dos católicos franceses ao regime republicano, este às vezes mostrava-se agressivamente anticlerical. Também existia bastante antirrepublicanismo clerical: o aristocrático Faubourg Saint-Germain, cujos habitantes passaram pela esmiuçada análise de Marcel Proust, permaneceu um de seus focos.

A constituição da Terceira República estendera o direito de voto a todos os homens adultos; por consequência, o regime consagrou a emergência do que Leon Michel Gambetta, um dos heróis durante o cerco prussiano em 1870, chamou de "novo estrato social". Mas esse alargamento da base social da política francesa pareceu apenas estimular novas percepções de direito – e novas ansiedades sobre os caminhos da política de massa. Na Esquerda, das cinzas da Comuna começara a emergir um movimento socialista; em meados da década de 1890, já estabelecera presença parlamentar. Além disso, a ala pacifista do Movimento Socialista manteve a crítica ao expansionismo colonial, uma das estratégias da Terceira República. O engajamento político da classe trabalhadora crescia a passo acelerado. Em 1º de maio de 1890, mais de cem mil trabalhadores celebraram o primeiro Dia do Trabalho em Paris – em violação à lei. Em 1895, formou-se a Confédération Générale du Travail (CGT), que evoluiria para se tornar o mais poderoso sindicato trabalhista da França e logo se envolveria na agitação em prol da jornada de trabalho de oito horas. Além disso, o setor mais militante dos grupos esquerdistas lançou violenta campanha anarquista no rastro do caso Boulanger. Hotéis, restaurantes, residências de magistrados e outros locais parisienses tornaram-se alvos; mortes aconteceram. Esse tipo de política selvagem atraiu a condenação de rotina – mas também níveis surpreendentes de apoio entre os ativistas da classe operária e a vanguarda artística e literária.

Se a política e as classes dividiam o regime, com o gênero isso não era diferente. Um crescente lobby feminista reivindicava medidas para ampliar os direitos sociais e políticos das mulheres. Em 1897, Marguerite Durand criou o primeiro jornal feminista de publicação diária, com o título provocativamente parisiense *La Fronde*. Durand criticava com sagacidade a situação altamente patriarcal em que as mulheres francesas se encontravam no século XIX, condenadas ao confinamento em quartos e cozinhas. As conquistas femininas no que tange a possibilidades educacionais, oportunidades profissionais, igualdade jurídica, controle sobre propriedade e direito de divórcio não chamaram muito a atenção, mas tiveram solidez. O impacto cultural do movimento feminista transcendeu o músculo político, particularmente em Paris, onde concentrou a maior parte de sua atividade.

As tensões no coração da política concernentes aos direitos femininos e à política de massa receberam novo foco étnico-político no meio dos anos 1890, com o caso Dreyfus. Em 1895, a prisão injusta do judeu da Alsácia e oficial do exército Alfred Dreyfus, acusado de espionagem a favor dos alemães, dividiu a nação política em dois grupos antagonistas. Defendida pela Liga dos Direitos do Homem, a causa pró-Dreyfus encontrou expressão clara no famoso artigo do romancista Émile Zola "J'accuse" ("Eu acuso"). Publicado em 1898 no jornal do político radical Georges Clemenceau, *L'Aurore*, o artigo desencadeou grande clamor, inclusive tumultos nas ruas de Paris e de outras cidades, obrigando Zola a se refugiar um tempo em Londres. "J'accuse" expunha ao ridículo o movimento "anti-Dreyfus" no exército, na Igreja Católica e nas instituições políticas, assim como os odiosos ingredientes antissemitas embutidos na questão. Em 1899, Dreyfus recebeu perdão provisório e isso por um tempo amainou os ânimos ao redor da disputa. No entanto, certas inimizades originadas por ela perdurariam. Degas e Pissarro, antigos companheiros do Impressionismo, nunca mais dirigiram a palavra um ao outro devido a discordâncias sobre o caso Dreyfus; ressentido, o "anti-Dreyfus" Degas inclusive demitiu sua modelo de pintura (protestante e pró-Dreyfus). O caso não terminaria até 1906, quando Dreyfus recebeu perdão completo e recuperou sua posição no exército.

Paris parecia não se abalar com a turbulência política. Durante uma sessão da Câmara dos Deputados em 1893, uma bomba foi jogada contra o presidente da sessão. Ele se abaixou, e a bomba destruiu a parede atrás de sua cadeira. Então ele reergueu-se detrás da bancada para anunciar a todos, imperturbável: "*La séance continue...*", como se estivesse atuando numa peça de Edmond Rostand (e, de fato, *Cyrano de Bergerac*, de autoria de Rostand, seria um dos sucessos no teatro de bulevar às vésperas da Exposição Universal de 1900). Essa indiferença aparentemente normal revestia a ansiedade pulsando no coração do regime.

As Exposições de 1889 e de 1900 almejaram curar as feridas políticas da combalida mas resiliente Terceira República e apresentar a melhor imagem possível de uma França unificada em torno das noções de progresso e modernidade. Porém, por trás dessas pretensões internacionais e universais e do sucesso comercial dos dois empreendimentos, jaziam contínuos debates sobre o futuro do regime, a natureza da modernidade e o caráter da cidade de Paris.

O organizador da Exposição Universal de 1889, Alphand (ex-colaborador do barão Haussmann), impregnou-a de valores haussmannianos. O ponto alto, a Torre Eiffel, era uma espetacular ode à ciência e ao progresso que a exposição em seu conjunto planejava servir de exemplo. Desde o Segundo Império, construções com estrutura de ferro eram numerosas em Paris, mas essa estrutura de trezentos metros de altura superava qualquer outra edificação moderna. Tornava-se ainda mais impressionante com sua base conectada à enorme Galerie des Machines, construída de ferro e de vidro, que se vangloriava de ter a maior área construída do mundo e que abrigou muitas das mostras. Édouard Lockroy, o diretor do comitê da exposição, organizou uma mostra sobre a construção da torre que enfatizava a audácia conceitual do projeto de Eiffel, seu status como realização de engenharia avançada e a equipe de trabalho necessária para erigi-la dentro do cronograma. Ele a comparou à *Enciclopédia* de Diderot, por envolver trabalho coletivo baseado em rigor intelectual, valorizar a mão de obra, mobilizar energias e exercer ampla função pedagógica no seio da sociedade. Esses objetivos combinavam harmoniosamente com o fervor patriótico da Terceira República e sua autoatribuída "missão civilizadora" nas colônias.

10.1: Alphand

Jean-Charles-Adolphe Alphand (1817-1892), nas palavras do presidente do conselho-geral do departamento do Sena proferidas durante o funeral de Alphand no Père-Lachaise em 1892, havia sido o "mago organizador de todas as grandes festividades nacionais e parisienses, o magnífico decorador de nossas exposições, o criador de parques, praças e avenidas". Louvor adequado para um importante (embora, desde sua morte, pouco conhecido) vulto político que combinava os papéis de "engenheiro, arquiteto, financista e administrador", e cujo "amor apaixonado por Paris" foi calorosamente saudado por outros distintos oradores.

O barão Haussmann lançara sombra tão grande na história da Paris do século XIX que o papel de seus colaboradores tem sido negligenciado. Porém, um dos dons administrativos mais notáveis de Haussmann

Grandes Constructions

LA TOUR EIFFE

Exposition Universelle de 1889 à PARIS

IMAGERIE D'ÉPINAL, N° 418
IMAGERIE PELLERIN

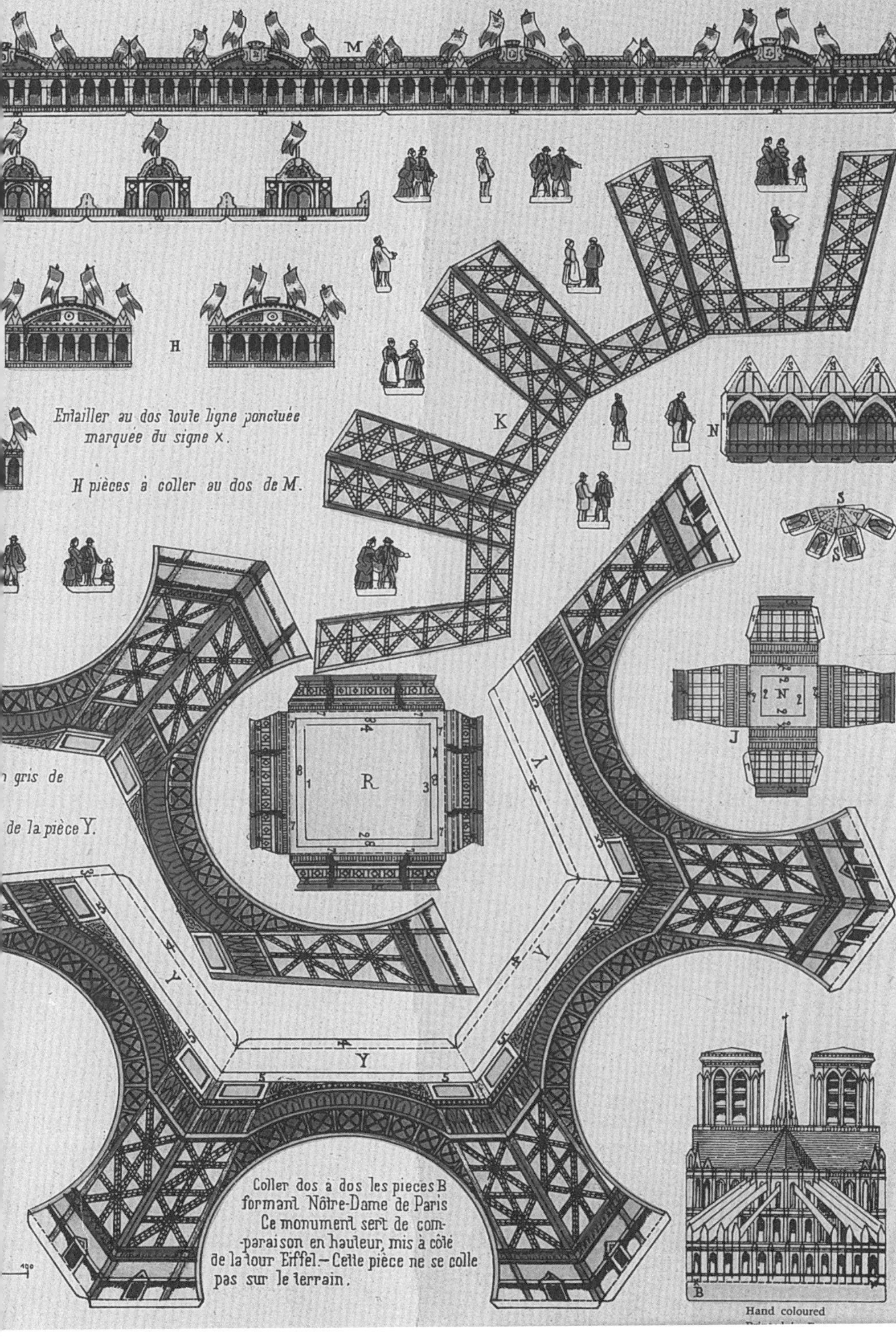

Hand coloured

era o faro na escolha de pessoas incansáveis e competentes para a execução dos trabalhos em pauta. A vasta rede de esgotos desenvolvida sob a Paris haussmannizada deve muito ao árduo trabalho de Eugène Belgrand, nomeado diretor dos Serviços Hídricos de Paris por Haussmann em 1854. Até 1867, ano em que ocorreram as primeiras excursões turísticas aos esgotos durante a exposição, Belgrand quintuplicara a dimensão da rede subterrânea e revolucionara o abastecimento e o descarte do sistema de águas da capital. Outro escolhido por Haussmann, o arquiteto Gabriel Davioud, cuidou da paisagem das novas ruas e em particular encarregou-se do projeto e fornecimento dos acessórios das vias públicas (postes de lâmpadas, mictórios, bancos de praça e assim por diante). Jacques Hittorff era o arquiteto favorito de Haussmann para a remodelagem das principais praças urbanas, como a Étoile e a Place Saint-Michel, enquanto o paisagista Barillet-Deschamps assumiu a considerável responsabilidade de cuidar dos viveiros de Paris: ele replantou Paris. No início, esses indivíduos podem ter escutado as recomendações de Haussmann, mas tal era o alcance de suas responsabilidades que trabalhavam de modo independente. Tanto isso é verdadeiro que, mesmo depois de Haussmann ter deixado o cargo de chefe do departamento em 1870, eles continuaram a exercer suas funções; por exemplo, Belgrand permaneceu até 1878 e Alphand até falecer, em 1892 – um ano depois do mestre Haussmann.

Dos colaboradores do barão, Alphand era talvez o mais importante: Haussmann o considerava seu "braço direito". Seu papel específico era o desenvolvimento do espaço verde, uma das partes do programa haussmanniano mais acalentadas por Napoleão III. Mas ele estendeu sua influência a todas as obras públicas (em especial após 1871); além disso, foi o principal empresário das exposições internacionais até a de 1889. Seu talento para a administração tornou essa última em particular um completo sucesso internacional. Foi Alphand quem selecionou o projeto de Eiffel para construir uma torre de ferro de trezentos metros de altura de um total de setecentos projetos.

De modo característico, esse grande parisiense viera da província. Nascido em Grenoble, ele (a exemplo de Belgrand) estudou na École des Ponts et Chaussées em Paris. Trabalhou como engenheiro civil em Bordeaux, onde conheceu Haussmann, prefeito de Gironde entre 1850 e 1853. Em 1854, Haussmann convocou-o para trabalhar em Paris como engenheiro-chefe de Parques e Jardins – cargo que manteve por 37 anos e ao qual ele juntou uma série de outros compromissos. A posição de diretor de Obras Públicas de Paris, criada para ele durante a Terceira República em 1871, deu-lhe o controle sobre as rodovias, as avenidas, a cartografia e a arquitetura. Em 1878, após a morte de Belgrand, ele assumiu também o setor de Água e Esgotos. Como se isso não bastasse, igualmente exerceu importante papel no planejamento do departamento do Sena além dos limites de Paris.

O papel de Alphand em consolidar e ampliar as conquistas de Haussmann por mais de duas décadas após a saída de Haussmann é provavelmente sua realização mais apreciável. Mas é seguida de perto por seu trabalho imaginativo e criativo nos espaços verdes de Paris. Ele repensou e remodelou toda a hierarquia dos parques municipais, desde o Bois de Boulougne e o Bois de Vincennes, passando pelos principais parques do coração da cidade, como o Buttes-Chaumont, o Parc Monceau e o Parc Montsouris, até as dezenas de pracinhas salpicadas pelos bairros de Paris. Enquanto o Haussmannismo lidava com estradas retas e perspectivas diretas, a obra paisagista de Alphand seguiu rumo artístico distinto. De fato, no Bois de Boulougne na prática ele erradicou as trilhas florestais haussmannianas em linha reta herdadas de Luís XIV e substituiu-as por caminhos ondulados que realçavam os inúmeros detalhes pitorescos do parque. Muito do charme (para não dizer bizarrice) remanescente dos parques de Paris – a cascata de Longchamps e as grutas no Bois de Boulougne; as proteções de ferro ao redor da base de milhares de árvores; as estalagmites e estalactites artificiais em Buttes-Chaumont; o templo grego dominando a colina desse último parque; a cerca viva com estrutura de concreto que ele gostava de instalar nos parques importantes – deve-se a Alphand.

De modo característico, assim como Belgrand produziu uma obra-prima explicando suas próprias realizações no setor de abastecimento de água, Alphand escreveu o livro *Promenades de Paris*. Não era apenas a explicação de tudo que ele fizera a esse respeito, mas também um relato erudito sobre a história do paisagismo desde a Antiguidade, procurando delinear as maneiras com que seu próprio trabalho marcou um novo patamar no espaço urbano verde. Mas para conhecer o verdadeiro monumento de Alphand não é preciso ler o livro: basta entrar num parque parisiense e olhar ao redor.

Alguém pode questionar se todos os visitantes da Exposição Universal de 1889 compartilhavam dessa grandiosa visão cívica. Até mesmo o próprio Lockroy ficou bastante desapontado com a atmosfera em torno da exibição da Torre Eiffel, que, segundo ele (com certo exagero), lembrava mais Les Folies-Bergère do que a sala de aula republicana. Se na mostra de 1889 o ar de frivolidade, o espetáculo de massa e o puro entretenimento haviam diminuído o orgulho da ciência e do progresso, onze anos depois tudo isso se intensificou. A Exposição Universal de 1900 absteve-se do estilo pedagógico um tanto espalhafatoso e cerebral e da obsessão por ciência útil que caracterizaram a exposição precedente. Preferiu enfatizar os prazeres dos sentidos e encorajar os visitantes a pensarem mais como consumidores e menos como cidadãos. A essa altura, o decorativo e o feminino prevaleciam sobre a funcionalidade e a virilidade do estilo Eiffel de engenharia. Mesmo assim, houve um grande número de demonstrações e competições científicas. A França transformou a contínua excelência científica em fonte de força nacional: os nomes de Louis Pasteur, de Claude Bernard e do casal Curie foram incessantemente aclamados na literatura sobre a mostra. Mas os alemães levaram para casa os principais prêmios de ciência e tecnologia. Causava apreensão o fato de que o mais feroz oponente internacional da França tivesse triunfado assim. Os franceses estavam ficando frouxos? Essa questão ganhou pertinência adicional com o advento do feminismo. De modo significativo, os pavilhões mais comentados no Champ de Mars foram o Pavilhão de Artes Decorativas e o Palácio da Mulher. A mostra do Palácio da Moda foi a segunda mais visitada de toda a exposição. (Seu público, de 1,3 milhão de pessoas, só foi ultrapassado pelos 2,1 milhões que se aglomeraram na mostra da aldeia suíça, com vacas vivas, vistas montanhesas *trompe-l'oiel* e apresentações dos corais Yodel e suas alternâncias de modos vocais.) Além disso, o ponto focal da entrada da exposição, *la Parisienne* – efígie feminina de cinco metros de altura – exibia as criações mais atualizadas da alta-costura de Paris. O que os contemporâneos chamavam de contornos "graciosos e vitais"[2] desse manequim de moda contrastava com a tensa rigidez da Torre Eiffel, já parecendo estranhamente arcaica.

Isso não quer dizer que a arte prevaleceu sobre a ciência na Exposição Universal de 1900 ou que o estilo triunfou sobre a substância; mais do que isso, a exibição pareceu demonstrar que o estilo – um tanto feminizado e decorativo – *era* a substância que tornava Paris tão especial, tão radiante, tão atualizada e tão moderna. A exposição dirigiu a atenção para a cidade na condição de lar da boa vida moderna, excitante mescla de consumismo que incluía tecidos brilhantes, alta-costura (mas também roupas prontas), papéis de parede estampados, bicicletas, câmeras, lâmpadas, máquinas de costura e inúmeros confortos domésticos disponíveis nos grandes magazines. A indústria passara a ajoelhar-se perante a cultura: no flanco sul da Champs-Élysées, o Palácio da Indústria da Exposição Universal de 1855 foi demolido para abrir espaço para dois enormes salões de exibição – o Grand Palais e o Petit Palais – que recebiam mostras de arte. Até mesmo as conquistas tecnológicas da exposição foram enfeitadas. A estrutura de ferro da Galerie des Machines revestia-se de pedra e estuque, com grutas elegantes e fontes ornamentais. As estruturas de ferro tanto do Grand como do Petit Palais exibiam roupagem semelhante, com características rococós e neobarrocas, assim como a recém-construída Pont Alexandre-III, a mais gloriosamente exuberante de todas as pontes parisienses, que ligava a Champs-Élysées aos Invalides.

Mesmo dedicada ao efêmero e às coisas da moda, a Exposição Universal de 1900 teve impacto mais duradouro sobre o meio ambiente físico de Paris do que a predecessora de 1889.[3] Muitas obras realizadas para a Exposição Universal de 1900, abertamente orientadas ao lazer e ao prazer, permaneceram e contribuíram de modo duradouro com a infraestrutura parisiense. Os melhoramentos nos meios de transporte de massa projetados para atender as grandes multidões esperadas constituíram característica particular e permanente da Exposição Universal de 1900. Esses não se limitaram a inovações anteriores nesse domínio – incluindo até a escada rolante introduzida na Exposição Universal de 1889. O transporte veicular teve significativo aumento durante a década de 1890, de modo que esforços especiais eram necessários para assegurar que Paris não se tornasse obstruída pelo tráfego. A Pont Alexandre-III – que recebera o nome do czar russo, uma das muitas cabeças coroadas a comparecer e com quem a França assinara recentemente uma aliança de defesa – foi construída. A Gare de Lyon passou por ampliações e recebeu seu característico campanário. Abriu-se uma nova estação na margem esquerda do Sena, a Gare d'Orsay, conectada com a Gare d'Austerlitz a leste. (Fechado para o tráfego às vésperas da Segunda Guerra Mundial, o prédio seria reaberto em 1986 na forma do Museu d'Orsay, um dos grandes projetos da Quinta República.)[4] Mas, sem dúvida, o maior impacto sobre o futuro da cidade veio com a criação da linha ferroviária metropolitana parisiense – o *Métro*, o mais bem-sucedido empreendimento de Paris no setor do transporte público na aurora da era das multidões.

Sonhadores utópicos se iludiram com a ideia de uma linha ferroviária subterrânea em Paris por mais de meio século. Mas enquanto Paris titubeava, o resto do mundo corria na frente: Londres inaugurou o seu metrô na década de 1860 e Nova York em 1872. Em contraste, em Paris, pairava uma atmosfera de indocilidade em torno da ideia do *métropolitain*. Do ponto de vista financeiro, havia a dúvida de como os custos seriam alocados e divididos entre estado, municipalidade e iniciativa privada. Do ponto de vista técnico, havia o problema relativo à energia responsável pelo sistema – eletricidade (cuja eficiência energética parecia incerta) ou vapor (os usuários não morreriam sufocados?). Sob o prisma estético, era preciso determinar se os trilhos correriam acima da terra (se fosse assim, que espécie de destruição seria infligida ao famoso horizonte de Paris?) ou no subterrâneo (o sistema seria à prova d'água?). A Exposição Universal de 1900 serviu de espora para a ação. Enfim o planejamento iniciou-se com seriedade a partir de 1895 e as obras em 1898. Com algumas exceções – em grande parte ao longo do perímetro do velho muro dos Arrecadadores-Gerais, em que se adotou os trilhos na superfície – o metrô situava-se no subterrâneo. Utilizou-se a tração elétrica. A Linha Um do metrô foi inaugurada em julho de 1900: ia desde Vincennes até Porte Maillot e incluía paradas convenientes ao longo da Champs-Élysées para os visitantes da exposição. O novo serviço veio a ser um sucesso brilhante e permanente. Dezessete milhões de passageiros foram transportados de julho a dezembro de 1900; os números do ano seguinte alcançaram os 55 milhões. Rapidamente abriram-se novas linhas. Por volta de 1914, a utilização havia decuplicado, com aproximadamente quinhentos milhões de passageiros.

A presença da Torre Eiffel, a mais impressionante realização tecnológica da Exposição Universal de 1889, é sentida em toda a cidade, mas a utilidade não é seu ponto forte. A surpreendente proeminência da torre contrasta com o metrô, a conquista tecnológica mais significativa da Exposição Universal de 1900. Do metrô apenas eram visíveis as entradas para as estações, cujo projeto vencedor, após passar pelo tradicional nível de disputa política, coube a Hector Guimard, campeão do *style moderne*, ou, como ficou conhecida, da art nouveau. As linhas curvilíneas, tortuosas e vegetais das esculturas urbanas de Guimard (que, depois de um período de desprezo, receberam finalmente a classificação de monumentos históricos em 1965) pareciam quase fazer escárnio da geometria de Haussmann e da modernidade tecnológica da Torre Eiffel. No entanto, apesar de subterrâneo e fora do campo de visão, o metrô, evocado pelas esculturas de Guimard, teve uma utilidade social e urbana para os parisienses não equiparada pela Torre Eiffel.

O metrô contribuiu principalmente para a melhor integração da economia local. As décadas de 1870 e 1880 presenciaram um colapso econômico nacional, com impacto agravado na capital pela ruptura que a haussmannização – e também a Comuna – causou aos tradicionais modelos de serviços. A partir dos 1890, porém, a economia de Paris recuperou-se com força. O tipo de consumismo patrocinado pela Exposição Universal de 1900 era bom indicador nesse aspecto. Os anos anteriores ao romper da Primeira Guerra Mundial em 1914 viram uma transformação nos hábitos de consumo não apenas no seio da elite social, mas também no seio dos agora emancipados "novos estratos sociais" através da nação. O consumo de pão e vinho aumentou em ritmo constante, o de chá e café triplicou e o de álcool aumentou em dois terços (embora a produção de absinto tenha decuplicado). O consumo de bens duráveis apresentou dinamismo parecido. Na vanguarda dessa transformação, estava a orientação de Paris em torno de lazer e prazer. Por volta de 1900, a loja de departamentos Bon Marché começou a manter estoque de utensílios de cozinha, cosméticos, equipamento fotográfico e instrumentos musicais – tudo sinal de que os clientes dispunham de mais para gastar. A loja também tinha uma galeria de arte, onde os parisienses poderiam, se assim o desejassem, adquirir cópias baratas de pinturas impressionistas.

Em 1900, uma nova e resiliente geografia de produção emergia em Paris e arredores. Com aluguéis estratosféricos nas áreas centrais submetidas aos melhoramentos haussmannianos, muitas antigas fábricas locais faliram ou senão transferiram-se em direção à periferia urbana, ou além dela. A legislação governamental sobre a localização de indústrias nocivas endossava essa mudança. Igualmente, também a endossava a tendência de remanejar instituições públicas e elementos básicos de infraestrutura como asilos, hospitais, depósitos, pistas de corrida e instalações para a prática de esportes (mais aeroportos em seu devido tempo) para fora dos bairros centrais.

Por volta do começo do novo século, três novos e importantes polos industriais haviam emergido no âmbito dos vinte arrondissements de Paris: o nordeste, ao redor do Canal Saint-Denis e a enseada de La Villette (18º-19º); o sudoeste, em torno de Javel e Grenelle, no 15º; e o sudeste, nos 12º e 13º (Picpus, Charonne, Bercy). Ainda mais consistente, porém, foi o desenvolvimento industrial além das fortificações da velha muralha Thiers. O número de empreendimentos comerciais em Paris caiu de 76 mil para 60 mil entre 1872 e 1896, enquanto nas áreas suburbanas – a *banlieu* – esse número subiu de onze mil para treze mil. Se a maior parte da indústria de grande escala migrara para fora, atrás dela seguiram não apenas empreendimentos menores, mas também grande número de trabalhadores. A população crescia em ritmo mais rápido nos arrondissements externos que nos internos, mas a maior expansão acontecia nos subúrbios. A população dessa "coroa" além-urbe triplicou entre 1860 e 1914. A partir de 1851 até as vésperas da Primeira Guerra Mundial, as localidades com fábricas importantes presenciaram um espetacular crescimento populacional: Saint-Denis, de 15.700 para 71.800, Asnières, de 1.200 para 42.600, Boulogne-Billancourt, de 7.600 para 57 mil, e Ivry, de 7.056 para 38.307.

Paris perdera para Londres a posição de maior cidade do mundo no século XVIII; por volta de 1900, estava sendo ultrapassada também por Nova York, com Berlim, Viena e São Petersburgo aproximando-se com rapidez. A taxa de natalidade, tradicionalmente baixa em Paris, baixava ainda mais devido à difusão de técnicas de controle de natalidade. (Dispositivos intrauterinos e preservativos – com a borracha vulcanizada sendo uma das principais conquistas nessa fase de industrialização – passaram a fazer parte da vida moderna tanto quanto telefones, bicicletas e encanamento residencial decente.) Mais perceptível era o fato de que o dinamismo demográfico da capital francesa dependia cada vez mais de sua periferia e de seus arredores do que de seu centro histórico. Essa situação continuaria durante e depois da Primeira Guerra Mundial. Em 1861, a *banlieue* representava 13% do toda a população metropolitana de Paris; em 1901, somava 26%, com tendência de aumento. A maior parte do crescimento consistia em novos migrantes, na maioria trabalhadores inexperientes dos departamentos do norte e do centro. Havia também boa mescla de estrangeiros, incluindo um grande influxo judaico da Europa oriental. Os estrangeiros respondiam por 6% da população regional em 1890 – proporção bem maior do que em qualquer outra capital importante.

A palavra "subúrbio", com suas conotações anglo-americanas de refúgios arborizados e residências individuais ou conjugadas, faz pouca justiça ao termo francês *banlieue.*[5] A partir de meados do século XIX, as classes médias dos Estados Unidos, da Inglaterra e de outros países europeus transferiram suas residências para longe dos centros das cidades, considerados por elas como sujos, poluídos e superpopulosos. Na França, em contraste, Haussmann havia aberto boa parte do centro de Paris, de modo que a classe média estava contente em permanecer ali. Assim, não havia a necessidade de refúgios suburbanos. Enquanto os arrondissements externos e os subúrbios eram invadidos pela produção industrial, o coração da cidade primava em tornar-se mostruário do consumo. Claro que nem tudo a burguesia conseguia à sua própria maneira dentro dos limites da cidade. Havia tensões relativas aos direitos urbanos dos trabalhadores e desprivilegiados ainda radicados dentro da cidade. Mais da metade da população total de Paris continuava pertencendo à classe trabalhadora, e nos arrondissements externos essa proporção aumentava. Embora a cidade contivesse em torno de um quarto da riqueza nacional, mais da metade daqueles que morriam na cidade eram enterrados em covas pobres. Tensões de classes, ainda mais aguçadas na periferia, criaram uma enorme fissura no tecido mais amplo da comunidade urbana.

A força de trabalho em sua maioria inexperiente encontrada na periferia constituía a base de uma transformação fundamental em curso no perfil industrial da região. Por tradição, a manufatura parisiense era principalmente direcionada ao mercado de consumo e liderada pelo setor têxtil. Em 1847, o setor têxtil envolvia ainda 11% da força de trabalho; em 1860, esse número baixou para 3%, com tendência de queda. As indústrias de ferro e de produtos químicos começaram a crescer bastante, oferecendo suas mercadorias menos aos consumidores de Paris e mais ao mercado nacional. Fábricas com quinhentos ou mais trabalhadores eram três vezes mais numerosas na periferia. A rede de rios e canais da região auxiliou nesse remodelamento da indústria parisiense, mas a ferrovia representou a influência mais importante. À linha circular do cinturão ferroviário dentro das muralha Thiers – a chamada *petite ceinture* – adicionou-se, em 1875, outra externa ou *grande ceinture* – comunicando todos os subúrbios industriais. Isso possibilitou à indústria tirar ainda mais proveito do foco parisiense em sistemas de transportes nacionais.

Os trabalhadores da indústria de grande escala concentrada no cinturão periférico cada vez mais se viam submetidos aos processos da "Segunda Revolução Industrial", ou seja, a criação de um proletariado por meio da perda de capacitação e do envolvimento forçoso na produção mecanizada. Isso se tornou particularmente verdadeiro com a explosão econômica desencadeada a partir de 1900 pelo desenvolvimento da indústria automobilística. Na virada do século, havia cerca de seiscentos fabricantes de veículos na região, com centros particularmente significativos em Javel, no 15º arrondissement, e em Boulogne-Billancourt, nos subúrbios do oeste. A força de trabalho nos dois lugares estava cada vez mais sujeita à competição com a produção mecanizada. A indústria automobilística era apenas uma da série de novas indústrias emergentes na região nessa época: produção de aeronaves, ferramentas para máquinas, eletrodomésticos e cinema. Cinco dos sete estúdios cinematográficos da França localizavam-se na região de Paris.

A mão de obra remanescente em Paris teve destinos distintos. Muitas indústrias de artesanato industrial prosperaram. Em 1914, havia bem mais fabricantes de sapatos e alfaiates na região do que trabalhadores envolvidos na fabricação de carros. Além disso, os trabalhadores habilitados ainda numerosos na cidade constituíam importante fonte de mão de obra para a distribuição de contratos a fornecedores da indústria pesada da periferia, especialmente antes do predomínio dos métodos de produção automatizada. Na verdade, para muitos industriais, uma das atrações da periferia era exatamente a proximidade a um importante reservatório de trabalhadores habilitados. O tipo de ofício manual de alta habilidade e alta qualidade pelo qual Paris sempre tivera excelente reputação ainda era capaz de prosperar. Porém, abaixo do nível das elites, com frequência as empresas precisavam se ajustar ao mercado de massa por meio da subdivisão de tarefas e tornando os métodos de produção mais simples e eficientes. Em boa parte do ramo de roupas e de móveis, isso invariavelmente resultava em aumento no número de operários trabalhando em condições de penúria em pequenas oficinas.

Duas outras evoluções complicaram os modelos de trabalho dentro da cidade. O primeiro envolveu a mudança acelerada da indústria rumo ao setor terciário (serviços), em especial rumo a ocupações de colarinho branco. No rastro do Segundo Império, Paris evoluíra para tornar-se um grande centro de serviços financeiros e, até 1914, o número de funcionários de escritório trabalhando em bancos, correios, companhias de seguro e ferrovias multiplicou-se por três. O mercado de mão de obra no setor terciário parisiense subiu de 17% em 1866 para 38% em 1906. A segunda evolução – ligada à primeira, na verdade – consistiu no súbito aumento na proporção de mulheres empregadas no mercado de trabalho. As funções femininas tornaram-se cada vez mais frequentes nos setores de vendas, escritórios e contabilidade. Em 1870, as mulheres representavam 15% das posições nesses grupos; em 1914, essa proporção subiu para um terço. Em comparação a outros países, esse número era alto – e cada vez mais digno de nota, levando-se em conta que a cultura da época, de modo invariável, consagrava às mulheres função essencialmente decorativa no lar ou no quarto.

No começo do século XX, o escritor Daniel Halévy lançou o olhar a partir da colina de Montmartre, perto da basílica do Sacré-Coeur, sobre uma Paris cujo horizonte, historicamente dominado por pináculos e abóbadas, estava ornamentado com prédios mais novos, ao estilo haussmanniano. Volvendo o olhar para longe desse panorama familiar, espiou rumo ao norte, "outra cidade, aparentemente tão vasta quanto a outra, cidade imensa, com telhados plebeus de uma tristeza morfética, uniformemente sem pináculos ou palácios e desprovida de história, uma cidade desconhecida ainda a ser descoberta". Toda e qualquer construção que se destacasse parecia comicamente anacrônica – assim como a basílica medieval no bairro proletário Saint-Denis, que lembrava "um mamute como aqueles às vezes encontrados intactos na neve e no gelo da Sibéria".[6]

Halévy e seus contemporâneos consideravam difícil saber o que fazer desses arrabaldes. A periferia também parecia perder a identidade: "esse mundo intermediário", observou o romancista e dramaturgo Octave Mirbeau em 1888, "não é mais cidade, mas ainda não é campo. Ali nada termina e nada começa".[7] Esse sentimento de diversidade indócil entre a cidade e a *banlieue* tornava-se ainda mais evidente visto de perto. Os lúgubres e indistintos prédios de dois a três andares além da muralha Thiers, reunidos sem qualquer plano nem discernimento, contrastavam com a aparência cada vez mais sofisticada da Paris pós-haussmanniana, onde era dada plena consideração ao impacto de prédios individuais sobre a silhueta e a perspectiva urbanas.

O espírito do plano diretor de construção criado em 1783-1784 e modificado por Haussmann em 1859 e 1864 era ainda muito respeitado dentro dos vinte arrondissements da cidade. Durante os anos 1880, porém, o trabalho de Haussmann passou a receber críticas estéticas. Houve ataques a "estes bulevares sem curvas, sem perspectiva de aventura, de retidão implacável (...) que lembram alguma futura Babilônia Americana".[8] Em 1885, o arquiteto Charles Garnier posicionou-se de forma incisiva contra "o uso odioso da linha reta".[9] A retórica anti-haussmanniana foi também empregada por um crescente movimento conservacionista, cuja ponta de lança era a Commission du Vieux Paris, fundada em 1897. De fato, uma das mostras mais visitadas na Exposição Universal de 1900 seria a que mostrava *le Vieux Paris* em toda a sua glória pitoresca.

A crescente crítica ao Haussmannismo provocou certas concessões e mudanças nas normas de construção em 1884 e em 1902. A legislação de 1902, em especial, estipulava uma medida para "favorecer tendências pitorescas" e "permitir efeitos mais inesperados e pitorescos".[10] Essa defesa do pitoresco não teve aplicação no projeto das ruas – raríssimas vias importantes foram abertas ao longo do começo do século XX – mas realmente influenciou a construção de prédios individuais. A série anual de competições municipais de projeto de fachadas que durou até 1914 dava uma ideia do que era possível realizar-se. A Rue Réaumur (2º) contém vários projetos vigorosos, com uso inovador de ferro, concreto armado e vidro laminado, que rompiam a monotonia observada nas linhas haussmannianas. As normas de 1902 também permitiram prédios mais altos. Mas isso equivalia a apenas um ou (no máximo) dois andares extras. Os novos andares tendiam a ficar acima da linha da cornija, no espaço do telhado que os elevadores mecânicos agora haviam tornado mais desejáveis. Características decorativas no nível do telhado eram acompanhadas por escultura mais elaborada e harmoniosa, por janelas de sacada em formato curvo e por acessórios de fachada em tijolo, gesso, azulejo colorido e vidro que ecoavam os excessos rococós dos pavilhões da Exposição Universal de 1900. Isso era claro nos bairros em que houve muitas construções residenciais a partir de 1902, tendo como clientela-alvo a burguesia abastada. Embora ainda reconhecíveis dentro do cânone de Haussmann, as novas construções, por exemplo, em Auteuil, Passy e Cahillot, no 16º, atrás da redesenhada Gare de Lyon, no 12º, e ao redor do Hôtel Lutétia e do Boulevard Raspail (6º-7º) eram altamente ornadas e decorativamente pitorescas.

Paris na virada do século era um dos maiores centros financeiros do mundo. O capital era mobilizado para construir ferrovias russas e infraestrutura nas colônias, assim como residências burguesas de alto nível na cidade. Mas os interesses financeiros eram menos efetivos quando se tratava de prover acomodação para as classes operárias parisienses: ali simplesmente não havia lucros a serem realizados. Os princípios do laissez-faire no cerne da ideologia da Terceira República inibiram o desenvolvimento pelo governo de habitações de fins sociais para pessoas de baixa renda. Na verdade, o único passo que o governo deu nessa direção foi encorajar empreendimentos privados e filantrópicos. As operações sem diretrizes do mercado habitacional privado demonstraram-se extremamente deletérias para os trabalhadores da cidade. Havia uma variedade incrível na qualidade e no design dos conjuntos habitacionais, bem como na oferta de serviços. Pesquisas municipais indicaram que, às vésperas da Primeira Guerra Mundial, cerca de 43% dos parisienses moravam em conjuntos habitacionais superlotados e insalubres. A municipalidade viu-se compelida a identificar vários adensamentos populacionais de Paris como *îlots insalubres* (blocos insalubres), selecionados para medidas de saúde pública. Na realidade, só depois da guerra essas zonas passaram a receber atenção.

10.2: *Îlot insalubre numéro 16*

A noção do *îlot insalubre* – bloco residencial urbano ou conjunto de blocos designados como de risco à saúde pública – era a de uma nota promissória para a renovação urbana. A ideia era que os distritos com essa designação deveriam ser isolados para importantes reformas sanitárias, inclusive ampla reconstrução. Embora essa categoria tenha se originado na virada do século XX, demorou meio século até que se estimulasse a adoção de medidas sistemáticas nos *îlots insalubres*. Para a maioria deles, a promessa permaneceu não cumprida até os anos 1960, quando se tentou nova abordagem.

A preocupação crescente com questões de saúde pública nas partes mais pobres e carentes da cidade antes da Primeira Guerra Mundial havia sido exacerbada por pesquisas sugerindo que habitações pobres e superlotadas causavam altos índices de tuberculose. Em 1906, uma resolução municipal propôs a demolição de seis dessas áreas com taxas de tuberculose assustadoramente elevadas. A guerra impediu a implementação da ideia de erradicar os îlots insalubres. Após 1918, quando a ideia voltou à tona, em torno de dezessete dessas áreas, compreendendo cerca de quatro mil prédios, receberam essa designação. Elas cobriam 3% da área de Paris, mas 6% dos parisienses habitavam nelas. Nada menos que uma epidemia de peste bubônica em um dos îlots, nas imediações da Rue Championnet (17º), conduziu à sua demolição instantânea e subsequente reconstrução. Mas a falta de verbas impediu que algo comparável a isso acontecesse em outros lugares.

Outro ponto complicador era o fato de que a municipalidade reconhecia que certos îlots situavam-se em prédios de valor histórico. Era esse o caso, por exemplo, dos îlots número 1, que cobria o Plateau Beaubourg (3º-4º; localizado no atual Centro Georges-Pompidou); número 3, cobrindo boa parte da margem esquerda defronte à Île de la Cité até a Place Maubert (5º); e número 16, área no Marais que ia desde o rio Sena até a Rue Saint-Antoine. A imigração recente para este último distrito de grande número de judeus do Leste europeu imprimira-lhe características muito distintas; fazia parte do Pletzl, área judaica de trabalho árduo no ramo do vestuário.

Essas três áreas tiveram destinos diferentes no decurso do século XX, que iluminaram tanto a lentidão quanto a incoerência da política parisiense de planejamento até as décadas de 1950 e 1960. O Plateau Beaubourg, em primeiro lugar, passou por completa demolição no começo dos anos 1930. Mas o estado da economia nacional e das finanças municipais não permitiu a reconstrução, e a área permaneceu um espaço aberto desorganizado – até seu vazio e sua localização central chamarem a atenção do presidente Georges Pompidou, que planejava construir um centro artístico internacional. Surgia o Centro Georges-Pompidou. Na outra ponta do espectro, o îlot insalubre número 3 encontrava-se simplesmente abandonado, e de fato permaneceu um centro deplorável de condições precárias de habitação (embora o escritor americano Elliot Paul tivesse conseguido descrevê-lo de modo a parecer encantadoramente folclórico em fluente relato sobre a vida na Rue de la Huchette nos anos 1920). Por volta de 1960, as residências ali eram arrematadas por agentes imobiliários para yuppies boêmios que apreciavam a cor local. A área permanece uma versão asséptica, quase fossilizada, de uma rua medieval (com habitações medievais e tudo, de fato, ao longo da Rue Galande).

A história do îlot insalubre número 16 jaz em lugar intermediário entre esses destinos de extinção (número 1) e fossilização (número 3). Seu destino foi ambíguo e, por isso, permanece a mais típica dessas áreas insalubres. Apesar de alguns toques haussmannianos no final do século XIX – mais precisamente a construção de um quartel na Rue Lobau e a criação do Liceu Charlemagne atrás da igreja de Saint-Paul –, a área manteve a conformação de rua medieval e a maior parte dos prédios, que em sua maioria datam desde em torno de 1650 até princípios do século XIX. Devido à necessidade do Hôtel de Ville de prédios nos quais pudesse expandir seus serviços, a partir dos anos 1920 e até os primeiros anos da década de 1960, invariavelmente, pretextos de saúde pública foram usados para justificar demolição, reconstrução e remanejo de finalidade. A área perdeu espaço residencial de considerável interesse histórico para blocos comerciais, não obstante as reclamações da Commission du Vieux Paris. "Há casos", observou-se em 1939, "em que a conservação excessiva de casas velhas é um crime social." Em 1941, decidiu-se adotar um programa radical de demolição.

Entretanto, uma lei criada no regime de Vichy em 1942 estabeleceu que o ar pitoresco e o valor histórico do bairro como um todo poderiam ser considerados motivos válidos para a sua conservação – importante ruptura das políticas estatais cuja tendência era até então se fixar na derrubada de prédios adjacentes aos monumentos históricos. Porém, o regime de Vichy não cumpriu o prometido nesse setor; na verdade, endureceu a política de demolição por motivos sanitários. Além disso, devido às políticas antissemitas na Paris ocupada, tornou-se fácil para os planejadores urbanos tomarem conta das propriedades pertencentes ou alugadas por judeus, que ou haviam abandonado suas casas ou estavam sem condições de resistir. A demolição iniciada em 1942 compreendeu um número bem maior de imóveis do que o número originalmente planejado, inclusive áreas que não impunham quaisquer riscos à saúde pública.

Em 1944, um grupo de intelectuais e escritores ativos em Paris – incluindo Colette, Valéry, Mauriac, Giraudoux, Cocteau, Gallimard e o compositor Poulenc – redigiu uma carta coletiva ao marechal Pétain "defendendo e apoiando a beleza de Paris". Isso conteve a plena implementação do plano de demolição, e, depois da guerra, ele foi abandonado. Deixou, contudo, o terreno livre para gananciosos empreendedores imobiliários e um conselho municipal expansionista, assim como para saqueadores do comércio de antiguidades. Embora os edifícios históricos mais significativos da área, o Hôtel de Sens e o Hôtel d'Aumont, tivessem sido restaurados, muitos prédios históricos se perderam num descontrolado vale-tudo. Grande parte da histórica Rue Geoffroy-l'Asnier se perdeu, enquanto parte do Quai des Célestins foi demolida entre 1959 e 1964 e o terreno foi utilizado na construção de uma Cité des Arts para artistas estrangeiros – boa ideia materializada num desastre arquitetônico. Virtualmente todas as novas construções não apresentavam distinção arquitetônica alguma; muitas eram simplesmente horríveis. A essa altura, porém, a ideia do îlot insalubre soçobrara. Dos dezessete îlots insalubres designados após a Primeira Guerra Mundial, só três receberam melhorias dignas de nota. A partir daí, Paris seria desenvolvida em ZACs (*zones d'aménagement concerté*) e zonas semelhantes.

Nessa fase de renovação urbana pós-1945, a aparência externa dos prédios era preservada também pela prática de limpar e reformar os interiores de muitos blocos residenciais sem decorar ou mesmo restaurar as fachadas. Mas de várias maneiras a experiência na área fora sombria. Muitos itens de valor histórico foram perdidos, e o aspecto do bairro foi modificado para sempre. Uma pessoa bastante otimista poderia argumentar que a experiência do îlot insalubre número 16 havia sido uma experiência redentora. Fornecendo ao governo e à opinião pública uma lição de como *não* conservar áreas históricas, lançou os fundamentos de uma legislação conservacionista bem mais eficiente, a lei de Malraux de 1962, que possibilitou a realização de um trabalho bem melhor no restante do Marais.

As condições de vida da classe trabalhadora eram piores nos arrondissements externos do norte e do leste do que em qualquer outro lugar da cidade, mas nos subúrbios a situação era ainda mais crítica. Por exemplo, em Saint-Denis, cerca de 58% dos *banlieusards* viviam em moradias insalubres, e esse número subia para 62% em Saint-Ouen e 65% em Aubervilliers. Nove entre dez casas de Paris tinham água encanada; em muitos setores da *banlieue* essa situação mudava para entre um quinto e um terço. Uma em cada quatro casas parisienses tinha banheiro privativo – além das fortificações esse número caía pela metade. Em adição a isso, além do cinturão industrial adjacente à linha das fortificações, desenvolvia-se uma segunda "coroa" externa de subúrbios, onde a situação era ainda pior. Por exemplo, na virada do século XX, Bobigny, a leste da cidade, não tinha hospital nem instalações de saúde, não tinha delegacia nem água corrente, não tinha sistema de esgotos nem fornecimento de eletricidade. O gás era suficiente apenas para suprir uma deploravelmente precária iluminação das vias públicas.

O atendimento em transporte e em comunicações na periferia também era desconsiderado. Pela primeira vez na história de Paris, a maioria da população trabalhava num bairro diferente do que residia – e esse fenômeno era particularmente evidente na periferia. Certos subúrbios, em especial aqueles da "coroa" externa, como Bobigny, consistiam de fato em cidades-dormitório para pessoas que trabalhavam em Paris. O número de passageiros partindo da *banlieue* a Paris em 1869 era de três milhões; em 1900 chegou a quarenta milhões; e em 1913 elevou-se para 120 milhões. Em meados do século XIX, os *banlieusards* estiveram à mercê de companhias de transporte público com carruagens, que em geral consideravam pouco lucrativos os percursos rumo às áreas de trabalhadores pobres, e de companhias ferroviárias cujo foco eram viagens de longo percurso. As companhias de bonde foram mais responsivas: por volta dos anos 1880, havia linhas até Saint-Denis, Gennevilliers, Suresnes e Pantin, ao norte, e Charenton, Ivry e Clamart, ao sul. Porém, a viagem diária ao trabalho era dificultada, pois nenhum esforço era feito para levar o novo metrô até a periferia. Na verdade, apesar do espalhafato em torno da abertura do metrô em 1900 e de seu sucesso incontestável, ele não era tão integrado ao transporte existente em Paris como seria desejável, tornando o transporte a distâncias maiores uma verdadeira provação. As linhas do metrô não se conectavam com as do serviço ferroviário nacional. Os trens até mesmo corriam em direções opostas e, de modo deliberado, os túneis do metrô foram construídos muito pequenos para comportar os trens normais. Além disso, o impressionante aumento no número de usuários do metrô logo deixou uma coisa desapontadoramente clara: o novo serviço falhara em retirar o trânsito das ruas. Parecia apenas ter estimulado maior mobilidade entre os parisienses, criando problemas adicionais de transporte.

A haussmannização fora um tanto desastrosa ao incrementar a mobilidade viária. Apesar do compromisso do barão com a estética da rapidez e da mobilidade, defeitos conceituais resultaram numa colheita amarga a seus sucessores. A ligação entre os terminais ferroviários era precária; as conexões com a periferia, mais precárias ainda; os bulevares retos despejavam o tráfego velozmente em cruzamentos causando enormes engarrafamentos. O metrô atraiu realmente os passageiros dos bateaux-mouches, resultando no declínio do transporte fluvial de passageiros – o que, por sua vez, obrigou muitos usuários dos barcos a procurar meios alternativos de transporte. (O serviço de bateaux-mouches passou a uma curadoria antes de ser ressuscitado em 1937 na forma de uma bem-sucedida operação turística.) De acordo com estimativas, havia 23 mil veículos nas ruas de Paris em 1819, 45 mil em 1891 e 430 mil em 1910. Mas se os carros representavam a novidade do *fin de siècle*, o meio mais característico de transporte era a carruagem puxada por cavalos, e o odor público mais característico do *fin de siècle* era o de esterco equino. Em 1900, só as empresas de transportes tinham cerca de dezesseis mil cavalos, muitos deles em péssimo estado, expostos a quedas nas ruas escorregadias devido à chuva. Mas a era do cavalo estava com os dias contados: os veículos de transporte público tracionados por cavalos saíram de circulação em 1913. No começo da guerra, bondes movidos a vapor e (a partir de 1900) a eletricidade eram o meio de transporte mais comum, assim como ônibus e automóveis, introduzidos em 1907. Tentativas foram feitas para impor certa ordem nessa coleção anárquica. Haussmann impusera o tráfego pela direita nos bulevares e, antes da Primeira Guerra Mundial, Louis Lépine, seu sucessor no cargo de chefe do departamento, estabeleceu a preferência de quem vem pela direita. Em 1910, introduziu-se a primeira rua de mão única. Semáforos surgiriam apenas em 1923.

À era dourada do cavalo seguiu-se a era dourada da bicicleta. Por volta de um quarto de milhão delas cruzavam-se pelas ruas parisienses no começo da guerra. Saudadas como promotoras da liberdade pessoal, as bicicletas ainda eram relativamente caras. Só mesmo a pobreza e as hemorroidas eram capazes de inibir o seu uso, como um sábio observou.[11] Mas as principais fortalezas da classe trabalhadora, como Ménilmontant e Belleville, tinham topografia acidentada, o que somado ao preço alto tornava a bicicleta mais uma conveniência burguesa do que uma liberdade proletária.

Devido às injustiças sofridas por eles, inclusive o acesso precário a transporte decente, os trabalhadores na periferia eram mais e mais atraídos pelos movimentos políticos de esquerda, em especial o socialismo, o unionismo militante e o sindicalismo revolucionário. Os partidos de esquerda atuaram para isso. Panfletos socialistas em Bobigny em 1910 alegavam que os trabalhadores haviam sido expulsos de Paris pelos aluguéis altos apenas para encontrarem "transporte absurdamente precário, ruas esburacadas, iluminação insuficiente, montes de lixo, falta de água potável e inexistência de escolas [adequadas]"[12] – o que não era tanto exagero assim. A burguesia de Paris, por sua vez, logo estaria expressando inquietude pelo fato de a cidade estar progressivamente sendo circundada por uma *ceinture rouge* – uma "cinta" ou "cinturão vermelho" de locais carentes que abrigavam anarquistas e criminosos. Jornais sensacionalistas aproveitavam-se desse medo, fabricando pânico moral sempre que possível. Motivo constante de pavor eram os chamados *apaches* (violentos criminosos juvenis) de Belleville, de Montmartre e da periferia industrial. "Eles desrespeitam a lei sem pestanejar", observou chocado *Le Petit Parisien.*[13] Em 1911, a gangue de Bonnot deu outro motivo de alarme: começou a assaltar bancos usando armas automáticas e carro de fuga. Até mesmo os criminosos da cidade pareciam arrebatados pela modernidade de Paris.

A periferia não era o lugar em que visitantes e turistas queriam pensar. Diários de viajantes numa época em que Paris era destino turístico importante mostram os visitantes passando o tempo nos monumentos da cidade e nos bares e ambientes de vida regalada. Quando se aventuravam além das fortificações da cidade, era para ir a Versalhes ou Fontainebleau, não para ir aos subúrbios industriais. Em vez disso, os turistas – e mesmo a maioria dos parisienses abastados – centravam seus interesses na Paris apresentada pelos pintores impressionistas. Desde 1860, como vimos[14], esses artistas vinham oferecendo não apenas uma nova filosofia artística, mas também um novo conteúdo, a pintura da vida moderna. Porém, a vida moderna seria encontrada de modo invariável em locais onde a burguesia parisiense sentia-se feliz e não ameaçada – na verdade, no mundo do consumo, e não no meio caracterizado pela produção industrial.

Por volta dos anos 1890, é verdade, novas abordagens emergiam das bandas impressionistas. Alguns dos fundadores do movimento estavam se virando contra a Cidade Luz. As ruas agitadas de tráfego interminável e a excessiva rigidez da maior parte da paisagem urbana lhes causavam repulsa. Nos anos 1860, Renoir contentava-se em camuflar as características haussmannianas com ramos de árvores estrategicamente situados, mas agora ele censurava com raiva os edifícios parisienses, "frios e enfileirados como soldados numa revista de tropa". Ele deplorava a presença de "todas as máquinas modernas", enquanto Degas condenava "aquelas sujas carruagens sem cavalos".[15] Pissarro cunhou a expressão "digno da época da Torre Eiffel" para descrever o mau gosto inefável.[16] Certos pintores pós-impressionistas – que, inspirados nos impressionistas, procuravam ampliar a abordagem experimental no retrato da luz – pensavam parecido. Gauguin, por exemplo, preferia as paisagens singelas da Pont-Aven, na Bretanha, ou o exotismo da flora e da fauna do Taiti (onde se radicou a partir de 1891). Mas muitos de seus pares – pintores como Seurat, Signac, Cross e Toulouse-Lautrec – demonstravam atitude mais sutil em relação a locais a céu aberto. O veterano impressionista Pissarro, que se uniu aos pós-impressionistas, odiava os grandes magazines e a Torre Eiffel, mas entusiasmou-se com a energia e a mobilidade das ruas de 1890 e realizou uma série de pinturas soberbas dos bulevares de Paris. A famosa *Cena de Banho em Asnières*, de Seurat, situava-se no tipo de locação que os mestres impressionistas haviam pintado antes dele. Mas Seurat agora incluiu a fumaça das chaminés de Saint-Denis ao fundo. Entretanto, dificilmente isso representava engajamento artístico com os problemas dos subúrbios. Na verdade, representava o tipo de *banlieue* pela qual o parisiense poderia interessar-se: na parede e não ao vivo e a cores.

Além do gosto por espaços abertos, os pós-impressionistas também apreciavam locais mais fechados e confinados que a burguesia parisiense poderia muito bem querer visitar ou explorar: bares, cafés, brasseries, cafés-concertos, teatros de variedades, circos, salões de baile, pistas de corrida, restaurantes – e bordéis. No mundo do consumismo retratado por eles, as mulheres com frequência representavam ou evocavam formas modificadas de encontros sexuais. As profissões das mulheres pintadas por eles – garçonetes, chapeleiras, vendedoras, lavadeiras, floristas e similares – eram conhecidas por abastecer o mundo da prostituição.

Assim, a "pintura da vida moderna" por impressionistas e pós-impressionistas muitas vezes denotava uma política sexista e classista um tanto retrógrada. Como um todo, representava uma mercadoria com a qual os parisienses se identificavam ou se alegravam por dela dispor. No começo do movimento, o meio artístico estabelecido empilhara montanhas de opróbrio sobre os impressionistas – o que lhes tornou difícil vender telas a preços decentes. Em 1880, o Estado retirou-se do Salão; evoluíram assim formas de julgamento artístico mais competitivas e menos mediadas. Negociantes de arte, em especial, exerceram importante papel na busca de compradores, promovendo exposições e contribuindo para influenciar o gosto do público. Novas condições de mercado reduziram o impacto dos julgamentos artísticos dos mandarins sobre o gosto do público, e isso abriu as portas para uma reavaliação dos impressionistas. A mal-afamada *Olympia*, de Manet, nem ao menos atingira o preço mínimo quando foi a leilão por ocasião da morte do artista em 1883. Pissarro tivera problemas financeiros antes de iniciar a série parisiense nos anos 1890: depois disso nunca mais precisou trabalhar. A grande retrospectiva da obra de Cézanne organizada em 1895 não foi unânime: o *Journal des Arts* atacou "a visão de pesadelo dessas atrocidades a óleo".[17] No geral, porém, a mostra triunfou e ajudou a elevar todo o movimento a um novo patamar comercial.

O surgimento de americanos (Rockefeller, J. P. Morgan, Whitney etc.) nesse mercado também fez os preços dispararem. Telas vendidas por menos de cem francos nos 1880 e começo dos 1890 agora atingiam milhares de francos. Com certa dificuldade, os impressionistas começaram até a marcar presença no Louvre (que, conforme Pissarro dissera a Cézanne em ocasião mais anarquista, deveria ser incendiado). Foram exibidas dezenove telas impressionistas na exposição de 1889; de modo significativo, em 1900 esse número subiu para 54.

Os impressionistas e os pós-impressionistas fizeram de Paris não só a sede do Modernismo artístico, mas também seu principal tema. Assim, artistas do mundo todo, ansiosos por explorar os limites de seu ofício, eram duplamente atraídos à capital francesa. Desejavam conhecer museus, estúdios, mestres, galerias e negociadores de arte – mas também cafés, teatros de variedades e *quais*. O número de artistas morando na cidade dobrou entre 1870 e 1914, época em que (burocratas franceses obcecados por cálculos poderiam alegar) havia mais artistas por metro quadrado do que em qualquer outro lugar do mundo. Paris descobriu nova leva de artistas para celebrar seus encantos – Vuillard, Dufy, Vlaminck, Utrillo, Bonnard e outros. Mas a cidade também deixou marca na vanguarda artística – termo que se tornava usual na época – mesmo quando essa vanguarda afastou-se da representação ao estilo impressionista. A Paris mitificada podia ser encontrada, por exemplo, nos empobrecidos artistas de rua pintados por Picasso, ou nos tíquetes do metrô, recortes de jornal e propagandas de lingerie, em sua fase posterior de colagens pré-Primeira Guerra Mundial. Em 1910-1911, Picasso e Braque buscaram desenvolver o Cubismo, pintando versões desarticuladas e desconstruídas da Sacré-Coeur. Robert Delaunay fez algo parecido com a Torre Eiffel. Os estilos podiam mudar; Paris permanecia. (E a *banlieue* continuava invisível.)

Portanto, o desenvolvimento do mercado modificou a arte parisiense e, por sua vez, a arte parisiense ajudou a modificar certa imagem da própria Paris e apresentou essa imagem ao deleite visual de um público bem maior. Assim, o comércio agressivo (a exemplo do testemunhado na Exposição Universal de 1900) deu a impressão de uma cidade consumindo a si própria e apresentou ao mundo externo a visão de Paris como centro de uma forma particular de modernidade. Literatura de todas as categorias – de alto nível, popular e boêmia – sustentava essa mensagem. As batalhas sobre o Impressionismo foram travadas em papel de jornal – e esse fato garantiu um público cada vez maior. A crescente alfabetização foi um fator fundamental na transformação de um modo de vida moderno e elegante em mercadoria cuja imagem pudesse ser apresentada para audiências mais abrangentes. A escolarização primária tornou-se compulsória em 1882, e o governo investiu pesado na construção de escolas (especialmente à medida que procurava limitar as atividades das

Toulouse-Lautrec, *No Salão da Rue des Moulins*

escolas privadas católicas). A alfabetização das massas tornou possível o triunfo do jornalismo popular. Por volta dos 1890, *Le Petit Journal*, com sua mescla de reportagens investigativas, relatos de crimes, romances de folhetim, fofocas de celebridades e ilustrações superara a tiragem de um milhão de cópias por dia; em 1914, *Le Petit Journal* e outros três dos principais jornais parisienses imprimiam um total de 4,5 milhões de cópias diárias.

A imprensa popular também exerceu importante papel na popularidade crescente do esporte organizado, outra forma de lazer e entretenimento à qual a imagem de Paris passou a ser indissoluvelmente conectada. O Tour de France ciclístico, por exemplo, que começava e terminava na capital, surgiu em 1903 a partir de uma tentativa do jornal esportivo *L'Auto* de aumentar as vendas. Lançar um evento esportivo em Paris era um modo garantido de alcançar o máximo de publicidade, além de certa legitimidade nacional. A corrida ciclística anual Paris-Rouen começara em 1869 e a Paris-Brest, em 1892. Logo surgiram ralis automobilísticos: Paris-Rouen, Paris-Brest (ambos em 1894) e Paris-Bordeaux-Paris (1895). A popularidade desses eventos, incitada pela cobertura dos jornais, estimulou também a emergência de estádios esportivos com perfil nacional na capital. Pistas de turfe – Longchamp, Auteuil, Vincennes – surgiram a partir dos últimos anos do Segundo Império. Além disso, o Vél' d'Hiv – ou o Vélodrome d'Hiver – foi construído em 1910 para ser palco de importantes eventos ciclísticos. Nos subúrbios, o Parc des Princes e o Stade Colombes foram inaugurados em 1897 e 1907 respectivamente para esportes coletivos. Em 1900, os Jogos Olímpicos – a segunda edição na era moderna – foram realizados na cidade em várias dessas arenas.

A publicidade desses ambientes esportivos – e de muitas coisas mais – era canalizada nos jornais e semanários, mas também em pôsteres. A descrição da propaganda feita pelo acadêmico marroquino Muhammad As-Saffar, em visita a Paris em 1845-1846 a faz soar estranhamente feita a mão e improvisada:

> Comerciantes escrevem papéis mencionando produtos e qualidades dos produtos, elogiando-os para que as pessoas queiram adquiri-los. O preço e o local também são mencionados. Então eles afixam esses papéis em muros por onde as pessoas passam, ou nos numerosos pequenos quiosques onde elas se distraem, ou nos pórticos da cidade (...) e em todos os lugares onde as pessoas se reúnem.[18]

A partir dos 1870, em contraste, novos melhoramentos técnicos revolucionaram a publicidade na forma de pôsteres produzidos em grande escala, de cores vivas e altamente estilizados. Os primeiros apoiadores do novo formato artístico o saudaram como um passo importante rumo à educação cívica: constituía, opinou um autor, "o leiloeiro público que se faz ouvir a cinquenta metros por meio do olhar".[19] Não demorou para se perceber que o pôster funcionava com mais eficiência em contextos comerciais do que cívicos. A ascensão do pôster de propaganda – proclamando com graça as virtudes das grandes lojas de departamentos, de comidas e bebidas, de moda feminina, de eventos esportivos, de entretenimentos populares e muito mais – tanto comprovou quanto estimulou a florescente e hedonista cultura de consumo orientada para os prazeres do dia a dia. Uma lei liberalizando a prática de colar cartazes promulgada em 1881 deu impulso adicional ao setor: em breve propagandas estariam decorando as ruas de Paris, desde muros até prédios, ônibus, homens-sanduíche, mictórios públicos e colunas Morris (essas colunas em formato de charutos permaneceram elemento duradouro no cenário urbanístico parisiense). A arte dos pôsteres tornou-se também um produto artístico, com suas próprias estrelas – Mucha, Toulouse-Lautrec, Chéret, Willette e outros. Os anarquistas difundiam informações sobre como cortar à navalha os pôsteres das paredes de modo a conseguir levar cor e alegria às monótonas casas da classe operária.

Outras mídias tanto apoiaram como se beneficiaram do impacto do papel de jornal e da publicidade. A Belle Époque constituiu-se o ponto alto do comparecimento dos parisienses ao teatro. Atrizes como Sarah Bernhardt tornaram-se nomes familiares. As plateias do teatro parisiense dobraram em número entre 1870 e 1890 – e então dobraram outra vez em 1910 e continuaram crescendo. Na época da Exposição Universal de 1900, meio milhão de parisienses ia ao teatro uma vez por semana, e metade de todos os parisienses ia ao menos uma vez por mês. A tecnologia telefônica recém se desenvolvia: a partir de 1882, iniciou-se a instalação de cabinas telefônicas públicas em Paris e região. De modo significativo, uma de suas primeiras utilizações foi o assim chamado "teatrófono", por meio do qual o usuário podia saber quais peças estavam em cartaz nos teatros dos bulevares. Além disso, em 1895, os adequadamente denominados irmãos Lumière haviam exibido imagens em movimento pela primeira vez. A Sorbonne foi anfitriã de uma das primeiras representações públicas da nova arte; havia uma consciência crescente do potencial da nova mídia como forma de pedagogia cívica. A partir de 1898, Pathé lançava o primeiro cine-noticiário, o *Pathé-Journal*, e em 1899 houve até mesmo um documentário sobre o caso Dreyfus. Entretanto, nesses anos pioneiros, os filmes se encaixaram mais tipicamente no existente mercado popular de dioramas, de espetáculos de lanterna mágica, de "peças-desastre" com efeitos especiais sensacionais e peças de enredo macabro da companhia Grand Guignol. Uma das primeiras aplicações dos filmes foi a publicidade. As primeiras propagandas em filmes datam de 1895; os produtos anunciados incluíam chocolate, cerveja, chapéus e espartilhos – todos muito Belle Époque. Em 1914, Paris ostentava 37 cinemas, a maioria nos bulevares.

Os bulevares, repletos de energia e de vitalidade, permaneciam os principais locais para o consumo das artes teatrais e espetáculos que formavam grande parte da imagem de Paris mundo afora. Neles situava-se a maioria dos teatros elegantes, assim como os cinemas da moda. Também eram o lar dos cafés-concerto. Surgidos na década de 1840, esses estabelecimentos ofereciam diversão noturna barata para as classes populares, que podiam beber socialmente, ouvir música leve, além de conferir certas atrações opcionais, desde mulheres de barba, animais adestrados e engolidores de fogo até o notório *Pétomane* (famoso por ser uma virtuose da flatulência). O café-concerto originou o ainda mais espetacular teatro de variedades. O Folies-Bergère surgiu em 1886, e o Olympia em 1893. Em 1889, inaugurou-se o Moulin-Rouge no Boulevard de Clichy (9º). Ele destacou (pode ser que a tenha inventado) a dança cancã, criando um inabalável clichê da Paris turística. Nos anos 1890, um escritor descreveu sardonicamente:

> as velhas senhoras britânicas e as jovens senhoritas, envoltas em peles quentes até mesmo em pleno verão, sentam-se sempre na primeira fileira para melhor averiguar a imoralidade das dançarinas francesas. Quando o espetáculo acaba, cobrem os rostos e comentam com adequada indignação: “Chocante!”.[20]

O surgimento na década de 1890 do striptease e da nudez em números de dança deram à indústria de entretenimento da cidade o apelo adicional a uma forte corrente de turismo sexual. Como o fizeram os inúmeros prostíbulos da cidade.

Outro formato de lazer que deve algo ao café-concerto e algo ao café literário evoluiu na década de 1880, quando o pintor Rodolphe Salis estabeleceu um clube noturno em sua galeria no Boulevard de Rochechouart (9º). O local atraiu ampla gama de artistas assim como poetas e músicos em busca de afirmação. A administração do Chat Noir publicava um jornal literário homônimo, e as performances noturnas do clube incluíam números literários, musicais e humorísticos. Em 1895, o clube mudou-se para uma via próxima, a Rue Victor-Massé, mas o empresário Aristide Bruant assumiu o antigo local e instalou ali seu próprio cabaré, o Mirliton, que se tornou o mais famoso de todos. As performances do Mirliton abrangiam uma variedade de números, carregados de sátira e tolice premeditada, com uma ligação sentimental a *le Vieux Paris* e pitadas de ataques políticos sobre paisagistas urbanos e políticos corruptos. Esses ambientes possibilitaram o amálgama das vanguardas literárias e artísticas. Erik Satie tocava piano no Café Nouvelle-Athènes, frequentado por Zola, Renoir, Toulouse-Lautrec, Huysmans e Degas nos anos 1870. O Lapin Agile, na Rue de Saules, recebeu novo ânimo ao ser assumido por Bruant em 1903. Até 1914, seria frequentado por uma massa heterogênea, que incluía o pintor

Picasso, os poetas Guillaume Appolinaire e Max Jacob, além dos romancistas Francis Carco e Roland Dorgelès. A burguesia gostava de gastar tempo nesses locais artísticos, pelos quais o bairro Montmartre granjeou fama.

Montmartre também era o lar de uma subcultura artística emergente. As forças sociais desatreladas por Haussmann tornaram difícil aos pintores e escultores em ascensão arcar com as despesas dos caríssimos novos bairros. De fato, o Quartier Latin manteve seu charme mal-afamado e atraente, mas na margem direita os pintores buscaram tocas fora do circuito dos bulevares. Com os novos bulevares, o acesso a Montmartre – e, mais tarde, a Montparnasse (que às vésperas da guerra começava a suplantá-lo) – tornara-se fácil; além disso, o perfil dos prédios lá construídos não era tanto o dos *immeubles de rapport*, de modo que os aluguéis eram baratos e os espaços, disputados por artistas procurando estúdios. Montmartre havia sido um dos últimos baluartes da Comuna, e a proximidade com importantes estações ferroviárias conferia-lhe uma atmosfera ao mesmo tempo cosmopolita e radical. Essas características combinavam-se estranhamente com a ambientação de aldeia de um bairro que mesclava a Sacré-Coeur e os últimos moinhos de vento de Paris.

10.3: Sacré-Coeur de Montmartre

Na percepção dos parisienses, com frequência, a basílica do Sacré-Coeur (Sagrado Coração) lá em cima da colina de Montmartre rivaliza com sua contemporânea aproximada, a Torre Eiffel. Não é uma rivalidade amigável. A criação da Torre Eiffel na margem esquerda, inaugurada na Exposição Universal de 1889 em comemoração ao centenário da Revolução Francesa, destaca o progresso tecnológico e os valores republicanos. A Sacré-Coeur, em contraste, era o produto de uma promessa religiosa feita após o *année terrible* de 1870 e um monumento enfaticamente clericalista.

O culto do sagrado coração originara-se na abadia de Montmartre durante os últimos estágios da Contrarreforma, e os rebeldes camponeses contrarrevolucionários usavam um símbolo do sagrado coração em Vendée nos anos 1790. Na maior parte do tempo da construção da basílica (consagrada finalmente apenas em 1919) era encarada como um monumento expiatório e explicitamente contrarrevolucionário, "uma cidadela da superstição", nas palavras de um político da Terceira República. Todavia, a decisão de construir esse monumento partira da Assembleia Nacional da República em janeiro de 1871, como forma de reparação ao *année terrible*. Não havia nada de novo num compromisso religioso desse tipo: por exemplo, a restauração dos Bourbon de 1815 presenciara vários gestos parecidos de expiação. Porém, quando a maioria conservadora da Assembleia comprometeu-se com a ideia de situar a nova basílica num local tão visível como Montmartre, havia ocorrido o episódio da Comuna. A maioria dos republicanos radicais, por consequência, considerou que o apoio a um monumento expiatório estava sendo manipulado pela Direita clerical. O arcebispo de Paris, feito refém pelos communards, acabou assassinado por eles nos terríveis eventos da Semana Sangrenta. E Montmartre havia sido um dos primeiros e também um dos últimos refúgios da Comuna.

Se o projeto da basílica do Sacré-Coeur tivera originalmente a bênção de decreto legislativo, a basílica não pôde contar com fundos estatais para a sua construção. De fato, os quarenta milhões de libras necessários para a sua construção vieram de doações privadas de dentro da Igreja, o que tornou a basílica o emblema de uma ampla campanha em prol da ordem moral no âmbito da vida francesa. A ausência de apoio estatal deu ao comitê organizador maior latitude na escolha do design. Eles escolheram provavelmente o mais bizarro dos projetos submetidos. O arquiteto responsável, Paul Labadie, estivera um tempo envolvido na restauração da igreja romanesca de Saint-Front, em Périgueux. Ele enxertou numa base romanesca o estilo neobizantino, igualmente estranho a Paris. Abóbadas não faltavam a Paris: em estilo italiano (o Hôtel des Invalides, o Institut de France etc.) e neoclássicos (em especial o Panthéon). Mas nenhum desses se parecia com a abóbada da basílica do Sacré-Coeur.

Ao longo dos séculos, a maioria dos prédios parisienses havia sido construída com calcário (*pierre de Paris*) e gesso calcinado de Paris extraídos dos arredores da cidade (inclusive das cavernas de Montmartre). Essas reservas esgotaram-se em meados do século, e tomou-se a decisão de construir a Sacré-Coeur com pedras de Château-Landon, em Seine-et-Marne. Essa pedra é mais branca que o calcário – e, de fato, com o tempo fica ainda mais branca. Assim, a basílica não apenas tem um perfil altamente não parisiense, como sua cor não é de Paris. Sua palidez provou-se impossível de imitar ou igualar.

Entretanto, esse monumento em essência não parisiense vem se tornando tão parisiense quanto a rival laica – a igualmente inimitável – Torre Eiffel. O turismo de massa e o marketing moderno foram os responsáveis por essa metamorfose. A revolução dos meios de transporte que trouxe milhões para a Torre Eiffel possibilitou também a emergência do turismo espiritual. O sucesso de Lourdes nesse período demonstrou que as peregrinações individuais feitas a pé estavam sendo substituídas por peregrinações coletivas em vagões de trem. Os organizadores da basílica do Sacré-Coeur utilizaram a mídia de forma inteligente, produzindo um Bulletin du Voeu National (Boletim da Promessa Nacional) mensal para colocar os fiéis ao par do andamento das obras, além de estimular visitas e oportunidades de serem nomeados. Os peregrinos eram instados a deixar uma oferenda votiva (objeto simbolizando a realização de uma promessa) na forma de uma pedra personalizada para a construção da basílica. Vendedores autorizados no local também forneciam uma variada gama de souvenires religiosos: medalhas, colares e cartões de orações.

O compromisso assumido pelos organizadores da basílica com o culto ao dinheiro não previra as consequências nas imediações da basílica. Antes de sua incorporação a Paris em 1859-1860, Montmartre era um vilarejo independente. Fora de moda e barato, atraíra colônias de artistas desde os 1880 até a Primeira Guerra Mundial, e em torno dessas colônias emergiu uma importante indústria de lazer. A população de seis mil habitantes em 1851 subiu para mais de duzentos mil habitantes em 1886. Os turistas espirituais que vinham à basílica do Sacré-Coeur podiam satisfazer apetites mundanos nos bares, cabarés e cafés do distrito. Ao pé da colina da basílica, situava-se o distrito de luzes vermelhas Pigalle, com suas espeluncas suspeitas e seu meio ambiente criminoso. Mais perto da basílica, ficava a Place du Terre, direcionada ao público interessado em arte, que se tornou importante chamariz ao turista sequioso por cultura. Além disso, o Bateau-Lavoir, na Rue Ravignan, antiga fábrica de piano transformada em colônia de artistas, tornar-se-ia o cadinho em que o Cubismo seria moldado. Picasso pintou *Les Demoiselles d'Avignon* ali, e Van Dongen, Suzanne Valadon, Braque, Modigliani, Vlaminck e Dufy estavam entre os moradores. Muitos desses artistas – mais Utrillo, outro morador de Montmartre – usariam o pacato ambiente de aldeia do distrito como tema de suas telas. Ali, a população de galinhas e de ovelhas provavelmente ainda superava a de artistas (mas não por muito tempo) e os moinhos de vento ainda giravam, mas o cultivo das videiras, uma das bases econômicas locais, soçobrara. Seria necessário um esforço especial dos "Amigos do Velho Montmartre" em 1932 para criar o vinhedo existente na Rue Saint-Victor (18º). O tema do *Vieux Montmartre* – mesclando de forma curiosa a basílica do Sacré-Coeur com moinhos de vento, parreirais, recordações artísticas e locais de lazer – imbricar-se-ia à noção de *le Vieux Paris* como importante mobilizador do turismo de busca das origens.

A vitalidade do meio artístico de Montmartre comprovava a força e a diversidade da vida cultural parisiense na virada do século. Vimos como as Exposições de 1889 e 1900 ofereceram espaço para que as ansiedades sociais, culturais e políticas pudessem ser deixadas de lado numa demonstração espetacular de unidade nacional. Nesse período, o crescimento das indústrias do lazer e de entretenimento teve resultado similar, dando aparência branda e harmônica a uma sociedade rachada por divisões. A partir de 1914, entretanto, a sociedade parisiense passaria por um teste de natureza distinta – em vez de lazer em massa, guerra em massa. A Grande Guerra – a Primeira Guerra Mundial, como seria chamada – aniquilaria as prósperas bases econômicas que alicerçavam o mito da Belle Époque. Posteriormente, muitos apagariam da memória as divisões, as tensões e as ansiedades do *fin de siècle* e expressariam a nostalgia com liberdade e sem pudor.

No primeiro momento, o início da guerra contra a Alemanha pareceu dissolver as ansiedades e colocar as tensões sociais, políticas e culturais em compasso de espera. O assassinato do conhecido socialista Jean Jaurès num café parisiense às vésperas da declaração de guerra eliminou um importante líder da Esquerda, que poderia ter evitado uma quase açodada entrada na guerra. Com as divisões postas de lado, declarou-se uma "união sagrada" (*union sacrée*) em torno daquilo que se imaginava com toda confiança ser uma guerra curta. Assim como acontecera com as exposições, a Primeira Guerra Mundial, em vez de dissipar, contribuiria para realçar, exacerbar e complicar as tensões.

Paris era a capital mais perto do front de batalha – e o tombo veio quase de imediato. Os alemães invadiram a Bélgica e marcharam com celeridade rumo à capital francesa. Em 2 de setembro de 1914, o governo fechou a bolsa de valores e a transferiu para Bordeaux, levando junto todo o ouro encontrado nos cofres do Banque de France. Houve a convocação para o serviço militar de cerca de 35 mil homens em idade capaz de empunhar armas; um número ainda maior de habitantes fugiu da cidade. O influxo de refugiados das áreas invadidas no norte da França aumentou a confusão. A cidade ficou sob o comando militar do general Gallieni, veterano de várias campanhas na África. Ele administrou a expectativa de um cerco alemão com imensa coragem, enquanto a batalha de Marne (4-10 de setembro) desenrolava-se a apenas oitenta quilômetros da capital. O fogo pesado da artilharia naquele front podia ser ouvido em Paris. Em 7-8 de setembro, o general Joffre empreendeu poderoso ataque contra o flanco mais vulnerável das ameaçadoras forças alemãs. Com os veículos militares já cumprindo missões em outros locais, Gallieni requisitou a frota de táxis de Paris para fazer o transporte de cerca de quatro mil homens ao front para o grande ataque (segundo consta, os taxistas cobraram a corrida).

A França prevaleceu, e os alemães recuaram. Por volta do Natal de 1914, a guerra de movimento transformara-se numa guerra estática, e as escaramuças atolaram-se – com frequência literalmente – num sistema de trincheiras que ia desde o Canal da Mancha até a fronteira com a Suíça.

Sem demora, o governo voltou a Paris, em dezembro de 1914. A vida retornou a um estado bastante tolerável durante a maior parte da guerra. Não chegou perto da árdua situação que os parisienses enfrentariam entre 1940 e 1944. Mas não era Belle Époque. O desejo do governo de manter o ânimo oscilava entre o desejo puritano de mobilizar a cidade inteira em torno do esforço de guerra e a compreensão mais sóbria de que, para manter o ânimo da população, a vida teria de prosseguir ao longo de caminhos aparentemente normais. A tarefa não era nada fácil, devido à súbita absorção pelo exército de mais de um terço da mão de obra. Muitas lojas de artesãos e pequenas empresas tiveram de fechar, enquanto a fuga de capital e a mudança de não combatentes para fora da cidade causaram queda brusca na demanda por muitos bens manufaturados. A maioria dos museus fechou, e o Grand Palais virou hospital militar. Nos primeiros anos, a inflação teve impacto muito forte, em particular porque, embora os salários aumentassem, normalmente esse aumento vinha depois do aumento dos preços dos produtos básicos. Todavia, ao menos havia trabalho, especialmente quando o governo, a partir de 1915, passou a exercer papel mais proeminente na mobilização da indústria para o esforço de guerra. De fato, Paris situava-se em local estratégico para apoiar o front ocidental. Sua proximidade geográfica com o teatro de operações dos conflitos era uma vantagem importante, pois permitia a rápida transferência de pessoal e material. O fato de que o sistema viário e a rede ferroviária eram tão intensamente centralizados em Paris também representou um trunfo estratégico. Além disso, o foco da periferia na indústria pesada (somada ao fato de que as empresas rivais do leste e do norte da França estavam agora em mãos inimigas) indicava que os industriais parisienses estavam em excelente posição de responder ao desafio da guerra plena.

A Primeira Guerra Mundial, assim, reforçou de forma maciça as tendências da geografia industrial da região. Confirmou-se o declínio da indústria leve, em especial a têxtil, dentro dos vinte arrondissements, enquanto a indústria pesada de larga escala, sediada na periferia, caminhava a passos sólidos. A indústria automobilística direcionou-se quase toda para a produção bélica. A força de trabalho da Renault em Boulogne-Billancourt cresceu de quatro mil para 22 mil operários, e começou a produzir não só veículos militares, mas também bombas, canhões e (a partir de 1917) tanques. Em 1915, o industrial André Citroën assinou um contrato com o governo para a produção de um milhão de balas de canhão; até o fim da guerra, sua fábrica bastante ampliada produzira mais de 24 milhões. Aspecto relevante nessa expansão foi a crescente participação da mão de obra feminina, acentuando as tendências de antes da

Soldados franceses na época da mobilização, em agosto de 1914

guerra. Com tantos homens no exército, as mulheres agora podiam ser motoristas de ônibus e funcionárias do metrô. A gama de empregos em que atuavam aumentou com o passar do tempo, e elas acabaram exercendo papel crucial na indústria pesada. Cerca de um quarto da força de trabalho da Renault era feminina, e a proporção era ainda mais alta em muitas fábricas de munição.

O trabalho feminino – além de um crescente, apesar de ainda bem limitado compromisso governamental com políticas assistenciais, bolsas familiares e assim por diante – permitiu às famílias parisienses, afetadas pela ida ao front de batalha dos principais provedores, sobreviver face à inflação galopante. A decisão inicial do governo de congelar o preço dos aluguéis teve importância especial a esse respeito. O principal problema agora era a falta de produtos básicos causada pela desarticulação da economia. A resposta do governo foi enveredar no caminho do controle e racionamento da comida, em especial a partir de 1917. O açúcar e o carvão foram os primeiros a serem racionados, seguidos pelo pão em 1918. De fato, o preço do pão foi congelado a um nível acessível ao longo da guerra, em parte devido à proibição de assar guloseimas. Os parisienses tiveram de passar a guerra sem comer croissants. Os cafés também tiveram de servir café sem leite, enquanto os restaurantes eram pressionados a servir carne só duas vezes por semana e a privilegiar o uso de margarina em vez de manteiga. O Mardi Gras* foi cancelado em meio a essa onda de austeridade. A municipalidade tentou fazer sua parte em relação aos necessitados, fornecendo carvão e batatas de graça nos piores meses do inverno. Mas não foram apenas os indivíduos com dinheiro de sobra que se engajaram no florescente mercado negro. Qualquer parisiense com um primo no interior capaz de fornecer produtos adicionais e difíceis de encontrar no mercado era instantaneamente tomado como amigo. Muitas famílias suplementavam a ingestão de alimentos iniciando cultivos domésticos – havia cerca de dez mil hortas na região de Paris em 1918. O fato do nível de saúde dos parisienses não ter sofrido deterioração severa em consequência das privações de guerra indica que a variedade de circunstâncias e estratégias em jogo no abastecimento de comida teve razoável eficiência. As autoridades de saúde pública assumiram o desafio das condições de guerra com grande disposição e conduziram campanhas enérgicas de vacinação contra varíola. Apesar da febre tifoide em 1914-1915 e da escarlatina em 1915, a ausência de epidemias de varíola nesses anos resultou em estatísticas relativamente toleráveis de mortalidade infantil. A pior epidemia da década, a da gripe espanhola de 1918-1919, ocorreu após a assinatura do armistício. A vulnerabilidade à doença não dependia do estado nutricional.

Entretanto, as dificuldades econômicas não deixaram de provocar reações sociais. No começo, enquanto ainda funcionava a magia do mantra da

* Literalmente, "terça-feira gorda"; terça-feira de Carnaval. (N.T.)

union sacrée, as greves eram relativamente raras. Mas, por volta de 1917, o ânimo popular encontrava-se afetado não só pelo aumento na escassez de produtos e pelos preços altos, mas também porque a guerra estava indo de mal a pior. No front oriental, a aliada francesa Rússia entrara numa era de revolução que a retirou do conflito internacional. No front ocidental, houve motins das tropas francesas contra matanças em massa aparentemente estúpidas. Essas foram contidas pela ação severa e eficiente conduzida pelo general Pétain, transformado em herói nacional por seu papel na batalha de Verdun em 1916. Mas a preocupação do governo de administrar as notícias acabou sendo um tiro que saiu pela culatra, gerando dúvida em vez de confiança no meio do povo. A censura era com frequência enfática – em abril de 1915, por exemplo, cartomantes foram proibidas formalmente de fazer más previsões. Por outro lado, a propaganda do governo era invariavelmente tratada como *bourrage de crâne* (lavagem cerebral). Circunstâncias propícias para o surgimento da sátira política: *Le Canard Enchaîné* – depois de quase um século, ainda o principal jornal satírico da França – foi criado em 1916.

O ânimo parecia enfraquecer à medida que a conjuntura econômica se degradava. As mulheres podiam ser tão militantes quanto os homens nas lutas trabalhistas. As costureiras de Paris entraram em greve em janeiro de 1917, seguidas pelas trabalhadoras das fábricas de munições – as *munitionnettes*. Ao longo da primavera, a onda de greve se espalhou entre os homens e outras indústrias. A construção civil, os correios, o funcionalismo público municipal e as indústrias de gás foram todos afetados. Uma onda adicional de greves aconteceu na primavera de 1918, envolvendo até duzentos mil trabalhadores.

Em 1918, outros desenlaces também estavam testando a determinação dos parisienses. Com exceção de poucos ataques aéreos em 1914-1915 e do rápido bombardeio pelo Zeppelin em 1916, a cidade havia sido poupada pelas bombas. No começo de 1918, porém, Paris tornou-se alvo de impiedoso bombardeio, em associação aos constantes tiros do Grande Bertha – canhão alemão de longo alcance – fato que incidentalmente deixou clara a obsolescência tecnológica da muralha Thiers. Na Sexta-feira Santa de 1918, uma das cargas do Grande Bertha atingiu a igreja de Saint-Gervais, no Marais (4º), causando a queda do telhado e a morte de mais de cinquenta pessoas. Se o objetivo desse bombardeio era erodir o ânimo, provavelmente não foi alcançado, pois endureceu as atitudes francesas contra os "boches" (denominação insultante dada aos alemães em 1914). A liderança impetuosa e tenaz do primeiro-ministro Georges Clemenceau também se fortaleceu nesse período, que se provaria precursor de uma paz geral.

Ainda assim, o total de mortes diretamente relacionadas à guerra na capital foi bastante pequeno: 266 parisienses morreram ao longo da guerra devido às bombas; e aconteceram outras 633 baixas – estatísticas irrisórias se comparadas ao sacrifício ocorrido no front. Dados pequenos também quando comparados à mortalidade por doenças epidêmicas. A epidemia de gripe espanhola de 1918-1919 causou a morte de trinta mil pessoas na região de Paris e quatrocentas mil mortes em toda a França.

Na primavera de 1918, uma investida alemã, facilitada pela transferência de tropas oriundas do front oriental após a assinatura da paz russo-germânica em Brest-Litovsk, ameaçou reprisar o pânico de invasão de 1914. Houve uma previsível fuga em massa por meio das estações ferroviárias. Mas, em geral, o ânimo se manteve, e a situação militar foi muito melhorada pela chegada de tropas americanas no front ocidental (assim como em Paris, pela qual acabaram se apaixonando e onde se tornaram muito populares). Em novembro de 1918, os alemães aceitaram os termos de paz ditados pela França e seus aliados. Um frenesi de celebração que lembrava os primeiros dias da *union sacrée* agitou a cidade dias a fio. Anos de sofrimento liberaram uma alegria extraordinária e carnavalesca pelas ruas da cidade.

A *union sacrée* se mantivera – o tempo necessário. Mas mesmo antes dos tratados de paz internacional que terminaram a Primeira Guerra Mundial serem negociados em Paris, as tensões e as ansiedades, colocadas em banho-maria ou subordinadas às demandas do conflito em 1914, começaram a esquentar. Além disso, certas características das condições de tempo de guerra persistiram. O combate poderia ter acabado, mas o racionamento de comida continuou até boa parte do ano de 1919. Então a desmobilização bélica inundou o mercado de trabalho, ameaçando a posição conquistada pelas trabalhadoras mulheres durante o curso da guerra.

Políticos da Terceira República pareciam relutantes a aceitar que os esteios do grande status de poder da França estavam sendo erodidos – como os fatos das próximas décadas provariam. Todavia, Paris não era mais a mesma. Boa parte da cidade da modernidade parecia decididamente ultrapassada. Em 1918, não faltavam pontos escuros na Cidade Luz da Exposição Universal de 1900. Embora os danos diretos da guerra tivessem sido pequenos, o grosso das residências parisienses estava em péssimas condições. Nenhuma atitude havia sido tomada contra os *îlots insalubres*; avistava-se no horizonte uma crise habitacional de dimensões devastadoras. Além disso, o governo, com parcos recursos para dedicar a reformas habitacionais, tinha menos ainda a oferecer à urbanização de monumentos responsável pela fama universal de Paris. A realização de novos bulevares haussmannianos seria praticamente nula no próximo meio século, e raríssimos seriam os monumentos importantes. Nesse aspecto, era significativa a espontaneidade com que os parisienses no pós-guerra abraçaram a ideia da Paris pré-guerra como deslumbrante centro de atração da Belle Époque. Sugeria que Paris estava mais interessada em depositar suas reivindicações de modernidade no passado do que no futuro. Sonhos desfeitos, ilusões perdidas: o lema encapsularia a história da capital durante as próximas três ou quatro décadas.

11

Sonhos desfeitos, ilusões perdidas
1918-1945

Em 1935, o crítico social alemão Walter Benjamin, que em boa parte do período entreguerras esforçou-se por entender a genealogia do capitalismo mundial esmiuçando os pormenores da história social, cultural e urbana de Paris, escreveu um famoso ensaio intitulado "Paris, capital do século XIX".[1] Talvez sem a intenção de admitir, Benjamin inferia algo que a maioria dos parisienses depois de 1918 poderia lamentar, mas dificilmente não reconhecer – os melhores momentos de Paris estavam no passado.

Em grau considerável, a Paris pós-guerra consumia o próprio capital. O futuro parecia gélido e duvidoso. O desgosto generalizado com as atividades de guerra durou até o advento da Segunda Guerra Mundial, em 1939, e estava ligado à desilusão com a forma de democracia liberal oferecida pela Terceira República. Por toda a França, o sofrimento com a Primeira Guerra Mundial fora terrível: os prejuízos materiais causados pelos combates foram extremamente severos no Norte e no Leste do país, demandando medidas especiais de recuperação pós-guerra, e as baixas foram proporcionalmente mais altas do que em qualquer outra nação envolvida na guerra – 1,3 milhão de mortos, trazendo a população aos níveis de 1891, com mais de três milhões de feridos e inválidos. Um em cada dez alistados parisienses não voltou do front de batalha. Os feridos na guerra receberam bancos especiais no metrô e nos ônibus de Paris, produzindo um lembrete mórbido dos horrores do passado recente. O enlevo causado pela tétrica e apocalíptica obra de Oswald Spengler, *O declínio do Ocidente* (1918-1922), que discutia os valores liberais, dava uma boa medida do humor pós-guerra. Em 1917, a Revolução Bolchevique na Rússia estimulou uma resposta poderosamente entusiástica no movimento trabalhista francês e acrescentou interesse adicional aos debates. Os anos de 1919 e 1920 trouxeram ondas de inquietação social que pareciam confirmar as sombrias ansiedades burguesas sobre o poder do proletariado. A direita revigorou-se. A consagração da basílica do Sacré-Coeur de Montmartre em 1919 e a canonização de Joana d'Arc no ano seguinte realçaram o ressurgimento da Direita religiosa que nunca se harmonizara com a Terceira República. Os ditadores Mussolini e Hitler também encontrariam entusiastas na direita francesa. A polarização política seria uma característica do período do entreguerras.

Nesse processo, o regime sobreviveu às tensões do pós-guerra e à atmosfera de ansiedade geral. Os anos 1920 chegaram até a presenciar um cauteloso movimento de otimismo ganhando terreno, à medida que a vida econômica de Paris engrenava no tempo de paz. Embora tivesse perdido parte considerável da população devido à mortalidade no período de guerra, na média as perdas nacionais eram maiores; a cidade em si sofrera danos quase milagrosamente apenas superficiais. Paris ainda era uma grande metrópole internacional; isso ficou devidamente demonstrado pelos tratados de paz que concluíram a guerra terem sido negociados e assinados em Versalhes e noutros palácios reais na Île-de-France. Além disso, embora Moscou tivesse emergido como a meca do labor internacional, até certo ponto Paris agora eclipsava diversos rivais (Berlim, Viena, São Petersburgo) que ameaçavam sua primazia antes da Primeira Guerra Mundial.

Mas a recuperação econômica de Paris nos anos 1920 era traiçoeira. O impacto da quebra da bolsa de valores em 1929 nos Estados Unidos teve seu efeito retardado na França até 1931. Nesse ano, iniciou-se um capítulo sombrio nos destinos econômicos parisienses. A brusca queda econômica dos anos 30 inaugurou um período de desgraça na história de Paris de mais de duas décadas, compreendendo oito anos de grave recessão (1931-1939); seis anos de guerra, ocupação alemã e divisões políticas originadas pelo regime colaboracionista de Vichy (1939-1945); e outra década ou mais de recuperação pós-guerra. Só em meados dos anos 50 a reconstrução realmente foi levada a termo, embora ainda nessa época o desfrute dos benefícios do ressurgimento econômico estivesse obstruído por uma situação política instável. Os levantes sociais, políticos e econômicos que Paris testemunhou nessas décadas intermediárias do século XX apenas fortaleceram a propensão a olhar com melancolia para os "bons e velhos tempos" da Belle Époque, além do pendor a acentuar a supremacia internacional de Paris menos em termos de potência política internacional do que em arte, cultura, ideias e *joie de vivre* puramente escapista.

O pintor Fernand Léger escreveu a um amigo o texto "1918: Paz":

> O homem que por quatro anos esteve exasperado, tenso e no anonimato, enfim levanta a cabeça, abre os olhos, olha em volta, espreguiça-se e reencontra o gosto pela vida: alegria frenética por dançar, pensar, bradar a pulmões abertos, enfim caminhar ereto, berrando, gritando, esbanjando. Uma erupção de energia preenche o mundo.[2]

Nenhuma outra cidade viveu os anos frenéticos da década de 1920 com maior energia, imaginação e entrega do que Paris. A cidade recebeu um influxo de estrangeiros sequiosos por entrarem na festa. "Tenho a sensação de mordiscar o fruto da utopia", a escritora cosmopolita e esporadicamente erótica

Anaïs Nin comentou sobre a vida na cidade, "algo aveludado e brilhoso e rico e vívido".[3] Entre a comunidade de expatriados os norte-americanos eram proeminentes; eles aproveitavam a taxa de câmbio favorável e a ausência de Lei Seca, construindo uma pequena colônia com alto padrão de vida na cidade. O início da carreira da estrela de cabaré norte-americana Josephine Baker representa um extraordinário testemunho do espírito predominante nesses *années folles*. Como também o representam, de modo bem diferente, escritores cuja língua nativa era o inglês, como Ernest Hemingway, Scott Fitzgerald, Gertrude Stein, James Joyce, Jean Rhys, Edith Wharton e Henry Miller, autores de algumas das obras-primas do modernismo literário. Muitos circulavam nos bares lendários do Montparnasse, em especial aqueles próximos à esquina com a Rue Vavin (6º-14º) – o Rotonde, o Dôme, o Select e (a partir de 1927) o Coupole. Esses locais atraíam igualmente não apenas parte da vanguarda literária parisiense, mas também uma comunidade artística altamente heterogênea. Por exemplo, a Escola de Paris de pintores e escultores contava com raríssimos parisienses legítimos: os artistas principais eram italianos (Modigliani), espanhóis (Gris, Miró), russos (Chagall), lituanos (Soutine, Lipchitz), alemães (Ernst), holandeses (Van Dongen), poloneses (Kisling), romenos (Brancusi), norte-americanos (Calder) e japoneses (Foujita). Esses indivíduos haviam sido atraídos para a região do Montparnasse pelos aluguéis baratos e pelo espaço disponível para estúdios que outrora haviam atraído seus predecessores a Montmartre – antes desse último ser estragado pela fama, ser invadido por um meio criminoso envolvido com tráfico de drogas e prostituição e ter se tornado o antro dos "americanos bêbados, dos negros tocadores de saxofones e dos argentinos dançadores de tango", como o escritor Joseph Kessel observou com esnobismo.[4] Montparnasse, junto ao Quartier Latin, tornou-se também o centro de um vigoroso cenário de jazz, animado por músicos visitantes e soldados norte-americanos que após a guerra preferiram postergar o retorno para casa. O bairro, recordou um morador, recendia a "gasolina, café, álcool, suor, perfume, ambição, tabaco, poluição de cavalos e de motores, urina, frivolidade, pólvora e sexo"[5] – e ele não era o único a considerar essa mistura de uma sedução cintilante.

11.1: Josephine Baker

A Primeira Guerra Mundial permitiu aos parisienses estabelecer contato sistemático com afro-americanos pela primeira vez. A prosperidade francesa no século XVIII fundara-se na escravidão negra nas fazendas de açúcar da Índia Ocidental, mas escravos eram raros na França – em especial se comparada à Londres do século XVIII. Os revolucionários aboliram a escravatura em 1794, mas Napoleão reinstituiu-a. Não obstante o fato de ser uma nação abolicionista líder no século XIX, a França tinha pouco contato com os negros. Assim, a chegada dos soldados negros norte-americanos após 1917 abriu os olhos de muitos parisienses – e também de muitos de seus hóspedes. Cerca de 160 mil afro-americanos serviram na França, e muitos consideraram a experiência estimulante. "Há uma brisa de liberdade, igualdade e fraternidade por aqui", escreveu, com certa ironia, um soldado negro numa carta aos seus, "que não sopra no rosto de um negro na América democrática e amante da liberdade."

Com o tempo, os visitantes americanos se dariam conta de que a postura dos franceses em relação à raça não era tão perfeita quanto a retórica republicana francesa levaria a supor. Mas muitos se entusiasmaram com a hospitalidade e o apoio encontrados na França durante e depois da guerra. Na verdade, certos artistas negros construíram considerável reputação na França – e permaneceram pouco conhecidos em seu país natal. A paixão de Paris pelo jazz a partir dos últimos anos da guerra forneceu solo fértil para essa construção de reputações, em particular nos ambientes artísticos de Montmartre, Montparnasse e Quartier Latin. Por exemplo, o clarinetista Sidney Bechet integrou a invasão de jazz dos 1920 e veio a tornar-se um dos vultos mais importantes do cenário jazzístico da França, enquanto na história musical de seu país mereceu pouco mais do que uma nota de rodapé. O mesmo aconteceu com uma amiga de Bechet nos anos 1920, Josephine Baker. Em parte devido ao começo da carreira na França como dançarina exótica, mas também devido às excelentes autopromoções e relações públicas, além da credencial de ter participado da Resistência durante a Segunda Guerra Mundial, ao morrer em 1975 era quase um ícone nacional da França.

Josephine Baker teve infância triste e carente em St. Louis, Missouri, onde em 1917 testemunhou rebeliões raciais que causaram dezenas de mortes. Em 1925, ainda adolescente, atravessou o Atlântico com um grupo de dança, a *Revue Nègre*, com temporada marcada para o Théâtre des Champs-Élysées. Ela arrebatou a cidade, recebendo literalmente milhares de pedidos de casamento, assim como inúmeras outras propostas. A sua reputação baseava-se em seu jeito especial de cantar e, principalmente, em seu modo exótico de dançar, exibindo o corpo seminu de maneiras deliberadamente provocativas que pairavam oscilantes à beira da obscenidade (mais notavelmente, o famoso saiote feito de bananas). Seu espetáculo – e, fora do palco, sua movimentada vida sexual – harmonizava-se com as ideias de liberdade e independência femininas correntes na França do pós-guerra. Também agiu de modo ruidoso sobre os estereótipos raciais. Por exemplo, um observador elogiou o jeito com que ela trouxera "um sopro de atmosfera selvagem, força e beleza primordiais ao cansado mostruário da civilização ocidental". Mas, como ponderou a jornalista nova-iorquina Janet Flanner, agora o negro era belo. O verbo *bakerfixer* entrou na língua francesa, significando alisar o cabelo à Josephine Baker.

Nos anos 1930, a música negra continuava em voga – Louis Armstrong excursionou em Paris em 1933 e Duke Ellington no ano seguinte. Baker sustentou sua popularidade enxertando o que viria a ser uma figura pública francesa duradoura sobre a imagem primitiva até então personificada por ela. Seu francês era ótimo e em 1931 ela cantava, com sucesso:

J'ai deux amours –	Tenho dois amores –
Mon pays et Paris	Meu país e Paris
Paris toujours	Paris, eternamente
C'est mon rêve joli.	É meu sonho feliz.

Suas cadências plenas de alma envolveram a canção citada com uma aura de afeição populista pincelada de nostalgia pela velha Paris, já sendo explorada por intérpretes como Maurice Chevalier e Lucienne Boyer. As letras de Boyer podiam relembrar o "Montmartre francês" "antes de sua anexação por cossacos e negros", mas a essa altura Josephine Baker já se tornara parisiense honorária. Sua popularidade era tão grande que, em 1931, durante a Exposição Colonial, o jornal satírico *Le Canard Enchaîné* publicou a notícia inverídica de que ela estava prestes a ser coroada "Rainha das Colônias".

Outros afro-americanos conquistaram os corações dos parisienses na trilha do sucesso de Sidney Bechet e Josephine Baker, inclusive muitos músicos, astros de cinema e dançarinas, mas também escritores como James Baldwin, Richard Wright e Chester Himes após a Segunda Guerra Mundial. Em geral, o tratamento conferido a essas festejadas personagens não têm sido igual ao conferido a indivíduos pertencentes a grupos étnicos não franceses.

O Materialismo e o Hedonismo que atraíram tantos escritores e artistas à Paris entreguerras adquiriram realce na Exposição de Artes Decorativas de 1925. A mostra, que lançou a Art déco como novo estilo internacional, pareceu ainda mais penetrante do que a Exposição Universal de 1900 ao enfatizar o caráter consumista da cidade em sobreposição a quaisquer outras conquistas tecnológicas ou científicas. Paris era apresentada como a máquina de sonhos que originava fantasias consumistas. O patrocínio dos grandes magazines e dos ateliês de alta-costura confirmavam a orientação altamente comercial da feira. A Torre Eiffel foi iluminada à noite por um fantástico espetáculo de luzes anunciando carros Citroën. Os estilos femininos do pós-guerra, cabelo curto e saias compridas que salientavam a silhueta e revelavam os tornozelos, obtiveram aprovação internacional (saias curtas e joelhos à mostra logo viriam encher os olhos). As grandes exposições do século XIX colocaram em primeiro plano a tecnologia industrial e a infraestrutura urbana. Todavia, em 1925, continuando a tendência detectada em 1900, as mostras celebraram a fusão da cultura da arte e do consumo nos mais altos escalões dos mercados de luxo, cujo público-alvo em essência eram mulheres. O produto industrial que recebeu louvor mais entusiástico foi o bidê.[6]

No passado, as exposições de Paris haviam colocado a cidade na vitrine como o ápice da modernidade. Mas as feiras dos anos 1930 colocaram a cidade menos diretamente sob foco modernista. A Exposição Colonial de 1931, realizada em Porte Dorée (12º), próximo a Vincennes, atraiu em torno de oito milhões de visitantes. Tentou imprimir uma dignidade decorosa à missão civilizadora francesa (assim, as dançarinas do ventre foram banidas); sua organização foi considerada um sucesso. Mas o evento foi uma pálida sombra de glórias passadas: de modo significativo, não mais mereceu unanimidade. Contraexposições foram arranjadas pelo Partido Comunista e pelo movimento surrealista para salientar o lado obscuro do colonialismo francês. A Exposição de 1937 errou o alvo de modo ainda mais evidente. O governo esquerdista da Frente Popular dera apoio incondicional à feira, mas a construção dos prédios principais e dos estandes de exibição foi impedida por disputas trabalhistas. As inaugurações das Exposições anteriores haviam sido eventos solenes com o objetivo de impressionar representantes estrangeiros e a imprensa mundial; a abertura de 1937 foi um fiasco, com os visitantes escolhendo com cuidado o caminho em meio ao que ainda parecia um canteiro de obras. Os principais assuntos comentados da exposição também dificilmente acrescentavam algo à grandeza parisiense. Um deles, *Guernica*, a pintura monumental de Picasso, alojada no pavilhão nacional, retratava a República Espanhola no combate à agressão franquista. O outro era o confronto em pleno saguão principal dos pavilhões da Alemanha Nazista e da União Soviética, um coroado pela águia germânica e o outro por enormes estátuas representando o trabalhismo. Em vez do espírito de Paris proclamar a harmonia internacional, a justaposição desses dois pavilhões estrangeiros, cada um tentando suplantar o outro em grandiloquência política, alertava que no final dos anos 1930, além de outros problemas, a cidade encontrava-se ofuscada por ameaçadoras rivalidades internacionais.

No entanto, se as exposições internacionais depois de 1918 não mais exerceram o papel de exibir a grandeza parisiense, sem dúvida contribuíram para a emergência de Paris como local de memória da história mundial, somando de modo admirável, a exemplo de suas precursoras, ao ambiente construído. A feira de 1931 viu a construção do atual Museu da África e Artes Oceânicas em Porte Dorée, assim como a modernização do zoológico de Vincennes. A feira de 1937 exigiu a substituição do palácio Trocadéro, construído para a Exposição Universal de 1878, perto do Palais de Challot, cruzando o Sena a partir da Torre Eiffel; esse passou a alojar os museus da Marinha e dos Monumentos Franceses assim como o Museu do Homem, dedicado à etnografia. Além disso, ao longo da Avenue du Président-Wilson (16º), o novo Palais de Tokyo continha o Museu de Arte Moderna, enquanto o Grand Palais era também remodelado de forma a alojar o Palais de la Découverte, um museu científico.

A nova onda de criação de museus realçava um fato cada vez mais claro: o leque extraordinário de museus e de galerias de arte que a cidade viera a conter representava característica significativa da aura internacional de Paris. A história dos museus e galerias da cidade remonta ao Ancien Régime, e o número de instituições aumentara bastante no final do século XIX. A própria história de Paris era comemorada, por exemplo, no Museu Carnavalet (1880) e na Biblioteca Histórica da Cidade de Paris (1898). Mas só mesmo a partir do começo do século XX – quando Paris continuava a manter a posição de capital artística do mundo – esse aspecto de sua reputação cultural adquiriu relevância. Além dos museus criados por conta das exposições dos anos 1930, importantes instituições estatais tinham também começado a oferecer seu espaço físico ao escrutínio dos turistas, conduzindo à criação, por exemplo, dos museus da Polícia (1909), da Aeronáutica (1920), da Legião da Honra (1925), da Assistance Publique (1934) e dos Correios (1946). Outros museus eram frutos do legado dos artistas – como aqueles dedicados à obra de Gustave Moreau (1903), Rodin (1919) e Monet (Museu Marmottan, 1934) – ou ainda importantes gestos filantrópicos, como os museus de Jacquemart-André (1913), Cognacq-Jay (1929) e Nissim Camondo (1937). Em meados do século, Paris tornara-se o lar de um incomparável sortimento de locais de herança artística e cultural.

O dinamismo cultural no coração da cidade do pós-guerra foi acompanhado de torpor demográfico. Enquanto cada vez mais Paris era salpicada de museus, sua população corria o risco de mumificar-se. A população dos vinte arrondissements crescera levemente desde 1900, e em 1921 alcançou 2,9 milhões de habitantes. Isso seria um recorde de todos os tempos. O nível populacional estacionou ao redor de 2,8 milhões até meados dos anos 50, caindo depois. Os parisienses eram geralmente mais velhos, mais sedentários e mais burgueses que seus predecessores de antes da Primeira Guerra Mundial. O fenômeno de envelhecimento agravou-se com a expansão dos métodos contraceptivos: a taxa de natalidade, mais baixa na França do que em qualquer de seus rivais internacionais, era ainda mais baixa na capital. Se a cidade quisesse se manter à tona não apenas como uma cruza de Sodoma e Gomorra, mas também como uma das maiores cidades do mundo, junto a Londres, Nova York e (em breve) Tóquio, a sua reputação agora dependia da vitalidade demográfica dos subúrbios. Entre 1900 e 1939, a população da periferia de Paris cresceu cerca de 50% – contra menos de 5% para os vinte arrondissements (e menos ainda para a França como um todo). No período subsequente à Primeira Guerra Mundial, a *banlieue* compreendia 1,5 milhão de habitantes; no fim dos anos 1930, existiam dois milhões de *banlieusards* contra 2,8 milhões de parisienses. De certo modo, esse era o maior enredo da história da Paris do século XX: a cidade estava a ponto de ser alcançada, se não superada, por seus subúrbios.

O fato de que tanto em números absolutos quanto relativos os vinte arrondissements de Paris estavam estagnados seria menos preocupante caso a cidade tivesse sido capaz de harmonizar o dinamismo de seus subúrbios com uma visão coerente de futuro. De fato, a maioria dos habitantes do cerne da cidade relutava em aceitar que a periferia pertencia à mesma comunidade. Os subúrbios acentuavam sua notoriedade como "cinturão vermelho", repletos de operários e furiosos *apaches* cujas convicções radicais e excessos delinquentes contrastavam com o crescente conservadorismo dos parisienses. O cenário urbanístico da periferia também era alienígena, ameaçador e oco de significado para a maioria dos parisienses. O romancista Raymond Queneau caracterizou a paisagem suburbana como "cheia de lixo e papel velho, um verdadeiro terreno baldio". O ensaísta e poeta Blaise Cendrars, ainda mais incisivo, descreveu os subúrbios nortistas de Paris como repletos de

> gasômetros, hospitais, pátios de carregamento, asilos para idosos, geradores de eletricidade, refúgios, áreas onde vagões se conectam para formar comboios, cemitérios, escolas, missões religiosas, o Exército da Salvação, campos esportivos, matadouros de cavalos, mercados de pulgas, padarias, depósitos, paióis militares, mosteiros, capelas, armazéns de excedentes americanos, clubes clandestinos de propaganda política, salas de reuniões (...), cozinhas públicas para pobres, orfanatos, fábricas de comida barata e, como em outros lugares, *Au Bon Coin*, um bistrô, dez bistrôs, cem bistrôs.[7]

Era possível imaginar que, a essa altura dos acontecimentos, remover a fronteira física que separava a cidade da *banlieue* – a muralha Thiers erigidas em 1840 – representaria uma oportunidade de ouro para melhorar a integração geral. As fortalezas já estavam obsoletas mesmo ao cabo do século XIX, e o bombardeio aéreo durante a guerra salientou isso. Mas o modo com que essa importante mudança foi conduzida acentuou em vez amenizar as antipatias cidade/*banlieue*. Muitos parisienses viam na faixa de terra do cinturão – com cerca de 34 quilômetros de comprimento e meio quilômetro de largura – o potencial de aliviar a crise habitacional da cidade, agravada durante a guerra. Outros ansiavam pela criação, nessa terra virgem, de espaço verde e instalações de lazer, comparativamente tão raras em Paris. A cidade decidiu mesclar as duas ambições. O foco inicial dos planos concentrou-se no anel interno à muralha. Ideias mais ambiciosas foram nutridas para a chamada zona não edificável – a faixa de terra além das muralhas, até então livre de construções por motivos militares. Essa área há tempos era ocupada por um número considerável de posseiros, os chamados *fortifs'* e *zonards*, que adotavam uma existência meio cigana, de pouca comodidade. Essas pessoas agora seriam removidas.

O trabalho de destruição física das antigas fortificações começou em 1919. No começo, de modo lento: as obras terminaram somente em 1932. Embora a evolução dos trabalhos tenha sido mais vagarosa no anel externo – os últimos *zonards* foram retirados só nos anos 1940 –, a essa altura Paris estava circundada por quarenta mil novas habitações. Esse desenvolvimento representou, sem dúvida, o esforço mais ambicioso de habitação social na história de Paris até então. Napoleão III fizera experiências superficiais com residências para trabalhadores, enquanto a Terceira República inicialmente adotara como prioridade o envolvimento de trustes filantrópicos nesses projetos. Depois da virada do século, porém, a legislação permissiva estimulou o estabelecimento de trustes para a construção de moradias populares, sob administração municipal. Em 1914, criou-se o Gabinete Público para Habitações Baratas (*Office public d'habitations à bon marché)* em Paris. Embora a guerra tenha interferido, as extintas fortificações deram à municipalidade sua grande chance tão logo as hostilidades chegaram ao fim. A oeste, nas distantes localidades de Auteuil e Clichy, algumas residências burguesas altamente desejáveis foram criadas, mas a maior parte das novas habitações tomou a forma de "habitações baratas" (HBMs, ou *Habitations à bon marché*). Os característicos blocos de sete andares, de aparência sólida em vez de espetacular, eram com frequência projetados ao redor de estreitos becos e quintais. Boa parte desses prédios ainda existe e forma um "cinturão de tijolo vermelho" logo no início do famos cinturão vermelho.[8] Haveria certo desenvolvimento de áreas verdes, mais notadamente na Cité Universitaire, o campus residencial dos estudantes no limite sul da cidade, que veio a conter uma mixórdia de estilos arquitetônicos, desde o *faux* gótico, passando por templos japoneses e gregos, chalés suíços até o rigoroso modernismo. O espaço para outros desenvolvimentos similares foi restringido pela decisão da municipalidade de atualizar as vias perimetrais. Completados em 1939, os *boulevards des maréchaux* (a maioria das ruas recebeu nomes de marechais da França) foram alargados de vinte para quarenta metros. O volume de tráfego atraído por esses bulevares servia para distanciar a maior parte dos novos desenvolvimentos externos por meio de um muro de ruído e mobilidade metálica – característica combinada com o advento do *boulevard périphérique* circular, nos anos 1960. Assim, o estilo arquitetônico e os bulevares contribuíram para reforçar em vez de dissolver o fraco relacionamento entre Paris e sua periferia, e uma chance histórica de ampliar a integração passou virtualmente despercebida.

O projeto das fortificações demandou muita energia das autoridades municipais. Representou o seu melhor esforço em resolver a falta de acomodações dentro de Paris, que se tornara o principal problema social dessa época de ilusões perdidas. As autoridades municipais enfrentavam um difícil dilema de política habitacional. Em primeiro lugar, demolir os prédios existentes para então construir os novos projetos habitacionais causaria redução temporária no número de residências, piorando as coisas no curto prazo. Em segundo lugar, deixar a lei da oferta e da procura determinar o preço dos aluguéis levaria a elevados aumentos, que desencadeariam despejos em massa e agravariam a própria crise habitacional que tentavam solucionar. O principal método adotado pelas autoridades municipais para lidar com o problema habitacional, com o suporte do governo federal, foi continuar a política dos aluguéis congelados inaugurada durante a Primeira Guerra Mundial. Mas isso estabeleceu outro círculo vicioso, pois o controle dos aluguéis significava pouco incentivo para os empreendedores privados investirem em projetos de construção (ou até mesmo para fazer a manutenção das habitações existentes). Um paliativo aos senhorios foi o enfraquecimento por parte do governo das leis de expropriação compulsória (de tal forma que anteriormente teria prevenido com eficiência quaisquer impactos de Haussmann sobre a cidade). Mas muitos donos escolheram apenas retirar as propriedades do mercado de aluguel, piorando a crise habitacional. Uma pesquisa municipal revelou que cerca de um terço dos prédios residenciais parisienses estavam superlotados, mas que trinta mil habitações estavam desocupadas e fora de mercado. Típicos exemplos dos efeitos da superlotação e do baixo investimento. Por volta de 1939, a eletricidade já chegara à maioria das casas, é verdade, mas só metade delas tinha banheiro privativo ou interno, e um terço ainda não era conectado à rede de esgotos. Aquecedores de água, fogões, ferros de passar roupa, geladeiras, aspiradores de pó e televisões eram sonhos de luxo disponíveis apenas para a burguesia dos arrondissements do oeste.

Fator adicional de inibição para importantes desenvolvimentos habitacionais foi a emergência de um movimento conservacionista urbano. Haussmann remodelara a Paris do século XIX dentro de um contexto de vácuo conservacionista quase total. E, muito embora o espírito haussmanniano tenha continuado a presidir o desenvolvimento parisiense por muito tempo depois de sua saída do poder, por volta dos fins do século XIX, uma reação anti-Haussmann ganhava força.[9] Ninguém defendia a manutenção de residências de baixa qualidade e patogênicas da classe operária como princípio. Mas desenvolvia-se um sentimento de que às vezes a restauração e a adaptação eram melhores (e até mesmo mais baratas) do que a demolição. A teoria urbanista emergira perto da virada do século. A palavra urbanismo entrou no vocabulário em 1910 – embora tenha levado um quarto de século para o termo aparecer na legislação nacional. Os urbanistas salientavam que a textura material da cidade como um todo era tão importante quanto os principais monumentos públicos. "Deixar os antigos monumentos em pé", queixou-se o escritor católico Louis Veuillot em 1867, quando Haussmann exercia plena influência, "de nada adianta, pois tudo a seu redor se modificou".[10] Cada vez mais, percebia-se que o monumento antigo derivava seus significados históricos do âmago da cidade, e muito de seu charme estético dependia desse tipo de contextualização. O princípio haussmanniano de *dégagement* (separação), pelo qual um monumento importante era desnudado das construções adjacentes, era questionado cada vez mais.

As autoridades públicas parisienses não tinham aversão a esses argumentos conservacionistas, que, em certos pormenores, ecoavam a tradição das normas de construção municipal de 1783. Os legisladores nacionais também acolheram o tema, dando-lhe uma conotação nacionalista: era importante manter a tradição parisiense de medidas contra o aumento da altura dos prédios que ameaçavam transformar a cidade numa Nova York ou numa Chicago. Em 1909, criou-se uma comissão para as Perspectivas dos Monumentos, cujo foco era assegurar que nenhuma nova construção em Paris estragasse um cenário urbano preferencial ou obstruísse a vista de monumentos. (A legislação nacional em 1930, e então em 1943, confirmaria acordos para proteger as construções imediatamente contíguas aos monumentos nacionais.) Por volta de 1900, o movimento conservacionista tomara impulso também no âmbito do público em geral. A Société des Amis des Monuments Parisiens, fundada em 1885 sob a proteção de Victor Hugo e Charles Garnier, exercera importante papel em impedir alguns dos ousados planos para um metrô de superfície nos 1890. A partir de 1897, a Commission du Vieux Paris, reunindo ativistas amadores, o chefe do departamento do Sena e outras autoridades locais, serviu de voz para o novo movimento, mesmo na prática sendo limitada sua capacidade de impedir demolições. Escritores, artistas e historiadores tanto profissionais quanto amadores também se envolveram no movimento. Ajuda adicional ao movimento veio com a criação de sociedades de história e herança cultural nos bairros, algumas das quais produziam suas próprias publicações periódicas – o *Vieux Montmartre* (1886), por exemplo, o *Montagne Sainte-Geneviève* (1895), o *VIe. Arrondissement* (1898) e *La Cité* (1902). Em 1913, a legislação nacional, "pioneira" em termos europeus, previa o registro de edifícios protegidos e também estabelecia critérios para arrolamento.

11.2: AS *VESPASIENNES*

Conforme relatos, o imperador romano Vespasiano (69-70) mandou distribuir ânforas nas ruas de Roma e cobrar taxas dos indivíduos que urinavam nelas. Com base nesse fato aparentemente pouco conhecido, criou-se um nome eufemístico para os novos mictórios de rua que o conde Rambuteau, o chefe do departamento do Sena, começou a instalar em Paris e região nos anos 1830. A *vespasienne* – mais popularmente, o *pissoir* ou a *pissotière* – constituiu peça padrão e aromática do mobiliário das ruas de Paris até uma campanha de renovação urbana nos anos 1960 e 1970. Enquanto as entradas para o metrô assinadas por Guimard foram salvas do ferro-velho, não sobrou um exemplar de vespasienne para contar a história.

As primeiras vespasiennes eram de uso individual, parecendo guaritas. O povo de Paris apelidou-as de "Rambuteaus" – nome também dado pelo povo a todo e qualquer buraco que o chefe-de-departamento-louco-por-melhorar-ruas tivesse cavado na estrada. Talvez isso seja uma referência aos hábitos sanitários dos parisienses na época, que faziam os visitantes estremecerem. Com o tempo, as vespasiennes evoluíram para instalações para utilização de dois homens e, por fim, de múltiplos usuários, cada uma com luz em cima, produzindo uma espécie de sociabilidade masculina mais tarde lembrada com nostalgia por seus defensores. O poeta Barthélemy citou "o tímido atrás das colunas do bulevar/ Não precisa discreto desviar o olhar". (Soa melhor em francês.) O historiador Richard Cobb também falou com afeição sobre "essas hospitaleiras capelas de fraternidade artisticamente perfuradas".

É claro, foi durante o Segundo Império que a vespasienne de fato materializou seu sucesso. O barão Haussmann – e seu confiável colaborador Alphand – procurou equipar todos os novos bulevares, vias e parques públicos da cidade com uma impressionante parafernália de mobília de rua, incluindo postes de iluminação, bancos de praça, cercas de ferro, placas com o nome das ruas, caixas de correio públicas, quiosques de jornais, suportes para árvores, protetores para as raízes das árvores, colunas de publicidade (as chamadas colunas Morris) e fontes de água (em especial as fontes Wallace, instaladas com o patrocínio do filantropo inglês Sir Richard Wallace, a partir dos 1870). Cada peça de mobília de rua era resultado de substancial precisão técnica em projeto e instalação. Por exemplo, havia sete modelos básicos de postes de iluminação, mas não menos de 78 tipos diferentes. As múltiplas variações pareciam pertencer à mesma família, o que ajudou a dar às ruas de Paris sua atmosfera variegada, mas familiar e (diziam alguns) aconchegante. Um visitante dinamarquês em 1891 elogiou os cafés de calçada por darem a impressão de "um lugar reservado na rua, um confortável sofá de canto na grande sala de estar comum".

Se ao menos em certos aspectos, como observou Walter Benjamin, o bulevar lembrava a residência burguesa, não era de se surpreender que os críticos da burguesia apelassem ao vandalismo. Os communards de 1871, por exemplo, utilizaram o equipamento urbano – mais especificamente os protetores de raízes das árvores – como troféu funcional na construção de barricadas. Outro crítico da cultura burguesa, o artista Marcel Duchamp, em sua fase dadaísta e surrealista, forneceu outro tipo de crítica: sua famosa e escandalosa instalação artística *Fonte*, exibida em Nova York em 1917, era um mictório público.

Desde os seus primórdios, a vespasienne atraiu fotógrafos. Esses produtos curiosos, cujos estilos arquitetônicos iam do gótico ao barroco, passando pelo clássico (com ocasionais acessórios que lembravam templos budistas), enfim assumiram a posição de nichos privilegiados de *le Vieux Paris*. No entanto, os fotógrafos e os pintores impressionistas pareciam mesmo considerá-las menos exemplos de atavismo do que ícones da modernidade parisiense. De modo sintomático, desde a época de Rambuteau em diante elas eram usadas para anexar propaganda e, a partir dos fins do século XIX, pôsteres coloridos. Esses pôsteres poderiam anunciar quase todos os produtos modernos, embora nos anos 30 o residente americano Henry Miller (devoto entusiástico das vespasiennes) reclamasse que elas haviam se tornado veículo para anúncios de saúde pública sobre doenças venéreas, ilustrando "os vários estágios da sífilis e da gonorreia (do germoplasma à morte encefálica – furtiva figura de sorriso irônico e órbitas oculares vazias, símbolo de morte e doença)". Nessa época, o caráter cômico e arcaico do *pissoir* era realçado no romance de Gabriel Chevalier *Clochemerle* (1934), cujo enredo envolve a instalação de um mictório público.

O declínio da vespasienne deve-se em parte à evolução do equipamento sanitário doméstico. O avanço lento dos banheiros privados e WCs, em especial nas habitações das classes trabalhadoras, prolongou a relativa profusão de vespasiennes nas ruas de Paris. Em 1914, havia quatro mil delas; em 1930, cerca de 1.200. Às vésperas da Segunda Guerra Mundial, o seu número caíra quase pela metade e, a partir de meados

dos anos 50, baixou para em torno de 350. A essa altura, as autoridades preocupavam-se em fornecer banheiros públicos mais higiênicos (*chalets de nécéssité*) que podiam ser usados por ambos os sexos. Eles pareceram ter desaparecido por completo a partir da segunda metade da década de 1970, época em que o então prefeito Jacques Chirac introduzira as mais higiênicas *sanisettes* (mas não pegou a prática de referir-se a elas como "Chiracs" em sua homenagem).

A *sanisette* unissex removeu um componente familiar do fedor característico das ruas de Paris, sobre o qual os visitantes invariavelmente comentavam. Removeu também uma fonte de sociabilidade masculina muito explorada, como Proust bem sabia, pela subcultura homossexual de Paris. Um questionário realizado com os usuários dos *pissoirs* nos anos 60 revelou que um número elevado de indivíduos tivera sua primeira oferta de sexo homossexual no interior de uma *vespasienne.* O mundo do crime (furtos, assassinatos, assaltos, prostituição) também era atraído por esse local – assim como os escritores policiais. O historiador Louis Chevalier evocou o modo com que

> a árvore, o poste de iluminação a gás e o mictório [formavam] a Santa Trindade dos bulevares externos, os três esteios de dramas trágicos, tão indispensáveis quanto a cama tamanho extra, o toucador e, escondido por um biombo chinês, o imodesto bidê (...) são a outro gênero, a *comédie du boulevard.*

A vespasienne deixou de existir, mas não de ser lembrada. Por muito tempo comemorada na cultura visual, na ficção e nas lembranças, constitui um significativo local de memória parisiense.

A tendência rumo à conservação favoreceu-se, pois a tradição haussmanniana agora era implementada por um movimento modernista que falhara em garantir o apoio popular. Essencial nesse contexto foi a Exposição de 1925. O suíço Charles-Édouard Jeanneret, conhecido como Le Corbusier, apresentou um estande, o "Pavilhão do Novo Espírito", baseado num projeto modernista que enfatizava a estética funcional e materiais industriais (concreto armado, vidro etc.). Ele também lançou o assim chamado plano Voisin para o futuro da cidade. O plano envolvia a demolição efetiva da Paris central. Nessa abordagem de tábula rasa, apenas certos monumentos públicos aprovados permaneceriam *in situ* no meio do espaço verde vazio – não havia "nada mais sedutor", de acordo com Le Corbusier, do que esse tipo de *dégagement* haussmanniano.[11] Novas e enormes vias convergiriam ao centro a partir de cada um dos pontos cardeais e estabeleceriam a estrutura para uma grelha

CAFÉ
GLANDS DOUX
GRANDE PHARMACIE
GRANDE RÉDUCTION
JARDIN ZOOLOGIQUE
D'ACCLIMATATION

de enormes arranha-céus de quarenta andares – evocando assim uma Nova York que poucos parisienses gostariam de ver trazida ao seio de sua cidade. Le Corbusier e seus acólitos tentariam convencer clientes potenciais a adotarem variantes desse plano por quase meio século, em especial por meio do CIAM (Congresso Internacional de Arquitetura Moderna) criado por eles no fim dos anos 1920, que se tornou o difusor da estética modernista.

Durante sua vida, Le Corbusier projetaria um pequeno número de construções em Paris, a maioria residências particulares (a maioria, a propósito, preciosidades arquitetônicas). Seus planos aparentemente megalômanos para a reconstrução de Paris, porém, não deram boa fama ao modernismo e acrescentaram mais água ao moinho conservacionista. Construções no idioma modernista nas próximas décadas tenderiam a se localizar nos limites externos da cidade ou além deles. Prefeitos esquerdistas de alguns dos subúrbios – por exemplo, Suresnes, Villejuif e Drancy – começaram a experimentar blocos habitacionais populares de grande altura, arquitetonicamente mais ousados do que o "cinturão de tijolos vermelhos" das HBMs. Eles não conseguiram empolgar seus moradores. (O fato de que os blocos da Cité de La Muette em Drancy se tornariam o principal campo de concentração para deportar os judeus aos campos de extermínio dos nazistas na Segunda Guerra Mundial dificilmente melhorou o modo pelo qual eram vistos.) Novos tipos de construções com frequência atraíam também arquitetos modernistas. Fábricas e salas de exposição difundiram a linguagem modernista de modo discreto pela cidade. Também o fizeram os cinemas – que somavam 204 em 1922. Esses mesclavam a inspiração do "novo espírito", Art Déco e outros elementos mais bizarros – como no Grand Rex, no Boulevard Poissonnière (9º), o mais fascinante dos novos cinemas de Paris (que além de cinema era salão de baile), descrito de modo incisivo pelo historiador Richard Cobb como "espécie de cubo em cimento bege que parecia um eterno sorvete".[12] Logo adentro dos limites da cidade houve um movimento para construir igrejas com influências modernistas, geralmente em concreto armado. Desenvolvimento desse tipo foi a construção no começo dos anos 1920 de uma mesquita parisiense na Rue Monge (5º), cujos detalhes modernistas tiveram como toque final um minarete de 33 metros de altura.

Em geral, o público parisiense sentia repulsa pelo modernismo e era cada vez mais atraído pela estética do pitoresco que emergia do movimento conservacionista. Já ressaltamos o papel dos pintores, em especial a partir dos impressionistas, na mitificação da Paris dos fins do século XIX.[13] Com o passar do tempo, a fotografia também cumpriu importante papel nesse processo. O barão Haussmann defendera-se contra os detratores conservacionistas insistindo que fossem tiradas fotografias "antes e depois" de todas as áreas melhoradas em sua administração. O fotógrafo Marville ficou conhecido assim.

Nadar, por sua vez, realizou as primeiras imagens fotográficas dos esgotos de Haussmann e das catacumbas parisienses, assim como se especializou em panoramas aéreos da cidade. O crescimento de um mercado em massa para as fotografias panorâmicas – agora com frequência impressas nos cartões-postais – fornecia uma audiência colossal para a representação fotográfica da *vieux Paris*.

A tendência foi levada adiante pelo fotógrafo Eugène Atget, que trabalhou em íntima conexão com a Commission du Vieux Paris desde antes da Primeira Guerra Mundial. Embora ele viesse a morrer em 1927 desgostoso porque sua grande visão documentária da topografia parisiense não fora publicada, suas incontáveis e famosas imagens de Paris deram combustível ao movimento em prol da Paris pitoresca. Mas ideologicamente essa noção era uma faca de dois gumes. Realçava a ideia de que a beleza de Paris derivava do ambiente construído herdado, mas também sugeria que os habitantes eram quase irrelevantes para seu charme, exceto como folclóricos atores coadjuvantes. "Lugares pobres ou dramáticos", escreveu Georges Cain, o curador do Museu Carnavalet, "ganham por permanecerem vagos e um pouco misteriosos (...). Embora extremamente notáveis, as silhuetas pitorescas acabam desonradas e desvalorizadas por qualquer motivo."[14] Por "qualquer motivo", parece que Cain tinha em mente os inevitáveis percalços da miséria urbana, em especial os próprios pobres. Nesse sentido, a busca pelo pitoresco parisiense era, como mencionou Molly Nesbit, "parte do procedimento para não ver a pobreza".[15]

Quando Atget morreu, sua obra encontrava-se relativamente esquecida. Porém, ganhou fama póstuma à medida que passou a ser defendida por um grupo de jovens fotógrafos, que incluía Man Ray, Brassaï, Berenice Abbott e Walker Evans. Cada um desses desenvolveu estilos individuais que muitas vezes também realçaram os parisienses e o cenário urbano de Paris. O fotojornalismo havia sido inaugurado na época da Comuna de 1871, mas foi realmente nos anos 1930 que adquiriu sua forma polida, principalmente, é bom lembrar, pelo trabalho de fotógrafos estrangeiros como André Kertesz e Germaine Krull. Talvez influenciados pela realidade concreta dos "objetos-encontrados" que agradara aos surrealistas, com frequência focalizavam detalhes mundanos mas reveladores do dia a dia. Eles influenciaram a posterior obra humanista de Robert Doisneau e de Henri Cartier-Bresson. Diferentemente da obra de Atget e dos primeiros entusiastas pelo pitoresco parisiense, Doisneau e Cartier-Bresson não temiam os pobres – na verdade vagabundos e prostitutas eram temas frequentes. Esses fotógrafos celebraram as ações rotineiras de *le petit peuple parisien* em tempo de paz – e logo depois em tempo de guerra. E recolocaram os pobres no quadro eterno de Paris.

A partir da década de 1920, uma parcela notável da vanguarda artística e literária adaptava-se à ideia de uma Paris familiar e *déjà vu* em vez da Paris como aguçado símbolo modernista. O movimento surrealista, que, como já vimos[16], denunciou o triunfalismo parisiense da Exposição Colonial de 1931, era interessante nesse respeito. O grupo desenvolvera-se do movimento dadaísta surgido na época da guerra e de sua rejeição às obras da civilização ocidental e mantivera a antipatia dadaísta em relação aos valores burgueses. Em especial nos escritos de Louis Aragon (*Le Paysan de Paris*, 1926) e de André Breton (notadamente seu *Nadja*, de 1928), a Paris de Haussmann, em grande medida, é irrelevante. Para eles, a cidade não era um local para ser lido sob a ênfase engrandecedora da perspectiva estabelecida durante o Segundo Império. Em vez disso, seus significados se ligavam a uma espécie de inconsciente coletivo que precisava ser intuído a partir dos singulares vestígios e sinais do passado. O "camponês de Paris" de Aragon (ele próprio) caça as relíquias e vestígios da cidade ainda labiríntica como um *flâneur* místico e psicanalítico procurando triviais mistérios e manifestações divinas. Para os surrealistas, Paris não era a antiga Cidade Luz, mas uma região mais perigosa e empolgante de estados crepusculares, superfícies refratadas e sombras indefinidas. Seu terreno eletivo compreendia locações intencionalmente bizarras, longe dos pontos de lazer da burguesia, como as galerias dos princípios do século XIX agora destinadas à demolição ou senão o parque Buttes-Chaumont, construído sob o velho patíbulo medieval (preferencialmente visitado à noite). O realismo poético das fotos de Brassaï, fotógrafo ligado aos surrealistas, de modo semelhante realçava os bulevares iluminados com néon, ruas nevoentas, bares suspeitos e os exóticos mas mundanos bordéis como componentes da identidade mítica e cativante de Paris. Era tanta a força do caráter pitoresco e mitificado de Paris que a visão surrealista com o objetivo de rebaixar a percepção mítica da cidade apenas acabou contribuindo com o mito nostálgico da Paris eterna dos tempos passados.

A fotografia, o cinema e as canções populares mitificaram Paris ao situarem, no mesmo e infinito quadro, amor, sexo e Paris (e, além disso tudo, muitas vezes memória). Embora cada vez mais aspirasse ao tratamento de arte elevada – o primeiro Salão Independente de Fotografia aconteceu em 1927 –, a fotografia continuava bastante popular em termos de público e exercia importante papel em afirmar uma visão de Paris pitoresca que às vezes mesclava realismo nu e cru, charme sedutor e nostalgia melancólica. (A ausência da cor contribuía para isso.) No cinema não era diferente. Muitos dos mais populares filmes do final dos anos 20 e do decorrer dos anos 30 se passavam numa Paris um tanto "popular e nostálgica", estrelando atores associados na mente do público com tipos particulares da classe trabalhadora parisiense. Maurice Chevalier e Jean Gabin alcançaram sucesso assim, bem como a pequenina cantora Édith Piaf, anunciada pelo cognome *le moineau* – o rouxinol parisiense.

Por exemplo, em *14 de Julho*, filme de René Clair, de 1933, uma personagem feminina canta de modo melancólico, mas inconfundível:

À Paris, dans chaque faubourg	Paris, em cada faubourg,
Le soleil de chaque journée	O sol de cada dia
Fait en quelques destinées	Faz em certos destinos
Éclore un revê d'amour.	Eclodir um sonho de amor.[17]

Em *14 Julho*, bem como em outro filme de Clair, *Sob os telhados de Paris* (1930), as locações da cidade e os sonhos de seu *petit peuple* tornaram-se parte integrante do cinema francês. Casualmente pareceu possível realizar um filme em Paris sem tomadas da Torre Eiffel, e outras locações surgiram para serem fixadas na imaginação do imenso público frequentador dos cinemas. A ambientação úmida e atmosférica das docas do Canal Saint-Martin foi um desses locais, escolhido por Marcel Carné para filmar *Hotel do Norte* (1938). Os temas desse tipo de cultura popular – como em *Trágico amanhecer* (1939), de Carné – ressaltavam a cidade como lugar belo mas triste, imutável, às vezes espectral, com pouco a oferecer para as classes trabalhadoras, que só contavam com seu próprio entusiasmo. A banalidade do crime nas classes trabalhadoras em tais locações era afirmada pela ascensão do romance policial e outras categorias de ficção sobre crimes. O famoso comissário Maigret do escritor policial Georges Simenon – ativo na ficção a partir de 1929 –, morava no Boulevard Richard-Lenoir (11º), mas não deixava a mulher se aproximar das espeluncas de delinquentes do contíguo Canal Saint-Martin.

De modo extraordinário, a sensação de uma Paris imutável sendo recriada pelo cinema francês nesses anos apenas raramente lançou mão de filmagens em locações. Muitas das ruas nos filmes de René Clair, como observou Richard Cobb, "pareciam ter sido colocadas em Épinay (e tinham sido)".[18] O homônimo Hôtel du Nord era feito de papelão. Para o filme *As portas da noite* (1945), o diretor Marcel Carné teve toda a estação "aérea" do metrô de Barbès-Rochechouart recriada graciosamente em estúdio. Só a partir dos anos 1950 a filmagem em locações tornou-se norma, expandindo ainda mais o potencial fotogênico da cidade. O filme de gângster *Bob, o jogador*, realizado por Jean-Pierre Melville em 1959, apresentava um Montmartre *noir* jamais suspeitado por aqueles acostumados às imagens da Sacré-Coeur nos cartões-postais.

Se os estúdios cinematográficos tiveram seu papel no desenvolvimento da noção da cidade como eterna, as partes centrais da cidade real estavam mesmo assumindo o caráter de um set de filmagens imutável. Um número espantosamente pequeno de novas residências foi construído, especialmente nas áreas mais internas, nos anos 30 e 40. Na verdade, entre 1914 e 1942, cerca de 92% das casas construídas na região de Paris situavam-se na periferia, e não dentro da cidade. Era possível crescer na Paris entreguerras sem nunca ter passado por um canteiro de obras. A epidemia de peste bubônica no 17º arrondissement no princípio dos anos 1920 salientava a seriedade das questões de saúde pública implícitas em um cenário urbano decadente. Todavia, as autoridades públicas estavam com pouco dinheiro no caixa e os setores privados com poucos incentivos para fazer o que era preciso. De modo significativo, quase todas as dezessete áreas designadas *îlots insalubres* como prelúdio de reconstrução escaparam de serem demolidas. A demolição pura e simples estava parcialmente desacreditada pela experiência do que costumava vir após ela. Na ideia original, os inquilinos despejados pela demolição seriam remanejados para áreas menos populosas, mas na verdade eles apenas ficavam nas vizinhanças e pioravam a superlotação. Na prática, as autoridades urbanas estavam de novo relativamente desvencilhadas do compromisso por evidências surgidas nos anos 30 de que não havia ligação íntima entre habitações superlotadas e taxas de tuberculose (embora o ressurgimento da doença nos anos do regime Vichy tenha trazido esse medo de volta aos holofotes). Por fim, abordagens menos destrutivas também foram tentadas: parecia possível renovar um îlot de acordo com as necessidades de saúde pública mantendo-se a fachada dele, mas criando um pátio arejado no meio do bloco e reconstruindo as residências em torno dessa área.

Enquanto nas décadas seguintes à Primeira Guerra Mundial a Paris central estagnara tanto em termos demográficos quanto imobiliários, a região de Paris como um todo explodiu – e cresceu. A cidade não tinha residências para acomodar aqueles que desejavam morar e trabalhar nela: a periferia fez a diferença. Porém, apenas parcos esforços se fizeram para planejar ou dirigir o crescimento urbano que se seguiu, levando a uma expansão caótica. O fracasso em aceitar a forma mutante da aglomeração parisiense pode ser creditado tanto às autoridades nacionais como às locais. Os poderes do chefe escolhido pelo governo estendiam-se a todo o departamento do Sena. Entretanto, era necessária uma visão ainda mais ampla do que essa, no sentido de que a expansão de Paris estava prestes a englobar os departamentos vizinhos de Seine-et-Oise e Seine-et-Marne, provendo uma argola ou coroa externa, além dos subúrbios, contígua à linha das velhas fortificações. Estabelecida em 1910, a Comissão de Extensão, que compreendia engenheiros, arquitetos como Louis Bonnier e arquivistas-urbanistas como Marcel Poëte, esforçou-se para lidar com o crescimento urbano por meio da contenção e não da expansão. Uma duradoura má vontade em aceitar a ideia – de fato, a probabilidade – de que o crescimento da cidade permaneceria constante no futuro conteve todos os esforços para enfrentar e solucionar o problema regional.

A legislação nacional de 1919 compelia todas as cidades francesas a apresentarem um plano de desenvolvimento, mas o plano para Paris era atrasado, vagaroso, tímido e em geral ineficaz.

Em 1925, criou-se o Comité Supérieur d'Aménagement et d'Organisation Générale de la Région Parisienne, vinculado ao Ministério do Interior. Em seu devido tempo, esse comitê estabeleceu um grupo de trabalho que produziu em 1934 o Plano Prost (nome do diretor do grupo). De modo característico, Prost aceitou a missão de "organizar em vez de ampliar uma Paris Maior"[19], mas seu plano, transformado em lei em 1939, não era desprovido de imaginação. Deu um passo na direção certa ao designar como região de Paris todas as localidades dentro de um raio de 35 quilômetros a partir da catedral de Notre-Dame de Paris – importante marco de aceitação da lógica e da extensão da suburbanização. O plano instava a proteção de áreas verdes, um grau de zoneamento de atividade industrial e espaço residencial e um melhor sistema de transportes, a ser atingido menos por meio de melhoramentos ferroviários do que por construção de rodovias. (Na prática, a falta de investimento na infraestrutura resultara em relativamente pouca construção nos setores ferroviários e metroviários, enquanto em 1945 a resposta da França à autoestrada alemã e à freeway norte-americana seria um trecho desprezível de oito quilômetros de rodovia unindo Paris a Saint-Cloud.) Devido à hostilidade de várias municipalidades na Île-de-France quanto a esse nível de orientação de cima para baixo e a certo grau de impasse político em Paris sobre os assuntos em pauta, o Plano Prost – que apesar de todas essas dificuldades continuou sendo a estrutura predominante no desenvolvimento regional até 1960 – realizou muito pouco.

A estagnação política de Paris deixou o desenvolvimento regional ainda mais caótico. A Île-de-France manteve sua posição de uma das zonas industriais mais importantes do país. Essa liderança se deve em parte à dominação histórica de Paris em vários setores, desde o editorial até o da alta-costura (setores em que a cidade virtualmente desfrutava de monopólio nacional), ourivesarias e a nascente indústria de radiocomunicações. Mas a estrutura de emprego no âmbito dos vinte arrondissements continuava evoluindo. Entre 1906 e 1931, os empregos nas indústrias cresceram 32%; mas os cargos em bancos e empresas comerciais, 52%; as profissões liberais aumentaram 60%; e a administração e a prestação de serviços, 77%. Dois terços dos jornalistas, artistas, atores e músicos da França moravam na cidade – assim como cerca da metade dos estudantes nacionais. A exemplo do que acontecia em todos os outros ramos do lazer em que Paris se especializara, virtualmente todos os eventos esportivos importantes aconteciam na cidade, impulsionando o mercado de turismo e tornando seus ambientes esportivos familiares às audiências internacionais. De quebra, o período entreguerras foi um momento excepcional na história esportiva da França: logo após a Primeira Guerra Mundial o peso-pesado George Charpentier conquistou o campeonato mundial de boxe, as Olimpíadas foram sediadas na cidade em 1924, a seleção nacional de futebol venceu o jogo inaugural da Copa do Mundo de 1930 e Borotra, Cochet e Lacoste – os "três mosqueteiros" do tênis – desfrutaram de uma série de sucessos ao longo da década de 1930.

Com a própria Paris em plena desindustrialização, os centros industriais da região situavam-se na periferia – na *banlieue*, eternamente em expansão. A Primeira Guerra Mundial confirmara a condição dos subúrbios como local perfeito para a indústria francesa de veículos e automóveis e seus mercados associados (caminhões, veículos militares, aeronaves). A Citroën ficava dentro dos limites do 15º arrondissement, mas a sede da Renault ficava a oeste, no subúrbio de Boulougne-Billancourt. As indústrias químicas e de processamento de alimentos também prosperaram na periferia, emprestando a localidades como Aubervilliers seu característico cheiro nauseante. A ausência virtual de normas de construção nessas áreas tornava a construção de indústrias quase livre de problemas.

A combinação da relativa força da economia regional, que atraía trabalhadores, e o alto preço e a escassez de habitações em Paris serviu para estimular a construção de novas habitações na periferia num contexto igualmente livre de planos diretores. Em geral, quem enfrentava maiores dificuldades para penetrar no mercado imobiliário de Paris eram os provincianos e estrangeiros. Novas ondas de poloneses, russos e italianos tiveram grande impacto no cadinho parisiense, enquanto tchecos e eslovacos apareciam pela primeira vez. Os estrangeiros responderam por cerca de um quinto do crescimento populacional na região de Paris entre 1921 e 1936. Eles constituíam ao redor de 3% da população da cidade em 1921 – mas em torno de 10% no começo dos anos 30, nível que nenhuma outra cidade europeia podia igualar. Embora Paris mantivesse a heterogeneidade étnica, começava a perder boa parte da juventude da qual dependia a economia.[20] A *banlieue* funcionava como rede de segurança demográfica da cidade, onde uma quantidade desproporcional de jovens trabalhadores e imigrantes recentes era forçada a se radicar. Por outro lado, era uma espécie de El Dorado para muitos trabalhadores parisienses que gostavam da ideia de ter um lugar no campo com horta e jardim como forma de proteção contra privações na velhice e da possibilidade de usufruir de bem mais espaço do que poderiam ambicionar nas lotadas habitações parisienses.

Antes da Primeira Guerra Mundial, urbanistas se entusiasmaram com a noção de cidades-jardim seguindo o modelo desenvolvido na Inglaterra na época. No entanto, cidades-jardim precisavam de planejamento; e o planejamento estava em falta na Paris do pós-guerra. Assim, a "extensão" de Paris aconteceu num turbilhão de iniciativas desenfreadas e desorganizadas. A forma mais comum eram loteamentos para a construção de prédios de um ou dois andares. Esses empreendimentos eram financiados por planos de crédito mútuo conduzidos por empresas de especulação imobiliária. O loteamento produzido por eles apresentaria muitos problemas. As companhias proprietárias com frequência vendiam apenas o terreno, ou seja, os compradores na prática instalavam-se em habitações provisórias até terem condições de construir algo melhor. Devido a controles de planejamento que deixavam a desejar, as companhias também não eram pressionadas a fornecer nem a mais básica infraestrutura.

Depois de uma década desse tipo de ampliação produzindo, em termos habitacionais, o que o romancista Jules Romains descreveu como "restos de latas de lixo"[21], um crescente coro emergiu em apoio aos *mal-lotis*, ou seja, indivíduos que haviam comprado propriedades muitas vezes com os mais ternos sonhos bucólicos e se viram presos a faixas de terra sem ruas nem conexões ferroviárias e rodoviárias decentes, nem tampouco os serviços mais básicos. Ao encontrar uma colônia de *mal-lotis* em Villejuif, o escritor inglês Aldous Huxley ficou extremamente chocado:

> Estávamos a apenas sete ou oito quilômetros da Ópera de Paris, mas não havia esgoto (...) nem abastecimento de água. Não estou exagerando ao dizer que as condições de vida nos loteamentos eram consideravelmente piores do que da média dos povoados da Guatemala ou do Sul do México.[22]

Na época em que Romains e Huxley escreviam nesses termos, porém, o governo enfim agia. A lei Sarraut de 1928 pôs um ponto final no tipo de desenvolvimento descontrolado da década passada, enquanto a lei Loucher, no mesmo ano, fez provisão para patrocínio estatal em planos de hipotecas nos loteamentos. Desenvolvimentos planejados agora recebiam controles melhores; tornou-se obrigatório incluir nos novos projetos uma previsão de estradas e ruas (1928), drenagem (1929), abastecimento de água (1930) e gás e eletricidade (1931). Mas o pleno impacto dessas mudanças foi limitado pela recessão econômica após 1931 e a falta de verbas governamentais. Em meados dos anos 1930, o dinheiro para projetos hipotecários sob os termos da lei Loucher estava se acabando.

A precária qualidade residencial para o número cada vez maior de trabalhadores na coroa suburbana de Paris após a Primeira Guerra Mundial, combinada ao baixo nível de vida ali oferecido, gerou radicalização dos padrões eleitorais, exacerbando a reputação da *banlieue* como cinturão vermelho. As áreas com grande número de *mal-lotis* invariavelmente votavam no recém-formado Partido Comunista da França (PCF). A tensão no movimento trabalhista após o relativo fracasso da agitação de 1918-1920 conduzira a uma cisão dentro do Partido Socialista (o SFIO). No congresso do Partido Socialista, na cidade de Tours, em 1921, a fração que desejava fazer parte da Terceira Internacional em Moscou formou um Partido Comunista, que seguia a linha soviética em todos os tópicos principais. Em termos de números eleitorais, no país em geral o SFIO distanciava-se do PCF, mas não na região de Paris, onde o PCF na maioria das vezes (mas nem sempre) era o parceiro dominante. Os comunistas viriam a ser especialmente adeptos de lançar mão de assuntos locais e residenciais – construção de escolas, abrigos sociais, banheiros públicos, bibliotecas e similares – assim como da militância nos locais de trabalho como ferramentas de mobilização. No êxito da esquerda nas eleições de 1924, os comunistas tiveram boas votações em toda a volta do "cinturão vermelho": "Paris cercada pelo proletariado revolucionário", estampou na capa o jornal comunista *L'Humanité*. Embora o PCF tenha fracassado em alcançar impacto nacional tão amplo quanto imaginara – seus esforços em comandar uma greve geral em 1925 não obtiveram sucesso –, estabeleceu-se como importante potência regional por meio do controle dos municípios além dos *boulevards des maréchaux*. Os líderes comunistas criavam feudos locais que por sua vez atuavam como trampolim para proeminência em âmbito nacional: isso foi verdadeiro para o líder comunista Maurice Thorez, em Ivry; Jacques Doriot, em Saint-Denis; Jean-Marie Clamamus, em Bobigny; e Jacques Duclos, em Montreuil. Eles mantinham sua própria base de poder e ao mesmo tempo atacavam a conservadora municipalidade de Paris como "ancoradouro de fascistas".[23]

O cinturão vermelho ficou ainda mais vermelho nos anos 1930. A recessão na economia parisiense após 1931 levou a um aumento nos níveis de desemprego. O PCF tentou canalizar a militância da classe trabalhadora não apenas contra a direita, mas também contra outros partidos de esquerda que bloqueavam o caminho, os quais acusava de aceitarem com passividade a ascensão de concepções direitistas de extremismo que já haviam produzido maus frutos na Itália fascista e (a partir de 1933) na Alemanha nazista. Por grande diferença, a Terceira República era o regime mais duradouro de todos os regimes na França desde 1789, mas era amplamente encarada como em estágio terminal. A aura de corrupção e enganação que pairara sobre ela no final do século não se dissipara. Além disso, a crítica da esquerda revolucionária era equiparada por um movimento direitista que também comprazia-se em tirar a política da Câmara dos Deputados e trazê-la às ruas. Monarquistas radicais aliaram-se a antissemitas convictos, associações de veteranos e admiradores de Mussolini e Hitler para criar um poderoso bloco político. Sua causa recebia respeitabilidade ideológica por meio de intelectuais como o escritor Charles

Maurras, cujo movimento e jornal *L'Action française* nunca superara o resultado do caso Dreyfus.

As ruas de Paris, cada vez mais, tornavam-se palco de combates entre extremistas políticos da Direita e da Esquerda – e de protestos contra a Terceira República. O caráter demonstrativo e teatral da maior parte dessas atividades era mais e mais evidente. A transformação nos meios de comunicação gerada pelo advento do rádio e (logo depois) da televisão transformava um simples protesto parisiense em um fenômeno nacional e até mesmo internacional. Os parisienses continuavam lendo comparativamente mais jornais do que qualquer outro grupo, mas agora também escutavam rádio. A partir de 1898, a Torre Eiffel passara a funcionar como torre de transmissão de rádio; por volta do começo dos anos 1930, mais de 40% das residências tinham rádio. A partir de 1937, a torre serviu também como difusora de televisão. Embora a incipiente audiência televisiva fosse ainda restrita à capital, as estações de rádio parisienses eram amplamente ouvidas país afora. O público ouvinte demonstrava interesse especial em música popular e em esportes nacionais. Além de influenciar o lazer do povo, o rádio também deixou sua marca na cultura política nacional. As eleições municipais de 1935 foram as primeiras em que transmissões sobre temas políticos parecem ter começado a influenciar a escolha dos eleitores. O cinema também teve importante papel nisso. Em 1939, os parisienses iam ao cinema ao menos uma vez por semana, e os noticiários projetados antes dos filmes mantinham os espectadores atualizados sobre as notícias internacionais.

Que o contexto da ação política baseada em Paris estava mudando ficou muito claro pelo impacto extraordinário do caso Stavisky, escândalo político cujo pivô era o homônimo empresário ucraniano, envolvendo acusações de corrupção e acobertamentos policiais. Em 6 de fevereiro de 1934, um protesto direitista sobre o caso foi promovido, tendo como alvo a Assembleia Nacional. A manifestação acabou em ferrenhos embates de rua na Pont de la Concorde, na direção do Palais Bourbon, sede da Assembleia. Os combates deixaram dezesseis mortos e centenas de feridos. Os eventos quase com certeza não consistiram em parte de uma tentativa de golpe de Estado direitista, como a Esquerda alegou, mas de um gesto deliberadamente pretensioso de protesto e de exasperação. Não obstante, os acontecimentos do dia acentuaram a necessidade de a Esquerda manter-se politicamente vigilante e dar fim a disputas destrutivas. Incitados por Moscou, os comunistas assinaram um acordo eleitoral com o SFIO e o grupo Radical Socialista em 14 de julho de 1935 – dia em que a Esquerda unida promoveu uma enorme passeata pelas ruas de Paris. Nas eleições de 1936, os partidos esquerdistas se aliaram em torno de um programa conjunto da Frente Popular e acabaram vitoriosos nas urnas.

O governo da Frente Popular do primeiro-ministro socialista Léon Blum de imediato teve de enfrentar uma onda nacional de greves e ocupações espontâneas de indústrias por trabalhadores, determinados a verem logo a vitória eleitoral convertida em ganhos sociais. As ocupações, a partir de maio de 1936 em diante, atingiram vários tipos de indústrias e categorias profissionais. Paris vinha na frente, com 150 mil trabalhadores em greve a certa altura do começo de junho. As ocupações – que atingiram não só a indústria pesada, mas também lojas, grandes magazines, bancos e companhias de seguros, hotéis e restaurantes e assim por diante – representaram uma tocante demonstração de fraternidade da classe trabalhadora, no contexto de desejos de mudança durante muito tempo postergados. A escritora Simone Weil rememorou o seu próprio, e o dos outros, "prazer em escutar, em vez do impiedoso estrondo das máquinas, música, cantorias, risadas".[24] Concertos e danças improvisadas, conversas e fofocas, cartas e *boules* entraram de modo frenético na memória folclórica desse episódio improvável.

Com a essencial ajuda do líder comunista Maurice Thorez, Blum negociou os chamados acordos Matignon com representantes dos sindicatos e com líderes empresariais, que desmobilizaram o movimento como um todo. O pacote de medidas foi mesmo radical: incluía semana de quarenta horas, feriados pagos (o que possibilitou a muitos parisienses desfrutarem do mercado de lazer pela primeira vez), substanciais aumentos de salário, melhores mecanismos de negociação nos ambientes de trabalho e nacionalização de indústrias básicas (incluindo as indústrias ferroviária e bélica). Mas esse programa memorável e histórico tinha um preço, e isso viria a ser problemático. Em especial, os aumentos salariais desencadearam uma espiral inflacionária que, por sua vez, pressionou as taxas de juros e o equilíbrio do mercado, pulverizando as melhorias salariais de 1936. As tentativas de Blum de fazer concessões irritaram os comunistas, causando piora sensível na atmosfera social. Uma nova onda de greves na indústria automobilística de Paris na primavera de 1938 levou a uma crise política na qual o governo de Blum soçobrou. Seus sucessores tentaram de modo ineficaz incrementar a produção industrial, em particular porque nessa época o país enfrentava uma grave crise internacional, e a guerra apontava no horizonte. Só em 1924 a França recuperara o produto interno bruto aos níveis de 1913, mas essa realização, e o crescimento adicional de anos sucessivos, desaparecera em 1939, com o PIB retrocedendo aos níveis de 1913.

A Paris que conduziu a França à guerra com a Alemanha em 1939 estava em péssima condição econômica. O ânimo também era fraco. O pacifismo latente evidente na cultura parisiense desde os horrores da Primeira Guerra

Faxineiros de uma loja de departamentos em greve, 1936

Mundial não se dissipara por completo. Dois dos sucessos do cinema do fim dos anos 1930 foram *A regra do jogo* (1937), dirigido por Jean Renoir (filho do pintor impressionista), retrato devastador da frivolidade e do egoísmo terminais da elite governante da França, e *A grande ilusão* (1939), do mesmo cineasta, louvor elegíaco à fraternidade universal em tempos de guerra. Depois do "horrível e indefeso pânico do verão de 1938"[25], quando a guerra parecia inevitável, meio milhão de pessoas dirigiu-se ao aeroporto Le Bourget em outubro para dar entusiásticas boas-vindas a Édouard Daladier, que assinara o acordo de Munique em que Hitler prometia paz. Como o acordo passou a ser reconhecido como inútil, o Pacto Germânico-Soviético colocou o Partido Comunista Francês numa posição ambivalente relativa à iminente guerra com a Alemanha. A Direita também estava desgostosa por declarar guerra ao poder nazista por ela admirada: nas conversas informais nos coquetéis, comentava-se que era preferível Hitler a outro governo de Léon Blum.

Após um período de "guerra de mentirinha" (*drôle de guerre*), as operações militares começaram no verão de 1940, e os alemães de modo rápido e abrangente manobraram com estratégia superior à de um exército francês cujos generais eram muito lentos e, talvez, muito ultrapassados para reagir. No começo de junho, o governo nacional em fuga abandonou Paris a seu destino como "cidade aberta". Os parisienses enfrentaram a situação desesperadora e aterrorizante de se sentirem indefesos enquanto as tropas motorizadas alemãs avançavam em sua direção. Irrompeu um êxodo populacional, na mesma linha das repentinas emigrações de pânico ocorridas durante a Primeira Guerra Mundial – mas numa escala ainda maior. A população do 14º arrondissement, por exemplo, despencou de 178 mil para 49 mil em poucos dias. Quando, em 14 de junho, as tropas alemãs penetraram na cidade, encontraram uma Paris com apenas um terço da população normal. Os retirantes podiam ser encontrados entupindo as estradas para o Sul, talvez dois milhões de indivíduos unindo-se a mais oito milhões oriundos de todo o Norte da França, numa caravana de carros, caminhões, carrinhos de mão, carrinhos de bebê, gado, cães, gatos e pertences apressadamente juntados. Muitos fugitivos retornariam em breve: a população da cidade era de dois milhões em outubro de 1940 e 2,5 milhões em janeiro de 1941. A essa altura, porém, tanto a cidade quanto a nação haviam sido forçadas a aceitar um armistício altamente humilhante. Em 23 de junho, Hitler aterrissara na cidade para visitar, com ar convencido e indulgente, locais de interesse, enquanto seus subalternos se preparavam para organizar a França derrotada dentro da nova ordem europeia ditada pelos alemães.

Se a campanha militar de 1940 foi um desastre de proporções épicas para Paris, a paz com a Alemanha que se seguiu foi sem dúvida pior. Pouquíssimos parisienses deram ouvidos aos apelos de Charles de Gaulle pelas ondas de rádio da BBC de Londres, convocando os compatriotas a continuarem na luta. Oficial de cavalaria, recentemente nomeado ministro da Defesa, De Gaulle abandonara a França ao tornar-se evidente que a resistência era a última coisa na mente do governo. Suas peregrinações o levaram à cidade de águas termais Vichy, onde, em 10 de julho, no improvável cenário do cassino municipal, o que sobrara da Assembleia Nacional concedeu plenos poderes ao marechal de campo Philippe Pétain para criar uma nova constituição. Esse herói da Primeira Guerra Mundial, trazido ao governo para nutrir a resistência, agora liderava a plena capitulação, permitindo aos vitoriosos alemães executarem brutal cirurgia no corpo político francês. A região contestada da Alsácia-Lorena foi incorporada à Alemanha. A França era agora comandada por um governo "independente", que operava a partir de Vichy sob a presidência de Pétain. Mas a metade norte do país, incluindo Paris, estava sob invasão alemã permanente, estendida a todo o país em 1942, quando a Alemanha aumentou a área invadida e ocupou toda a França. Desde o tempo dos merovíngios, houvera uma série de projetos para deslocar a capital da França para fora de Paris, onde Clóvis a estabelecera: Pétain havia sido o primeiro a efetuar a mudança. Por curiosa consequência dessa situação, o governo de Vichy mantinha um embaixador em Paris, como se a zona ocupada ao norte fosse outro país.

A comerciante de livros Adrienne Monnier registrara em seu diário em 14 de junho de 1940 ter escutado pessoas nas ruas dizendo: "Enquanto os alemães estiverem aqui, pelo menos haverá ordem". No dia 17, ela escreveu: "Anoitecer tristonho. Sinto-me derrotada. O fascismo parece inevitável".[26] A máquina estatal de Vichy desenvolvera formas ideológicas nativas derivadas do fascismo, nutridas com a colaboração íntima com os invasores nazistas. O fim ignominioso da Terceira República pareceu a Pétain e seus apoiadores uma justa condenação aos valores liberais e republicanos personificados pelo regime anterior. A Esquerda estava desordenada – o Partido Comunista, já operando de modo efetivo às escondidas, seria declarado ilegal quando Hitler declarou guerra contra a União Soviética em junho de 1941, e o líder Thorez fugiria da França e passaria o período da guerra em Moscou. Além disso, nessas circunstâncias, a aura de Paris como o torrão natal da tríade republicana liberdade, igualdade e fraternidade passava a ser uma desvantagem. O regime de Vichy propunha como slogan os valores do trabalho, família e pátria. Isso realçava o endosso do regime aos valores supostamente mais autênticos da tradicional região campestre e não àqueles da cidade moderna. Na escala de valores do regime de Vichy, o camponês valia mais do que o proletário – e certamente mais do que o parisiense.

Havia várias facções com frequência bastante divergentes no âmbito dos partidários do regime de Vichy. Paris continha os líderes dos principais partidos políticos e grupos permitidos pelo regime. O Partido Popular Francês (PPF), do renegado comunista Jacques Doriot, durante longa data prefeito de Saint-Denis, forneceu a organização política mais abertamente pró-fascismo e tinha como guarda-costas um grupo de atemorizantes lutadores de rua. Profundamente conservador, hierárquico e patriarcal, o regime também tentou se afastar da política de classes que atormentara a política do entreguerras ao estabelecer uma abordagem mais colaborativa entre o trabalhismo e a indústria. Em certas ocasiões, pelo menos de modo formal, isso lembrava as instituições da monarquia do Ancien Régime, mas também fornecia uma estrutura em que as ideias tecnocratas pudessem ser exploradas. Em sua curta história, antes de ser fechada e muitos de seus membros unirem-se à Resistência, a École des Cadres em Uriage provaria ser uma fonte dos tecnocratas da Quarta e da Quinta República. Certos católicos liberais e humanistas, como Emmanuel Mounier, editor do jornal *Esprit*, inicialmente atraíram-se pelo regime de Vichy, embora logo tenham se desencantado. Em geral, as tradicionais elites católicas estavam entre os apoiadores mais veementes do regime e endossaram suas políticas sociais sufocantemente reacionárias: as mulheres deviam ficar em casa e criar os filhos. Uma lei de fevereiro de 1942 deu ao aborto o status de crime oficial, e uma mulher que realizava abortos foi guilhotinada numa prisão de Paris devido às suas atividades.

Sob os novos desígnios, apenas os ornamentos da independência cívica de Paris permaneceram. O conselho municipal de Paris foi dissolvido, então reativado, mas reunia-se apenas uma vez por ano na melhor das hipóteses e em segredo. O chefe do departamento do Sena e o chefe da Polícia eram indicados pelas forças invasoras alemãs, a quem ambos se reportavam. Os principais personagens do governo local eram alemães. As responsabilidades de chefia de Paris assim como dos departamentos do Sena, Seine-et-Marne e Seine-et-Oise foram assumidas pelo comandante da "Paris Maior" (*Gross-Paris*). (Estranhamente, só um estrangeiro notou a interdependência regional que os próprios parisienses relutavam a encorajar.) O gabinete do departamento foi instalado no Palais-Bourbon, ex-sede da Assembleia Nacional, com o slogan *Deutschland siegt an allen Fronten* (Alemanha vitoriosa em todas as frentes) afixado na fachada. Os quartéis-generais das forças de ocupação localizavam-se na Ópera, e as autoridades militares moravam no Hôtel Meurice, na Rue de Rivoli, e os componentes do *Abwehr* (serviço de informação alemão), no Hôtel Lutétia. Nos quatro anos de invasão, os alemães não fizeram contribuição ou adição ao meio ambiente construído herdado; apenas instalaram os sinais pomposos de seu poder naquilo que encontraram, desfrutando a posse de locais de memória franceses e dos hotéis mais pretensiosos. O regime de Vichy também realizou pouco em termos de novas construções – simplesmente não havia dinheiro para empreender projetos. Abraçara o princípio da conservação supondo que *le Vieux Paris* tivesse algo que valia a pena ser preservado. Também elogiou a perícia profissional tradicional e favoreceu estilos de construção que lembravam os espigões das habitações de estilo medieval.

A germanização de Paris ficava clara na aparente ubiquidade dos uniformes do exército alemão, no som das vozes alemãs em cada canto da cidade e na instalação de placas de trânsito alemãs em suas ruas. A hostilidade estimulada pelos sinais de trânsito tinha origem mais psicológica do que prática, pois o tráfego motorizado francês era praticamente nulo. O número de carros caiu de 350 mil para meros 4,5 mil, e dos 3,5 mil ônibus apenas quinhentos sobreviveram. Cupons de gasolina haviam sido introduzidos no outono de 1940, e a escassez do combustível ficava cada vez pior. Muitos caminhões circulavam movidos a gás. Nessas circunstâncias, o metrô fornecia certa compensação – sua utilização atingiu o ápice durante esse período. Nos primeiros três meses da ocupação, cerca de 22 mil bicicletas foram roubadas: sinal marcante dos novos tempos. Os custos de produção das bicicletas vinham despencando desde a Primeira Guerra Mundial, e por volta de 1944 havia dois milhões delas na cidade – quase uma por pessoa. O "vélo-taxi", parecido com um riquixá, tornou-se um apoio regular. Assim, a ocupação marcou uma sinistra calma na história do ruído urbano de Paris, especialmente durante o toque de recolher. Além do mais, o início do bombardeio das fábricas na periferia por parte dos aliados, a partir de 1943, generalizou a prática do blecaute, imergindo a Cidade Luz numa não característica impenetrabilidade visual. "A cidade", observou o fotógrafo Jacques-Henri Latigue, ao visitá-la em 1942, "parece que desmaiou. Mal se consegue ouvir sua respiração."[27]

A época de guerra e a ocupação também reintroduziram o racionamento de produtos, reduzindo a cidade da fartura a um local de penúria e carência crescentes. O racionamento de comida começara no outono de 1940, mas a hegemonia alemã tornou-o ainda mais essencial. Instalado o sistema de "trocas", entre 50% e 75% da produção agrícola e industrial era desviada para satisfazer as necessidades do Reich. O sistema de racionamento burocrático parecia ter sido projetado para acentuar um sentimento de opressão ao produzir filas compridas e bastante frustração. Como acontecera com a gasolina, mais irritante que o racionamento era a crescente escassez de produtos básicos. Em particular, havia pouca oferta de vestuário, o que gerou toda sorte de improvisações. O desaparecimento virtual do couro levou ao uso generalizado do papelão e da borracha. A falta de combustível tornou a água quente um luxo longe de ser rotineiro. É claro, em todos os setores havia um florescente mercado negro para suprir as necessidades daqueles que tinham dinheiro. Mas o fato é que a maioria dos parisienses não tinha. A decisão de lavrar os jardins

ACADÉMIE NATIONALE DE MUSIQUE
LN-Werkstatt
SURESNES
Ortslazarett
Clamart (Percy)
Zentral-
Ersatzteillager
Jnsp.d. Landesbef.
Ob. West
Zentra-Kraft
Paris
Hauptverkehrsdirektion
Paris
Krankensammelstelle
Ersatzteillager 26
franz. Kfz.-Ersatzteile
Zentral-
Feldzeuglager
(N) 2
Fort d'Issy
Der Militärbefehlshaber
in Frankreich.
O.Qu.West
General
der Luftwaffe Paris
GL/Paris
Quai d'Orsay
Chem.Untersuchungsstelle
58, Boulev. Lefebvre
Sanitätspark 541
Fort de Vanves
H.K.P. 656
Rue Emile Menier 41
WH.Zahnstation
Eastmann-Klinik
Ortslazarett
de la Pitié
Heeres-Abnahmeinspizient
Frankreich
NSKK Gruppe Todt
Kfz.-Jnst.-Park
K.I.P. 513
Peter Kaiser
Wehrmachtbedarf
3, Rue Taitbout
Z.E.L. Nr. 46
KW.ZEL 22
rtoucherie. Vincennes

dos Invalides, de Luxemburgo e das Tulherias para possibilitar o plantio de feijão, cenoura e batata satisfazia as obsessões agrárias do regime de Vichy; demonstrou igualmente um certo desespero em questões alimentares. Cada parisiense obtinha da ração diária média apenas 850 calorias por dia. De modo não surpreendente, a taxa de mortalidade aumentou quase 50%, de doze mortes para cada mil pessoas em 1937 a 17,8 para cada mil em 1943. Doenças causadas por deficiências nutricionais eram abundantes, em especial entre as crianças. Meninos em 1944 eram sete centímetros mais baixos que os meninos da mesma idade em 1935; e as meninas, onze centímetros menores. O sucinto e, nessas circunstâncias, compreensível conselho da escritora Colette aos parisienses: "Economia e higiene unidas para resumir minha mensagem: já para a cama".[28]

Se a cama era capaz de fornecer calor e (com otimismo) companhia, o mesmo aconteceu com muitas atividades, em tempos menos peculiares consideradas de lazer luxuoso. Por exemplo, o número de frequentadores das bibliotecas dobrou – embora a leitura de jornais (talvez por ser atividade insuficientemente coletiva) tenha caído de modo vertical. Os autores também usaram os mesmos estratagemas: a falta de combustível levou Jean-Paul Sartre e um grupo de autores amigos, incluindo Simone de Beauvoir, a usarem os cafés da Saint-Germain-des-Prés (especialmente o Café Flore e o Deux Magots) como recanto para escrever. A ocupação também marcou uma era dourada do cinema e do teatro franceses – ambos eram calorosos e festivos. Havia oferta de escapismo à vontade, mas também oportunidades sutis de engajamento político – nem que fosse por meio de ataques de tosse sempre que aparecia a imagem de Pétain durante o noticiário de abertura. O regime de Vichy banira os filmes pré-guerra como *A regra do jogo* e *Hotel do Norte* sob a alegação de serem "depressivos, mórbidos e imorais".[29] Todavia, embora muitos dos diretores famosos tivessem fugido e o número de filmes produzidos fosse apenas a metade dos níveis pré-guerra, isso já era uma quantidade substancial. A margem de liberdade concedida pelos alemães aos realizadores facilitou a ascensão de uma nova geração de cineastas (Becker, Bresson, Autant-Lara e Clouzot) e uma nova leva de clássicos do cinema, entre os quais se destaca *Les Enfants du Paradis* (1944-5), de Carné.

As artes forneceram um severo teste moral a seus praticantes. Raros escritores ou artistas desistiram de seu trabalho (a maioria não tinha outra coisa para fazer) a menos que fossem obrigados a fazê-lo: as editoras parisienses estavam sob determinações rígidas, por exemplo, de não aceitar ou distribuir nada de autores judeus, comunistas ou americanos. Certos escritores e artistas foram atraídos pelo hospitaleiro ambiente criado pelos adidos culturais alemães francófilos, pois os alemães consideravam importante submeter a intelligentsia francesa às ideias nazistas. Tiveram certo sucesso – autores como Drieu

La Rochelle, Robert Brasillach e Céline não apenas continuaram a escrever, mas também colocaram sua escrita a serviço da ideologia do regime nazista, tanto no jornalismo como na ficção. Esses indivíduos foram convidados a visitar a Alemanha – destino ao qual também sucumbiram cantores populares como Maurice Chevalier e Édith Piaf, e artistas como Van Dongen, Derain e Vlaminck, fato que todos tentaram justificar após 1944. A maioria das pessoas no mundo artístico preferiu abaixar a cabeça e continuar sua obra como se estivessem isolados do mundo. Havia uma crescente quantidade de publicações clandestinas, principalmente de 1942 a 1943. *Le Silence de la mer* (1942), de Vercor, publicado pela editora subterrânea Éditions de Minuit, tornou-se um clássico da Resistência, enquanto a poesia patriótica dos ex-surrealistas como Éluard e Aragon também era devorada com avidez. Mas, se os autores quisessem alcançar público maior, precisavam negociar com as autoridades da ocupação – e conciliar suas consciências. Até mesmo empenhados antinazistas o fizeram: por exemplo, Sartre teve de retardar a publicação de seu romance em vários volumes *Os caminhos da liberdade* (publicado em 1945), mas suas peças *As moscas* (1942) e *Entre quatro paredes* (1943) passaram pela censura e subiram aos palcos. Sua amiga Simone de Beauvoir também publicou o primeiro trabalho dela, *A convidada*, durante a ocupação. Os palcos de Paris, de modo semelhante, presenciaram as estreias de Camus e Montherlant na dramaturgia e as primeiras performances das novas peças de Anouilh, Cocteau, Guitry e Giraudoux – todos vultos importantes da era do pós-guerra.

Autores comprometidos com a causa nazista, como Brasillach e Céline, propagavam ideias antissemitas com alegria, e não estavam sozinhos nisso. Afinal de contas, o antissemitismo era um sistema de opinião com história longa na França, vide o jornal de Charles Maurras *L'Action française*. Porém, em nenhuma outra época os judeus haviam sido alvos de preconceito e de violência tão fortes e institucionais. Essa situação atingiu o ponto culminante quando, em 16-17 de julho de 1942, a polícia parisiense recolheu dois mil judeus num estádio esportivo, o Vél' d'Hiv (Vélodrome d'Hiver), nas condições mais apavorantes – antes de serem deportados a Auschwitz.

11.3: O Vél' d'Hiv

O velódromo d'Hiver – o estádio esportivo coberto mais conhecido como Vél' d'Hiv – foi construído em 1910 no Boulevard de Grenelle no 15º arrondissement e demolido em 1959. Houve pouco rebuliço sobre a remoção de uma comodidade que fora o palco de importantes lutas de boxe e de eventos ciclísticos internacionais (notavelmente os anuais "Six Jours", de 1913 a 1958). Pois o estádio é mais famoso por sua infâmia:

por ter sido o lugar onde os judeus parisienses foram encarcerados após uma grande batida policial, antes de serem deportados aos campos de extermínio.

Os judeus têm uma história antiga em Paris: há registros de mercadores judeus e sírios habitando a cidade desde a época dos merovíngios. Posteriormente, o crescimento, a prosperidade econômica e a vitalidade demográfica da cidade na Idade Média provocaram o surgimento de uma sólida comunidade judaica ali. Entretanto, há também registros de antissemitismo em Paris desde tempos remotos. Durante a Idade Média, a comunidade judaica esteve sujeita a ciclos de perseguição. Entre os reis que tomaram medidas contra os judeus, estão desde os mais pios – por exemplo, São Luís, que incendiou 24 carroçadas de manuscritos talmúdicos na Place de Grève e obrigou os judeus a envergarem uma insígnia distintiva (uma roda de feltro vermelho costurada nas vestes) – até os mais abertamente gananciosos – por exemplo, Filipe IV, que expulsou os judeus da França em 1306, não sem antes confiscar os seus bens.

Submetidos a uma sequência de expulsões, os judeus retornavam quando reduzia a pressão. Nesse ínterim, sua presença na cidade era inscrita na forma de nomes de ruas. A partir de 1119, havia uma sinagoga na Rue de la Juiverie, na Île de la Cité, e perto dali, um cemitério judaico, na margem esquerda. A sinagoga foi convertida em igreja em 1190, mas a Rue de la Juiverie teve o nome modificado – para Rue de la Cité – apenas em 1834. De modo semelhante, na margem direita, a leste e a norte do Hôtel de Ville, havia várias Rue des Juifs – mais especialmente a atual Rue Ferdinand-Duval (4º), que recebeu esse novo nome apenas em 1900. Os judeus deixaram sua marca de outra forma também: um incidente em 1920 em que um judeu, acusado de ter profanado a hóstia, foi executado na paróquia de Saint-Merri (4º); o fato motivou a criação de uma capela expiatória ligada a um hospital de caridade, que todos os anos relembravam o incidente.

Devido aos atos adicionais de expulsão no fim da Idade Média até 1615 – e em especial em 1394 –, antes da Revolução eram raros os judeus na cidade. Na Paris de 1715, de uma lista de judeus constam apenas dezenove nomes, embora esse número tenha expandido para cerca de quinhentos até 1789. Em sua maioria, pertenciam aos mercados de armarinho, incluindo o comércio bufarinheiro, embora houvesse alguns prestamistas. A lei de 27 de setembro de 1791 deu direitos civis aos judeus, permitindo assim liberdade de movimento aos indivíduos que haviam passado séculos morando em guetos espalhados França afora.

Com isso, mais o reconhecimento formal de uma comunidade judaica em 1806, estimulou-se o crescimento no número de judeus na cidade. Durante a Monarquia de Julho, havia nove mil, incluindo dinastias ricas e poderosas como os Rothschild.

Houve um grau considerável de integração dos judeus em todos os níveis na vida parisiense ao longo do século XIX. A situação mudou um pouco, porém, como consequência da vinda de refugiados judeus da Alsácia após 1871, e em seguida com a chegada de grande número de asquenazes fugindo da perseguição na Europa Oriental. Isso levou a um crescimento surpreendente na população de judeus – e também a uma nova geografia. Por volta de 1939, dos trezentos mil judeus da França talvez 160 mil morassem em Paris e arredores. A Rue des Rosiers, no 4º arrondissement tornou-se o foco de uma forte comunidade falante de iídiche, cuja sinagoga (1913), desenhada por Guimard e construída na Rue Pavée (4º), exerceu importante papel. Muitos *hôtels* aristocráticos antigos foram transformados em residências superlotadas e oficinas com precárias condições de trabalho no chamado Pletzl. O Museu de Arte e História do Judaísmo, no antigo Hôtel de Saint-Aignan, na Rue du Temple (3º), é um exemplo típico desse fenômeno; as fotografias feitas na década de 30 mostram-no virtualmente irreconhecível se comparado ao local recentemente transformado em museu.

A virulência dos ataques antissemitas contra os judeus pela Extrema Direita durante e após o caso Dreyfus levou a uma concentração maior de judeus no Marais, como se tentassem se autoproteger. Charles Maurras, o líder de *L'action française*, atacou abertamente os judeus por trazerem "pulgas, peste, tifo e, no longo prazo, revolução" para a França. Ele desdenhava dos parisienses por serem "xenófilos" e "xenomaníacos" – alegação cruelmente testada durante o regime de Vichy e a ocupação nazista da cidade entre 1940 e 1944.

A concentração de judeus no Marais tornou muito fácil a aplicação das leis de Vichy pela polícia francesa. Mesmo antes da instalação plena do regime de Vichy, os judeus receberam status especial, e leis discriminatórias eram feitas cada vez com mais rigor e abrangência, sob a vigilância do Commissariat Général aux Affaires Juives. A partir de março de 1942, os judeus foram obrigados a envergar uma estrela amarela na roupa, mas mesmo antes disso muitos tiveram suas lojas e a maioria dos seus bens confiscados. Todos foram forçados a sofrer humilhantes restrições, entre elas o uso de cartões de identidade especiais e a proibição de usar telefones e bicicletas; mudar de residência;

entrar em cafés, restaurantes ou outros locais públicos; andar nas ruas entre as oito da noite e seis da manhã. A cultura judaica foi submetida a um implacável escárnio na imprensa, em particular no jornal *Je Suis Partout*, de Robert Brasillach. Uma grande exibição intitulada Le Juif foi realizada em setembro de 1941, com toda possível e imaginável espécie de propaganda racial. Os nomes das ruas e dos prédios passaram por "desjudaização": o Théâtre Sarah-Bernhardt, na Place du Châtelet, por exemplo, tornou-se Théâtre de la Cité, enquanto a Rue Henri-Heine tornou-se a Rue J.-S.-Bach. O Institut des Questions Juives fornecia bases lógicas pseudocientíficas para considerar os judeus menos que humanos. Medidas para deportá-los, iniciadas pelas autoridades nazistas, foram implementadas, às vezes com um entusiasmo que surpreenderia os alemães, pelas forças policiais francesas. Havia pouca simpatia pelos judeus residentes na França que não tinham cidadania francesa, mas mesmo aqueles plenamente integrados e efetivamente laicizados (incluindo heróis da Primeira Guerra Mundial) foram submetidos às mesmas leis.

A maior expulsão de judeus de Paris foi na batida policial com detenção em massa no Vél' d'Hiv, em 16-17 de julho de 1942. Sob as ordens do chefe de polícia René Bousquet, a polícia francesa realizou 12.884 prisões: em torno de três mil homens, cinco mil mulheres e quatro mil crianças. Os alemães ficaram decepcionados, pois haviam preparado vagões para a deportação de trinta mil. Os cativos tiveram estadia de uma semana nas condições mais apavorantes, sem provisões alimentares nem sanitárias decentes. Mais de cem cometeram suicídio e houve outras vinte mortes. Na transferência para fora de Paris, as crianças foram separadas dos pais em cenas de visceral tristeza. No total, cerca de 75 mil judeus foram deportados da França. A maioria, incluindo todos os judeus parisienses, passou por Drancy, próximo a Le Bourget, onde um campo de concentração primitivo havia sido improvisado no que antes fora um conjunto e blocos residenciais modernistas. Apenas cerca de três mil deportados sobreviveram.

A comunidade judaica recuperou-se fortemente após a guerra. Menos concentrados no Marais do que até então, a comunidade supera os trezentos mil, em Paris e arredores. O Marais tornou-se um paraíso comercial, e as tendas de falafel e os açougueiros kosher salientam a continuidade do passado. O turista também nota as placas nos pátios das escolas fundamentais do 4º arrondissement em memória às milhares de crianças judaicas deportadas da área, muitas das quais passaram pelo Vél' d'Hiv.

A deportação dos judeus da cidade contribuiu para a crescente diminuição da população de Paris de 1943 em diante. Ademais, havia a tendência antiurbana da política de Vichy. Por conta disso, as condições nunca estiveram tão precárias na zona rural, enquanto o bombardeio dos aliados provocou a fuga de alguns habitantes. Outro fator foi o impulso dado pelas autoridades para inscrever trabalhadores no STO (Service du Travail Obligatoire), o sistema de recrutamento de trabalhadores para fornecer mão de obra às fábricas alemãs. Assim, a política de Vichy teve o efeito de criar inimigos ao regime: judeus e comunistas, é claro, mas também trabalhadores contrários a serem enviados para trabalhar na Alemanha. Esses indivíduos fugiram para se esconder nas remotas áreas montanhesas (*maquis*), especialmente no Sul. Com o tempo, esses *maquisards* formaram um reservatório de descontentamento no qual as organizações da Resistência puderam se basear. E por volta de 1943, a Resistência crescia em força e ambição.

A Paris ocupada simplesmente não poderia ter funcionado sem a colaboração ativa da administração francesa. Enquanto é perfeitamente possível listar parisienses que de modo entusiástico colaboraram com os nazistas, é verdade também que existia bastante hostilidade mais ou menos dissimulada contra eles. Para os alemães, Paris era a "a cidade sem olhar" – ninguém parecia querer olhar os ocupantes nos olhos.[30] Os primeiros atos de resistência aberta aos alemães haviam sido manifestações no Arco do Triunfo lideradas por estudantes em novembro de 1940, mas, em geral, Paris não estava na vanguarda dos movimentos de resistência nos primeiros anos da ocupação. A resistência desenvolveu-se com mais rapidez e com matiz mais radical na região Sul, onde o regime de Vichy era tão inimigo quanto os alemães. A força da presença germânica em Paris e o grau de vigilância imposto aos parisienses também agiram como elementos de dissuasão.

Inicialmente, houve numerosas redes clandestinas, muitas vezes com suas próprias orientações políticas, competindo entre si e debilitadas por denúncias, traições e desorganização total. A partir de 1942, agentes da França Livre, com base em Londres e comandada por Charles de Gaulle – em especial Jean Moulin, que morreu sob tortura em Lyon no ano seguinte – começaram a instilar organização e unidade dentro das redes rivais de resistência. Estratagema importante foi a inclusão do Partido Comunista, particularmente ativo no trabalho de resistência, tanto em Paris como em âmbito nacional. A coordenação das redes de resistência a partir de 1943 deu a Paris um papel cada vez mais essencial. Os números em Paris ainda eram pequenos – provavelmente apenas quinze mil a vinte mil combatentes da Resistência no total. Mas eles compensavam o pequeno contingente com compromisso e engenhosidade: uma rede estabeleceu seu quartel-general nas catacumbas embaixo da Place Denfert-Rochereau (14º).

Muitas façanhas mais ousadas da Resistência foram desempenhadas longe da capital. Mas Paris teria chance de brilhar em 1944, quando a cidade serviu de teatro para o mais dramático dos atos de liberação, por meio do qual os alemães enfim foram derrotados e impelidos a sair da França. Nos desembarques dos aliados na Normandia em junho de 1944, coube às forças militares francesas apenas um papel pequeno e auxiliar; inicialmente, o comandante em chefe norte-americano, general Eisenhower, procurou flanquear Paris no avanço aliado rumo a leste. Então, por uma série de razões e certa casualidade, Paris não teve de esperar, e os parisienses tiveram papel fundamental na sua própria liberação. Em 18 de agosto, as forças da Resistência estouraram um levante na capital, com vigor memorável, raríssima munição e mais de seiscentas barricadas construídas com diligência. Em 25 de agosto, as forças da França Livre, lideradas pelo general Leclerc, chegaram em seu socorro. Após uma contenda em que provavelmente menos de dois mil parisienses pereceram, os alemães se renderam. No mesmo dia, o general De Gaulle chegou ovacionado pelas ruas da cidade; em seguida iniciou a organização da república, como se o interlúdio Vichy nunca tivesse ocorrido. Tomar a cidade teve imensa importância simbólica – como também teve o fato de que os franceses e as francesas, não apenas os americanos, haviam contribuído para o sucesso. À medida que os exércitos aliados derrotavam as forças alemãs através do país e então rumavam a Berlim, a França recuperava boa parte de sua dignidade depois de quatro anos de humilhação nacional; e nisso os parisienses tiveram papel fundamental.

Na verdade, Paris teve bastante sorte por continuar em relativamente boas condições. O bombardeio dos aliados desde 1943 causara mais danos na periferia do que no coração da cidade. Von Cholitz, o comandante alemão na cidade, não dera ouvidos às ordens de Hitler para arrasá-la e transformá-la "em nada mais que um campo de ruínas enegrecido".[31] Em seu quartel-general no Hôtel Meurice, Von Cholitz capitulou com placidez, tão logo ficou claro que os alemães não tinham mais chance de vitória. Não faltariam problemas assim que os alemães se renderam e assim que os parisienses se entregaram a uma extática orgia de remoção dos sinais de trânsito alemães pela cidade. Mas, em toda a sua essência, Paris voltava a ser a mesma; era possível ao menos sonhar que a época da frustração e das ilusões perdidas chegara ao fim. Em 25 de agosto, o fotógrafo Jacques-Henri Lartigue, que guardara solenemente um filme para a câmera durante os anos de penúria esperando uma ocasião como aquela, começou a fotografar novamente:

> O fim da ocupação alemã libera minha câmera! Observo Paris com olhar renovado. Cada trecho de Paris! O milagre não é ela estar apenas marcada, nem ela não estar completamente destruída, mas ela ainda estar *aqui*.[32]

12

A reconstrução de Paris 1945-c.1995

De fato, Paris estava "aqui", como dissera o fotógrafo Jacques-Henri Lartigue, no dia da liberação de Paris do jugo dos alemães.[1] Face aos horrores que a cidade enfrentara durante a ocupação, parecia quase miraculoso que o tecido da cidade estivesse essencialmente intacto, ainda mais levando-se em conta os cenários urbanos arrasados pela guerra por toda a Europa – por exemplo, Berlim, Dresden e Hamburgo; ou, na França, Cherbourg, Le Havre ou Saint-Lô. Os combates tinham destruído cerca de 25% das residências francesas. Vistos sob esse prisma, os danos sofridos por Paris em agosto de 1944, somados à destruição infligida pelas bombas aliadas nas fábricas dos subúrbios, foram relativamente desprezíveis, em especial se comparados à escala de estragos perpetrados durante a Comuna em 1871. A maior parte da década que se seguiu à liberação de Paris e da Europa seria gasta na reconstrução em âmbito nacional, além dos limites de Paris. Assim, o meio ambiente construído da cidade (que, como vimos, mudara pouco desde a Primeira Guerra Mundial) continuou basicamente o mesmo. O drama violento da Liberação e dos anos do pós-guerra tinha como cenário um ambiente físico bem familiar, agora um pouco mais decaído que antigamente, mas ainda "lá", em toda a sua essência.

Em 1918, Paris poderia estar vivendo de sua reputação, mas a cidade em si ainda era uma simpática metrópole imperial. Em 1945, em contraste, o dano de décadas de negligência era dolorosamente perceptível nas fachadas de pedra escurecidas pela fumaça, no estuque rachado sem manutenção e na pintura descascada. Mas tão logo a fase de reconstrução nacional foi dada por pronta – a partir de 1954 em diante (e em especial até meados da década de 70) –, a estrutura material da cidade passaria por uma reforma extraordinariamente ampla e repentina, numa escala de reconstrução que rivalizaria com a era de Haussmann. Nesse ínterim, porém, a alegria mesclou-se a uma série de emoções menos enaltecedoras.

A euforia da Liberação não durou muito. O período após a guerra testemunhou a continuação da austeridade. O ressentimento causado por essa austeridade era intenso, pois assumia que a difícil situação econômica devia-se em grande parte à expropriação pela Alemanha. Mas quando essa expropriação terminou, a escala de prejuízos à economia nacional era tão grande que a falta de produtos persistiu. O racionamento dos alimentos básicos foi reiniciado em 1945 e durou até 1949. O valor calorífico da ração diária havia sido 850 em 1944, e ainda era apenas 1.500 em maio de 1945. A ração mensal de manteiga, de 175 gramas em 1944, baixou para cem gramas entre 1945 a 1948. "Nutrida pela liberação, empolgada com o retorno do país à ativa", escreveu a jornalista Janet Flanner, da *New Yorker*, no fim de 1944, "a França subsiste em grande parte de vegetais não cozidos".[2] Seis meses mais tarde, a líder de uma delegação de mulheres soviéticas em visita à cidade concordava:

> Tinham nos dito que veríamos belas lojas na França. Mas todas as lojas daqui estão vazias ou fechadas. Não existe nada para comprar. A população em geral caminha sobre sapatos de madeira (...). Ninguém usa meias. As mulheres usam vestidos muito curtos não porque está na moda, mas porque falta tecido.

Porém, a constatação dela de que "nos chapéus se vê hortas completas e ninhos de andorinhas" era um lembrete da criatividade para manter as aparências adquirida pelos parisienses durante a ocupação.[3]

O trabalho de reconstrução econômica andou com vagar. Em 1946, criou-se uma agência sob o comando de Jean Monnet para instituir um plano econômico nacional, *Le Plan*, como ficou conhecido. Seria crucial no trabalho de reconstrução, assim como a ajuda norte-americana, canalizada a partir de 1948 por meio do Plano Marshall. O comissariado do plano priorizou a indústria pesada e a infraestrutura, além de conduzir a economia da França sob uma direção mais europeia, especialmente com a criação da OECD em 1948 e a assinatura em 1950 do Tratado de Cooperação de Ferro e Aço com a adversária de longa data Alemanha. Um sinal de que a política estava beneficiando a recuperação de Paris foi o surpreendente aumento na produção de carros. Após a quietude sobrenatural dos anos nazistas, as ruas de Paris voltavam a ser ruidosas.

A vitalidade das ruas pós-Liberação incluía o tipo de militância que caracterizara os anos 30. A unanimidade política de 1944, encarnada na figura do general De Gaulle, não havia durado – fato que encorajou um enfadonho ceticismo político. Assim que a nova Quarta República se estabeleceu, o próprio Charles de Gaulle passou, de modo um tanto misterioso, "ao limbo da incerteza política", como mencionou o embaixador Duff Cooper.[4] O Partido Comunista, apresentando-se como a espinha dorsal da Resistência – e comandado por Maurice Thorez, de volta de seu refúgio em Moscou –, enfatizou o trabalho da reconstrução política imediatamente após o fim da guerra. O PCF fez parte da coalizão governamental do pós-guerra até 1947. A partir daí, não faltaram questões domésticas e internacionais a serem debatidas com os outros partidos: a emergente Guerra Fria, a criação da OTAN, relatos sobre os campos de concentração de Stalin, a guerra de descolonização na Indochina e,

desde o começo dos anos 50, a crise argeliana. Com a passagem do PCF para a oposição, foram os parisienses os que mais sofreram com a série de greves rigorosas que marcaram o fim dos anos 40 e o começo dos 50. Agora, o PCF tinha força tanto na cidade como nos subúrbios; o valor da publicidade da militância de rua era mais poderoso na capital, enquanto o sistema centralizado de transporte e de energia tornava as greves nesses setores prejudiciais a um grande número de parisienses e *banlieusards*.

A desavença duradoura do PCF com as operações da nova Quarta República foi um aspecto importante do cenário do pós-guerra, ecoando a polarização do mundo promovida pela Guerra Fria entre os aliados vitoriosos: a União Soviética e os Estados Unidos. Porém, a fratura dentro da política cultural do pós-guerra era ainda mais extrema. A euforia com a Liberação arrefeceu com rapidez. Dentro da França como um todo havia um poderoso apelo por vingança contra todos os que tinham colaborado com os nazistas. Irrompeu assim uma série de assassinatos por vingança e outras formas de ação punitiva, como raspar a cabeça e humilhar publicamente as mulheres acusadas de "colaboração horizontal". Esses incidentes – que alcançaram o alto número de vinte mil a trinta mil em todo o país, além de dez mil assassinatos – foram menos generalizados em Paris do que em outras áreas da França. Mas Paris logo se tornou palco de muitos julgamentos importantes dos colaboradores e de outros procedimentos de purgação. Uma *cause célèbre*, logo em janeiro de 1945, envolveu o escritor Robert Brasillach. As acusações contra ele centraram-se menos em seu fanático antissemitismo do que em seu colaboracionismo traidor. Brasillach foi fuzilado, mas não antes de sua execução ter provocado um apelo por clemência endossado por muitos intelectuais da Resistência. A partir daí, as purgações tornaram-se menos selvagens, mas continuaram muito abrangentes. Por exemplo, a maioria dos sindicatos e corporações profissionais organizou inquéritos sobre as ações de seus membros – geralmente em Paris. A punição incluía a prisão e a perda dos direitos políticos, sanção conhecida como "degradação nacional". Os líderes do governo de Vichy enfrentaram ou a pena de morte ou longas sentenças de prisão, embora René Bousquet, o chefe de polícia que coordenara a operação de captura dos judeus no Vél' d'Hiv, tenha recebido pouco mais que um puxão de orelha e retomado sua carreira na vida pública.[5]

Além disso, o espetáculo de vingança, arrependimento e punição subsequente à Liberação foi encoberto por graves questões internacionais. Os meses finais do conflito na França haviam testemunhado várias atrocidades nazistas, como a destruição completa da aldeia de Oradour-sur-Glane (Haute-Vienne), em junho de 1944. O pior estava por acontecer. A partir de abril de 1945, os cinemas parisienses começaram a passar ao público horrorizado filmes dos presos do campo de concentração de Auschwitz e de outros campos de extermínio tomados pelas tropas aliadas. Em maio, comboios de deportados começaram a chegar em Paris, onde seriam recebidos no Hôtel Lutétia e em outros hotéis requisitados para esse propósito. As multidões que vieram à Gare de l'Est para dar as boas-vindas a eles horrorizaram-se ao ver as figuras espectrais, vítimas claras da brutalidade nazista, descendo cambaleantes dos vagões. Quando alguns dos que retornavam, com ternura insustentável, entoaram roucos a "Marselhesa", a multidão dissolveu-se em lágrimas. Em agosto do mesmo ano, os Estados Unidos largaram bombas atômicas em Nagasaki e Hiroshima, acrescentando mais um grau na escala de horrores do século XX.

"A Europa das cidades-fantasma bombardeadas", comentou o romancista André Malraux, veterano da Guerra Civil Espanhola e combatente da Resistência gaullista, "é menos desoladora do que a ideia de humanidade que a Europa construiu para si".[6] Os extremismos dos conflitos ideológicos e a terrível destruição causada pela tecnologia dos anos prévios serviram de faísca para acender o apelo geral por recomeço. Apenas uma renovação política baseada em premissas filosóficas humanistas poderia resistir à contaminação moral que desfigurara a política tradicional. Uma abordagem que enfatizava o compromisso humano e político tornava-se aparente no meio político. Os comunistas acentuavam seu papel de sequazes da paz e utilizavam suas credenciais da Resistência para desenvolver na ampla esquerda uma militância forte, intelectual e artística. Essa incluía desde cientistas como o médico Frédéric Joliot-Curie até artistas como Picasso e Léger, escritores como o ex-surrealista Aragon e jovens atores como Gérard Philippe, Yves Montand e Simone Signoret. O "personalismo" apregoado por Emmanuel Mounier no jornal *Esprit* estimulou também uma forte resposta dos jovens católicos com consciência social. A corrente humanística mais vibrante – e aquela que mais claramente dava novo lustro à reputação de Paris como centro intelectual de importância internacional – era o Existencialismo proposto por Jean-Paul Sartre, Simone de Beauvoir e seus numerosos acólitos.

Tamanho era o preço da fama que o "olhos-envesgados, suga-cachimbo, cara-pálida Sartre e sua amiguinha solteirona, Simone de Beauvoir", como o escritor norte-americano Truman Capote os descrevera de modo não lisonjeiro, podiam agora ser vistos "encostados a um canto, como uma dupla de bonecos de ventríloquos" no bar do porão do hotel da Pont-Royal.[7] Eles haviam escapado do Deux Magots, ali perto, e do Café de Flore no Boulevard Saint-Germain, pois os inúmeros fãs de seus escritos, frequentadores desses locais, tornavam impossível trabalhar em paz. O jornal político *Les Temps Modernes*, editado pelos dois a partir de outubro de 1945, consolidou sua fama. A ênfase dada pelo movimento à necessidade de responsabilidade moral na tomada de decisões na vida encontrava suas raízes filosóficas na fenomenologia de Heidegger e Husserl, mas poucos dos que se autodenominavam existencialistas seriam capazes de explicar essas fontes difíceis, ou até mesmo o livro-texto de Sartre, *O ser e o nada* (1943). "Ainda não cheguei bem a uma concepção precisa sobre o que na verdade é o Existencialismo", observou o pintor engajado Jean Dubuffet. "No entanto, eu me sinto e me declaro um entusiástico existencialista."[8] Sartre encorajou o movimento nos círculos artísticos e intelectuais: o romancista e jornalista Albert Camus, o ex-condenado escritor Jean Genet, o filósofo Maurice Merleau-Ponty, bem como artistas experimentando novos estilos de representação (Dubuffet, Henri Michaux e Alberto Giacometti), todos estiveram de um jeito ou outro associados ao movimento.

O Existencialismo teve localização exata no mapa. Com Montparnasse agora parecendo fora de moda, os cafés e bares situados quase literalmente à sombra da antiga abadia de Saint-Germain-des-Prés (6º) tornaram-se quartéis-generais do movimento. O quartier continha também os escritórios de importantes editoras, como Gallimard e Seuil, que publicavam a obra dos adeptos do movimento. Tinha também um excelente cenário jazzístico, e os existencialistas eram jazzistas apaixonados. O amigo de Sartre, o brilhante e irrequieto Boris Vian, jornalista, romancista e poeta, era um trompetista talentoso que tocava em casas noturnas na área de Saint-Germain, na Rue Saint-Benoît. O elegante ambiente existencialista dos clubes noturnos deu dimensão midiática a um movimento em essência filosófico e político. A imprensa logo notou sua capacidade de atrair os jovens, desarraigados e sem convicções políticas, em especial a partir do instante em que os existencialistas começaram a se vestir de preto e que gracinhas (da madrugada) como a chanteuse Juliette Gréco aderiram ao movimento. A publicação do pioneiro clássico feminista *O segundo sexo* (1949), de Simone de Beauvoir, com suas francas discussões sobre sexualidade, foi um *succès de scandale* adicional.

Por volta de 1949, o momento de seriedade e significação política do movimento estava passando. Seus líderes achavam difícil manter uma posição política autônoma e significativa a partir de uma cultura política cada vez mais polarizada pela Guerra Fria, e começou a haver rachas: Sartre rompeu a amizade com Merleau-Ponty e suas relações com Camus também se estremeceram. Além disso, a atenção da mídia diluíra o cerne político do movimento, transformando-o quase numa opção de estilo de vida. O ressurgimento do turismo internacional também teve papel deletério: o Deux Magots logo estaria repleto de jovens americanos querendo ficar na mesa onde Sartre costumava sentar-se. Atrás dos americanos, logo vinham os agentes imobiliários: em pouco tempo, o bairro Saint-Germain estava envolvido na tarefa de se tornar burguês, à medida que uma boêmia abastada e polida se radicava ali.

"Tendo se tornado uma potência secundária", escreveu Simone de Beauvoir perto do fim dos anos 1940, "a França defendeu-se glorificando para fins de exportação seus produtos domésticos: moda e literatura"[9]. Um número significativo de importantes designers e ateliês de alta-costura realmente se estabeleceu nesse período: Pierre Balmain (1945), Pierre Cardin (1951), Hubert Givenchy e Guy Laroche (1952) – além de, é claro, Christian Dior, cujo extravagante "novo visual" de 1947 alcançou grande sucesso internacional, com suas criações respondendo por três quartos dos produtos de moda exportados pela França naquele ano. A guerra fizera a cidade perder a posição de centro mundial da pintura – o mercado de arte transferiu-se para o ambiente mais lucrativo de Nova York. Porém, a literatura estava ainda em boa forma e esforçou-se por manter e aumentar sua cotação internacional. André Gide, agora quase octogenário, recebeu o Prêmio Nobel da Literatura em 1947, e o período marcou também um momento de celebridade internacional para autores como Anouilh, Cocteau e François Mauriac, enquanto surrealistas como Breton e Éluard ainda estavam produzindo. Entretanto, a honra de ser novidade ligou-se inicialmente aos existencialistas, e eles e os surrealistas sustentaram o status internacional de Paris como centro da avant-garde. O renascimento do teatro parisiense deveu muito ao "teatro do absurdo", invariavelmente escrito e dirigido por estrangeiros (entre eles o romeno Eugène Ionesco, o irlandês Samuel Beckett e o russo Arthur Adamov), mas encenado nas salas de teatro desleixadamente boêmias da margem esquerda. Mais tarde, nos fins dos anos 1950, seria a vez do *nouveau roman* (novo romance), cujos adeptos incluíam Alain Robbe-Grillet, Marguerite Duras e Michel Butor; e também uma *new wave* (*nouvelle vague*) de diretores (e teóricos) de cinema, entre os quais François Truffaut, Jean-Luc Godard, Claude Chabrol, Éric Rohmer e Louis Malle. Por volta dos anos 70, seriam os estruturalistas e pós-estruturalistas da "teoria francesa" (Claude Lévi-Strauss, Roland Barthes, Michel Foucault, Jacques Lacan, Jacques Derrida, Hélène Cixous, Julia Kristeva) que manteriam o renome internacional de inovação intelectual da França.

Vários cineastas da nouvelle vague realçavam outro "produto nativo" que Simone de Beauvoir esquecera de mencionar, mas com considerável valor de exportação na era do pós-guerra: a própria imagem de Paris. Fotógrafos do pós-guerra, como Robert Doisneau e Henri Cartier-Bresson, alcançaram reputação internacional: a famosa foto do beijo em frente ao Hôtel de Ville coadunava-se de modo perfeito com as expectativas internacionais sobre a cidade – o amor, a rua, um cenário reconhecível. Os clássicos *Sinfonia de Paris* (*An American in Paris*, 1951) e *Gigi* (1958) mostraram que o cinema de Hollywood também usava clichês a seu favor. Mesmo depois que a face de Paris começou a mudar nos anos 1950, o papel do filme como promotor da ideia um tanto vaga de uma Paris infinita eternizou-se. *Zazie no metrô* (1960), baseado no romance popular de Raymond Queneau, representou *le vieux Paris* que mal conseguia perseverar, enquanto *O acossado*, de Jean-Luc Godard, lançado no mesmo ano, tanto realçou o advento das desejáveis (e roubáveis) limusines americanas quanto restabeleceu confiança numa cidade que permanecia fiel a si mesma. A parafernália consumista mudara, mas o cenário eterno continuou.

12.1: O metrô em Zazie

Para Zazie, a heroína do romance de Raymond Queneau de 1959, *Zazie no metrô*, o metrô representa a soma das fantasias provincianas sobre o que Paris tem de especial. Deixada com o tio e o seu séquito absolutamente bizarro, enquanto a mãe experimenta (com resultado um tanto sombrio) os clichês de Paris como a cidade do amor, Zazie está empolgada para conhecer o metrô. Mas a notícia de que ele está fechado devido à paralisação dos servidores a deixa com o coração partido.

Ao longo do romance, a pré-adolescente Zazie tende a expressar sem rodeios seu ceticismo precoce em relação à vida: "Napoléon mon cul" ("Napoleão meu rabo") é a sua peculiar reação ao visitar o túmulo do imperador no Hôtel des Invalides. Mas é claro que ela nunca sonharia em associar na imaginação o rabo dela ao metrô. O metrô parisiense evoca fantasia, não funções corporais. Zazie nunca entra no metrô – mas a história se desenvolve a partir do conceito de que Zazie traz o metrô dentro de si; é mais fácil manter Zazie fora do metrô do que tirar o metrô da cabeça de Zazie. O metrô é a presença ausente, o mítico Gral, em torno do qual Queneau tece uma sofisticada teia de fantasia, mesmo na forma dos acontecimentos mais mundanos e concretos do dia a dia. De modo significativo, Zazie tem a melhor visão do metrô do alto da Torre Eiffel, esse outro primor da fantasia parisiense. Queneau trabalha com a premissa de que os dois fenômenos contribuem com nossos preconceitos sobre o significado de Paris.

Kafka, um dos primeiros usuários de antes da Primeira Guerra Mundial, observou: "o metrô é a melhor oportunidade que um forasteiro frágil e esperançoso tem de pensar que conseguiu, de modo rápido e correto (...) penetrar na essência de Paris". Isso tem seu fundo de verdade, mas subestima o grau de aprendizado que a utilização do metrô exige. O sistema requer competência em vários rituais sociais: comprar a passagem, entender o significado de *correspondance*, comportamento politicamente correto na presença de músicos e mendigos, uso extremamente parcimonioso da troca de olhares e assim por diante. É a experiência mais solitária e individual – e ao mesmo tempo uma das mais sociais. Isso significa que é preciso tomar cuidado para contrabalançar o comportamento adequado público e particular.

O metrô tem também uma matriz de significados em geral secretos que desafia até mesmo o mais assíduo dos usuários. Como observou o antropologista Marc Auge, há tantas paradas de metrô na cidade antiga com o nome de indivíduos e eventos famosos da história da França – generais, estadistas, batalhas, dias revolucionários e assim por diante –, que, sob certos aspectos, a simples experiência de percorrer o trajeto parece uma celebração do culto às tradições. Quanto mais o viajante se aventura para fora de Paris, mais decai a pedagogia patriótica, e os nomes das estações têm designação geográfica em vez de histórica (Porte de la Chapelle, Marie de Clichy, Créteil-Université etc.).

Dentro da cidade, o fato de que o metrô foi construído abaixo das ruas existentes significa principalmente que as estações com frequência recebem o nome de ruas ou cruzamentos específicos. Walter Benjamin percebeu que havia "uma volúpia característica por dar nome às ruas" – e esse é com certeza o caso das estações de metrô. A topografia do Métro é cheia de junções improváveis. Barbès-Rochechouart, por exemplo, reúne os nomes de um combatente anarquista do século XIX com o de uma abadessa aristocrática de Montmartre do século XVII. Sèvres-Babylone homenageia tanto a rua que vai até a localidade suburbana de Sèvres quanto o bispo de Babylon *in partibus infidelium* que fundou o mosteiro das Missions Étrangères, situado ali perto. Richelieu-Drouot cruza o cardeal ministro de Luís XIII com um general napoleônico. Alma-Marceau mescla uma batalha da Guerra da Crimeia e um herói revolucionário. Para complicar as coisas, há alguns indivíduos que parecem pares: por exemplo, La Motte-Picquet, Marx-Dormoy e Denfert-Rochereau – três identidades no total, não seis. E, para complicar ainda mais, as estações do metrô – assim como as ruas – em geral costumam mudar de nome, em parte por razões políticas, em parte como resultado de obscuras meticulosidades burocráticas e em parte para ajudar os turistas. Em 1946, Marbeuf-Rond-Point-des-Champs-Élysées foi metamorfoseada em Franklin-D-Roosevelt, e em 1970 Étoile tornou-se Étoile-Charles-de-Gaulle. Então em 1968 Saint-Paul virou Saint-Paul-Le-Marais, e em 1989 Palais-Royal, Palais-Royal (Museu du Louvre). Desde 1945, houve quase cinquenta mudanças desse tipo.

Claro que relativamente poucos dos passageiros diários que usam essas estações têm noção etimológica sobre esses nomes. Mas, de qualquer forma, eles têm a poesia estranhamente aromática dos nomes – a "sucessão poética das estações", como definiu Richard Cobb – para se basear. Num sistema em que, como Zazie pôde comprovar, a fantasia exerce esse papel, talvez isso seja suficiente.

A aparentemente não histórica cidade dos filmes era, porém, envolvida de modo crescente e inevitável na trama da mudança histórica. Além de suportar as tensões da Guerra Fria, Paris também experimentava de perto o problema da descolonização. Desde o começo dos anos 1950, os apoiadores da independência da Argélia organizavam manifestações na cidade, mas o caso agravou-se quando em 1954 a Frente de Libertação Nacional (FLN) argeliana iniciou a guerrilha na Argélia. As manifestações em Paris agora eram coordenadas com ataques à bomba da FLN e outros atos: até 1958, o saldo era de mais de sessenta policiais mortos e aproximadamente duzentos feridos. Naquele ano, desencadeou-se uma crise em Argel, protagonizada por colonizadores e apoiada por elementos de dentro do exército colonial que resistiam à ideia de negociação entre o governo francês e a FLN. Incapaz de encontrar uma saída para a crise, a Quarta República convocou Charles de Gaulle de seu autoimposto exílio político. De Gaulle beneficiou-se com a desmoralização do regime e instituiu a Quinta República, com uma constituição altamente "presidencialista".

Os anos seguintes a 1958 presenciaram uma intensificação da atividade guerrilheira da FLN em Paris. As autoridades nacionais e municipais responderam com maior rigidez na vigilância policial e aumento dos poderes policiais em relação aos muçulmanos. O exército francês na Argélia estivera lutando uma "guerra suja", que envolvia a prática rotineira de torturar suspeitos. Uma amostra disso aconteceu em Paris também. A manifestação dos argelianos, realizada em 17 de outubro de 1961, contra a adoção forçada do toque de recolher para todos os muçulmanos na capital levou a uma violência policial repugnantemente malévola, culminando com o espancamento e o assassinato de possivelmente duzentos manifestantes, cujos corpos foram arremessados à noite no Sena. Muitos parisienses pareciam não querer tomar conhecimento da "Batalha de Paris", que tivera requintes de um massacre de São Bartolomeu de muçulmanos.

A crise argeliana não acabaria. Embora inicialmente os colonizadores da Argélia tivessem recebido De Gaulle como o seu salvador, em breve descobriram que ele renunciara a quaisquer possibilidades de manter a Argélia como possessão francesa e estava abrindo canais de negociação com a FLN. Isso desencadeou um violento contragolpe dos colonizadores, que, no começo de 1961, formaram a Organização Armada Secreta (OAS), dedicada à ação armada contra a descolonização. Conectada a vultos do alto escalão tanto do mundo político como das forças armadas, a OAS iniciou operações em Paris e na Argélia. Isso envolveu tentativas de assassinato contra o próprio Charles de Gaulle, mas também vários ataques à bomba envolvendo a morte de civis. Muitos parisienses mostraram sua visão sobre a crise em 8 de fevereiro de

1962, quando o PCF e outros partidos de esquerda organizaram uma enorme manifestação contra a violência da OAS. O evento desandou em batalha campal com a polícia. Milhares de manifestantes e transeuntes refugiaram-se na estação Charonne do metrô (11º), onde o pânico na multidão causou nove mortes. Poucos dias depois, meio milhão de parisienses acompanhou em procissão o funeral das vítimas.

Em 1962, os tratados de Évian deram independência à Argélia – e em breve isso foi seguido por medidas semelhantes de descolonização em todo o império francês. Como parte da estratégia para desmantelar a oposição colonizadora, o governo francês aprovou generosas leis de repatriação: cerca de um milhão de indivíduos transferiu-se para a França. Esses incluíam colonizadores franceses (alguns deles pertencentes a famílias radicadas há várias gerações na Argélia), italianos e outros colonos europeus, além de mais de cinquenta mil "harkis", ou seja, argelianos que combateram ao lado dos franceses. A maioria se estabeleceu no Sul da França, mas em torno de cem mil vieram para a região de Paris. Os tratados de Évian não fizeram cessar os ultrajes da OAS de imediato, e as medidas de vigilância policial contra os norte-africanos permaneceram em vigor. No entanto, em 1963, os anos de crise haviam passado.

A imigração para Paris por consequência da descolonização argeliana foi apenas um capítulo na história de uma cidade com reputação antiga de cadinho humano. Recebera um considerável influxo de italianos, alemães e russos após a Segunda Guerra Mundial. Fator adicional foi a repatriação de ex-colonizadores de todo o antigo império francês nos anos 60 – da Tunísia e do Marrocos, da Indochina e da África Ocidental, assim como da Argélia. Sem esquecer do enorme, repentino e completamente inesperado influxo de Portugal: em 1961, cerca de seis mil portugueses entraram na França; em 1963, 28 mil o fizeram. Boa parte eram mulheres vindas para trabalhar como domésticas nas casas de famílias burguesas parisienses. De novo, como no começo do século, Paris empurrou os recém-chegados para a *banlieue*. Por volta do fim do século, cerca de 13% dos habitantes da região de Paris eram estrangeiros – duas vezes a média nacional – e um em cada seis parisienses era estrangeiro. A esta altura, aos ex-colonizadores haviam se juntado os ex-colonizados: a pressão da pobreza pós-independência e a atração de oportunidades de emprego na metrópole desencadearam importantes ondas de imigração, em especial do Norte e do Oeste da África. Isso representou um acréscimo à composição tanto religiosa como étnica da capital: em 1939, a cidade tinha quatro mesquitas; em 2000, tinha mais de vinte, com cerca de quatrocentas na periferia. A tendência de os recém-chegados se manterem unidos imprimiu uma nova geografia ao mapa regional. Dentro da própria cidade, a concentração de judeus no Marais se confirmou, enquanto os turcos (muitos deles entrando via Alemanha) tenderam a se fixar no 9º arrondissement, e os norte-africanos (que constituíam em torno da metade da comunidade imigrante) nos arrondissements externos a leste (em especial 18º, 19º e 20º). Os inúmeros refugiados vietnamitas e cambojanos admitidos no fim dos anos 70 agruparam-se no 13º e criaram por lá algo parecido a uma (indo-) "Chinatown" culinária e étnica.

O influxo de imigrantes teve menos impacto na população de Paris do que seria o caso antes de 1945, pois o período que se seguiu à Segunda Guerra Mundial testemunhou mudanças significativas no comportamento demográfico francês. Em particular, uma explosão de nascimentos nos fins dos anos 40 e no princípio dos 50 rompeu a estatística de longa data do país de baixos níveis de natalidade. A população começou a crescer de novo: de 41 milhões em 1946, a população nacional subiu para cinquenta milhões em 1966 e, perto do fim dos anos 90, ultrapassou os sessenta milhões. Urbanização significativa acompanhou esse crescimento: enquanto em 1945 a agricultura empregava 35% da força de trabalho, em 1980 essa proporção baixou para 9% e em 2000 para menos de 5%. A forte urbanização não afetou o tamanho da população dos vinte arrondissements de Paris: na verdade, a população da cidade subira ao ápice nos anos 20 e permanecera até meados de 1950 em torno de 2,8 milhões, caindo para os números atuais de cerca de 2,1 milhões no começo dos anos 80. Todavia, a imigração, a urbanização e a recuperação das taxas de nascimento tiveram impacto notável sobre a região de Paris. A periferia cresceu de modo exponencial.

O crescimento da região de Paris no período posterior à Segunda Guerra Mundial não deveu nada ao governo, que agiu para deter a expansão da capital e seus arredores. A reconstrução do pós-guerra priorizara as áreas mais atingidas pela guerra. Mas também era fundada na opinião de que Paris se tornara muito grande. Em 1947, esse ponto de vista – que se harmonizava com as opiniões do regime Vichy – recebeu decisivo apoio com a publicação do livro *Paris e o deserto francês*, de Jean-François Gravier, que teve uma influência surpreendente e colocou a culpa do suposto subdesenvolvimento econômico da França nas costas de Paris. O ministro da Reconstrução do pós-guerra, Claudius-Petit, favoreceu a descentralização das empresas e a instalação das indústrias longe da capital, nos departamentos mais distantes; aprovou também a ideia de um "cinturão verde" no modelo inglês: se fosse para haver mais crescimento na Île-de-France, deveria ser bem distante de Paris e separado dela por um espaço verde determinado. O prosseguimento do controle dos aluguéis parisienses por meio de legislação em 1948 parecia destinado a sedimentar o círculo vicioso que detinha investimentos imobiliários na capital – com efeitos alarmantes sobre o problema da habitação. A essa altura, imigrantes recentes na capital eram forçados a criar vilas de choupanas em

terrenos baldios atrás dos terminais ferroviários e nos arrabaldes da cidade. O escândalo das chamadas *bidonvilles* (um *bidon* é uma vasilha de lata de em geral vinte litros de capacidade), construídas com papelão, ferro corrugado e toda e qualquer sucata à mão, estimulou os partidos de Esquerda a fazer apelos para a tomada de medidas. Simultaneamente, porém, a esquerda tendia a opor-se a importantes reurbanizações, temendo (no longo prazo, com real justificativa) que elas pudessem causar a transferência dos trabalhadores parisienses para habitações precárias na periferia. Em 1955, a decisão do primeiro-ministro Pierre Mèndes-France, da Esquerda radical, de proibir que quaisquer empreendimentos na capital excedessem a área de quinhentos metros quadrados no piso térreo sem permissão ministerial expressa era um bom exemplo desse sentimento antiparisiense no coração do governo.

A agenda descentralizadora do governo federal persistiu durante boa parte da Quinta República. Mas uma importante mudança de abordagem ao desenvolvimento de Paris estava em gestação a partir do começo dos anos 1950 em diante. De modo insuspeito, as décadas obscuras do urbanismo parisiense estavam chegando ao fim. Em retrospectiva, o término do mandato de Claudius-Petit à frente do Ministério da Reconstrução em 1953 foi um momento fundamental, pois seus sucessores iniciaram uma política abrangente de construção, fornecendo subsídios públicos a amplos programas habitacionais. Em geral, após a guerra, os pequenos prédios que passaram a ser construídos em Paris tomavam a forma de HLMs (*habitations à loyer modéré:* jeito novo e polido de designar a moradia barata). Então, grandes projetos habitacionais foram montados, e começou a surgir um melhor ambiente para o desenvolvimento imobiliário. A partir de 1953, o governo também encorajou a municipalidade de Paris a construir conjuntos HLM no que sobrara da zona não edificável do cinturão.[10] Além disso, a melhoria tecnológica ajudou a impulsionar as novas habitações: o uso sistemático de módulos pré-fabricados na construção reduziu as horas de trabalho necessárias para construir uma unidade habitacional de 3.600 horas em 1957 para 1.200 horas em 1959.

A onda de novas construções era surpreendente também por outro prisma: em grande parte, teve Le Corbusier como estrela-guia.[11] Arquitetos e planejadores eram atraídos de forma entusiasmada pelas ideias desse carismático teorista, que, desde os anos 20, vinha sendo o profeta modernista que pregava na intocada natureza parisiense. Durante décadas, não houvera demanda real de projetos importantes em Paris. Agora, porém, a ideia dos *grands ensembles* – blocos de apartamentos de muitos andares cercados por espaço verde – como alternativa para substituir moradias precárias tornava-se intelectualmente respeitável, até mesmo desejável. Foram construídas edificações de acordo com esses princípios primeiramente nos subúrbios e no cinturão, fazendo as antigas *villas* de um ou dois andares e telhas de barro parecerem mais do que obsoletas. Entretanto, próximo ao fim da década de 50 e princípio dos 60, os projetos dos grandes blocos haviam penetrado nos vinte arrondissements, marcando a primeira vez que uma tendência arquitetônica se fixava a partir da periferia de Paris e não do centro.

Com certa melancolia, o escritor italiano Ítalo Calvino, visitante de Paris no começo dos anos 60, mais tarde recordaria esse momento na história parisiense em que novas e importantes evoluções estavam prestes a transformar o cenário urbano. Relembrou ele que a cidade havia "acumulado os estratos do tempo sem o novo, mas expelindo o velho". O quadro apresentado era de

> lojas antiquadas, pôsteres desbotados, fachadas morféticas, características de uma tradição frugal e hostil às novidades, que coexistia com os sinais de

> opulência de uma capital cujo império colonial não estava ainda totalmente liquidado e em que (...) [era possível observar] os moribundos fulgores da Belle Époque e dos filmes de Marcel Carné.[12]

Talvez o sinal mais revelador da irremediável mudança em curso fosse o fato de que o governo central começava a planejar o crescimento da região, em vez de estabilização e contenção populacionais. O campo estava livre para que a Quinta República desenvolvesse um novo regime de planejamento para Paris e região. Em 1959-1960, o antigo Plano Prost de 1939 foi consignado finalmente à lata de lixo. Uma nova agência de planejamento, o Service d'Aménagement de la Région Parisienne (SARP), produziu o Plan d'Aménagement et d'Organisation Générale (PADOG). Esse foi reformulado em várias ocasiões nos anos 60, em especial pela ação enérgica de Paul Delouvrier, nomeado por Charles de Gaulle e responsável pelo chamado *schéma directeur* (plano diretor), publicado em 1968. A esta altura, a estrutura formal da região parisiense também se transformara, por meio de uma legislação de 1964 que redesenhou o mapa local: o departamento do Sena foi dividido em quatro departamentos (Paris, Seine-Saint-Denis, Val-de-Marne e Hauts-de-Seine); o departamento do Seine-et-Marne permaneceu intacto; enquanto o Seine-et-Oise foi desmembrado nos departamentos de Yvelines, Essonne e Val-d'Oise. Em 1976, toda essa área foi designada região de Île-de-France.

O plano diretor exerceu importante papel na política regional no âmbito da estrutura administrativa reorganizada. Ao contrário de seus predecessores ao longo do século, aceitava de modo inequívoco o crescimento da região como uma realidade. Delouvrier preconizou a criação de oito novas cidades na região de Paris e uma rede de conexões de transportes entre elas. Esperava-se que as novas cidades aliviassem um pouco a pressão de crescimento sobre a cidade de Paris. Foram concebidas menos como municípios independentes e mais como aglomerações administrativas dentre cujas funções principais destacava-se a de se tornarem cidades-dormitório para os trabalhadores de Paris. As cinco novas cidades transformaram-se em importantes centros populacionais: na virada do século, Évry e Melun-Sénart aproximavam-se dos cem mil habitantes, Cergy-Pontoise e Saint-Quentin atingiam os 150 mil, enquanto Marne-la-Vallée quase duzentos mil. Cada uma tinha estrutura administrativa e organização espacial um pouco diferentes. Algumas, por exemplo, espalharam-se em campos abertos antigamente destinados ao plantio de beterraba, enquanto outras se adaptaram às habitações preexistentes. Mas todas se caracterizavam por aglomerados de edifícios altos que pareciam copiados do catálogo de Le Corbusier. Todos tinham leiaute de concepção funcional, com bastante espaço verde circundante, e priorizavam ligações viárias com Paris.

Os dados da malha viária na região de Paris nas décadas anteriores aos anos 1960 eram pouco mais do que ridículos: duas autoestradas que totalizavam 29 quilômetros, estradas engarrafadas, ônibus vagarosos (os bondes foram desativados em 1937) e um metrô que não se estendia o suficiente na direção da periferia, fracamente coordenado aos serviços ferroviários nacionais e locais. O PADOG e depois o plano diretor deram impulso decisivo à mudança. No final dos anos 50, uma autoestrada perimetral começou a ser construída na zona não edificável, do lado externo das antigas fortificações. Foi terminada em 1967, época em que outra rodovia expressa estava pronta costeando a margem direita do rio Sena para agilizar percursos através da cidade. Essa última melhoria foi concebida por Georges Pompidou, primeiro-ministro de Charles de Gaulle de 1962 a 1968, e depois presidente ele próprio de 1969 a 1974, após a aposentadoria de Charles de Gaulle. Pompidou era um modernista convicto em questões urbanistas, um entusiasta dos edifícios altos e do transporte motorizado. "Paris precisa se adaptar ao automóvel", afirmou. "Temos de abdicar da estética obsoleta."[13]

Nas décadas de 60 e 70, um sem-número de autoestradas foi construído a partir de Paris, permitindo grande redução no tempo de viagem da periferia a Paris e conectando a capital a Fontainebleau (1960), Mantes e Lille (1967), Lyon e Marselha (1971-1974), Metz (1976) e Caen (1977). A partir de 1969, o sistema rodoviário em evolução foi complementado pelo Réseau Express Régional (RER), rede regional de trens de alta velocidade servindo a periferia e ligando-se ao metrô (Châtelet-Les-Halles, por exemplo) e às estações da ferrovia de Paris (como as Gares du Nord e de Lyon). Por volta de 1976, havia 76 quilômetros de trilhos RER; em 1982, 274 quilômetros; e, perto do fim do século, as quatro linhas cobriam cerca de quatrocentos quilômetros e alcançavam 367 milhões de utilizações por ano. Ao longo desse período, houve também melhorias consideráveis na qualidade dos trens do metrô.

12.2: A "Ponte Argeliana"

Em 17 de outubro de 2001, o prefeito de Paris Bertrand Delanoë inaugurou um memorial municipal no Quai du Marche-Neuf, adjacente à Pont Saint-Michel, em homenagem aos argelianos, possivelmente centenas, que morreram nas mãos da polícia num dos episódios mais sombrios do processo de descolonização da França. Durante décadas, as autoridades negaram formalmente o lado trágico do episódio. Demorou quarenta anos para a cidade reconhecer publicamente a Batalha de Paris, de 17 de outubro de 1961.

No outono de 1961, a comunidade muçulmana de Paris, obrigada a obedecer a um toque de recolher, estava determinada a protestar. O protesto aconteceu numa época muito delicada, naquelas que seriam as etapas finais da amarga luta pela independência argeliana, já responsável, em 1958, pela queda da Quarta República. Paris tornou-se o palco de conflito armado. Os rebeldes queriam jogar a opinião pública contra a continuação dos esforços da França para apoiar os colonizadores – e não havia palco melhor para sua intenção do que as ruas de Paris. Ao longo do verão, vários atentados a bomba e ataques contra a polícia já haviam ocasionado dezenas de mortes e feridos.

A manifestação pacífica planejada para 17 de outubro envolveria a participação de 25 mil argelianos. Mas isso foi considerado uma provocação extrema pela polícia de Paris, que desencadeou uma torrente de violência perversa e brutal contra os manifestantes, golpeando-os com porretes nas ruas e os levando para locais de detenção – inclusive, com considerável ironia histórica, o estádio esportivo Vél' d'Hiv, no qual os judeus foram confinados em 1942 antes da deportação para Auschwitz. O exército francês usara tortura na África do Norte contra os rebeldes. Na ânsia de extrair informações dos manifestantes relativas aos primeiros ataques contra a polícia – mas também por simples crueldade e vingança –, a Polícia de Paris empregou então as mesmas técnicas contra os manifestantes presos e mantidos sob custódia. Não ficou apenas nisso. Muitos manifestantes foram mortos ou espancados nas ruas e seus corpos friamente jogados no rio Sena (prática aparentemente já usual). A Pont Saint-Michel, dobrando a esquina da Préfecture de Police na Île de la Cité, foi apenas um desses locais.

A comunidade argeliana sabia o que acontecera e a escala assustadora do episódio. Líderes intelectuais parisienses – incluindo muitos judeus eminentes – protestaram de modo formal, comparando o fato ao período nazista. Um jornal comunista em 7 de novembro publicou a chamada: "Sessenta corpos de argelianos afogados ou assassinados descobertos num mês em Paris". Mas a maior parte da comunidade parisiense recusava-se a acreditar em tamanha má ação da polícia, em particular porque as autoridades policiais negaram enfaticamente todas as acusações, argumentando que virtualmente todas as mortes ocorridas tinham sido causadas por disputas mortais entre facções argelianas. Parece ter sido organizado um acobertamento oficial, em que teve papel preponderante o burocrata de carreira Maurice Papon, então chefe da polícia. No fim, nem mesmo a esquerda francesa foi capaz de chamar atenção para um episódio cujos contornos pareciam difíceis de fixar. O subsequente término do processo de descolonização trouxe junto um desejo coletivo de esquecer os maus tempos; assim, essas histórias caíram no esquecimento, e todo o episódio se tornou um não evento.

ICI ON NOIE

LE ALGERIENS

Uma fotografia ajudou a manter Batalha de Paris na memória coletiva de alguns grupos da esquerda e também no seio da comunidade argeliana. Tirada na aurora de 18 de outubro de 1961, mostrava um grafite na murada da Pont des Arts, à jusante da Pont Saint-Michel. Apesar das tentativas policiais de esconder o slogan e das rápidas providências para apagá-lo de forma definitiva, a fotografia mostrava um muro em que se lia *Ici on noie les algériens* (Aqui afogam os argelianos). O slogan era obra de argelianos ou de membros da extrema esquerda que apoiavam a causa argeliana. A fotografia parece ter circulado de forma samizdat* na Esquerda, mas sem desencadear uma resposta popular substancial.

Entretanto, a possibilidade de pôr em dúvida a história da polícia em relação à Batalha de Paris foi levantada por novas investigações historiográficas a partir dos anos 80 sobre a participação dos administradores e políticos franceses nos expurgos dos judeus durante o governo de Vichy. Em 1987, Klaus Barbie, o "açougueiro de Lyon", responsável pela morte sob tortura do líder da Resistência Jean Moulin, havia sido extraditado da Bolívia e condenado à prisão perpétua por crimes contra a humanidade. Também preso no começo dos 90, René Bousquet, o chefe da Polícia que ordenou a batida policial com detenção em massa no Vél' d'Hiv em 1942, acabou assassinado antes do julgamento. Maurice Papon, que alcançara a posição de ministro durante a Quinta República após seu período à frente da Polícia, também foi condenado. Ficou provado que, na condição de prefeito da Gironda durante o governo de Vichy, ele assinara ordens para a deportação de judeus via Drancy rumo aos campos de extermínio. Foi condenado a dez anos de prisão em 1998.

Durante os anos 90, Papon negara qualquer envolvimento da polícia na morte dos argelianos na Batalha de Paris e referira-se com desdém aos "mortos míticos" daquele dia. Quando a questão argeliana veio à tona no julgamento de Papon em 1998, Papon procurou lançar um libelo escrito contra Jean-Luc Einaudi, autor de um livro sobre o episódio e uma das testemunhas do julgamento. Einaudi tivera destaque na campanha "*17 octobre contre l'oubli*", que começara perto do fim dos 1990 com o objetivo de chegar ao cerne do incidente. A campanha usou a foto do grafite como logotipo.

Em 1999, um inquérito do governo chegou à conclusão de que houvera cerca de 48 afogamentos na noite de 17 de outubro, e que 142 argelianos tinham sido mortos entre setembro e outubro, 110 deles

* Na ex-URSS, sistema de impressão e distribuição clandestinas da literatura proibida pelo governo. (N. T.)

encontrados no Sena. Também admitiu que o número de mortes era quase com certeza maior. O conselho municipal reconheceu que a Batalha de Paris havia de fato ocorrido e que tivera consequências funestas. Essa decisão trouxe à consciência pública um fato que estivera no limbo do esquecimento por quase meio século.

Além de exercer papel fundamental no melhoramento da interconexão regional, o PADOG e o plano diretor também agilizaram o dinâmico processo de construção habitacional que alterou a face de Paris. Nas décadas de 1954 a 1974, mais de duzentos mil novos prédios habitacionais seriam construídos em Paris – além de uma quantidade ainda maior na periferia. Em 1958, o governo designara como ZUPs – *zones à urbaniser em priorité* – certas vizinhanças das partes mais pobres da cidade. Em 1969, essas foram reorganizadas e ampliadas na forma de ZACs – *zones d'aménagement concerté.*[14] A ZAC, assim como a ZUP, era uma área designada, para cujo desenvolvimento o governo indicava uma empresa semiprivada com ampla gama de responsabilidades financeiras, expropriatórias e administrativas. Sob certos prismas, as ZACs eram a maneira atrasada de lidar com os antigos îlots insalubres, que permaneciam uma censura à consciência urbana e cuja reabilitação não havia sido tentada em quase meio século. Mas as ZACs tinham destino mais amplo que esses distritos, estendendo-se também a espaços urbanos considerados de "má utilização".

De repente, a era Haussmann parecia estar de volta. Planejadores e arquitetos desfrutavam de maior liberdade e de melhor orçamento do que em qualquer outra época ao longo do século XX. Como na era Haussmann, desentravar o potencial para o desenvolvimento imobiliário gerou oportunidades para rápido enriquecimento – e também para corrupção e negociatas. Era consenso geral que pessoas importantes do governo e da iniciativa privada estavam enriquecendo de modo ilícito. Pelo menos algumas das acusações parecem ter sido verdadeiras neste período de dinheiro fácil e grandes lucros. No entanto, o caráter dos novos negócios certamente encorajou investidores a deixarem de lado a antiga desconfiança em relação ao mercado imobiliário de Paris e ajudou a fornecer verbas para uma reurbanização extremamente extensiva. Essa reurbanização concentrou-se nos arrondissements externos (12º-20º), onde a maioria dos îlots insalubres tinham se localizado. Houve relativamente poucas novas construções dentro dos onze arrondissements que constituem a parte histórica de Paris – mesmo os poucos îlots insalubres existentes nesses distritos passaram por restauração em vez de renovação completa.[15]

Urbanistas no âmbito das ZACs tendiam a seguir o modelo da *banlieue* e a construir de modos contrastantes com a herança clássica de Paris. Enquanto o *immeuble de rapport* haussmanniano respeitara as normas de construção urbana estipuladas nos regulamentos de construção de 1783-1784, a nova onda de construção não deixava de burlar as restrições tradicionais em nome do modernismo. A altura extra fornecida pelo bloco de torres parecia a alternativa óbvia para criar mais espaço, como Le Corbusier salientara. Em 1958, a altura permitida dos prédios foi aumentada para 31 metros nos arrondissements centrais e 37 metros nos externos (comparada com 45 metros nos subúrbios). Mas exceções frequentes eram feitas, algumas delas nos subúrbios, como para o conjunto de blocos oficiais planejados para o desenvolvimento de La Défense, na extensão oeste da linha da Champs-Élysées. A área havia sido indicada nos anos 50 como zona de escape para áreas empresariais densamente ocupadas em volta da bolsa de valores e da Ópera. Dentro dos vinte arrondissements, a Maison de la Radio – sede da ORTF defronte ao Sena (16º), construída entre 1956 e 1963 – recebeu permissão para ter uma torre central de cerca de 75 metros, e o quartel-general da UNESCO, construído atrás da École Militaire (7º), também transgrediu as normas de altura. A maior concessão, entretanto, foi para a torre de Maine-Montparnasse no local do terminal da estação (15º), cuja construção começou em 1959. Sinceramente, há arranha-céus bem piores no mundo – até mesmo em Paris. Mas, ao longo da década seguinte, ver a torre subindo, subindo, até alcançar a altura final de duzentos metros, deu a muitos parisienses uma apavorante sensação de transgressão visual. A torre era menos um lugar de memória do que local de temor coletivo.

Na época em que a Tour de Montparnasse e a confluência circundante de lojas e escritórios estavam em plena operação (e uma irmãzinha mais baixa e mais feia, de noventa metros de altura, havia sido construída na Faculdade de Ciências de Jussieu, 5º), esse tipo de torre estava se tornando uma característica do cenário urbano. Por exemplo, o empreendimento imobiliário Front de Seine (15º), que cruzava o rio a partir da Maison de la Radio, era composto de vinte torres de até 120 metros de altura. A decaída área atrás da Place d'Italie (13º) recebeu tratamento semelhante, assim como os bairros mais pobres da classe trabalhadora em Belleville (19º) e atrás da Gare de Lyon (11º). Na virada do século, essas áreas conteriam cerca da metade dos 160 edifícios dentro de Paris classificados como IGHs (*immeubles de grande hauteur*: imóveis muito altos).

Parecia que junto com os prédios modernos viera uma transformação na cultura material do dia a dia. A média nacional de renda e de consumo subiu cerca de um terço entre 1949 e 1958 – e continuou subindo. As residências em construção em e ao redor de Paris eram assim cada vez mais abarrotadas de dispositivos e equipamentos de um estilo de vida que, por seguir nos calcanhares de um período de austeridade, parecia ainda mais novo e empolgante. Em

1939, havia quinhentos mil carros em Paris; em 1960, havia um milhão – e cinco anos depois esse número dobrara outra vez. Os parisienses estavam entre os primeiros a se beneficiarem de melhorias de escopo nacional. O número de lares franceses com geladeira em 1959 era de um em cada catorze e, em 1965, um em cada dois. Em 1954, cerca de 8% das casas ostentavam máquina de lavar roupa; em 1970, 53% (e mais de 90% nos anos 90). A França contava com apenas 24 mil televisores em 1950. Em 1962, 25% das casas tinham TV; em 1966, 50% delas. O gasto em bens de consumo veio acompanhado também de mais gasto com lazer – estimulado pela provisão estatutária de três semanas de férias pagas em 1956 (quatro semanas a partir de 1963). As mudanças de estilo de vida eram ainda mais repentinas e maiores por conta da infinita promoção com agressivas campanhas de publicidade na mídia e nos muros da cidade.

Apesar do gosto que o povo francês – e o parisiense em especial – tomou pelo consumismo no fins dos anos 50 e durante a década de 60, havia bastante questionamento sobre qual era o significado dessas mudanças e se elas eram ou não desejáveis. Parte dessas dúvidas tomou a forma de um vago antiamericanismo, que bebia de muitas fontes, incluindo o velho receio de Paris tornar-se uma segunda Chicago ou Nova York. Além disso, começaram a surgir muitas evidências sociológicas de que a vida nas altas torres de apartamentos não era um mar de rosas. O subúrbio de Sarcelles, próximo ao aeroporto de Le Bourget, foi muito citado na literatura. Com prédios modernistas de austeridade monótona erguidos nos anos 50 com pouca preocupação com serviços comunitários ou boas conexões viárias, Sarcelles não parecia nem se sentia bem. Gerou, na perspectiva da mídia (que abordou o tema com bastante entusiasmo), uma nova indisposição sociopsicológica apelidada de "sarcellite", caracterizada por delinquência juvenil, donas de casa entediadas, colapsos nervosos e aumento vertical na taxa de suicídios. À medida que a arquitetura modernista dos subúrbios se infiltrava no coração de Paris, crescia o temor de que a epidemia de sarcellite contaminasse o coração da cidade. A partir do final dos anos 40, o cineasta Jacques Tati disponibilizara um olhar leve e bem-humorado sobre o mundo da arquitetura modernista e as igualmente não funcionais engenhocas modernas: *Meu tio* (1958) satirizava a nova *banlieue* modernista. Ao mesmo tempo mais brutal e soturnamente distópico era o futurista *Alphaville*, de Jean-Luc Godard, filmado inteiramente nos HLMs suburbanos. *Alphaville* foi lançado em 1965, ano em que houve também a publicação do premiado romance *As coisas*, de Georges Perec. *As coisas* são os produtos da vida moderna que o infeliz jovem casal protagonista do romance persegue com amena e desesperante dedicação. Por volta da mesma época, a aguçada análise semiológica de Roland Barthes sobre as minúcias do dia a dia também ganhavam aceitação intelectual: novas formas de vida social – desde carros Citroën até anúncios publicitários e competições de luta romana – formavam mitos cujos significados culturais precisavam ser perscrutados com a mesma seriedade etnográfica que, vamos dizer, as práticas de parto dos índios arapaho.

Em meados da década de 60, cresciam também as dúvidas sobre os custos humanos da demolição e da renovação que aconteciam em Paris. Em geral, a qualidade das habitações substituídas pelos grandes blocos nos arrondissements externos era precária, de modo que os novos empreendimentos inicialmente não estimularam uma forte e negativa reação conservacionista. Mas era aparente que as mudanças tinham um extraordinário custo humano: comunidades inteiras estavam sendo destruídas. Por exemplo, a área atrás da Place d'Italie (13º) alojara uma comunidade operária um tanto sedentária mas deveras vibrante, que trabalhava em fábricas locais como a Say, enorme refinaria de açúcar no Boulevard Vincent Auriol, ou na fábrica de automóveis Panhard, na Avenue d'Ivry. No andamento dos trabalhos, os habitantes foram transferidos para acomodações na periferia; mas, quando o empreendimento estava pronto, poucos puderam arcar com as despesas do retorno, pois o preço dos aluguéis começava a disparar: o efeito das leis de controle dos aluguéis estava sendo minado pela inflação galopante. Da mesma forma, muitas pessoas decidiram não voltar. A refinaria Say e a montadora Panhard fecharam nos anos 60, reduzindo as possibilidades locais de emprego. Além disso, a funcionalidade urbana deveras alienante do empreendimento de grandes blocos de torres estragara a agradável sociabilidade urbana de outrora. Ali, como em outros *grands ensembles*, ruas principais mais largas agora permitiam a circulação rápida de veículos, lojas de esquina eram substituídas por conglomerados de lojas e empresas, e calçadas elevadas para pedestres não respeitavam o antigo alinhamento das ruas.

Os empreendimentos imobiliários da Place d'Italie não apenas suscitavam questões sobre o aspecto humano do novo gigantismo arquitetônico, mas também realçavam um declínio tanto nos níveis populacionais como, de modo mais visível, na industrialização. A renovação com prédios altos aumentara a quantidade total de espaço urbano disponível aos parisienses: entre 1954 e 1974, cerca de oito milhões de metros quadrados de construções térreas foram demolidos e substituídos por 21 milhões em novos espaços. No entanto, a área destinada a fábricas e oficinas decaiu em 28%. Agora, proporcionalmente, destinava-se mais espaço aos setores de comércio, negócios e administração: o espaço dos escritórios aumentou em 22%. Assim, Paris continuava a desindustrializar-se e a destinar mais espaço ao setor de serviços – processo que continuaria durante o restante do século. Entre 1962 e 1982, o número de profissionais liberais aumentou em 40%, enquanto o número de trabalhadores decaiu em 45%. A capital continuava a fornecer cerca de 10% da produção industrial do país perto do fim dos anos 70, mas esse número caía rapidamente; por volta dos anos 90, baixara para em torno de 5%. A indústria agora tomava a forma de oásis e enclaves isolados. Os ramos da imprensa e das publicações editoriais permaneceram em Paris e expandiram-se relativamente até em torno de 25% da produção industrial da cidade. As indústrias de vestuário e têxteis sobreviveram e em alguns casos prosperaram, especialmente ao redor de Sentier (2º) e também no Marais e no 11º arrondissement. O ramo moveleiro permaneceu uma especialidade do Faubourg Saint-Antoine. Mas o cenário urbano parisiense como um todo simplesmente perdera o caráter industrial.

As renovações elevaram o número de habitações na cidade: sessenta mil unidades destruídas, mas 270 mil construídas. O espaço habitacional cresceu em 16,8% no total – incremento substancial, embora menor que o do espaço para escritórios. Os parisienses poderiam estar vivendo em condições menos cronicamente superpovoadas do que até então, mas havia menos deles. A população da cidade – em torno da marca de 2,8 milhões de 1920 até fins dos anos 50 – começou a cair: calculada em 2,6 milhões em 1962, despencou para 2,3 milhões em 1975 e 2,1 milhões em 1982 – ponto em que se estabilizou. Assim, ao longo das décadas de renovação, Paris perdera mais de meio milhão de habitantes, ou um residente para cada cinco ou seis.

A perda de população da classe trabalhadora do coração da cidade era consequência não apenas da renovação modernista dos arrondissements externos, mas também da nova obra de restauração urbana iniciada por volta dessa época. Em 1962, o ministro da Cultura de Charles de Gaulle, André Malraux, aprovou uma importante lei que permitiu a designação de "áreas de conservação" (*secteurs sauvegardés*) – áreas de grande importância histórica ou valor estético. Essa lei pioneira – nenhum outro país europeu tinha lei parecida na época – mostrou sua valia, por assim dizer, no Marais, que, de uma das partes mais insalubres e decadentes da antiga cidade, transformou-se em popular centro turístico e em um dos distritos mais caros e elegantes da cidade.

12.3: O Marais

A Quinta República comandou o surgimento de uma nova Paris. Mais do que qualquer outro dos regimes predecessores, apoiou ativamente o patrimônio histórico da cidade e alimentou a ideia de que valia a pena preservar *le Vieux Paris*. Porém, esses dois princípios de ação com frequência entravam em conflito. O modo com que as autoridades procuraram negociar as mudanças a seu redor se evidencia na restauração do Marais, sob os preceitos da lei Malraux, de 1962, sobre áreas de conservação.

A lei Malraux previa a criação de empresas público-privadas para executar a missão de conservação em determinadas áreas. Essas empresas dispunham, por exemplo, de poderes draconianos de expropriação;

podiam demolir prédios que destoavam do ambiente, converter prédios velhos para usos modernos e atualizar os serviços desses prédios. Podiam também administrar o tráfego e o estacionamento e fomentar novas atividades econômicas nos bairros designados. A jogada era fazer isso e, ao mesmo tempo, manter parte do caráter histórico não apenas dos edifícios mas também da comunidade.

O Marais foi a primeira área em Paris a receber o tratamento da lei Malraux. Até mesmo no tempo de Balzac, o enclave paradisíaco de Madame de Sévigné do século XVII vira tempos melhores. O dinheiro grosso passara ao largo da vizinhança no decurso do século XVIII, e o bairro pós-revolucionário tornou-se desairoso e antiquado. As famílias locais – em especial, proprietárias de imóveis de aluguel e nobres decrépitas e excêntricas – eram poderosas o suficiente para restringir a modernização do plano de ruas do bairro. A Rue Rambuteau e a Rue des Francs-Bourgeois, construídas de forma a penetrarem no antigo tecido urbano local, definitivamente não eram bulevares. Haussmann preferiu deixar as barbas de molho e não entrar em conflito com os defensores locais do Marais (o impetuoso e combativo conservacionista Victor Hugo morara na Place des Vosges de 1832 a 1848), e o mesmo aconteceu com os construtores do metrô, cujos trilhos apenas tangenciaram o bairro. Em parte devido a isso, a qualidade habitacional no Marais decaiu após 1850 – era difícil prover instalações modernas nesse labirinto de ruas e blocos residenciais. O estabelecimento de uma grande comunidade judaica do Leste Europeu nos fins do século XIX também ficou marcado por uma piora nas condições de vida.

Nos anos 1960, no começo do processo de renovação, o Marais era um local de acentuada heterogeneidade social e étnica. Tinha forte caráter artesanal e atmosfera animada. Mas também se tornara escoadouro de privação no seio da cidade: 60% das casas não tinham água corrente nem banheiros, e a quantidade de espaço verde era quase metade da média municipal. Certos blocos habitacionais reuniam dois mil indivíduos por hectare – a média parisiense era em torno de trezentos. Antes, no começo do século, a área em direção ao rio havia sido designado îlot insalubre – distrito insalubre escolhido para ser melhorado –, porém, no geral, a modernização alcançada teve baixa qualidade. O sucesso do Festival do Marais em 1961 – festival cultural realizado nos antigos *hôtels*, com grande afluência de público – mobilizou a opinião da cidade no sentido de que valia a pena salvar o Marais.

O objetivo da lei de 1962 era transformar essa área dilapidada em algo que retomasse sua antiga glória. Isso significava a remoção de barracões, alpendres, puxados, oficinas e semelhantes dos pátios e dos espaços internos dos grandes *hôtels* aristocráticos, com o objetivo de produzir algo que se aproximasse do estado do bairro em meados do século XVIII. Essa limpeza histórica – utilizou-se a palavra *curetage* – desdenhou até mesmo de obras de qualidade feitas nos séculos XIX e XX, além de exigir cuidados meticulosos e verificações históricas, o que tornou o processo lento e caro.

No seu auge, o processo de restauração do Marais produziu muitas joias arquitetônicas. Por volta dos anos 1980, o bairro era outro. Manteve sua diversidade étnica, mas passou por uma clara mudança na textura social. Apesar das melhores intenções, muitos dos operários, artesãos e pequenos empreendedores que deram ao distrito seu charme pioneiro estavam abandonando a vizinhança. Não conseguiam pagar os altos preços e sentiam-se confinados pela falta de espaço. Com o elevado preço dos imóveis, uma nova comunidade de classe média beneficiou-se do embelezamento do bairro.

Mudança especial consistiu no surgimento de uma grande comunidade gay no Marais – bairro com longo histórico de tolerância das minorias. A partir dos anos 1980 em diante, nos primeiros anos da presidência do socialista François Mitterrand, os gays beneficiaram-se da liberalização de leis antiquadas contra homossexuais. Os gays de classe média dispunham também de boas condições econômicas para desfrutarem da nova orientação do bairro rumo ao lazer e ao consumo. A procura de parceiros sexuais nos bares, restaurantes e ruas uniu-se à *flânerie* como passatempos locais.

A alta diversidade cultural e étnica do Marais permanece, mesmo que a população apresente a tendência – pela primeira vez desde a época de Madame de Sévigné – de estar bem melhor financeiramente do que outrora. O embelezamento do bairro o colocou diretamente nos principais trajetos turísticos. Nisso a criação e restauração de museus também teve seu papel. O Museu Carnavalet (para a história de Paris), no antigo refúgio de Madame de Sévigné, o Musée Picasso, no Hôtel Salé, e a Maison Européenne de la Photographie, na Rue de Fourcy são uma amostra mais do que abrangente.

Na verdade, sob certos aspectos, a combinação do respeito por *le Vieux Paris* com as exigências da modernização produzira um tipo de museificação do bairro que teve seu lado negativo. Os antigos mercadinhos agora se transformavam em butiques da moda. Claro, é bonito ver, por exemplo, uma requintada loja de sapatos manter a velha placa "Boulangerie" com letras esmaltadas dos fins do século XIX. Mas o efeito é uma espécie de fossilização. O imenso desdém com que os parisienses receberam a instalação da Eurodisney nos arredores da região de Paris em 1992 pode muito bem ter dissimulado o receio de que partes da antiga Paris já estivessem no processo de se tornar parques temáticos.

A lei Malraux, de 1962, abordava tanto inovação quanto restauração e proteção, e o ministro salientou esse ponto revivendo uma antiga norma pré-haussmanniana, por muito tempo ignorada, que exigia dos proprietários a limpeza das fachadas dos prédios em uma frequência determinada. A limpeza da fuligem do tráfego dos prédios históricos – a catedral de Notre-Dame, por exemplo, mal podia ser reconhecida – ajudou a colocar as questões conservacionistas de volta ao mapa político. Transformou o cinza-sujo de Paris num mosaico cinza-claro e branco-bege.

A preocupação com os custos humanos da renovação – os processos sócio-urbanos em curso – e com o papel dos prédios altos era relativamente limitada enquanto a maior parte das melhorias era realizada fora do coração histórico da cidade. Porém, à medida que a Tour de Montparnasse continuava sua ascensão espetacular, de "altura *performática*", como Roland Barthes poderia acrescentar, tornou-se claro que a sua presença na linha do horizonte urbano era uma realidade também no coração histórico da cidade. As preocupações conservacionistas cristalizaram-se em torno de planos para desenvolver o bairro tradicional de Les Halles, no 1º arrondissement, o coração da cidade. Por mais de um século, cogitara-se transferir o mais importante mercado de Paris para longe do centro e, desde os anos 30, o governo comprava áreas de olho nessa melhoria futura. A Quinta República encarou a situação com firmeza e ordenou a transferência das funções de mercado para novos locais em La Villette (19º) e Rungis, na periferia, efetivada a partir de 1969. A decisão estimulou um debate sobre o futuro da área, que continuou mesmo após o trabalho de demolição ter se iniciado. (Por exemplo, demoraria até 1971 para que os pavilhões de Baltard, da época do Segundo Império, fossem implacavelmente destruídos.) A sensação agourenta de que os arranha-céus estavam enfim atingindo os históricos arrondissements centrais foi incitada pela escavação no local de Les Halles de um buraco de dimensões legendárias. *Le gran trou* era assim tão profundo porque se decidira instalar embaixo dos novos prédios os terminais do metrô e do RER de Châtelet-Les-Halles. A escala do buraco era tamanha que despertou receios de que algo gigantesco – talvez na dimensão da Tour de Montparnasse – estivesse na iminência de ser construído, com vistas a alojar um grande centro empresarial mundial. A qualidade das habitações preexistentes na vizinhança de Les Halles era desconexa e indistinta; porém, emergiu a preocupação de que uma comunidade operária há tempos ali estabelecida estivesse prestes a ser removida e a área irremediavelmente desfigurada por uma arquitetura de Modernismo desmedido.

Muitos desses temores e preocupações sobre as futuras conformações da cidade tiveram sua elaboração nos chamados Acontecimentos de Maio de 68. Esses acontecimentos começaram como um protesto contra as condições de superlotação e empobrecimento das universidades, mas acabaram se tornando um esforço de estudantes rebeldes de reviverem a tradição de militância nas ruas da Esquerda do século XIX. Durante várias semanas, revoltas e barricadas novamente tornaram-se característica principal da vida urbana parisiense, e o Quartier Latin transformou-se num campo de batalha entre estudantes arremessadores de pedras e policiais repressores de rebeliões. Os eventos de Maio de 68 também providenciaram um fórum para questionamentos fundamentais dos valores da sociedade capitalista e de seu consumismo emergente. Os líderes estudantis conduziram com inteligência e habilidade uma revolta que utilizou as armas dos fortes em prol dos fracos. Ao diagnosticar o consumismo capitalista como a "sociedade do espetáculo"[16], eles almejavam pôr a "imaginação no poder" (um de seus slogans favoritos), escolhendo métodos de ação que pareciam justos. Esses métodos eram amplamente noticiados – mesmo por uma mídia supostamente vendida para as autoridades políticas. Por exemplo, a cobertura das notícias pela mídia estatal deveria ter permitido que predominasse a versão do governo sobre os eventos. Embora a televisão fosse "o governo na sala de estar", como diziam os rebeldes, de fato reportagens que mostravam a brutalidade policial em sanguinolento detalhe inspiraram bastante afinidade à causa dos estudantes. Todos os ouvidos ficavam atentos ao rádio – em geral sintonizado na Rádio Luxemburgo, não controlada pelo governo. Pôsteres e cartazes de publicidade promovendo os produtos modernos tornaram-se a prancheta de desenho dos rebeldes, e grafites transmitiram palavras de ordem, aforismos sobre os males do capitalismo e comentários melancólicos sobre os próprios eventos. Os participantes e comentaristas contrastavam o caráter festivo e carnavalesco dos eventos com a monótona rotina de trabalho diário das nove às cinco da vida urbana moderna da Quinta República, encapsulada no slogan *Métro, boulot, dodo* (Viajar-trabalhar-nanar). De modo parecido, o inebriante senso comunitário desenvolvido entre os estudantes e os habitantes da cidade que os apoiaram estabelecia um contraste total com a egoísta ruptura de valores do Capitalismo consumista e causador de sarcellite. Um leitmotiv comum era o anseio hedonista por natureza que contradizia a artificialidade mecânica da sociedade contemporânea. Nos dizeres de um grafite, *sous les pavês, la plage* – sob as pedras, a praia. Rebelião festiva e bucólica era o antídoto perfeito contra a rastejante sarcellite.

Na análise final, porém, essas perturbações inclassificáveis acabaram por confirmar em vez de subverter o compromisso da "França média" com o materialismo consumista. Trabalhadores grevistas que haviam participado da quebra da ordem pública aceitaram bons aumentos salariais para retornarem docilmente ao trabalho (pastoreados por um PCF que perdera o gosto pela luta anticapitalista). As eleições de 1969, estabelecidas como uma espécie de pesquisa sobre os eventos de Maio de 68, presenciaram a derrota mais abrangente da Esquerda na história da França. Muito embora Charles de Gaulle, que titubeara perigosamente em determinado instante dos Eventos, tivesse se aposentado (com mágoa) em 1969, seu substituto, o às vezes lacaio e primeiro-ministro Georges Pompidou, modernizador *pur et dur*, tinha sido o esteio da reação governamental durante os distúrbios. Mas mesmo sendo enfim rejeitados de forma decisiva pelo eleitorado, os lúdicos (e ocasionalmente ridículos) eventos de Maio de 68 constituíram um sério questionamento dos valores capitalistas. Sua influência mais efetiva verificou-se na forma de crítica de ação retardada e semissubliminar aos valores da modernização, que reverberaria de modo permanente na mentalidade dos parisienses.

Paris em 1969 e no começo dos anos 70 era um lugar esquisito, com a poeira de Maio de 68 ainda espalhada no ar, mas com o governo de Georges Pompidou parecendo querer apenas acelerar na estrada rumo à modernização. Mesmo com a inquietação pública sobre a presença atemorizadora da Tour de Montparnasse e a perspectiva de algo pior em Les Halles, o novo presidente declarou a um jornalista do *Le Monde*, com franqueza desconcertante: "Eu repito, não existe arquitetura moderna sem torres", acenando com a possibilidade de "uma floresta de torres" em La Défense, cuja silhueta atrás da Champs-Élysées também se tornava problematicamente visível do seio de Paris.[17] Pompidou também apostou as fichas no projeto de um importante centro cultural e galeria de arte no Plateau Beaubourg no 1º arrondissement – um dos primeiros îlots insalubres a ser demolido. O Centro Beaubourg, posteriormente rebatizado Centro Georges-Pompidou, foi projetado por Richard Rogers e Renzo Piano após uma importante competição internacional. Representou um estilo inovador em Paris – embora os parisienses no final o considerassem menos assustador do que muitos temiam. Afinal de contas, não era a primeira vez que eles davam um jeito de se familiarizar e até mesmo de aprender a amar outras exceções espetaculares às normas parisienses, como a Torre Eiffel e a Sacré-Coeur.

Então, em torno de 1977, quando o Centro Georges-Pompidou teve sua inauguração, uma extraordinária reviravolta ocorrera na postura em relação ao planejamento e ao urbanismo. A repentina morte de Pompidou em 1974 conduziu a uma eleição presidencial que levou ao poder o conservador liberal Valéry Giscard d'Estaing, personagem mais do que desconfiado dos impulsos modernizadores de Pompidou. O fato de que Giscard ganhara por pouco do socialista François Mitterrand realçava o desejo nacional por mudança – os gaullistas não tiveram nem chance na disputa. Mais sintonizado do que os gaullistas à disposição pensativa da nação no período pós-68, Giscard também enfrentou as consequências de uma recessão na economia após várias décadas de crescimento sem paralelo. A crise do petróleo no Ocidente após 1971 atingiu em cheio a economia francesa – e Paris ainda mais. Entre 1971 e 1973, a cidade perdeu cerca de 42 mil empregos na indústria, acelerando o movimento de desindustrialização. A crise atingiu principalmente a periferia, com o desemprego surgindo de repente como fenômeno de massa. Inflação galopante e aperto no crédito deram fim ao período de impulso econômico e materialismo excessivo. A queda brusca na taxa de natalidade e uma redução na imigração rumo à região de Paris eram sinais adicionais da incerteza sobre o futuro de Paris.

O que começara como uma crise socioeconômica tomou a forma de um fenômeno cultural, político e psicológico. Por volta de 1974, o historiador urbano de Paris, Pierre Lavedan, profeticamente observou "uma mudança na percepção da vida. Presenciamos o surgimento dos conceitos de meio ambiente e de qualidade de vida"[18]. Os eventos de Maio de 68 haviam antecipado a mentalidade ecológica, e a campanha eleitoral presidencial de 1974 viu o ambientalismo tornar-se parte constituinte de um programa político bem-sucedido. O manifesto eleitoral de Giscard declarava a intenção de "melhorar a qualidade de vida nas cidades por meio da redução da excessiva densidade populacional, impedindo a proliferação de torres de apartamentos e salvaguardando todos os espaços verdes, públicos e privados".[19] Eleito e empossado, levou essa agenda muito a sério. Opôs-se à edificação de conjuntos de altas torres dentro da cidade: por exemplo, um edifício gigante planejado para a Place d'Italie foi engavetado de modo permanente, e novas normas fixaram a altura regulamentar para os arrondissements internos em 25 metros. Ele também congelou os planos para autoestradas tanto na margem esquerda como na direita. Seu apelo por uma abordagem conservacionista aos novos projetos foi brilhantemente ilustrada por sua decisão de localizar o museu do século XIX na há tempos desativada estação ferroviária do Quai d'Orsay (7º): o Museu d'Orsay se tornaria um dos locais mais visitados de Paris. Muitos monumentos do século XIX agora recebiam pela primeira vez posição de destaque, incluindo vários teatros e (surpreendentemente) a Torre Eiffel. Giscard era indiferente quanto à abordagem de novas cidades, e tomou-se a decisão de aumentar seu número de cinco para oito, como planejado originalmente. Ele também estimulou um renascimento cultural nos subúrbios, situando casas de cultura na periferia e começando a renovação da deteriorada basílica medieval no subúrbio de Saint-Denis.

Se a abordagem de Giscard em relação a Paris estava sintonizada com uma crescente corrente de opinião na capital, também harmonizava-se com a mudança de ponto de vista de muitos arquitetos e planejadores urbanos. "A era das cidades gigantes e das organizações grandiosas acabou", declarou ele. "Foi-se o tempo do concreto a qualquer preço."[20] Cada vez mais, esses sentimentos eram compartilhados por profissões antes apaixonadas pelo modernismo e por suas obras concomitantes durante as duas décadas anteriores. Em parte, essa mudança na opinião profissional deveu-se a rivalidades entre gerações, em parte ao vaivém da moda e em parte também à defesa corporativa. O sucesso midiático da obra de Louis Chevalier, *O assassinato de Paris* (1977) mostrou que havia um público pronto a acreditar que uma conspiração inescrupulosa entre políticos corruptos e de visão curta e planejadores gananciosos e ignorantes estava prestes a destruir a textura histórica da cidade. A mudança de perspectiva dos arquitetos e planejadores também derivava de sua crescente aceitação das críticas humanistas aos *grands ensembles*. Há algum tempo, uma volta à tradição era apregoada pelo influente *think tank* Atelier Parisien de l'Urbanisme (APUR); em 1977, a ideia foi posta em prática por meio do Plano de Ocupação do Solo, inserido em um novo plano diretor para o urbanismo parisiense. Esse novo conjunto de regulamentos para a construção civil restaurava a rua, a linha de construção e o bloco como as estruturas de planejamento, ao mesmo tempo em que realçava a necessidade de maior sensibilidade ao contexto. O arquiteto Christian de Portzamparc declarou que a nova abordagem almejava "arquitetar o espaço urbano em vez de agregar objetos arquitetônicos".[21] Ele exemplificou sua abordagem em seu projeto pioneiro para a Rue des Hautes-Formes (13º). Combinando espírito moderno com gosto pelas tradições parisienses, o conjunto era elegante e complexo, mas também confortável para morar.

A essa altura, também, percebeu-se que o trabalho árduo investido na renovação de áreas de conservação emblemáticas, como principalmente o Marais, começava a dar retorno. Um distrito insalubre havia sido recuperado e transformado em modelo da vida moderna. As ruas foram restauradas para o *flâneur* e o comprador eventual – a ponto de, tão intenso era o movimento de pedestres, tornar a Rue des Francs-Bourgeois quase intransitável ao tráfego veicular nos fins de semana. O artificial, é verdade, nunca esteve muito longe. O procedimento do fachadismo – a destruição de todo o prédio exceto da fachada – era adotado às vezes muito prontamente. No limite do Marais, o Quartier de l'Horloge (3º), ao norte do Centro Georges-Pompidou, por exemplo, é um pastiche medieval de galerias, aleias e falsos culs-de-sac, feitos de concreto em sua maior parte, atrás da fachada intensamente restaurada que dá para a Rue Saint-Martin, uma das ruas mais antigas de Paris. O Fachadismo arriscava transformar trechos dessas áreas renovadas em cenários artificiais. Mas era popular entre os planejadores, pois significava que todas as comodidades da vida moderna poderiam ser facilmente fornecidas por trás dessa casca decorativa. O aumento espetacular no valor das propriedades no distrito realçou a promoção social legada por esses procedimentos arquitetônicos.

O modo com que a renovação do Marais adaptou-se ao desenvolvimento imobiliário dos anos 70 em diante mostrou que, até certo ponto, estava acontecendo um retorno a modelos e normas de longa tradição na história de Paris, mas que haviam sido perdidos de vista na animação e no alarido do final dos anos 50 e da década de 60. De modo sintomático, os estudos do historiador François Loyer sobre a Paris de Haussmann ajudaram a nutrir um respeito crescente nos círculos arquitetônicos pelas qualidades do grande planejador, como o senso visual e a sensibilidade ao local parisiense.[22] Mas havia uma dimensão de responsabilidade democrática e justiça social bastante não haussmanniana e muito inovadora. Os projetos modernizadores inspirados em Le Corbusier nos anos 60 haviam sido operações determinadas de cima para baixo. Dirigidos por empresários e tecnocratas que simplesmente partiam da premissa de que agiam no melhor interesse dos parisienses, haviam sido implementados com uma impressionante falta de consulta popular. Uma preocupação com os pontos de vista do público agora retornava tanto à agenda política quanto à arquitetônica. Em 1975, um relatório comissionado pelo governo, de autoria de Pierre Nora e Bertrand Éveno, ressaltou a baixa qualidade das habitações nacionais, em especial para as pessoas de maior vulnerabilidade social, como os idosos. O governo respondeu mudando de política. Um novo órgão, Fonds d'Aménagemente Urbain (FAU), foi criado para supervisionar todos os projetos urbanistas, com a ordem de incluir a igualdade social como fator na tomada de decisões. A legislação em 1977 introduziu as Opérations Programmés d'Amélioration de l'Habitat (OPAHs), que funcionavam como área de conservação de pequena escala. Assim como as companhias que gerenciavam as áreas de conservação, as OPAHs tinham, além de amplos poderes de expropriação, responsabilidade pela recuperação econômica do bairro, mas davam aos habitantes locais mais voz ativa nas decisões e também uma noção mais clara dos objetivos e utilidades dos projetos de renovação. Colocavam menos ênfase na recriação (ou, na verdade, criação) histórica ao estilo do Marais e mais em tornar os edifícios utilizáveis e aproveitados outra vez. A precisão histórica importava menos que a funcionalidade e o conforto. Assim, a tendência era construir seguindo os modelos existentes de uso, sem deixar de incorporar nos planos de desenvolvimento os edifícios de boa qualidade existentes. Por exemplo, a ambiciosa renovação de Bercy, no 12º arrondissement, aproveitou de modo deliberado as desativadas vinícolas e transformou-as em modernos bares e restaurantes.

O estilo urbanista mais humano e voltado ao usuário que foi pregado e praticado por Giscard recebeu um endosso improvável que lhe trouxe bastante dano político – a indicação de um prefeito de Paris. Durante quase dois séculos, o governo federal considerara a cidade muito importante para ter esse cargo. A decisão de Giscard, anunciada em 1975, de rejeitar a mensagem da história fora em parte motivada por sua convicção de que poderia instalar um de seus subordinados no Hôtel de Ville e minar a maioria gaullista no conselho municipal. No desenrolar dos fatos, Giscard foi completamente envolvido pelas manobras da raposa gaullista Jacques Chirac, que venceu de modo convincente a eleição direta em 1977 e continuou a impregnar a administração municipal de cima a baixo com o movimento gaullista. A concepção de Chirac sobre como um prefeito deveria agir era mais dirigista que a de Giscard; e o conselho municipal limitava-se a endossar suas ações enérgicas sem discutir. No começo dos anos 80, até mesmo a manobra para diminuir os poderes do prefeito por meio da criação de assembleias eleitas nos arrondissements fracassou em embotar a maioria cega.

Além disso, Chirac provou-se um mestre em roubar os méritos de seu oponente político. Quando assumiu o poder, Giscard barrou os planos para um centro comercial mundial na reurbanização de Les Halles e estimulou a provisão de espaços verdes mais amplos, sobrepujando os medos de Pompidou de que caso ali fosse criado um grande parque, "logo estaria repleto com sessenta mil hippies".[23] Chirac então despoticamente se autoproclamou "arquiteto em chefe" do projeto e supervisionou suas etapas finais. Isso incluiu o desenho da superfície do parque, além da previsão de um subterrâneo para escritórios, lojas e integração empresarial ao projeto. De modo significativo, porém, ele permitiu uma competição não oficial de "contraprojetos" criticando o que havia sido proposto. Mesmo que o impacto dos "contraprojetos" em termos de planejamento tenha sido minguado, funcionando mais como relações públicas, o episódio salientou a crescente consciência da importância de consultar a opinião pública.

Paris estava na posição poderosa de se beneficiar por ter tanto o presidente da República quanto o seu prefeito usando o melhoramento da cidade como parte de seus respectivos programas políticos. Essa situação tornou-se ainda mais clara após 1981, quando Giscard perdeu as eleições presidenciais para François Mitterrand, que não escondia sua vontade de utilizar Paris como vitrine de suas políticas. Com o olhar fixo na posteridade, ele lançou

um conjunto de importantes iniciativas atrativas aos olhos. Essas iniciativas ficaram conhecidas como os Grands Projets e, apesar de associadas intimamente com Mitterrand, na verdade ecoavam empreendimentos semelhantes de seus predecessores. De Gaulle tivera a ideia original para a reurbanização de Les Halles, por exemplo, e Pompidou para o Centro Beaubourg. Por sua vez, Giscard implementara ambas as iniciativas e dera suas próprias contribuições: criar o Museu d'Orsay (inaugurado em 1986), iniciar os planos que levariam à criação do Instituto do Mundo Árabe e a decisão de usar o abatedouro desativado em La Villette como base de um novo museu científico com parque. Mitterrand, como veremos[24], embarcou numa onda de novas medidas. Os Grands Projets seriam uma das características determinantes da cidade na aurora do terceiro milênio.[25]

Todavia, o prefeito de Paris não permitira ao presidente da República – cargo que ele ocuparia após as eleições presidenciais de 1995 – receber todas as glórias. Várias iniciativas importantes, cujos projetos em geral ostentavam o carimbo oficial de arquitetos aclamados internacionalmente, saíram do Hôtel de Ville. O Palais-Omnisports de Bercy (12º), uma dessas iniciativas, constituiu-se importante componente na renovação completa de uma área anteriormente repleta de vinícolas. O arquiteto catalão Ricardo Bofil assinou o projeto barroco-nostálgico da reurbanização habitacional e comercial nos arredores da Place de la Catalogne, atrás da estação de Montparnasse (14º). O trecho onde o Canal Saint-Martin deságua no Sena transformou-se em centro de iatismo.

Melhoria de impacto especial que pode ser creditada ao Hôtel de Ville é o aumento do espaço verde na cidade. Giscard declarara que um de seus objetivos era "trazer a ecologia ao dia a dia"[26], mas seria Chirac quem cumpriria a promessa. Não houvera nenhuma adição ao espaço verde parisiense desde 1945, mas Chirac mudou isso drasticamente. Durante sua gestão, de 1977 a 1995, não menos que 134 jardins foram criados. Isso representou um aumento de um terço em relação aos níveis anteriores. Os parques acrescentaram 118 hectares de espaço verde ao agregado citadino – num universo de 484 hectares em Paris (excluindo o Bois de Boulogne e Vincennes). O objetivo político de assegurar que cada parisiense estivesse a menos de quinhentos metros de uma área de recreação realçava a atenção pós-Giscard a questões ambientais e demandas de lazer. Alguns parques resultaram da remoção de conjuntos habitacionais deficientes e superlotados – como no parque Belleville (20º). Outros se situavam no terreno de antigas fábricas e indústrias. Por exemplo, no 15º, o Parc Georges-Brassens localizava-se no velho abatedouro Vaugirard e o Parc André-Citroën na antiga propriedade da famosa fábrica de automóveis. Investiu-se considerável planejamento e imaginação no projeto desses parques e jardins. As mesmas qualidades eram visíveis na criação de um passeio público arborizado ao longo de uma antiga ferrovia entre a Ópera da Bastilha e o Bois de Vincennes (12º).

A criação imaginativa de espaço verde indicava uma bem-vinda evolução pós-Giscard: uma preocupação com o pedestre (ou turista) parisiense, embora os passeios para pedestres separados do movimento do tráfego nos *grands ensembles* não tenham sido considerados um sucesso. Mais esforço foi despendido em transformar a rua num local de sociabilidade e intercâmbio – processo de reinvenção parisiense que conectava a cidade a seu passado. Até mesmo as calçadas dos grandes bulevares foram alargadas e tornadas mais atraentes, como para encorajar um renascimento da *flânerie*. A transformação de certas áreas históricas em ambientes apropriados a pedestres foi uma decepção, fazendo o preço das propriedades subir e os pequenos comerciantes sumirem. Entretanto, a mudança para um sistema de *quartiers tranquilles*, com velocidade de tráfego reduzida e com a exclusão de vias de alto tráfego, teve maior sucesso. Outra concessão aos pedestres foi a abertura de estacionamentos subterrâneos – os primeiros na Place Vendôme (1º; 1972) e na Rue Lagrange, perto de Notre-Dame (5º; 1973). Mesmo áreas que pareciam estar no caminho rápido da decadência, com pouca ou nenhuma distinção arquitetônica – por exemplo, Butte-aux-Cailles (13º), Rue Mouffetard (5º), Rue Montorgeuil (1º-2º) e o Faubourg Saint-Antoine (11º-12º) – receberam novo alento. Essas mudanças harmonizavam-se com a tendência, surgida em meados dos anos 1970, de apresentar Paris na condição de cidade com face humana. Tornaram as áreas mais agradáveis – mas também mais caras – e atraíram turistas, que encontravam nesses locais a asséptica aparência do pano de fundo de uma foto de Robert Doisneau ou de um filme de Marcel Carné. Com certos rodeios, essas mudanças sugeriam também que a "estética obsoleta", denunciada por Pompidou ao convocar os pedestres de Paris a adotarem o automóvel[27] (e não o contrário), ainda vivia.

Conclusão

Grandes projetos para uma cidade maior

Paris no século XXI

Em 31 de dezembro de 1999, Paris celebrou a chegada do novo milênio com um dos mais belos espetáculos pirotécnicos do hemisfério norte. Essa cidade histórica entrou no ano 2000 em boa forma. Sua economia passara por uma série de crises desde os anos 1970, mas estava indo bem em comparação com suas rivais internacionais. O prestígio cultural ajudou a tornar Paris a cidade turística número um e – tanto quanto essas classificações especializadas têm algum valor – ela poderia também alegar liderança mundial na moda, bens de luxo e gastronomia, além de ser importante centro internacional de serviços financeiros, conexões e comunicações. A qualidade de vida na cidade também é boa se confrontada com as cidades comparáveis de outros países. Paris conta também com bons sistemas de abastecimento, é muito bem servida por transporte público e sua poluição é apenas moderada. O preço dos imóveis é alto – mas não comparável aos de Londres e Manhattan. Há problemas de violência e insegurança. Mas esses problemas existem em todas as cidades grandes do mundo – e com frequência são piores noutros lugares do que em Paris. Com a parcial e contestada exceção da teoria francesa (Lévi-Strauss, Foucault, Derrida etc.), a produção intelectual recente e atual não é muito bem cotada em âmbito internacional. Mas o espectro de atividades de cultura e de lazer à disposição dos parisienses é especialmente alto e de qualidade extraordinária. Além disso, a longevidade dos parisienses supera as médias nacionais, e a saúde de seus moradores em geral também é melhor. A grande concentração de hospitais de categoria mundial e outros serviços de saúde na capital é um fator que contribui para isso.

Paris era, e é, um lugar formidável para se viver – nas circunstâncias corretas. Contém a vasta maioria dos indivíduos mais ricos do país, mas também uma densa legião de desabrigados (SDFs, ou sem domicílio fixo), que moram nas ruas. Em linhas gerais, o mercado de trabalho da cidade é mais robusto do que em outras regiões da França; as taxas de desemprego são moderadas quando comparadas com as médias nacionais. Os problemas habitacionais que atormentaram a política parisiense até os 1950 foram suavizados, embora haja pequenos enclaves de condições habitacionais pavorosas em que a mão de obra imigrante é obrigada a morar. A população ativa está encolhendo em proporção à população total, claramente envelhecendo. Dez por cento da população, em 1954, era de indivíduos com mais de 65 anos de idade; ao término do século, esses alcançavam

15%, com tendência de alta. Dadas as diferenças em longevidade entre os sexos, isso é parcialmente explicado por Paris ter mais mulheres do que homens.

Assim, a segunda metade do século XX testemunhou um notável renascimento da cidade que, após a Primeira Guerra Mundial, parecia prostrada por tensões e conflitos e oprimida por um sentimento de grandeza desfeita. Nesse processo, a recuperação da economia francesa após 1945 – e em especial a partir de meados dos anos 1950 até 1974 – teve importância vital. Os parisienses garantiram para si a maior fatia da prosperidade econômica. A cultura material dos habitantes da cidade – desde bens duráveis até a provisão de transporte, disponibilidade de moradias e padrões gerais de vida – teve grande impulso. Diante desse brilhante cenário, a recessão econômica a partir do meio da década de 1970 mostrou-se difícil. Em certo sentido, o apogeu da industrialização parisiense havia sido no fim dos anos 1950 e princípio dos 1960; por isso, o movimento em direção à desindustrialização foi extremamente doloroso. Durante um curto período, a cidade ficou efetivamente desprovida da indústria tão importante para sua identidade, tanto no século XIX como no começo do XX. Por volta do ano 2000, apenas cerca de cinco ou seis indivíduos em cada cem habitantes eram da classe trabalhadora – e metade desses eram estrangeiros. A cidade tornara-se uma "cidade terciária", como sonhara Haussmann, onde apenas os serviços faziam a diferença. Mas também recuperara muito de sua antiga prosperidade.

O remodelamento da economia local havia sido ajudado pela posição de influência que, a partir de 1977, o prefeito de Paris conquistara. Em 1995, o prefeito Jacques Chirac elegeu-se presidente da República e abandonou o gabinete no Hôtel de Ville para preocupar-se com a nação. Os dezoito anos em que Chirac trabalhou como prefeito servem de tributo à sua resistência assim como uma observação sobre o impacto de sua performance sobre os eleitores parisienses – pois ele foi reeleito em 1983 e em 1989. Isso desafiava a tendência política nacional, mas confirmava o caráter direitista de Paris. Chirac utilizou os dezoito anos no poder da cidade para construir uma rampa para suas próprias ambições, com um estilo que atraiu graves acusações de corrupção. No entanto, aproveitou a oportunidade a ele oferecida ao ser indicado o primeiro prefeito de Paris desde a Revolução Francesa para lançar um novo e urgente foco sobre os problemas parisienses e em especial para atrair mais investimentos para a cidade. O impulso descentralizador de muitas das reformas do presidente Valéry Giscard d'Estaing foi sustado. Por volta dos anos 1990, o presidente François Mitterrand competia com o prefeito na busca de inscrever seu próprio nome na posteridade por meio da implementação de uma série de importantes planos presidenciais – os Grands Projets. Chirac era antagonista político de Mitterrand, mas apoiou os projetos porque percebeu neles apelo turístico e potencial para melhorar a reputação internacional de Paris.

Os sucessores de Chirac na prefeitura encontraram problemas. O seu colaborador Jean Tibéri foi alvo de investigações por corrupção enquanto ainda estava no cargo. Seu substituto a partir de 2001, o socialista Bertrand Delanoë, sofreu um atentado em outubro de 2002. Mas o sistema estabelecido por Chirac permaneceu em vigor, dando a seus sucessores espaço para continuar uma gama de políticas notáveis. O prefeito de Paris tornara-se personagem fundamental no cenário político da nação. Ele comandava um orçamento e uma equipe maiores que os da maioria dos ministérios. Além disso, a localização de importantes setores da mídia na capital ajudou a dar dimensão nacional aos problemas parisienses.

Muitas das políticas desenvolvidas durante os anos de Chirac continuaram – por exemplo, o verdejar da cidade, a ênfase em políticas ambientais sólidas, a atenção às atividades de lazer e a cooperação com o governo central nos maiores projetos da capital. A exemplo de Chirac, os próximos dois prefeitos abraçaram o modelo haussmanniano que herdaram. Embora houvesse enorme quantidade de obras do fim dos anos 50 em diante, com algumas exceções (como a reurbanização dos Fronts de Seine e de Bercy) elas foram executadas respeitando-se o plano de ruas estabelecido por Haussmann e seus sucessores do começo da Terceira República. Igualmente, houve bastante demolição, mas, de qualquer forma, a maior parte ocorreu nos arrondissements externos, de construções de baixa qualidade. A ênfase sobre a altura-padrão dos prédios endossada por Haussmann foi infringida com frequência nos arrondissements externos. Mas, de novo, com raríssimas e em geral chamativas exceções – como o medonho anexo de dezessete andares ao Hôtel de Ville inaugurado em 1965 no Boulevard Morland (4º) – as antigas normas foram observadas nos arrondissements centrais históricos. Num momento absolutamente crucial, o ambientalismo de Giscard aplacou a paixão por arranha-céus situada no cerne dos planos do presidente Pompidou para a cidade. Sob esse prisma, a transformação urbana do final do século XX, embora radical em sua forma, reforçou em vez de enfraquecer o senso de Paris como cidade haussmanniana.

Por quanto tempo Paris poderá continuar nesses moldes não há tanta certeza. Muitos projetos de construção importantes das últimas décadas do século foram em locais disponibilizados por resultado da transferência de indústrias. Por volta do ano 2000, havia menos indústrias, pelo menos dentro dos vinte arrondissements. Esse tipo de desenvolvimento intersticial está se tornando mais problemático. Cada vez mais, é dada atenção para criar novos locais, por exemplo, por meio da construção de plataformas sobre linhas ferroviárias – como é o caso do Jardin de l'Atlantique sobre a Gare Montparnasse. Construções em locais subterrâneos (procedimento ao qual, é possível afirmar, *le grand trou* de Les Halles serviu de precursor) também têm sido debatidas. Outra possibilidade é simplesmente extrapolar os limites de altura, processo que alinharia a cidade com as rivais internacionais, mesmo correndo o risco de perder um pouco de seu charme. Para satisfazer a necessidade de construir edifícios altos com fins comerciais e formar um distrito empresarial, destinou-se uma área em La Défense, além dos muros da cidade; se essa ideia der certo, pode aliviar a pressão por mais espaço comercial em Paris. Mas, em todo o caso, escolhas difíceis parecem estar à frente, capazes de influenciar o modo com que Paris percebe a própria identidade.

Paris permanece uma cidade altamente internacional. Esse fato ajudou a manter sua posição central na vida da nação, apesar das várias campanhas de descentralização a partir do final dos anos 1940. Às vezes, essas campanhas pareciam nadar contra a corrente, devido aos ininterruptos poderes de atração de Paris e região. Na verdade, a criação de um soberbo sistema nacional de circulação – em especial com o serviço dos TGVs (Trains à Grande Vitesse, ou trens de alta velocidade, iniciados na década de 1970) – favoreceu a centralização em vez de diminuí-la. Por exemplo, o fato de Paris estar a apenas três horas de TGV da costa do Mediterrâneo e a pouco mais de duas horas de Londres significa que Palavas-les-Flots e Elephant and Castle tornaram-se potenciais subúrbios da Grande Paris. A progressiva europeização dos serviços TGV também funciona a favor de Paris.

Por volta do ano 2000, o movimento em prol da conservação de *le Vieux Paris* ganhou força significativa no planejamento de construções. Os conservacionistas agora eram capazes de salientar o resultado medíocre de algumas das construções modernistas das décadas de 1950 e 1960. Os grandes blocos de apartamentos tanto dentro como fora de Paris pareciam extremamente dilapidados, ainda mais com o problema adicional do vandalismo juvenil. O Centro Georges-Pompidou também fechou para amplas reformas em 1998, com apenas vinte anos de uso. Mesmo assim, os conservacionistas sentiam-se sitiados. Tinham vencido muitas batalhas, mas corriam o risco de perder a guerra. Os modernizadores sempre conseguiam driblar os obstáculos criados por eles. A tendência do fachadismo – execrada pelos conservacionistas – generalizava-se. Além disso, crescia a consciência quanto ao perigo da assim chamada "museificação" dos setores de Paris que evitaram a ameaça dos urbanistas. O Marais era um exemplo sempre citado – os conservacionistas tinham afastado os trabalhadores, dizia-se, e transformado o bairro num misto de exibição de museu e set de filmagem. Paris, a cidade da modernidade do século XIX, corria o perigo de ficar engessada, com a modernidade transformada em nostalgia. (Mas não foram poucos os parisófilos que se confirmaram nostálgicos...)

Os conservacionistas também estavam com um pé atrás devido à crescente propensão, tanto da municipalidade quanto do governo central, por "grandes projetos". A renovação do interesse por Haussmann entre arquitetos e historiadores na década de 1980 dava uma dimensão de quanto o estudo desses projetos era influenciado pela experiência do Segundo Império. Os Grands Projets são monumentos; em sua maioria, não são independentes e sim planejados em conformidade ao ambiente circundante. Os arquitetos franceses achavam difícil de imaginar a aparência de um monumento público após a ligação infeliz com a pomposa arquitetura fascista da década de 30. O vidro parecia ser a resposta. Tem-se argumentado que o uso intenso de vidro na maioria dos Grands Projets não significou apenas novas conquistas técnicas, mas agiu também como metáfora política para os valores da transparência e responsabilidade, supostamente cultivados com carinho pelo presidente socialista François Mitterrand. Com certeza, a ideia dos projetos veio à baila bem no momento em que se discutia a consulta pública em questões de planejamento.

Mitterrand não teve a ideia do *Grand Projet*, mas sem dúvida tornou a ideia sua. Pompidou comissionou o Centro Georges-Pompidou em Beaubourg (1977), enquanto Giscard d'Estaing começou as obras na Cité des Sciences em La Villette (1983-1990) e no Museu d'Orsay (1986), e a renovação do Louvre (1981-1993) e do Instituto do Mundo Árabe, do arquiteto Jean Nouvel (1987). Muitos desses foram levados a cabo por Mitterrand, que adicionou projetos próprios. O mais importante dos pontos de vista psicológico e político foi a pirâmide de vidro, criada por I. M. Pei para ser a nova entrada do Louvre renovado (1993). O projeto provocou reações incrivelmente hostis, em especial dos conservacionistas, que o consideravam quase um sacrilégio. Porém, a evidente popularidade da pirâmide logo ao ser desvelada, como mencionou um observador, significou que "a guerra havia acabado".[1] O caminho estava aberto para projetos novos, ainda mais ousados.

Inicialmente, os Grands Projets pareciam apenas ser embelezadores do tradicional eixo de poder leste/oeste da capital. Assim, erigiram-se novos monumentos em La Défense, onde o Grande Arche foi alinhado com o Arco do Triunfo e com o Arc du Carrousel em 1989, através da pirâmide do Louvre e passando pelo Centro Georges-Pompidou e indo até a Ópera da Bastilha, projetada pelo canadense Carlos Ott e também inaugurada em 1989. Mas, com o passar do tempo, ficou claro que os Grands Projets estavam também realinhando o espaço dos monumentos de Paris de duas maneiras muito originais. Em primeiro lugar, muito mais monumentos eram situados no lado leste e operário da cidade, em comparação às construções de prestígio no passado – ponto que agradou a Esquerda. Em segundo lugar, os projetos estavam tendo o efeito de reestruturar e reenfatizar o rio Sena.[2] Muitas das novas edificações entre os anos 20 e 60 haviam sido localizadas em espaço disponibilizado pela remoção das fortificações da cidade. Entre 1970 e o ano 2000, as margens do rio tornaram-se o foco de importante remodelação. A remoção de indústrias de várias áreas ao longo do Sena abriu espaço para importantes projetos, oportunidade aproveitada tanto pela municipalidade do Hôtel de Ville quanto pelos presidentes da República. Pouco para dentro do *boulevard périphérique*, no lado oeste de Paris, a antiga fábrica da Citroën foi transformada no parque André-Citroën, caracterizado por imensas estufas de vidro (1993), junto ao empreendimento Front de Seine. Entre esse local e o Museu d'Orsay (1986), o sucessor de Mitterrand, Jacques Chirac, planejou o Museu do Quai Branly, para alojar os acervos do museu de Arte Oceânica e do Museu do Homem. O Grand Louvre, a Ópera da Bastilha e o Instituto do Mundo Árabe são todos locais próximos ao rio. À montante, houve intensa modernização na antiga vinícola de Bercy; numa de suas extremidades, ergueu-se o prédio futurista do Ministério da Fazenda, projetado por Paul Chemetov (1989). Do outro lado do rio, a despojada área de Tolbiac-Masséna recebeu investimento pesado, e a criação virtual de um novo bairro foi orientada ao redor da TGB – Très Grande Bibliothèque ou Bibliothèque de France François Mitterrand –, comissionada pelo presidente junto a Dominique Perrault e inaugurada em 1996.

A óbvia grandiloquência de muitos desses projetos é mais que um pouco subjugante. Embora o uso de vidro devesse realçar a transparência e a acessibilidade do público, na realidade, o tamanho de muitos dos monumentos e a refletividade do vidro tornam as construções um tanto sinistras e repulsivas. Mitterrand foi acusado de ter ambições "faraônicas". Embora alguns monumentos tenham escala humana atrativa, outros mostram poucos sinais de consulta pública. Parece altamente improvável que a TGB tivesse sido construída assim (com livros estocados em torres de vidro que precisam de climatização e sombreamento especiais para prevenir danos, por exemplo), caso tivesse se tomado o cuidado de consultar de modo sistemático os leitores em potencial.

De um jeito ou de outro, os Grands Projets estão marcando a fisionomia de Paris de um modo admirável e permanente. Porém, o maior desafio para a cidade, à medida que ela entra no século XXI, talvez seja sua relação com os subúrbios. Paris sempre desconfiou da periferia; essa tem sido uma característica incessante na história parisiense, mesmo depois de alterada a natureza da relação entre as duas. Antigamente, os subúrbios eram os suaves folhos ao redor dos muros da cidade mais importante da cristandade. Esses dias acabaram-se há muito tempo. O número de habitantes da periferia superou o de Paris no começo do século XX. Na virada do século XXI, os 2,1 milhões de dentro do *boulevard périphérique* contrastavam com os dez milhões ou mais na área circundante, reorganizada após 1976 como a região de Île-de-France. Os parisienses constituem um trigésimo da população da França – mas um entre cada cinco ou seis franceses mora na região de Paris como um todo (a cidade inclusive).

As relações entre a cidade e a *banlieue* tornaram-se mais complexas do que nunca. Diariamente, um milhão de pessoas entra em Paris. Com exceção de turistas e viajantes de longa distância, quase todas essas pessoas são habitantes da periferia vindo trabalhar (e também para se divertir) de RER, metrô, ônibus ou carro. Há um movimento afim concernente ao ciclo de vida familiar dos parisienses. A maioria das habitações parisienses é para uma pessoa (em 1962, um terço das habitações era de um só morador), e isso tem tido impacto sobre a demanda habitacional. Quando dois indivíduos casam e têm filhos, uma de suas primeiras decisões será se irão se transferir para a periferia, onde há maior número de casas e apartamentos mais espaçosos e baratos. Ao se aposentar, também, certos parisienses preferem mudar-se para a *banlieue*, onde imaginam encontrar um ambiente mais rural.

Apesar da crescente interdependência da cidade e do subúrbio, a defasagem cultural há tempos estabelecida ainda está em ação. A infraestrutura regional clama por melhorias. As extensões do RER e do metrô mostram desejo de lidar com o problema. Mas a experiência diária dos *banlieusards* tanto viajando em direção a Paris como indo trabalhar em partes diferentes do cinturão suburbano é muitas vezes bastante sombria. Os catorze anos da gestão do socialista Mitterrand como presidente produziram menos do que poderia se imaginar em prol dos indivíduos que fornecem a mão de obra sobre a qual a prosperidade de Paris se baseia.

Paris sempre cresceu rumo ao exterior a partir do cerne, com os limites irradiando para fora como ondulações numa lagoa. "Uma cidade como Paris está sob perpétua inundação", observou Victor Hugo em *Notre-Dame de Paris*, em 1829.

> Dentro dela se desenvolve uma vegetação contínua de madeira e pedra (...). Cada ano, cada dia, cada hora, por uma espécie de infiltração lenta e irresistível, a cidade se expande em direção aos faubourgs, e os faubourgs tornam-se cidades, e os campos tornam-se faubourgs.[3]

Assim, os limites de Filipe Augusto tornaram-se os de Carlos V: "As casas enfim pularam sobre a muralha de Filipe Augusto e espalharam-se alegre e caoticamente na planície, como rompendo as tradições".[4] Os limites da cidade de Luís XIV e, depois, do muro dos Arrecadadores-Gerais de Luís XVI, atuaram de modo muito parecido. Em 1859-1860, Paris foi ampliada até a muralha Thiers, e os vinte arrondissements foram instituídos. Raros observadores naquela época teriam imaginado que uma cidade tão visivelmente em fase dinâmica de expansão estaria confinada dentro dos mesmos limites quase um século e meio depois. Napoleão I imaginara a cidade se estendendo até Saint-Germain-en-Laye a oeste, enquanto vários escritores de ficção científica e, depois, Le Corbusier, imaginaram-na alcançando o Canal da Mancha. A expansão voltou à agenda, mas mantendo a importante cesura do *boulevard périphérique*. Há boatos sobre transformar essas vias em um túnel, de modo a possibilitar expansão mais livre. Quem viver, verá.

Seja como for, Paris tinha lá seus problemas ao entrar no século XXI. Mas estava em boas condições de enfrentá-los. Na Idade Média, os comerciantes navais da cidade adotaram como lema de Paris o ditado latino: "*Fluctuat nec mergitur*". – Aderna, mas não afunda. Quão adequado e tranquilizador.

Um rápido olhar sobre Paris

Data	*População*	*Área (em hectares)*
250	6.000	*c.* 50
800	20.000	60
1100	3.000	30
1220	50.000	272
1328	200.000	300
1500	150.000	439
1600	300.000	483
1700	500.000	1.100
1789	650.000	3.370
1815	700.000	3.370
1861	1,7 milhão	7.802
1914	2,9 milhões	7.802
1939	2,8 milhões	8.622
1946	2,8 milhões	10.516
1958	2,8 milhões	10.516
1982	2,2 milhões	10.516
1999	2,1 milhões	10.516

Prédios característicos

(mais arrondissement; arquiteto; e datas de construção)
Quando não se fornece data de término = importante obra posterior
* = outros arquitetos envolvidos

250 Arenas de Lutécia (5º; séculos I e II); Thermes de Cluny (5º; último quartel do século II).

1100 **Prédios públicos:** Palácio do Louvre (1º; 1190); muralha de Filipe Augusto (1190-1213). **Prédios religiosos:** Convento de Saint-Martin-des-Champs (3º; 1060-); catedral de Notre-Dame (4º; 1163-); igrejas de Saint-Pierre-de-Montmartre (18º; 1147-) e Saint-Julien-le-Pauvre (5º; 1165-1220).

1220 **Prédios públicos:** Conciergerie (1º; fins do século XIII-). **Prédios religiosos:** Sainte-Chapelle (1º; 1242-8); igrejas de Saint-Germain-l'Auxerrois (1º), Saint-Nicolas-des-Champs (3º) e Saint-Séverin (5º; todas fins do século XIII-).

1328 **Prédios públicos:** muralha de Carlos V (1364-1380); fortaleza de Vincennes (século XIV). **Prédios privados:** Tour Jean Sans Peur (2º; 1409-1411); Hôtels de Cluny (5º; 1485-1510) e de Sens (4º; 1498-). **Prédios religiosos:** Claustro de Les Billettes (4º; 1427-); igrejas de Saint-Étienne-du-Mont e Saint-Médard (ambas 5º e fins do século XIV-).

1500 **Prédios públicos:** Hôtel de Ville (4º; Le Boccador; 1533; construído em réplica, 1873-); Louvre (1º; Pierre Lescot, Jean Goujon; 1546-); Fonte dos Inocentes (1º; Jean Goujon; 1549). **Prédio privado:** Hôtel Scipion (5º; 1532-). **Prédios religiosos:** palácio da abadia, Saint-Germain-des-Prés (6º; Guillaume Marchant; 1586-1590); igrejas de Saint-Jacques-de-la-Boucherie (4º; 1509- ; toda destruída em 1797, com exceção da torre) e de Saint Eustache (1º; Jean Delamarre, Pierre Lemercier; 1532-).

1600 **Prédios públicos**: Palácio e Jardim de Luxemburgo (6º.; *S. de Brosse; 1615-); Palais-Royal (1º; 1629-); Pont Neuf (1º; J. B. Androuet de Cerceau; 1578-1607); Colunata do Louvre (1º; C. Perrault; 1668); Invalides (7º; L. Bruant; 1671-1678; e igreja, J. Hardouin-Mansart; 1679-1708); Portes Saint-Denis (10º; J. F. Blondel; 1672) e Saint-Martin (10º; P. Bullet; 1674); Place des Vosges (4º; provavelmente L. Métezeau; 1605-1639), Dauphine (1º; L. Métezeau; 1607-), des Victoires (1º; J. Hardouin-Mansart; 1685-1686) e Vendôme (1º; J. Hardouin-Mansart; 1699-1720); Jardin des Plantes (5º; 1640-); Institut de France (6º; *L. Le Vau; 1663-1688); Observatório (14º; C. Perrault; 1667-1672); hospitais de Saint-Louis (10º; C. Vellefaux e C. Chastillon; 1607-1611) e La Salpêtrière (13º; L. Le Vau, 1657-). **Prédios privados:** hôtels de Sully (4º; J. B. Androuet de Cerceau;

1624-1630), de Guénegaud (3º; F. Mansart; 1652-1665) e Salé (3º; J. Boullier de Bourges; 1656-1659); Museu Carnavalet (3º; F. Mansart; 1660-). **Prédios religiosos**: Capela Sorbonne (5º; J. Lemercier; 1635-); Convento Val-de-Grâce (5º; F. Mansart; 1645-); igrejas de Saint-Gervais (4º; 1616-); o Oratório do Louvre (1º; C. Métezeau, J. Lemercier; 1621-1630), Saint-Paul-et-Saint-Louis (4º; 1627-1641), Notre-Dame-des-Victoires (2º; P. Le Muet; 1629-), Saint-Sulpice (6º; 1646-) e Saint-Louis-em-l'Île (4º; *L. Le Vau; 1670-).

1700 **Prédios públicos**: muro dos Arrecadadores-Gerais (praças de pedágio por C. Ledoux; 1784-1786); Palais-Royal (1º; reconstrução, 1781-1784); Palais Bourbon (Assembleia Nacional) (7º; 1722-); École Militaire (7º; *J. A. Gabriel; 1752-1788); Place de la Concorde (8º; J. A. Gabriel; 1755-1772); Bolsa de Comércio (1º; 1765-); Casa da Moeda (6º; J. Antoine; 1771-1775); teatro Odéon (6º; M. J. de Peyre, C. de Wailly; 1779-1782); Palácio do Eliseu (8º; C. A. Mollet; 1718-). **Prédios privados:** Hôtels de Soubise (3º; P. A. Delamair; 1705-1709) e Matignon (7º; J. B. Courtonne; 1722-1723). **Prédios religiosos:** igrejas de Sainte-Geneviève (Panthéon) (5º; *J. G. Soufflot; 1757-1790) e Saint-Philippe-du-Roule (7º; J. F. Chalgrin; 1774-1784).

1789 **Prédios públicos:** Pont des Arts (1º; 1803); coluna Vendôme (1º; 1810); Arco do Triunfo do Carrossel (1º; P. Fontaine, C. Percier; 1806-1808); Arco do Triunfo (8º; *J. F. Chalgrin; 1806-1836); cemitério Père-Lachaise (20º; A. Brongniart; 1804-); Bassin de La Villette (19º; 1805-1808). **Prédios comerciais:** Passage des Panoramas (2º; 1800); Catacumbas (14º; 1808); bolsa de valores (1º; A. T. Brongniart; 1809-1826). **Prédio religioso:** igreja da Madeleine (1º; P. Vigon; 1807-1842).

1815 **Prédios públicos:** Canal Saint-Martin (3º-4º; 1822-1825); obelisco, Place de la Concorde (8º; 1836); Gare de l'Est (10º; F. E. Duquesney; 1847-1850); Fonte Saint-Michel (6º; G. Davioud; 1858). **Prédios comerciais:** Passages Vivienne (2º; F. J. Delannoy; 1823), Colbert (2º; J. Billaud; 1826) e Choiseul (2º; F. Mazois, A. Tavernier; 1826-1827). **Prédios religiosos:** Chapelle Expiatoire [Capela Expiatória] (8º; P. Fontaine; 1818-1826), igrejas de Saint-Pierre-du-Gros-Caillou (7º; E. H. Godde; 1822-1823), Notre-Dame-de-la-Bonne-Nouvelle (2º; E. H. Godde; 1823-1830), Notre-Dame-de-Lorette (9º; H. Lebas; 1823), Sainte-Marie-des-Batignolles (17º; A. Molinos; 1826-1829), Saint-Denys-du-Saint-Sacrement (3º; E. H. Godde; 1826-1835) e Sainte-Clotilde (7º; *T. Ballu; 1846-1857).

1861 **Prédios públicos:** Théâtre du Châtelet (1º) e Théâtre de la Ville (4º) (ambos G. Davioud; 1860-1865); Tribunal de Commerce (4º; A. N. Bailly; 1860-1865); gares du Nord (10º; J. I. Hittorff; 1861-1864), de Lyon (12º; M. Toudoire; 1895-1902) e d'Orsay (7º; *V. Laloux; 1900); Ópera (2º; C. Garnier; 1862-1875); salão de leitura, Biblioteca Nacional (2º; H. Labrouste; 1869); torre Eiffel (7º; G.

Eiffel; 1889); Grand Palais e Petit Palais (8º; *C. Girault; 1897-1900); Pont Alexandre-III (8º; 1900). **Prédios comerciais:** Hôtel Lutétia (6º; L. Boileau, H. Tauzin; 1907); Le Bon Marché (7º; 1869-); Au Printemps (9º; *P. Sédille; 1881-); Galeries Lafayette (9º; 1895-). **Prédios religiosos:** Basílica do Sacré-Coeur (18º; P. Abadie; 1876-1914); igrejas de Saint-Augustin (8º; V. Baltard; 1860-1871), Trinité (9º; T. Ballu; 1861-1865) e Saint-Ambroise (9º; T. Ballu; 1865).

1914 **Prédios públicos:** Musée National des Arts d'Afrique et d'Océanie (12º; *L. Jaussely; 1931); Palais de Chaillot e de Tokyo (ambos 16º; ambos 1937); Cité Universitaire (14º; 1923-). **Prédio comercial:** loja La Samaritaine (1º; F. Jourdain, H. Sauvage; 1926-1928). **Prédio religioso:** Mosque (5º; 1926).

1945 **Prédios públicos:** Maison de Radio-France (16º; H. Bernard; 1955-1962); sede da UNESCO (7º; 1958); Centro Georges Pompidou (Beaubourg) (4º; R. Piano, R. Rogers; 1971); Forum des Halles (1º; 1979-1988). **Prédios comerciais:** La Defénse (1958-); torre de Maine-Montparnasse (15º; 1961-1973). **Prédio privado:** conjunto Front de Seine (1960-); Rue des Hautes-Formes (13º; *C. de Portzamparc; 1979).

1982 **Prédios públicos:** Palais Omnisports de Paris-Bercy (12º; 1984); parques Georges-Brassens (15º; 1985), André-Citroën (15º; 1992) e de Bercy (18º; 1993-1995); Museu d'Orsay (7º; ex-Gare d'Orsay, 1900; 1986); Instituto do Mundo Árabe (5º; *J. Nouvel; 1987); pirâmide do Louvre (1º; I. M. Pei; 1988); Arco de la Défense (10º; *O. van Spreckelsen; 1989); Ópera da Bastilha (12º; C. Ott; 1989); Ministério das Finanças (12º; *P. Chemetov; 1989); Fundação Cartier (14º; *J. Nouvel; 1994); Biblioteca Nacional da França (13º; D. Perrault; 1997). **Prédio privado**: Place de la Catalogne (14º; R. Bofil; 1985).

MAPAS

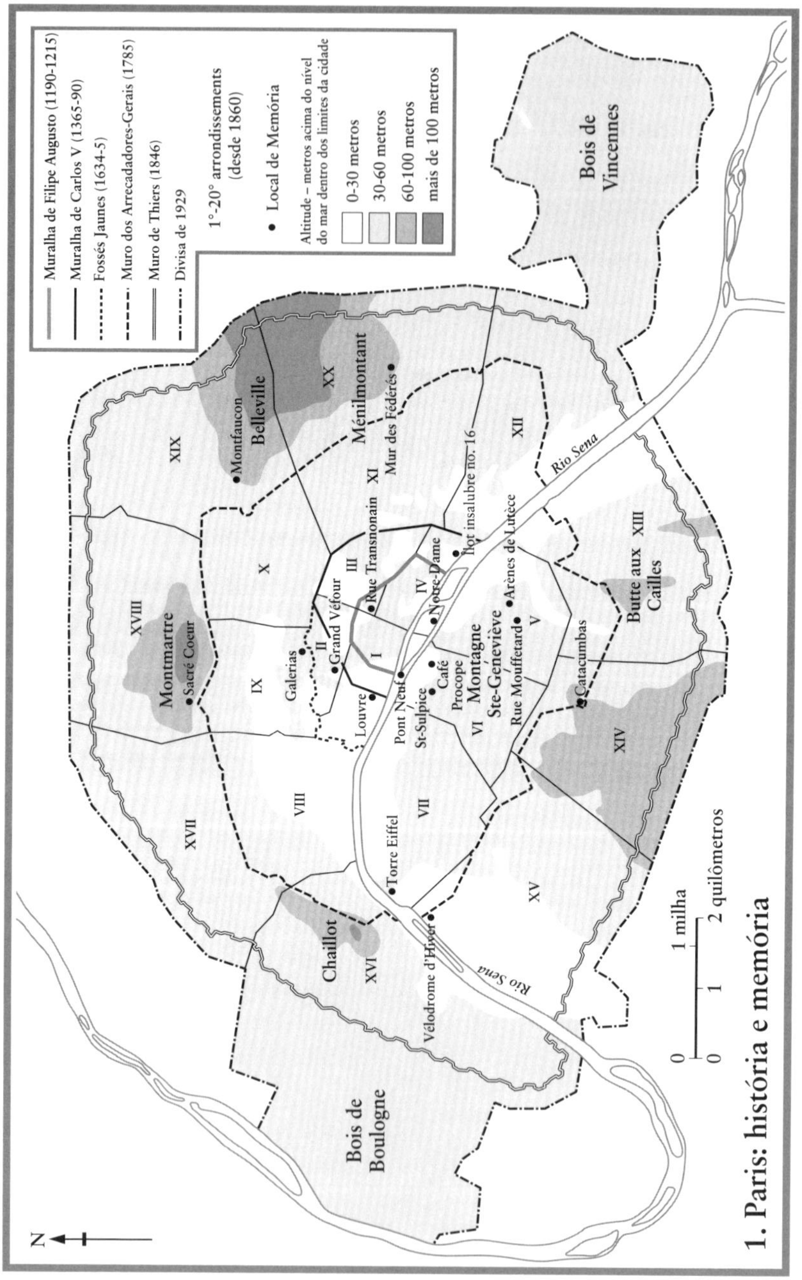

1. Paris: história e memória

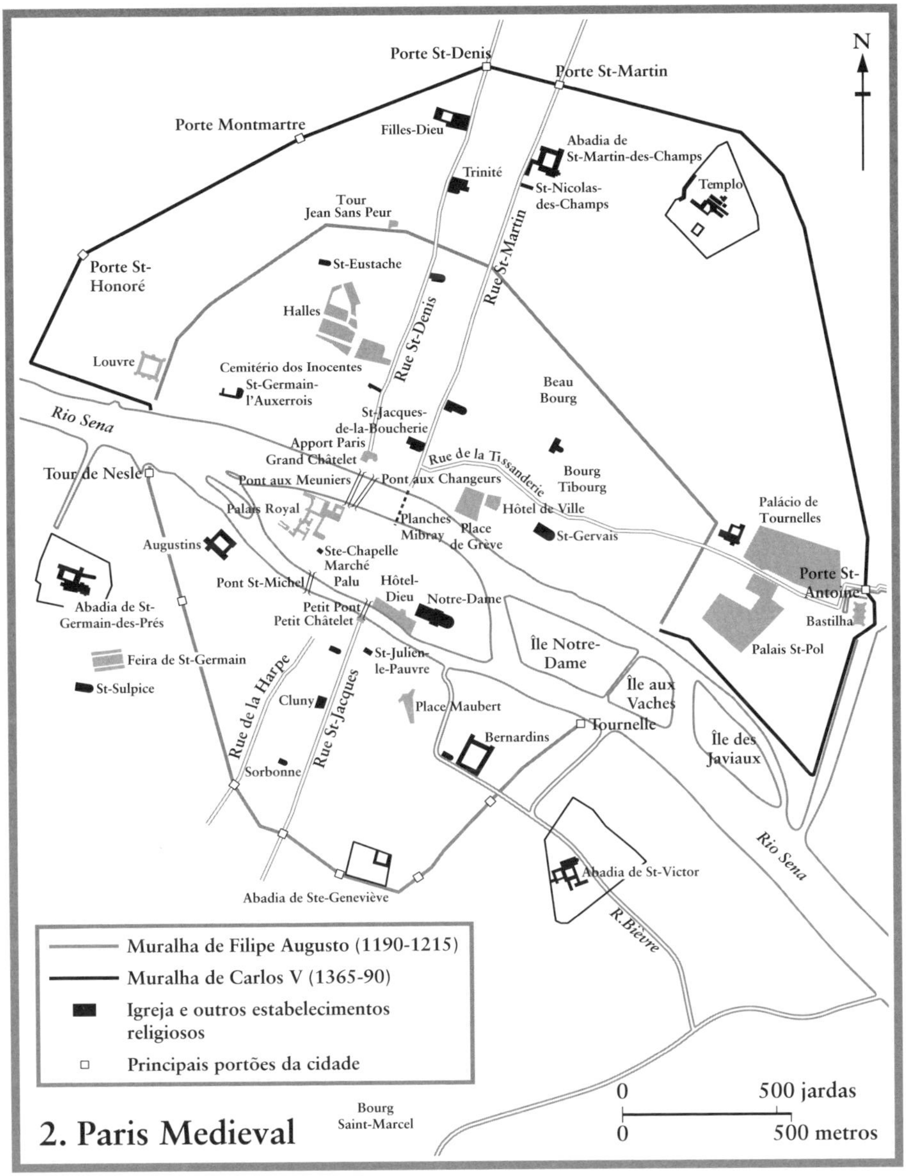

2. Paris Medieval

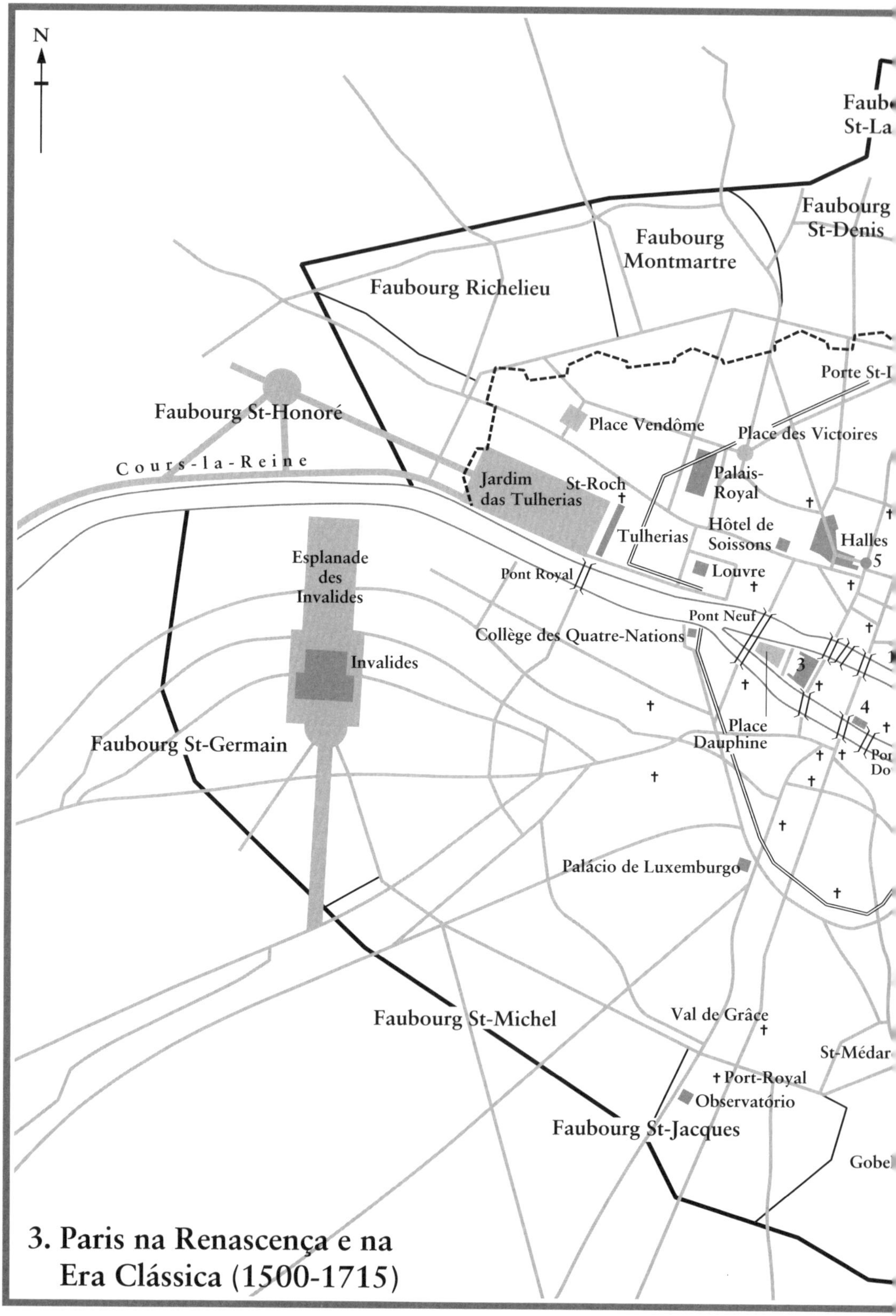

3. Paris na Renascença e na Era Clássica (1500-1715)

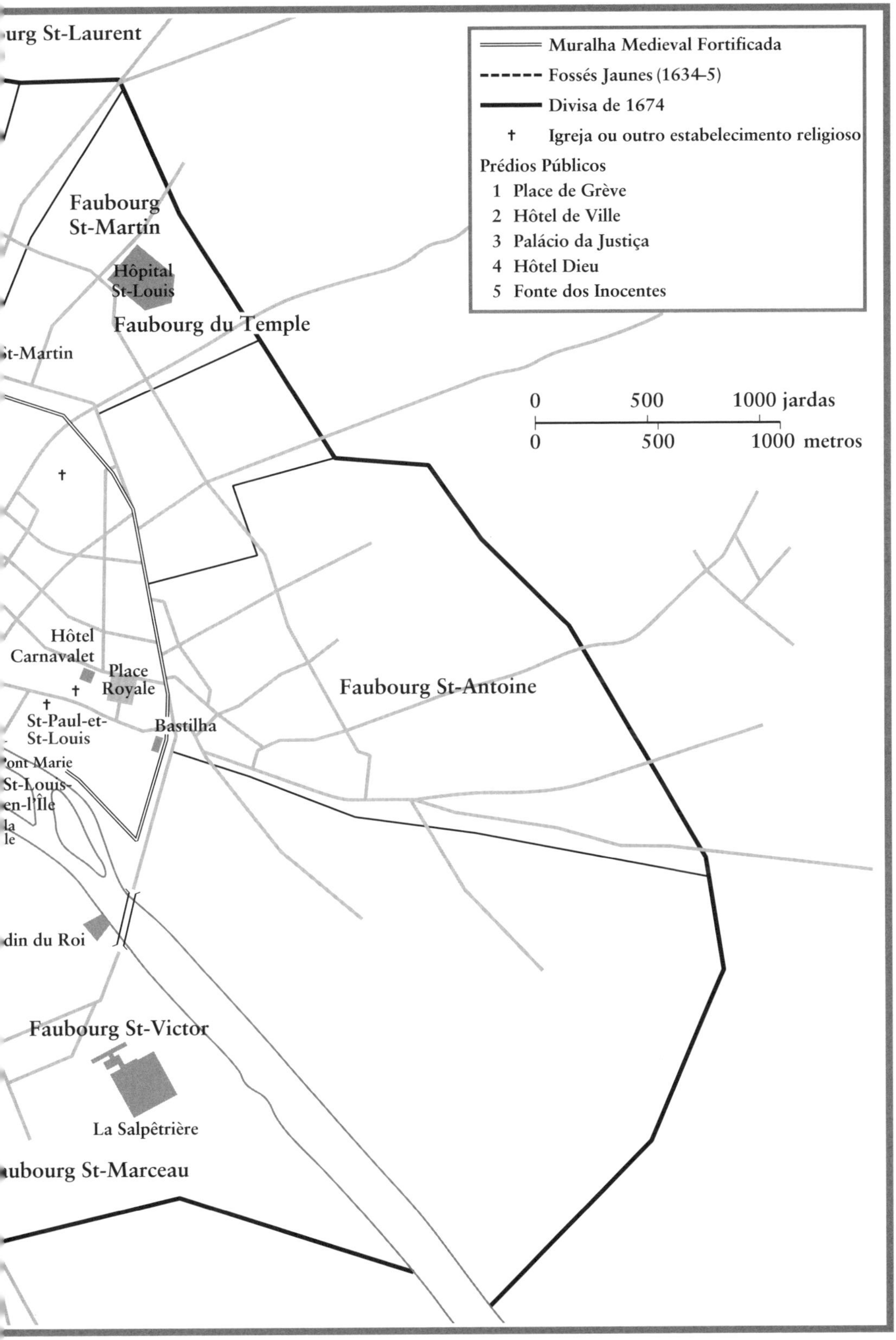

Muralha Medieval Fortificada
Fossés Jaunes (1634-5)
Divisa de 1674
Igreja ou outro estabelecimento religioso
Prédios Públicos
1 Place de Grève
2 Hôtel de Ville
3 Palácio da Justiça
4 Hôtel Dieu
5 Fonte dos Inocentes
0 500 1000 jardas
0 500 1000 metros
urg St-Laurent
Faubourg St-Martin
Hôpital St-Louis
Faubourg du Temple
t-Martin
Hôtel Carnavalet
Place Royale
St-Paul-et-St-Louis
Bastilha
ont Marie
St-Louis-en-l'Île
Faubourg St-Antoine
din du Roi
Faubourg St-Victor
La Salpêtrière
ubourg St-Marceau

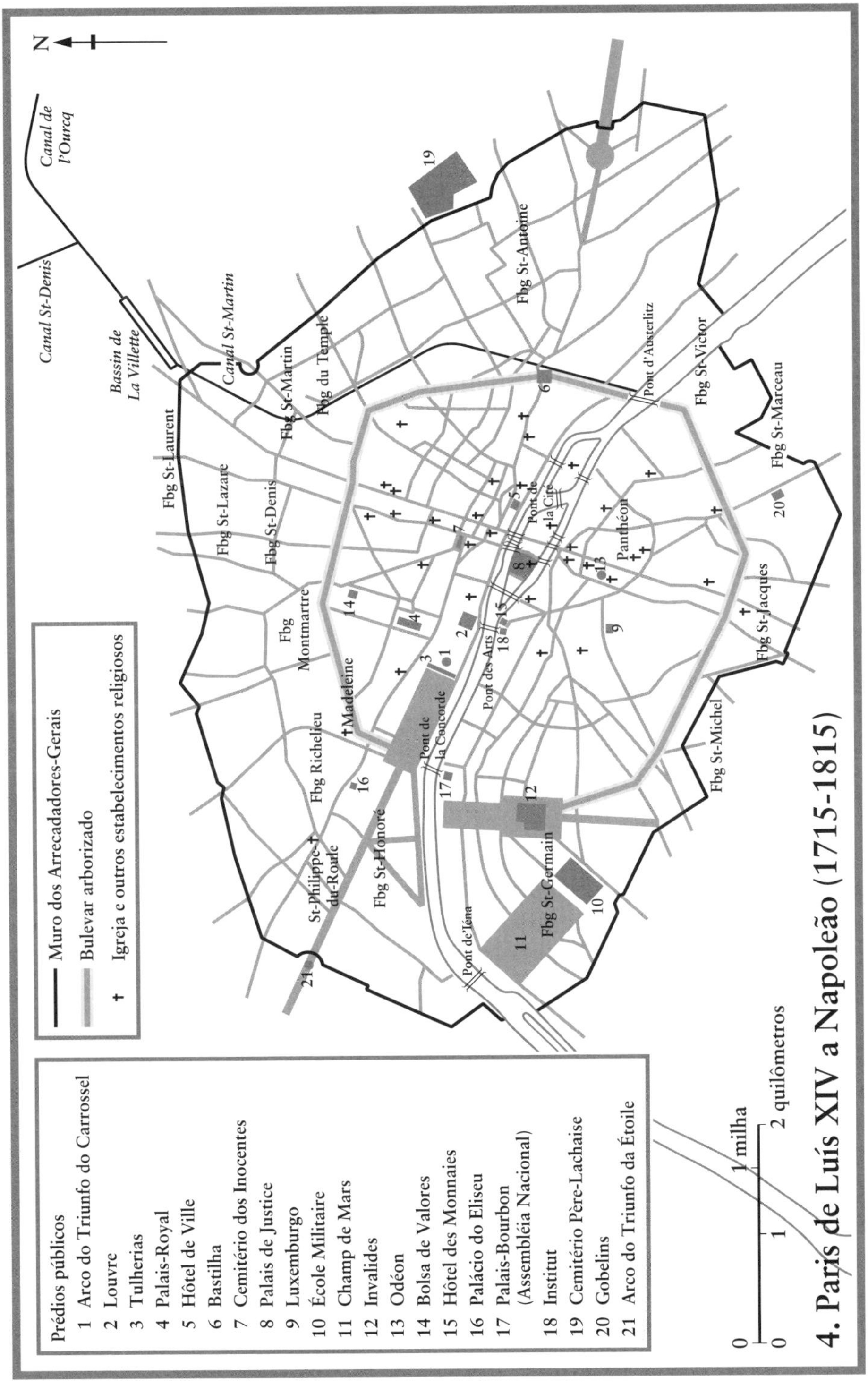

4. Paris de Luís XIV a Napoleão (1715-1815)

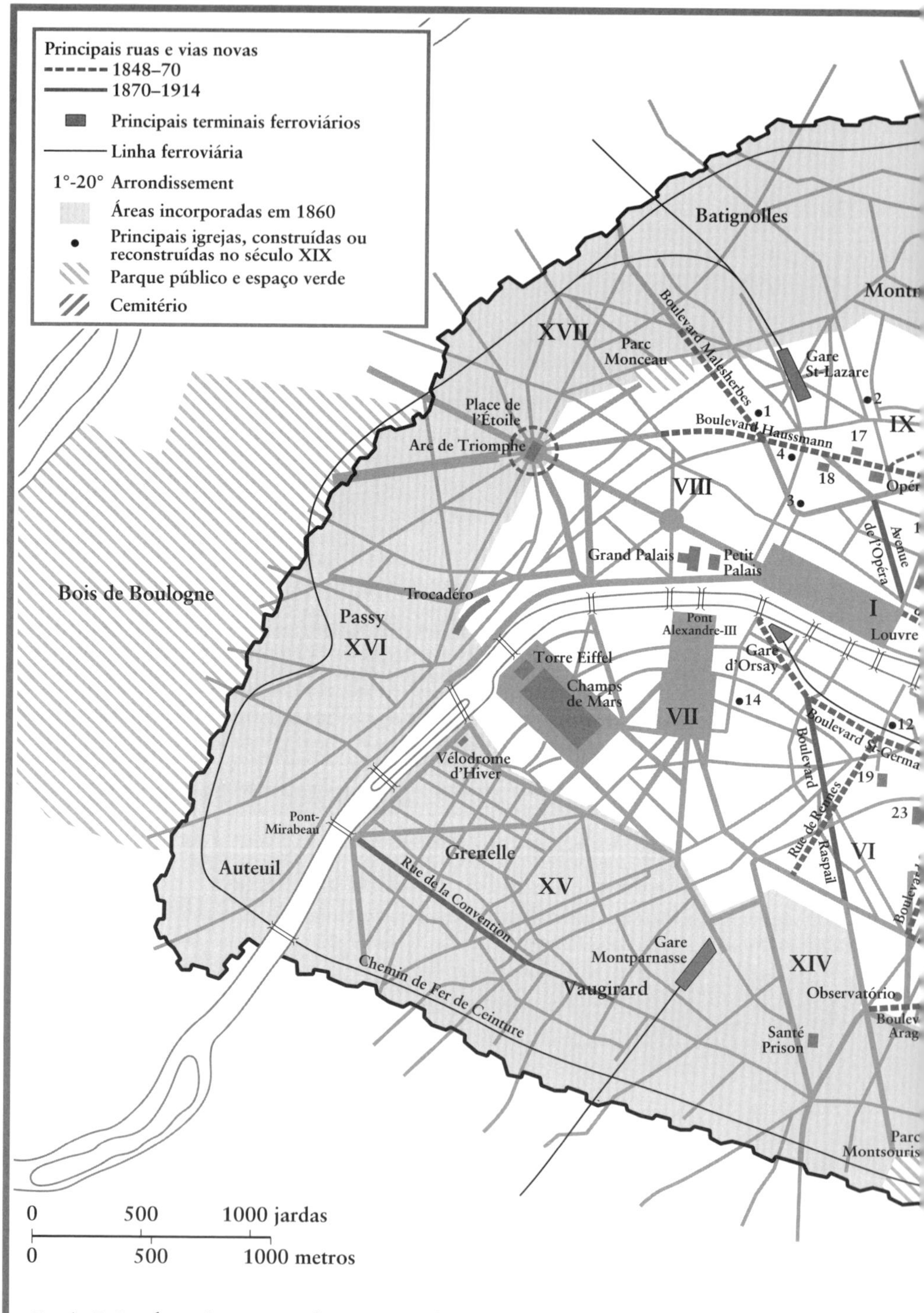

5. A Modernização da Paris do século XIX

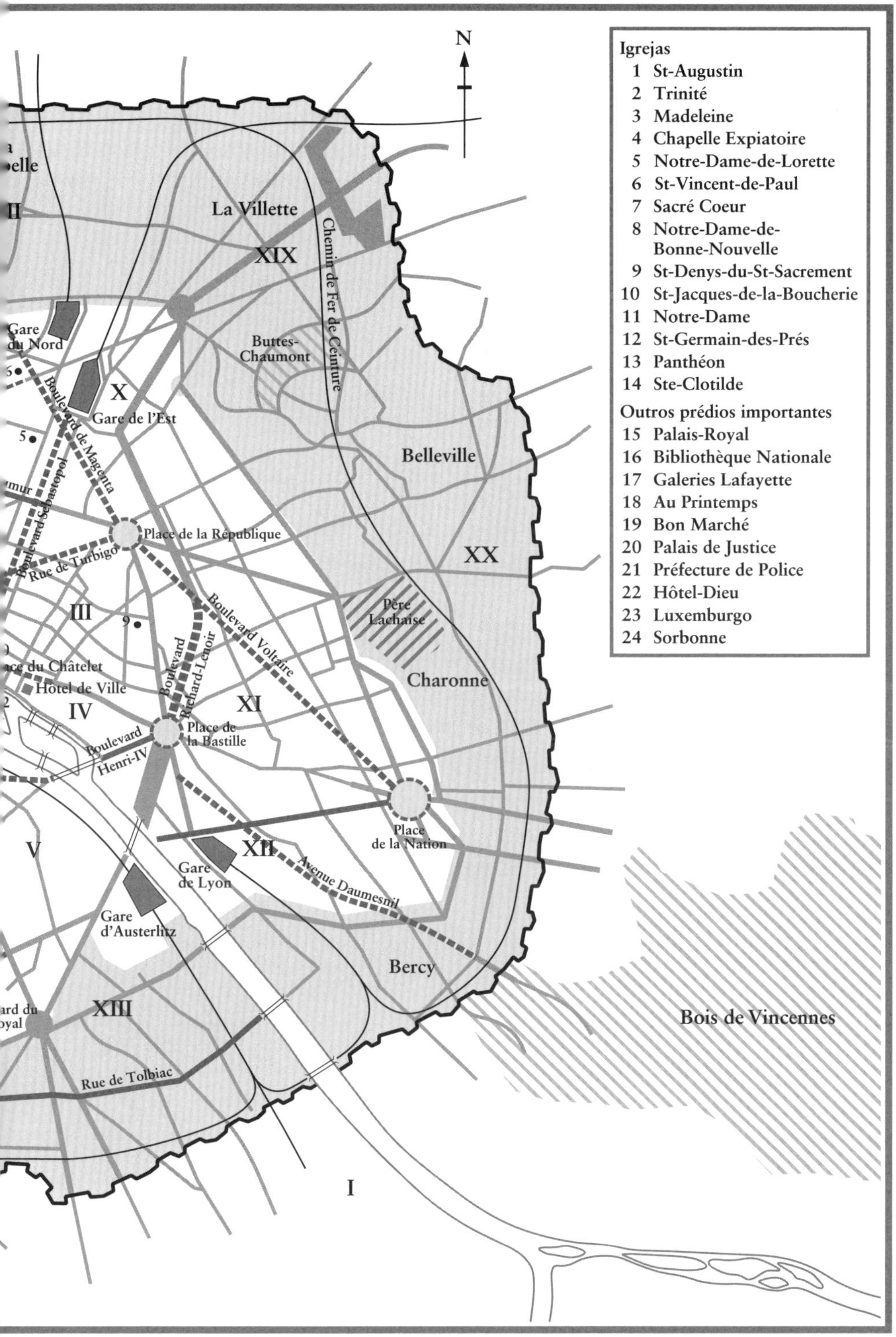
N
Igrejas
1 St-Augustin
2 Trinité
3 Madeleine
4 Chapelle Expiatoire
5 Notre-Dame-de-Lorette
6 St-Vincent-de-Paul
7 Sacré Coeur
8 Notre-Dame-de-Bonne-Nouvelle
9 St-Denys-du-St-Sacrement
10 St-Jacques-de-la-Boucherie
11 Notre-Dame
12 St-Germain-des-Prés
13 Panthéon
14 Ste-Clotilde
Outros prédios importantes
15 Palais-Royal
16 Bibliothèque Nationale
17 Galeries Lafayette
18 Au Printemps
19 Bon Marché
20 Palais de Justice
21 Préfecture de Police
22 Hôtel-Dieu
23 Luxemburgo
24 Sorbonne
La Villette
XIX
Chemin de Fer de Ceinture
Gare du Nord
Buttes-Chaumont
X
Gare de l'Est
Boulevard de Magenta
Boulevard Sebastopol
Belleville
Place de la République
Rue de Turbigo
XX
Boulevard Voltaire
Père Lachaise
III
Boulevard Richard-Lenoir
Hôtel de Ville
Charonne
XI
IV
Place de la Bastille
Boulevard Henri-IV
Place de la Nation
V
XII
Gare de Lyon
Avenue Daumesnil
Gare d'Austerlitz
Bercy
XIII
Bois de Vincennes
Rue de Tolbiac
I

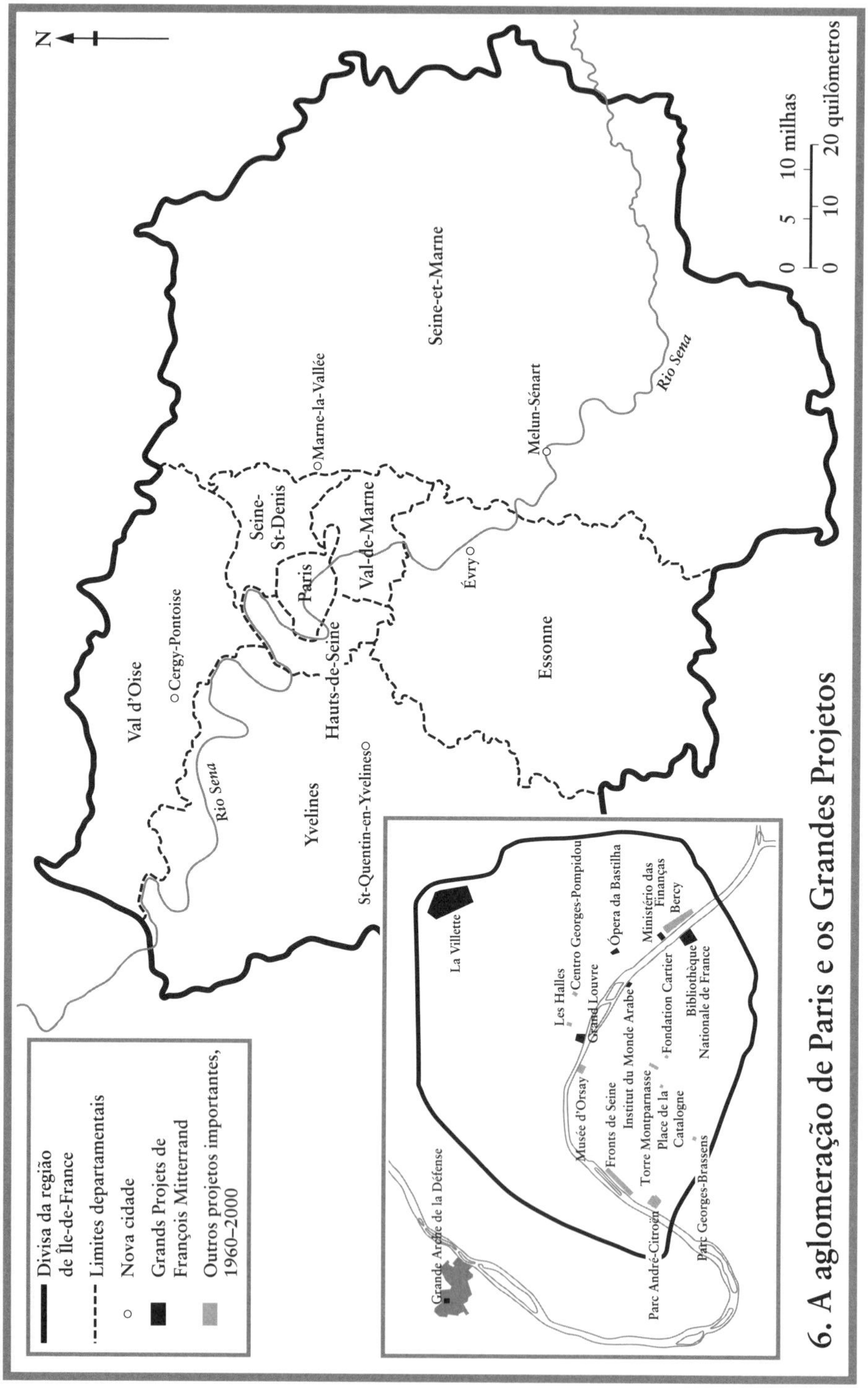

6. A aglomeração de Paris e os Grandes Projetos

Glossário

arrondissement Denominação das diferentes áreas jurisdicionais em que Paris se divide desde a Revolução Francesa. A legislação em 1795 estabeleceu doze arrondissements, cada qual uma municipalidade. Na ampliação de Paris em 1859-1860, o número de arrondissements subiu para vinte, e esses ainda permanecem. Uma analogia útil é pensar no sistema de numeração como a concha de um caracol: começando com o primeiro e o segundo arrondissement, a oeste do coração histórico da cidade, e então espiralando no sentido horário. A espiral interna (3º até 11º) gira e alcança a Bastilha, onde a espiral externa (12º até 20º) começa. (Ver mapa 1.)

banlieue Nome para os subúrbios, em especial os subúrbios dos trabalhadores, que se desenvolveram do lado externo do muro de Thiers após 1841.

distrito Divisões eleitorais de Paris, em número de sessenta, em que as eleições para os Estados-Gerais eram organizadas em 1789; substituídas por 48 seções a partir de 1790.

faubourg Em sua origem, o termo significava subúrbio, mas a maioria dos faubourgs foi gradativamente incorporada à cidade ao longo dos séculos XVII e XVIII. Hoje ficam nos arrondissements externos.

grandes bulevares Nome dado a partir de meados do século XIX para a linha de bulevares (avenidas largas e arborizadas) na margem direita que fazem um semicírculo a partir da Place de la Bastille até a Place de la Concorde. Grosso modo, a linha segue o traçado das fortificações que Luís XIV converteu em bulevares a partir de *c.* 1670.

grandes magazines Importantes lojas de departamentos criadas no fim do século XIX e começo do século XX. Boa parte se localiza nos grandes bulevares.

Hôtel de Ville Tanto a) o prédio da Place de l'Hôtel-de-Ville (ex-Place de Grève) em que o governo da cidade é sediado desde a Idade Média quanto b) por extensão, o governo municipal em si.

Île de la Cité A maior e mais importante ilha do rio Sena, na qual Paris está estabelecida, provavelmente desde os tempos pré-romanos.

journée "Dia" de ação revolucionária na Revolução em 1789-1799 e em outros períodos insurrecionais ao longo do século XIX.

Quartier Latin Nome dado no século XIX para a universidade e a área estudantil nas imediações da Sorbonne no 5º e no 6º arrondissements, onde o latim era a linguagem corrente a partir da Idade Média.

margem esquerda A área de Paris à esquerda do observador olhando à jusante do rio (o sentido da correnteza). Em outras palavras, a área de Paris ao sul do Sena.

Marais "Pântano". a) Nome dado às áreas originalmente encharcadas fora da linha dos grandes bulevares na margem direita, utilizadas para a horticultura a partir dos fins do século XII; b) nome ainda dado à área equivalente, grosso modo, aos atuais 3º e 4º arrondissements, desenvolvida com a construção de residências requintadas dos fins do século XV em diante.

quartier a) Nome histórico dado às subdivisões de Paris desde a Idade Média; b) uma das quatro áreas administrativas em que os doze arrondissements se subdividiram em 1795 e em que os vinte arrondissements subdividiram-se em 1860; c) nome genérico para "bairro".

margem direita A área de Paris à direita do observador olhando à jusante do rio. Em outras palavras, a área de Paris ao norte do Sena.

seção Uma das 48 unidades do governo local em que Paris foi dividida entre 1790 e 1795.

Abreviaturas

ADH	*Annales de démographie historique*
AESC	*Annales. Économies. Sociétés. Civilisations*
BPIF	*Bulletin de la Société de l'histoire de Paris et de l'Île-de-France*
FHS	*French Historical Studies*
Lieux de mémoire	P. Nora (ed.), *Lieux de mémoire*, 3 v. (publicação em 1997)
MPIF	*Mémoires de la Société de l'histoire de Paris et de l'Île-de-France* (a partir de 1952, *Paris et l'Île-de-France. Mémoires*)
NHP	*Nouvelle Histoire de Paris*
RH	*Revue historique*
RHMC	*Revue d'histoire moderne et contemporaine*

Notas

(Todas as obras publicadas em Paris, exceto quando especificado.)

Introdução: Uma história impossível de Paris?

1. A obra aparentemente não foi traduzida.

2. Ibid., p. 24-25, 60.

3. Ao compilar essa lista, baseei-me em *Quid 2003* e *Paris en chiffres* (Mairie de Paris, 1994). Devido ao tempo decorrido até a finalização do livro, tenho a coragem de admitir que alguns dados talvez não estejam corretos até o último dígito.

4. Piganiol de la Force, *Description historique de la ville de Paris* (ed. 1765), Introdução, p. xxiii.

5. *Memoirs of Charles-Lewis, Baron de Pöllnitz* (2 v., Londres, 1739), ii, p. 189.

6. Edmondo De Amicis, *Ricordi di Parigi* (Milão, 1900), p. 22.

7. Balzac, *Ferragus* (1834).

8. Citado em G. Durieux, *Le Roman de Paris à travers les siècles et la littérature* (2000), p. 41.

9. Sobre o tema, ver em especial P. Higonnet, *Paris, Capital of the World* (Londres, 2002); mas, acima de tudo, Walter Benjamin, *The Arcades Project* (tradução inglesa, Cambridge, MA, 1999).

10. Pierre Nora (ed.), *Les Lieux de mémoire,* 3 v., edição brochura (1997). Para traduções da maior parte desta obra vasta, ver *Realms of Memory. Rethinking the French Past* (3 v., Nova York, 1998) e *Rethinking France* (Chicago, 2001).

11. Raymond Queneau, *Zazie no metrô* (1959). Os parisienses de Queneau também parecem divididos quanto a que gênero atribuir à Torre Eiffel.

12. Clébert, *Paris insolite* (1952), p. 14.

13. Consultar capítulo 1. Júlio César provavelmente não esteve em Paris.

14. P. Pinon, *Paris, biographie d'une capitale* (1999), p. 58.

15. Numerosas antologias literárias fornecem uma extensa compilação de citações que o estudioso solitário não pode ter a pretensão de igualar. Baseei-me em várias dessas obras. A melhor é de I. Littlewood: *A Literary Companion to Paris* (Londres, 1987). Ver também J. Barrozzi, *Littératures parisiennes* (1997); S. Barclay, *A Place in the World Called Paris* (San Francisco, CA, 1994); e Durieux, *Le Roman de Paris.* A *magnum opus* de Walter Benjamin, *The Arcades of Paris* (Cambridge, MA, 1997), é, entre outras coisas, uma incrível antologia de citações em especial sobre a Paris do século XIX; vale a pena consultá-lo.

16. Baudelaire, "O cisne", *As flores do mal* (1857).

17. Para descrições medievais, ver a compilação recente de R. W. Berger, *In Old Paris: An Anthology of Source Descriptions, 1323-1790* (Nova York, 2002).

18. J. C. Scott, *Weapons of the Weak: Everyday Forms of Peasant Resistance* (Londres, 1985).

19. L.S. Mercier, *Le Tableau de Paris* (12 v., Amsterdam, 1780-1788); Baudelaire, em especial *As flores do mal* (1857). Ver abaixo, Capítulo 8.

20. Walter Benjamin, *The Arcades Project*; H. Lefebvre, *Everyday Life in the Modern World* (Londres, 1968); G. Debord, *The Society of Spectacle* (Detroit, 1983); M. de Certeau, *The Practice of Everyday Life* (Berkeley, CA, 1984).

21. G. Perec, *Perec/rinations* (1997); M. Augé, *Un Ethnologue dans le métro* (1986). Quanto a Simenon, consultar M. Carly, *Maigret: traversées de Paris. Les 120 lieux parisiens du commissaire* (2001). Muitos dos textos de Richard Cobb sobre Paris estão compilados em *Paris and Elsewhere* (Londres, 1998).

22. Consultar Fernand Braudel, *Écrits sur l'histoire* (1969).

1. Paris-Lutécia

Caixas em destaque: fontes principais

1.1: As arenas de Lutécia

D. Busson, *Carte archéologique de la Gaule.* Paris (1998)
P. M. Duval, *Paris: De Lutèce oppidum à Paris capitale de la France* (*NHP*: 1993)
Formigé, *Les Arènes de Lutèce* (1918)
C. Jones, "The archaeology of modernity in nineteenth-century Paris" (artigo não publicado)
P. Velay, *From Lutetia to Paris. The Island and the Two Banks* (1992)

1.2: Uma criança parisiense

L. Chevalier, *Classes laborieuses et classes dangereuses à Paris pendant la première moitié du XIXe siècle* (1958)
C. Delasalle, "Les enfants trouvés à Paris au XVIIIe siècle", *AESC*, 30 (1975)
G. Dupont-Ferrier, "Les enfants martyrs à la fin du moyen âge", *BPIF*, 64 (1937)
A. Farge & J. Revel, *The Vanishing Children of Paris: Rumor and Politics before the French Revolution* (Cambridge, MA, 1991)
Victor Hugo, *Os miseráveis* (1862)
E. Toulouze, "Mes fouilles", *Bulletin de la Montagne Sainte-Geneviève*, ii, (1897-1898), p. 215-216

1.3: Santa Genoveva

R. Amiet, *Le Culte liturgique de Sainte-Geneviève* (1984)
P. Chaunu, *La Mort à Paris (XVIe, XVIIe, XVIIIe siècles)* (1978)
J. Dubois & L. Beaumont-Maillet, *Sainte-Geneviève de Paris* (nova edição 1982)

S. Kaplan, "Religion, subsistence and social control: the uses of Saint Genevieve", *Eighteenth-Century Studies*, 13 (1979)

M. Sluhovsky, *Patroness of Paris. Rituals of Devotion in Early Modern France* (Leiden, 1998)

1. Juliano, "Migosopon", em id., *Works*, ed. W. C. Wright (3. v., Cambridge, MA, 1913- 23), ii, p 428-431.

2. Júlio César, *The Conquest of Gaul*, Livro 7, cap. 57.

3. Antoine de Mont-Royal, *Les Glorieuses Antiquitez de Paris*, ed. V. Dufour ([1678]: Paris, 1879), p. 2; François Rabelais, *Gargantua*, Livro I, cap. 17.

4. César afirmou que a capital dos parísios ficava numa ilha do rio Sena, mas com isso ele não necessariamente se referia à Île de la Cité. Há pouco tempo, certos arqueologistas se perguntaram se não poderia ter sido outra ilha, em especial devido à quase ausência de resquícios pré-romanos na Cité. Essa questão permanece em estudo.

5. Ammianus Marcellinus, *Histoire: Livres XX-XXII*, ed. J. Fontaine et al. (1996), Livro XX, p. 12-13, 25.

6. Juliano, "Misopogon", p. 450-451, 480-481.

7. Gregory de Tours, *Historia Francorum*, Livro 2, cap. 38.

8. Citado em M. Fleury, *La Naissance de Paris* (1997), p. 110.

9. Citado em E. James, *The Origins of France. From Clovis to the Capetians, 500-1000* (Londres, 1982), p. 29.

10. Ver p. 342.

11. Einhard, *Life of Charlemagne*, Livro I.

12. Abbon, *Le Siège de Paris par les Normands. Poème du IXe siècle*, ed. H. Waquet (Paris, 1942), p. 15.

13. Ibid., p. 81.

14. Ibid., p. 99.

15. Ibid., p. 13.

16. Ibid., p. 113.

2. "Rainha das cidades"

Caixas em destaque: fontes principais

2.1: Saint-Denis

C. Beaune, "Les sanctuaires royaux", em *Lieux de mémoire*, i

C. Beaune, *Naissance de la France* (1985)

J. P. Brunet, *Saint-Denis, la ville rouge, 1890-1939* (1980)

R. Mulryne & E. Golding (ed.), *Court Festivals of the European Renaissance. Art, Politics and Performance* (Aldershot, 2002)

2.2: A muralha de Filipe Augusto

B. Fortier (ed.), *La Métropole imaginaire: Un atlas de Paris* (1989)
B. Rouleau, *Le Tracé des rues de Paris* (1988)

2.3: Robert de Sorbon

V. W. Egbert, *On the Bridges of Medieval Paris. A Record of Early Fourteenth-Century Life* (Princeton, NJ, 1974)
A. L. Gabriel, *The Paris Studium. Robert of Sorbon and his Legacy* (Notre-Dame, IN, 1992)
J. Le Goff, *Les Intellectuels au moyen âge*, segunda edição (1985)
P. Kibre, *The Nations in the Medieval Universities* (Cambridge, MA, 1948)
J. Verger, *L'Essor des universités au XIIIe siècle* (1997)

1. Guy de Bazoches, "Description de Paris vers 1175", *BPIF*, 4 (1877), 38-40.

2. Ver capítulo 1, nota 12.

3. Conferir atual Place de Saint-André des Arts; e, para Saint-Côme, a atual Rue de l'École-de-Médecine (ambas 6º).

4. São Luís fez uma lista de locais no "Beau-Borg" (Rue Beaubourg, 3º-4º) em que a prostituição era permitida, inclusive a Rue Chapon. É possível que o Bourg Thibourg (Rue Bourg-Tibourg; 4º) tenha esse nome em homenagem a Thiboult Riche, provavelmente um dos burgueses a quem Filipe Augusto confiou a administração real em 1190.

5. Os vestígios dos muros do acampamento permanecem nas ruas próximas à Rue Bertin-Poirée (1º).

6. Étienne Boileau, citado em G. Duby (ed.), *Histoire de la France urbaine. ii: La ville médiévale* (1981), p. 380.

7. *Letters of John of Salisbury*, W. J. Miller, H. E. Butler & C. N. L. Brooke (eds.) (2. v., Oxford, 1979-86), i, p. 7.

8. Por exemplo, perto da Rue du Fouarre, seriam encontradas as atuais Rue de la Parcheminerie (Rua do Fabricante de Pergaminho), a Rue de la Huchette (cujo nome surgiu da taverna À la Huchette d'Or: No dourado cesto de pães) e a Rue des Enlumineurs (Rua dos Iluminadores: hoje Rue Boute-Brie).

9. Suger, *Oeuvres*, ed. F. Gasparri (1966), p. 61.

10. *Oeuvres de Rigord et de Guillaume le Breton, historiens de Philippe-Auguste*, ed. F. Delaborde (2. v., 1882-1885), i, p. 297 e sequência.

11. Primeiro uso em *Oeuvres de Rigord*, i, p. 11.

12. *Civitas Parisius est patria communis velut Roma.*

13. Rabelais, *Pantagruel* (1542), cap. xv.

14. *Oeuvres de Rigord*, i, p. 53-54.

15. Embora bastante restauradas, essas fortificações são observáveis desde a Tour de l'Horloge até a Tour Bon-Ben no Quai de l'Horloge (1º.).

16. O Pré-Aux-Clercs estendia-se às margens do rio até o atual Palais Bourbon.

17. O Mercado Palu (4º) ligava-se à Petit Pont na Île de la Cité; o Apport Paris (1º) ficava no canto noroeste da atual Place du Châtelet; a Place Baudoyer (4º) ainda existe – com a função mais notável de estacionamento subterrâneo.

18. A Fonte dos Inocentes, construída em 1549, modificada um pouco de lugar em 1865, dá testemunho desse local. Para o remanejo do cemitério, ver p. 233, p. 277.

19. Citado em Duby, *Histoire de la France urbaine*, p. 309.

20. Na sua maior parte, seguia o curso dos atuais grandes bulevares. Ver p. 27.

21. A Ville-l'Évêque, situada no coração da *Culture l'Évêque*, ficava mais ou menos onde hoje é a igreja Madeleine (8º).

22. Conferir a Rue des Coutures-Saint-Gervais (3º) e a Place Sainte-Catherine (4º).

23. Para citar F. Lehoux, *Le Bourg Saint-Germain-des-Prés depuis ses origines jusqu'à la fin de la Guerre de Cent Ans* (1951).

24. Não sobraram vestígios da abadia, que se situava nas proximidades da atual Place Jussieu (5º).

25. As localizações são as seguintes: Saint-Martin, Rue de la Collégiale (5º); Saint-Hilaire, Rue des Carmes (5º); Saint-Hippolyte, Rue des Marmousets (13º).

26. Citado em Le Roux de Lincy & M. T. Tisserand, *Paris et ses historiens aux XIVe. et XVe. siècles* (1867), p. 56.

27. Ver p. 37-38.

28. R. de Lespinasse & F. Bonnardot, *Les Métiers et corporations de la ville de Paris. XIIe siècle. Le Livre des métiers d'Étienne Boileau* (1879), p. xcvi.

29. Rue des Lavandières hoje é a Rue des Lavandières-Sainte-Opportune (1º); a Rue des Jongleurs ligava a Rue Saint-Denis e a Rue Saint-Martin (1º); a Rue Coupe-Gueule ficava no 5º. A atual Rue du Petit-Musc fica no 4º.

30. Citado em J. Le Goff, *Les Intellectuels au moyen âge* (1985), p. 25.

31. Jacques de Vitry, *Histoire occidentale/Historia occidentalis (Tableau de l'Occident au XIIIe siècle)*, ed. J. Longère (1997), p. 85-6.

32. Em sua origem, o termo *universitas* aplicava-se a qualquer corporação; o significado apenas acadêmico do termo estabeleceu-se de modo gradativo.

33. H. Denifle (ed.), *Chartularium universitatis Parisiensis* (4 v., 1889-1897), i, p. 136 e sequência.

3. A cidade à deriva

Caixas em destaque: fontes principais

3.1: Montfaucon

G. Le Halle, *De Montfaucon à la Place Colonel Fabien* (1973)

D. Reid, *Paris Sewers and Sewermen. Realities and Representations* (Cambridge, MA, 1991)

L. Tanon, *Histoire des justices des anciennes églises et communautés monastiques de Paris* (1883)

3.2: O Parvis de Notre-Dame

F. Colletet, *Abrégé des antiquités de la ville de Paris* (1664)
J. Depauw, *Spiritualité et pauvreté à Paris au XVIIe. siècle* (1999)
A. L'Esprit, "Le Jeûneur de Notre-Dame", *La Cité*, 10-11 (1911-12)
F. Rabelais, *Gargantua* (1534)
L. Sieber (ed.), "Description de Paris par Thomas Platter le jeune de Bâle (1599)", *MPIF*, 23 (1896)

3.3: François Villon

J. Dérens et al., *Villon hier et aujourd'hui* (1993)
D. A. Fein, *François Villon and his Reader* (Detroit, 1989)
J. Le Goff, *Les Intellectuels au moyen âge*, segunda edição (1985)

1. "Éloge de la cité de Paris" (1323). Reimpresso em Le Roux de Lincy & L. M. Tisserand, *Paris et ses historiens aux XIVe. et XVe. siècles* (1867), p. 25.

2. Eustache Deschamps, *Ballade* (1394).

3. Posteriormente, a Rue des Poulies incorporou-se à Rue des Francs-Bourgeois (3º-4º), que acompanha parte do perímetro da Muralha de Filipe Augusto. Torres do Hôtel de Clisson permanecem visíveis na esquina do Hôtel de Soubise (Arquivos Nacionais) na atual Rue des Archives.

4. Ver p. 78.

5. *Chronique parisienne anonyme de 1316 à 1399, précédé d'additions à la chronique française dite de Guillaume de Nangis (1206-1316), ed. A. Hellot, MPIF,* 11 (1884), 28.

6. *Journal de Nicolas de Baye, Greffier du Parlement de Paris, 1400-1417,* ed. A. Tuetey (2 v., 1885-1887), i, p. 212.

7. *Journal d'un bourgeois de Paris*, ed. C. Beaune (1990), p. 171-172, 393.

8. As haudriettes localizavam-se na atual Rue des Haudriettes (3º); Quinze-Vingts ficava perto da Rue Saint-Honoré, embora tenha se mudado para a Rue de Charenton (13º) pouco antes da revolução de 1789.

9. "Éloge de la cité de Paris".

10. Citado em M. Mollat, *Histoire de l'Île-de-France et de Paris* (Toulouse, 1971), p. 150.

11. Deschamps, *Virelai.* Consulte e.e. cummings, "little ladies move", *Portraits XII* (1925).

12. *Journal de Nicolas de Baye*, i, p. 208.

13. *Journal d'un bourgeois de Paris*, p. 67-68. Uma lista adequada é fornecida em J. Delumeau & Y. Lequin (eds.), *Les Malheurs du temps. Histoire des fléaux et des calamités en France* (1987), p. 214.

14. A Tour Jean Sans Peur é visível e visitável na Rue Étienne-Marcel (2º). A Tour de Nesle, de 25 metros de altura, ficava no Quai Conti (7º), defronte ao Louvre, onde hoje é o Institut.

15. *Journal d'un bourgeois de Paris*, p. 112.

16. *Journal de Clément de Fauquembergue (1417-1455)*, ed. A. Tuetey (3 v., 1903), i, p. 136.

17. Charles tornara-se delfim com a morte de seus dois irmãos mais velhos, Luís em 1415 e João em 1417.

18. *Journal d'un bourgeois de Paris*, p. 153-154.

19. Ibid., p. 217.

20. Ibid., p. 309-311.

21. *Chronique d'Arthur de Richemont, connétable de la France, duc de Bretagne (1393-1458)* (1890), p. 138.

22. G. Fagniez, "Journal parisien de Jean Maupoint, prieur de Saint-Catherine-de-la-Couture (1437-1469)", *MPIF*, 4 (1877), p. 54.

23. Citado em G. Fourquin, *Les Campagnes de la région parisienne à la fin du Moyen Âge* (1963), p. 398.

24. *Chronique parisienne*, p. 135-138. Consultar ibid., p. 17-18, 34-35, 50.

25. J. Favier, *Les contribuables parisiens à la fin de la Guerre de Cent Ans. Les rôles d'impôt de 1421, 1423 et 1438* (Genebra, 1970), p. 25-29.

26. O Museu Cluny (Rue de Sommnerard; 5º) hoje incorpora o Museu da Idade Média e os Banhos Romanos.

27. *Journal d'un bourgeois de Paris*, p. 381. Consultar ibid., p 441 (1445).

28. B. de Mandrot (ed.), *Journal de Jean de Roye connu sous le nom de Chronique scandaleuse (1460-1485)* (2. v., 1894), i, p. 180-181.

29. Rue des Lions (4º). Perto dali, a Rue de la Ceriseraie realçava outra característica marcante do local: o pomar de cerejeiras.

30. Hôtel d'Armagnac ficava na Rue des Bons-Enfants (1º); o Hôtel du Porc-Épic, na atual Passage Charlemagne (4º) e o Hôtel de Clisson na atual Rue des Archives.

31. Y. H. Le Maresquier-Kesteloot (ed.), *Les Officiers municipaux de la ville de Paris au XVe siècle* (1997), p. 135.

32. J. Le Goff, *Un autre moyen âge* (1977), p. 194.

33. B. Geremek, *Les Marginaux parisiens aux XIVe et XVe siècles* (1976), p. 178.

34. "Vous ne valez point que je me mêle de vous": citado em J. Favier, *Paris au XVIe. siècle, 1380-1500* (*NHP*: 1974), p. 235.

4. Paris renascida, Paris reformada

Caixas em destaque: fontes principais

4.1: O Louvre

J. P. Babelon, "Le Louvre" in P. Nora (ed.), *Lieux de mémoire*, ii
R. W. Berger (ed.), *In Old Paris: An Anthology of Source Descriptions, 1323-1790* (Nova York, 2002)
A. Fierro, "A quoi le Louvre doit-il son nom?" em id., *Mystères de l'histoire de Paris* (2000)
H. Sauval, *Histoire et recherches des antiquités de la ville de Paris* (1724)

4.2: O rio Bièvre

J. K. Huysmans, *Croquis parisiens* (1880)
R. Pevear, "Letter from Paris", *Hudson Review*, 54 (2001)
J. J. Rousseau, *Rêveries* (1776)
Senancour, *Oberman* (1804)

4.3: Henrique III

K. C. Cameron, *Henry III, a Maligned or a Malignant King?* (Exeter, 1978)
P. Chevallier, *Henry III* (1994)
R. Dallington, *The View of France (1604)*, reimpressão, ed. W. P. Barrett (Oxford, 1936)
N. Le Roux, *La Faveur du Roi: mignons et courtisans au temps des derniers Valois* (2000)

1. A. Tuetey (ed.), *Registres des délibérations du Bureau de la Ville de Paris*, v. ii (1886), p. 17.

2. Embora o interesse seja baseado na riqueza real, a administração do plano estava inteiramente nas mãos da municipalidade de Paris.

3. G. Corrozet, *La Fleur des antiquitez, singularités et excellences de (...) Paris* (1532).

4. *Registres des délibérations*, ii, p. 175.

5. Ibid., iii. p. 170.

6. Citado em R. Héron de Villefosse, *Solemnités, fêtes et réjouissances parisiennes* (NHP: 1980), p. 61.

7. P. Lavedan, *Histoire de l'urbanisme à Paris* (NHP: segunda edição, 1993), p. 146.

8. A Rue des Francs-Bourgeois marca o limite entre os atuais 3º e 4º arrondissements. O Hôtel de Sévigné fica na Rue de Sévigné, o Hôtel Donon na Rue Elzévir (junto com outras residências do período) e o Hôtel Lamoignon na Rue Pavée. A Rue Barbette delimita uma extremidade da propriedade Barbette.

9. O Hôtel de Flandre incluía a atual Rue Coq-Héron (1º); o Hôtel de Bourgogne fica na atual Rue Étienne-Marcel.

10. O endereço atual da igreja é Rue Saint-Honoré, 286.

11. Atual Rue de la Lune (2º), nas proximidades da estação do metrô de Bonne-Nouvelle.

12. G. Raynaud, "Paris en 1596 vu par un italien (Récit de F. G. d'Ierni)", *BPIF*, 12 (1885), 166.

13. Ibid.

14. Outras igrejas com as mesmas tendências: Saint-Jacques-de-la-Boucherie, Saint-Merri (as duas no 4º) e Saint-Séverin (5º).

15. J. P. Babelon, *Paris au XVI siècle* (NHP: 1986), p. 286.

16. *Registres des délibérations*, iii, p. 221 (1550).

17. Citado em Lavedan, *Histoire de l'urbanisme*, p. 173.

18. A. Vidier, "Description de Paris par Arnold van Buchel d'Utrecht (1586-1586)", *MPIF*, 26 (1899), p. 155.

19. H. Omond (ed.), "Une lettre de Paris au temps de la Réforme", *BPIF*, 8 (1881), p. 88.

20. Babelon, *Paris au XVI siècle* (citando Crespin), p. 414.

21. O termo pode ser derivado do alemão *Eidgenossen*, que significa "confederados", realçando que as comunidades calvinistas estavam coligadas com Genebra, a sede de Calvino.

22. E. de Barthélemy, *Journal d'un curé ligueur de Paris sous les trois derniers Valois* (1865), p. 149.

23. G. Fagniez (ed.), "Mémorial juridique et historique du Maître Guillaume Aubert, avocat au Parlement de Paris (deuxième moitié du XVIe siècle)", *MPIF*, 36 (1909), p. 67-68.

24. M. Greengrass, *France in the Age of Henri IV: The Struggle for Stability* (Londres, 1995), p. 7.

25. *Mémoires de Luc Geitzkofler, tyrolien (1550-1620)* (Genebra, 1892), p. 64.

26. D. Crouzet, *La Nuit de la Saint-Barthélemy. Un rêve perdu de la Renaissance* (1994), p. 33.

27. *Mémoires de Luc Geitzkofler*, p. 74.

28. E. Barnavi & R. Descimon, *La Sainte Ligue. Le juge et la potence. L'assassinat du président Brisson (15 novembre 1591)* (1985), p. 45.

29. "Balafré" (cicatriz) pois tivera o rosto desfigurado por um ferimento sofrido no campo de batalha em 1575.

30. Barthélemy, *Journal d'un curé ligueur*, p. 133.

31. P. de l'Estoile, *Mémoires-journaux, ii: 1585-1586*, ed. G. Brunet et al. (1885), p. 134-135.

32. Montaigne, *Enasaios*, Livro 3, cap. 9.

33. Citado em M. Yardeni, "Le Mythe de Paris comme élément de propagande à l'époque de la Ligue", *MPIF*, segunda série, 20 (1969), p. 56.

34. Greengrass, *France in the Age of Henri IV*, p. 13.

35. Babelon, *Paris au XVI siècle*, p. 383.

36. Greengrass, *France in the Age of Henri IV*, p. 58.

37. E. Saulnier (ed.), *Journal de François, bourgeois de Paris (23 décembre 1588-30 novembre 1589)* (1913), p. 15.

38. L'Estoile, *Mémoires-journaux, iii* (1886), p. 158.

39. A. Dufour (ed.), "Relations du siège de Paris par Henri IV, traduit de l'italien de Filippo Pigafetta", *MPIF*, 2 (1876), p. 77.

40. Citado em J. P. Babelon, *Henri IV* (1982), p. 588.

5. *Grand Siècle*, grande eclipse

Caixas em destaque: fontes principais

5.1: A Pont Neuf

V. R. Belot, *Le Pont Neuf. Histoires et Petites Histoires* (1978)
F. de Dartein, *Le Pont-Neuf sur la Seine à Paris, 1578-1609* (1911)
E. Fournier, *Histoire du Pont Neuf* (1862)
R. M. Isherwood, *Farce and Fantasy: Popular Entertainment in Eighteenth-Century Paris* (Nova York, 1986)
C. Jones, "Pulling Teeth in Eighteenth-Century Paris", *Past and Present*, 166 (2000)
B. Latour & E. Hermani, *Paris, ville invisible* (1998)
[Jean-Paul Marana], *Lettre d'un Sicilien à un de ses amis* (Paris 1700 [mas provavelmente *c.* 1692])
Raymond Queneau, "Cris de Paris", *Courir les rues* (1967)
M. Sélimonte, *Le Pont-Neuf et ses Charlatans* (1980)

5.2: Madame de Sévigné

J. Queneau & J. Y. Patte, *L'Art de vivre au temps de Madame de Sévigné* (1996)
Madame de Sévigné, *Correspondance*
Madame de Sévigné (1996)
Madame de Sévigné, Molière et les médecins de son temps (Marselha, 1973)
J. Wilhelm, *La Vie quotidienne au Marais au XVIIe siècle* (1966)

5.3: A Cour des Miracles

L. Bernard, *The Emerging City: Paris in the Age of Louis XIV* (Durham, NC, 1970)
M. Chassaigne, *La Lieutenance-Générale de police de Paris* (1906)
G. Dethan, *Paris au temps de Louis XIV, 1660-1715* (NHP: 1990)
O. Ranum, *Paris in the Age of Absolutism* (nova edição; Filadélfia, 2002)

1. Sieur Coulon, *L'Ulysée françois* (1643), p. 270.

2. Citado em R. Mousnier, *Paris capitale au temps de Richelieu et de Mazarin* (1978), p. 295.

3. A. M. Boislisle (ed.), *Mémoires des Intendants sur l'état des généralités dressé pour l'instruction du duc de Bourgogne. Tome I. Mémoire de la généralité de Paris* (1881), p. 1.

4. J. P. Babelon, *Henri IV* (1982), p. 830.

5. *Mercure françois*, citado em J. P. Babelon, *Demeures parisiennes sous Henri IV et Louis XIII* (1991), p. 21.

6. O melhoramento incluía a atual Rue Debelleyme (que incorporou as antigas Rues de Périgord e de Limoges) e a metade norte da Rue de Turenne.

7. P. Pinon, *Paris, biographie d'une capitale* (1999), p. 63.

8. A Place Dauphine recebeu seu nome em homenagem ao delfim, filho e sucessor de Henrique, Luís XIII. As novas ruas nas imediações da Place Dauphine refletiam tema igual: Rue Christine e Rue d'Anjou (atual Rue de Nesle) receberam os nomes dos filhos mais novos do rei.

9. R. Dallington, *The View of France (1604)*, ed. de reimpressão, ed. W. P. Barrett (Oxford, 1936) (sem paginação).

10. John Evelyn, *The Diary of John Evelyn*, ed. E. S. de Beer (6 v., Oxford, 1955), ii., p. 128 e sequência.

11. R. Pillorget, *Paris sous les premiers Bourbons (1594-1661)* (NHP: 1998), p. 327.

12. Dallington, *View of France.*

13. Ver abaixo para discussão adicional sobre as instituições.

14. O. Ranum, *Paris in the Age of Absolutism. An Essay* (Nova York, 1968), p. 110.

15. P. Lavedan, *Histoire de l'urbanisme à Paris* (NHP: 1975), p. 156.

16. Ver p. 113 e sequência.

17. Cardinal de Retz, *Oeuvres* (10 v., 1870-96), ii, p. 44-45.

18. Citado em A. Feillet, *La Misère au temps de la Fronde et Saint Vincent de Paul* (1865), p. 406.

19. Ranum, *Paris in the Age of Absolutism*, p. 292.

20. M. Pernot, *La Fronde* (1994), p. 303.

21. Pillorget, *Paris sous les premiers Bourbons*, p. 226.

22. G. Dethan, *Paris au temps de Louis XIV, 1660-1715* (NHP: 1990), p. 19, 25.

23. As quatro nações mencionadas são as províncias da Alsácia, Artois, Piedmont e Roussillon. Havia bolsas de estudo para estudantes dessas regiões há pouco tempo saídas do jugo francês.

24. A. Vautier (ed.), *Voyage de France. Moeurs et coutumes français (1664-1665): Relation de Sébastien Locatelli* (1905), p. 193.

25. Lavedan, *Histoire de l'urbanisme*, p. 189.

26. Ibid.

27. B. Causse, *Les Fiacres de Paris aux XVIIe et XVIIIe siècles* (1972), p. 13.

28. L. Bernard, *The Emerging City. Paris in the Age of Louis XIV* (Durham, NC, 1970), p. 10.

29. E. Brackenhoffer, *Voyage de Paris en Italie, 1644-6* (1927), p. 70-72.

30. Louis XIV, *Mémoires*, ed. J. Longnon (1978).

31. La Bruyère, *Les Caractères* (1696): VII: De la Ville.

32. M. Lister, *A Journey to Paris in the Year of 1698* (Londres, 1699), p. 7.

33. R. Challes, citado em Dethan, *Paris*, p. 168.

34. Flaubert, *Dicionário de ideias feitas* (1863).

6. A capital sem rei do Iluminismo

Caixas em destaque: fontes principais

6.1: O Café Procope

S. Barrows, "Nineteenth-century cafés: arenas of everyday life", em B. Stern Shapiro (ed.), *Pleasures of Paris: Daumier to Picasso* (Boston, 1991)

J. C. Bologne, *Histoire des cafés et des cafetiers* (1990)

W. Scott Haine, *The World of the Paris Café: Sociability among the French Working Class, 1789-1914* (Baltimore, MD, 1999)

[Nemeitz], *Séjour de Paris, c'est-à-dire Instructions fidèles pour les voyageurs de condition* (2 v., Leiden, 1725)

M. Oberthur, *Cafés and Concerts of Montmartre* (Salt Lake City, 1984)

6.2: Rose Bertin

E. Langlade, *La Marchande de modes de Marie-Antoinette: Rose Bertin* (1925)

E. Lever, *Marie-Antoinette* (1991)

P. de Nouvion & E. Liez, *Un Ministre des modes sous Louis XVI. Rose Bertin* (1911)

A. Ribeiro, *The Art of Dress. Fashion in England and France, 1750 a 1820* (Londres, 1995)

A. Ribeiro, *Dress in Eighteenth-Century Europe* (Londres, 1984)

D. Roche, *The Culture of Clothing. Dress and Fashion in the Ancien Régime* (Cambridge, 1994)

V. Steele, *Paris Fashion: A Cultural History* (Oxford, 1988)

N. Waugh, *The Cut of Women's Clothes, 1600-1930* (Londres, 1968)

6.3: Rue Moufettard

H. Bresler, *Moufettard... au faubourg au coeur de la ville* (1992)

G. Duhamel, *Biographie de mes fantômes* (1901-1906); *Vie et aventures de Salavin* (1920)

J. Ferniot, *La Mouffe'* (1995)
E. Hemingway, *Paris é uma festa* (1964)
L. S. Mercier, *Le Tableau de Paris* (12 v.; Amsterdã, 1782-1788)

1. Ver p. 245.

2. Sobre este episódio e os pontos de vista do rei, ver A. Farge & J. Revel, *The Vanishing Children of Paris: Rumor and Politics before the French Revolution* (Cambridge, MA, 1991).

3. N. de La Mare, *Traité de la police*, tomo 4, 39. Citado em J. N. Harouel, *L'Embellissemente des Villes. L'Urbanisme français au XVIIIe siècle* (1993); ver também acima, p. 191.

4. Além dessa citação atribuída a Marivaux, ver também [Caraccioli], *Paris le modèle des nations étrangères, ou l'Europe française* (Veneza & Paris, 1777), em especial p. 195.

5. Ver p. 196.

6. Mercier, *Le Tableau de Paris* (12 v.; Amsterdã, 1782-1788), iv, p. 258.

7. Peyssonel, *Les Numéros* (1782), p. 9.

8. A primeira edição foi publicada em 1684; a nona – republicada em edição fac-símile em 1971 –, em 1752.

9. Em especial, o projeto da igreja de Sainte-Geneviève. Ver p. 208-209.

10. [Sra. Craddock], *Voyage en France (1783-6)*, O. Delphin, ed. (1896), p. 21.

11. Quai Conti (6º).

12. Apenas a antiga torre astronômica da rainha regente foi mantida – e ainda existe.

13. R. L. Cleary, *The Place Royale and Urban Design in the Ancien Régime* (Cambridge, 1999), p. 81.

14. N. Coquéry, *L'Hôtel aristocratique: le marché du luxe à Paris au XVIIIe siècle* (1998), p. 188-189.

15. Ver p. 164-165.

16. Ver p. 206.

17. A Rue d'Artois e a Rue de Ponthieu (8º) são o núcleo desse desenvolvimento. A igreja de Saint-Philippe-du-Roule foi inaugurada ali em 1784.

18. A Opéra-Comique ainda localiza-se ali, na Place Boïeldieu (antiga Place de la Comédie).

19. Ver p. 183.

20. J. Lough, "Letter from France, 1788-1789", *Durham University Journal* (1961), p. 2.

21. Não confundir o Salão artístico com os salões promovidos em prol das artes e das ciências por damas influentes.

22. T. Crow, *Painters and Public Life in Eighteenth-Century Paris* (New Haven, CT, 1985), p. 6. A partir de meados do século, o Palácio de Luxemburgo forneceu mostras permanentes das coleções reais, muito apreciadas pelo público.

23. Consumo estimado total na Paris pré-revolucionária por A. Lavoisier, *Résultats extraits d'un ouvrage intitulé: De la Richesse territoriale de la France* (Paris, 1791).

24. Ver T. E. Brennan, *Public Drinking and Popular Culture in Eighteenth-Century Paris* (Princeton, NJ, 1988). Observe que Brennan subestima o papel dos bares na sociabilidade interclasses. Para tênis, ver J. L. Ménetra, *Journal of my Life*, ed. D. Roche (Nova York, 1986), p. 192-194.

25. Ver Jamaray-Duval, *Mémoires. Enfance et éducation d'un paysan au XVIIIe siècle*, ed. J. M. Goulemot (1981), p. 313.

26. Ver citação, p. 204.

27. Citado em R. M. Isherwood, *Farce and Fantasy. Popular Entertainment in Eighteenth-Century Paris* (Nova York, 1986), p. 154-155.

28. Goldoni, *Mémoires*, L. Jouvet, ed. (1946), p. 210.

29. Marquis de Bombelles, *Journal*, ed. C. Grassion & F. Durif (2. v., 1978-1993), ii, p. 206.

30. *Les Moeurs de Paris* (1748); citado em J. Chagniot, *Paris au XVIIIe siècle* (NHP: 1988), p. 46.

31. Peyssonel, *Les Numéros*, p. 34.

32. De acordo com o estudante-tema do livro de C. d' Arjuzon, "Un étudiant à Paris au XVIIIe siècle. Lettres inédites", *Revue des Deux-Mondes*, 10 (Julho 1902), p. 426.

33. D. Roche, *The Culture of Clothing: Dress and Fashion in the Ancien Régime* (Cambridge, 1994), p. 178.

34. Por exemplo, a leste do atual cemitério Père-Lachaise, a família do financista e político revolucionário Lepeletier de Saint-Fargeau construiu uma enorme propriedade no início do século.

35. Coquéry, *L'Hôtel aristocratique*, p. 87.

36. As Seis Corporações eram constituídas pelos fabricantes de tapeçarias e cortinados, boticários, fabricantes de forros e guarnições, comerciantes de seda, ourives e mercadores de tecidos finos.

37. J. Savary, *Le Parfait Négociant* (1675), p. 45.

38. Citado em M. Le Moel, *L'Urbanism parisien au siécle des Lumières* (sem data), p. 39.

39. Mercier, citado em Coquéry, *L'Hôtel aristocratique*, p. 52.

40. J. J. Rousseau, *Confissões*, Livro IV.

41. J. J. Rousseau, *Émile*, em *Oeuvres* (5 v., 1964-1995), i, p. 277.

42. Fougeret, *La Capitale des Gaules, ou la Nouvelle Babilonne* (La Haye, 1759), p. 4.

43. P. J. B. Nougaret, *Les Astuces et les tromperies de Paris, ou Histoire d'un débarqué, écrite par lui-même* (Ano VII), p. 2.

44. Menuret de Chambaud, *Essai sur l'histoire médico-topographique de Paris* (1786), p. 29.

45. P. Higonnet, *Paris, Capital of the World* (Cambridge, MA, 2002), p. 41.

46. Voltaire, "Les embellissements de Paris".

47. A. Furetière, *Dictionnaire universel.*

48. A expressão "machines à guérir" é de Jacques Tenon, o cirurgião e remodelador do hospital. Ver M. Foucault et al., *Les Machines à guerir: aux origines de l'hôpital moderne* (1976).

49. Ver p. 277-279.

50. Ver p. 198.

51. Mercier, *Tableau de Paris* é eloquente sobre esse tipo de comportamento.

52. Ver p. 192-193.

53. M. Guillaute, *Mémoire sur la réformation de la police de France, soumis au Roi en 1749*, ed. J. Seznec (1974), p. 96.

54. D. Garrioch, *The Making of Revolutionary Paris* (Berkeley, CA, 2002), p. 231.

55. J. L. Gay, "L'Administration de la capitale entre 1700 et 1789. La tutelle de la royauté et ses limites", *MPIF*, 8 (1956), 9 (1957), 10 (1959, p. 205), 11 (1966).

56. T. Blaikie, *Diary of a Scottish Gardener at the French Court at the End of the Eighteenth Century*, F. Birrell, ed. (Londres, 1931), p. 212.

57. Mercier, *Tableau de Paris*, viii, p. 671.

58. Sobre a importância do caso do Colar dos Diamantes, ver a sinopse em C. Jones, *The Great Nation: France from Louis XV to Napoleon* (1715-99) (Londres, 2002), p. 336 e sequência.

59. Ver p. 205-206.

60. E. Frémy, "L'Enceinte de Paris, construite par les fermiers généraux et la perception des droits d'octroi de la ville, 1784-1791", *BPIF*, 39 (1912), p. 119.

61. J. Godechot, *The Taking of the Bastille, July 14th 1789* (1965), p. 54.

62. A melhor das várias construções remanescentes de Ledoux fica em La Villette.

63. Mercier, *Tableau de Paris*, vi. p. 26.

7. Revolução e império

Caixas em destaque: fontes principais

7.1: Felipe Égalité, duque de Orléans

R. T. Barnhart, "Gambling in Revolutionary Paris: The Palais-Royal 1789-1838" (artigo datilografado, Bibliotèque Nationale de France)
V. Champier & R. Sandoz, *Le Palais-Royal* (nova edição, 1991)
E. Lever, *Philippe-Égalité* (1996)
Le Palais-Royal (Museu Carnavalet: 1988)

7.2: O Grand Véfour

J. P. Aron, *Le Mangeur du XIXe siècle* (1973)
Balzac, *Ilusões perdidas* (1837)
Baudelaire, *As flores do mal:* "Tableaux parisiens, LXXXVIII"
J. C. Bologne, *Histoire des cafés et des cafetiers* (1990)
R. L. Spang, *The Invention of the Restaurant: Paris and Modern Gastronomic Culture* (Cambridge, MA, 2001)

7.3: As catacumbas

A. Clément & G. Thomas, *Atlas du Paris souterrain. La doublure sombre de la Ville lumière* (2001)
T. Laqueur, "The Places of the Dead in Modernity", em C. Jones and D. Wahrman (ed.), *The Age of Cultural Revolutions: Britain and France, 1750-1820* (Berkeley, CA, 2002)
S. Rice, *Parisian Views* (Cambridge, MA, 1997)
R. Suttel, *Catacombes et carrières de Paris. Promenade sous la capitale* (1986)

1. G. Oliva, "Voyageurs italiens face au Paris révolutionnaire, 1789-1792", *Paris et la Révolution*, M. Vovelle, ed. (1989), p. 288.

2. Mallet du Pan, citado em J. Tulard, *La Révolution* (NHP: 1989), p. 32.

3. Alfieri, citado em Oliva, "Voyageurs italiens", p. 358.

4. L. S. Mercier, *Le Nouveau Paris* (Ano VII [1799]), "Avant-propos".

5. M. Dorigny, "Les Girondins avant le 'féderalisme'. Paris 'chef-lieu' de la Révolution", *Paris et la Révolution*, p. 287-288.

6. Tulard, *La Révolution*, p. 227.

7. Ibid., p. 224.

8. *Archives parlementaires*, lxv, p. 320.

9. J. Tulard, *Le Consulat et l'Empire* (NHP: 1970), p. 158.

10. A. Fierro, *Histoire et dictionnaire de Paris* (1996), p. 145.

11. J. Favier, *Histoire de Paris* (1997), p. 299.

12. Fierro, *Histoire et dictionnaire*, p. 145.

13. Citado em D. G. Levy et al. (ed.), *Women in Revolutionary Paris, 1789-95* (Urbana, IL, 1979), p. 216.

14. K. Alder, *Engineering the Revolution: Arms and the Enlightenment in France, 1763-1815* (Princeton, NJ, 1997), p. 262.

15. Tulard, *Le Consulat et l'Empire*, p. 317.

16. Ibid., p. 418.

17. P. Pinon, *Paris, biographie d'une capitale* (1999), p. 142.

18. Tulard, *Le Consulat et l'Empire*, p. 224.

19. Pinon, *Paris*, p. 145.

20. Tulard, *Le Consulat et l'Empire*, p. 243.

8. Entre Napoleões

Caixas em destaque: fontes principais

8.1: Rue Transnonain

J. Harsin, *Barricades: The War of the Streets in Revolutionary Paris, 1830-1848* (Londres, 2002)
E. Hazan, *L'Invention de Paris. Il n'y a pas de pas perdus* (2002)
P. Mansel, *Paris between Empires, 1814-1852* (Londres, 2001)
M. Traugott (ed.), *The French Worker: Autobiographies from the Early Industrial Era* (Berkeley, CA, 1993)

8.2: Victor Hugo

A. Ben-Amos, "Les Funérailles de Victor Hugo: apothéose de l'événement spectacle", em *Lieux de mémoire*, i.
F. Choay, *The Invention of the Historic Monument* (Cambridge, 2001)
V. Hugo, *Choses vues. Souvenirs, journaux, cahiers, 1830-1884*, ed. H. Juin (2002)
M. Ozouf, "Le Panthéon", em *Lieux de mémoire*, i.

8.3: As galerias

Aragon, *Le Paysan de Paris* (1926)
W. Benjamin, *The Arcades Project* (Cambridge, MA, 1999)
P. Chemetov & B. Marrey, *Architectures. Paris 1848-1914* (1980)
J. C. Delorme et al., *Passages couverts parisiens* (1996)
P. de Moncan & C. Mahout, *Les Passages de Paris* (1990)

1. Ver abaixo, capítulo 9.

2. D. Sultana, *From Abbotsford to Paris and Back: Sir Walter Scott's Journey of 1815* (Stroud, 1992), p. 96.

3. Chateaubriand, *Mémoires d'outre-tombe* (1849), Livro 5, cap. 8.

4. A capela expiatória fica na Rue d'Anjou (8º) e o cemitério Picpus no Boulevard de Picpus (12º). Estão abertos à visitação, assim como o monumento da Conciergerie.

5. A Notre-Dame-de-Bonne-Nouvelle situa-se na Rue de la Lune, logo depois do Boulevard de Bonne-Nouvelle; a Notre-Dame-de-Lorette fica na Rue de Châteaudun; e a Saint-Denys-du-Saint-Sacrement na Rue de Turenne.

6. G. Bertier de Sauvigny, *La Restauration, 1815-1830* (NHP: 1977), p. 456.

7. V. Hugo, *Chose vues. Souvenirs, journaux, cahiers, 1830-1885*, ed. H. Juin (2002)

8. Como observado por J. Tulard, em "Le Retour des cendres", *Lieux de Mémoire*, ii, p. 1747.

9. Isso também foi ajudado pelo fato de Lutécia – o nome latino de Paris – ser um substantivo feminino.

10. Isso é demonstrado claramente na maravilhosa obra de Pierre Citron *La Poésie de Paris dans la littérature française de Rousseau à Baudelaire* (2. v., 1961).

11. A. Bazin, *L'Époqu sans nom. Esquisses de Paris, 1830-1833* (2. v. 1833), i, p.59-60.

12. Citado em P. Mansel, *Paris between Empires, 1814-1852* (Londres, 2001), p. 318.

13. Thomas Raikes, citado em Mansel, *Paris between Empires*, p. 308.

14. L. S. Kramer, *Threshold of a New World. Intellectuals and the Exile Experience in Paris, 1830-1848* (Ithaca, NY, 1998), p. 17.

15. Ibid., p. 31.

16. Bazin, *L'Époque sans nom*, ii, p. 298, 141.

17. Sra. Trollope, citado em Kramer, *Threshold of a New World*, p. 17.

18. Balzac, *Fisiologia do casamento* (1829).

19. Citado em K. Stierle, *La Capitale des signes. Paris et son discours* (2001), p. 186. Apesar do título, *Lutèce* não se referia à cidade romana.

20. Bertier de Sauvigny, *La Restauration*, p. 169; Bazin, *L'Époque sans nom*, i, p. 35.

21. Aqui adoto a terminologia do clássico de Louis Chevalier, *Classes laborieuses et classes dangereuses à Paris pendant la première moitié du XIXe siècle* (1958). Nos anos recentes, a tese de Chevalier, que equiparou crime e trabalho, tem sido contestada por vários historiadores, que têm visto a questão do perigo social dos trabalhadores mais como construção cultural do que como realidade social. Sigo essa linha de crítica aqui.

22. P. Vigier, *Paris pendant la monarchie de Juillet (1830-1848)* (NHP: 1991), p. 178.

23. Rambuteau citado em J. Des Cars & P. Pinon, *Paris-Haussmann. "Le Pari de Haussmann"* (1991), p. 22; e para Chabrol, ver Bertier de Sauvigny, *La Restauration*, p. 18.

24. C. Lachaise, *Topographie médicale de Paris* (1822), p. 176.

25. G. Bertier de Sauvigny, *La France et les Français vus par les voyageurs américains, 1814-1848* (2. v., 1982), i., p. 74.

26. Mansel, *Paris Between Empires*, p. 366.

27. Ver p. 291, 294-295.

28. Vigier, *Paris pendant la monarchie de Juillet*, p. 499. Nouvelle Athènes grosso modo fazia divisa com as Rues Saint-Lazare e La Rochefoucauld.

29. A última rua mencionada foi rebatizada Rue Balzac em 1850.

30. Ver p. 336-337.

31. Victor Hugo, *Os Miseráveis* (1862).

32. Chevalier, *Classes laborieuses et classes dangereuses*, p. xviii.

33. Vigier, *Paris pendant la monarchie de Juillet*, p. 87. Estatísticas do cólera são de Chevalier.

34. Kramer, *Threshold of a New World*, p. 33.

35. Ver acima, nota 21.

36. Balzac, *Tratado da vida elegante* (1830).

37. Os trabalhos mais importantes em questão são Parent-Duchâtelet, *Essai sur les cloaques ou égouts de la ville de Paris* (1824) e outra obra dele, *La Prostitution dans la ville de Paris* (1828); Villermé, *Tableau de l'état physique et moral des ouvriers* (1840); Frégier, *Des Classes dangereuses dans la population des grandes villes* (1840); de Gérando, *De la Bienfaisance publique* (1839); e Buret, *De la Misère et des classes laborieuses en Angleterre et en France* (1840).

38. *La Peau de chagrin* (1831), citado em Stierle, *La Capitale des signes*, p. 239.

39. Balzac, *A menina dos olhos de ouro* (1834).

40. Id., *Facino Cane* (1836).

41. Mansel, *Paris Between Empires*, p. 397.

42. Ibid., p. 404.

43. E. Hazan, *L'Invention de Paris. Il n'y a pas de pas perdus* (2002), p. 333.

9. O Haussmannismo e a cidade da modernidade

Caixas em destaque: fontes principais

9.2: O Mur des Fédérés

A. Horne, *The Fall of Paris: The Siege and the Commune, 1870-1871* (Londres, 1965)
M. Rébérioux, "Le Mur des Fédérés: rouge sang craché", em *Lieux de mémoire*, i
R. Tombs, *The Paris Commune, 1871* (1999)

9.3: A Torre Eiffel

G. Apollinaire, *Alcools* (1913); *Caligrammes* (1919)
R. Barthes, "La Tour Eiffel" (1963: reimpresso em id., *Oeuvres complètes, t. 2 (1962-1967)*, ed. E. Marty [1994])
M. R. Levin, *When the Eiffel Tower was New: French Visions of Progress at the Centennial of the Revolution* (South Hadley, MA, 1989)
B. Marrey, *La Vie et l'oeuvre extraordinaires de Monsieur Gustave Eiffel, ingénieur...* (1984)
J. Milner, *The Studios of Paris. The Capital of Art in the Late Nineteenth Century* (Londres, 1988)
E. Tonnet-Lacroix, "Le Thème de la tour Eiffel dans l'art et la littérature depuis 1909 jusques vers 1930", em J. Guichardet (ed.), *Errances et parcours parisiens de Ruteboeuf à Crevel* (1986)

1. Luís Bonaparte tornou-se pretendente dinástico com a morte de "Napoleão II", filho e herdeiro de Napoleão, em 1832. Napoleão II morreu sem ter gerado filhos.

Luís era o sobrinho mais velho de Napoleão I, filho de Luís Bonaparte e Hortense de Beauharnais.

2. Esse tema é infinitamente recorrente nas *Mémoires*, de Haussmann. Ver a excelente edição por F. Choay (2000).

3. Ver p. 358-359.

4. Ver p. 199-204.

5. G. Poisson, *Histoire de l'architecture à Paris* (NHP: 1997), p. 463.

6. M. Carmona, *Le Grand Paris: l'évolution de l'idée d'aménagement de la région parisienne* (2 v., 1979), i, p. 36.

7. N. Chaudun, *Haussmann au crible* (2000), p. 76.

8. M. du Camp, *Paris, ses organes, ses fonctions et sa vie dans la seconde moitié du XIXe. siècle* (6 v., 1869-1875), vi, p. 333-334.

9. Ver o importante artigo de P. Cassell, "Les Travaux de la Commission des Embellissements de Paris en 1853: pouvait-on transformer la capitale sans Haussmann?", *Bibliothèque de l'École des Chartes*, 155 (1997). Conferir Choay, "Introduction" a Haussmann, *Mémoires*, p. 28-29.

10. Carmona, *Le Grand Paris*, i, p. 33.

11. L. Réau, *Histoire du vandalisme. Les monuments détruits de l'art français* (segunda edição, 1994), p. 746.

12. P. Pinon, *Paris, biographie d'une capitale* (1999), p. 218.

13. Carmona, *Le Grand Paris*, i, p. 33.

14. A Rue Étienne-Marcel fica nos 1º-2º; a Rue Réaumur, nos 2º-3º; enquanto a Rue de Turbigo estende-se do 1º até o 3º, passando pelo 2º.

15. N. Green, *The Spectacle of Nature: Landscape and Bourgeois Culture in Nineteenth-Century France* (Manchester, 1990), p. 43.

16. Isso explica por que a numeração da Rue de Rennes (7º) começa no número 41! Os planejadores só desistiram realmente da ideia da extensão na década de 1940, época em que estava claro que valia a pena salvar Saint-Germain-des-Prés.

17. Foram completamente incorporados a Paris: Passy, Auteuil, Monceau-Batignolles, Montmartre, La Chapelle, La Villette, Belleville, Charonne, Bercy, Vaugirard e Grenelle. Parcialmente incorporados estavam Neuilly, Clichy, Saint-Ouen, Aubervilliers, Pantin, Saint-Mandé, Bagnolet, Ivry, Gentilly, Montrouge, Vanves, Issy e o Pré Saint-Gervais.

18. Pinon, *Paris*, p. 180.

19. Sainte-Clotilde fica na Rue Las-Cases (7º); Saint-Ambroise, logo além do Boulevard Voltaire (11º); Saint-Pierre-de-Montrouge, na Rue Victor-Bach (14º); a igreja de Auteuil, na Place d'Auteuil (16º); e a catedral Alexandre-Nevski, na Rue Daru (8º).

20. Carmona, *Le Grand Paris*, i, p. 33.

21. Haussmann, *Mémoires*, iii, p. 946.

22. D. Reid, *Paris Sewers and Sewermen: Realities and Representations* (Cambridge, MA, 1991), p. 27.

23. Ibid., p. 47.

24. Ibid., p. 41.

25. J. Merriman, *Aux Marges de la ville: faubourgs et banlieues en France, 1815-70* (1994), p. 294.

26. Chaudun, *Haussmann au crible*, p. 144.

27. Citado em A. Fierro, *Histoire et dictionnaire de Paris* (1996), p. 530.

28. V. Fournel, *Paris nouveau et Paris futur* (1865), p. 29, 265.

29. Conforme citado em panfleto de 1868, de acordo com W. Benjamin, *The Arcades Project* (Cambridge, MA, 1997), p. 130.

30. Fournel, *Paris nouveau*, p. 16.

31. Haussmann, *Mémoires*, iii, p. 825.

32. A superfície preferida de Haussmann para as ruas era escorregadia em dias de chuva, detalhe que dificultava as manobras de cavalaria. Para Engels sobre a obsolescência das barricadas, ver Benjamin, *The Arcades Project*, p. 145.

33. Ver p. 51.

34. Fournel, *Paris nouveau*, p. 166.

35. Ver p. 180.

36. W. Benjamin, *The Arcades Project.*

37. Ibid.

38. Amédée de Cesena (1864), citado em D. J. Olsen, *The City as a Work of Art: London, Paris, Vienna* (New Haven, CT, 1986), p. 52.

39. O título de Ferry, *Les Comptes fantastiques*, é um trocadilho. *Compte* significa contabilista, mas *conte* (mesma pronúncia) um conto ou história. Os *Contes fantastiques* de Hoffmann eram contos de fada e posteriormente tornaram-se o tema da ópera de Offenbach, *Tales of Hoffmann.*

40. E. de Gouncourt, *Journal*, ed. R. Ricatte (4 v., 1956), iii, p. 274.

41. G. J. Becker (ed.), *Paris under Siege, 1870-1871. From the Goncourt "Journal"* (Ithaca, NY, 1969), p. 185, 197.

42. Ibid., p. 309.

43. Rougerie, citado em Merriman, *Aux Marges de la ville.*

44. S. Rials, *Paris de Trochu à Thiers, 1870-1873* (NHP: 1985), p. 522.

45. B. Belhoste et al., *Le Paris des Polytechniciens. Des ingénieurs dans la ville* (1994).

46. Ver p. 327.

47. Ver p. 385.

48. Poisson, *Histoire de l'architecture*, p. 515.

49. Pinon, *Paris*, p. 223.

50. Ver p. 273.

51. Doncourt, citado em Benjamin, *The Arcades Project*, p 188-9.

52. J. Kinsman (ed.), *Paris in the Late Nineteenth Century* (Canberra, 1997), p. 58. Referência à obra de Júlio Verne, *A volta ao mundo em oitenta dias* (1872).

53. B. S. Shapiro, *Pleasures of Paris: Daumier to Picasso* (Boston, MA, 1991), p. 12.

54. *Paris Guide* (1867), Introduction, p. vi.

55. Edmondo De Amicis, *Ricordi di Parigi* (Milan, 1900), p. 6.

56. Benjamin, *The Arcades Project*, p. 197.

57. Citado em V. Schwartz, *Spectacular Realities. Early Mass Culture in Fin-de-Siècle Paris* (Berkeley, CA, 1998), p. 75.

58. Benjamin, *The Arcades Project*, p. 524.

59. De Amicis, *Ricordi di Parigi*, p. 22.

60. "The Painter of Modern Life".

61. Citado em T. Reff, *Manet and Modern Art* (Washington, DC, 1982), p. 24.

62. R. L. Herbert, *Impressionism: Art, Leisure and Parisian Society* (Londres, 1988), p. 2.

63. Baudelaire, "Salon de 1846".

64. "Le vieux Paris n'est plus (la forme d'une ville change plus vite, hélas! que le coeur d'un mortel)." [Morto é o velho Paris (a forma da cidade/ Muda bem mais que o coração de uma infiel);] Baudelaire, "O cisne", *As flores do mal* (1857).

65. Du Camp, *Paris*, i, p. 6.

10. O espetáculo ansioso

Caixas em destaque: fontes principais

10.1: Alphand

A. Alphand, *Les Promenades de Paris* (1867-73: ed. de reimpressão, 2002)
Discours prononcés à l'occasion des funérailles de J. C. A. Alphand (1892)
G. Surand, "Haussmann, Alphand: des promenades pour Paris", em J. Des Cars & P. Pinon (editores), *Paris-Haussmann: "Le Paris d'Haussmann"* (1991)
S. Texier, *Les Parcs et jardins dans l'urbanisme parisien (XIXe.-XXe. siècles)* (2001)

10.2: *Îlot insalubre numéro 16*

A. Gady, "L' îlot insalubre no. 16: un exemple d'urbanisme archéologique", *MPIF*, 44 (1993)
E. Paul, *The Last Time I Saw Paris* (1942)
P. Pinon, *Paris, biographie d'une capitale* (1999).

10.3: Sacré-Coeur de Montmartre

L. Chevalier, *Montmartre du plaisir au crime* (1980)

R. Jonas, "Monument as ex-voto, monument as historiosophy: the basilica of Sacré-Coeur", *French Historical Studies*, 18 (1993)

R. Jonas, *France and the Cult of the Sacred Heart. An Epic Tale for Modern Times* (Berkeley, CA, 2000)

G. P. Weisburg, *Montmartre and the Making of Mass Culture* (New Brunswick, NJ, 2001)

1. De coração partido, ele cometeu suicídio sobre a lápide da amante em Ixelles, na Bélgica.

2. D. Silverman, *Art Nouveau in Fin-de-Siècle France. Politics, Psychology and Style* (Berkeley, CA, 1989), p. 5.

3. Com a honrosa exceção da Torre Eiffel, é claro. As Galeries des Machines duraram até 1910.

4. Ver p. 482.

5. Por essa razão estou usando o termo.

6. D. Halévy, *Pays parisiens* (1932), p. 161.

7. J. Guichardet (ed.), *Errances et parcours parisiens e Ruteboeuf à Crevel* (1986), p. 147.

8. P. Pinon, *Paris, biographie d'une capitale* (1999), p. 341, n. 110.

9. A. Sutcliffe, *The Autumn of Central Paris. The Defeat of Town Planning, 1850-1970* (Londres, 1970), p. 191.

10. Pinon, *Paris*, p. 228-229.

11. Citado em J. P. Rioux, *Chronique d'une fin de siècle. France 1889-1900* (1991), p. 47.

12. R. Magraw, "Paris 1917-1920: Labour Protest and Popular Politics", em C. Wrigley (ed.), *Central and Western Europe, 1917-1920* (Londres, 1993), p. 127.

13. G. Jacquemet, *Belleville au XIXe siècle: du faubourg à la ville* (1984), p. 344.

14. Ver p. 362-363.

15. R. L. Herbert, *Impressionism: Art, Leisure and Parisian Society* (Londres, 1988), p. 15; e P. Nord, *Impressionists and Politics: Art and Democracy in the 19th Century* (Londres, 2000), p. 82.

16. *Post-Impressionism. Cross Currents in European Painting* (Londres, 1979), p. 134.

17. Rioux, *Chronique*, p. 55.

18. S. Gilson Miller (ed.), *Disorienting Encounters. Travels of a Moroccan Scholar in France in 1845-1846. The Voyage of Muhammad As-Saffar* (Berkeley, CA, 1992), p. 135.

19. D'Avenel, 1902, citado em T. Gronberg, *Designs on Modernity. Exhibiting the City in 1920s Paris* (Manchester, 1998), p. 74.

20. P. D. Cate (ed.), *The Graphic Arts and French Society, 1871-1914* (New Brunswick, NJ, 1988), p. 28.

11. Sonhos desfeitos, ilusões perdidas

Caixas em destaque: fontes principais

11.1: Josephine Baker

P. Higonnet, *Paris, Capital of the World* (Cambridge, MA, 2002)
D. & M. Johnson, *The Age of Illusion. Art and Politics in France 1918-40* (Londres, 1987)
C. Rearick, *The French in Love and War. Popular Culture in the Era of the World Wars* (Londres, 1997)
T. Stovall, *Paris Noir, African-Americans in the City of Light* (Boston, 1996)
E. White, *The Flâneur* (Londres, 2001)

11.2: As *vespasiennes*

W. Benjamin, *The Arcades Project* (Cambridge, MA, 1999)
P. Borhan, *Charles Marville. Vespasiennes* (1991)
I. Chevalier, *The Assassination of Paris* (Londres, 1994)
R. Cobb, "The Pissotière", em id., *Tour de France* (Londres, 1976)
A. Fierro, "Toilettes publiques", em id., *Histoire et dictionnaire de Paris* (1996)
C. Maillard, *Les Précieux Ridicules. Les vespasiennes de Paris* (1967)
Henry Miller, *Letters to Emil* (1930)
B. S. Shapiro, *Pleasures of Paris. Daumier to Picasso* (Boston, MA, 1991)
M. de Thézy, *Paris, la rue. Le mobilier parisien du Second Empire à nos jours* (1976)

11.3: O Vel' d'Hiv

R. Anchel, "Les juifs à Paris au XVIIIe. siècle", *BPIF*, 59 (1932)
J. J. Becker & A. Wievorka (editores), *Les juifs de France de la Révolution française à nos jours* (1998)
E. Benbassa, *Histoire de juifs de France* (1997)
P. Hildenfinger, *Documents sur les juifs à Paris au XVIIIe. siècle* (1913)
A. Kaspi & A. Marès, *Le Paris des étrangers depuis un siècle* (1989)
H. Michel, *Paris allemand* (1981)
D. Pryce-Jones, *Paris in the Third Reich. A History of the German Occupation, 1940-1944* (Londres, 1981)

1. Várias versões do texto estão disponíveis em W. Benjamin, *The Arcades Project* (Cambridge, MA, 1999). Para ser justo, Gertrude Stein considerava Paris a capital do século XX.

2. V. Bougault, *Paris Montparnasse. À l'heure de l'art moderne, 1910-1940* (1997), p. 159.

3. T. G. Kennedy, *Imagining Paris: Exile, Writing and American Identity* (Londres, 1993), p. 12. Filha de mãe cubana e dinamarquesa e pai espanhol, Nin passou a infância nos Estados Unidos da América.

4. R. Schor, *L'Opinion française et lês étrangers en France 1919-1939* (1985), p. 100.

5. Alfred Perles, *My Friend Henry Miller* (Londres, 1955), p. 19.

6. T. Gronberg, *Designs on Modernity: Exhibiting the City in 1920s Paris* (Manchester, 1998), p. 37-38.

7. A. Fourcaud (ed.), *Banlieue rouge, 1920-1960* (1992), p. 222; B. Cendrars, *La Banlieue de Paris. Photographies de Robert Doisneau* (1983), p. 41-42.

8. Alguns tijolos são amarelos, mas os vermelhos predominam.

9. Ver p. 385.

10. P. Pinon, *Paris, biographie d'une capitale* (1999), p. 263.

11. Citado em S. Texier, *Les Parcs et jardins dans l'urbanism parisien (XIXe.-XXe. siècles)* (2001).

12. R. Cobb, *Promenades* (Londres, 1980), p. 131.

13. Ver p. 362-363, p. 391.

14. M. Nesbit, *Atget's Seven Albums* (Londres, 1992), p. 71.

15. Ibid.

16. Ver p. 416.

17. Citado em V. Cronin, *Paris, City of Light, 1919-1930* (Londres, 1994), p. 123. (Fiz ajustes na tradução).

18. Cobb, *Promenades*, p. 150.

19. B. Belhoste et al., *Le Paris des Polytechniciens. Des ingénieurs dans la ville* (1994), p. 225.

20. Ver p. 418.

21. B. Basdevant, *L'Architecture française des origines à nos jours* (1971), p. 306.

22. J. L. Cohen, em A. Fourcaud (ed.), *Banlieue rouge, 1920-60* (1992), p. 198.

23. P. Nivet & Y. Combeau, *Histoire politique de Paris au XXe. siècle* (2000), p. 90.

24. J. Jackson, *The Popular Front in France: Defending Democracy, 1934-8* (Cambridge, 1988), p. 96-97. (Alterei um pouco a tradução.)

25. Cobb, *Promenades*, p. 24.

26. A. Monnier, *The Very Rich Hours of Adrienne Monnier* (Londres, 1976), p. 397.

27. J. H. Lartigue, *Diary of a Century* (Londres, 1970: sem página.)

28. Colette, *Paris de ma fenêtre* (1944: edição de 1948), p. 25.

29. C. Rearick, *The French in Love and War. Popular Culture in the Era of the World Wars* (New Haven, CT, 1997), p. 248.

30. S. Barber, *Weapons of Liberation* (Londres, 1996), p. 141.

31. N. Evenson, *Paris. A Century of Change, 1878-1978* (New Haven, CT, 1979), p. 279.

32. Lartigue, *Diary of a Century*, sem página.

12. A reconstrução de Paris

Caixas em destaque: fontes principais

12.1: O metrô em Zazie

M. Auge, *Un ethnologie dans le métro* (1986)
R. Barthes, " 'Zazie' et la littérature", em id., *Oeuvres completes, ii. 1962-1967* (2002)
W. Benjamin, *The Arcades Project* (Cambridge, MA, 1999)
M. & S. Bigot, *"Zazie dans le metro" de Raymond Queneau* (1994)
R. Cobb, "Queneau's itineraries", em id., *Promenades* (Oxford, 1980)
F. Kafka, *The Diaries of Franz Kafka 1910-1923* (1992)
R. Queneau, *Zazie no metrô* (1959)

12.2: A "Ponte Argeliana"

J. L. Einaudi, *La Bataille de Paris. Le 17 October 1961* (1991; ed. rev., 2001)
J. House, "Antiracist memories: The case of 17 October 1961 in historical perspective", *Modern and Contemporary France*, 9 (2001)
Y. Lemire & Y. Potin, " 'Ici on noie les algériens': Fabriques documentaries, avatars politiques et mémoires partagées d'une icône militante (1961-2001)", *Genèses*, 49 (2002)

12.3: O Marais

A. Gady, "L'Ilôt insalubre numéro 16: un exemple d'urbanisme archéologique", *MPIF*, 44 (1993)
E. Hazan, *L'Invention de Paris. Il n'y a pas de pas perdus* (2002)
R. Kain, "Conserving the cultural heritage of historic buildings and towns in France since 1945", em M. Cook, *French Culture since 1945* (1993)
E. White, *The Flâneur* (2001)

1. Ver capítulo 11, p. 489.

2. A. Kaplan, *The Collaborator: the Trial and Execution of Robert Brasillach* (Londres, 2000), p. 143.

3. A. Beevor & A. Cooper, *Paris after the Liberation, 1944-9* (Londres, 1994), p. 219-220.

4. Ibid., p. 261.

5. No entanto, ver p. 470.

6. F. Morris (ed.), *Paris Post-War, Art and Existentialism, 1945-55* (Londres, 1993), p. 25.

7. Beevor & Cooper, *Paris after the Liberation*, p. 422.

8. Morris (ed.), *Paris Post-War*, p. 35.

9. H. Lottman, *The Left Bank* (Londres, 1982), p. 233.

10. Ver p. 419.

11. Ver p. 424-426.

12. I. Calvino, "Préface", em G. Macchia, *Paris em ruines* (1988), p. 5.

13. N. Evenson, *A Century of Change, 1878-1978* (Londres, 1979), p. 59.

14. ZUPs são "zonas de urbanização prioritária"; ZACs, "zonas de desenvolvimento coordenado".

15. Ver p. 388.

16. Conferir o influente Guy Debord, *La Société du spectacle* (1971).

17. A. Sutcliffe, *Paris. An Architectural History* (Londres, 1993), p. 176.

18. P. Pinon, *Paris, biographie d'une capitale* (1999), p. 269.

19. M. Carmona, *Le Grand Paris. L'évolution de l'idée d'aménagement de la région parisiense* (2. v., 1979), i, p. 154.

20. Ibid., p. 167.

21. Pinon, *Paris*, p. 276.

22. F. Loyer, *Paris XIXe. siècle. L'immeuble et la rue* (1987).

23. B. Marchand, *Paris, histoire d'une ville (XIXe.-XXe. siècles)* (1993), p. 299.

24. Ver abaixo, Conclusão.

25. Ver Conclusão, especialmente p. 540-542.

26. Carmona, *Le Grand Paris*, i, p. 167.

27. Ver p. 466.

Conclusão: Grandes projetos para uma cidade maior

1. F. Chaslin, citado em A. Fierro, *The Glass State. The Technology of the Spectacle, 1981-98* (Cambridge, MA, 1983), p. 179.

2. A exceção aqui é o parque e museu de ciência Parc de la Villette no 19º.

3. Victor Hugo, *Notre-Dame de Paris* (1831).

4. Ibid.

Guia bibliográfico

Este guia é uma pesquisa introdutória. Apenas raspa a superfície das obras escritas sobre a história de Paris e realça aquelas consultadas na redação do presente volume. Ver também a lista de fontes das caixas em destaque e as notas de cada capítulo na seção de notas. Para uma lista mais completa de fontes, consultar meu website, http://webspace.qmul.ac.uk/cdhjones/

Nas obras citadas a seguir, exceto quando indicado, as obras em francês foram publicadas em Paris e as em inglês em Londres.

Embora um número colossal de livros tenha sido escrito sobre Paris, atualmente não há nenhum tratamento atualizado, de extensão plena da **história de Paris dos primórdios até o presente**. *Seven Ages of Paris, Portrait of Paris* (Basingstoke, 2002), de Alistair Horne, é um relato pitoresco, episódico e anedótico, que começa em 1180 e termina perto de 1970. De autoria de John Russel, *Paris* (1960) revela-se um tanto datada, mas continua sendo um ensaio histórico de alta qualidade, com fotografias de Brassaï. De Robert Cole, *A Traveller's History of Paris* (edição reimpressa, Moretonin-Marsh, 1997) oferece um breve relato geral. *History and Dictionary of Paris* (Lanham, MD, 1998), de Alfred Fierro, é uma obra de referência utilíssima – embora menos completa que a altamente recomendada *Histoire et dictionnaire de Paris* (1996), do mesmo autor. De A. Sutcliffe, *Paris. An Architectural History* (1993) é um relato definitivo sobre o ambiente em que os parisienses viveram. A melhor de muitas obras dedicadas a explorar a imagem de Paris na literatura é *Paris. A Literary Companion to Paris* (1987), de I. Littlewood.

Quem lê em francês é melhor servido. A ameaçadoramente monumental *Histoire de Paris* (1997), de Jean Favier, permeada de coisas excelentes, adota ênfase temática. Nenhum historiador sério de Paris ou amante convicto de Paris em geral pode deixar de conferir a soberba e erudita (apenas lá de vez em quando inexata) obra de J. Hillairet, *Dictionnaire historique des rues de Paris* (2 v., 1957-1961). De P. Pinon, *Paris, biographie d'une capitale* (1999) e de B. Rouleau, *Paris, histoire d'un espace* (1988) oferecem bons relatos atualizados, centrados no ambiente construído. Também valiosos nesse aspecto são *Paris, histoire d'une ville* (1993), de J. R. Pitte; *Le Tracé des rues de Paris*, de B. Rouleau; e *Paris, ses rues, ses paroisses* (1952), de A. Friedmann. Magnífica obra de referência visual é *Atlas de Paris. Évolution d'un paysage* (1999), de D. Chadych e D. Leborgne, que substitui com vantagem *Paris through the Ages* (1971), de P. Couperie. Pode ser lida paralelamente com o *Atlas du Paris souterrain: La doublure sombre de la Ville lumière* (2001), editada por A. Clément

& G. Thomas; *La Metrópole imaginaire. Un atlas de Paris* (1989), de B. Fortier (ed.); e *Le dessus des cartes. Un Atlas parisien* (1999), de A. Picon & J. P. Robert. Por fim, há uma quantidade imensa de material sobre Paris a ser peneirada das obras editadas por P. Nora, *Les Lieux de mémoire* (3 v., edição brochura, 1997); partes desse trabalho foram traduzidas e publicadas com o título *Realms of Memory* (3 v., Nova York, 1996, editado por Nora). O estilo leve porém erudito de *L'Invention de Paris. Il n'y a pas de pas perdus* (2002), de E. Hazan, torna essa obra a melhor introdução à história da vida social e cultural parisiense para o leitor de francês. Há também *Flâneur* (2001), de E. White, escrito no mesmo estilo.

A introdução mais concisa à história de Paris nos anos recentes é a obra de 23 volumes *Nouvelle Histoire de Paris* (NHP), quase toda ainda em catálogo. Os volumes estão listados em ordem cronológica nas diferentes seções abaixo. Há também três volumes temáticos: *Paris, hasard ou prédestination? Une géographie de Paris* (1993), de J. Beaujeu-Garnier; *Solennités, fêtes et réjouissances parisiennes* (1980), de R. Héron de Villefosse; e de P. Lavedan, *Histoire de l'urbanisme à Paris* (2ª ed., 1993). Uma coleção útil de ensaios de Michel Fleury, ferrenho defensor de *le Vieux Paris* e especialista em arqueologia e história dos primórdios da cidade, foi publicada com o título "*Si le roi m'avait donné Paris, sa grande ville...*" (1994). Para o mito da Paris pré-moderna, ver M. Barroux, *Les Origines légendaires de Paris* (1955) e C. Beaune, *The Birth of an Ideology: Myths and Symbols in Late-Medieval France* (Oxford, 1991). Cartilha breve e útil de fontes é *In Old Paris: An Anthology of Source Descriptions, 1323-1790* (Nova York, 2002), de R. W. Berger. Ver também A. Le Roux & L. M. Tisserand (editores), *Paris et ses historiens aux XIVe. et XVe. siècles* (1867). Ainda úteis são os produtos do estudos iniciais da moderna arqueologia. Ver especialmente Henri Sauval, *Histoire et recherches des antiquités de la ville de Paris* (2 v., 1724), Nicolas de La Mare, *Traité de la police* (4 v., 1705-1738) e Germain Brice, *Description de la ville de Paris* (1685).

Grande número de obras gerais sobre a história de Paris focalizam épocas recentes em vez de antigas. Hoje a melhor dessas obras é *Paris, Capital of the World* (2000), de P. Higonnet, espécie de longo diálogo sob o espectro do influente crítico marxista Walter Benjamin: ver, de autoria deste, *The Arcades Project* (Cambridge, MA, 1999). As obras clássicas de A. Sutcliffe, *The Autumn of Central Paris. The Defeat of Town Planning, 1850-1970* (1970) e de N. Evenson, *Paris: A Century of Change, 1878-1978* (1979) oferecem vasta gama de interpretações da Paris moderna. Ver também B. Marchand, *Paris, histoire d'une ville (XIXe.-XXe. siècles)* (1993); D. Harvey, *Consciousness and the Urban Experience* (Oxford, 1985) e id., *Paris, Capital of Modernity* (2003). Sobre o mito de Paris como a cidade da modernidade, ver também a pitoresca

La Poésie de Paris dans la littérature française de Rousseau à Baudelaire (2 v., 1961), de P. Citron, mais a recente e excelente análise de K. H. Stierle, *La Capitale des signes. Paris et son discours* (2001). Outras contribuições valiosas são C. Charle & D. Roche (editores), *Capitales culturelles, capitales symboliques. Paris et ses expériences européennes, XVIIIe.-XXe. siècles* (2002) e R. Burton, *Blood in the City. Violence and Revolutions in Paris, 1789-1945* (Ithaca, NY, 2001).

Para o período dos **primórdios até a Lutécia Romana,** ver de autoria de P. Valey, *From Lutetia to Paris. The Island and the Two Banks* (1992), um dos poucos trabalhos especializados existentes em inglês. O volume da NHP é excelente: *De Lutèce oppidum à Paris capitale de la France* (1993), de P. M. Duval. Igualmente bem-informados arqueologicamente são D. Busson, *Carte archéologique de la Gaule, Paris* (1998); id., *Paris ville antique* (2001) e M. Fleury, *Naissance de Paris* (1997). Fontes básicas incluem *Gallic Wars*, de Júlio César e *Works*, de Juliano, o Apóstata.

Para os **períodos merovíngios e carolíngios até a morte de Filipe Augusto em 1225,** ver J. Boussard, *Paris de la fin du siège de 885-886 à la mort de Philippe-Auguste* (NHP: 1976). Entre as fontes básicas, baseei-me em especial em Gregory de Tours, *History of the Franks* (numerosas edições); Abbon, *Le Siège de Paris par les Normands. Poème du IXe. siècle,* ed. H. Waquet (1942); *Letters of John of Salisbury*, eds. W. J. Miller et al. (2 v., Oxford, 1979-86); *Oeuvres de Rigord et de Guillaume Le Breton, historiens de Philippe-Auguste*, ed. F. Delaborde (2 v., 1882-1885); e Suger, *Oeuvres*, ed. F. Gasparri (1996). Sinopse útil é encontrada em R. H. Bautier, "Quand et comment Paris devint capitale", *BPIF*, 105 (1978). De A. Lombard-Jourdan, *Paris, genèse de la ville. La rive droite de la Seine des origines à 1223* (nova edição, 1985) é complementada com estilo por F. Lehoux, *Le Bourg Saint-Germain-des-Prés depuis ses origines jusqu'à la fin de la Guerre des Cent Ans* (1951). W. H. Newman, *Le Domaine royal sous les premiers Capétiens (987-1180)* (1937) ainda é útil, enquanto *The Government of Philip Augustus* (Berkeley, CA, 1986), de J. W. Baldwin, oferece o relato de um monarca bastante parisiense. De V. Egbert, *On the Bridges of Medieval Paris* (Princeton, NJ, 1974) lança mão de fontes visuais para obter bons efeitos. Aspectos importantes da história econômica do período são cobertos por R. de Lespinasse & F. Bonnardot, na obra *Les Métiers et corporations de la ville de Paris. XIIe. siècle. Le Livre des métiers d'Étienne Boileau* (1879), e por T. Kleinsdienst, em "La Topographie et l'exploitation des 'marais' de Paris du XIIe. au XVIIIe. siècle", *MPIF*, 14 (1963). Muitas são as obras sobre a vida intectual e a cultura de Paris. Em inglês, ver de autoria de J. W. Baldwin *Masters, Princes and Merchants. The Social Views of Peter the Chanter and his Circle* (2 v., Princeton, NJ, 1970); de S. C. Ferruolo, *The Origins of the University. The Schools of Paris and their Critics, 1100-1215* (Stanford, CA. 1985); de P. Kibre,

The Nations in the Medieval Universities (Cambridge, MA, 1948); de M. & R. Rouse, *Manuscripts and their Makers. Books and Book-Producers in Paris, 1200-1500* (Londres, 2000). Conferir em especial J. Le Goff, *Os intelectuais na Idade Média* (2003); J. Verger, *Les Universités françaises au moyen âge* (Leiden, 1985); e id. (ed.), *Histoire des universités en France* (Toulouse, 1986).

Para o **período desde os princípios do século XIII até por volta de 1500**, pode-se começar com os volumes da NHP: Boussard (citado acima), mais R. Cazelles, *Paris de la fin du règne de Philippe-August à la mort de Charles V, 1223-1380* (2ª ed., 1996). A partir desse período as fontes primárias começam a se tornar numerosas. Além das memórias citadas nas notas dos capítulos, baseei-me também em Jacques de Vitry, *Histoire occidentale. Historia occidentalis (Tableau de l'Occident au XIIIe. siècle)*, ed. J. Longère (1997) para a parte inicial do período e, para a parte final, o soberbo *Journal d'un Bourgeois de Paris de 1405 à 1449*, ed. C. Beaune (1990). Ver também a "Chronique parisienne anonyme de 1316 à 1399", *MPIF*, 11 (1884). O clássico de J. R. Strayer, *The Reign of Philip the Fair* (Princeton, NJ, 1980), pode ser complementado pelas obras de J. Favier, *Philippe le Bel* (1878) e de R. Cazelles, *La Société politique et la crise de la royauté sous Philippe de Valois* (1958). Sobre a Guerra dos Cem Anos, de R. Cazelles, *Étienne Marcel* (1984) é uma biografia útil. A política de alto escalão é o foco do livro de R. C. Famiglietti, *Royal intrigue: Crisis at the Court of Charles VI (1392-1420)* (Nova York, 1986), mas uma perspectiva social mais ampla é evidente em B. Guénée, *Un Meurtre, une société: l'assassinat de duc d'Orleans, 23 novembre 1407* (1992) e, de G. L. Thompson, o excelente *The Anglo-Burgundian Regime in Paris, 1420-1436* (1984) e, do mesmo autor, *Paris and its People under English Rule: The Anglo-Burgundian Regime (1420-36)* (Oxford, 1991). Para rituais e cerimônias, ver B. Guénée & F. Lehoux, *Les Entrées royales françaises de 1328 à 1515* (1968), assim como C. Couderc, "L'entrée solennelle de Louis XI à Paris (31 âout 1461)", *MPIF*, 23 (1896). Sobre a universidade, ver S. Lusignan, *"Verité garde le Roy..." La construction d'une identité universitaire en France (XIIIe.-XVe. siècles)* (1999) e G. Leff, *Paris and Oxford Universities in the Thirteenth and Fourteenth Centuries* (Nova York, 1968). A obra de Guy Fourquin traz a melhor introdução à história econômica do período. Em inglês, ver dele *The Anatomy of Popular Rebellion in the Middle Ages* (Nova York, 1978), e em francês "La Population de la région parisienne", *Moyen Âge* (1964). Para o mundo da pobreza, é possível ler conjuntamente as obras de B. Geremek, *The Margins of Society in Late Medieval Paris* (1987) e de S. Farmer, *Surviving Poverty in Medieval Paris: Gender, Ideology and the Daily Lives of the Poor* (Ithaca, NY, 2002).

Para o **século XVI**, a obra de J. P. Babelon, *Paris au XVIe. siècle* (NHP: 1986) é magistralmente sintética. Fonte primária importante são os numerosos volumes *Registres des délibérations du Bureau de la Ville de Paris*, editados por A. Tuetey (1886-). Obras primárias consultadas além daquelas citadas nas notas dos capítulos incluem F. Bournon (ed.), "Chronique parisienne de Pierre Driart, chambrier de Saint-Victor (1522-1555)" *MPIF*, 22 (1895); G. Fagniez (ed.), "Livre de raison de Me. Nicolas Versoris, avocat au Parlement de Paris (1519-1530)", *MPIF*, 12 (1886); E. Knobelsdorf, *Lutetiae descriptio (1543)*, ed. O. Sauvage (1978); e L. Lalanne (ed.), *Journal d'un bourgeois de Paris sous le règne de François I (1515-1536)* (1854). Para as Guerras de Religião, ver também A. Dufour (ed.), "Relation du siège de Paris par Henri IV", *MPIF*, 2 (1876); G. Fagniez (ed.), "Mémorial juridique et historique du Maître. Guillaume Aubert, avocat au Parlement de Paris (deuxième moitié du XVI siècle) (1560-1589)", *MPIF*, 36 (1909); A. Franklin (ed.), *Journal du siège de Paris en 1590 rédigé par un des assiégés* (1876); *Mémoires de Luc Geitzkofler tyrolien (1550-1620)* (Genebra, 1892) e A. Vidier, "Description de Paris par Arnold van Buchel d'Utrecht (1585-1586)", *MPIF*, 26 (1899).

Obras secundárias de importância fulcral em inglês incluem D. Thomson, *Renaissance Paris, Architecture and Growth, 1475-1600* (Londres, 1984) e B. B. Diefendorf, *Paris City Councillors in the Sixteenth Century* (Princeton, NJ, 1983). Sobre o cerimonial monárquico, obras excelentes têm sido feitas, com destaque para R. E. Giesey, *The Royal Funeral Ceremony in Renaissance France* (Genebra, 1960); L. Bryant, *The King and the City in the Parisian Royal Entry Ceremony: Politics, Ritual and Art in the Renaissance* (Genebra, 1986); *Les Entrées. Gloire et déclin d'un cérémonial* (Pau, 1996); *Les Fêtes de la Renaissance* (3 v., 1956-1975); e V. E. Graham & W. McAllister Johnson, *The Paris Entrées of Charles IX and Elizabeth of Austria* (Toronto, 1974). Há várias biografias reais dignas de nota: J. Jacquart, *François I* (1981); R. Knecht, *Renaissance Warrior and Patron: The Reign of Francis I* (Cambridge, 1994); e P. Chevalier, *Henri III* (1994). Sobre a história do livro impresso e sua relação com a história das (particularmente religiosas) ideias, ver L. Febvre & H. J. Martin, *L'Apparition du livre* (1958) e D. Crouzet, *La Genèse de la Réforme française, 1520-1560* (1996). Trabalhos fundamentais sobre as guerras religiosas incluem E. Barnavi, *Le Parti di Dieu. Étude sociale et politique des chefs de la Ligue parisienne* (Paris-Louvain, 1980); id. & R. Descimon, *La Sainte Ligue, le juge et la potence* (1985). D. Crouzet, *La Nuit de la Saint-Barthélemy. Un rêve perdu de la Renaissance* (1994); R. Descimon, "Qui étaient les Seize? Étude sociale de 225 cadres laïcs de la Ligue radicale parisienne (1585-1594)", *MPIF*, 34 (1983); M. Yardeni, "Le mythe de Paris comme élément de propagande à l'époque de la Ligue", *MPIF*, 20 (1969); e F. A. Yates, "Dramatic religious processions in Paris in the late sixteenth century", *Annales musicologues*, 2 (1954). No que tange à história socioeconômica do período, ver também Cherrière, "L'eau à Paris au XVIe siècle", *La Cité*, 11 (1912); E. Coyèque, "L'assistance publique à Paris au XVIe siècle", *BPIF*, 15 (1888); e J. Jacquart, "Le poids démographique de Paris et de l'Île-de-France au XVIe siècle", *ADH*, 1960.

Para **o "longo século XVII", desde o reino de Henrique IV até a morte de Luís XIV,** os dois volumes da NHP – R. Pillorget, *Paris sous les premiers Bourbons, 1594-1661* (1988) e G. Dethan, *Paris au temps de Louis XIV* (1990) – podem ser suplementados por O. Ranum, *Paris in the Age of Absolutism* (nova edição, Filadélfia, 2002); L. Bernard, *The Emerging City. Paris in the Time of Richelieu and Louis XIV* (Durham, NC, 1970); A. Trout, *City on the Seine: Paris in the Time of Richelieu and Louis XIV* (nova edição, 1996); e R. Mousnier, *Paris capitale au temps de Richelieu et de Mazarin* (1978). Fontes primárias fundamentais incluem a correspondência de Madame de Sévigné e Colbert e as memórias de Tallemant des Réaux, Cardeal de Retz, Madame de Motteville, São Simão e muitos outros. Ver também A. M. de Boislisle (ed.), *Mémoires des Intendants sur l'état des généralités dressé pour l'instruction du duc de Bourgogne. Tome I. Mémoire sur la généralité de Paris* (1881); Marquis d'Argenson, *Notes intéressantes sur l'histoire des moeurs et la police de Paris à la fin du règne de Louis XIV* (1891); e Vauban, *De l'importance dont Paris est à la France* (reed., 1821). Entre os escritos de antiquários, além de Sauval, ver especialmente P. Bonfons, *Les Antiquitez et choses les plus remarquables de Paris* (1608); F. Colletet, *Abrégé des antiquitez de la ville de Paris* (1664); e J. Du Breul, *Le Théâtre dez antiquitez de Paris* (1612). Baseei-me bastante em relatos de viagens. Além das obras citadas nas notas, ver também T. Coryate, *Voyage à Paris (1608)*, ed. R. Lasteyrie (1880); P. Fréart de Chantelou (ed.), *Journal de voyage du cavalier Bernin en France* (Aix-en-Provence, 1981); P. Lacombe, "Antoine de Rombise: voyage à Paris, 1634-1635", *MPIF*, 13 (1886); e G. Raynaud (ed.), "Paris en 1596 vu par un italien (Récit de F. G. d'Ierni)", *BPIF*, 12 (1885). John Lough editou *Locke's Travels in France, 1675-1679* (Cambridge, 1953) e compilou uma antologia muito útil, *France Observed in the Seventeenth Century by British Travellers* (Stocksfield, Northumberland, 1985).

Existem vários tratamentos biográficos altamente utilizáveis de monarcas: notavelmente, J. P. Babelon, *Henri IV* (1982); M. Greengrass, *France in the Age of Henri IV* (1984); e F. Bluche, *Louis XIV* (1990). Ver também M. Wolfe, *The Conversion of Henry IV. Politics, Power and Religious Belief in Early Modern France* (Cambridge, MA, 1993); R. Mousnier, *L'Assassinat d'Henri IV* (1964); id., ed., *Un Nouveau Colbert* (1985); e M. Laurain-Portemer, *Études mazarines* (2 v., 1981). Sobre a administração e o policiamento da cidade, ver A. Miron, *François Miron et l'administration municipale de Paris sous Henri IV de 1604 à 1606* (1885); A. Lebigre, *Les Dangers de Paris au XVIIe. siècle. L'assassinat de Jacques Tardieu, lieutenant criminel au Châtelet et de sa femme* (1991); e

M. Chassagne, *La Lieutenance générale de police à Paris* (1906). Aspectos da Fronda e suas consequências são examinados por J. L. Bourgeon, em "L'Île de la Cité pendant la Fronde: structure sociale", *MPIF*, 13 (1962); R. M. Golden, *The Godly Rebellion: Parisian Curés and the Religious Fronde, 1652-1662* (1981); e A. Hamscher, *The Parlement of Paris after the Fronde* (1976). Há excelente material sobre a urbanização da cidade, começando com H. Ballon, *The Paris of Henri IV: Archicteture and Urbanism* (1991). A obra de P. Francastel, *L'Urbanisme de Paris et de l'Europe, 1600-1680* (1969), providencia ampla perspectiva a ser complementada por J. P. Babelon, *Demeures parisiennes sous Henri IV et Louis XIII* (1991); F. de Catheu, "Le développement du faubourg Saint-Germain du XVIe. au XVIIIe. siècle", *BPIF*, 85 (1958); e R. Pillorget & J. de Viguerie, "Les quartiers de Paris aux XVIIe. et XVIIIe. siècles", *RHMC* (1970). P. Breillat, *Versailles nouvelle, capitale moderne* (1986) traz um contexto comparativo útil. Mais focados na história social do período são B. Causse, *Les Fiacres de Paris aux XVIIe. et XVIIIe. siècles* (1972); J. Jacquart, *La Crise rurale en Île-de-France, 1550-1670* (1974); J. P. Labatut, "Situation sociale du quartier du Marais pendant la Fronde", *XVIIe. siècle*, 58 (1958); R. Mousnier, "Reserches sur les structures sociales parisiennes en 1634, 1635, 1636", *RH* (1973); e id., *Recherches sur la stratification à Paris aux XVIIe. et XVIIIe. siècles* (1976). P. Chaunu, *La Mort à Paris, XVIe.-XVIIe.-XVIIIe. siècles* (1978) é uma boa introdução à história religiosa do período e pode ser complementada por J. Depauw, *Spiritualité et pauvreté à Paris au XVIIe. siècle* (1999) e J. Ferté, *La Vie religieuse dans les campagnes parisiennes (1622-1695)* (1962). Encontramos bons estudos de casos em M. Ultee, *The Abbey of Saint-Germain-des-Prés in the Seventeenth Century* (New Haven, CT, 1981) e O. Krakovitch, "Le Couvent des Minimes de la Place Royale", *MPIF*, 30 (1979). Ver também C. Jourdain, *Histoire de l'Université de Paris aux XVIIe. et XVIIIe. siècles* (1888).

Para **o século XVIII,** o livro de D. Garrioch, *The Making of Revolutionary Paris* (2002) estabelece excelente contraste com o volume da NHP, de J. Chagniot, *Paris au XVIIIe. siècle* (1988). P. Gaxotte, *Paris au XVIIIe. siècle* (1982) é em grande parte derivativo. Duas soberbas fontes primárias influenciaram-me em especial: J. L. Ménétra, *Journal of My Life*, ed. por D. Roche (Nova York, 1986); e L. S. Mercier, cujos doze volumes do *Tableau de Paris* (Amsterdam, 1782-1788) foram coligidos esqueleticamente por J. Popkin com o título *The Panorama of Paris* (Filadélfia, 1999). Fontes menos conhecidas utilizadas incluem R. C. Alexander (ed.), *The Diary of David Garrick, being a record of his memorable trip to Paris in 1751* (Nova York, ed. rev., 1971) e J. Lelage (ed.), *Mémoires du chevalier de Mannlich (1740-1812)* (1949). Entre almanaques e guias de turismo, a seleção inclui [Nemeitz], *Séjour de Paris, c'est à dire Instructions fidèles pour les Voyageurs de condition* (2 v., Leiden, 1725);

Peyssonel, *Les Numéros* (1782); Piganiol de La Force, *Description historique de la ville de Paris et de ses environs* (ed. 1765); e Watin fils, *Le provincial à Paris ou État actuel de Paris* (4 v., 1787).

Sobre o meio ambiente urbano, ver esp. M. Le Moel (ed.), *L'Urbanisme parisien au siècle des lumières* (sem data) e J. L. Harouel, *L' Embellissement des villes: l'urbanisme français au XVIIIe. siècle* (1993). Também são úteis A. Chastel, "L'Îlot de la rue du Roule et ses abords", *MPIF*, 16-17 (1965-1966); B. Fortier, *La Politique de l'espace parisien à la fin de l'Ancien Régime* (1975); J. Pronteau, "Le Lotissement de la 'couture' extérieure du Temple à Paris et la formation de la nouvelle ville d'Angoulême", *BPIF*, 108 (1981); D. Rabreau, *Les Dessins d'architecture au XVIIIe. siècle* (2001); e O. Zunz, "Étude d'un processus d'urbanisation: le quartier Gros-Caillou à Paris", *AESC*, 25 (1970). Sobre a administração e o policiamento da cidade, à obra de A. Williams, *The Police of Paris, 1718-1789* (1979), podem ser adicionadas J. Chagniot, *Paris et l'Armée au XVIIIe. siècle, étude sociale et politique* (1985); R. Descimon & J. Nagle, "Les Quartiers de Paris du Moyen Âge au XVIIIe siècle: évolution d'un espace plurifonctionnel", *AESC*, (1979); J. L. Gay, "L'Administration de la capitale entre 1770 et 1789: la tutelle de la royauté et ses limites", *MPIF*, 8-11 (1956-1960); *Les Institutions parisiennes à la fin de l'Ancien Régime et sous la Révolution française* (sem data); assim como boa parte da obra de S. Kaplan: ver principalmente *Provisioning Paris: Merchants and Millers in the Grain and Flour Trade during the Eighteenth Century* (Ithaca, NY, 1984); *The Bakers of Paris and the Bread Question, 1700-1775* (Durham, NC, 1996); e *La Fin des corporations* (2001).

A obra de Daniel Roche remodelou nossa compreensão sobre a Paris do século XVIII. Conferir sua obra *France in the Enlightenment* (Cambridge, MA, 1998); sua edição das memórias de Ménétra, citada acima; o inovador *The People of Paris: An Essay in Popular Culture in the Eighteenth Century* (Leamington Spa, 1987); *The Culture of Clothing: Dress and Fashion in the 'Ancien Régime'* (Cambridge, 1994); e *A History of Everyday Things: The Birth of Consumption in France, 1600-1800* (Cambridge, 2000). Além disso, ver o volume editado por ele, *La Ville promise. Mobilité et accueil à Paris (fin XVIIe. siècle-début XIXe. siècle)* (2000). Imagens contrastantes da cidade são evidentes em S. Davies, *Paris and the Provinces in Eighteenth-Century Prose Fiction* (Oxford, 1982) e V. Milliot, *Paris en bleu. Images de la ville dans la littérature de colportage (XVIe.-XVIIIe. siècles)* (1996). Para o mundo das ideias em todos os níveis, D. Goodman, *The Republic of Letters: A Cultural History of the French Enlightenment* (Ithaca, NY, 1994) pode ser lido junto com A. Farge, *Subversive Words: Public Opinion in Eighteenth-Century France* (Cambridge, 1994); R. Isherwood, *Farce and Fantasy: Popular Entertainment in Eighteenth-Century Paris* (Nova York, 1986); C. Jones, "Pulling Teeth in Eighteenth-Century",

Past & Present, 166 (2000); e R. A. Etlin, *The Architecture of Death: The Transformation of the Cemetery in Eighteenth-Century Paris* (Cambridge, MA, 1984). Sobre as elites jurídicas e políticas, a obra de R. M. Andrews, *Law, Magistracy and Crime in Old Régime Paris, 1735-1789* (Cambridge, 1994) pode ser lida com D. Bell, *Lawyers and Citizens. The Making of a Political Elite in Old Régime France* (Oxford, 1994).

A estrutura social é abordada por A. Daumard & F. Furet, *Structures et relations sociales à Paris au milieu du XVIIIe. siècle* (1961). A elite urbana, por F. Bluche, *Les Magistrats du parlement de Paris au XVIIIe. siècle* (1960); Y. Durand, *Les Fermiers Généraux au XVIIIe. siècle* (1971); e M. Marraud, *La Noblesse de Paris au XVIIIe. siècle* (2000). Um vislumbre no estilo de vida voltado ao lazer das elites pode ser obtido em N. Coquéry, *L'Hôtel aristocratique. Le marché du luxe à Paris au XVIIIe. siècle* (1998); M. Gallet, *Les Demeures parisiennes: l'époque de Louis XV* (1964); *La Maison parisienne au Siècle des Lumières* (1985); A. Pardailhé-Galabrun, *The Birth of Intimacy: Privacy and Domestic Life in Early Modern Paris* (Cambridge, 1991); R. Fox & A. Turner (eds.), *Luxury Trades and Consumerism in Ancien Régime Paris* (Aldershot, 1998); e K. Scott, *The Rococo Interior* (1995). Sobre a parte mais pobre da população, J. Kaplow, *The Names of Kings. The Parisian Laboring Poor in the Eighteenth Century* (Nova York, 1971) continua útil, assim como D. Garrioch, *Neighbourhood and Community in Eighteenth-Century Paris* (Cambridge, 1986). Ver também C. Crowston, *Fabricating Women: The Seamstresses of Old Régime France, 1675-1791* (Durham, NC, 2001); A. Farge, *Fragile Lives: Violence, Power and Solidarity in Eighteenth-Century Paris* (1993); e R. Darnton, *The Great Cat Massacre and Other Episodes in French Cultural History* (Nova York, 1984). Questões de crimes populares e de ordem pública são discutidos em S. Barles, *La Ville délétère: médecins et ingénieurs dans l'espace urbain (XVIIIe.-XIXe. siècles)* (1999); E. M. Bénabou, *La Prostitution et la police des moeurs au XVIIIe. siècle* (1987); P. Petrovich, "Recherches sur la criminalité à Paris dans la seconde moitié du XVIIIe. siècle", em *Crimes et criminalité en France, XVIIe.-XVIIIe. siècles* (1971); P. Piasenza, "Juges, Lieutenants de police et bourgeois à Paris aux XVIIe. et XVIIIe. siècles", *AESC*, 45 (1990); e T. Brennan, *Public Drinking and Popular Culture in Eighteenth-Century Paris* (Princeton, NJ, 1988). Outras obras úteis são E. Frémy, "L'Enceinte de Paris construite par les fermiers généraux et la perception des droits d'octroi de la ville (1784-1791)", *BPIF*, 39 (1912) e J. M. Peysson, "Le Mur d'enceinte des fermiers-généraux et la fraude à la fin de l'Ancien Régime", *BPIF*, 109 (1982).

Para **a década revolucionária (1789-1799)**, trabalhos dedicados especificamente a Paris como cidade (em vez de palco das ações políticas) são menos abundantes do que se poderia imaginar e tornam-se bem raros para o consulado e o império. O volume original da NHP sobre a Revolução Francesa, M. Reinhard, *La Révolution* (1971; ainda útil) foi atualizado por J. Tulard, *La Révolution* (1989). Também altamente útil é E. Ducoudray et al., *Atlas de la Révolution française. 11. Paris* (2000). Os materiais originais são volumosos. Entre memórias e correspondências, tenho preferência especial por L. S. Mercier, *Le Nouveau Paris* (1799) e N. Ruault, *Gazette d'un Parisien sous la Révolution* (1975). Coleções documentárias incluem Buchez & Roux, *Histoire parlementaire de la Révolution française* (40 v., 1834-1838); A. Aulard, *La Société des Jacobins. Recueil de documents* (6 v., 1889-1897); P. Caron et al. (eds.), *Paris pendant la Terreur. Rapports des agents secrets du ministère de l'Intérieur*, 6 v. (1910-1964); C. L. Chassin, *Les Élections et les cahiers de Paris en 1789*, 4 v. (1888-1889); B. Gille, *Documents sur l'état de l'industrie et du commerce de Paris (1778-1810)* (1963); W. Markov & A. Soboul, *Die Sansculotten von Paris. Dokumente zur Geschichte der Volksbewegung* (1957); e W. A. Schmidt, *Paris pendant la Révolution d'après les rapports de la police secrète, 1789-1880* (4 v., 1880-1884).

Paris et la Révolution (1989) engloba uma coleção valiosa e abrangente de ensaios cobrindo todos os aspectos da experiência da Paris revolucionária. Sobre as origens, ver esp. R. Chartier, *Cultural Origins of the French Revolution* (Durham, NC, 1991); T. Crow, *Painters and Public Life in the Eighteenth-Century Paris* (1985); R. Darnton, *Mesmerism and the End of the Enlightenment in France* (Cambridge, MA, 1968); e S. Maza, *Private Lives and Public Affairs. The Causes Célèbres of Pre-Revolutionary France* (Berkeley, CA, 1993). Sobre os acontecimentos fundamentais das décadas revolucionárias, ver J. Godechot, *The Taking of the Bastille, 14 July 1789* (1970); T. Tackett, *The King Takes Flight* (2003); M. Reinhard, *Le 10 août: la chute de la monarchie* (1969); R. Bienvenu (ed.), *The Ninth of Thermidor: The Fall of Robespierre* (Oxford, 1968). Obras úteis sobre a emergência e florescimento do movimento popular parisiense são R. B. Rose, *The Making of The Sans-Culottes* (Manchester, 1983); G. Rudé, *The Crowd in the French Revolution* (Oxford, 1959); A. Soboul, *Les Sans-culottes parisiens en l'an II* (1958); R. Cobb, *The Police and the People: French Popular Protest, 1789-1820* (Oxford, 1970); id., *Paris and its Provinces, 1792-1802* (1975); H. Burstin, *Le Faubourg Saint-Marcel à l'époque révolutionnaire* (1983); e R. Monnier, *Le Faubourg Saint-Antoine, 1789-1815* (1981). A dimensão feminina é estudada em D. Godineau, *The Women of Paris and Their Revolution* (Berkeley, CA, 1998) e O. Hufton, *Women and the Limits of Citizenship in the French Revolution* (Toronto, 1982). Sobre o período termidoriano e diretorial, ver especialmente F. Gendron, *La Jeunesse dorée sous Thermidor* (1983) e I. Woloch, *The Jacobin Legacy. The Democratic Movement under the Directory* (1970).

A maioria das análises mais esclarecedoras sobre a Paris revolucionária situou a década de 1790 numa estrutura cronológica de maior amplitude. Ver, por exemplo, C. Backouche, *La Trace du fleuve: la Seine et Paris, 1750-1850* (2000); A. de Baecque, *The Body Politic: Corporeal Metaphor in Revolutionary France, 1770-1800* (Stanford, CA, 1997); A. Corbin, *The Foul and the Fragrant. Odor and the French Social Imagination* (Cambridge, MA, 1986); M. Fitzsimmons, *The Parisian Order of Barristers and the French Revolution* (Cambridge, MA, 1987); D. Garrioch, *The Formation of the Parisian Bourgeoisie, 1690-1830* (Cambridge, MA, 1996); C. Hesse, *Publishing and Cultural Politics in Revolutionary Paris, 1789-1810* (Berkeley, CA, 1991); J. Johnson, *Listening in Paris. A Cultural History* (Berkeley, CA, 1995); P. Metzner, *Crescendo of the Virtuoso: Spectacle, Skill and Self-Promotion in Paris during the Age of Revolution* (Berkeley, CA, 1998); W. Scott Haine, *The World of the Paris Café. Sociability among the French Working Class, 1789-1914* (1996); e R. Spang, *The Invention of the Restaurant: Paris and Gastronomic Culture* (2001).

São poucas as obras selecionadas específicas do **período napoleônico.** O volume da NHP, de autoria de J. Tulard, *Le Consulat et l'Empire* (2ª ed., 1983) destaca-se pela qualidade das análises. Tulard também é o autor de *Paris et son administration, 1800-1830* (1976). Fontes primárias incluem – além de inúmeros memorialistas – A. Aulard, *Paris sous le Consulat. Recueil de documents* (4 v., 1903-9) e id., *Paris sous le Premier Empire. Recueil de documents* (3 v., 1912-1923). Ver também G. Poisson, *Napoléon et Paris* (1964); M. D. Sibalis, *The Workers of Napoleonic Paris, 1800-1815* (1979); e J. Bertaut, *La Vie à Paris sous le Premier Empire* (1943).

Para o período **a partir da Restauração dos Bourbon até a Segunda República,** assim como para os períodos posteriores, as obras gerais citadas na p. 543 começam a se tornar relevantes. Os volumes da NHP para o período são: G. de Bertier de Sauvigny, *La Restauration* (1977); P. Vigier, *La Monarchie de Juillet* (1991); e L. Girard, *La Deuxième République et le Second Empire* (1981). Balzac, Hugo e Sue fornecem relatos ficcionais levemente disfarçados de detalhes parisienses autênticos. Sobre outros relatos da época, considerei especialmente úteis A. Bazin, *L'Époque sans nom: esquisses de Paris, 1830-1833* (1833); G. Claudin, *Mes Souvenirs: les boulevards de 1840 à 1870* (1884); C. Lachaise, *Topographie médicale de Paris* (1822); H. Meynadier, *Paris sous le point de vue pittoresque et monumental* (1843); L. Montigny, *Le Provincial à Paris: Esquisse des moeurs parisiennes* (1825); e A. Parent-Duchâtelet, *De la Prostitution dans la ville de Paris* (1836). Quanto a relatos de visitantes, particularmente útil é F. Trollope, *Paris and the Parisians in 1835* (1985). Literatura de apoio investigando o gênero inclui G. Bertier de Sauvigny, *La France et les Français vus par les voyageurs américains, 1814-1848* (2 v., 1982) e L. S. Kramer, *Threshold of a New World. Intellectuals and the French Exile Experience (1830-1848)* (Ithaca, NY, 1988).

Louis Chevalier baseou-se bastante em relatos ficcionais para redigir sua obra *Laboring Classes and Dangerous Classes in Paris during the First Half of the Nineteenth Century* (1973) – provavelmente a obra isolada mais influente sobre o período nas décadas recentes. No entanto, Chevalier tem sido criticado por exagerar: ver especialmente as observações de B. M. Ratcliffe, "*Classes laborieuses et classes dangereuses à Paris pendant la première moitié du XIXe. siècle?* The Chevalier Thesis Reexamined", *FHS*, 17 (1991). Relatos baseados intensamente em ficção e poesia, porém mais conscientes dos trabalhos sobre mitologização, incluem as obras de P. Citron e K. Stierle citadas acima. Também excelentes nesse aspecto são C. Prendergast, *Paris and the Nineteenth Century* (Oxford, 1992) e P. Parkhurst Ferguson, *Paris as Revolution: Writing the Nineteenth-Century City* (Berkeley, CA. 1994).

Hoje há um bom relato politicamente orientado sobre o período, em inglês: P. Mansel, *Paris between Empires, 1814-1852* (Londres, 2001), que pode ser lido em paralelo à coleção inestimável de ensaios, K. Bowie (ed.), *La Modernité avant Haussmann: formes de l'espace urbain à Paris, 1801-1856* (2001), particularmente sólido sobre as mudanças urbanas pré-Haussmann. Sobre isso ver também J. C. Delorme & A. M. Dubois, *Passages couverts parisiens* (1997); S. Marcus, *Apartment Stories. City and Home in Nineteenth-Century Paris and London* (Berkeley, CA, 1999); P. de Moncan & C. Mahout, *Les Passages de Paris* (1990); D. Morel, *La Nouvelle Athènes* (1984); e J. Pronteau, *Construction et aménagement des nouveaux quartiers de Paris (1820-1828)* (1958). A. Daumard, *La Bourgeoisie parisienne de 1815 à 1848* (1963) fornece um relato estatístico do grupo social mais poderoso. Ver também A. M. Fugier, *La Vie élégante ou la Formation du Tout-Paris, 1815-1848* (1991). O mundo dos boêmios é o foco de J. Seigel, *Paris boêmia: cultura, política e os limites da vida burguesa, 1830-1930* (1992) e J. Richardson, *The Bohemians, 1830-1914* (1969). Outros grupos sociais estudados incluem B. H. Moss, *The Origins of the French Labor Movement: The Socialism of Skilled Workers, 1830-1914* (1976); M. Caron, *Générations romantiques: Les Étudiants de Paris et le Quartier latin (1814-1851)* (1991); N. Papayanis, *The Coachmen of Nineteenth-Century Paris* (1993); e D. Reid, *Paris Sewers and Sewermen: Realities and Representations* (1991). Sobre o papel de Paris na Revolução de 1848, ver P. Amann, *Revolution and Mass Democracy: The Paris Club Movement in 1848* (Princeton, NJ, 1975) e M. Traugott, *Armies of the Poor. Determinants of Working-Class Participation in the Parisian Insurrection of June 1848* (Princeton, NJ, 1985). Ver também J. Harsin, *Barricades: The War of the Streets in Revolutionary Paris, 1830-48* (2001). No que tange à patologia urbana, ver F. Delaporte, *Le Savoir de la maladie: essai sur le choléra de 1832 à Paris* (1990); R. Fuchs, *Poor and Pregnant in Paris. Strategies for Survival in the Nineteenth Century* (New Brunswick, NJ, 1992); e C. Kudlick, *Cholera in Post-Revolutionary Paris: A Cultural History* (Berkeley, CA, 1996).

O período **desde o Segundo Império até cerca de 1890** inclui a obra de Haussmann e seus colaboradores e continuadores. G. Haussmann, *Mémoires*, ed. revisada F. Choay (ed., 2000), representa um excelente ponto de partida e deve ser lida em conjunto com A. Alphand, *Les Promenades de Paris* (2 v., 1867-1873) e E. Belgrand, *La Seine* (3 v., 1869-1883). Ver também o relevante estudo de P. Cassell, "Les Travaux de la Commission des Embelissements de Paris en 1853: pouvait-on transformer la capitale sans Haussmann?", *Bibliothèque de l'École des Chartes*, 155 (1997). Sobre o trabalho de Haussmann avaliado pelos seus contemporâneos, ver em especial M. Du Camp, *Paris. Ses organes, ses fonctions et sa vie dans la seconde moitié du XIXe. siècle* (6 v., 1869-1875); V. Fournel, *Ce qu'on voit dans les rues de Paris* (1858); id., *Paris nouveau et Paris futur* (1868); J. K. Huysmans, *Croquis parisiens* (1880); L. Lazare, *Les Quartiers de l'est de Paris et les communes suburbaines* (1870); e id., *Les Quartiers pauvres de Paris: le XXe. arrondissement* (1870). O ciclo de romances Rougon-Macquart de Émile Zola é uma leitura envolvente. Além do volume da NHP escrito por L. Girard citado acima, os melhores relatos gerais realçam as mudanças arquitetônicas e de planejamento urbano: ver esp. J. Des Cars & P. Pinon, *Paris-Haussmann* (1991); N. Chaudun, *Haussmann au crible* (2000); F. Loyer, *Paris Nineteenth-Century: Architecture and Urbanism* (1988); J. Gaillard, *Paris, la ville, 1852-1870: l'urbanisme parisien à l'heure de Haussmann* (1976); P. Chemetov & B. Marrey, *Architectures: Paris 1848-1914* (1983); e D. Van Zanten, *Building Paris. Architectural Institutions and the Transformation of the French Capital* (Cambridge, 1994). Sobre a história da mobília de rua, ver o idiossincrático e acadêmico M. de Thézy, *Paris, la rue. Le mobilier parisien du Second Empire à nous jours* (1976); e para um exemplo, C. Maillard, *Les Précieux ridicules. Les vespasiennes de Paris* (1867). D. Jordan, *Transforming Paris: The Life and Labors of Baron Haussmann* (1995) e D. H. Pinkney, *Napoleon III and the Rebuilding of Paris* (1958) são relatos muito sólidos sobre os principais protagonistas da mudança. D. J. Olsen, *The City as a Work of Art: London, Paris, Vienna* (1986) oferece valiosa perspectiva de maior abrangência geográfica. Moldura cronológica mais ampla é fornecida pelas obras clássicas de A. Sutcliffe (*The Autumn of Central Paris*) e N. Evenson (*Paris: A Century of Change*), acima citadas.

O impacto artístico e cultural da nova Paris é salientado em T. J. Clark, *The Painting of Modern Life, Paris in the Art of Manet and His Followers* (ed. revisada, Princeton, NJ, 1999); R. L. Herbert, *Impressionism: Art, Leisure and Parisian Society* (1988); A. Boime, *Art and the French Commune: Imagining Paris after War and Revolution* (Princeton, NJ, 1995); P. Mainardi, *Art and Politics of the Second Empire: The Universal Expositions of 1855 and 1867* (1989); id., *The End of the Salon. Art and the State in the Early Third Republic* (Cambridge, 1993); P. Nord, *Impressionists and Politics. Art and Democracy in the*

Nineteenth Century (2000); id., *The Republican Moment. Struggles for Democracy in Nineteenth-Century France* (Cambridge, MA, 1995); e T. J. Walsh, *Second Empire Opera: The Théâtre Lyrique: Paris 1851-1870* (1981). Sobre fotografia, S. Rice, *Parisian Views* (1997) é muito estimulante. Ver também C. Condemi, *Les Cafés-Concerts: Histoire d'un divertissement (1848-1914)* (1992).

Sobre tensões sociais e conflitos de classes, ver o excelente L. Berlanstein, *The Working People of Paris, 1871-1914* (1984), mais L. M. Greenberg, *Sisters of Liberty: Marseille, Lyon, Paris and the Reaction to a Centralized State, 1868-1871* (1971) e A. L. Schapiro, *Housing the Poor of Paris, 1850-1902* (Madison, WI, 1985). Especificamente sobre a Comuna, além das obras citadas nas notas, ver o volume da NHP, S. Rials, *De Trochu à Thiers, 1870-1873* (1985): R. Christiansen, *Paris Babylon: The Story of the Paris Commune* (1996); R. V. Gould, *Insurgent Identities: Class, Community and Protest in Paris from 1848 to the Commune* (Chicago, 1995); e G. L. Gullickson, *Unruly Women of Paris: Images of the Commune* (1996). E. de Goncourt, *Paris under Siege, 1870-1871: from the Goncourt Journal* (1969) é um relato pitoresco de um indigesto oponente da Comuna, autor do diário mais convincente do período. Ver também J. Milner, *Art, War and Revolution in France 1870-1871, Myth, Reportage and Reality* (2000). Sobre a emergência dos subúrbios, J. Bastié, *La Croissance de la banlieue parisienne* (1964) pode ser lido junto com N. Green, *The Spectacle of Nature. Lanscape and Bourgeois Culture in the Nineteenth-Century France* (Manchester, 1990).

Para **o período do *fin de siècle* até 1914**, boa parte da bibliografia dos parágrafos prévios é relevante. A mistura característica de hedonismo e ansiedade do período ganha vida em E. Weber, *France Fin de Siècle* (Cambridge, MA, 1986); C. Charle, *Paris fin-de-siècle* (1998); C. Prochasson, *Paris 1900: essai d'histoire culturelle* (1999); e C. Rearick, *Pleasures of the Belle Époque. Entertainment and Festivity in Turn-of-the-Century France* (1985). A leitura da obra de R. Shattuck, *The Banquet Years* (1968) continua válida – e nada supera Proust para transmitir a atmosfera do período. O livro de D. Silverman, *Art Nouveau in Fin-de-Siècle France. Politics, Psychology and Style* (1989) contém bom material sobre as exposições; neste assunto ver também J. P. Rioux, *Chronique d'une fin de siècle; France 1889-1900* (1991) e P. Ory, *Les Expositions universelles de Paris* (1982). A perspectiva artística é mais explorada em B. S. Shapiro, *Pleasures of Paris. Daumier to Picasso* (Boston, MA, 1991); J. Kinsman, *Paris in the Late Nineteenth Century* (Canberra, Austrália, 1997); *Post-Impressionism. Cross-currents in European Painting* (1979); P. D. Cate (ed.), *The Graphic Arts and French Society, 1871-1914* (New Brunswick, NJ, 1988); J. Milner, *The Studios of Paris. The Capital of Art in the Late Nineteenth Century* (1988); e R. R. Brettell & J. Pissarro, *The Impressionist and the City. Pissarro's Series Paintings* (1993). Para um período mais abrangente ver também J.

Dethier & A. Guiheux (eds.), *La Ville, art et architecture en Europe, 1870-1933* (1994). Sobre a ascensão do consumismo, as obras clássicas de M. Miller, *The Bon Marché: Bourgeois Culture and the Department Store, 1869-1920* (Princeton, NJ, 1981) e R. Williams, *Dream Worlds: Mass Consumption in Late Nineteenth-Century France* (Berkeley, CA, 1982) agora têm a boa companhia de V. Schwartz, *Spectacular Realities. Early Mass Culture in Fin de Siècle Paris* (Berkeley, CA, 1998). A experiência da classe trabalhadora é explorada por J. P. Brunet, *Saint-Denis, la ville rouge, 1890-1939* (1980); G. Jacquemet, *Belleville au XIXe. siècle: du faubourg à la ville* (1984); A. Fourcaut (ed.), *Un Siècle de banlieue parisienne (1859-1964)* (1988); e A. Faure et al., *Les Premiers Banlieusards: aux origines de la banlieue de Paris, 1860-1940* (1991); enquanto uma perspectiva sobre as questões de gênero é examinada em A. Martin-Fugier, *La place des bonnes. La domesticité feminine à Paris en 1900* (1979) e M. L. Roberts, *Disruptive Acts. The New Woman in Fin-de-Siècle France* (2002).

Para **a Primeira Guerra Mundial (1914-1918),** ver J. J. Becker, *The Great War and the French People* (Leamington Spa, 1985); J. L. Robert, *Les Ouvriers, la patrie et la Révolution: Paris, 1914-1919* (1985); e para perspectivas comparativas, ver J. Winter & J. L. Robert (eds.), *Capital Cities at War: Paris, London, Berlin, 1914-1919* (Cambridge, 1997), assim como os excelentes capítulos iniciais do volume da NHP, dos autores J. Bastié & R. Pillorget, *Paris de 1914 à 1940* (1997).

O **período entreguerras (1918-1939)** é abrangido pelo volume da NHP, J. Bastié & R. Pillorget, *Paris de 1914 à 1940* (1997). Também é objeto de um estudo popular, V. Cronin, *Paris, City of Light (1919-39)* (1994). D. & M. Johnson, *The Age of Illusion. Art and Politics in France, 1918-40* (1987), E. Cohen, *Paris Dans l'imaginaire national de l'entre-deux-guerres* (1999) e C. Rearick, *The French in Love and War: Popular Culture in The Era of the World Wars* (1997) fornecem relatos vívidos da vida cultural. Para a parte final do período, ver também E. Weber, *The Hollow Years. France in the 1930s* (1995). A vida cultural é o foco de T. Gronberg, *Designs on Modernity: Exhibiting the City in 1920s Paris* (Manchester, 1998); V. Bougault, *Paris Montparnasse. À l'heure de l'art moderne, 1910-1940* (1997); *L'École de Paris, 1904-1929. La Part de l'autre* (2001); *L'Esprit nouveau: le Purisme à Paris, 1918-1925* (Grenoble, 2001); e M. Sheringham (ed.), *Parisian Fields (19th Century to c. 1920)* (1996). Sobre fotografia, ver M. Nesbit, *Atget's Seven Albums* (1992) e sobre cinema, *Paris, grand-écran. Splendeur des salles obscures, 1895-1945* (1994). A contribuição dos expatriados é explorada em J. G. Kennedy, *Imagining Paris: Exile, Writing and American Identity* (1993); S. Benstock, *Women of the Left Bank: Paris, 1900-1940* (1987); e T. Stovall, *Paris Noir. African-Americans in the City of Light* (Boston, MA, 1996). O trabalho de autores e artistas tratados nessas obras compreende importante contribuição documental ao período.

O crescimento e os problemas da *banlieue* têm sido alvo de estudos importantes. Ver especialmente T. Stovall, *The Rise of the Paris Red Belt* (Berkeley, CA, 1990); M. Carmona, *Le Grand Paris. L'évolution de l'idée d'aménagement de la région parisienne* (1979); A. Fourcaud (ed.), *Banlieue rouge, 1920-60* (1992); J. L. Cohen & A. Lortie, *Des Fortifs au périf* (1991); e P. Fridenson, *Histoire des usines Renault: la naissance de la grande entreprise, 1898-1939* (1972). Sobre urbanismo e planejamento urbano, ver K. Burlen (ed.), *La banlieue oasis: Henri Sellier et les cités-jardins 1900-1940* (Saint-Denis, 1987); P. Chemetov et al., *Paris-banlieue, 1919-1939. Architectures domestiques* (1982); D. Calabi, *Marcel Poëte et le Paris des années vingt: aux origines de l'histoire des villes* (1997); e P. W. Wolf, *E. Hénard and the Beginnings of Urbanism in Paris, 1900-1914* (1968). Para a crise social, cultural e política dos anos 1930, ver J. Jackson, *The Popular Front in France. Defending Democracy, 1934-1938* (Cambridge, 1988); H. Lebovics, *True France, The Wars over Cultural Identity 1900-1941* (Ithaca, NY, 1992); e R. Schor, *L'Opinion française et les étrangers en France (1919-1939)* (1985).

Para **a Segunda Guerra Mundial,** ocupação alemã inclusive, um guia bem ilustrado é *Paris in the Third Reich. A History of the German Occupation, 1940-1944* (1981), de D. Pryce-Jones. Ver também H. Michel, *Paris allemand, Paris résistant* (2 v., 1982) e G. Perrault e P. Azéma, *Paris under the Occupation* (Nova York, 1989). Sobre a experiência judaica, ver J. Adler, *The Jews of Paris and the Final Solution (1940-1944)* (Oxford, 1997) e as obras citadas nas notas. A. Horne, *To Lose a Battle: 1940* (1969) é um relato envolvente sobre *l'année terrible*, e *Strange Defeat*, de Marc Bloch (publicado em 1968, mas escrito em 1940), uma importante análise contemporânea. Há imensa quantidade de fontes primárias sobre a Paris no período do regime de Vichy (de Beauvoir, Brasillach, Cocteau, Colette, Galtier-Boissière, Morand etc). Sobre a Liberação e seus dilemas, há os excelentes *Paris after the Liberation: 1944-1949* (1994), de A. Beevor & A. Cooper e *The Collaborator: The Trial and the Execution of Robert Brasillach* (2000), de A. Kaplan.

Sobre o período **pós-Segunda Guerra Mundial e sobre a Paris contemporânea,** o volume da NHP, escrito por J. Bastié, intitula-se *Paris de 1945 à 2000* (2003). Sobre o humor pós-Liberação, Beevor e Cooper, citados acima, oferecem vigorosa iniciação, assim como os escritos de Simone de Beauvoir, Sartre e outros existencialistas. Ver também S. Barber, *Weapons of Liberation* (1961); T. Judt, *Past Imperfect: French Intellectuals, 1944-1956* (Oxford, 1992); H. Lottman, *The Left Bank: Writers, Artists and Politics from the Popular Front to the Cold War* (Boston, MA, 1982); F. Morris (ed.), *Paris Post-War. Art and Existentialism, 1945-1955* (1993); e J. P. Bernard, *Paris rouge (1944-1964)* (1991). Dois relatos culturais intensos de período mais abrangente são R. F. Kuisel, *Seducing the French: The Dilemma of Americanisation* (Berkeley, CA,

1993) e K. Ross, *Fast Cars, Clean Bodies. Decolonization and the Reordering of French Culture* (Cambridge, MA, 1995). P. Nivert & Y. Combeau, *Histoire politique de Paris au XXe. siècle* (2000) é especialmente útil para esse período. L. Chevalier, *The Assassination of Paris* (Chicago, 1994) é um relato inspirador e popular sobre a rápida urbanização da cidade desde 1950. Ver também C. Eveno et al., *Paris perdu: 40 ans de bouleversements* (1992); J. F. Gravier, *Paris et le désert français en 1972* (1972); L. Réau, *Histoire du vandalisme* (nova edição, 1994); e, sobre o que eles pensavam que eram contra, *Les Plans Le Corbusier de Paris, 1956-1962* (1965). Os escritos de Richard Cobb combinam a análise de Chevalier com uma nostalgia plangente dele próprio: ver esp. *A Second Identity* (1969), *Tour de France* (1976), *The Streets of Paris* (1980); *Promenades* (1980) e *People and Places* (Oxford, 1985). J. Bastié & J. Beaujeu-Garnier, *Atlas de Paris et la région parisienne* (1967) é hoje tanto documento histórico quanto análise. F. Boudon et al., *Système de l'architecture urbaine. Le quartier des Halles* (1977) é um relato importante. Sobre os *Grans Projets* e seu contexto, ver o esplêndido A. Fierro, *The Glass State. The Technology of the Spectacle, 1981-1998* (Cambridge, MA, 2003), mais B. Marrey & J. Ferrier, *Paris sous verre: La ville et ses reflets* (1997). Ver também J. L. Cohen & B. Fortier (eds.), *La Ville et ses projets. A City in the Making* (1988), F. Chaslin, *Les Paris de François Mitterrand* (1986); e E. Biasini, *Grands Travaux* (1995). F. Maspéro, *Roissy Express: A Journey through the Paris Suburbs* (1994) é um relato memorável sobre a *banlieue*. Ver também J. Lucan (ed.), *Paris des faubourgs. Formation. Transformation* (1996). Sobre o recente "verdejar" de Paris, ver S. Texier, *Les Parcs et jardins dans l'urbanisme parisien (XIXe.-XXe. siècles)* (2001). F. Loyer (ed.), *Ville d'hier, ville d'aujourd'hui en Europe* (2001) é um exercício em futurologia com boa fundamentação histórica.

Lista de ilustrações

36 (p. 350-351). Incêndio de casas na Rue de Rivoli durante a Comuna, 24 de maio de 1871 (foto copyright © The Art Archive/Museu Carnavalet/Dagli Orti)
37 (p. 352). Barricada durante a Comuna [Arq.K.e.41 Pág.1] (foto copyright © Boldleian Library)
38 (p. 370-371). Show de Punch e Judy no Jardim de Luxemburgo. Fotografia de Eugène Atget, 1898 (foto copyright © Bibliothèque Historique de la Ville de Paris/J.-C. Doerr)
39 (p. 374-375). Modelo de papel da Torre Eiffel. Jogo de montar da Imagerie d'Épinal, feito para Exposição Universal de 1889 (foto copyright © RMN-Jean Schormans)
40 (p. 394-395). Henri de Toulouse-Lautrec, *At the Salon of the Rue des Moulins*, 1894 (foto copyright © The Art Archive/Toulouse-Lautrec Museum Albi/Dagli Orti)
41 (p. 404-405). Soldados franceses na época da mobilização, agosto de 1914 (foto copyright © TAL/ Rue des Archives)
42 (p. 410-411). A remoção de sacos de areia da catedral de Notre-Dame, 18 de junho de 1940 (foto copyright © TAL/ Rue des Archives)
43 (p. 425). *Vespasienne*, *c.* 1900 (foto copyright © Roger Viollet/Rex Features)
44 (p. 437). Faxineiros de uma grande loja de departamentos em greve durante a Frente Popular de 1936 (foto copyright © TAL/ Rue des Archives)
45 (p. 442). Paris sob ocupação alemã (foto copyright © TAL/ Rue des Archives)
46 (p. 452-453). Manifestação estudantil, 25 de maio de 1968 (foto copyright © Rue des Archives/AGIP)
47 (p. 463) *Bidonville* (favela) em Nanterre, 3 de abril de 1965 (foto copyright © TAL/ Rue des Archives)
48 (p. 468-469). Grafite após a Batalha de Paris, outubro de 1961 (foto copyright © Texier/Keystone/Katz)
49 (p. 485). Presidente François Mitterrand defronte La Géode em La Villette, 6 maio de 1985 (foto copyright © Thierry Orban/Corbis)
50 (p. 490-491). Pyramide du Louvre, maio de 2004 (foto copyright © Vincent Burgeon)

Agradecimentos

Em seu valioso *Tableau de Paris*, escrito às vésperas da Revolução Francesa, Louis-Sébastien Mercier alegou não apenas ter escrito o seu livro como também caminhado por ele. Acho que agora entendo o que ele quis dizer. O prazer de escrever este livro sobre Paris tem sido combinado com visitas regulares à cidade desde os últimos anos da década de 1960, buscando conhecê-la. Tenho ótimas lembranças dos anos em que morei lá – em 1969-1970, como estudante de graduação, e outra vez em 2001-2002. Além de esquadrinhar a cidade, trabalhei bastante nas bibliotecas e arquivos franceses e reconheço com gratidão a ajuda de numerosos arquivistas e bibliotecários ao longo dos anos – em particular na Biblioteca Nacional (na velha e na nova) e a Biblioteca Histórica da Cidade de Paris. Não há melhor lugar no mundo para um historiador de Paris trabalhar do que nesta última.

Ao escrever este livro, inspirei-me principalmente nos escritos e em minhas lembranças de dois grandes e inimitáveis historiadores: meu ex-supervisor Richard Cobb, amante de todas as coisas parisienses, e Roy Porter, em cuja vívida história de Londres pude espelhar-me. Pena eles não estarem aqui para lerem meus esforços. Dentre os acadêmicos que têm trabalhado sobre a história de Paris, Daniel Roche aumentou minha compreensão sobre a cidade. Algumas de minhas ideias sobre os fins do século XVIII foram desafiadas em palestras por mim conferidas em 2003 no Collège de France, a gentil convite dele.

Em 2001-2002 tive a sorte de ser professor visitante no Instituto para Acadêmicos da Universidade de Columbia, em Reid Hall, em Paris. Devo agradecimentos à diretora do Instituto Danielle Haase-Dubosc e às suas colegas Mihaela Bacou e Maneesha Lal pelo apoio. Elas e os colegas acadêmicos do Instituto – em especial Phyllis Birnbaum, Greg Brown, Sandra Burman, Gene Lebovics, Cathy Schneider e Steve Ungar – formaram um grupo de trabalho de convivência muito agradável. Também sou profundamente grato àqueles amigos e colegas que leram o manuscrito ou trechos dele: Nigel Aston, Gerd-Rainer Horn, Peter Jones, Neil McWilliam, Roger Magraw, Patrick Major, Penny Roberts e Chris Wickham. Eles não devem se sentir responsáveis por quaisquer pontos fracos do livro; esses seriam mais evidentes sem sua amável colaboração. Simplesmente não há espaço suficiente para listar todos os indivíduos com quem troquei ideias ou a quem solicitei ajuda e orientação. As pessoas envolvidas saberão a quem me refiro, e deixo a eles minhas saudações. Meus pais Lawrence e Joyce Jones auxiliaram coletando recortes de jornal desde a entrada dos anos 2000. Minha agente Felicity Bryan encorajou-me de modo constante. O entusiasmo pelo projeto e a habilidade editorial de Simon Winder, da editora Penguin, ao longo de todo o processo têm sido de importância crucial. Também agradeço a Isabelle de Cat da Penguin e Matthew Beaumont por sua ajuda com as fotos; Matt Milner pela assistência na pesquisa; Kevin Gould pelo suporte técnico; Tim Reinke-Williams pelo tempo gasto no índice onomástico; e Molly Rogers por seu talento fotográfico.

Por fim, o livro tem sido pensado, vivido, analisado, escrito – e caminhado – em companhia de minha mulher Josephine McDonagh, que também leu o manuscrito e forneceu inúmeras e inestimáveis percepções. O livro é dedicado a ela com todo amor, reconhecimento e afeto.

Colin Jones
Agosto de 2004

Índice remissivo

Os asteriscos indicam que o lugar não existe mais.

B

C

Q

R

S